Umsatzsteuer und Arzneimittel im System der gesetzlichen Krankenversicherung

Europäische Hochschulschriften Recht

European University Studies in Law

Publications Universitaires Européennes de Droit

Band/Volume **6064**

Saskia Kleinpeter

Umsatzsteuer und Arzneimittel im System der gesetzlichen Krankenversicherung

Untersuchung der Vereinbarkeit von Sozial- und Umsatzsteuerrecht am Beispiel der Arzneimittelversorgung von Versicherten im Rahmen der gesetzlichen Krankenversicherung mit grenzüberschreitendem Bezug

PETER LANG

Bibliografische Information der Deutschen Nationalbibliothek
Die Deutsche Nationalbibliothek verzeichnet diese Publikation in der Deutschen Nationalbibliografie; detaillierte bibliografische Daten sind im Internet über http://dnb.d-nb.de abrufbar.

Zugl.: Hamburg, Bucerius Law School, Diss., 2018

H 360
ISSN 0531-7312
ISBN 978-3-631-78409-9 (Print)
E-ISBN 978-3-631-78491-4 (E-PDF)
E-ISBN 978-3-631-78492-1 (EPUB)
E-ISBN 978-3-631-78493-8 (MOBI)
DOI 10.3726/b15407

Diese Publikation wurde begutachtet.

www.peterlang.com

Meinen Eltern

Vorwort

Die vorliegende Arbeit wurde von der Bucerius Law School – Hochschule für Rechtswissenschaft im September 2018 als Dissertation angenommen und berücksichtigt die einschlägige Literatur und Rechtsprechung bis April 2018. Die mündliche Prüfung im Rahmen des Promotionsverfahrens fand am 17.12.2018 statt.

Ich danke meiner Doktormutter, Professor Dr. Birgit Weitemeyer, für die Betreuung und Begutachtung der Arbeit und die wertvolle Unterstützung. Herrn Professor Dr. Wiese danke ich für die zügige Erstellung des Zweitgutachtens und eine umfassende Würdigung. Ebenso danke ich Dr. Johann Wagner und Dr. Hendrik Marchal für die Anregung des Themas und die hilfreiche Unterstützung.

Herzlichen Dank auch an alle Freunde, insbesondere Julia Gottfried, für jede Aufmunterung und abwechslungsreiche Ablenkung während der schweren Phasen der Erstellung dieser Arbeit. Mein ganz besonderer Dank geht überdies auch an Dominik Bong, der mich immer mit voller Kraft unterstützt hat und ohne dessen Rückhalt und Zuspruch die Fertigstellung dieser Arbeit nicht möglich gewesen wäre.

Abschließend möchte ich aber vor allem meinen Eltern danken. Sie haben mich während der gesamten Zeit meiner Ausbildung in persönlicher wie finanzieller Hinsicht bedingungslos unterstützt und haben damit einen ganz besonderen Anteil am Abschluss dieser Arbeit und meiner gesamten Ausbildung. Ihnen ist diese Arbeit gewidmet.

Hamburg, im Dezember 2018
Saskia Kleinpeter

Inhaltsverzeichnis

Abkürzungsverzeichnis

a.A.	andere Ansicht
a.F.	alte Fassung
A&R	Arzneimittel & Recht (Zeitschrift)
ABl. EG	Amtsblatt der Europäischen Gemeinschaft
ABl. EU	Amtsblatt der Europäischen Union
Abs.	Absatz, Absätze
Abschn.	Abschnitt
AEUV	Arbeitsweise der Europäischen Union
AM-Lieferung	Arzneimittellieferung
AMG	Arzneimittelgesetz
AMPreisV	Arzneimittelpreisverordnung
AMVV	Verordnung über die Verschreibungspflicht von Arzneimitteln (AMVV
Anm.	Anmerkung
AO	Abgabenordnung
ApBetrO	Apothekenbetriebsordnung
ApoG	Apothekengesetz
ApU	Abgabepreis des pharmazeutischen Unternehmers
Art.	Artikel
Artt.	Artikel (Plural)
Aufl.	Auflage
Az.	Aktenzeichen
BB	Betriebsberater (Zeitschrift)
BC	Zeitschrift für Bilanzierung, Rechnungswesen und Controlling
Bd.	Band, Bände
Beschl.	Beschluss
BFH	Bundesfinanzhof
BFH/NV	Sammlung amtlich nicht veröffentlichter Entscheidungen des BFH
BFH/PR	Entscheidungen des BFH für die Praxis der Steuerberatung
BGB	Bürgerliches Gesetzbuch
BGBl.	Bundesgesetzblatt
BGH	Bundesgerichtshof

BGHSt	Entscheidungen des Bundesgerichtshofes in Strafsachen
BGHZ	Entscheidungen des Bundesgerichtshofes in Zivilsachen
BMF	Bundesministerium der Finanzen
BMG	Bundesministerium für Gesundheit
BMWi	Bundesministerium für Wirtschaft und Energie
bspw.	beispielsweise
BR-Drucks.	Drucksache des Deutschen Bundesrats
BSG	Bundessozialgericht
BSGE	Entscheidungen des Bundessozialgerichts
BStBl	Bundessteuerblatt
BT-Drucks	Drucksache des Deutschen Bundestags
BVerfG	Bundesverfassungsgericht
BVerfGE	Entscheidungen des Bundesverfassungsgerichts
BVerwGE	Entscheidungen des Bundesverwaltungsgerichts
ca.	circa
D	Deutschland
d.h.	das heißt
DB	Der Betrieb (Zeitschrift)
ders.	derselbe
dies.	dieselbe
DÖV	Die öffentliche Verwaltung (Zeitschrift)
DStJG	Veröffentlichung der Deutschen Steuerjuristischen Gesellschaft e. V.
DStR	Deutsches Steuerrecht (Zeitschrift)
DStRK	Deutsches Steuerrecht kurzgefaßt (Zeitschrift)
DStZ	Deutsche Steuer-Zeitung (Zeitschrift)
EFG	Entscheidungen der Finanzgerichte
EG	Europäische Gemeinschaft
EGV	Vertrag zur Gründung der Europäischen Gemeinschaft
EStG	Einkommensteuergesetz
etc.	et cetera
EU	Europäische Union
EuGH	Gerichtshof der Europäischen Union
EuGH-URep	EuGH-Umsatzsteuer Report (Zeitschrift)
EUGrdRCh	Charta der Grundrechte der Europäischen Union
EUR	Euro

EUV	Vertrag über die Europäische Union
EuZW	Europäische Zeitschrift für Wirtschaftsrecht
f.	folgende
ff.	fortfolgende
FG	Finanzgericht
FM	Finanzministerium
Fn.	Fußnote
FR	Finanz-Rundschau (Zeitschrift)
FS	Festschrift
gem.	gemäß
GesR	GesundheitsRecht (Zeitschrift)
GG	Grundgesetz
ggf.	gegebenenfalls
GKV-Spitzenverband	Spitzenverband Bund der Krankenkassen
GmS-OGB	Gemeinsamer Senat der Obersten Gerichtshöfe des Bundes
GPR	Zeitschrift für Gemeinschaftsprivatrecht
GuP	Gesundheit und Pflege (Zeitschrift)
HFR	Höchstrichterliche Finanzrechtsprechung (Zeitschrift)
HGB	Handelsgesetzbuch
hrsg.	herausgegeben
Hs.	Halbsatz
HWG	Heilmittelwerbegesetz
i.d R.	in der Regel
i.E.	im Ergebnis
i.V.m.	in Verbindung mit
JbSozR	Jahrbuch des Sozialrechts
jM	juris die Monatszeitschrift
KH	Das Krankenhaus (Zeitschrift)
KÖSDI	Kölner Steuerdialog (Zeitschrift)
KrV	Die Krankenversicherung (Zeitschrift)
KStG	Körperschaftssteuergesetz
KStR	Körperschaftsteuer-Richtlinien
lit.	Buchstabe
LSG	Landessozialgericht
lt.	letzter
m.w.N.	mit weiteren Nachweisen
MMR	MultiMedia und Recht (Zeitschrift)

MwSt-VO	Durchführungsverordnung zur Mehrwertsteuersystemrichtlinie
MwStR	Mehrwertsteuerrecht (Zeitschrift)
MwStSystRL	Mehrwertsteuersystemrichtlinie
NJW	Neue Juristische Wochenschrift (Zeitschrift)
NJW-RR	NJW-Rechtsprechungs-Report (Zeitschrift)
NL	Niederlande
Nr.	Nummer, Nummern
nrkr.	nicht rechtskräftig
NuR	Natur und Recht (Zeitschrift)
NVwZ	Neue Zeitschrift für Verwaltungsrecht (Zeitschrift)
NVwZ-RR	NVwZ-Rechtsprechungs-Report (Zeitschrift)
NWB	Neue Wirtschafts-Briefe (Zeitschrift)
NZS	Neue Zeitschrift für Sozialrecht
OFD	Oberfinanzdirektion
OVG	Oberverwaltungsgericht
PharmR	Pharma Recht (Zeitschrift)
Rev.	Revision
RGBl.	Reichsgesetzblatt
RIW	Recht zur internationalen Wirtschaft (Zeitschrift)
rkr.	rechtskräftig
RL	Richtlinie
Rn.	Randnummer
S.	Seite
Schr.	Schreiben
SDSRV	Schriftenreihe des Deutschen Sozialrechtsverbandes
SG	Sozialgericht
SGb	Die Sozialgerichtsbarkeit (Zeitschrift)
SGB I	Sozialgesetzbuch Erstes Buch
SGB IV	Sozialgesetzbuch Viertes Buch
SGB V	Sozialgesetzbuch Fünftes Buch
Slg.	Sammlung
sog.	sogenannte
ständ. Rspr.	ständige Rechtsprechung
StB	Steuerberater (Zeitschrift)
StBp	Die steuerliche Betriebsprüfung (Zeitschrift)
StuW	Steuer- und Wirtschaft (Zeitschrift)
StVj	Steuerliche Vierteljahresschrift (Zeitschrift)

Tz.	Textziffer
u.a.	unter anderem
Unterabs.	Unterabsatz, Unterabsätze
UPR	Umwelt- und Planungsrecht (Zeitschrift)
UR	Umsatzsteuer-Rundschau (Zeitschrift)
Urt.	Urteil
USt	Umsatzsteuer
UStAE	Umsatzsteuer-Anwendungserlass
UStB	Der Umsatz-Steuer-Berater
UStDV	Umsatzsteuer-Durchführungsverordnung
UStG	Umsatzsteuergesetz
v.	von, vom
VersStG	Versicherungssteuergesetz
Vfg.	Verfügung
vgl.	vergleiche
VSSR	Vierteljahresschrift für Sozialrecht (Zeitschrift)
VVG	Gesetz über den Versicherungsvertrag
WRP	Wettbewerb in Recht und Praxis (Zeitschrift)
z.B.	zum Beispiel
ZMGR	Zeitschrift für das gesamte Medizinrecht
ZRP	Zeitschrift für Rechtspolitik

A. Einführung

I. Einleitung

Der gesetzlichen Krankenversicherung kommt im System der deutschen Sozialversicherungen entscheidende Bedeutung zu. Sie stellt das Kernstück des deutschen Gesundheitswesens dar,[1] durch das der Staat seiner Verantwortung für die Gesundheit seiner Bürger gerecht wird.[2] Die Arzneimittelversorgung nimmt dabei eine bedeutende Rolle ein, insbesondere auch monetär.[3]

Umso problematischer sind die aktuellen Entwicklungen zu bewerten, wonach nicht nur hinsichtlich der sozialrechtlichen, sondern auch der umsatzsteuerrechtlichen Behandlung eine Vielzahl von Entscheidungen durch den EuGH und die obersten nationalen Gerichte zu den unterschiedlichsten Aspekten ergangen sind und auch noch weitere folgen werden.[4] Die damit einhergehende nicht anhaltende Bewegung in der Materie führt zunehmend zu Rechtsunsicherheit, die mit jeder neuen Entscheidung des EuGH weiter befeuert wird. Dies ist mit Blick auf das Ausmaß und die Bedeutung dieser Industrie unhaltbar. Die Ausgaben der gesetzlichen Krankenkassen beliefen sich 2016 allein für Arzneimittel (Apotheken, Versandhandel, Sonstiges) auf EUR 36,27 Mrd., Tendenz steigend.[5] Es ist daher für die gesetzlichen Krankenkassen unerlässlich eine sichere und

---

1 *Pelzer/Klein*, in: Fuhrmann/Klein/Fleischfresser, ArzneimittelR, § 46 Rn. 1; *Peters*, in: KassKomm SozR, SGB V, Vorbem zum SGB V Rn. 27.

2 *Peters*, in: KassKomm SozR, SGB V, § 1 Rn. 8.

3 Der Anteil der Kosten der Arzneimittel macht 17,24 % der Gesamtausgaben der gesetzlichen Krankenversicherung in Höhe von EUR 210,36 Mrd. aus, womit die Arzneimittelversorgung zu den drei Hauptkostenposition zählt, https://gkv-spitzenverband.de/gkv_spitzenverband/presse/zahlen_und_grafiken/gkv_kennzahlen/gkv_kennzahlen.jsp, zuletzt aufgerufen am 13.3.2018.

4 Darüber hinaus sind weitere Verfahren anhängig, deren Entscheidungen abzuwarten sind, so beispielsweise beim BFH zum Ort der Lieferung verschreibungspflichtiger Arzneimittel ausländischer Versandapotheken an Patienten und der Umsatzsteuerschuld der gesetzlichen Krankenkassen aufgrund eines innergemeinschaftlichen Erwerbs (Az. V R 41/17) und zur Entgeltqualifizierung des gesetzlichen Herstellerrabatts beim innergemeinschaftlichen Erwerb einer gesetzlichen Krankenkasse (Az. V R 34/18) sowie beim BSG (Az. B 3 KR 19/17 R) zur umsatzsteuerrechtlichen Behandlung von Arzneimittellieferungen einer ausländischen Apotheke an die Mitglieder inländischer gesetzlicher Krankenkassen.

5 https://gkv-spitzenverband.de/gkv_spitzenverband/presse/zahlen_und_grafiken/gkv_kennzahlen/gkv_kennzahlen.jsp, zuletzt aufgerufen am 13.3.2018.

stabile Kostenplanung zu gewährleisten. Das umfasst auch die umsatzsteuerliche Behandlung, deren finanziellen Auswirkungen bei einem Umsatzsteuersatz von 19 % für alle an der Arzneimittelversorgung Beteiligten erheblich sein können.

Den Anstoß gab das Schreiben des BMF vom 22. August 2012[6] bzgl. einer – bis dahin unerkannten – Umsatzsteuerschuld der gesetzlichen Krankenkassen hinsichtlich Arzneimittellieferungen von in den EU-Mitgliedstaaten ansässigen Apotheken (nachfolgend: „ausländische Apotheken") einschließlich der nachfolgenden Steuerbescheide. Das brachte eine Diskussion über die Rolle der Umsatzsteuer in der Arzneimittelversorgung in Gang, die bis heute zahlreiche ungeklärte Fragen aufwirft. Diese reichen von der Anwendbarkeit der umsatzsteuerlichen Grundtatbestände bei grenzüberschreitenden Arzneimittellieferungen bis hin zur etwaigen Umsatzsteuerschuldnerschaft der Krankenkassen gegenüber ihren Versicherten. Aktuell manifestieren sich viele der Fragen in einer Vielzahl von anhängigen Gerichtsverfahren zum einen vor den Sozialgerichten zu Rückerstattungsverlangen der gesetzlichen Krankenkassen gegenüber den Apotheken, die bereits beim BSG anhängig sind,[7] und zum anderen nun auch vor dem BFH.[8] Verstärkte Relevanz erlangte das Thema zusätzlich jetzt auch noch dadurch, dass der EuGH die Arzneimittelpreisbindung für ausländische Apotheken kippte.[9] Die weitere Entwicklung des Versandhandels ausländischer Apotheken ist damit völlig ungeklärt.[10] Einerseits könnte ihm eine verbesserte Wettbewerbssituation zu neuem Auftrieb verhelfen,[11] gleichzeitig wird aber nach wie vor über die Reichweite und Bedeutung der Entscheidung des EuGH gestritten, bis hin zu der Möglichkeit eines Verbotes des Versandhandels in Gänze. Das BMG hat dazu bereits in der vergangenen Legislaturperiode

---

6 BMF, Schr. v. 22.8.2012 – IV D 3 – S 7103-a/12/10001, nicht veröffentlicht.

7 Vgl. eine der ersten Entscheidungen SG Speyer, Urt. v. 21.3.2016 – S 7 KR 482/13, nrkr., juris, und die dazugehörige Entscheidung in zweiter Instanz durch das LSG Rheinland-Pfalz, Urt. v. 6.7.2017 – L 5 KR 105/16, juris, Rev. BSG B 3 KR 19/17 R.

8 Az. V R 41/17, nachfolgend zur nicht veröffentlichten Entscheidung des FG Düsseldorf v. 17.2.2017 – 1 K 2164/14 U; sowie V R 34/18 zur Entscheidung des FG Münster, Urt. v. 13.3.2018 – 15 K 832/15 U, EFG 2018, 1063.

9 Vgl. EuGH, Urt. v. 19.10.2016 – C-148/15 – *Deutsche Parkinson Vereinigung*, ABl. EU 2016, Nr. C 475, 5, Rn. 27, 46.

10 Siehe ausführlich dazu *Kozianka/Hußmann*, PharmR 2017, 10 ff.; *Lafontaine*, jM 2017, 46 ff.

11 Vgl. zu den Auswirkungen der EuGH-Entscheidung in der Rechtsache *Deutsche Parkinson Vereinigung* auf die Anwendbarkeit und Auslegung von § 7 HWG *Mand*, A&R 2017, 3 ff.

einen Referentenentwurf[12] vorgelegt und auch im aktuellen Koalititionsvertrag haben sich die Parteien für ein Versandhandelsverbot ausgesprochen.[13]

Doch nicht nur die grenzüberschreitende Arzneimittelversorgung stellt die Praxis vor viele ungelöste Probleme, auch die umsatzsteuerliche Behandlung von Arzneimittellieferungen als solche wirft einige bislang noch offene umsatzsteuerliche Grundsatzfragen auf. Dazu zählt neben der Bestimmung der Leistungsbeziehungen insbesondere die Berücksichtigung der verschiedenen Kostensteuerungselemente des SGB V[14] in Gestalt eines ausgefeilten Rabatt- und Zuzahlungssystems bei der Ermittlung der Bemessungsgrundlage. So beispielsweise beim gesetzlichen Herstellerrabatt nach § 130a SGB V, der durch das jüngst ergangene Urteil des EuGH vom 20. Dezember 2017[15] – allerdings im Kontext der privaten Krankenversicherung – erneut Gegenstand der Rechtsprechung war. Da der EuGH in diesem Urteil zudem völlig überraschend auch die Unternehmen der privaten Krankenversicherungen – im Gleichklang mit den gesetzlichen Krankenkassen – als umsatzsteuerliche Leistungsempfänger angesehen hat,[16] erstreckt sich die gesamte Problematik nun auch auf die private Krankenversicherung.[17] Gleichzeitig stellt sich die Frage, welche Auswirkungen diese Rechtsprechung auch auf die gesetzliche Krankenversicherung hat.

Der Ursprung dieser umsatzsteuerrechtlichen Schwierigkeiten liegt zum einen darin, dass die Materie der Arzneimittelversorgung gesetzlicher Krankenkassen durch das Sozialrecht geprägt ist. Dies wirft die Frage auf, wie grundsätzlich das Verhältnis zwischen Steuer- und Sozialrecht zu bestimmen ist, zumal die maßgeblichen sozialrechtlichen Vorschriften kaum bzw. keine Regelungen zur Umsatzsteuer enthalten und der Gesetzgeber sich dem bisher auch noch

---

12 http://www.bundesgesundheitsministerium.de/fileadmin/Dateien/3_Downloads/Gesetze_und_Verord-nungen/GuV/V/Versandhandel-Verbot_RefE.pdf, zuletzt aufgerufen am 13.3.2018, siehe dazu auch C.IV.3.

13 Koalitionsvertrag zwischen CDU, CSU und SPD vom 7.2.2018, S. 15, 98, der die Passage enthält „Um die Apotheken vor Ort zu stärken, setzen wir uns für ein Verbot des Versandhandels mit verschreibungspflichtigen Arzneimitteln ein.", https://www.cdu.de/system/tdf/media/dokumente/koalitionsvertrag_2018.pdf?file=1, zuletzt aufgerufen am 13.3.2018.

14 Sozialgesetzbuch Fünftes Buch – Gesetzliche Krankenversicherung, in der Fassung der Bekanntmachung vom 20.12.1988, BGBl. I 1988, 2477, zuletzt geändert durch Art. 4 des Gesetzes vom 17.8.2017, BGBl. I 2017, 3214.

15 EuGH, Urt. v. 20.12.2017 – C-462/16 – *Boehringer Ingelheim Pharma*, UR 2018, 166.

16 Vgl. *Polok*, UR 2018, 147, 150.

17 Siehe zu den Auswirkungen der Rechtsprechung für die private Krankenversicherung den Exkurs in D.II.2.d).

nicht angenommen hat. Zum anderen ergibt sich bei Arzneimittellieferungen aus den Besonderheiten des SGB V in Form des Sach- und Dienstleistungsprinzips (nachfolgend: „Sachleistungsprinzip")[18] ein Dreiecksverhältnis zwischen der Apotheke, der Krankenkasse und dem Versicherten, dass schon seiner Natur nach eine Vielzahl von umsatzsteuerlichen Fragen nach sich zieht. Auch die Preisregulierung nach den Vorschriften des SGB V befördert – eingekleidet in die umsatzsteuerliche Bestimmung der Bemessungsgrundlage einer Arzneimittellieferung – die Diskussion mitten in die Tiefen des großen Komplexes der sich ständig weiterentwickelnden und „konturenarmen"[19] *Elida-Gibbs*-Rechtsprechung[20] des EuGH zu Preisnachlass- und Preiserstattungsgutscheinen von Herstellern, die auch auf die gesetzlichen und vertraglichen Rabatte pharmazeutischer Hersteller nach § 130a SGB V anwendbar ist.[21]

In der Rechtsprechung[22], Literatur und Finanzverwaltung[23] erfolgt die Auseinandersetzung mit der Thematik bislang nur schrittweise und eher zu einzelnen Aspekten. Es bedarf aber eines ganzheitlichen Ansatzes, um die Reichweite dieser rechtsgebietsübergreifenden Themen zu erfassen. Diese Arbeit soll die umsatzsteuerlichen Behandlung von Arzneimittellieferungen an Versicherte im Rahmen der gesetzlichen Krankenversicherung unter Berücksichtigung der

---

18 Nach dem in § 2 Abs. 2 SGB V geregelten Sachleistungsprinzip erhalten die Versicherten den vorgegebenen Umfang jeder Leistung als Sach- oder Dienstleistung, soweit durch das SGB V keine abweichenden Regelungen vorgesehen sind (siehe dazu ausführlich C.I.1.b)).

19 *Krieg*, DStR 2018, 509, 512.

20 Vgl. EuGH, Urt. v. 24.10.1996 – C-317/94 – *Elida Gibbs Ltd.*, BStBl II 2004, 324, Rn. 34 f.; Urt. v. 15.10.2002 – C-427/98 – *Kommission/Deutschland*, BStBl II 2004, 328, Rn. 79; Urt. v. 16.1.2014 – C-300/12 – *Ibero Tours*, BStBl II 2015, 317.

21 Vgl. BFH, Vorlagebeschl. v. 22.6.2016 – V R 42/15, EuGH Az. C-462/16, BFH/NV 2016, 1528; OFD Karlsruhe, Vfg. v. 12.12.2013 – S 7330, juris; *Probst*, in: Hartmann/Metzenmacher, UStG, § 10 Rn. 113; *Scharfenberg/Marbes*, BB 2005, 361, 362 f.; *Stadie*, in: Rau/Dürrwächter, UStG, § 17 Rn. 217; a.A. *Ammann*, UR 2005, 180, 182; siehe zur umsatzsteuerlichen Behandlung der Herstellerrabatte D.IV.2.c)dd).

22 Vgl. zur Bestimmung des Leistungsorts BFH, Urt. v. 20.5.2015 – XI R 2/13, BFH/NV 2015, 1775; Beschl. v. 24.2.2015 – V B 147/14, BFH/NV 2015, 208, wo er sich obiter dictum zur Leistungszurechnung äußerte; zur Minderung der Bemessungsgrundlage durch den gesetzlichen Herstellerrabatt nach § 130a Abs. 1 SGB V Urt. v. 28.5.2009 – V R 2/08, BStBl II 2009, 870.

23 Vgl. zur umsatzsteuerlichen Behandlung von Arzneimitteln im Allgemeinen BMF, Schr. v. 24.6.2014 – IV D 2 – S7200/08/10005:001, nicht veröffentlicht.

sozialrechtlichen Gegebenheiten umfassend aufarbeiten und so einen Beitrag zur Einordnung und Lösung der verschiedenen Probleme und damit zur Wiederherstellung der Rechtssicherheit leisten.

II. Gegenstand der Untersuchung

Die Zielsetzung dieser Arbeit besteht darin, im Rahmen einer umsatzsteuerlichen Prüfung die sozialrechtlichen Grundlagen der Arzneimittelversorgung mit den umsatzsteuerlichen Regelungen zu vereinbaren. Dabei ist zu untersuchen, welche Auswirkungen und Konflikte sich daraus ergeben und welche Schlüsse für das Verhältnis von Steuer- und Sozialrecht gezogen werden können. So sollen am Beispiel der Arzneimittelversorgung im System der gesetzlichen Krankenversicherung die Vereinbarkeit zwischen Sozial- und Umsatzsteuerrecht analysiert und etwaige Dissonanzen aufgedeckt werden, für die – soweit erforderlich und möglich – Lösungsansätze (de lege lata oder de lege ferenda) zu entwickeln sind.

Es bedarf dazu einer umfassenden Prüfung der umsatzsteuerlichen Behandlung von Arzneimittellieferungen an gesetzlich Versicherte sowohl mit als auch ohne grenzüberschreitenden Bezug. Die Arbeit wird sich dabei auf die Abgabe verschreibungspflichtiger Arzneimittel beschränken, da grundsätzlich nur diese sozialrechtlich im Sachleistungsgefüge der gesetzlichen Krankenversicherung verankert sind und den Preisbestimmungen des AMG[24] und des SGB V unterliegen.

III. Gang der Untersuchung

Die Untersuchung erfolgt in vier Komplexen. Zuerst wird das Verhältnis von Steuer- und Sozialrecht im Allgemeinen beleuchtet (B.), bevor dies im Konkreten am Beispiel der umsatzsteuerlichen Behandlung der sozialrechtlich geprägten Arzneimittelversorgung untersucht wird. Dazu werden in einem zweiten Schritt die sozialrechtlichen Grundlagen der Arzneimittelversorgung im Rahmen des Systems der gesetzlichen Krankenversicherung dargestellt (C.), um im dritten Abschnitt zu untersuchen, wie die im Sozialrecht verankerte Arzneimittelversorgung im System des deutschen Umsatzsteuerrechts eingeordnet und behandelt

---

24 Gesetz über den Verkehr mit Arzneimitteln, in der Fassung der Bekanntmachung vom 12.12.2005, BGBl. I 2005, 3394, zuletzt geändert durch Art. 1 des Gesetzes vom 18.7.2017, BGBl. I 2017, 2757.

werden muss (D.). Abschließend erfolgt in einem vierten Komplex eine Zusammenfassung, ob und ggf. welche Diskrepanzen zum Sozialrecht sich aus der umsatzsteuerlichen Behandlung ergeben und wie diese aufzulösen sind (E.).

B. Das Verhältnis von Steuer- und Sozialrecht

Das Steuerrecht ist als Teil der Rechtsordnung mit anderen Rechtsgebieten verflochten.[25] Dies gilt neben dem Zivilrecht[26] insbesondere für das Sozialrecht.[27] Sowohl das Steuer- als auch das Sozialrecht sind Teil des Verwaltungsrechts und stehen aufgrund ihrer Grundprinzipien in unmittelbarer Wechselwirkung zueinander.[28] Die Steuergesetze dienen der Einnahme von Mitteln nach dem verfassungsrechtlich verankerten Prinzip der Leistungsfähigkeit,[29] während wiederum aufgrund des Sozialrechts abhängig von der Bedürftigkeit – als eine Art negative Leistungsfähigkeit – Mittel gewährt werden.[30] Diese gemeinsame Ausrichtung am Einkommen und finanzwirtschaftlichen Maßgaben begründet für beide Teilrechtsordnungen eine entscheidende Bedeutung und Abhängigkeit zueinander.[31]

Doch auch wenn die beiden Rechtsgebiete einen Teil des staatlichen Transfersystems darstellen und insofern ähnliche Maßstäbe ansetzen, bedeutet dies nicht zwangsläufig auch, dass sie überschneidende Sachverhalte gleich behandeln.[32] Die Verflechtungen und Bezüge sind vielmehr so vielschichtig,[33] dass es nicht möglich ist, diese beiden Rechtsgebiete in ihrer Gesamtheit in einem einheitlichen Rahmen zu vereinbaren,[34] und es häufig an einer konsistenten Abstimmung

---

25 *Seer*, in: Tipke/Lang, Steuerrecht, § 1 Rn. 30.

26 Vgl. *Crezelius*, Steuerrechtliche Rechtsanwendung, S. 179.

27 Vgl. *Axer*, JbSozR 31 (2010), 583; *Morgenthaler*, JbSozR 22 (2000), 449, der auf die „vielschichtige Berührungs- und Konkurrenzbeziehung" der beiden Teilrechtsordnungen verweist.

28 Vgl. *Hey*, in: Herrmann/Heuer/Raupach, Einf. ESt Rn. 930, die das Steuer- und Sozialrecht als komplementäre Bausteine des staatlichen Transfersystems bezeichnet; *Seer*, in: Tipke/Lang, Steuerrecht, § 1 Rn. 41.

29 *Tipke*, in: FS Friauf, 741, 742; zur Besteuerung nach dem Prinzip der Leistungsfähigkeit ständ. Rspr. des BVerfG, Urt. v. 3.11.1982 – 1 BvR 620/78, BStBl II 1982, 717, C.I.4.c) cc).

30 *Seer*, in: Tipke/Lang, Steuerrecht, § 1 Rn. 41; *Jachmann*, NZS 2003, 281 f.

31 Vgl. *Morgenthaler*, JbSozR 22 (2000), 449, 450; *Felix*, in: Seel, Ehegattensplitting, 73, 84.

32 *Felix*, in: Seel, Ehegattensplitting, 73, 91.

33 Vgl. *Morgenthaler*, JbSozR 22 (2000), 449; *Palm*, JbSozR 29 (2008), 493; Verknüpfungen zwischen Steuer- und Sozialrecht finden sich unter anderem aber auch in steuerrechtlichen Sozialzwecknormen, die Steuerentlastungen mit Bezug auf sozialrechtliche Bedürftigkeit vorsehen, *Seer*, in: Tipke/Lang, Steuerrecht, § 1 Rn. 42.

34 *Schewe*, SDSRV 32 (1989), 11.

fehlt.[35] So stellte schon *Wiebe* fest, dass „die Harmonisierung des Sozialrechts und des Steuerrechts zu einer widerspruchsfreien Gesamtrechtsordnung bei der Komplexität des modernen Sozialstaats keine leichte Aufgabe [sei]."[36]

Schwierigkeiten ergeben sich bei der Abstimmung insbesondere daraus, dass zum einen im Steuerrecht – bis auf wenige spezielle Einzelregelungen[37] – grundsätzlich nicht nach Branchen differenziert wird.[38] Zum anderen erfasst das Sozialrecht in der Vielfalt und Komplexität seiner Regelungen verschiedenste Themengebiete,[39] die ganz unterschiedliche Berührungspunkte zum Steuerrecht aufweisen.

Die typische Verflochtenheit betrifft vor allem das Sozial- und Einkommensteuerrecht, mit dessen Verhältnis sich schon vielfältig auseinandergesetzt wurde. Anders ist dies beim Verhältnis zum Umsatzsteuerrecht, bei dem aufgrund seiner Ausgestaltung als indirekte Steuer und unionrechtsharmonisierte Materie andere Maßstäbe zu berücksichtigen sind. Nichtsdestotrotz bestehen auch dort viele Berührungspunkte zum Sozialrecht, die es einzuordnen gilt. Beispielhaft für diese Verknüpfungen steht die umsatzsteuerliche Behandlung von Arzneimittellieferungen im Rahmen der gesetzlichen Krankenversicherung, da durch das SGB V geprägte sozialrechtliche Sachverhalte dem Umsatzsteuerrecht unterworfen werden. Es wird im Rahmen dieser Arbeit von zentraler Bedeutung sein, die Abstimmung der einschlägigen steuer- und sozialrechtlichen Normen zu untersuchen. Letztlich zeichnet sich trotz der vielen Berührungspunkte häufig ein Nebeneinander der beiden Rechtsordnungen ab, das es zu überwinden gilt.[40] Einer solchen Angleichung erfordert es nicht bloß um seiner selbst willen. Die mangelnde Berücksichtigung umsatzsteuerlicher Gegebenheiten in

35 Es gibt diverse Beispiele für die fehlende Abstimmung des Sozialrechts mit anderen Rechtsgebieten, vgl. dazu auch *Wiebe*, ZRP 1981, 26f., mit Beispielen der Besteuerung von Renten und Pensionen sowie zum Versorgungsausgleich.

36 *Wiebe*, ZRP 1981, 25, 30.

37 Dazu zählen beispielsweise auch die diversen Umsatzsteuerbefreiungen im Gesundheitswesen, wie für ärztliche Heilbehandlungen und die eng damit verbundenen Umsätze, siehe dazu auch D.II.3.c).

38 *Heintzen/Musil*, Steuerrecht des Gesundheitswesens, S. 2.

39 So umfassen die im Sozialgesetzbuch aufgenommenen Rechtsgebiete neben dem Sozialleistungsrecht insbesondere auch das Recht der Sozialversicherungen, das die gesetzliche Krankenversicherung miteinschließt; es handelt sich insoweit um den aus formeller Sichtweise geprägten Sozialrechtsbegriff, vgl. *Hänlein*, in: Knickrehm/Kreikebohm/Waltermann, SGB I, § 10 Rn. 8.

40 So auch *Heintzen/Musil*, Steuerrecht des Gesundheitswesens, S. 190, zum Steuerrecht im gesamten Gesundheitswesen.

sozialrechtlichen Regelungen führt zunehmend zu Unklarheiten und Ungleichbehandlungen, die nicht selten in sozial- und finanzgerichtlichen Verfahren enden.

Nachfolgend gilt es daher als Ausgangsfrage zu prüfen, wie und in welchem Umfang das Steuer- und Sozialrecht aufeinander angepasst und ins Verhältnis gesetzt werden kann. Dafür stellt sich vorab die Frage, welche Maßstäbe sich für die Bestimmung des Verhältnisses von Teilrechtsordnungen zueinander aus dem Gebot der Einheit der Rechtsordnung herleiten lassen (I.). Anschließend ist zu prüfen, ob und wann sich daraus ein Vorrang des Sozialrechts vor dem Steuerrecht ergeben kann (II.), gefolgt von einer Darstellung der Abstimmung der beiden Rechtsordnungen aufeinander anhand von Beispielsfällen (III.1.), um abschließend untersuchen zu können, welche Besonderheiten im Verhältnis zum Umsatzsteuerrecht gelten (III.2.).

I. Das Gebot der Einheit der Rechtsordnung

In der deutschen Rechtslehre gilt das ungeschriebene Gebot der Einheit der Rechtsordnung, das bereits 1935 von *Karl Engisch* in dem gleichnamigen Buch geprägt worden ist.[41] Hinter dem Gebot der Einheit der Rechtsordnung verbirgt sich die gegenseitige Verknüpfung einzelner Rechtsgebiete zur Harmonisierung der Gesamtrechtsordnung.[42] Bis heute wird es in der Argumentation zur Lösung komplexer Rechtsprobleme herangezogen und erhält gerade im Zuge der ansteigenden Regelungsdichte und -komplexität immer mehr Bedeutung.[43] Es Insbesondere im Steuerrecht spielte es schon immer eine besondere Rolle, da Steuergesetze in der Regel Sachverhalte erfassen, die von anderen Rechtsordnungen geprägt sind.[44]

Bis heute wird kontrovers diskutiert, welcher Stellenwert der Einheit der Rechtsordnung für die Rechtsdogmatik zu zusprechen ist, insbesondere inwiefern es sich dabei um ein verfassungsrechtliches Gebot handelt.[45] Zum Teil wird die Einheit der Rechtsordnung als Argument im Rahmen einer Diskussion recht pauschal und undifferenziert verwendet, was ihr letztlich Gehalt und

---

41 *Engisch*, Einheit der Rechtsordnung.

42 *Tipke*, in: FS Friauf, 741, 742; *Felix*, in: Seel, Ehegattensplitting, 73, 76; *dies.*, Einheit der Rechtsordnung, S. 399; so auch schon *Engisch*, Einheit der Rechtsordnung, S. 68, der appellierte, dass zuvörderst Widersprüche nach Möglichkeit zu vermeiden sind.

43 *Felix*, in: Seel, Ehegattensplitting, 73, 74 f.

44 Vgl. *Felix*, Einheit der Rechtsordnung, S. 110.

45 Siehe dazu ausführlich *Felix*, Einheit der Rechtsordnung, S. 9 ff., 399.

Bedeutungskraft nimmt.[46] Für die Bestimmung des Verhältnisses zweier Teilrechtsordnungen zueinander – wie des Steuer- und Sozialrechts – ist es daher umso wichtiger, genau zu untersuchen, welche Anforderungen sich hinter dem Begriff der Einheit der Rechtsordnung tatsächlich verbergen und worauf sie sich begründen.[47]

1. Einheit der Rechtsordnung – Gebot von Verfassungsrang?

Das Bestreben nach einer einheitlichen harmonisierten Rechtsordnung selbst ist für einen übergeordneten Maßstab in der Auslegung und Anwendung des Rechts nicht unbedingt notwendig und sinnvoll.[48] Vielmehr kommt dem Gebot erst dann entscheidende Bedeutung zu, wenn es auch verfassungsrechtlich verankert ist.[49]

Nach Ansicht einiger Vertreter in der Literatur bildet sich das Gebot der Einheit der Rechtsordnung als harmonische vereinheitlichte Gesamtrechtsordnung unmittelbar aus der Verfassung heraus,[50] entweder als Ausprägung des Gleichheitssatzes[51] oder des Rechtsstaatsprinzips[52]. Die unterschiedlichen Grundwertungen der einzelnen Teilrechtsordnungen würden demnach den Wertungen des anderen Rechtsgebiets Grenzen setzen und umgekehrt.[53] Diese recht pauschalierte Sichtweise wird allerdings zum Teil abgelehnt, da sich so eine direkte Verknüpfung von Teilrechtsordnungen ohne konkrete Vorgaben gerade nicht

---

46 Vgl. *Schmidt*, in: Schmidt, Vielfalt des Rechts, S. 9, nach dessen Auffassung „die Einheit der Rechtsordnung zur juristischen Redensart verkommt"; *Felix*, in: Seel, Ehegattensplitting, 73, 100.

47 Vgl. *Felix*, in: Seel, Ehegattensplitting, 73, 86.

48 Vgl. *Felix*, in: Seel, Ehegattensplitting, 73, 94.

49 *Felix*, Einheit der Rechtsordnung, S. 399.

50 *Müller-Franken*, StuW 1997, 3, 18; *Bergmann*, DB 1981, 2572.

51 So *Canaris*, Systemdenken in der Jurisprudenz, S. 16 f., weil die damit einhergehende gewährleistete Widerspruchslosigkeit eine „generalisierende Tendenz der Gerechtigkeit" darstelle; *Kirchhof*, in: Maunz/Dürig, GG, Art. 3 Rn. 281, nach dem Ziel des Gleichheitssatzes die Herstellung einer einheitlichen Rechtsordnung ist; *Franz*, StuW 1988, 17.

52 Da die angestrebte Widerspruchsfreiheit unmittelbar aus dem Gebot der Rechtssicherheit und des Bestimmtheitsgrundsatzes folgt, vgl. *Ossenbühl/Huschens*, UPR 1991, 161, 166; *Breuer*, DÖV 1987, 169, 178; *Lappe*, WRP 1995, 170, 177; *Schall*, NJW 1990, 1263, 1265; *Hansmann*, NVwZ 1989, 913, 914; *Kirchhof*, in: Kirchhof/Söhn/Mellinghoff, EStG, § 2 Rn. A 234.

53 So *Franz*, StuW 1988, 17, 18;

unmittelbar aus der Verfassung ableiten lasse.[54] Das bedeutet nicht zwangsläufig, dass sich eine Einheit bzw. die Abstimmung zweier Teilrechtsordnungen zueinander nicht anhand allgemeiner Verfassungsgrundsätze herstellen lässt, da sie letztlich als Koordinationsnormen übergeordnet der Gesamtrechtsordnung ein inneres System[55] gegeben.[56] So folgt laut des BVerfG beispielsweise aus dem Gleichheitssatz in Art. 3 Abs. 1 GG die Forderung nach „Folgerichtigkeit innerhalb der Gesamtrechtsordnung, wenn eine bestimmte steuerrechtliche Regelung Wechselwirkungen mit anderen Teilrechtsordnungen begründet und dadurch widersprüchliche Regelungen entstehen können."[57] Aus dem Rechtsstaatsprinzip wiederum ergibt sich, dass der Gesetzgeber Regelungen jedenfalls soweit aufeinander abzustimmen hat, dass dem Normadressaten keine widersprüchlichen Regelungen entgegenstehen.[58] Einer Vereinheitlichung im weiteren Sinne bedarf es darüber hinaus nicht;[59] Konsistenz oder Inkonsistenz der Gesetzessystematik an sich ist verfassungsrechtlich gerade nicht ausschlaggebend, sondern das Ergebnis seiner Anwendung.[60]

Diesem restriktiveren Ansatz ist in seiner Gesamtbetrachtung auch der Vorzug zu gewähren, weil sich die Konflikte zwischen den Teilrechtsordnungen häufig aus deren Grundprinzipien ergeben, die häufig wiederum für sich verfassungsrechtlich verankert sind.[61] Dies bedingt sich schon daraus, dass sich in einer ausdifferenzierten Rechtsordnung bereits aus den gesetzlichen Regelungen und der Verfassung unterschiedliche Zielsetzungen ergeben, die, wenn sie den gleichen Sachverhalt aus verschiedenen Blickwinkeln bewerten, zu kollidierenden Ergebnissen kommen können.[62] So entschied das BVerfG beispielsweise ebenso, dass ein auf fiskalische Ziele ausgerichtetes Steuerrecht zu Zwecken der

---

54 Vgl. dazu *Felix*, Einheit der Rechtsordnung, S. 12; *dies.*, in: Seel, Ehegattensplitting, 73, 100; *Müller-Franken*, StuW 1997, 3, 19; *Baldus*, Einheit der Rechtsordnung, S. 13; *Schmidt*, NVwZ 1985, 167, 169, der die aus dem Gebot der Einheit der Rechtsordnung gezogenen Folgerungen für verfassungsrechtlich unhaltbar ansieht.

55 *Vogel*, NJW 1985, 2986.

56 Vgl. *Felix*, Einheit der Rechtsordnung, S. 12 f.; i.E. auch *Kirchhof*, StuW 1983, 173, 182; *Canaris*, Systemdenken in der Jurisprudenz, S. 16 f.

57 BVerfG, Beschl. v. 12.4.1996 – 2 BvL 18/93, NJW 1996, 2086, B.2.; vgl. auch *Nußberger*, in: Sachs, GG, Art. 3 Rn. 99.

58 BVerfG, Urt. v. 7.5.1998 – 2 BvR 1876/91, BVerfGE 98, 83, C.I.2.; *Kirchhof*, StuW 2000, 316, 322.

59 *Hey*, in: Herrmann/Heuer/Raupach, Einf. ESt Rn. 900.

60 *Nußberger*, in: Sachs, GG, Art. 3 Rn. 99.

61 So auch *Felix*, in: Seel, Ehegattensplitting, 73, 100.

62 Vgl. *Felix*, in: Seel, Ehegattensplitting, 73, 100.

Harmonisierung der Gesamtrechtsordnung nicht zwangsläufig an die zivilrechtliche Ordnung anzuknüpfen hat (siehe zur Vorherigkeit anderer Teilrechtsordnungen gegenüber dem Steuerrecht in Abgrenzung zur Vorrangwirkung B.II.).[63]

Der verfassungsrechtliche Kern der Einheit der Rechtsordnung gebietet demnach im Steuer- und Sozialrecht nicht unbedingt identische Bemessungsgrundlagen und Regelungen; vielmehr ist auch den unterschiedlichen Werten und Zielsetzungen der einzelnen Teilrechtsordnungen entsprechend Bedeutung zu zumessen,[64] die das Gebot einer einheitlichen harmonisierten Gesamtrechtsordnung letztlich beschränken.[65] Demnach ist es verfassungsrechtlich geboten, dass die steuer- und sozialrechtlichen Regelungen folgerichtig und widerspruchsfrei zueinanderstehen,[66] worauf das Gebot der Einheit der Rechtsordnung letztlich zu reduzieren ist.[67]

2. Anforderungen

Das Postulat der Vermeidung von Wertungswidersprüchen richtet sich sowohl an den Gesetzgeber als auch den Rechtsanwender.[68] Die Umsetzung abstrakter Rechtssätze sowie behördlicher und richterlicher Grundsatzentscheidungen, die einmal gefällt worden sind, muss folgerichtig und widerspruchsfrei erfolgen.[69] Eine Rechtsordnung darf demnach Normadressaten nicht unterschiedlichen Verhaltensbefehlen aussetzen.[70] Wie dies im Konkreten letztlich zu bewerkstelligen ist, richtet sich nach den Zielsetzungen der verschiedenen Regelungen der beiden Rechtsgebiete:

Im Grundsatz geht man von einer übergeordneten – insb. verfassungsrechtlichen – Werteeinheit aus, in der sich die Regelungen der verschiedenen

---

63 Vgl. BVerfG, Beschl. v. 15.7.1969 – 1 BvR 457/66, BStBl II 1969, 718, B.II.2.a).

64 *Raupach*, DStJG 29 (2006), 1, 6.

65 Vgl. *Kunkel*, NVwZ 1994, 352, 354; *Felix*, in: Seel, Ehegattensplitting, 73, 100.

66 *Palm*, JbSozR 26 (2004), 541 f.; *Raupach*, DStJG 29 (2006), 1, 6; vgl. zum Gebot folgerichtiger tatbestandlicher Ausgestaltung steuerlicher Belastungsgrundentscheidungen im Rahmen der steuerlichen Begünstigung von Sozialversicherungsrenten BVerfG, Urt. v. 6.3.2002 – 2 BvL 17/99, BVerfGE 105, 73, C.II.1.; vgl. zum Zusammenwirken von Teilrechtsordnungen allgemein *Kirchhof*, StuW 2000, 316, 322.

67 Vgl. *Hey*, in: Herrmann/Heuer/Raupach, Einf. ESt Rn. 900; i.E. auch *Kirchhof*, NJW 1987, 3217, 3221.

68 *Lappe*, WRP 1995, 170, 177; *Felix*, in: Seel, Ehegattensplitting, 73, 77; *Larenz*, Methodenlehre der Rechtswissenschaft, S. 334.

69 Vgl. *Kirchhof*, StuW 2000, 316, 322; *Felix*, in: Seel, Ehegattensplitting, 73, 77.

70 *Müller-Franken*, StuW 1997, 3, 18.

Rechtsgebiete einpassen.[71] Dennoch ist es möglich, dass die verschiedenen Vorschriften konkurrierende Zielsetzungen verfolgen. Dies ist auch durchaus mit dem verfassungsrechtlich gebotenen Gehalt der Einheit der Rechtsordnung vereinbar, da es gerade nicht besagt, dass Gesetze unterschiedlicher Rechtsgebiete nicht auch unterschiedlichen Wertungen unterliegen können; nur widersprechen dürfen sie sich nicht.[72]

Insbesondere bei im Grundsatz verschiedenen Rechtsgebieten wird eine Beseitigung von Widersprüchen durch Auslegung nach Wortlaut und Telos nicht immer möglich sein.[73] Sollte es zu einer solchen Wertekonkurrenz kommen, muss eine entsprechende Abwägung zwischen den Wertvorstellungen unter Gemeinwohlgesichtspunkten erfolgen.[74] Dazu ist zu prüfen, welchem Prinzip nach rechtlichem Gewicht Vorrang einzuräumen ist, oder ob beispielsweise auch ein Prinzipienkompromiss denkbar ist.[75] Im Ergebnis kommt es demnach auf den Einzelfall an, inwieweit und in welcher Form sich aus der Verfassung eine Abstimmung von einzelnen Teilrechtsordnungen zueinander ergibt.

Die Abgrenzungsschwierigkeiten im Rahmen der Frage, wann es sich um einen aufzulösenden Wertungswiderspruch handelt und wann verschiedene Wertungen lediglich miteinander konkurrieren, lassen sich am Beispiel der Abzugsfähigkeit von Bestechungsgeldern als Werbungskosten verdeutlichen.[76] Diese Abzugsfähigkeit könnte man als steuerliche Vergünstigung oder Prämierung eines gesetzeswidrigen Verhaltens ansehen und damit als zu vermeidenden Widerspruch gegenüber strafrechtlichen Wertungen zu Bestechungen, der durch ein Abzugsverbot für Bestechungsgelder aufgelöst werden könnte. Dadurch würde aber verkannt, dass der Charakter abziehbarer Werbungskosten nicht in einer steuerlichen Vergünstigung begründet liegt,[77] sondern in der konsequenten Umsetzung des steuerlichen Grundprinzips der Besteuerung nach

---

71 *Seer*, in: Tipke/Lang, Steuerrecht, § 1 Rn. 45; vgl. auch *Müller-Franken*, StuW 1997, 3, 18.

72 Vgl. auch *Tipke*, Steuerrechtsordnung, § 3, S. 57.

73 *Lappe*, WRP 1995, 170, 177; *Engisch*, Einheit der Rechtsordnung, S. 63; *Larenz*, Methodenlehre der Rechtswissenschaft, S. 335 Fn. 45.

74 *Seer*, in: Tipke/Lang, Steuerrecht, § 1 Rn. 48; *Hey*, in: Herrmann/Heuer/Raupach, Einf. ESt Rn. 900; *Felix*, Einheit der Rechtsordnung, S. 110 ff.; *Tipke*, Steuerrechtsordnung, § 3, S. 58.

75 *Tipke*, in: FS Friauf, 741, 742.

76 Siehe zur Abgrenzung am Beispiel von Bestechungsgeldern auch *Müller-Franken*, StuW 1997, 3, 18 f.; *Felix*, in: Seel, Ehegattensplitting, 73, 89 f.

77 Dies wäre nur bei Verkürzung eines bestehenden Steueranspruchs der Fall, *Müller-Franken*, StuW 1997, 3, 18.

der Leistungsfähigkeit.[78] Diese bemisst sich gerade nicht nur an den Einnahmen, sondern stellt auf das Endergebnis nach Abzug aller getätigten Aufwendungen ab.[79] Strafrechtliche Wertungen spielen dabei keine Rolle, was die Wertungsneutralität des Steuerrechts unterstreicht,[80] die es ebenso wie die Wertungen anderer Teilrechtsordnungen grundsätzlich zu wahren gilt.[81] Dies hat der Gesetzgeber einfachgesetzlich auch mit der Regelung in § 40 AO deutlich gemacht.[82] Dort ist normiert, dass es für die Besteuerung unerheblich ist, ob ein Verhalten, das den Tatbestand eines Steuergesetzes erfüllt, gegen ein gesetzliches Verbot oder die guten Sitten verstößt. Ob man nun zum Flankieren des Strafrechts die Abzugsfähigkeit einschränkt (wie letzten Endes in § 4 Abs. 5 Nr. 8 und 10 EStG geschehen), ist eine Abwägungsentscheidung des Gesetzgebers und keineswegs aufgrund eines echten Wertungswiderspruchs verfassungsrechtlich geboten.[83] Etwas anderes ergibt sich laut des Großen Senats des BFH auch nicht aus dem Gedanken der Einheit der Rechtsordnung.[84]

3. Ergebnis

Die Widerspruchsfreiheit der Grundwertungen des Rechts und der Gerechtigkeit gilt als entscheidendes Element einer Gesamtrechtsordnung.[85] Weder darf das Steuerrecht Grundprinzipien anderer Rechtsgebiete unterwandern, noch dürfen andere Teile der Rechtsordnung steuerrechtliche Wertungen verletzen.[86] Sollte es dennoch zu Unabgestimmtheiten kommen, gebietet es die Einheit der

---

78 BFH, Beschl. v. 1.11.1983 – GrS 2/82, BStBl II 1984, 160, C.I.2.b)dd); vgl. BVerfG, Beschl. v. 23.1.1990 – 1 BvL 4/87, BStBl II 1990, 483, B.I.3. zur Abziehbarkeit von Werbungskosten und Betriebsausgaben als Bestandteil.

79 BVerfG, Urt. v. 3.11.1982 – 1 BvR 620/78, BStBl II 1982, 717, C.I.2.; *Müller-Franken*, StuW 1997, 3, 18.

80 *Felix*, in: Seel, Ehegattensplitting, 73, 89 f.

81 I.E. auch *Müller-Franken*, StuW 1997, 3, 19, wenn auch dieser sich gegen den Begriff der Wertneutralität des Steuerrechts stellt, da auch letztlich das Leistungsfähigkeitsprinzip eine Wertvorstellung sei, deren Anliegen in der Herstellung von Gerechtigkeit in Form von Lastengleichheit begründet liege, was durch § 40 AO flankiert werde.

82 Vgl. *Hey*, in: Herrmann/Heuer/Raupach, Einf. ESt Rn. 900; *Felix*, Einheit der Rechtsordnung, S. 111.

83 *Müller-Franken*, StuW 1997, 3, 19.

84 BFH, Beschl. v. 1.11.1983 – GrS 2/82, BStBl II 1984, 160, C.I.2.b)dd); vgl. ebenso *Salzberger/Theisen*, DB 1996, 396, 399; *Hey*, in: Herrmann/Heuer/Raupach, Einf. ESt Rn. 900.

85 *Seer*, in: Tipke/Lang, Steuerrecht, § 1 Rn. 30.

86 *Tipke*, Steuerrechtsordnung, § 3, S. 39.

Rechtsordnung, diese Widersprüche in sachgerechter Weise zu beseitigen.[87] Ein darüber hinausgehender Zwang zur Vereinheitlichung der Rechtsgebiete ergibt sich hingegen gerade nicht, da eine differenzierte Rechtsordnung „zum Wesen der staatspolitischen Kultur eines entwickelten Gemeinwesens" gehört.[88] Entscheidender Maßstab ist letztlich die verfassungsrechtliche Werteordnung.[89]

II. Vorrang oder Vorherigkeit des Sozialrechts?

Der steuerrechtliche Tatbestand knüpft in der Regel an Lebenssachverhalte an, die durch das Zivilrecht (oder zum Teil auch das Sozialrecht)[90] geprägt sind.[91] Bei der Anwendung muss daher grundsätzlich in einem ersten Schritt unter den zivil- bzw. sozialrechtlichen Tatbestand subsumiert werden, um zu prüfen, ob der steuerrechtliche Tatbestand überhaupt einschlägig ist, bevor in einem zweiten Schritt die steuerrechtliche Rechtsanwendung erfolgen kann.[92] Dieses Vorangehen des Zivil- oder auch Sozialrechts wird auch als Vorherigkeit der jeweiligen Teilrechtsordnung für die Anwendung des Steuerrechts bezeichnet.[93] Fraglich ist allerdings, ob darüber hinaus durch diese Vorherigkeit anderer Teilrechtsordnungen auch eine Art Vorgabewirkung in der steuerrechtlichen Rechtsanwendung dergestalt begründet wird,[94] dass für die Subsumption des zivil- oder sozialrechtlichen Tatbestands auch die jeweilige Bedeutung des Rechtsgebiets einschlägig oder nur die steuerrechtliche Wertung (insbesondere in Form einer wirtschaftlichen Betrachtungsweise) entscheidend ist.

Vor dem Hintergrund der Einheit der Rechtsordnung ließe sich zwar argumentieren, dass von anderen Teilrechtsordnungen losgelöste eigenständige steuerrechtsdogmatische Konstruktionen eingrenzt werden müssen.[95] Doch

87 *Tipke*, Steuerrechtsordnung, § 3, S. 48.

88 *Felix*, in: Seel, Ehegattensplitting, 73, 89 f.; i.E. auch *Kirchhof*, NJW 1987, 3217, 3221; *Kloepfer*, NuR 1990, 337, 338.

89 Vgl. *Kirchhof*, in: Kirchhof/Söhn/Mellinghoff, EStG, § 2 Rn. A 234.

90 *Heuermann*, UR 2016, 905, 906; *Axer*, JbSozR 31 (2010), 583; siehe ausführlich zu den Einkommensbegriffen im Steuer- und Sozialrecht *Franz*, StuW 1988, 17 ff.

91 *Tipke*, Steuerrechtsordnung, § 3, S. 45.

92 Für das Verhältnis zum Zivilrecht *Crezelius*, Steuerrechtliche Rechtsanwendung, S. 180.

93 *Tipke*, Steuerrechtsordnung, § 3, S. 45; *Kirchhof*, NJW 1987, 3217, 3221; *Heuermann*, UR 2016, 905, 906.

94 *Felix*, Einheit der Rechtsordnung, S. 111.

95 Vgl. i.E. *Flume*, in: FS Smend, 59, 73, der fordert, dass die Besteuerung durch eine gewisse Autonomie nicht zur Aufhebung der allgemeinen Rechtsordnung führen dürfe; *Felix*, Einheit der Rechtsordnung, S. 111.

auch wenn es sich um eine einheitliche Rechtsordnung handelt, so differenziert diese nach Sachbereichen, woraus sich eine gewisse „Relativität der Rechtsbegriffe“[96] ergibt.[97] Dies bedeutet, dass es keinen technisch-juristisch starren Sprachgebrauch in dem Sinne gibt, sondern dass dieser insbesondere auch von der teleologischen und systematischen Auslegung geprägt ist und Begrifflichkeiten innerhalb verschiedener Gesetze etwas Unterschiedliches bedeuten können.[98] Eine Vermutung oder einen Grundsatz für ein abweichendes oder übereinstimmendes Verständnis der Rechtsbegriffe verschiedener Teilrechtsordnungen gibt es gerade nicht. Das BVerfG entschied für das Verhältnis von Steuer- und Zivilrecht, dass bei der Auslegung steuerrechtlicher Tatbestände kein Vorrang für das zivilrechtliche Verständnis gelte, da es sich um gleichrangige, nebengeordnete Rechtsgebiete handle.[99] Vielmehr werde letztlich der gleiche Sachverhalt aus unterschiedlichen Betrachtungsweisen und den dazugehörigen Ziel- und Wertvorstellungen bewertet.[100] Dies gilt nicht nur für das Zivilrecht, sondern auch für das Sozialrecht: So besteht für das Verhältnis zum Steuerrecht entsprechend der herrschenden Meinung der Grundsatz, dass „der Anwendung der Sozialrechtsordnung […] für die Auslegung steuerrechtlicher Tatbestände kein Vorrang zu[kommt].“[101] Vielmehr bedarf es – wie bereits ausgeführt – nur im Falle gegensätzlicher Wertvorstellungen vor dem Hintergrund der Einheit der Rechtsordnung einer Gesamtabwägung und bei Abweichungen einer sachlich hinreichenden Rechtfertigung mit überzeugenden Gründen.[102]

Im Ergebnis bedeutet daher die Vorherigkeit des Sozial- oder Zivilrechts vor dem Steuerrecht nicht zwangsläufig auch ein Vorrang.[103] Werden im Steuerrecht

---

96 *Engisch*, Juristisches Denken, S. 140 f.

97 BVerfG, Beschl. v. 27.12.1991 – 2 BvR 72/90, BStBl II 1992, 212, 1.a)cc); vgl. zur Eigenheit der steuerrechtlicher Terminologie *Kirchhof*, NJW 1987, 3217, 3221.

98 *Engisch*, Juristisches Denken, S. 140 f.

99 BVerfG, Beschl. v. 27.12.1991 – 2 BvR 72/90, BStBl II 1992, 212, 1.a)cc); *Heuermann*, UR 2016, 905, 906.

100 BVerfG, Beschl. v. 27.12.1991 – 2 BvR 72/90, BStBl II 1992, 212, 1.a)cc), vgl. auch *Wank*, Juristische Begriffsbildung, S. 114 f.

101 *Heuermann*, UR 2016, 905, 906; vgl. auch *Müller-Franken*, StuW 1997, 3, 19; *Salzberger/Theisen*, DB 1996, 396, 399; *Felix*, Einheit der Rechtsordnung, S. 111; *Tipke*, Steuerrechtsordnung, § 3, S. 48.; a.A. *Martens*, StVj 1989, 199, 208 im Rahmen der für die Gewährleistung des Existenzminimums spezifische Gesetzeslage, aber nicht als generelle Überhöhung des Sozialrechts.

102 *Wank*, Juristische Begriffsbildung, S. 115; *Kirchhof*, NJW 1987, 3217, 3221.

103 Vgl. für das Sozialrecht *Heuermann*, UR 2016, 905, 906; für das Zivilrecht *Kirchhof*, NJW 1987, 3217, 3221.

Begriffe aus anderen Rechtsgebieten entnommen, ist auszulegen, ob diese Begriffe ihrer Wertung nach dem jeweiligen ursprünglichen Rechtsgebiet – bspw. dem Sozialrecht – folgen, oder sie einen eigenen steuerrechtlichen Tatbestand mit eigenständiger Bedeutung bilden.[104] Entscheidend ist insofern der Regelungszusammenhang der Norm sowie Zweck und Bedeutung des Gesetzes. Eine Vermutung oder ein Grundsatz für ein abweichendes oder übereinstimmendes Verständnis der Rechtsbegriffe verschiedener Rechtsgebiete kann nicht pauschal aufgestellt werden, da letztlich die Zielsetzungen der Gesetze ausschlaggebend sind.

Für die Bestimmung des Verhältnisses von Sozialrecht und Steuerrecht ergibt sich demnach kein generelles aus der Verfassung herzuleitendes Rangverhältnis. Grundsätzlich gilt, dass die beiden Rechtsgebiete gleichrangig und gleichberechtigt nebeneinanderstehen.

III. Rechtstatsächliche Beziehung zwischen Sozial- und Steuerrecht an verschiedenen Beispielen

Aufgrund dieses gleichrangigen Verhältnisses regelt das Steuerrecht sozialrechtliche Sachverhalte grundsätzlich selbständig und unabhängig vom Sozialrecht.[105] Dies sollte allerdings – soweit möglich – in Abstimmung mit dem Sozialrecht geschehen.[106]

Das Zusammenwirken der beiden Teilrechtsordnungen lässt sich an ausgewählten Beispielen verdeutlichen. In der Praxis werden insofern (neben der Auslegung sozialrechtlicher Regelungen und Gesetzestatbestände) vor allem die steuerrechtlichen Folgen thematisiert, die sich aufgrund sozialrechtlich veranlasster Transferströme ergeben.[107] Im Zusammenhang damit betrifft der Großteil der umfangreichen, seit Jahren bestehenden Diskussion in der Literatur zum Verhältnis von Steuer- und Sozialrecht vor allem die Wechselwirkung zwischen dem Sozialrecht und dem Einkommensteuerrecht.[108] Weitestgehend ungeklärt ist hingegen, wie das Verhältnis zu den indirekten Steuern, insbesondere dem Umsatzsteuerrecht, auszugestalten ist.

---

104 BVerfG, Beschl. v. 27.12.1991 – 2 BvR 72/90, BStBl II 1992, 212, 1.a)cc); *Heuermann*, UR 2016, 905, 906.

105 Im Zusammenhang mit dem Einkommensteuerrecht *Hey*, in: Herrmann/Heuer/Raupach, EStG, Einf. EStG Rn. 930; *Tipke*, Steuerrechtsordnung, § 3, S. 39.

106 *Seer*, in: Tipke/Lang, Steuerrecht, § 1 Rn. 30.

107 *Palm*, JbSozR 30 (2009), 545; *Morgenthaler*, JbSozR 22 (2000), 449, 450 Fn. 4.

108 Vgl. *Axer*, JbSozR 31 (2010), 583; *Palm*, JbSozR 30 (2009), 545.

Nachfolgend wird exemplarisch die Abgestimmtheit und Abhängigkeit der Regelungen im Sozialrecht und Einkommensteuerrecht dargestellt. Dazu wird zuvorderst das Sozialleistungsrecht als Beispiel für die am häufigsten diskutierte Schnittstelle betrachtet (1.a)),[109] um dann die Verbindung zum – für diese Arbeit relevanten – Recht der gesetzlichen Krankenversicherung zu ziehen (1.b)). Abschließend wird die Übertragbarkeit bzw. Abgrenzung zum Umsatzsteuerrecht bewertet (2.).

1. Abgestimmtheit und Abhängigkeit der Regelungen im Sozialrecht und Einkommensteuerrecht

a) Sozialleistungsrecht: Die Steuerfreiheit des Existenzminimums

Die Steuerfreiheit des Existenzminimums ist ein Beispiel dafür, dass letztlich für jeden Lebenssachverhalt geprüft werden muss, welches Verhältnis sich zwischen Steuer- und Sozialrecht konkret aus der Verfassung ergibt. Es handelt sich dabei wohl um die bedeutendste Einwirkung des Sozialrechts auf das Steuerrecht. Gleichzeitig ist es kennzeichnend für ein systemübergreifendes Denken geworden, durch das Wertungen einzelner Normen über die Rechtsgebiete hinaus überprüft werden.[110]

Aus Art. 1 Abs. 1 GG i.V.m. dem in Art. 20 GG verankerten Sozialstaatsprinzip ergibt sich die Verantwortung des Staates, „die Mindestvoraussetzungen für ein menschenwürdiges Dasein" zu sichern.[111] Dies äußert sich einerseits als positive staatliche Schutzpflicht in einem Fürsorgeanspruch des Bürgers, der durch sozialrechtliche Regelungen in Form von Sozialleistungen gewährt wird.[112] Gleichzeitig folgt laut dem BVerfG aus der verfassungsrechtlichen Verankerung des Existenzminimums aber auch, dass „der Staat dem Steuerpflichtigen [und seiner unterhaltsberechtigten Familie][113] sein Einkommen insoweit steuerfrei belassen muß, als es zur Schaffung der Mindestvoraussetzungen für ein menschenwürdiges Dasein benötigt wird."[114]

---

109 Vgl. bspw. *Heuermann*, FR 2000, 248 ff. zum Verhältnis von Einkommensteuer und Kindergeld; *Axer*, JbSozR 31 (2010), 583, 587 f. zur Abzugsfähigkeit von Vorsorgeaufwendungen.

110 Siehe FG Hannover, Beschl. v. 18.8.1988 – VII 306/97, EFG 1999, 37, III.1.b).

111 BVerfG, Beschl. v. 29.5.1990 – 1 BvL 20/84, BVerfGE 82, 60, C.II.1.

112 Vgl. BVerfG, Urt. v. 9.2.2010 – 1 BvL 1/09, BVerfGE 125, 175, C.I.

113 BVerfG, Beschl. v. 29.5.1990 – 1 BvL 20/84, BVerfGE 82, 60, C.III.3.b).

114 BVerfG, Beschl. v. 29.5.1990 – 1 BvL 20/84, BVerfGE 82, 60, C.III.2.; vgl. auch Beschl. v. 13.2.2008 – 2 BvL 1/06, BVerfGE 120, 125, D.I.1.

Das bedeutet, dass sich der Steuerfreibetrag im Einkommensteuerrecht an der durch sozialrechtliche Regelungen festgelegten Höhe des Leistungsniveaus zur Wahrung des Existenzminimums orientieren muss,[115] was im Ergebnis zu einer Stufenfolge zwischen Steuer- und Sozialrecht führt.[116] Nichtsdestotrotz ergibt sich auch daraus kein allgemeingültiges Rangverhältnis. Aber insbesondere in dem komplexen Transfersystem Deutschlands bedarf es konsistenter Be- und Entlastungsentscheidungen, die in den Teilrechtsordnungen widerspruchsfrei aufeinander abgestimmt werden müssen.[117]

b) Recht der gesetzlichen Krankenversicherung

Doch nicht nur bei einer unmittelbaren Wechselwirkung zwischen staatlichen Abgaben und Leistungen in Bezug auf den einzelnen Bürger wie im Rahmen des Sozialleistungsrechts und der Einkommensteuer kommen enge Verflechtungen in Betracht. Auch im Rahmen des Gesundheitswesens ist die Frage nach der Einkommensbesteuerung bedeutend.

Die Abstimmung der Rechtsgebiete ist auch hier insofern problematisch, dass weder das Gesundheitswesen Objekt der Besteuerung ist, noch das Steuerrecht eine zentrale Rolle in der Gesundheitspolitik einnimmt.[118] So stellten bereits *Heintzen/Musil* fest, dass die Gesetze, die in den vergangenen Jahren im Rahmen der Gesundheitsreform erlassen worden sind, alle „keinen steuerrechtlichen „roten" Faden" enthalten.[119] Das veranlasste sie dazu, in einer Art Leitfaden die Systematik des im Gesundheitswesen geltenden Steuerrechts nach den Beteiligten (Leistungserbringer, Kostenträger und Patient) darzustellen.[120] Es handelt sich insoweit auch nicht um eine steuerrechtliche Sonderdogmatik für das Gesundheitswesen – diese gibt es nicht;[121] vielmehr muss die Abstimmung der beiden Rechtsgebiete auch hier von Fall zu Fall vorgenommen werden.

Die einkommenssteuerrechtlichen Problematiken und Verflechtungen im Recht der gesetzlichen Krankenversicherung sind ebenso vielschichtig und vergleichbar mit denen des Sozialleistungsrechts und sollen an dieser Stelle nicht

---

115 BVerfG, Beschl. v. 13.2.2008 – 2 BvL 1/06, BVerfGE 120, 125, D.I.3.

116 Vgl. *Englisch*, UR 2010, 400, 402; *Tipke*, in: FS Friauf, 741, 742.

117 Vgl. *Franz*, StuW 1988, 17, 33.

118 *Heintzen/Musil*, Steuerrecht des Gesundheitswesens, S. 2 Fn. 4.

119 *Heintzen/Musil*, Steuerrecht des Gesundheitswesens, S. 2.

120 Siehe dazu *Heintzen/Musil*, Steuerrecht des Gesundheitswesens; zu den steuerlichen Fragen der Gesundheitsreform im Krankenhausbereich und für neue Versorgungsformen *Musil*, Steuerlichen Fragen der Gesundheitsreform Teil I und II.

121 *Heintzen/Musil*, Steuerrecht des Gesundheitswesens, S. 3.

weiter vertieft werden. Sie reichen unter anderem von der Bestimmung der selbstständigen Tätigkeit im Sinne des § 18 EStG für die verschiedenen Gesundheitsberufe,[122] über die Abzugsfähigkeit der Beiträge der Krankenversicherung und Vorsorgungsaufwendungen als Sonderausgaben gem. § 10 Abs. 1 Nr. 3, Abs. 4 EStG, soweit sie zur Versorgung auf Sozialhilfeniveau erforderlich sind.[123] Es ist insoweit kein einheitliches Schema zu erkennen und die Bestimmung erfolgt individuell nach den Wertungen der einzelnen Regelungen.

2. Abgestimmtheit und Abhängigkeit der Regelungen im Sozialrecht und Umsatzsteuerrecht

Neben dem Einkommensteuerrecht gibt es auch zwischen dem Sozial- und Umsatzsteuerrecht vielfältige Berührungspunkte und Verflechtungen,[124] weshalb sich die Frage stellt, wie sich dieses Verhältnis gestaltet und inwieweit die Ausführungen zur Abstimmung im Einkommensteuerrecht übertragbar sind. Dazu müssen vor allem aber die Besonderheiten des Umsatzsteuerrechts Beachtung finden. Es handelt sich insofern um eine Thematik, die bislang – außer im Rahmen der Verschonung des Existenzminimums –[125] im Gesamtkontext des Verhältnisses zueinander kaum thematisiert wurde,[126] obwohl sie insbesondere im Gesundheitswesen mit Anstieg der grenzüberschreitenden Leistungsinanspruchnahmen durch die Versicherten erheblich an Bedeutung gewinnt.

a) Umsatzsteuer als indirekte Steuer

Das Umsatzsteuerrecht zählt anders als das Einkommensteuerrecht zu den indirekten Steuern. Diese beziehen sich nicht direkt auf eine Person, sondern berühren diese nur durch den Vorgang, an den sie anknüpfen,[127] weshalb auch die

---

122 *Heintzen/Musil*, Steuerrecht des Gesundheitswesens, S. 189 f.; so bspw. die Definition des Arztbegriffs für § 18 Abs. 1 Nr. 1 Satz 2 EStG, die steuerrechtsautonom erfolgt und sich insofern nicht an den Sozialrechtsnormen orientiert, *Heintzen/Musil*, Steuerrecht des Gesundheitswesens, S. 8.

123 *Leibohm*, Bedarfsorientierung im Finanzrecht, S. 160.

124 Vgl. dazu ausführlich *Heuermann*, UR 2016, 905 ff.

125 Siehe dazu ausführlich *Englisch*, UR 2010, 400 ff.; BVerfG, Beschl. v. 23.8.1999 – 1 BvR 2164/98, NJW 1999, 3478.

126 Vgl. zum Hinweis der Einflussnahme der Umsatzsteuer auf das Sozialrecht *Brandis*, DStJG 29 (2006), 93, 114 Fn. 96.

127 Vor dem Hintergrund der Divergenzen des Einkommen- und Umsatzsteuerrecht im Gesundheitswesen *Heintzen/Musil*, Steuerrecht des Gesundheitswesens, S. 40.

Leistungsfähigkeit kein Anknüpfungspunkt für die Besteuerung ist. Ihr liegen damit völlig unterschiedliche Wertungen im Vergleich zum Einkommensteuerrecht zugrunde.

Ein unmittelbarer Berührungspunkt zwischen dem Sozial- und Umsatzsteuerrecht besteht insofern nur im Rahmen der Steuerbefreiungen, wie beispielsweise in § 4 Nr. 14 ff. UStG, die einen gesundheitsrechtlichen Bezug aufweisen (siehe zu den Umsatzsteuerbefreiungen im Rahmen der Arzneimittelversorgung unter D.II.3.c)).

Darüber hinaus fehlt es in den umsatzsteuerlichen Regelungen an einem konkreten gesetzlichen Anknüpfungspunkt zum Sozialrecht. Nichtsdestotrotz finden sich die Wertungen indirekt wieder, wenn der sozialrechtliche Vorgang einem umsatzsteuerlichen Tatbestand unterfällt. In diesem Fall findet die Anwendung des Umsatzsteuerrechts auf konkrete Sachverhalte statt, die durch das Sozialrecht determiniert sind.[128] So ist beispielsweise auch dann grundsätzlich die Vorherigkeit des Sozialrechts zu beachten,[129] weshalb im Rahmen der Bestimmung der umsatzsteuerlichen Leistungsbeziehung das Sozialrecht – wie im Einkommensteuerrecht – das tatsächliche und rechtliche Umfeld, an das die Umsatzsteuer anknüpft, durchaus prägen kann (siehe dazu D.II.2.b)bb)).[130] Doch ebenso wie im Verhältnis zum Zivilrecht kann dieser Grundsatz im Umsatzsteuerrecht durchbrochen werden, weil dort die wirtschaftliche und geschäftliche Realität der entscheidende Maßstab ist, da das Umsatzsteuerrecht letztlich tatsächliche wirtschaftliche Vorgänge besteuert.[131] Jüngstes Beispiel ist insofern die Entscheidung des EuGH in der Sache *Boehringer Ingelheim Pharma.*[132] Denn auch in dieser bestimmte er die umsatzsteuerliche Leistungsbeziehung im Rahmen der Arzneimittelversorgung von privaten Krankenversicherten entgegen der eindeutigen vertraglichen Grundlage nach der wirtschaftlichen Realität (siehe dazu ausführlich D.II.2.a)bb) und D.II.2.d) zur Bestimmung

128 Vgl. *Pflaum*, HFR 2016, 1010.
129 Vgl. *Heuermann*, UR 2016, 905, 911.
130 *Heuermann*, UR 2016, 905, 906.
131 Vgl. EuGH, Urt. v. 20.6.2013 – C-653/11 – *Paul Newey*, ABl. EU 2013, Nr. C 225, 19, Rn. 39; Urt. v. 7.10.2010 – C-53/09, C-55/09 – *Loyalty Management UK, Baxi group*, Slg. 2010, I-9187, Rn. 39; BFH, Urt. v. 1.6.1989 – V R 72/84, BStBl II 1989, 677, II.2.b); BFH, Beschl. v. 22.2.2008 – XI B 189/07, BFH/NV 2008, 830; Generalanwalt *Tanchev*, EuGH, Schlussanträge v. 11.07.2017 – C-462/16, Celex-Nr. 62016CC0462, Rn. 44; *Nieskens*, in: Rau/Dürrwächter, UStG, § 1 Rn. 536.
132 EuGH, Urt. v. 20.12.2017 – C-462/16 – *Boehringer Ingelheim Pharma*, UR 2018, 166.

der umsatzsteuerlichen Leistungsbeziehung in der privaten Krankenversicherung).[133] *Heuermann* begrüßte die Entscheidung, da in diesem Fall die „herausgearbeitete Rechtlage mit der sozialrechtlichen Überlagung der zivilrechtlichen Einkleidung eben anders [sei] und [...] in seiner spezifischen Intention mit Blick auf das Neutralitätsprinzip einer gesonderten Antwort des Umsatzsteuerrechts" bedurft habe.[134]

b) Vorrang durch Harmonisierung mit der Mehrwertsteuersystemrichtlinie

Des Weiteren muss im Umsatzsteuerrecht – anders als im Ertragssteuerrecht –[135] das Unionsrecht in Form der Mehrwertsteuersystemrichtlinie (MwStSystRL)[136] beachtet werden,[137] die aufgrund des in Art. 113 AEUV normierten Harmonisierungsauftrags die Grundlage des Umsatzsteuergesetzes (UStG)[138] darstellt (siehe dazu auch D.I.1.).[139]

Aufgrund dessen sind die Handlungsspielräume des Gesetzgebers entsprechend begrenzt und auch die verfassungsrechtlichen Gebote müssen hinter den unionsrechtlichen Vorgaben zurücktreten.[140] Denn „soweit der Gesetzgeber im Umsatzsteuerrecht Gemeinschaftsrecht umsetzt, das ihm keinen eigenen Gestaltungsspielraum lässt, prüft das BVerfG die Bestimmungen des Umsatzsteuergesetzes grundsätzlich nicht am Maßstab der Grundrechte des Grundgesetzes".[141]

---

133 Vgl. EuGH, Urt. v. 20.12.2017 – C-462/16 – *Boehringer Ingelheim Pharma*, UR 2018, 166, Rn.

134 *Heuermann*, UR 2018, 497, 503.

135 Dieses ist aufgrund fehlender EU-Kompetenz (vgl. Art. 114 Abs. 2 AEUV) nicht harmonisiert.

136 Richtlinie 2006/112/EG des Rates über das gemeinsame Mehrwertsteuersystem vom 28.11.2006, ABl. EU Nr. L 347/2006, 1, zuletzt geändert durch Art. 1 ÄndRL 2013/61/EU vom 17.12.2013, ABl. EU Nr. L 353/2013, 5.

137 Vgl. *Heintzen/Musil*, Steuerrecht des Gesundheitswesens, S. 40.

138 Umsatzsteuergesetz in der Fassung der Bekanntmachung vom 21.2.2005, BGBl. I 2005, 386, zuletzt geändert durch Art. 11 Abs. 35 des Gesetzes vom 18.7.2017, BGBl. I 2017, 2745.

139 Vgl. *Robisch*, in: Bunjes, UStG, Vor § 1 Rn. 4; *Heuermann*, UR 2016, 905, 906.

140 Vgl. dazu *Englisch*, UR 2010, 400, 411.

141 BVerfG, Beschl. v. 16.12.2007 – 1 BvR 2129/07, UR 2008, 159, II.1.b); vgl. grundlegend Beschl. v. 13.3.2007 – 1 BvF 1/05, BVerfGE 118, 79, I.1.; so auch *Heuermann*, UR 2016, 905, 910.

c) *Auswirkungen der Besonderheiten des Umsatzsteuerrechts am Beispiel der Verschonung des Existenzminimums*

Die Diskussion um die Frage nach der Berücksichtigung des Existenzminimums im Umsatzsteuerrecht kann exemplarisch dafür herangezogen werden, wie sich die Unterschiede zwischen der Einkommen- und Umsatzsteuer auf das Verhältnis zum Sozialrecht auswirken.

Dem Grundsatz nach hat die steuerliche Entlastung des zu gewährenden Existenzminimums auch für die Umsatzsteuer zu gelten, da es durch die verfassungsrechtliche Verankerung keine Bereichsausnahme für bestimmte Steuerarten geben kann.[142] Insofern wird im Schrifttum zum Teil eine umsatzsteuerliche Verschonung des Existenzminimums gleich der Einkommensbesteuerung gefordert.[143]

Das BVerfG scheint sich indes eher für eine Gewährung höherer Sozialleistungen als Kompensation für eine Mehrbelastung durch die Umsatzbesteuerung auszusprechen. Es führte in einem Nichtannahmebeschluss aus, dass die verfassungsrechtlich gebotene Steuerfreiheit des Existenzminimums durch die Begrenzung der einkommensteuerlichen Bemessungsgrundlage auch hinsichtlich der Umsatzsteuer entschieden sei.[144] Das sozialrechtlich festgesetzte Existenzminimum basiere auf Verbraucherpreisen, die die Umsatzsteuer bereits enthielten. Eine darüber hinausgehende Anpassung der Umsatzbesteuerung beispielsweise durch Reduzierung des Umsatzsteuersatzes sei demnach nicht geboten. Insofern weist auch das BVerfG in seiner Begründung auf die Ausgestaltung als indirekte Steuer hin.[145] Dadurch sei eine Berücksichtigung der familiären und monetären Verhältnisse – wie beispielsweise bei einem Grundfreibetrag – anders als bei einer Personensteuer nicht möglich. Der Verbraucher verschwinde in der „Anonymität des Marktes",[146] weshalb Entlastungen allen Konsumenten proportional zur Kaufkraft zugutekommen würden.[147] Zwar erkennt das Gericht an, dass Familien durch die Umsatzsteuer tendenziell stärker belastet seien, weil ihr Verbrauch höher sei als bei Kinderlosen. Dennoch sei diese Belastung im Mehrwertsteuersystem unvermeidlich und systematisch verankert, weshalb die Mehrbelastung viel mehr im Rahmen der direkten Steuern bzw. des Sozialrechts

142 Vgl. *Axer*, DStJG 29 (2006), 175, 188; *Englisch*, UR 2010, 400, 404.
143 Vgl. *Englisch*, UR 2010, 400, 404 f.
144 BVerfG, Beschl. v. 23.8.1999 – 1 BvR 2164/98, NJW 1999, 3478, II.1.
145 So auch *Stadie*, in Rau/Dürrwächter, UStG, Einf. Rn. 439 f.
146 BVerfG, Beschl. v. 23.8.1999 – 1 BvR 2164/98, NJW 1999, 3478, II.1.
147 *Leipold*, UR 2009, 584, 593.

berücksichtigt werden müsse.[148] Diese zwangsläufige Beachtung der Folgerichtigkeit von Belastungsentscheidung ist auch europarechtlich geboten, weil das Grundprinzip der Belastung einer indirekten Steuer durch den Verbrauch in der MwStSystRL angelegt ist.

Dasselbe gilt auch hinsichtlich der Überlegung, einzelne Gebrauchsgüter oder Dienstleistungen, die für den Verbraucher nicht zur Disposition stehen – wie bspw. Nahrung –[149] von der Umsatzsteuerbesteuerung auszunehmen.[150] Auch insofern sind die Regelungen der MwStSystRL maßgebend.[151] In Artt. 98 bis 105 i.V.m. Anhang III MwStSystRL ist geregelt, für welche Umsätze ein reduzierter Steuersatz in Betracht kommen darf. Sofern der Gesetzgeber mithin europarechtliche Regelungen umsetzt, die ihm keinen Gestaltungsspielraum lassen, ist eine Entlastung darüber hinaus nicht möglich.[152] Den Möglichkeiten des deutschen Steuergesetzgebers sind insofern trotz verfassungsrechtlicher Verankerung des Existenzminimums enge Grenzen gesetzt.[153] Für Arzneimittel allerdings – als Beispiel für einen Gegenstand des existenziellen Bedarfs – wäre ein ermäßigter Steuersatz europarechtlich durchaus denkbar, ohne dass diese Möglichkeit bislang vom deutschen Gesetzgeber wahrgenommen worden ist (siehe zum anwendbaren Steuersatz von Arzneimittellieferungen unter D.V.).[154]

d) Umsatzbesteuerung im Gesundheitswesen

Das Augenmerk dieser Arbeit wird hinsichtlich des Verhältnisses von Steuer- und Sozialrecht auf die Umsatzbesteuerung im Gesundheitswesen beispielhaft anhand der Arzneimittelversorgung der gesetzlichen Krankenversicherung gelegt.

Die häufigsten Probleme, die im Zusammenhang mit den Schnittstellen des Umsatzsteuerrechts und dem Gesundheitswesen entstehen, resultieren insbesondere aus der Auslegung der Umsatzsteuerbefreiungstatbestände, wie

---

148 BVerfG, Beschl. v. 23.8.1999 – 1 BvR 2164/98, NJW 1999, 3478, II.1.; zustimmend *Stadie*, in Rau/Dürrwächter, UStG, Einf. Rn. 439 f.

149 Wobei auch dies eine zu große Pauschalierung mit sich bringt, da auch Feinkostlebensmittel als Luxusgüter von dieser Steuerbefreiung erfasst sind; vermeiden ließe sich das maximal über Entgeltbegrenzungen, vgl. auch *Leipold*, UR 2009, 584, 589f.

150 Differenzierend nach den Gruppen lebensnotwendiger Güter *Englisch*, UR 2010, 400, 411; ablehnend *Leipold*, UR 2009, 584, 590.

151 *Englisch*, UR 2010, 400, 411.

152 BVerfG, Beschl. v. 16.12.2007 – 1 BvR 2129/07, UR 2008, 159, II.1.b).

153 *Leipold*, UR 2009, 584, 586.

154 Eine Reduzierung des Steuersatzes fordernd *Englisch*, UR 2010, 400, 409, 412.

beispielsweise § 4 Nr. 14 UStG.[155] Exemplarisch dafür ist die aktuelle Diskussion um die Umsatzsteuerbefreiung von Zytostatikalieferungen (siehe dazu ausführlich D.II.3.c)bb)).[156] Zwar gilt bei der Auslegung von Rechtsbegriffen im Steuerrecht grundsätzlich eine Vorherigkeit des Sozialrechts, doch auch an dieser Stelle kommen die Unterschiede der Umsatzsteuer durch die „europarechtliche Überlagerung der Materie"[157] zum Ausdruck, weil im Rahmen der Bestimmung der Umsatzsteuerbefreiung in erster Linie eine richtlinienkonforme Auslegung erfolgt.

Doch auch über die direkten Schnittstellen der Steuerbefreiungstatbestände hinaus kommt es zunehmend zu Kollisionen zwischen dem Sozial- und Umsatzsteuerrecht, weil zahlreiche sozialrechtliche Regelungen keine Bezugnahme zum Umsatzsteuerrecht aufweisen, wie z.B. in Form einer klaren Trennung von Netto- und Bruttopreisen (siehe dazu im Zusammenhang mit der Arzneimittelpreisbildung D.IV.2.b)).[158] Die Untersuchung, welche Auswirkungen dies mit sich bringen kann und wie solche Konflikte aufzulösen sind, bzw. wie eine Abstimmung der Rechtsgebiete aufeinander zu erfolgen hat, ist Gegenstand dieser Arbeit.

e) Ergebnis

Die Besonderheiten des Umsatzsteuerrechts in seiner Ausgestaltung als indirekte Steuer und die europarechtliche Verankerung durch die Harmonisierung des deutschen Umsatzsteuerrechts mit der Mehrwertsteuersystemrichtlinie erfordern für die nachfolgende Bestimmung des Verhältnisses zum Sozialrecht – konkret des Rechts der sozialen Krankenversicherung im SGB V – eine von den für das Einkommensteuerrecht geltenden Maßgaben unabhängige Beurteilung.

IV. Ergebnis

Das Verhältnis von Steuer- und Sozialrecht ist durch vielfältige Berührungspunkte geprägt, die eine Abstimmung der beiden Teilrechtsordnungen aufeinander erforderlich machen. Der verfassungsrechtliche Kern des Gebots der

---

155 Vgl. bspw. zur Steuerbefreiung von Funktionstraining für Rheumagruppen BFH, Beschl. v. 31.7.2007 – V B 44/06, BFH/NV 2007, 2365; *Axer*, JbSozR 31 (2010), 583, 596 f.

156 Siehe zur ausführlichen Darstellung der komplexen Verknüpfung von Steuer- und Sozialrecht im Rahmen von Zytostatikalieferungen *Krieger/Penner*, SGb 2015, 607 ff.

157 *Englisch*, UR 2010, 400, 401.

158 Vgl. i.E. *Engelsing/Nordmann*, KrV 2013, 149, 152.

Einheit der Rechtsordnung gebietet insoweit allerdings keine pauschale Vereinheitlichung, sondern stellt lediglich auf eine folgerichtige und widerspruchsfreie Gesamtrechtsordnung ab. In diesem Kontext wird auch ein Vorrang des Sozialrechts und seiner Wertungen vor dem Steuerrecht ausgeschlossen. Vielmehr muss im Konfliktfall für jede Schnittstelle das Verhältnis durch Abwägung der konkurrierenden Grundprinzipien untersucht werden. Im Rahmen der Abstimmung zwischen Sozial- und Umsatzsteuerrecht darf allerdings die europarechtliche Überlagerung der Materie durch die MwStSystRL nicht außer Acht gelassen werden. Aus diesem Grund kann es „das" Verhältnis zwischen Steuer- und Sozialrecht in diesem Sinne nicht geben. Vielmehr erfordert es einer Differenzierung zwischen den Steuerarten, denen unterschiedliche Wertungen zugrunde liegen.

Darüber hinaus müssen bei den – insbesondere im Umsatzsteuerrecht denkbaren – innergemeinschaftlichen Sachverhalten ungeachtet der innerdeutschen verfassungsrechtlichen Maßstäbe, die für die Bestimmung der Verhältnisse zweier Teilrechtsordnungen im Gefüge der deutschen Gesamtrechtsordnung gelten, auch – wie immer bei Verflechtungen mit dem Binnenmarkt – die europäischen Grundfreiheiten beachtet werden. Diese genießen Vorrang, weshalb gegenläufige oder unvereinbare sozialrechtliche Normen und Wertungen unbeachtlich sein können.[159]

159 Als aktuellstes Beispiel dafür dient beispielsweise die kürzliche Aufhebung der Arzneimittelpreisbindung für ausländische Versandapotheken aufgrund des Verstoßes gegen die Warenverkehrsfreiheit durch den EuGH (siehe dazu ausführlich unter C.IV.3.).

C. Sozialrechtliche Grundlagen der Arzneimittelversorgung

Die Arzneimittelversorgung gesetzlich Krankenversicherter ist als eine der bedeutendsten und wichtigsten Formen der ärztlichen Behandlung[160] in das Leistungsspektrum der gesetzlichen Krankenversicherung eingebettet. Die gesetzliche Krankenversicherung ist – neben der Renten-, Arbeitslosen-, Unfall- und Pflegeversicherung – einer der wichtigsten Bestandteile des deutschen Sozialversicherungssystems[161] und gesetzlich durch das SGB V geregelt.[162]

Um im Rahmen dieser Arbeit die umsatzsteuerliche Behandlung der sozialrechtlich geprägten Arzneimittelversorgung untersuchen zu können, ist es erforderlich, im Vorfeld die sich aus dem Sozialrecht ergebenden Grundlagen zu erläutern, auf denen die Arzneimittellieferungen inländischer wie ausländischer Apotheken an gesetzlich Krankenversicherte erfolgen.

I. Grundstruktur der gesetzlichen Krankenversicherung

Die gesetzliche Krankenversicherung ist im Grunde eine Versicherung, die das Risiko der Krankheit und deren Folgen absichert.[163] Ihre Aufgabe ist es, die Gesundheit der Versicherten zu erhalten, wiederherzustellen oder ihren Gesundheitszustand zu bessern (§ 1 SGB V).

Für Leistungen im Rahmen der gesetzlichen Krankenversicherung sind nach § 21 Abs. 2 SGB I die verschiedenen Krankenkassen zuständig, wodurch sie zu den Trägern der gesetzlichen Krankenversicherung zählen.[164] Aufgrund dieser Stellung handelt es sich bei den gesetzlichen Krankenkassen gem. § 4 Abs. 1 SGB V, § 29 Abs. 1 SGB IV um rechtsfähige Körperschaften des öffentlichen Rechts mit Selbstverwaltung.[165] Die Grundlage dieses öffentlich-rechtlichen Charakters liegt in Art. 87 Abs. 2 GG begründet.[166] Die gesetzlichen Krankenkassen nehmen im Rahmen der sozialen Krankversicherung eine ausschließlich soziale Aufgabe wahr,

---

160 *Hart*, in: HK-AKM, A 240 Rn. 1.

161 Vgl. *Pelzer/Klein*, in: Fuhrmann/Klein/Fleischfresser, ArzneimittelR, § 46 Rn. 1; *Pommerin/Paßgang*, UStB 2012, 235.

162 *Peters*, in: KassKomm SozR, SGB V, Vorbem zum SGB V Rn. 18, 23.

163 *Peters*, in: KassKomm SozR, SGB V, Vorbem zum SGB V Rn. 22.

164 *Deutsch/Spickhoff*, MedizinR, VI. Rn. 229.

165 BVerfG, Urt. v. 11.12.2008 – 1 BvR 1665/08, NVwZ-RR 2009, 361.

166 Vgl. *Heine*, KrV 2013, 51.

mit der dem Grundsatz der Solidarität Rechnung getragen werden soll und keine Gewinnererzielung angestrebt wird.[167] Die Sozialversicherung ist insbesondere dadurch gekennzeichnet, dass sie den – vor allem sozialabhängigeren – Großteil der Bevölkerung unter sich vereint und durch ihre nach sozialen Aspekten ausgestalteten Beiträge und Leistungen zu einem Sozialausgleich beiträgt.[168]

1. Leistungsrecht im Rahmen der gesetzlichen Krankenversicherung

Das Leistungsspektrum der gesetzlichen Krankenversicherung ist deklaratorisch in § 11 SGB V geregelt.[169] Es umfasst unter anderem die für diese Arbeit relevante Krankenbehandlung nach § 11 Abs. 1 Nr. 4 SGB V. Nach § 27 Abs. 1 Satz 1 SGB V hat der Versicherte Anspruch auf Krankenbehandlung, wenn sie notwendig ist, um eine Krankheit zu erkennen, zu heilen, ihre Verschlimmerung zu verhüten oder Krankheitsbeschwerden zu lindern (siehe zu den Voraussetzungen des Sachleistungsanspruchs auf Arzneimittel ausführlich unter C.III.2.).

a) Anspruchsumfang

In der gesetzlichen Krankenversicherung haben alle Versicherten grundsätzlich den gleichen Leistungsanspruch, wodurch eine umfassende gesundheitliche Versorgung der Versicherten sichergestellt wird. Dennoch werden nur Leistungen von der Versorgung umfasst, die einer Qualitäts- und Wirksamkeitskontrolle[170] sowie einer Wirtschaftlichkeitskontrolle[171] standhalten.[172]

---

167 BFH, Urt. v. 31.7.2007 – V B 44/06, BFH/NV 2007, 2365, II.1.c); so auch im Zusammenhang mit den Wettbewerbsvorschriften des EG-Vertrags (Artt. 81 und 82 EGV, heute Artt. 101 und 102 AEUV) EuGH, Urt. v. 16.3.2004 – C-264/01 – *AOK Bundesverband u.a.*, Slg. 2004, I-2493, Rn. 51.

168 Vgl. BSG, Urt. v. 20.12.1957 – 7 RKg 4/56, BSGE 6, 218, XIV.

169 *Theobaldt*, in: Stellpflug/Hildebrandt/Middendorf, GesundheitsR, A 1000 Rn. 67.

170 Nach § 2 Abs. 1 Satz 3 SGB V werden ausschließlich Leistungen erbracht, die in Qualität und Wirksamkeit dem allgemeinen Stand der medizinischen Erkenntnisse entsprechen und den Stand medizinischen Fortschritts berücksichtigen.

171 Nach dem in §§ 12, 2 Abs. 1 Satz 1 SGB V verankerten Wirtschaftlichkeitsgebot als Grundprinzip der gesetzlichen Krankenversicherung ist der Leistungsanspruch dergestalt beschränkt, dass alle Leistungen ausreichend, zweckmäßig und wirtschaftlich sein müssen und insbesondere das Maß des Notwendigen nicht überschreiten dürfen, *Deutsch/Spickhoff*, MedizinR, VI. Rn. 270; *Pommerin/Paßgang*, UStB 2012, 235; unwirtschaftliche oder nicht notwendige Leistungen können demnach vom Versicherten auch nicht beansprucht werden, geschweige denn vom Leistungserbringer erbracht werden, vgl. *Wodarz*, in: Sodan, Hdb. KVR, § 27 Rn. 3.

172 Vgl. *Wodarz*, in: Sodan, Hdb. KVR, § 27 Rn. 12.

Welchen Umfang und welche Grenzen die Leistungsansprüche im Konkreten haben, wird durch die in § 11 Abs. 1 SGB V genannten Einzelvorschriften des SGB V geregelt.[173] Der Leistungsumfang im Rahmen der Krankenbehandlung ist in § 27 Abs. 1 Satz 2 SGB V geregelt und richtet sich nach den §§ 27 bis 52 SGB V.

b) *Sach- und Dienstleistungsprinzip*

Den vorgegebenen Umfang jeder Leistung erhalten die Versicherten nach § 2 Abs. 2 Satz 1 SGB V als Sach- und Dienstleistungen, soweit durch das SGB V keine abweichenden Regelungen vorgesehen sind.[174]

Dieses in § 2 Abs. 2 SGB V geregelte Sach- und Dienstleistungsprinzip (nachfolgend: „Sachleistungsprinzip") gehört als Leistungsmaxime zu den wesentlichen Grundsätzen des Krankenversicherungsrechts.[175] Nur so kann eine hinreichende ärztliche Versorgung aller Versicherten sichergestellt werden.[176] Es gewährleistet vor allem die Unmittelbarkeit der Bedarfsbefriedigung: Der Versicherte muss die Leistung weder selbst beschaffen noch eigene finanzielle Mittel aufwenden,[177] weshalb er allerdings auch keine unmittelbare Geldleistung fordern kann.[178]

Um dieser aus dem Sachleistungsprinzip erwachsenen Verschaffungspflicht nachzukommen, kann sich die Krankenkasse gem. § 2 Abs. 2 Satz 3 SGB V der verschiedenen Leistungserbringer bedienen.[179] Dazu schließt sie mit den Leistungserbringern Verträge[180] über die Erbringung der dem Versicherten

173 Vgl. *Theobaldt*, in: Stellpflug/Hildebrandt/Middendorf, GesundheitsR, A 1000 Rn. 68; *Wenzel*, Hdb. FA MedizinR, Kap. 2 Rn. 39.

174 *Deutsch/Spickhoff*, MedizinR, VI. Rn. 279; *Zuck*, in: Quaas/Zuck, MedizinR, § 9 Rn. 2.

175 Vgl. BT-Drucks. 11/2237, S. 157; BVerfG, Urt. v. 23.3.1960 – 1 BvR 216/51, BVerfGE 11, 30, I.; BSG, Urt. v. 18.5.1978 – 3 RK 11/77, BSGE 46, 179, 2.; *Joussen*, in: BeckOK-SozR, SGB V, § 2 Rn. 5.

176 Vgl. BSG, Urt. v. 20.7.1976 – 3 RK 18/76, SozR 2200 § 184 Nr. 4, Rn. 11; *Sodan*, in: Sodan, Hdb. KVR, § 13 Rn. 3.

177 BSG, Urt. v. 18.7.2006 – B 1 KR 24/05 R, SozR 4-2500 § 13 Nr. 9, 1.a) m.w.N.

178 Vgl. BSG, Urt. v. 28.6.1983 – 8 RK 22/81, SozR 2200 § 257a Nr. 10, Rn. 29.

179 *Krauskopf*, in: Krauskopf, SGB V, § 2 Rn. 8; *Sodan*, in: Sodan, Hdb. KVR, § 13 Rn. 4.

180 In der Regel sind dies Gesamtverträge mit beispielsweise den Kassenärztlichen Vereinigungen oder der Bundesvereinigung Deutscher Apothekerverbände e.V., vgl. *Hahne*, in: MünchAnwHdb. MedizinR, § 4 Rn. 26; *Wenzel*, Hdb. FA MedizinR, Kap. 2 Rn. 41.

zustehenden Leistung.[181] Die Einbindung solcher Leistungserbringer in das System der gesetzlichen Krankenversicherung ist in §§ 69 bis 140 h SGB V geregelt (siehe zum Leistungserbringerrecht der Arzneimittelversorgung unter C.III.3.).

Auch zwischen dem Spitzenverband Bund der Krankenkassen (GKV-Spitzenverband) und der für die Wahrnehmung der wirtschaftlichen Interessen gebildeten maßgeblichen Spitzenorganisation der Apotheker, derzeit der Deutsche Apothekenverband e.V., besteht der Rahmenvertrag nach § 129 Abs. 2 SGB V[182] (nachfolgend: „Rahmenvertrag").[183] Dabei handelt es sich um einen öffentlich-rechtlichen Normenvertrag,[184] durch den § 129 SGB V näher ausgestaltet wird (siehe zur Qualifizierung und Einordnung des Rahmenvertrags unter C.III.3.c)aa).

Im Ergebnis erfasst das Leistungsspektrum der Krankenkasse mittels des Sachleistungsprinzips daher zweierlei: Zum einen muss die Krankenkasse das Leistungssystem – aber nicht zwangsläufig auch die Leistung selbst – bereitstellen und zum anderen dessen Kostenfreiheit für die Versicherten gewährleisten.[185]

c) *Ausnahme: Kostenerstattungsprinzip*

Der Grundsatz des Sachleistungsprinzips kann durch die Anordnung von Kostenerstattung in Ausnahmenfällen durchbrochen werden.[186] Beim Prinzip der Kostenerstattung verschafft sich der Versicherte die Leistung beim

181 BSG, Urt. v. 7.8.1991 – 1 RR 7/88, SozR 3-2200 § 321 Nr. 1 Rn. 19.

182 In der redaktionellen Fassung vom 30.9.2016, abrufbar unter https://www.gkv-spitzenverband.de/media/dokumente/krankenversicherung_1/arzneimittel/rahmenvertraege/apotheken/AM_20160930_Rahmenvertrag_129_Absatz-2_SGB-V.pdf, zuletzt aufgerufen am 13.3.2018.

183 Vgl. *Axer*, in: Becker/Kingreen, SGB V, § 129 Rn. 28; *Barth*, in: Spickhoff, MedizinR, § 129 Rn. 13; *von Dewitz*, in: BeckOK-SozR, SGB V, § 129 Rn. 20; die Satzung des Deutschen Apothekerverbands sieht wiederum vor, dass für alle dem Verband angehörenden Apotheken die von ihm geschlossenen Verträge dieser Art Rechtswirkung entfalten.

184 Vgl. BSG, Urt. v. 8.7.2015 – B 3 KR 17/14 R, SozR 4-2500 § 130 Nr. 3, B.1.; Urt. v. 6.3.2012 – B 1 KR 14/11 R, SozR 4-2500 § 130 Nr. 2, 1.a)aa), wo jeweils vom „Normenvertrag" gesprochen wird; *Axer*, in: Becker/Kingreen, SGB V, § 129 Rn. 28; *Luthe*, in: Hauck/Noftz, SGB V, § 129 Rn. 24.

185 *Zuck*, in: Quaas/Zuck, MedizinR, § 9 Rn. 4.

186 *Joussen*, in: BeckOK-SozR, SGB V, § 2 Rn. 9; Hintergrund dieser Durchbrechungen liegt in der Stärkung des Kostenbewusstseins und der Eigenverantwortung der Versicherten, vgl. BT-Drucks. 15/1525, S. 80.

Leistungserbringer selbst und lässt sich dann die von ihm vorgestreckten entstandenen Kosten von der Krankenkasse erstatten.[187]

Unter welchen Voraussetzungen dies möglich ist, ist in § 13 SGB V geregelt, wobei nach § 13 Abs. 1 Satz 1 SGB V der Grundsatz gilt, dass die Krankenkasse die Kosten nur erstatten darf, soweit es vom SGB V oder dem SGB IX vorgesehen ist. Durch diese Regelung wird noch einmal das Regel-Ausnahme-Verhältnis zwischen dem Sachleistungs- und Kostenerstattungsprinzip untermauert.[188]

Zu den wichtigsten Anwendungsfällen der Kostenerstattung zählt zum einen das Wahlrecht des Versicherten nach § 13 Abs. 2 SGB V, wonach ihm auf Antrag immer die Möglichkeit offensteht, sich die von ihm zuvor übernommen Kosten der Krankenbehandlung erstatten zu lassen.[189] Zum anderen sieht das SGB V auch bei Inanspruchnahme von Leistungserbringern im EWR-Ausland und in der Schweiz gem. §§ 13 Abs. 4 bis 6 SGB V grundsätzlich eine Erstattung der Kosten vor.[190] Dieser Anspruch ist der Höhe nach gem. § 13 Abs. 4 Satz 3 SGB V auf die Kosten beschränkt, die der Krankenkasse auch bei Erbringung der Sachleistung im Inland entstanden wären.

Die private Krankenversicherung wiederum beruht weitgehend auf dem Prinzip der Kostenerstattung,[191] und unterscheidet sich dadurch in diesem Punkt maßgeblich vom System der gesetzlichen Krankenversicherung.[192] Der Privatversicherte muss sich dem Grundsatz nach die Leistung unter Einsatz finanzieller Mittel selbst beschaffen und diese dann später von der Krankenkasse ersetzt verlangen.[193] Schuldner des Leistungserbringers ist deshalb grundsätzlich der Versicherte.[194]

---

187 *Zuck*, in: Quaas/Zuck, MedizinR, § 9 Rn. 5.

188 *Zuck*, in: Quaas/Zuck, MedizinR, § 9 Rn. 5.

189 Aufgrund des Wahlrechts kann der Versicherte sich anstelle der Beanspruchung von Sach- und Dienstleistungen die Kosten erstatten lassen, vgl. *Deutsch/Spickhoff*, MedizinR, VI. Rn. 280; *Hahne*, in: MünchAnwHdb. MedizinR, § 4 Rn. 67.

190 Vgl. *Waltermann*, in: Knickrehm/Kreikebohm/Waltermann, SGB V, § 13 Rn. 13.

191 BSG, Urt. v. 7.8.1991 – 1 RR 7/88, SozR 3-2200 § 321 Nr. 1, Rn. 20.

192 *Deutsch/Spickhoff*, MedizinR, VI. Rn. 279.

193 Vgl. zur Kostenerstattung im Rahmen der Arzneimittelversorgung *Fuchs/Preis*, SozialversicherungsR, § 16 III. 1., S. 229; *Wenzel*, Hdb. FA MedizinR, Kap. 2 Rn. 41.

194 In § 192 Abs. 7 VVG ist allerdings für den Basistarif eine gesamtschuldnerische Haftung des Versicherten und seines privaten Krankenversicherers normiert, weshalb der Leistungserbringer seinen Anspruch auf Leistungserstattung auch gegen den Versicherer geltend machen kann, vgl. *Kalis*, in: Bach/Moser, VVG, § 192 Rn. 229.

2. Pflichtversicherung

Die Grundvoraussetzung jedes Leistungsanspruchs ist das Bestehen eines Versicherungsverhältnisses.[195] Die gesetzliche Krankenversicherung stellt mit insgesamt 72,56 Mio. Mitgliedern[196] (ca. 89 % der Bevölkerung) in Deutschland den Regelfall dar.[197] Dies resultiert daraus, dass es sich bei der gesetzlichen Krankenversicherung dem Grunde nach um eine Pflichtversicherung handelt,[198] auch wenn ein bestimmter Personenkreis davon ausgenommen bleibt. Entscheidend ist dies nachfolgend im Rahmen der Frage nach der Unternehmereigenschaft der gesetzlichen Krankenkasse vor allem dafür, inwieweit die gesetzliche Krankenkasse in Wettbewerb mit den Unternehmen der privaten Krankenversicherung tritt (siehe dazu D.II.4.a)bb))

Die Mitglieder der gesetzlichen Krankenversicherung werden unterteilt in versicherungspflichtige (§ 5 SGB V) und versicherungsberechtigte Personen (§ 9 SGB V).[199] In den §§ 5 ff. SGB V ist geregelt, welche Personen der Versicherungspflicht der gesetzlichen Krankenkasse unterliegen und in welchen Fällen ein Befreiungs- oder Ausschlusstatbestand greift. Es erfolgt darüber hinaus eine beitragslose Erweiterung des Versicherungsschutzes für Familienmitglieder im Rahmen der sog. Familienversicherung unter den in § 10 SGB V geregelten Voraussetzungen.[200]

Innerhalb der gesetzlichen Krankenversicherung wird allerdings allen Versicherungspflichtigen und Versicherungsberechtigten gem. § 173 Abs. 2 SGB V ein Wahlrecht eingeräumt, sich zwischen den verschiedenen gesetzlichen Krankenkassen – u.a. Orts-, Betriebs- oder Innungskrankenkassen etc. – zu entscheiden.[201]

---

195 Vgl. *Kraftberger*, in: LPK-SGB V, § 31 Rn. 5.

196 https://www.gkv-spitzenverband.de/gkv_spitzenverband/presse/zahlen_und_grafiken/zahlen_und_grafiken.jsp, Stand: November 2017, zuletzt aufgerufen am 13.3.2018.

197 Vgl. *Deutsch/Spickhoff*, MedizinR, VI. Rn. 196.

198 *Peters*, in: KassKomm SozR, SGB V, Vorbem zum SGB V Rn. 23.

199 Familienversicherte genießen zwar ebenfalls Versicherungsschutz, gelten aber im Ergebnis nicht als beitragszahlende Mitglieder, vgl. *Hahne*, in: MünchAnwHdb. MedizinR, § 4 Rn. 24.

200 *Deutsch/Spickhoff*, MedizinR, VI. Rn. 235.

201 *Deutsch/Spickhoff*, MedizinR, VI. Rn. 234.

a) Versicherungspflicht und Versicherungsfreiheit

In § 5 Abs. 1 SGB V ist der Personenkreis geregelt, für den die Versicherungspflicht gilt. Dazu zählen unter anderem Arbeiter und Angestellte (§ 5 Abs. 1 Nr. 1 SGB V), Personen mit Bezug verschiedener Sozialleistungen (§ 5 Abs. 1 Nr. 2, 2a SGB V) sowie Studenten (§ 5 Abs. 1 Nr. 9 SGB V) und Rentner (§ 5 Abs. 1 Nr. 11 bis 12 SGB V). Eine Ausnahme von der Versicherungspflicht besteht indes gem. § 5 Abs. 5 SGB V bei hauptberuflich Selbständigen.[202]

In den §§ 6 und 7 SGB V ist geregelt, welcher Personenkreis darüber hinaus nicht der Versicherungspflicht unterliegt und demnach versicherungsfrei ist.[203] Damit wird in den §§ 5ff. SGB V nur bestimmt, ob eine Person zwangsmäßig der gesetzlichen Krankenversicherung unterfällt. Die Frage hingegen, ob die versicherungsfreien Personen darüber hinaus Zugang zur gesetzlichen Krankenversicherung erhalten oder sich gegebenenfalls privat krankenversichern müssen, ist davon separat zu betrachten und richtet sich nach § 9 SGB V.

Den Großteil der von der Versicherungspflicht Befreiten machen neben Arbeitern und Angestellten, deren regelmäßiges Jahresarbeitsentgelt die Jahresarbeitsentgeltgrenze[204] nach § 6 Abs. 6 oder 7 SGB V übersteigt (§ 6 Abs. 1 Nr. 1 SGB V), vor allem Richter, Beamte und Soldaten (§ 6 Abs. 1 Nr. 2 SGB V) aus. Des Weiteren kann nach den Voraussetzungen des § 8 SGB V auch die Möglichkeit bestehen, eine Befreiung von der Versicherungspflicht zu beantragen.[205]

Insgesamt umfasst der Kreis der Pflichtversicherten in Deutschland mit 66 93 Mio. den Großteil der Bevölkerung.[206]

---

202 So soll vermieden werden, dass die hauptberuflichen Selbständigen durch die Aufnahme einer versicherungspflichtigen Tätigkeit nach § 5 Abs. 1 SGB V in den umfassenden Schutz der gesetzlichen Krankenversicherung fallen, *Theobaldt*, in: Stellpflug/Hildebrandt/Middendorf, GesundheitsR, A 1000 Rn. 49.

203 *Deutsch/Spickhoff*, MedizinR, VI. Rn. 237.

204 Für das Jahr 2017 beträgt die Jahresarbeitsentgeltgrenze für alle Bundesländer einheitlich EUR 59.400 jährlich oder EUR 4.950 monatlich, vgl. https://www.dak.de/dak/arbeitgeber/Jahresarbeitsentgeltgrenze -1076326.html, zuletzt aufgerufen am 13.3.2018.

205 Dies betrifft die Personen, die nach ursprünglicher Versicherungsfreiheit aufgrund der in § 8 Abs. 1 Nr. 1 bis 7 SGB V aufgezählten Umstände wieder versicherungspflichtig geworden sind, vgl. *Deutsch/Spickhoff*, MedizinR, VI. Rn. 240.

206 http://www.bmg.bund.de/uploads/publications/BMG-P-07031-Ratgeber-Zur-Gesetzlichen-Krankenversicherung_201008.pdf, Stand: November 2017, zuletzt aufgerufen am 13.3.2018.

b) Freiwillige Versicherung

Einem bestimmten Personenkreis der versicherungsfreien Personen (sog. Versicherungsberechtigte) wird unter den in § 9 SGB V normierten Voraussetzungen (vor allem hinsichtlich der Vorversicherungszeiten) das Wahlrecht eingeräumt, sich freiwillig über die gesetzliche Krankenversicherung zu versichern.[207] Alternativ steht ihnen eine private Krankenversicherung zur Auswahl. Zur Begründung des Versicherungsverhältnisses bedarf es einer Beitrittserklärung, mit der grundsätzlich gem. § 188 Abs. 1 SGB V die freiwillige Versicherung beginnt.[208]

In Deutschland haben von den 14,78 Mio.[209] Versicherungsberechtigten 6 Mio.[210] diese Möglichkeit der freiwilligen gesetzlichen Krankenversicherung wahrgenommen und sich gegen eine private Krankenkasse entschieden.

3. Finanzierung und Beitragsrecht

Die gesetzliche Krankenversicherung finanziert ihre Leistungen und sonstigen Ausgaben größtenteils über die Beiträge ihrer Mitglieder (aber auch über sonstige Einnahmen wie staatliche Zuschüsse), vgl. §§ 3, 220 Abs. 1 SGB V und § 20 Abs. 1 SGB IV.[211] Die Versicherten sind im Rahmen ihrer Mitgliedschaft nach § 223 Abs. 1 SGB V verpflichtet, für jeden Kalendertag der Mitgliedschaft Beiträge zu zahlen, soweit im SGB V nichts Abweichendes bestimmt ist.[212] Die Beiträge werden gem. § 223 Abs. 2 Satz 1 SGB V nach den beitragspflichtigen

---

207 Diese Personen sind in § 9 Abs. 1 SGB V aufgezählt und erfassen insbesondere alle, die eine selbständige Tätigkeit aufgenommen haben oder die Jahresarbeitsentgeltgrenze überschreiten, vgl. *Deutsch/Spickhoff*, MedizinR, VI. Rn. 241; *Wenzel*, Hdb. FA MedizinR, Kap. 2 Rn. 33.

208 Bei Personen, die aus der Versicherungspflicht oder der Familienversicherung ausscheiden (§ 9 Abs. 1 Nr. 2 und 3 SGB V) setzt sich die Versicherung nach § 188 Abs. 4 SGB V automatisch als freiwillige fort, sofern sie nicht den Austritt erklären.

209 Ergibt sich aus dem Anteil der freiwilligen Versicherten und dem Anteil Vollversicherten der privaten Krankenversicherung und der Beihilfeempfänger, https://www.gkv-spitzenverband.de/gkv_spitzenverband/presse/zahlen_und_grafiken/zahlen_und_grafiken.jsp, zuletzt aufgerufen am 13.3.2018.

210 https://www.vdek.com/presse/daten/b_versicherte.html, Stand: Juli 2017, zuletzt aufgerufen am 13.3.2018.

211 *Deutsch/Spickhoff*, MedizinR, VI. Rn. 245.

212 Für versicherte Familienangehörige werden Beiträge nicht erhoben.

Einnahmen der Mitglieder bemessen und entsprechend dem allgemeinen Beitragssatz von 14,6 %[213] (vgl. § 241 SGB V) auf diese Einnahmen erhoben.[214]

II. Grundzüge und -prinzipien des Arzneimittelrechts vor dem Hintergrund der Arzneimittelversorgung

Das Arzneimittelrecht wird durch das AMG geregelt und dient gem. § 1 AMG insbesondere der Qualitätssicherung des Arzneimittelverkehrs.[215]

1. Begrifflichkeiten im Arzneimittelrecht

Es ist zwischen den verschiedenen Arzneimittelbegriffen zu unterscheiden, für die im Rahmen des Arzneimittelrechts und der Arzneimittelversorgung unterschiedliche Regelungen Anwendung finden. So wird insbesondere im Arzneimittelpreisrecht und dem Leistungsspektrum der gesetzlichen Krankenversicherung zwischen den verschiedenen Begrifflichkeiten differenziert, was unter anderem im Rahmen der Abgrenzung des Leistungsspektrums der gesetzlichen Krankenkasse von Bedeutung ist.

a) Definition des Arzneimittels im Sinne des AMG

Der Arzneimittelbegriff[216] des AMG ist sehr weitgehend und umfasst als Arzneimittel im Ergebnis Stoffe, die Krankheiten erkennen, heilen, lindern oder verhüten sollen.[217] In § 2 Abs. 1 AMG ist der arzneimittelrechtliche Begriff des Arzneimittels legaldefiniert.[218]

---

213 Bei Arbeitnehmern wird beispielsweise dieser Beitrag allerdings zur Hälfte von seinem Arbeitgeber getragen.

214 Zur Möglichkeit der Erhebung von Zusatzbeiträgen vgl. §§ 242 f. SGB V.

215 *Kügel*, in: Kügel/Müller/Hofmann, AMG, Einf. Rn. 1.

216 Vgl. ausführlich zum Arzneimittelbegriff und der Abgrenzung zu anderen Produktkategorien *Kügel*, in: MünchAnwHdb. MedizinR, § 14 Rn. 56 ff.; bspw. zu Lebensmitteln (§ 2 Abs. 3 Nr. 1 AMG).

217 *Deutsch/Spickhoff*, MedizinR, XXVIII. Rn. 1565, 1570.

218 Danach werden Arzneimittel definiert als Stoffe oder Zubereitungen aus Stoffen, die zur Anwendung im oder am menschlichen oder tierischen Körper bestimmt sind und als Mittel mit Eigenschaften zur Heilung oder Linderung oder zur Verhütung menschlicher oder tierischer Krankheiten oder krankhafter Beschwerden bestimmt sind (Nr. 1) oder die im oder am menschlichen oder tierischen Körper angewendet oder einem Menschen oder einem Tier verabreicht werden können, um entweder die physiologischen Funktionen durch eine pharmakologische, immunologische oder

Darüber hinaus gelten gem. § 1 Abs. 2 Nr. 1 AMG Gegenstände als Arzneimittel, die ein Arzneimittel nach § 1 Abs. 1 AMG enthalten oder auf die ein Arzneimittel nach Abs. 1 aufgebracht ist und die dazu bestimmt sind, dauernd oder vorübergehend mit dem menschlichen oder tierischen Körper in Berührung gebracht zu werden.

b) Apothekenpflichtige Arzneimittel

Grundsätzlich gilt in Deutschland gem. § 43 Abs. 1 AMG eine Apothekenpflicht für Arzneimittel. Nach § 43 Abs. 1 Satz 1 SGB V dürfen Arzneimittel im Sinne des §§ 2 Abs. 1 oder Abs. 2 Nr. 1 AMG berufs- oder gewerbsmäßig für den Endverbrauch nur in Apotheken in den Verkehr gebracht werden.[219] Durch diese Regelung wird das Apothekenmonopol im AMG statuiert.[220]

c) Verschreibungspflichtige Arzneimittel

Ein Unterfall von apothekenpflichtigen Arzneimitteln stellen verschreibungspflichtige Arzneimittel dar, deren Abgabe in der Apotheke nur erfolgen, wenn die Arzneimittel zuvor von einem Vertragsarzt verordnet worden sind und der Versicherte dies entsprechend mit dem Rezept vor Ort belegt, vgl. § 48 Abs. 1 AMG.[221] Für welche Arzneimittel dies gilt, ist in § 1 der aufgrund § 48 Abs. 2 AMG erlassenen AMVV legaldefiniert.[222]

Relevanz erlangt die Differenzierung zwischen verschreibungspflichtigen und nicht verschreibungspflichtigen Arzneimitteln insbesondere im Rahmen des Leistungsumfangs der gesetzlichen Krankenversicherung, da Versicherte in der Regel nur Anspruch auf verschreibungspflichtige Arzneimittel haben

---

metabolische Wirkung wiederherzustellen, zu korrigieren oder zu beeinflussen oder eine medizinische Diagnose zu erstellen (Nr. 2).

219 Vgl. *Deutsch/Spickhoff*, MedizinR, XXXVIII. Rn. 2003; *Pfefferle/Renz*, NWB 2012, 4214, 4215; Ausnahmen davon gelten gem. § 43 Abs. 1 Satz 2 AMG nur in den Fällen des § 43 Abs. 4 AMG und des § 47 Abs. 1 AMG; von der Apothekenpflicht ausgenommen sind nach § 43 Abs. 1 Satz 1 SGB V Arzneimittel, die nicht durch die Vorschriften des § 44 AMG oder der nach § 45 Abs. 1 SGB V erlassenen Rechtsverordnung für den Verkehr außerhalb der Apotheken freigegeben sind.

220 BVerfG, Urt. v. 11.6.1958 – 1 BvR 596/56, BVerfGE 7, 377, V.4.; Urt. v. 7.1.1959 – 1 BvR 100/57, BVerfGE 9, 7, B.4; *Deutsch/Spickhoff*, MedizinR, XXXVIII. Rn. 2003; *Hofmann*, in: Kügel/Müller/Hofmann, AMG, § 43 Rn. 7.

221 Vgl. *Deutsch/Spickhoff*, MedizinR, XXXVIII. Rn. 2004.

222 Vgl. *Hofmann*, in: Kügel/Müller/Hofmann, AMG, § 48 Rn. 12.

(siehe ausführlich zum Leistungsumfang in der Arzneimittelversorgung unter C.III.2.b)bb)).[223]

d) *Fertigarzneimittel*

Der Großteil der im Rahmen der Arzneimittelversorgung abgegebenen Arzneimittel sind Fertigarzneimittel,[224] weshalb dieser Gruppe die meiste Bedeutung zukommt. Fertigarzneimittel sind gem. § 4 Abs. 1 Satz 1 AMG legaldefiniert als Arzneimittel, die im Voraus hergestellt und in einer zur Abgabe an den Verbraucher bestimmten Packung in den Verkehr gebracht werden oder andere zur Abgabe an Verbraucher bestimmte Arzneimittel, bei deren Zubereitung in sonstiger Weise ein industrielles Verfahren zur Anwendung kommt oder die, ausgenommen in Apotheken, gewerblich hergestellt werden.

Das Gegenstück dazu sind patientenindividuelle Rezepturarzneimittel[225], die erst nach Verschreibung hergestellt werden.[226] Dazu zählen beispielsweise Zytostatika im Rahmen der Chemotherapie. Der wesentliche Unterschied zu Fertigarzneimittel liegt darin, dass diese Arzneimittel nicht im Voraus hergestellt werden, sondern erst entsprechend dem individuellen Bedarf.[227]

2. Arzneimittelpreisrecht für verschreibungspflichtige Arzneimittel im Rahmen der gesetzlichen Krankenversicherung

Für die Arzneimittelversorgung in der gesetzlichen Krankenversicherung sind grundsätzlich die Vorschriften des allgemeinen Arzneimittelpreisrechts des AMG anwendbar, welche durch die sozialrechtlichen Regelungen des SGB V noch modifiziert werden.[228]

---

223 Vgl. *Kügel*, in: MünchAnwHdb. MedizinR, § 14 Rn. 181.

224 Vgl. *Schneider*, in: jurisPK-SGB V, § 129 Rn. 20.

225 Bei einem Rezepturarzneimittel handelt es sich um ein individuell auf den Arzneimittelempfänger zugeschnittenes und auf Bedarf gefertigtes Arzneimittel, vgl. BVerwG, Urt. v. 29.11.1984 – 3 C 6/84, BVerwGE 70, 284; Urt. v. 9.3.1999 – 3 C 32/98, juris, 2.e); § 7 ApBetrO regelt die Herstellung von Rezepturarzneimitteln für Apotheken.

226 Vgl. *Heßhaus*, in: Spickhoff, MedizinR, AMG, § 4 Rn. 4.

227 *Kutlu*, in: Spickhoff, MedizinR, AMPreisV, § 1 Rn. 4; vgl. zur Abgrenzung von Fertigarzneimittel BGH, Urt. v. 4.9.2012 – 1 StR 534/11, BGHSt 57, 312, II.1.

228 Vgl. *Gaßner/Strömer*, PharmR 2014, 330, 331.

a) *Allgemeine arzneimittelpreisrechtliche Vorschriften des AMG*

Arzneimittelhersteller sind in ihrer Preisgestaltung – vorbehaltlich der Regelungen des SGB V – grundsätzlich frei.[229] Die Regulierungen des Arzneimittelpreisrechts knüpfen erst beim Vertriebsweg der Arzneimittel an.[230] Geregelt ist die Preisbildung von Arzneimitteln in § 78 AMG, wobei zwischen Fertigarzneimitteln (§ 78 Abs. 1 Nr. 1 AMG) und Rezepturarzneimitteln (§ 78 Abs. 1 Nr. 2 AMG) unterschieden wird.[231]

In § 78 Abs. 1 AMG wird das BMWi im Einvernehmen mit dem BMG ermächtigt, Preise bzw. Preisspannen für die einzelnen Handelsstufen durch Rechtsverordnung festzusetzen, ohne die originäre Preissetzungsbefugnis des pharmazeutischen Herstellers zu beschränken.[232] Auf dieser Grundlage ist die Arzneimittelpreisverordnung (AMPreisV)[233] erlassen worden. Der Anwendungsbereich der AMPreisV beschränkt sich auf apothekenpflichtige („deren Abgabe nach § 43 Abs. 1 AMG den Apotheken vorbehalten ist“) und verschreibungspflichtige Arzneimittel (vgl. § 1 Abs. 4 AMPreisV, wonach Preisspannen und Preise von nicht verschreibungspflichtigen Arzneimitteln ausgenommen sind).[234]

---

229 Vgl. BT-Drucks. 16/3100, S. 199; GmS-OGB, Beschl. v. 22.8.2012 – GmS-OGB 1/10, SozR 4-5570 § 78 Nr. 1, III.2.a)aa)(1); *Gaßner/Strömer*, PharmR 2014, 330, 332; *Kloesel/Cryan*, in: Kloesel/Cryan, AMG, § 78 A 1.0 Rn. 1; *Wodarz*, in: Sodan, Hdb. KVR, § 27 Rn. 25; eine Ausnahme besteht allerdings bei Erstattungsbeträgen nach § 130b SGB V für nicht festbetragsfähige Arzneimittel mit neuen Wirkstoffen (dazu im Einzelnen unter C.II.2.b)bb)), vgl. *Luthe*, in: Hauck/Noftz, SGB V, § 130a Rn. 4a, § 130b Rn. 5; *Wodarz*, in: Sodan, Hdb. KVR, § 27 Rn. 2a.

230 Vgl. *Wodarz*, in: Sodan, Hdb. KVR, § 27 Rn. 25; im Ergebnis handelt es sich aber um eine „Preisbindung der zweiten Hand“, *Kloesel/Cryan*, in: Kloesel/Cryan, AMG, § 78 A 1.0. Rn. 1.

231 Vgl. *Hofmann*, in: Kügel/Müller/Hofmann, AMG, § 78 Rn. 32, 35.

232 Vgl. *Rehmann*, AMG, § 78 Rn. 1; vgl. zur Verfassungsmäßigkeit der Preisfestsetzung aus Gründe des Gemeinwohls in Form des Gesundheitsschutzes der Bevölkerung BVerfG, Beschl. v. 20.12.1990 – 1 BvR 1418/90, 1 BvR 1442/90, SozR 3-2500 § 311 Nr. 1, 2. a); *Kloesel/Cryan*, in: Kloesel/Cryan, AMG, § 78 A 1.0 Rn. 3.

233 Arzneimittelpreisverordnung, vom 14.11.1980, BGBl. I 1980, 2147, zuletzt geändert durch Art. 6 des Gesetzes vom 4.5.2017, BGBl. I 2017, 1050.

234 Vgl. *Frohn/Schmidt*, in: MünchAnwHdb. MedizinR, § 15 Rn. 283; *Hofmann*, in: Kügel/Müller/Hofmann, AMG, § 78 Rn. 72; *Kügel*, in: MünchAnwHdb. MedizinR, § 14 Rn. 224; eine Ausnahme besteht allerdings für nicht verschreibungspflichtige Arzneimittel, die ausnahmsweise zu Lasten der Krankenkasse abgegeben worden sind; auch für diese gilt gem. § 129 Abs. 5a SGB V der für die Versicherten

aa) Arzneimittelpreisbindung

Die sich durch das AMG ergebenen Arzneimittelpreise sind bindend.[235] Ziel dieser regulierten Preisfestsetzung ist die Gewährleistung eines einheitlichen Apothekenabgabepreises für Arzneimittel, die vom Verkehr außerhalb der Apotheke ausgeschlossen sind (§ 78 Abs. 2 Satz 2 AMG).[236] Davon ausgenommen sind gem. § 78 Abs. 2 Satz 3 AMG nicht verschreibungspflichtige Arzneimittel, die nicht zu Lasten der gesetzlichen Krankenversicherung abgegeben werden können, sondern die der Versicherte selbst zahlen muss (sog. OTC-Präparate)[237].

Durch einen einheitlichen Apothekenabgabepreis soll nach dem Gesetzgeber zum einen ein Preiswettbewerb auf der letzten Handelsstufe zwischen Endverbraucher und Apotheker vermieden werden,[238] um eine flächendeckende und gleichmäßige Versorgung der Bevölkerung sicherzustellen.[239] Zum anderen wird auch der Versicherte durch den erübrigten Preisvergleich vor Überforderung in solch einer besonderen Bedarfslage geschützt.[240] Inwiefern mit der Arzneimittelpreisbindung dieser Zielsetzung wirklich gerecht werden kann, scheint allerdings zweifelhaft. Der EuGH sah dies jedenfalls im Rahmen der Prüfung der Unionsrechtmäßigkeit der Arzneimittelpreisbindung für ausländische Apotheke nicht als erwiesen an.[241] Es sei nicht dargetan worden, inwiefern durch die Festlegung einheitlicher Preise für verschreibungspflichtige Arzneimittel eine bessere

---

maßgebliche Arzneimittelabgabepreis, vgl. BSG, Urt. v. 28.7.2008 – B 1 KR 4/08 R, SozR 4-2500 § 130a Nr. 3, 3.c); *Gaßner/Strömer*, PharmR 2014, 330, 331 f.

235 *Saalfrank*, in: HK-AKM, A 100 Rn. 147; dies gilt auch nach der Entscheidung des EuGH *Deutsche Parkinson Vereinigung* zur Unvereinbarkeit der Arzneimittelpreisbindung für ausländische Versandapotheken mit dem Unionsrechts (siehe dazu C.IV.3.) weiterhin bei der nicht grenzüberschreitenden Abgabe von Arzneimitteln, OVG Lüneburg, Beschl. v. 2.8.2017 – 13 ME 122/17, PharmaR 2017, 459.

236 Vgl. *Rehmann*, AMG, § 78 Rn. 1.

237 Arzneimittel, die *over the counter* häufig im unteren Preissegment gegen geringfügige Gesundheitsstörungen abgegeben werden, vgl. *Wodarz*, in: Sodan, Hdb. KVR, § 27 Rn. 17.

238 Vgl. GmS-OGB, Beschl. v. 22.8.2012 – GmS-OGB 1/10, SozR 4-5570 § 78 Nr. 1, III.2.a) aa); *Kutlu*, in: Spickhoff, MedizinR, AMPreisV, § 1 Rn. 2.

239 Vgl. BT-Drucks. 11/5373, S. 27; GmS-OGB, Beschl. v. 22.8.2012 – GmS-OGB 1/10, SozR 4-5570 § 78 Nr. 1, III.2.a)aa); *Kloesel/Cryan*, in: Kloesel/Cryan, AMG, § 78 A 1.0. Rn. 1.

240 Vgl. *Kloesel/Cryan*, in: Kloesel/Cryan, AMG, § 78 A 1.0. Rn. 1; *Zuck*, in: Quaas/Zuck, MedizinR, § 56 Rn. 1.

241 EuGH, Urt. v. 19.10.2016 – C-148/15 – *Deutsche Parkinson Vereinigung*, ABl. EU 2016, Nr. C 475, 5, Rn. 37 f.

geografische Verteilung der traditionellen Apotheken in Deutschland sichergestellt werden kann. Es beständen vielmehr Anhaltspunkte, dass mehr Preiswettbewerb unter den Apotheken die gleichmäßige Versorgung mit Arzneimitteln fördern würde, da dann auch Anreize zur Niederlassung in Gegenden gesetzt werden würden, wenn diese dann höhere Preise verlangen könnten. Diese Entscheidung zugrunde gelegt bedarf es einer genaueren Überprüfung der Geeignetheit der Arzneimittelpreisbindung durch den Gesetzgeber.

Zur Durchsetzung des einheitlichen Apothekenabgabepreises ist in § 7 Abs. 1 Nr. 2 HWG ein Verbot für Natural- oder Preisrabatte auf verschreibungspflichtige Fertigarzneimittel normiert, wenn diese entgegen der Preisvorschriften des AMG gewährt werden.[242] Apotheken ist es deshalb grundsätzlich verboten, Rabatte an Endverbraucher auf Arzneimittel einzuräumen.[243]

bb) Zusammensetzung des Apothekenabgabepreises

Trotz der Zielsetzung einer einheitlichen Preisbindung wurde von der direkten Bestimmung eines Festpreises per Gesetz abgesehen.[244] Um einen einheitlichen Abgabepreis in allen Apotheken sicherzustellen, werden indes auf den verschiedenen Vertriebsstufen Preisspannen festgesetzt.[245]

In den Verweisungen des § 1 Abs. 1 und Abs. 2 AMPreisV zur Preisfestsetzung wird zwischen Fertigarzneimitteln und Rezepturarzneimitteln unterschieden. Zur Bestimmung des Apothekenabgabepreises von Fertigarzneimittel, die für den Menschen bestimmt sind, dient der Abgabepreis des pharmazeutischen Unternehmers[246] als Ausgangspunkt,[247] zu dem der Großhandelshöchstzuschlag im Sinne des § 2 AMPreisV und der Apothekenzuschlag im Sinne

---

242 Vgl. zur Regelung des § 7 HWG ausführlich *Mand*, A&R 2006, 54 ff.

243 Dies erfasst auch Vorteile, die den Erwerb wirtschaftlich günstiger darstellen, vgl. für Warengutschein BGH, Urt. v. 9.9.2010 – I ZR 193/07, NJW 2010, 3721, 2.a)bb); *Saalfrank*, in: HK-AKM, A 100 Rn. 147; *Zuck*, in: Quaas/Zuck, MedizinR, § 56 Rn. 4, vgl. zum Überblick der verschiedenen Ausgestaltungen und deren Zulässigkeit *Kieser*, A&R 2012, 105 ff.

244 Vgl. *Gaßner/Strömer*, PharmR 2014, 330, 332; *Rehmann*, AMG, § 78 Rn. 1.

245 Vgl. *Wodarz*, in: Sodan, Hdb. KVR, § 27 Rn. 25.

246 Der pharmazeutische Unternehmer wird in § 4 Abs. 18 Satz 1 AMG legaldefiniert als der Inhaber der Zulassung oder Registrierung bei zulassungs- oder registrierungspflichtigen Arzneimitteln.

247 Vgl. *Frohn/Schmidt*, in: MünchAnwHdb. MedizinR, § 15 Rn. 283; *Saalfrank*, in: HK-AKM, A 100 Rn. 149.

des § 3 AMPreisV zuzüglich Umsatzsteuer addiert werden (vgl. § 3 Abs. 2 Nr. 1 AMPreisV).[248]

(1) Abgabepreis des pharmazeutischen Herstellers

Dem pharmazeutischen Unternehmer steht es frei, den sog. Abgabepreis des pharmazeutischen Unternehmers (ApU) festzusetzen.[249] Die Festlegung dieses Preises erfolgt anhand wirtschaftlicher Daten und Zielsetzungen entsprechend der Bedingungen des freien Marktes.[250]

Dennoch sind auch die Hersteller gem. § 78 Abs. 3 Satz 1 AMG verpflichtet, einen einheitlichen Abgabepreis zu gewährleisten, sprich das gleiche Arzneimittel stets zum gleichen Preis in Rechnung zu stellen.[251] Da der ApU als Ausgangsgrundlage zur Berechnung des Apothekenabgabepreises dient,[252] kann auch ein einheitlicher Apothekenabgabepreis nur bei einem gleich bleibenden Preis garantiert werden.[253]

Sollte der pharmazeutische Unternehmer ausnahmsweise Arzneimittel direkt an die Apotheke abgeben, unterliegt er gem. § 78 Abs. 1 Satz 3 AMG den Preisvorschriften des Großhandels.[254] Für den Apothekenabgabepreis ist auch in diesem Fall der Großhandelshöchstzuschlag hinzuzurechnen (vgl. § 3 Abs. 2 Nr. 1 AMPreisV).[255]

Ungeachtet der Pflicht zur Sicherstellung eines einheitlichen Abgabepreises ist es dem pharmazeutischen Unternehmer gem. § 78 Abs. 3 Satz 2 AMG gestattet, mit Sozialleistungsträgern wie den gesetzlichen und privaten Krankenkassen

---

248 Vgl. GmS-OGB, Beschl. v. 22.8.2012 – GmS-OGB 1/10, SozR 4-5570 § 78 Nr. 1, III.2.a) aa)(1); BSG, Urt. v. 8.7.2015 – B 3 KR 17/14 R, SozR 4-2500 § 130 Nr. 3, B.1; Urt. v. 28.7.2008 – B 1 KR 4/08 R, SozR 4-2500 § 130a Nr. 3, 3.b); *Kloesel/Cryan*, in: Kloesel/Cryan, AMG, § 78 A 1.0. Rn. 1, 9; *Wodarz*, in: Sodan, Hdb. KVR, § 27 Rn. 25; *Zuck*, in: Quaas/Zuck, MedizinR, § 56 Rn. 3.

249 Vgl. BSG, Urt. v. 28.7.2008 – B 1 KR 4/08 R, SozR 4-2500 § 130a Nr. 3, 3.b); *Kloesel/Cryan*, in: Kloesel/Cryan, AMG, § 78 A 1.0. Rn. 1, 10; *Zuck*, in: Quaas/Zuck, MedizinR, § 56 Rn. 2; anders ist dies bei den Rezepturarzneimitteln, vgl. § 5 AMPreisV.

250 Vgl. *Kloesel/Cryan*, in: Kloesel/Cryan, AMG, § 78 A 1.0. Rn. 10.

251 Vgl. *Kloesel/Cryan*, in: Kloesel/Cryan, AMG, § 78 A 1.0. Rn. 38; a.A. *Meyer*, A&R 2007, 151, 156 f., nach dessen Auffassung unter dem Begriff des „Abgabepreises" der einheitliche Apothekenabgabepreis gemeint ist.

252 *Kutlu*, in: Spickhoff, MedizinR, AMPreisV, § 2 Rn. 4.

253 BT-Drucks. 16/3100, S. 199.

254 *Hofmann*, in: Kügel/Müller/Hofmann, AMG, § 78 Rn. 40, 79.

255 Vgl. BT-Drucks. 17/8005, S. 135; *Kloesel/Cryan*, in: Kloesel/Cryan, AMG, § 78 A 1.0. Rn. 18.

Verträge über Preisnachlässe auf den ApU für verschreibungspflichtige Arzneimittel zu vereinbaren, die zu deren Lasten abgegeben werden.[256]

(2) Großhandelszuschlag

Bei der Abgabe von Fertigarzneimitteln durch den Großhandel an Apotheken darf gem. § 2 AMPreisV auf den ApU ohne die Umsatzsteuer höchstens ein Zuschlag von 3,15 %, maximal jedoch EUR 37,80, zuzüglich eines Festzuschlags von EUR 0,70 sowie die Umsatzsteuer erhoben werden.

Es handelt sich dabei um einen Höchstzuschlag, der dementsprechend zwar nicht über- aber unterschritten werden kann.[257] Dies kann auf der Ebene der Apotheker zu Preisabweichungen führen. Ein einheitlicher Apothekenabgabepreis beim Endabnehmer wird nach § 3 Abs. 2 AMPreisV dennoch dadurch erreicht, dass zur Ermittlung des von der Apotheke zu verlangenden Endpreises neben dem Festzuschlag der Apotheke nach Abs. 1 der Großhandels*höchst*zuschlag herangezogen wird. Abschläge des Großhändlers vom Höchstzuschlag wirken sich damit nur auf die Einkaufspreise und damit die Gewinne der Apotheken aus.[258]

(3) Apothekenzuschlag

Abschließend ist für die Ermittlung des Apothekenabgabepreises eines Fertigarzneimittels gem. § 3 Abs. 1 Satz 1 AMPreisV ein Apothekenzuschlag in Form eines Festzuschlages von 3 % zuzüglich EUR 8,35 zuzüglich EUR 0,16 zur Förderung der Sicherstellung des Notdienstes sowie die Umsatzsteuer hinzuzurechnen. Dieser wird auf die Summe aus ApU ohne Umsatzsteuer und den Großhandelszuschlag erhoben (§ 3 Abs. 2 Nr. 1 AMPreisV).[259]

b) Modifizierung der Preisregulierung durch das SGB V für die Arzneimittelversorgung durch die gesetzlichen Krankenkassen

Die Arzneimittelpreisbestimmung nach dem AMG wird überdies durch die sozialrechtlichen Regelungen des SGB V zur Regulierung der Preise (bzw. der Kosten) von Arzneimitteln im Rahmen der gesetzlichen Krankenversicherung

---

256 Vgl. *Kloesel/Cryan*, in: Kloesel/Cryan, AMG, § 78 A 1.0 Rn. 45.

257 Vgl. BGH, Urt. v. 5.10.2017 – I ZR 172/16, A&R 2017, 276; *Rehmann*, AMG, § 78 Rn. 1.

258 Vgl. GmS-OGB, Beschl. v. 22.8.2012 – GmS-OGB 1/10, SozR 4-5570 § 78 Nr. 1, III.2.a) aa)(1); *Rehmann*, AMG, § 78 Rn. 1.

259 *Zuck*, in: Quaas/Zuck, MedizinR, § 56 Rn. 3.

modifiziert.[260] Die Vorschriften sehen u.a. Festbeträge, Zuzahlungen und diverse gesetzliche wie vertragliche Preisabschläge und -moratorien für die zu erstattenden Kosten der Arzneimittelversorgung der Versicherten vor.[261]

Es handelt sich dabei im Ergebnis um Kostensteuerungselemente für die gesetzlichen Krankenkassen und nicht um eine Festsetzung von Arzneimittelpreisen im eigentlichen Sinne.[262] Da aber 85 % der in Deutschland abgegebenen verschreibungspflichtigen Arzneimittel auf Kosten der gesetzlichen Krankenkassen verordnet werden,[263] werden auch die Arzneimittelpreise auf diese Weise erheblich beeinflusst.[264] Hintergrund dieses umfassenden Preis- bzw. Kostensteuerungssystems ist es, dem aus dem Sachleistungsprinzip entstehenden Strukturdefizit der gesetzlichen Krankenversicherung entgegenzuwirken,[265] wonach weder Versicherte noch Ärzte einen Anreiz zur kostengünstigen Versorgung mit Arzneimitteln haben.[266]

aa) Festbeträge

In § 35 SGB V ist die Möglichkeit normiert, für bestimmte Arzneimittel Festbeträge festzusetzen. Festbeträge sind Höchstpreise für bestimmte Arzneimittel-Wirkstoffgruppen.[267] Durch sie wird gem. § 31 Abs. 2 Satz 1 SGB V festgelegt, bis zu welcher Höhe die Krankenkasse die Kosten der Versorgung mit solchen Arzneimitteln übernimmt. Dies gilt gem. § 31 Abs. 2 Satz 2 SGB V allerdings nicht, wenn eine Individualvereinbarung nach § 130a Abs. 8 SGB V (siehe dazu unter C.II.2.b)cc)(3)(d)) vorliegt, durch die die Mehrkosten der Überschreitung des Festbetrages ausgeglichen werden (vgl. § 31 Abs. 2 Satz 3 SGB V).

---

260 Vgl. *Rehmann*, AMG, § 78 Rn. 2; *Wodarz*, in: Sodan, Hdb. KVR, § 27 Rn. 24, 65 ff.; vgl. zur Verfassungsmäßigkeit der Festbeträge BVerfG, Urt. v. 17.12.2002 – 1 BvL 28/95, BVerfGE 106, 275, C.; der gesetzlich festgesetzten Preisabschläge BVerfG, Beschl. v. 15.5.2007 – 1 BvR 866/07, A&R 2008, 39, II.1.b) m.w.N.; Beschl. v. 13.9.2005 – 2 BvF 2/0, BVerfGE 114, 196, III.1.

261 Vgl. *Gaßner/Strömer*, PharmR 2014, 330, 331.

262 Eine Ausnahme besteht hingegen bei Arzneimitteln, für die ein Erstattungsbetrag nach § 130b SGB V festgelegt wird (siehe dazu im Einzelnen C.II.2.b)bb)).

263 Vgl. BT-Drucks. 17/3698, S. 62.

264 Vgl. *Zuck*, in: Quaas/Zuck, MedizinR, § 56 Rn. 5.

265 Vgl. *Kloesel/Cryan*, in: Kloesel/Cryan, AMG, § 78 A 1.0. Rn. 11.

266 Vgl. zur Zielsetzung von Festbeträgen BVerfG, Urt. v. 17.12.2002 – 1 BvL 28/95, BVerfGE 106, 275, I.1.

267 Vgl. https://www.g-ba.de/institution/themenschwerpunkte/arzneimittel/festbetrag/, zuletzt aufgerufen am 13.3.2018.

Die über den Festbetrag hinausgehende Preisdifferenz muss vom Versicherten getragen werden (siehe zur Eigenbeteiligung C.III.2.c)bb)).[268] Ziel dieses Regulierungsinstruments ist es, die Kosten der Krankenkassen ohne eine Beschränkung der Leistung zu reduzieren, während gleichzeitig der Preiswettbewerb zwischen den pharmazeutischen Herstellern gefördert wird.[269]

Die Festlegung dieser Beträge erfolgt in einem mehrstufigen System.[270] Zunächst bildet der Gemeinsame Bundesausschuss[271] aufgrund der Ermächtigung in § 35 Abs. 1 SGB V in den Richtlinien nach § 92 Abs. 1 Satz 2 Nr. 6 SGB V Festbetragsgruppen, indem er Wirkstoffgruppen bestimmt, für die Festbeträge festgesetzt werden können. Der konkrete Festbetrag wird dann gem. § 35 Abs. 3 SGB V durch den GKV-Spitzenverband im Sinne des § 217a SGB V auf der Grundlage von rechnerischen mittleren Tages- oder Einzeldosen oder anderen geeigneten Vergleichsgrößen festgesetzt.

Für Arzneimittel mit patentgeschützten Wirkstoffen und neuartiger oder verbesserter Wirkungsweise dürfen allerdings grundsätzlich keine Festbeträge erhoben werden (vgl. § 35 Abs. 1 Satz 3 und 4 SGB V).[272] Dies gilt gem. § 35a Abs. 4 Satz 1 SGB V jedoch nicht, wenn für das Arzneimittel keine therapeutische Verbesserung festgestellt wurde.[273] Doch auch in den Fällen festbetragsfreier Arzneimittel ist eine freie Preisbestimmung bei neu eingeführten Arzneimitteln weitestgehend ausgeschlossen, da auch wenn keine Zuordnung zu einer Festbetragsgruppe erfolgt, ein Erstattungsbetrag nach § 130b SGB V vereinbart wird.[274]

Trotz de facto starker Einflussnahme[275] auf die Preise des pharmazeutischen Herstellers handelt es sich bei Festbeträgen nicht um staatlich festgelegte Preise, sondern eine Deckelung der Kostenerstattung, da die Differenz vom Versicherten

---

268 Vgl. BT-Drucks. 11/3480, S. 24.

269 Vgl. BT-Drucks. 11/3480, S. 24; *Wagner*, in: Krauskopf, SGB V, § 35 Rn. 2; *Zuck*, in: Quaas/Zuck, MedizinR, § 56 Rn. 6.

270 Vgl. *Zuck*, in: Quaas/Zuck, MedizinR, § 56 Rn. 7 f.

271 Der Gemeinsame Bundesausschuss bildet sich aus den kassenärztlichen Bundesvereinigungen, der Deutschen Krankenhausgesellschaft und dem GKV-Spitzenverband und hat seine Rechtsgrundlage in § 91 SGB V.

272 Vgl. *Wodarz*, in: Sodan, Hdb. KVR, § 27 Rn. 30; *Zuck*, in: Quaas/Zuck, MedizinR, § 56 Rn. 10; eine Ausnahme besteht allerdings nach § 35 Abs. 1a SGB V, wenn sich die Festbetragsgruppe aus mindestens drei Arzneimitteln mit patentgeschützten Wirkstoffen zusammensetzt.

273 Vgl. *Wodarz*, in: Sodan, Hdb. KVR, § 27 Rn. 28.

274 Vgl. *Hahne*, in: MünchAnwHdb. MedizinR, § 4 Rn. 39; *Luthe*, in: Hauck/Noftz, SGB V, § 130b Rn. 4.

275 Vgl. *Kloesel/Cryan*, in: Kloesel/Cryan, AMG, § 78 A 1.0. Rn. 11.

getragen wird. Die Regelung verstößt somit auch nicht gegen das in § 78 AMG normierte Prinzip der Arzneimittelpreisbindung oder unterbindet es.

bb) Erstattungsbeträge nach § 130b SGB V

Für Arzneimittel mit neuen Wirkstoffen, die keiner Festbetragsgruppe zugeordnet sind (§ 35a SGB V), vereinbaren der GKV-Spitzenverband nach § 130b Abs. 1 Satz 1 SGB V mit den pharmazeutischen Unternehmern Erstattungsbeträge.[276] Gem. § 78 Abs. 3a AMG ist der pharmazeutische Unternehmer verpflichtet, das Arzneimittel zu diesem Erstattungsbetrag oder darunter abzugeben.[277] Der Erstattungsbetrag stellt mithin den Abgabepreis für das entsprechende Arzneimittel dar und gilt als einheitlicher Listenpreis im Sinne des § 78 Abs. 3 AMG.[278]

Im Ergebnis stellt der Erstattungsbetrag damit eine echte Preisregulierung dar,[279] insbesondere weil er über § 78 Abs. 3a Satz 3 AMG generell und nicht nur in der gesetzlichen Krankenversicherung gilt.[280] In diesem Fall hat der Versicherte auch keinen Ausgleich zu zahlen,[281] weshalb der Erstattungsbetrag (anders als der Festbetrag, der weiterhin zum Listenpreis am Markt angeboten wird und bei dem der Versicherte die Differenz zahlt) nicht bloß eine „Erstattungsobergrenze" darstellt.[282]

Überdies erfolgt die Festsetzung eines solchen Erstattungsbetrags zwangsläufig. Sollten sich die Parteien nicht innerhalb von sechs Monaten auf einen Erstattungsbetrag für das Arzneimittel einigen, wird dieser im Wege der

---

276 Vgl. *Kloesel/Cryan*, in: Kloesel/Cryan, AMG, § 78 A 1.0 Rn. 46; vgl. zur Berechnungsgrundlage ausführlich *Wesser*, A&R 2013, 107 ff.

277 Nach § 130b Abs. 1 Satz 3 bis 5 SGB V a.F. waren sämtliche Beteiligte der Handelskette verpflichtet, den Rabatt an den nächsten Vertriebspartner weiterzureichen, vgl. *Baierl*, in: jurisPK-SGB V, § 130b Rn. 122; *Barth*, in: Spickhoff, MedizinR, § 130b Rn. 7; durch die Neufassung des § 78 Abs. 3a AMG ist die Gewährung des Erstattungsbetrags als Abschlag bei Abgabe des Arzneimittels und entsprechender Weitergabe in der Handelskette nicht mehr erforderlich, da Arzneimittel bereits zum Erstattungsbetrag abgegeben werden und dieser auch bei der Berechnung des Apothekenabgabepreises mit Großhandels- und Apothekenzuschlägen zugrunde gelegt wird, vgl. BT-Drucks. 18/606, S. 13; *Luthe*, in: Hauck/Noftz, SGB V, § 130b Rn. 43a.

278 *Luthe*, in: Hauck/Noftz, SGB V, § 130b Rn. 45.

279 Vgl. *Wodarz*, in: Sodan, Hdb. KVR, § 27 Rn. 2a.

280 § 78 Abs. 3a Satz 3 AMG findet auch bei der Arzneimittelversorgung von beihilfeberechtigten und privatkrankenversicherten Patienten Anwendung, vgl. *Kloesel/Cryan*, in: Kloesel/Cryan, AMG, § 78 A 1.0 Rn. 50; *Wodarz*, in: Sodan, Hdb. KVR, § 27 Rn. 25.

281 Vgl. *Wodarz*, in: Sodan, Hdb. KVR, § 27 Rn. 24a.

282 Vgl. *Wodarz*, in: Sodan, Hdb. KVR, § 27 Rn. 2a.

Zwangsschlichtung festgelegt (§ 130b Abs. 4 SGB V).[283] Aus diesem Grund kommen Erstattungsbeträge im Sinne des § 130b SGB V im Ergebnis staatlich festgesetzten Preisen gleich.[284]

Es steht den Krankenkassen und Verbänden gem. § 130c SGB V allerdings frei, abweichend von den Vereinbarungen des § 130b SGB V Verträge mit den pharmazeutischen Unternehmern über die Erstattung von Arzneimitteln zu treffen, wodurch gem. § 130c Abs. 1 Satz 3 SGB V die Vereinbarungen nach § 130b SGB V entsprechend ergänzt oder abgelöst werden.[285] Solche Verträge können beispielsweise zu mengenbezogenen Staffelungen des Nachlasses oder jährlichen Umsatzerlösen erfolgen; denkbar ist nach § 130c Abs. 1 Satz 2 SGB V ebenso eine Anknüpfung an messbare Therapieerfolge.[286]

cc) Abzüge und Zuzahlungen zugunsten der gesetzlichen Krankenkasse

Parallel zur Festsetzung von Fest- und Erstattungsbeträgen erfolgt im Rahmen der gesetzlichen Krankenversicherung eine umfangreiche Kostenregulierung anhand sozialrechtlich geregelter Rabatte und Zuzahlungen, die Hersteller, Apotheken wie auch Versicherte in die Kostentragung miteinbezieht.

(1) Apothekenrabatt nach § 130 SGB V

Die Apotheken sind gem. § 130 Abs. 1 SGB V verpflichtet, den Krankenkassen für verschreibungspflichtige Fertigarzneimittel[287] einen Abschlag von EUR 1,77 je Arzneimittel auf den Arzneimittelabgabepreis[288] zu gewähren.[289] Ist für das

---

283 *Hahne*, in: MünchAnwHdb. MedizinR, § 4 Rn. 39.

284 Vgl. *Ebsen*, GuP 2011, 41, 43; *Gaßner/Strömer*, PharmR 2014, 330, 332; *Wodarz*, in: Sodan, Hdb. KVR, § 27 Rn. 24.

285 Vgl. *Luthe*, in: Hauck/Noftz, SGB V, § 130a Rn. 4c.

286 Die Selektivverträge nach § 130c SGB V sind demnach im Ergebnis in der Ausgestaltung vergleichbar mit solchen nach § 130a Abs. 8 SGB V (siehe dazu im Einzelnen unter C.II.2.b)cc)(3)(d)), wobei die §§ 130b und 130c SGB V den Regelungen nach § 130a SGB V eigenständig gegenüberstehen, vgl. *Luthe*, in: Hauck/Noftz, SGB V, § 130a Rn. 4c.

287 Für sonstige Arzneimittel (insbesondere Rezepturen oder nicht verschreibungspflichtige Fertigarzneimittel, die ausnahmsweise zu Lasten der Kasse abgegeben werden) beträgt der Abschlag 5 % auf den maßgeblichen Arzneimittelabgabepreis.

288 Dies ist der Preis entsprechend der AMPreisV (siehe dazu unter C.II.2.a)bb)) vor Abzug der Zuzahlung des Versicherten, vgl. *Jäkel*, PharmR 2003, 352, 353; *Wodarz*, in: Sodan, Hdb. KVR, § 27 Rn. 70.

289 Welcher Preis bei dem Rabattabschlag zugrunde zu legen ist, ergibt sich aus der sog. Lauer-Taxe, vgl. BSG, Urt. v. 2.7.2013 – B 1 KR 18/12 R, SozR 4-2500 § 130a Nr. 9;

Arzneimittel ein Festbetrag festgesetzt, bemisst sich der Abschlag gem. § 130 Abs. 2 SGB V nach dem Festbetrag. Liegt der maßgebliche Arzneimittelabgabepreis nach § 130 Abs. 1 SGB V allerdings unter dem Festbetrag, ist für den Abschlag auch der niedrigere Abgabepreis zugrunde zu legen.

Voraussetzung für die Gewährung eines Rabatts ist gem. § 130 Abs. 3 SGB V das Begleichen der Rechnung durch die Krankenkasse innerhalb von 10 Tagen. Diese Regelung stellt im Ergebnis eine auflösende Bedingung dar, unter der der zunächst entstandene ungekürzte Vergütungsanspruch der Apotheke entsteht.[290]

Bei diesem zu gewährleistenden Rabatt handelt es sich nicht um eine „Sonderabgabe" der Apotheke, sondern um eine Verkürzung des Zahlungsanspruchs der Apotheke gegen die Krankenkasse nach fristgemäßer Zahlung, was dem Charakter eines Skontos für alsbaldige Zahlung gleichkommt.[291]

(2) Kürzung und Gutschriftsbeträge im Rahmen der Importquote

Abzüge vom Apothekenabgabepreis können zu Lasten der Apotheke auch im Zusammenhang mit den Pflichten aus den Regelungen zur Importquote entstehen.

Durch § 129 Abs. 1 Nr. 2 SGB V wird für Apotheken bei der Abgabe verordneter Arzneimittel an Versicherte nach der Maßgabe des Rahmenvertrags die Pflicht statuiert, preisgünstige importierte Arzneimittel unter den dort sowie in § 129 Abs. 1 Satz 7 SGB V genannten Voraussetzungen abzugeben.

Hinsichtlich Begriff und Abwicklung wird diese Pflicht der Apotheker durch die Regelungen in § 5 Rahmenvertrag konkretisiert: Der Deutsche Apothekerverband e.V. und der GKV-Spitzenverband haben in § 5 Abs. 3 Rahmenvertrag eine Importquote vereinbart.[292] Gem. § 5 Abs. 3 Satz 2 Rahmenvertrag bezeichnet diese den prozentualen Umsatzanteil abzugebender importierte Arzneimittel am Fertigarzneimittel-Umsatz der Apotheke mit der jeweiligen Krankenkasse. Er beträgt 5 %. Der Apotheker ist nach § 5 Abs. 3 Satz 3 Rahmenvertrag verpflichtet, mit den abgegebenen importierten Arzneimitteln eine

---

Axer, in: Becker/Kingreen, SGB V, § 130 Rn. 4; *Barth*, in: Spickhoff, MedizinR, § 130a Rn. 2; *Schneider*, in: jurisPK-SGB V, § 129 Rn. 37.

290 *Knittel*, in: Krauskopf, SGB V, § 129 Rn. 5a.

291 Vgl. BSG, Urt. v. 8.7.2015 – B 3 KR 17/14 R, SozR 4-2500 § 130 Nr. 3, SozR 4-2500 § 129 Nr. 10, B.3.a); Urt. v. 6.3.2012 – B 1 KR 14/11 R, SozR 4-2500 § 130 Nr. 2, 2.a); Urt. v. 1.9.2005 – B 3 KR 34/04 R, SozR 4-2500 § 130 Nr. 1, Rn. 34; *Zuck*, in: Quaas/Zuck, MedizinR, § 38 Rn. 31.

292 Vgl. *Steinmeyer*, in: Bergmann/Pauge/Steinmeyer, SGB V, § 129 Rn. 9.

Wirtschaftlichkeitsreserve in Höhe von 10 Prozent des mit der Importquote festgelegten Umsatzes zu erzielen.

Wird diese Wirtschaftlichkeitsreserve von den Apotheken im Quartal nicht erreicht, so mindert sich gem. § 5 Abs. 4 Satz 1 Rahmenvertrag die Rechnungsforderung für den letzten Abrechnungsmonat des Quartals gegenüber der Krankenkasse um die Differenz zwischen der vereinbarten und der tatsächlich erzielten Wirtschaftlichkeitsreserve. Sollte hingegen die vereinbarte Wirtschaftlichkeitsreserve übertroffen werden, erfolgt zugunsten der Apotheke eine Gutschrift über diese Differenz gem. § 5 Abs. 4 Satz 3 Rahmenvertrag seitens der Krankenkasse.[293] Diese Gutschrift wird nach § 5 Abs. 4 Satz 4 Rahmenvertrag verrechnet, sofern im folgenden Abrechnungsmonat ein Kürzungsbetrag anfällt. Wenn am Jahresende dennoch eine zu saldierende Gutschrift vorhanden ist, wird diese gem. § 5 Abs. 4 Satz 6 Rahmenvertrag ins folgende Kalenderjahr übertragen. Die Auszahlung eines verbleibenden Gutschriftbetrags durch die Krankenkasse in Form eines Rechnungspostens zusätzlich zum Entgelt für die Arzneimittellieferungen scheidet allerdings aus.

Mit dieser Regelung soll der Apotheke vor allem die Möglichkeit gegeben werden, sich durch Übererfüllung vor künftigen Abzügen bei Untererfüllung zu schützen. Eine weitere Einnahmequelle soll gerade nicht geschaffen werden. Deutlich wird dies insbesondere dadurch, dass der Rahmenvertrag keine Regelung vorsieht, wie am Ende einer Leistungsbeziehung – beispielsweise bei Schließung der Apotheke – mit einem ausstehenden Gutschriftsbetrag verfahren werden soll. Nach der herrschenden Meinung ist auch in diesem Fall kein Gutschriftsbetrag auszubezahlen.[294] So ist es bei dauerhafter Übererfüllung durchaus möglich, dass dies der Apotheke nie in monetärer Form zugutekommt.

(3) Herstellerrabatte nach § 130a SGB V

Auch für pharmazeutische Unternehmer sind im SGB V verschiedene Abschläge auf den Herstellerabgabepreis geregelt, die von ihnen zugunsten der Krankenkassen zu gewähren sind.[295] Die verschiedenen Regelungen unterscheiden sich insbesondere danach, welche Art von Arzneimittel abgegeben worden ist.

---

293 Vgl. *Schneider*, in: jurisPK-SGB V, § 129 Rn. 31.

294 Vgl. LSG Berlin-Brandenburg, Urt. v. 24.4.2015 – L 9 KR 499/12, A&R 2015, 192; *von Dewitz*, in: BeckOK-SozR, SGB V, § 129 Rn. 22.

295 Es erfolgt daher kein Rabatt auf den Großhandels- und Apothekenzuschlag nach §§ 2, 3 AMPreisV, vgl. *Schneider*, in: jurisPK-SGB V, § 130a Rn. 21; *Wodarz*, in: Sodan, Hdb. KVR, § 27 Rn. 65, 71.

Die Kostenbeteiligung der Hersteller erfolgt in Form von gesetzlichen (§ 130a Abs. 1, 3a, 3b SGB V) und vertraglich vereinbarten Preisnachlässen (§§ 130a Abs. 8 SGB V).[296] Die gesetzlichen Rabatte sind nicht abdingbar und müssen zwangsweise erhoben werden.[297] Sie sind insbesondere über die Grenzen des SGB V hinaus verbindlich und stellen damit eine echte Preisregulierung dar.[298]

(a) Originalarzneimittel

Nach § 130a Abs. 1 Satz 1 SGB V erhalten die Krankenkassen von Apotheken für zu ihren Lasten abgegebene Arzneimittel einen Abschlag in Höhe von 7 %[299] des Abgabepreises des pharmazeutischen Unternehmers ohne Umsatzsteuer, der sich somit aus dem Nettoverkaufspreis errechnet.[300] Der Herstellerrabatt gilt gem. § 130a Abs. 1 Satz 6 SGB V für Fertigarzneimittel, deren Preise sich nach dem AMG bestimmen.[301] Bei generischen Arzneimitteln im Sinne des § 130a Abs. 3b Satz 1 SGB V (vgl. dazu unter C.II.2.b)cc)(3)(c)) beträgt der Abschlag 6 % gem. § 130a Abs. 1 Satz 2 SGB V.

Die Krankenkassen machen diesen Abschlag geltend, indem sie der Apotheke die eingereichte Rechnung nur um den in Höhe des Rabatts gekürzten Betrags bezahlen.[302] Da es sich im Ergebnis aber um einen Rabatt des Herstellers handelt,[303] ist der pharmazeutische Unternehmer verpflichtet, den Apotheken (bzw. Großhändlern)[304] diesen Abschlag innerhalb von zehn Tagen zu erstatten (vgl.

296 Vgl. zur ausführlichen Darstellung der verschiedenen Herstellerrabatte *Luthe*, SGb 2011, 316 ff., 372 ff.

297 *Barth*, in: Spickhoff, MedizinR, § 130a Rn. 2.

298 Vgl. *Wodarz*, in: Sodan, Hdb. KVR, § 27 Rn. 65; gem. § 1 Satz 1 AMRabG haben auch die Unternehmen der privaten Krankenversicherung Anspruch auf die Abschläge entsprechend § 130a Abs. 1, 1a, 2, 3, 3a und 3b SGB V.

299 Vom 1.8.2010 bis zum 31.12.2013 betrug der Abschlag für verschreibungspflichtige Arzneimittel einschließlich Fertigarzneimittel in parenteralen Zubereitungen gem. § 130a Abs. 1a SGB V abweichend von § 130a Abs. 1 SGB V 16 %.

300 Vgl. BFH, Urt. v. 28.5.2009 – V R 2/08, BStBl II 2009, 870, II.4.a); *Luthe*, in: Hauck/Noftz, SGB V, § 130a Rn. 9.

301 Unterliegen die Arzneimittel keiner Preisbindung, entfällt auch der Herstellerrabatt, vgl. *Wodarz*, in: Sodan, Hdb. KVR, § 27 Rn. 75.

302 Vgl. *Luthe*, in: Hauck/Noftz, SGB V, § 130a Rn. 4, 16.

303 *Barth*, in: Spickhoff, MedizinR, § 130a Rn. 4.

304 Dies betrifft die Fälle, in denen der Apotheker nach Ablauf der Frist in § 130a Abs. 1 Satz 4 SGB V den Rabatt gem. § 130a Abs. 7 Satz 1 SGB V gegenüber dem Großhändler verrechnet. Diesem steht gem. § 130a Abs. 7 Satz 2 SGB V ein Erstattungsanspruch gegen den Hersteller zu, vgl. *Luthe*, in: Hauck/Noftz, SGB V, § 130a Rn. 32.

§ 130a Abs. 1 Satz 3 bis 5 SGB V).[305] Dieser Erstattungsanspruch steht unter der Voraussetzung, dass der Krankenkasse zuvor auch der Abschlag von der Apotheke gewährt worden ist.[306] Gegenüber dem Hersteller sind nur solche Apotheken erstattungsberechtigt, für die auch der Rahmenvertrag nach § 129 Abs. 2 SGB V Geltung hat.[307] Die Apotheke fungiert demnach in diesem Dreiecksverhältnis lediglich als Zahlstelle zur technischen Abwicklung[308] und soll nicht belastet werden.[309] An einem direkten Rechtsverhältnis zwischen der Krankenkasse und dem Hersteller fehlt es indes.[310] Im Rahmen des § 130a Abs. 1 SGB V muss daher immer zwischen dem Rechtsverhältnis der Apotheke zur Krankenkasse und dem der Apotheke zum pharmazeutischen Unternehmer unterschieden werden.[311]

Soweit es sich um Arzneimittel mit Festpreisbestimmung im Sinne des § 35 SGB V handelt, findet die Rabattregelung gem. § 130a Abs. 3 SGB V keine Anwendung,[312] um eine doppelte Belastung zu vermeiden.[313]

(b) Preismoratorium

Erhöhungen des Abgabepreises des pharmazeutischen Unternehmers gegenüber dem Preisstand vom 1. August 2009 werden gem. § 130 Abs. 3a Satz 1 SGB V in vollem Umfang mit einem Abschlag belegt.[314] Ausgenommen sind gem. § 130 Abs. 3a Satz 1 lt. Hs. SGB V Arzneimittel, für die ein Festbetrag festgesetzt worden ist. Durch diese Regelung sollen die Preiserhöhungen nicht zulasten der gesetzlichen Krankenkasse erfolgen.[315]

---

305 Vgl. *Murawski*, in: LPK-SGB V, § 130a Rn. 3.

306 *Luthe*, in: Hauck/Noftz, SGB V, § 130a Rn. 16b.

307 Vgl. BSG, Urt. v. 24.1.2013 – B 3 KR 11/11 R, SozR 4-2500 § 130a Nr. 8, 5c); auch die Verfassungsbeschwerde gegen dieses Urteil hatte keinen Erfolg, vgl. BVerfG, Beschl. v. 24.3.2016 – 2 BvR 1546/13, juris.

308 BVerfG, Beschl. v. 13.9.2005 – 2 BvF 2/0, BVerfGE 114, 196, III.1.c); *Axer*, in: Becker/Kingreen, SGB V, § 130a Rn. 12.

309 Vgl. BSG, Urt. v. 28.7.2008 – B 1 KR 4/08 R, SozR 4-2500 § 130a Nr. 3, 5.; *Frohn/Schmidt*, in: MünchAnwHdb. MedizinR, § 15 Rn. 290.

310 Vgl. *Barth*, in: Spickhoff, MedizinR, § 130a Rn. 4; *Reese/Stallberg*, in: Dieners/Reese, Hdb. PharmaR, § 17 Rn. 220.

311 Vgl. BSG, Urt. v. 29.4.2010 – B 3 KR 3/09 R, SozR 4-2500 § 130a Nr. 6, 2.; *Luthe*, in: Hauck/Noftz, SGB V, § 130a Rn. 4.

312 *Murawski*, in: LPK-SGB V, § 130a Rn. 10.

313 Vgl. *Wodarz*, in: Sodan, Hdb. KVR, § 27 Rn. 66.

314 Die Regelung gilt vorerst bis zum 31. Dezember 2022.

315 Vgl. BT-Drucks. 17/2170, S. 37.

(c) Generika

Ein gesonderter Rabatt ist für die Abgabe von sog. Generika (patentfreie, wirkstoffgleiche Arzneimittel)[316] vorgesehen.[317] Dieser beträgt gem. § 130a Abs. 3b Satz 1 SGB V in der Regel 10 % des Abgabepreises des pharmazeutischen Unternehmers,[318] und gleicht in der Ausgestaltung weitestgehend dem § 130a Abs. 1 SGB V. Da er zusätzlich zu dem Abschlag nach § 130a Abs. 1 Satz 2 SGB V erfolgt,[319] beträgt der Gesamtabschlag für diese Arzneimittelgruppe 16 %.[320]

Arzneimittel, deren Preis mindestens 30 % unter dem Festbetrag liegen, sind von der Abschlagspflicht ausgenommen.

(d) Individualvertrag

Zusätzlich zu den gesetzlichen Zwangsrabatten besteht nach § 130a Abs. 8 SGB V die Möglichkeit, dass die Krankenkassen oder ihre Verbände mit den pharmazeutischen Unternehmern auf freiwilliger Basis Verträge über weitere Preisnachlässe vereinbaren.[321] Im Vergleich zu den gesetzlichen Zwangsrabatten wird dieser Abschlag unmittelbar vom pharmazeutischen Unternehmer an die Krankenkasse gewährt und erfolgt nicht über die Apotheke als Zahlstelle (vgl. § 130a Abs. 8 Satz 3 SGB V).[322] Sollten solche Verträge vorliegen, sind die Apotheken gem. § 129 Abs. 1 Satz 3 SGB V verpflichtet, diese auch bei wirkstoffgleichen Arzneimitteln abzugeben.[323]

Hinsichtlich der konkreten Ausgestaltung sind die Vertragsparteien weitgehend frei, vgl. § 130a Abs. 8 Satz 2 SGB V.[324] Bei ausdrücklicher Vereinbarung können gem. § 130a Abs. 8 Satz 4 SGB V durch diese Verträge unter anderem

---

316 Zum generischen Status vgl. *Friedrich*, PharmR 2010, 329 ff.

317 *Barth*, in: Spickhoff, MedizinR, § 130a Rn. 2; *Zuck*, in: Quaas/Zuck, MedizinR, § 56 Rn. 7.

318 Abweichungen von der Rabatthöhe ergeben sich insbesondere bei importierten Arzneimitteln oder Preisänderungen, vgl. § 130 Abs. 3b Satz 1 Hs. 2, 2 SGB V.

319 Vgl. BT-Drucks. 18/606, S. 12; *Murawski*, in: LPK-SGB V, § 130a Rn. 3.

320 *Wodarz*, in: Sodan, Hdb. KVR, § 27 Rn. 73.

321 Vgl. *Barth*, in: Spickhoff, MedizinR, § 130a Rn. 12; vgl. zu den kartellrechtlichen Vorgaben *Gaßner/Strömer*, PharmR 2014, 330, 333 ff.

322 Vgl. *Axer*, in: Becker/Kingreen, SGB V, § 130a Rn. 20; *Barth*, in: Spickhoff, MedizinR, § 130a Rn. 12; *Wodarz*, in: Sodan, Hdb. KVR, § 27 Rn. 34.

323 *Zuck*, in: Quaas/Zuck, MedizinR, § 38 Rn. 21.

324 *Pelzer/Klein*, in: Fuhrmann/Klein/Fleischfresser, ArzneimittelR, § 46 Rn. 73.

auch die zwangsweise erhobenen Rabatte abgelöst werden, soweit der Krankenkasse keine höheren Ausgaben entstehen.[325]

Der einheitliche Abgabepreis, den der pharmazeutische Unternehmer sicherstellen muss (vgl. § 78 Abs. 3 Satz 1 AMG), bleibt von den Vereinbarungen unberührt.[326]

(4) Zuzahlung nach § 31 Abs. 3 SGB V

Durch § 31 Abs. 3 Satz 1 SGB V werden Versicherte verpflichtet, eine Zuzahlung für zu Lasten der gesetzlichen Krankenkasse verordnete Arznei- und Verbandmittel an die abgebende Stelle (z.B. die Apotheke) zu leisten. Die Höhe dieser Zuzahlung richtet sich nach dem sich aus § 61 Satz 1 SGB V ergebenden Betrag. Dort wird festgelegt, dass Zuzahlungen 10 % des Abgabepreises, mindestens jedoch EUR 5,00 und höchstens EUR 10,00, zu betragen haben und jeweils nicht mehr als die Kosten des Mittels.

Die Zuzahlungspflicht des Versicherten dient als Steuerungselement der Arzneimittelversorgung, da sie sich gegenüber dem Versicherten unmittelbar auswirkt.[327] Ziel ist es, einen überhöhten Verbrauch von Arzneimitteln zu vermeiden, indem ein Kostenbewusstsein der Versicherten für die Inanspruchnahme von Arzneimitteln entwickelt wird.[328]

Gem. § 43c Abs. 1 Satz 1 SGB V sind die Leistungserbringer – im Rahmen der Arzneimittelversorgung die Apotheken – berechtigt und verpflichtet, die Zuzahlungen, die der Versicherte zu entrichten hat, einzuziehen und mit ihrem Vergütungsanspruch gegenüber der Krankenkasse zu verrechnen.[329] Zu den Zuzahlungen im Sinne des § 43c Abs. 1 SGB V zählen auch die für Arznei- und

---

325 Vgl. BT-Drucks. 17/2170, S. 38; *Axer*, in: Becker/Kingreen, SGB V, § 130 Rn. 20; *Barth*, in: Spickhoff, MedizinR, § 130a Rn. 12; da der pharmazeutische Unternehmer in beiden Fällen belastet ist, dient eine Ersetzung der Zwangsrabatte durch einen vertraglichen Rabatt vor allem der Erleichterung von Verfahrensabläufen, weil der Apotheker nicht mehr in den Abwicklungsprozess eingebunden ist, vgl. *Gaßner/Strömer*, PharmR 2014, 330, 333.

326 Vgl. *Zuck*, in: Quaas/Zuck, MedizinR, § 38 Rn. 26.

327 *Spickhoff*, in: Spickhoff, MedizinR, SGB V, § 31 Rn. 9.

328 BSG, Urt. v. 7.12.2006 – B 3 KR 29/05 R, SozR 4-2500 § 33 Nr. 14, 3.a); *Wagner*, in: Krauskopf, SGB V, § 31 Rn. 29.

329 Vgl. *Wodarz*, in: Sodan, Hdb. KVR, § 27 Rn. 31.

Verbandmittel nach § 31 Abs. 3 SGB V.[330] Die Apotheken gelten weder als Bevollmächtigte der Krankenkasse noch als Anspruchsinhaber der Zuzahlung; ihnen obliegen indes lediglich Mitwirkungspflichten zur Durchsetzung des Anspruchs.[331] Ein etwaiger Rückzahlungsanspruch des Versicherten ist deshalb auch gegenüber der Krankenkasse geltend zu machen.[332]

Inhaberin des Anspruchs auf Zuzahlung ist die Krankenkasse.[333] Mithin kommt der Versicherte mit der Zahlung seiner aus dem Sozialrechtsverhältnis resultierenden Pflicht gegenüber der Krankenkasse nach.[334] Deutlich wird dies auch dadurch, dass gem. § 62 Abs. 1, 3 SGB V die Krankenkasse berechtigt ist, über die Befreiung des Versicherten von der Zuzahlung zu entscheiden.[335] Die das Arzneimittel abgebende Stelle (i.d.R. die Apotheke) vereinnahmt demnach zwar die Zuzahlung, muss diesen Betrag jedoch der Krankenkasse im Rahmen der Abrechnung der Arzneimittellieferung vollständig weiterleiten.

Nach § 61 Satz 4 SGB V ist die Apotheke als Leistungserbringer verpflichtet, dem Versicherten gegenüber die geleisteten Zuzahlungen zu quittieren, ohne dass ihr dafür ein Vergütungsanspruch gegenüber der Krankenkasse zusteht.

---

330 *Sichert*, in: Becker/Kingreen, SGB V, § 43c Rn. 4; *Wagner*, in: Krauskopf, SGB V, § 43c Rn. 5.

331 *Nolte*, in: KassKomm SozR, SGB V, § 31 Rn. 60; *Joussen*, in: Knickrehm/Kreikebohm/Waltermann, SGB V, § 43c Rn. 2.

332 BSG, Urt. v. 11.10.1994 – 1 RK 34/93, SozR 3-2500 § 31 Nr. 2, Rn. 13.

333 BSG, Urt. v. 3.8.2006 – B 3 KR 6/06, SozR 4-2500 § 129 Nr. 2, Rn. 32; *Nolte*, in: KassKomm SozR, SGB V, § 31 Rn. 59; *Sichert*, in: Becker/Kingreen, SGB V, § 43c Rn. 1; *Spickhoff*, in: Spickhoff, MedizinR, SGB V, § 31 Rn. 9; *Wagner*, in: Krauskopf, SGB V, § 31 Rn. 34.

334 BSG, Urt. v. 3.8.2006 – B 3 KR 6/06, SozR 4-2500 § 129 Nr. 2, Rn. 32.

335 *Nolte*, in: KassKomm SozR, SGB V, § 31 Rn. 59.

III. Rechts- und Leistungsbeziehungen im Rahmen der Arzneimittelversorgung

Im Rahmen der Bereitstellung und Inanspruchnahme der Leistungen zur Arzneimittelversorgung erwachsen verschiedene Rechts- und Leistungsbeziehungen.

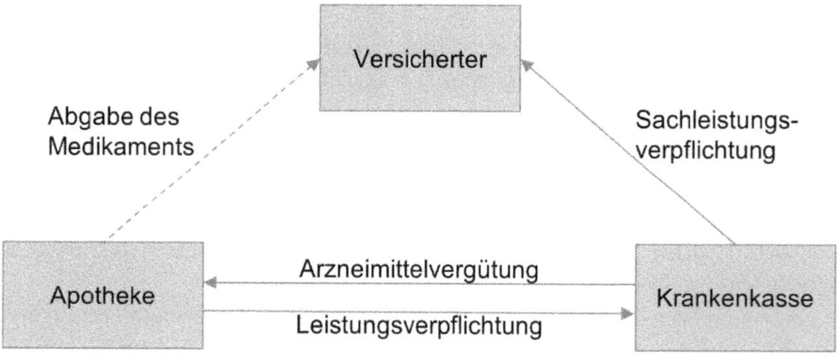

Abb. 1: Leistungsdreieck der gesetzlichen Krankenversicherung

1. Struktur der Arzneimittelversorgung

Die Versorgung mit Arzneimitteln ist im Rahmen der Krankenbehandlung (§ 27 Abs. 1 Satz 2 Nr. 3 SGB V) als Sachleistung zu erbringen,[336] und unterliegt den Regelungen des Leistungsrechts der §§ 31 ff. SGB V.

Zur Erfüllung dieses Sachleistungsanspruchs bedienen sich die gesetzlichen Krankenkassen in der Regel der Vertragsärzte und öffentlichen Apotheken als Erbringer der Leistung.[337] Geregelt wird die der Arzneimittelversorgung zugrunde liegende Rechtsbeziehung zwischen Krankenkasse und Leistungserbringer im Leistungserbringerrecht der §§ 129 ff. SGB V.[338]

Hintergrund dieses Zusammenspiels aus Leistungs- und Leistungserbringerrecht ist, dass dem Versicherten durch das Leistungsrecht selbst kein unmittelbarer, durchsetzbarer Anspruch gegen den Leistungserbringer vermittelt wird.[339]

336 BSG, Urt. v. 3.8.2006 – B 3 KR 6/06 R, SozR 4-2500 § 129 Nr. 2, Rn. 20.

337 Vgl. *Fuchs/Preis*, SozialversicherungsR, § 21 V. 1., S. 377; *Wodarz*, in: Sodan, Hdb. KVR, § 27 Rn. 2, 33.

338 *Wodarz*, in: Sodan, Hdb. KVR, § 27 Rn. 33; konkretisiert durch § 129 SGB V im Rahmen der Arzneimittelversorgung, vgl. *Steinmeyer*, in: Bergmann/Pauge/Steinmeyer, SGB V, § 129 Rn. 2.

339 Vgl. *Wodarz*, in: Sodan, Hdb. KVR, § 27 Rn. 2.

Es handelt sich lediglich um „ausfüllungsbedürftige Rahmenrechte“, die erst durch das Leistungserbringerrecht näher konkretisiert werden.[340]

2. Der Sachleistungsanspruch des Versicherten auf Arzneimittelversorgung – Leistungsrecht

In § 27 Abs. 1 Satz 2 Nr. 3 SGB V ist der Anspruch des Versicherten auf die Versorgung mit Arzneimitteln normiert. Aufgrund des Sachleistungsprinzips hat der Versicherte einen unmittelbaren Anspruch auf die Gewährung des Arzneimittels.[341]

a) Die ärztliche Verordnung als Voraussetzung des Sachleistungsanspruchs

Die Arzneimittelversorgung des Versicherten zu Lasten der gesetzlichen Krankenkasse setzt an erster Stelle eine vertragsärztliche Verordnung voraus.[342] Das ergibt sich zwar nicht direkt aus dem Normtext des § 31 Abs. 1 Satz 1 SGB V, wird aber dennoch in ständiger Rechtsprechung verlangt.[343] Gestützt wird dies insbesondere auf § 73 Abs. 2 Nr. 7 SGB V, wonach die Verordnung von Arzneimitteln Teil der vertragsärztlichen Versorgung ist.[344] Durch sie wird das Rahmenrecht des Versicherten auf Arzneimittelversorgung konkretisiert, was sie zum „zentralen Element der Arzneimittelversorgung “ macht.[345]

b) Anspruchsinhalt

Der Sachleistungsanspruch des Versicherten wird grundsätzlich durch die Wirksamkeits- und Wirtschaftlichkeitskontrolle begrenzt (siehe ausführlich unter C.I.1.a)), weshalb dem Versicherten auch im Rahmen der Arzneimittelversorgung nur ein Anspruch auf bestimmte (sprich: wirtschaftliche und zweckmäßige) Arzneimittel zusteht.[346]

---

340 BSG, Urt. v. 16.9.1997 – 1 RK 28/95, SozR 3-2500 § 135 Nr. 4, Rn. 28.

341 Vgl. *Fuchs/Preis*, SozialversicherungsR, § 16 III. 1., S. 230.

342 *Kraftberger*, in: LPK-SGB V, § 31 Rn. 18.

343 BSG, Urt. v. 19.11.1996 – 1 RK 15/96, SozR 3-2500 § 13 Nr. 13; Urt. v. 16.12.1993 – 4 RK 5/92, SozR 3-2500 § 13 Nr. 4, Rn. 47.

344 Vgl. *Pelzer/Klein*, in: Fuhrmann/Klein/Fleischfresser, ArzneimittelR, § 46 Rn. 23; *Wodarz*, in: Sodan, Hdb. KVR, § 27 Rn. 2.

345 BSG, Urt. v. 17.12.2009 – B 3 KR 13/08 R, SozR 4-2500 § 129 Nr. 5, 2.c); *Kraftberger*, in: LPK-SGB V, § 31 Rn. 3.

346 Vgl. *Kraftberger*, in: LPK-SGB V, § 31 Rn. 8 f.; *Wodarz*, in: Sodan, Hdb. KVR, § 27 Rn. 3.

Der Umfang des Anspruchs wird des Weiteren durch §§ 31, 34 SGB V und die Richtlinien des Gemeinsamen Bundesausschusses nach § 92 SGB V[347] ausgestaltet.[348]

aa) Apothekenpflichtige Arzneimittel

Gem. § 31 Abs. 1 Satz 1 SGB V hat der Versicherte einen Anspruch auf apothekenpflichtige Arzneimittel. Der Begriff des Arzneimittels ist im SGB V nicht geregelt, und richtet sich weitestgehend nach dem AMG.[349] Welche Arzneimittel der Apothekenpflicht unterfallen und damit von der Leistungspflicht der gesetzlichen Krankenversicherung umfasst sind, richtet sich nach den Regelungen des Arzneimittelrechts in §§ 43 ff. AMG (siehe dazu ausführlich unter C.III.2.b) aa)).[350]

bb) Verschreibungspflichtige Arzneimittel

Des Weiteren sind gem. § 34 Abs. 1 Satz 1 SGB V nicht verschreibungspflichtige Arzneimittel grundsätzlich von der Leistungspflicht ausgeschlossen.[351] Ausnahmen von diesem Leistungsausschluss sind in § 34 Abs. 1 Satz 5 SGB V und den Richtlinien des Gemeinsamen Bundesausschusses im Sinne des § 92 Abs. 1 Satz 2 Nr. 6 SGB V geregelt.[352]

Es ist ebenso möglich, dass auch grundsätzlich verschreibungspflichtige Arzneimittel trotzdem nicht zu dem Leistungsumfang der gesetzlichen

---

347 Der nach § 91 Abs. 1 SGB V gebildete Gemeinsame Bundesausschuss beschließt nach § 92 Abs. 1 Satz 1 SGB V als Konkretisierung des gesetzlichen Leistungskatalogs die zur Sicherung der ärztlichen Versorgung erforderlichen Richtlinien über die Gewährung einer ausreichenden, zweckmäßigen und wirtschaftlichen Versorgung der Versicherten.

348 Vgl. *Pelzer/Klein*, in: Fuhrmann/Klein/Fleischfresser, ArzneimittelR, § 46 Rn. 47; *Kraftberger*, in: LPK-SGB V, § 31 Rn. 3.

349 Vgl. BSG, Urt. v. 3.7.2012 – B 1 KR 23/11 R, SozR 4-2500 § 31 Nr. 21, 2.a); Urt. v. 4.4.2006 – B 1 KR 12/04 R, SozR 4-2500 § 27 Nr. 7, 2.a); Urt. v. 28.1.1999 – B 8 KN 1/98 KR R, SozR 3-2500 § 27 Nr. 10; *Axer*, in: Becker/Kingreen, SGB V, § 31 Rn. 7; *Wodarz*, in: Sodan, Hdb. KVR, § 27 Rn. 13; differenzierend *Nolte*, in: KassKomm SozR, SGB V, § 31 Rn. 9; *Bischofs*, in: BeckOK-SozR, SGB V, § 31 Rn. 5; *Waltermann*, in: Knickrehm/Kreikebohm/Waltermann, SGB V, § 31 Rn. 3.

350 Vgl. *Pelzer/Klein*, in: Fuhrmann/Klein/Fleischfresser, ArzneimittelR, § 46 Rn. 24 Fn. 3.

351 Vgl zur Verfassungsmäßigkeit BVerfG, Beschl. v. 12.12.2012 – 1 BvR 69/09, NJW 2013, 1220, II.1.

352 Vgl. dazu im Einzelnen *Hahne*, in: MünchAnwHdb. MedizinR, § 4 Rn. 37; *Wodarz*, in: Sodan, Hdb. KVR, § 27 Rn. 18.

Krankenversicherung zählen; diese Ausschlüsse sind in § 34 SGB V geregelt, beispielsweise bei sog. Lifestyle-Präparaten, vgl. § 34 Abs. 1 Satz 6 bis 9 SGB V.[353]

cc) Zugelassene Arzneimittel

Abgesehen von diesen Regelungen leitet sich aus dem Wirtschaftlichkeitsprinzip der Grundsatz ab, dass Fertigarzneimittel nicht vom Leistungsanspruch des Versicherten umfasst sind, wenn ihnen die erforderliche arzneimittelrechtliche Zulassung (§§ 21 ff. AMG) fehlt.[354]

c) Anspruchshöhe

In seiner Höhe wird der Sachleistungsanspruch des Versicherten überdies finanziell durch die Zuzahlungspflicht und einen etwaigen Festbetrag beschränkt.[355]

aa) Zuzahlung

Trotz des Leistungsanspruchs gegenüber der Krankenkasse sind Versicherte gem. § 31 Abs. 3 Satz 1 SGB V zur Leistung einer Zuzahlung in Höhe des sich aus § 61 Satz 1 SGB V ergebenden Betrags verpflichtet (vgl. dazu ausführlich C II.2.b)cc)(4)).

Die Zuzahlung ist eine Form der Selbstbeteiligung der Versicherten an den Kosten ihrer Arzneimittelversorgung.[356] Auch wenn der Versicherte aufgrund der Zuzahlungspflicht einen Teil des Entgelts selbst zahlen muss, wird dadurch das Sachleistungsprinzip nicht durchbrochen, sondern durch den Eigenanteil inhaltlich bloß ergänzt.[357]

---

353 Vgl. dazu im Einzelnen *Pelzer/Klein*, in: Fuhrmann/Klein/Fleischfresser, ArzneimittelR, § 46 Rn. 50 ff.

354 Vgl. BSG; Urt. v. 2.9.1014 – B 1 KR 11/13 R, SozR 4-2500 § 13 Nr. 32, 2.a)aa); Urt. v. 27.3.2007 – B 1 KR 30/06 R, SGb 2007, 287, 1.a); Urt. v. 23.7.1998 – B 1 KR 19/96 R; SozR 3-2500 § 31 Nr. 5; *Bischofs*, in: BeckOK-SozR, SGB V, § 31 Rn. 6, 8; *Kraftberger*, in: LPK-SGB V, § 31 Rn. 13; *Pelzer/Klein*, in: Fuhrmann/Klein/Fleischfresser, ArzneimittelR, § 46 Rn. 25 f.; Ausnahmen bestehen insofern nur im Rahmen des sog. Off-Label-Use (Einsatz in anderen Indikationsgebieten über die Zulassung hinaus) oder in Fällen lebensbedrohlicher bzw. häufig tödlich verlaufender Krankheiten (sog. compassionate use), vgl. *Pelzer/Klein*, in: Fuhrmann/Klein/Fleischfresser, ArzneimittelR, § 46 Rn. 28; *Wodarz*, in: Sodan, Hdb. KVR, § 27 Rn. 15 f.

355 Vgl. *Wodarz*, in: Sodan, Hdb. KVR, § 27 Rn. 3.

356 *Nolte*, in: KassKomm SozR, SGB V, § 31 Rn. 58; *Spickhoff*, in: Spickhoff, MedizinR, SGB V, § 31 Rn. 9; *Wagner*, in: Krauskopf, SGB V, § 31, Rn. 29.

357 BSG, Urt. v. 7.12.2006 – B 3 KR 29/05 R, SozR 4-2500 § 33 Nr. 14, 3.a); für den Kostenanteil im Krankenhaus Urt. v. 12.9.1984 – 8 RK 35/84, SozR 2200 § 372 Nr. 1; *Axer*,

bb) Differenzzahlung zum Festbetrag

Grundsätzlich übernimmt die gesetzliche Krankenkasse die Kosten für die Arzneimittelversorgung in vollem Umfang (vgl. § 31 Abs. 2 Satz 1 Hs. 2 SGB V).[358] Sollte allerdings für das Arzneimittel ein Festbetrag nach § 35 SGB V festgesetzt worden sein (vgl. dazu im Einzelnen C.II.2.b)aa)), muss die Krankenkasse gem. § 31 Abs. 2 Satz 1 SGB V die Kosten für das Arzneimittel nur bis zur Höhe dieses Betrags tragen. Die Differenz zwischen dem Festbetrag und dem ApU hat hingegen der Versicherte zu übernehmen.[359] Bei der Verordnung des Arzneimittels hat der Vertragsarzt gem. § 73 Abs. 5 Satz 3 SGB V den Patienten auf die Verpflichtung zur Übernahme des Kostenüberschusses hinzuweisen. Eine Abnahme dieser Verpflichtung ist gem. § 31 Abs. 2 Satz 2 und 3 SGB V nur bei Abschluss entsprechender Rabattvereinbarungen im Sinne des § 130a Abs. 8 SGB V möglich.[360] Der Versicherte hat mithin im Falle der Festbetragsfestsetzung neben der Zuzahlung auch die Differenz zwischen dem tatsächlichen Verkaufspreis und dem Festbetrag zu zahlen.[361]

Bei diesen Arzneimitteln erfüllt die Krankenkasse demnach ihre Leistungspflicht gem. § 12 Abs. 2 Satz 1 SGB V mit dem Festbetrag.[362] Fraglich ist, ob in solch einer Begrenzung auf einen Geldbetrag nicht eine Beschränkung bzw. Durchbrechung des Sachleistungsprinzips zu sehen ist.[363] Dies legt zumindest der Wortlaut des § 2 Abs. 2 SGB V nahe.[364] Das BVerfG führte allerdings in seiner Festbetragsentscheidung aus, dass „eine Abkehr vom Sachleistungsprinzip ... von so erheblicher Tragweite für das System der GKV [wäre], dass nur der Gesetzgeber selbst sie verantworten könne. [...] Das Sachleistungsprinzip sollte den Versicherten im unteren Preissegment erhalten bleiben.“[365]

---

in: Becker/Kingreen, SGB V, § 31 Rn. 39; *Kraftberger*, in: LPK-SGB V, § 31 Rn. 4; *Nolte*, in: KassKomm SozR, SGB V, § 31 Rn. 58; *Wodarz*, in: Sodan, Hdb. KVR, § 27 Rn. 31.

358 Vgl. *Hahne*, in: MünchAnwHdb. MedizinR, § 4 Rn. 37.

359 BT-Drucks. 11/3480, S. 24; *Flint*, in: Hauck/Noftz, SGB V, § 31 Rn. 94.

360 Vgl. dazu *Flint*, in: Hauck/Noftz, SGB V, § 31 Rn. 96 ff.

361 *Axer*, in: Becker/Kingreen, SGB V, § 31 Rn. 36; *Wodarz*, in: Sodan, Hdb. KVR, § 27 Rn. 27.

362 *Axer*, in: Becker/Kingreen, SGB V, § 31 Rn. 37.

363 Für die Durchbrechung des Sachleistungsprinzips *Axer*, in: Becker/Kingreen, SGB V, § 31 Rn. 36; *Kraftberger*, in: LPK-SGB V, § 31 Rn. 78; a.A. *Flint*, in: Hauck/Noftz, SGB V, § 31 Rn. 91, § 35 Rn. 33; *Wodarz*, in: Sodan, Hdb. KVR, § 27 Rn. 24.

364 *Kraftberger*, in: LPK-SGB V, § 31 Rn. 78.

365 BVerfG, Urt. v. 17.12.2002 – 1 BvL 28/95, BVerfGE 106, 275, II.2.; zustimmend *Joussen*, in: Knickrehm/Kreikebohm/Waltermann, SGB V, § 35 Rn. 1.

3. Arzneimittellieferung der Apotheke – Leistungserbringerrecht

Mit der vertragsärztlichen Verordnung erwirbt der Versicherte einen Sachleistungsanspruch auf das ärztlich verordnete Arzneimittel gegenüber der Krankenkasse (§§ 27 Abs. 1 Satz 2 Nr. 3, 31 Abs. 1 SGB V).[366] Dieser wiederum wird durch die Krankenkasse mit der Arzneimittelabgabe der Apotheke erfüllt.[367] Durch die Bedienung mit Leistungserbringern zur Erfüllung der eigenen Verpflichtung entstehen komplexe Rechtsbeziehungen, die im Leistungserbringerrecht geregelt sind.[368] Der zuständige Leistungserbringer für die Versorgung der Versicherten mit Arzneimitteln ist hauptsächlich die öffentliche Apotheke.[369]

a) *Die öffentliche Apotheke als Leistungserbringer*

Den Apotheken obliegt in Deutschland ein in § 1 ApoG statuierter Versorgungauftrag, wonach sie die im öffentlichen Interesse gebotene Sicherstellung einer ordnungsgemäßen Arzneimittelversorgung der Bevölkerung gewährleisten müssen.[370] Zu diesem Zweck wird ihnen über § 43 Abs. 1 AMG grundsätzlich die gewerbs- oder berufsmäßige Abgabe von Arzneimitteln an den Endverbraucher zugeschrieben. Diese auferlegte Aufgabe der Arzneimittelversorgung ist als öffentlich-rechtliche Pflicht ausgestaltet.[371] Mit dem Begriff der „Apotheken" wird an die Bestimmungen des ApoG, ApoBetrO und die Betriebsvoraussetzungen nach dem Berufsrecht angeknüpft.[372]

---

366 BVerfG, Urt. v. 13.5.2005 – 2 BvF 2/03, BVerfGE 114, 196, A.III.1.a); BSG, Urt. v. 19.11.1996 – 1 RK 15/96, SozR 3-2500 § 13 Nr. 13; *Knittel*, in: Krauskopf, SGB V, § 129 Rn. 4; *Kraftberger*, in: LPK-SGB V, § 31 Rn. 4.

367 Vgl. BSG, Urt. v. 17.12.2009 – B 3 KR 13/08 R, SozR 4-2500 § 129 Nr. 5, 2.c); *Kraftberger*, in: LPK-SGB V, § 31 Rn. 3; allgemein zur Erfüllung durch das Leistungserbringerrecht nach §§ 69 ff. SGB V BT-Drucks. 14/1245, S. 67 f.; BSG, Urt. v. 25.9.2001 – B 3 KR 3/01 R, SozR 3-2500 § 69 Nr. 1.

368 Vgl. *Sodan*, in: Sodan, Hdb. KVR, § 13 Rn. 4.

369 Vgl. *Schneider*, in: jurisPK-SGB V, § 130a Rn. 21; dies begründet sich insbesondere durch das in § 43 AMG normierte Apothekenmonopol; darüber hinaus kann die Arzneimittelversorgung ausnahmsweise auch beim Vertragsarzt erfolgen (siehe zur Apothekenpflicht und deren Ausnahmen unter C.II.1.b)) oder im Rahmen der stationären Behandlung durch Krankenhausapotheken (siehe dazu den Exkurs unter C.III.3.d)), vgl. *Kügel*, in: MünchAnwHdb. MedizinR, § 14 Rn. 168 ff.; *Wodarz*, in: Sodan, Hdb. KVR, § 27 Rn. 33.

370 Vgl. *Hofmann*, in: Kügel/Müller/Hofmann, AMG, § 43 Rn. 7; *Knittel*, in: Krauskopf, SGB V, § 129 Rn. 3.

371 *Frohn/Schmidt*, in: MünchAnwHdb. MedizinR, § 15 Rn. 192.

372 *Axer*, in: Becker/Kingreen, SGB V, § 129 Rn. 7.

Eine Apotheke wird von einem selbstständigen Apotheker als Gewerbe betrieben.[373] Der Apotheker gilt insofern als Kaufmann für eine oder ggf. auch mehrere[374] Niederlassungen zum Betrieb eines Einzelhandels mit Arzneimitteln.[375]

Dem Gesetzesbild des § 43 AMG nach erfolgt das Inverkehrbringen von Arzneimitteln grundsätzlich in den Apothekenbetriebsräumen.[376] Neben der Abgabe des Arzneimittels im Rahmen des Geschäftsbetriebs vor Ort kommt aber auch der Versand von Arzneimitteln an den Versicherten als zusätzlicher Vertriebsweg in Betracht.[377] Dieser ist nur zulässig, wenn die Apotheke unter den entsprechenden Voraussetzungen über eine Erlaubnis nach § 11a ApoG verfügt.[378] Wie lange der Versand mit Apotheken noch zulässig sein wird, ist aktuell noch nicht absehbar. Das BMG hat bereits einen Referentenentwurf zu einem Verbot des Versandhandels mit verschreibungspflichtigen Arzneimitteln vorgelegt,[379] das entsprechend der Zielsetzungen des aktuellen Koalitionsvertrag auch weiterhin angestrebt wird (siehe zum Hintergrund C.IV.3.).[380]

Der Ort des Warenbezugs - sprich die konkrete Apotheke - wird durch das SGB V hingegen grundsätzlich nicht festgelegt. Dem Versicherten steht gem. § 31 Abs. 1 Satz 5 SGB V ein Wahlrecht zu, welcher Apotheke er seine Verordnung

373 BVerfG, Beschl. v. 30.5.1956 - 1 BvF 3/53, BVerfGE 5, 25, II.1.; BVerwG, Beschl. v. 14.11.2001 - 6 B 60/01, NVwZ-RR 2002, 187, Rn. 8; *Holzner*, in: BeckOK-GewR, GewO, § 6 Rn. 15.

374 Nach den Bestimmungen des Apothekenrechts sind unter bestimmten Voraussetzungen bis zu drei Filialapotheken zulässig, vgl. §§ 1 Abs. 2, 2 Abs. 4 und 5 ApoG; zur Vereinbarkeit der Regelungen mit dem Unionsrecht vgl. EuGH, Urt. v. 19.5.2009 - C-171/07, C-172/07 - *Apothekerkammer des Saarlands*, Slg. 2009, I-4171, Rn. 49 f., 61.

375 BVerfG, Beschl. v. 13.12.1964 - 1 BvL 17/61, 1 BvR 494/60, 1 BvR 128/61, BVerfGE 17, 232, C.1.; *Holzner*, in: BeckOK-GewR, GewO, § 6 Rn. 15.

376 *Frohn/Schmidt*, in: MünchAnwHdb. MedizinR, § 15 Rn. 249.

377 Vgl. *Lietz*, in: Fuhrmann/Klein/Fleischfresser, ArzneimittelR, § 21 Rn. 61; zum Versand von Arzneimitteln umfassend *Deutsch/Spickhoff*, MedizinR, XXXVIII. Rn. 2020 f.

378 Vgl. ausführlich zu den Bedingungen *Zuck*, in: Quaas/Zuck, MedizinR, § 38 Rn. 44; *Wodarz*, in: Sodan, Hdb. KVR, § 27 Rn. 37.

379 http://www.bundesgesundheitsministerium.de/fileadmin/Dateien/3_Downloads/Gesetze_und_Verord-nungen/GuV/V/Versandhandel-Verbot_RefE.pdf, zuletzt aufgerufen am 13.3.2018, siehe dazu auch C.IV.3.

380 Koalitionsvertrag zwischen CDU, CSU und SPD vom 7.2.2018, S. 15 Rn. 518 f., S. 17 4575 f., der die Passage enthält „Um die Apotheken vor Ort zu stärken, setzen wir uns für ein Verbot des Versandhandels mit verschreibungspflichtigen Arzneimitteln ein.", https://www.cdu.de/system/tdf/media/dokumente/koalitionsvertrag_2018.pdf?file=1, zuletzt aufgerufen am 13.3.2018.

verlegt,[381] worauf die gesetzliche Krankenkasse auch keinen Einfluss hat.[382] Die Wahl ist allerdings auf die öffentlichen Apotheken beschränkt, für die der Rahmenvertrag nach § 129 Abs. 2 SGB V Geltung hat.[383]

b) Einbeziehung der Apotheken ins System des SGB V

Die Berechtigung einer öffentlichen Apotheke zur Arzneimittelabgabe zulasten der gesetzlichen Krankenkasse erfordert zwar keine Zulassung,[384] setzt aber die Einbindung der Apotheken in das Sozialversicherungsrecht voraus.[385] Diese erfolgt über § 129 SGB V i.V.m. mit den Rahmenverträgen nach § 129 Abs. 2 und 5[386] SGB V.[387] Rechtswirkungen entfaltet der Rahmenvertrag für Apotheken allerdings nur, wenn sie entweder Mitglied in einem Spitzenverband nach § 129 Abs. 3 Nr. 1 SGB V oder dem Rahmenvertrag gem. § 129 Abs. 3 Nr. 2 SGB V beitreten sind. Solch eine Mitgliedschaft oder ein Beitritt sind zwar nicht zwingend,[388] aber nur so werden diese Apotheken dem Regime des § 129 SGB V unterworfen und können dementsprechend auch zu Lasten der Krankenkassen Arzneimittel abgeben.[389] Alle übrigen Apotheken sind von der Lieferung ausgeschlossen (vgl. § 2 Abs. 2 Satz 2 Rahmenvertrag).[390]

---

381 Vgl. BSG, Urt. v. 25.11.2015 – B 3 KR 16/15 R, SozR 4-2500 § 129 Nr. 11, 2.a.dd); *Bischofs*, in: BeckOK-SozR, SGB V, § 31 Rn. 15.

382 *Pommerin/Paßgang*, UStB 2012, 235, 236.

383 Vgl. *Fuchs/Preis*, SozialversicherungsR, § 20 III. 4., S. 305; *von Dewitz*, in: BeckOK-SozR, SGB V, § 129 Rn. 2.

384 Vgl. *Wodarz*, in: Sodan, Hdb. KVR, § 27 Rn. 36.

385 Vgl. *Fuchs/Preis*, SozialversicherungsR, § 21 V. 1., S. 377.

386 Neben dem Rahmenvertrag nach § 129 Abs. 2 SGB V besteht gem. § 129 Abs. 5 Satz 1 SGB V die Möglichkeit der Schließung von auf Landesebene ergänzenden Verträgen zwischen den Krankenkassen oder ihren Verbänden mit der für die Wahrnehmung der wirtschaftlichen Interessen maßgeblichen Organisation der Apotheker.

387 Vgl. *von Dewitz*, in: BeckOK-SozR, SGB V, § 129 Rn. 3, 22; *Wodarz*, in: Sodan, Hdb. KVR, § 27 Rn. 33.

388 *Von Dewitz*, in: BeckOK-SozR, SGB V, § 129 Rn. 23; vgl. zum faktischen Zwang *Steinmeyer*, in: Bergmann/Pauge/Steinmeyer, SGB V, § 129 Rn. 12.

389 BSG, Urt. v. 24.1.2013 – B 3 KR 11/11 R, SozR 4-2500 § 130a Nr. 8, 5 c); *von Dewitz*, in: BeckOK-SozR, SGB V, § 129 Rn. 23.

390 *Barth*, in: Spickhoff, MedizinR, § 129 Rn. 13; *Hess*, in: KassKomm SozR, SGB V, § 129 Rn. 13; *Luthe*, in: Hauck/Noftz, SGB V, § 129 Rn. 24, 27; dem Apotheker erwächst dann bei Abgabe des Arzneimittels auch kein Vergütungsanspruch, *Knittel*, in: Krauskopf, SGB V, § 129 Rn. 13.

c) Rechte und Pflichten des Apothekers im Rahmen der Arzneimittelversorgung

Im Rahmen des Leistungserbringerrechts zur Arzneimittelversorgung wird die Rechtsbeziehung zwischen der Apotheke und der Krankenkasse unter Ausgestaltung der zugrunde liegenden Rechte und Pflichten konkretisiert.[391]

aa) Rechtsgrundlage

Die Arzneimittelversorgung der Versicherten durch die Apotheke begründet eine öffentlich-rechtliche Leistungsbeziehung zwischen der Apotheke und der gesetzlichen Krankenkasse.[392]

(1) Entwicklung der Rechtsprechung

Nach der früheren Rechtsprechung begründete jede einzelne Arzneimittelabgabe der Apotheke einen Kaufvertrag zwischen der Krankenkasse und dem Apotheker, welcher erst zivilrechtlicher und später öffentlich-rechtlicher Natur qualifiziert wurde.[393]

Der Vertragsarzt stellte dabei nach Ansicht des BSG die „Schlüsselfigur der Arzneimittelversorgung" dar.[394] Er fungierte als Vertreter der Krankenkasse und stellte mit der ärztlichen Verordnung ein Kaufvertragsangebot aus, das vom Versicherten als Boten an die Apotheke übermittelt wurde.[395] Durch die Abgabe des Arzneimittels nahm die Apotheke das Angebot an und ein Kaufvertrag kam zustande.[396] Diesen Vertrag verstand das BSG als Vertrag zugunsten Dritter im Sinne des § 328 BGB, weshalb dem Versicherten aus dem Vertrag ein eigener Rechtsanspruch gegen die Apotheke erwuchs.[397]

---

391 Vgl. *Steinmeyer*, in: Bergmann/Pauge/Steinmeyer, SGB V, § 129 Rn. 2 ff.

392 Vgl. *Wodarz*, in: Sodan, Hdb. KVR, § 27 Rn. 33.

393 Vgl. zum öffentlich-rechtlichen Kaufvertrag BSG, Urt. v. 3.8.2006 – B 3 KR 6/06 R, SozR 4-2500 § 129 Nr. 2, 3.c); Urt. v. 17.3.2005 – B 3 KR 2/05 R, SozR 4-5570 § 30 Nr. 1, 2; *Mand/Könen*, WRP 2006, 841, 842.

394 BSG, Urt. v. 17.1.1996 – 3 RK 26/94, SozR 3-2500 § 129 Nr. 1, 5.b); so auch *Manthey*, GesR 2010, 601, 602; vgl. für eine Schlüsselstellung des Vertragsarztes auch nach der neuen Rechtsprechung *Wodarz*, in: Sodan, Hdb. KVR, § 27 Rn. 34; *Axer*, in: Becker/Kingreen, SGB V, § 129 Rn. 10.

395 Vgl. *Axer*, in: Becker/Kingreen, SGB V, § 129 Rn. 10; *Knittel*, in: Krauskopf, SGB V, § 129 Rn. 4a.

396 BSG, Urt. v. 17.3.2005 – B 3 KR 2/05 R, SozR 4-5570 § 30 Nr. 1, 2.

397 Vgl. BSG, Urt. v. 3.8.2006 – B 3 KR 6/06 R, SozR 4-2500 § 129 Nr. 2, 3.c); Urt. v. 17.3.2005 – B 3 KR 2/05 R, SozR 4-5570 § 30 Nr. 1, 2.

Diese vertraglich orientierte Sichtweise ist von der Rechtsprechung mit der Entscheidung vom 17. Dezember 2009 ausdrücklich aufgegeben worden.[398] Die Ansprüche begründen sich bereits unmittelbar im Sozialrecht, weshalb solch eine Konstruktion über zivilrechtliche Regelungen überflüssig sei und gegen § 69 SGB V verstoße, wonach die Vorschriften des BGB nur „im Übrigen" angewandt werden dürfen.[399]

(2) § 129 SGB V als gesetzliche Rechtsgrundlage ausgestaltet durch den Rahmenvertrag nach § 129 Abs. 2 SGB V

Nach der neuen Rechtsprechung liegt die Rechtsbeziehung zwischen der Apotheke und Krankenkasse für die Arzneimittelversorgung im Ergebnis unmittelbar in § 129 SGB V unter den Voraussetzungen des Rahmenvertrags begründet.[400] Die Rechte und Pflichten dieser Rechtsbeziehung erwachsen damit unmittelbar aus einer gesetzlichen Rechtsgrundlage, die durch die Normenverträge nach § 129 Abs. 2 und 5 SGB V näher ausgestaltet wird.[401]

bb) Pflichten im Rahmen der Arzneimittelabgabe

Durch § 129 Abs. 1 Satz 1 SGB V i.V.m. dem Rahmenvertrag wird eine öffentlich-rechtliche Leistungsberechtigung und -verpflichtung der Apotheke zur Erfüllung des Sachleistungsanspruchs in Form der Arzneimittelabgabe begründet.[402]

Diese wird in Form von besonderen Pflichten des Apothekers im Zusammenhang mit der Arzneimittelabgabe im Rahmen des § 129 SGB V und des Rahmenvertrags entsprechend konkretisiert.[403] Dazu zählt beispielsweise die Verpflichtung zur Abgabe des preisgünstigsten Arzneimittels bei gleichem

398 BSG, Urt. v. 17.12.2009 – B 3 KR 13/08 R, SozR 4-2500 § 129 Nr. 5, 2.b), sich anschließend Urt. v. 28.9.2010 – B 1 KR 3/10 R, SozR 4-2500 § 129 Nr. 6, 1.a).

399 Vgl. BSG, Urt. v. 17.12.2009 – B 3 KR 13/08 R, SozR 4-2500 § 129 Nr. 5, 2.b).

400 Vgl. BSG, Urt. v. 17.12.2009 – B 3 KR 13/08 R, SozR 4-2500 § 129 Nr. 5, 2.; *Wodarz*, in: Sodan, Hdb. KVR, § 27 Rn. 33.

401 Vgl. GmS-OGB, Beschl. v. 22.8.2012 – GmS-OGB 1/10, SozR 4-5570 § 78 Nr. 1, III.1.c); BSG, Urt. v. 8.7.2015 – B 3 KR 17/14 R, SozR 4-2500 § 130 Nr. 3, B.1.; Urt. v. 28.9.2010 – B 1 KR 3/10 R, SozR 4-2500 § 129 Nr. 6, 1.a); *Wodarz*, in: Sodan, Hdb. KVR, § 27 Rn. 33.

402 Vgl. BSG, Urt. v. 8.7.2015 – B 3 KR 17/14 R, SozR 4-2500 § 130 Nr. 3, B.1.; Urt. v. 28.9.2010 – B 1 KR 3/10 R, SozR 4-2500 § 129 Nr. 6, 1.a); *Axer*, in: Becker/Kingreen, SGB V, § 129 Rn. 11; *Luthe*, in: Hauck/Noftz, SGB V, § 129 Rn. 26; *Wodarz*, in: Sodan, Hdb. KVR, § 27 Rn. 34.

403 *Von Dewitz*, in: BeckOK-SozR, SGB V, § 129 Rn. 8.

Wirkstoff[404] (vorrangig solcher mit bestehender Rabattvereinbarung nach § 130a Abs. 8 SGB V)[405] oder preisgünstiger Importarzneimittel[406].

cc) Vergütungsanspruch des Apothekers gegenüber der gesetzlichen Krankenkasse

Als Pendant zur öffentlich-rechtlichen Leistungsverpflichtung erwerben die Apotheken bei Abgabe des Arzneimittels einen Anspruch auf Vergütung der Sachleistung gegen die Krankenkassen.[407] Aufgrund des Sachleistungsprinzips erfolgt – bis auf die Zuzahlung – keine Zahlung der Patienten an die Apotheke, sondern diese rechnet anschließend über Rechenzentren unmittelbar mit der gesetzlichen Krankenkasse ab. Die vertragsärztliche Verordnung gilt insofern als das maßgebliche Dokument, durch das das Abrechnungsverhältnis konkretisiert wird.[408]

Bei dem Vergütungsanspruch handelt sich aufgrund des Wandels der Rechtsprechung (vgl. zur Rechtsgrundlage unter C.III.3.c)aa)) um einen gesetzlich begründeten kollektivvertraglich ausgestalteten Anspruch,[409] der sich unmittelbar aus § 129 SGB V i.V.m. dem Rahmenvertrag ergibt.[410]

---

404 Diese sog. aut-idem-Regelung ist in § 129 Abs. 1 Satz 1 Nr. 1 SGB V geregelt und verpflichtet den Apotheker zur Abgabe des preisgünstigsten Arzneimittels in den Fällen, in denen der verordnende Arzt ein Arzneimittel nur unter seiner Wirkstoffbezeichnung verschreibt oder die Ersetzung des Arzneimittels durch ein wirkstoffgleiches Arzneimittel nicht ausgeschlossen hat, vgl. dazu auch im Einzelnen *Schneider*, in: jurisPK-SGB V, § 129 Rn. 27; *von Dewitz*, in: BeckOK-SozR, SGB V, § 129 Rn. 9 ff.

405 Vgl. § 129 Abs. 1 Satz 3 SGB V.

406 Vgl. § 129 Abs. 1 Satz 1 Nr. 2 SGB V; ausführlich dazu unter C.II.2.b)cc)(2).

407 BSG, Urt. v. 8.7.2015 – B 3 KR 17/14 R, SozR 4-2500 § 130 Nr. 3, B.1; Urt. v. 6.3.2012 – B 1 KR 14/11 R, SozR 4-2500 § 130 Nr. 2, 1.a)aa); *von Dewitz*, in: BeckOK-SozR, SGB V, § 129 Rn. 4; Voraussetzung für das Entstehen des Anspruchs ist neben der Annahme der Verordnung auch die Einhaltung der für die Arzneimittelabgabe allgemein geltenden Vorschriften, *Knittel*, in: Krauskopf, SGB V, § 129 Rn. 5; *Schneider*, in: jurisPK-SGB V, § 129 Rn. 35.

408 BSG, Urt. v. 17.12.2009 – B 3 KR 13/08 R, SozR 4-2500 § 129 Nr. 5, Rn. 17.

409 *Axer*, in: Becker/Kingreen, SGB V, § 129 Rn. 11; *Knittel*, in: Krauskopf, SGB V, § 129 Rn. 4b; *Schneider*, in: jurisPK-SGB V, § 129 Rn. 35.

410 GmS-OGB, Beschl. v. 22.8.2012 – GmS-OGB 1/10, SozR 4-5570 § 78 Nr. 1, III.1.c); BSG, Urt. v. 8.7.2015 – B 3 KR 17/14 R, SozR 4-2500 § 130 Nr. 3, B.1.; *Luthe*, in: Hauck/Noftz, SGB V, § 129 Rn. 26.

(1) Höhe des Vergütungsanspruchs

Der Anspruchsumfang, sprich die Höhe des zu erstattenden Arzneimittelpreises, richtet sich nach den gesetzlichen Preisvorgaben und knüpft damit grundsätzlich an die Arzneimittelpreisbildung des AMG an, die durch die sozialrechtlichen Bestimmungen des SGB V entsprechend ergänzt und konkretisiert werden.[411]

Der mit der Abgabe eines Fertigarzneimittels erlangte Vergütungsanspruch der Apotheke besteht grundsätzlich in Höhe des für den Versicherten maßgeblichen Arzneimittelabgabepreises.[412] Vor diesem Hintergrund ist die Apotheke gem. § 129 Abs. 1 Nr. 4 SGB V auch verpflichtet, den für den Abgabetag geltenden Apothekenabgabepreis zu berechnen und anzugeben.[413]

Der einheitliche Apothekenabgabepreis der AMPreisV für Fertigarzneimittel (siehe dazu ausführlich unter C.II.2.a)) bildet die Ausgangsgrundlage.[414] Darüber hinaus greifen dann die verschiedenen Kostensteuerungselemente der gesetzlichen Krankenversicherung in Form von Rabatten und Zuzahlungen ein.[415] Auch bei nicht verschreibungspflichtigen Arzneimitteln, für die die AMPreisV nicht anwendbar ist, gilt gem. § 129 Abs. 5a SGB V bei Abrechnung nach § 300 SGB V der Arzneimittelabgabepreis in Höhe des Abgabepreises des pharmazeutischen Unternehmers zuzüglich der Zuschläge nach §§ 2 und 3 AMPreisV.

Im Ergebnis besteht der Zahlungsanspruch demnach in Höhe des Apothekenabgabepreises, Festbetrages oder Erstattungshöchstbetrags abzüglich der anwendbaren Rabatte nach §§ 130, 130a SGB V und der Zuzahlung des Versicherten,[416] die sich unmittelbar auf den Anspruch auswirken.[417] Individualvertragliche Rabattvereinbarungen zwischen der Krankenkasse und dem pharmazeutischen

---

411 Vgl. *Wodarz*, in: Sodan, Hdb. KVR, § 27 Rn. 25, 33.

412 BSG, Urt. v. 8.7.2015 – B 3 KR 17/14 R, SozR 4-2500 § 130 Nr. 3, B.2.

413 BSG, Urt. v. 8.7.2015 – B 3 KR 17/14 R, SozR 4-2500 § 130 Nr. 3, B.1.

414 Vgl. *Knittel*, in: Krauskopf, SGB V, § 129 Rn. 4.

415 Vgl. *Wodarz*, in: Sodan, Hdb. KVR, § 27 Rn. 25.

416 Vgl. *Luthe*, in: Hauck/Noftz, SGB V, § 130a Rn. 16; *Wodarz*, in: Sodan, Hdb. KVR, § 27 Rn. 34; zur Verminderung des Anspruchs um den Apothekenabschlag BSG, Urt. v. 8.7.2015 – B 3 KR 17/14 R, SozR 4-2500 § 130 Nr. 3, B.3.a); *Knittel*, in: Krauskopf, SGB V, § 129 Rn. 5a; zur Verminderung des Anspruchs aufgrund der Zuzahlung durch Verrechnung nach § 43c Abs. 1 SGB V, vgl. *Knittel*, in: Krauskopf, SGB V, § 129 Rn. 4.

417 Vgl. *Wodarz*, in: Sodan, Hdb. KVR, § 27 Rn. 69; im Rahmen des Apothekenabschlags erfolgt die Verminderung rückwirkend mit Bedingungseintritt, wenn die Voraussetzungen des Rabattanspruchs durch die Krankenkasse erfüllt werden (siehe zu den Voraussetzungen des Apothekenrabatts unter C.II.2.b)cc)(1)), vgl. BSG, Urt. v. 8.7.2015 – B 3 KR 17/14 R, SozR 4-2500 § 130 Nr. 3, B.3.a).

Unternehmer nach § 130a Abs. 8 SGB V berühren den Vergütungsanspruch der Apotheke hingegen nicht, da sie unmittelbar von dem pharmazeutischen Hersteller an die Krankenkasse gewährt werden.[418]

(2) Abrechnung des Vergütungsanspruchs via Rechenzentrum

Die Abrechnung der Vergütungsansprüche aus den Leistungen nach § 31 SGB V erfolgt über private Abrechnungsstellen.[419] In § 300 Abs. 1 SGB V sind die Abrechnungsmodalitäten und -pflichten für Apotheken geregelt, insbesondere welche Anforderungen an die Datenübermittlung zu stellen sind.[420] Die Apotheken verfügen gem. § 300 Abs. 2 Satz 1 SGB V ebenso über die Möglichkeit, sich zur Erfüllung dieser Verpflichtungen eines Rechenzentrums für die Abrechnung ihrer Ansprüche zu bedienen.[421] Diese ziehen dann die Forderungen gegenüber der Apotheke ein.

Neben der Weiterleitung der Vergütung kommt in der Praxis auch Factoring in Betracht.[422] Dazu treten die Apotheken ihre Forderungen im Vorfeld an das Rechenzentrum ab, was wiederum gegenüber den gesetzlichen Krankenkassen offengelegt wird.[423]

d) Exkurs: Arzneimittellieferungen einer Krankenhausapotheke

Im Rahmen der Krankenhausversorgung erfolgt die Arzneimittelabgabe über eine Krankenhausapotheke.[424] Krankenhausapotheken sind keine öffentlichen Apotheken.[425] Die Abrechnung erfolgt ebenso zu Lasten der Krankenkassen und richtet sich nach den Regelungen des § 129a SGB V.[426]

---

418 Vgl. *Wodarz*, in: Sodan, Hdb. KVR, § 27 Rn. 34.

419 Vgl. BSG, Urt. v. 8.7.2015 – B 3 KR 17/14 R, SozR 4-2500 § 130 Nr. 3, B.1; *Zuck*, in: Quaas/Zuck, MedizinR, § 56 Rn. 19.

420 Vgl. *Zuck*, in: Quaas/Zuck, MedizinR, § 38 Rn. 32.

421 BSG, Urt. v. 10.12.2008 – B 6 KA 37/07 R, SozR 4-2500 § 295 Nr. 2, Rn. 29.

422 *U. Schneider*, in: Krauskopf, SGB V, § 300 Rn. 11c; vgl. zur Praxis der Abrechnung via Rechenzentren und der resultierenden Problematik bei Rückforderungsthemen *Porten*, KH 2015, 568, 569.

423 Vgl. zur Unzulässigkeit der Forderungsabtretung aufgrund datenschutzrechtlicher Verstöße *U. Schneider*, in: Krauskopf, SGB V, § 300 Rn. 11a ff. Vgl. zu § 302 SGB V bei anderen Leistungserbringern OLG Hamm, Urt. v. 17.11.2006 – 19 U 81/06, NJW 2007, 849, 850; *Engelmann*, GesR 2009, 449 ff.

424 Vgl. *von Dewitz*, in: BeckOK-SozR, SGB V, § 129 Rn. 3.

425 Vgl. *Saalfrank*, in: HK-AKM, A 100 Rn. 157.

426 Vgl. *von Dewitz*, in: BeckOK-SozR, SGB V, § 129 Rn. 3.

Hintergrund der abweichenden Regelung ist, dass Krankenhausapotheken von der Arzneimittelpreisbindung nach § 78 Abs. 1 Satz 1 AMG i.V.m. § 1 Abs. 3 Nr. 1 AMPreisV ausgenommen sind und die Preisfindung lediglich durch das Wirtschaftlichkeitsgebot in § 12 SGB V begrenzt wird.[427] Um eine wirtschaftliche Arzneimittelversorgung zu gewährleisen, sind deshalb explizite Angaben zu den Abgabepreisen erforderlich.[428]

Damit dem Krankenhausträger ein Vergütungsanspruch gegenüber der gesetzlichen Krankenkasse zusteht, bedarf es neben einem gesondert abzuschließenden öffentlich-rechtlichen Vertrag zwischen der Krankenkasse bzw. ihrem Verband und dem Träger des Krankenhauses gem. § 129a Satz 1 und 3 SGB V einer Arzneimittelverordnung im Rahmen der ambulanten Versorgung.[429]

Durch die in § 129a Satz 4 SGB V angeordnete Anwendung von § 129 Abs. 5c Satz 4 und 5 SGB V wird der Krankenkasse ermöglicht, anhand von Nachweisen die tatsächlich entstandenen Kosten der Arzneimittelversorgung zu überprüfen.[430]

IV. Besonderheiten bei der Arzneimittellieferung einer ausländischen Apotheke

Der Geltungsbereich des Leistungsrechts beschränkt sich grundsätzlich auf das Inland (vgl. § 16 SGB V).[431] Im Rahmen der gesetzlichen Krankenversicherung sind Versicherte aber gem. § 13 Abs. 4 Satz 1 SGB V grundsätzlich berechtigt, auch Leistungserbringer im EWR-Ausland sowie in der Schweiz in Anspruch zu nehmen.[432] Die Versicherten haben gem. § 31 Abs. 1 Satz 5 SGB V die freie Wahl, bei welcher Apotheke sie ihren durch ärztliche Verordnung begründeten Anspruch geltend machen, weshalb die Arzneimittel auch von einer ausländischen Apotheke bezogen werden können.

---

427 *Von Dewitz*, in: BeckOK-SozR, SGB V, § 129a Rn. 5.

428 BSG, Urt. v. 24.1.2013 – B 3 KR 11/11 R, SozR 4-2500 § 130a Nr. 8, 9.; *von Dewitz*, in: BeckOK-SozR, SGB V, § 129a Rn. 3.

429 *Von Dewitz*, in: BeckOK-SozR, SGB V, § 129a Rn. 4.

430 Vgl. *von Dewitz*, in: BeckOK-SozR, SGB V, § 129a Rn. 8.

431 Ein Leistungsanspruch außerhalb dieses Geltungsbereichs kann nur unter bestimmten Voraussetzungen nach den Regelungen der §§ 13 Abs. 4, 17, 18 SGB V erfolgen, vgl. *Hahne*, in: MünchAnwHdb. MedizinR, § 4 Rn. 55.

432 Vgl. *Fuchs/Preis*, SozialversicherungsR, § 20 I. 4., S. 295; *Hahne*, in: MünchAnwHdb. MedizinR, § 4 Rn. 56; *Wodarz*, in: Sodan, Hdb. KVR, § 27 Rn. 38.

Diese Inanspruchnahme der Leistung erfolgt dem gesetzlichen Regelfall nach allerdings anstelle der Sach- oder Dienstleistung im Wege der Kostenerstattung,[433] weshalb ausländische Apotheken nicht automatisch ins Leistungserbringerrecht der gesetzlichen Krankenversicherung eingebunden sind.[434] Es steht den ausländischen Leistungserbringern aber frei, in das Sachleistungsprinzip einbezogen zu werden.[435]

Nachfolgend wird nur auf die ausländische Versorgung im Rahmen des Sachleistungsprinzips eingegangen, da diese rechtliche Konstellation der inländischen Arzneimittelversorgung entspricht und im Vergleich zur Kostenerstattung diverse umsatzsteuerliche Besonderheiten mit sich bringt.

Das BSG schreibt grundsätzlich vor, dass durch die vertragliche Ausgestaltung eine Gleichbehandlung von inländischen und ausländischen Apotheken sichergestellt werden soll.[436]

1. Rechtliche Grundlage

Die Einbindung ausländischer Apotheken in das Sachleistungsprinzip kann einerseits über den Beitritt zum Rahmenvertrag nach § 129 Abs. 2 SGB V oder über den Abschluss von Einzelverträgen nach § 140e SGB V erfolgen.[437]

a) Beitritt zum Rahmenvertrag nach § 129 Abs. 2 SGB V

Damit es demnach zu grenzüberschreitenden Arzneimittellieferungen vergleichbar denen einer inländischen Apotheke kommen kann, ist gem. § 129 Abs. 3 SGB V ein Beitritt der ausländischen Apotheken zu dem Rahmenvertrag nach § 129 Abs. 2 SGB V erforderlich.[438]

Zu diesem Zweck regelt § 2b Abs. 1 Satz 1 Rahmenvertrag ausdrücklich auch die Möglichkeit des Beitritts ausländischer Apotheken. Danach haben

---

433 Vgl. für die Arzneimittelabgabe ausländischer Apotheken BSG, Urt. v. 24.1.2013 – B 3 KR 11/11 R, SozR 4-2500 § 130a Nr. 8, 6.; *Fuchs/Preis*, SozialversicherungsR, § 20 I. 4., S. 295.

434 Vgl. *Schneider*, in: jurisPK-SGB V, § 129 Rn. 22; *Wodarz*, in: Sodan, Hdb. KVR, § 27 Rn. 38.

435 *Fuchs/Preis*, SozialversicherungsR, § 20 I. 4., S. 295.

436 Vgl. BSG, Urt. v. 17.12.2009 – B 3 KR 14/08 R, SozR 4-2500 § 130a Nr. 5, 8.; Urt. v. 28.7.2008 – B 1 KR 4/08 R, SozR 4-2500 § 130a Nr. 3, 5.c).

437 Vgl. BFH, Urt. v. 20.5.2015 – XI R 2/13, BFH/NV 2015, 1775, II.2.c)cc)(2); BSG, Urt. v. 24.1.2013 – B 3 KR 11/11 R, SozR 4-2500 § 130a Nr. 8, 5.a); *Wodarz*, in: Sodan, Hdb. KVR, § 27 Rn. 38.

438 Vgl. *Schneider*, in: jurisPK-SGB V, § 129 Rn. 22.

Apotheken aus den Staaten nach EWG-Verordnung Nr. 1408/71[439] ebenso wie deutsche Apotheken nach § 2a Rahmenvertrag das Recht zum Beitritt. Zusätzlich bedarf es zudem noch gem. § 2a Abs. 1 Satz 3 Rahmenvertrag eines behördlichen Nachweises mit beglaubigter deutscher Übersetzung, dass die Apotheke nach den Bestimmungen des Staates, in dem sie ihren Sitz hat, betrieben werden darf.

b) Abschluss von Einzelverträgen nach § 140e SGB V

Überdies besteht für Apotheken aus Mitgliedstaaten der EU grundsätzlich auch die Möglichkeit, eine individualvertragliche Vereinbarung im Sinne des § 140e SGB V mit der Krankenkasse über die Arzneimittelabgabe an deren Versicherte abzuschließen.[440] Diese Alternative der Einbindung in das innerstaatliche System der Leistungen in Form von Sachleistungen besteht generell für alle Leistungserbringer der gesetzlichen Krankenversicherung und ist keine Spezialregelung für Apotheken.[441]

Die Vereinbarungen werden in der Regel denen des Rahmenvertrags entsprechen,[442] da sie letztlich der Gleichstellung zwischen inländischen und ausländischen Leistungserbringern dienen. Insbesondere die Höhe des Vergütungsanspruchs kann maximal den Kosten entsprechen, die bei der gleichen Sachleistung im Inland entstehen würden, vgl. § 13 Abs. 4 Satz 3 SGB V.[443] Praktisch kommt dieser Verfahrensweise jedoch kaum Bedeutung zu,[444] was auch daran liegen mag, dass den Apotheken die Erstattung des Herstellerrabatts von den pharmazeutischen Unternehmern nach § 130a Abs. 1 Satz 2 SGB V verwehrt bleibt, da dafür eine Teilnahme am Regime der § 129 ff. SGB V erforderlich ist (siehe zum gesetzlichen Herstellerrabatt unter C.II.2.b)cc)(3)).[445]

---

439 Zu den Staaten nach EWG-Verordnung Nr. 1408/71 zählen neben den Mitgliedstaaten der Europäischen Union und dem Europäischen Wirtschaftsraum auch die Schweiz.

440 Vgl. BSG, Urt. v. 28.7.2008 – B 1 KR 4/08 R, SozR 4-2500 § 130a Nr. 3, 5.a); *Wodarz*, in: Sodan, Hdb. KVR, § 27 Rn. 68.

441 Vgl. *Schuler*, in: LPK-SGB V, § 140e Rn. 1.

442 Vgl. i.E. *Kingreen*, in: Becker/Kingreen, SGB V, § 140e Rn. 3.

443 Vgl. *Wodarz*, in: Sodan, Hdb. KVR, § 27 Rn. 38.

444 Vgl. *Harich*, in: BeckOK-SozR, SGB V, § 140e Rn. 2; *Schuler*, in: LPK-SGB V, § 140e Rn. 11.

445 BVerfG, Beschl. v. 24.3.2016 – 2 BvR 1546/13, juris; BSG, Urt. v. 24.1.2013 – B 3 KR 11/11 R, SozR 4-2500 § 130a Nr. 8, 5.; begründet wird diese Ansicht insbesondere damit, dass durch einen Vertrag keine Zahlungspflichten Dritter begründet werden können; dies sei gerade nur als Ausgleich für ihrerseits hoheitlich begründete Zahlungspflichten denkbar.

2. Zulässigkeitsvoraussetzungen

Der Versand mit Arzneimittel aus den Mitgliedstaaten der EU ist im Konkreten gesetzlich nicht geregelt.[446] In § 73 AMG ist ein allgemeines Einfuhrverbot für Arzneimittel normiert.[447] Aufgrund der im Unionsrecht normierten Warenverkehrsfreiheit gilt dieses jedoch nicht für nicht verschreibungspflichtige Arzneimittel.[448] Darüber hinaus kann das Verbringen ins Inland aber mit Blick auf das Erfordernis des Gesundheitsschutzes mit Einschränkungen belegt werden.[449] Der Versand von Arzneimitteln aus den Mitgliedstaaten der EU[450] liegt deshalb bei verschreibungspflichtigen Arzneimitteln grundsätzlich im Ermessen des Importstaates, dies zu zulassen.[451]

So ist die Einfuhr zulassungspflichtiger Arzneimittel insbesondere zulässig, wenn der Empfänger der Lieferung eine Apotheke ist (vgl. § 73 Abs. 1 Satz 1 Nr. 1 AMG).[452] Darüber hinaus sind ausländische Apotheken zum Versand von Arzneimitteln ins Inland nur bei entsprechender Erlaubnis berechtigt.[453] Diese wird entweder aufgrund deutschen Rechts erteilt (§ 11a ApoG) oder wenn die Apotheke nach dem einschlägigen nationalen Recht zum Versand von Arzneimitteln befugt ist und diese Vorschriften den deutschen Anforderungen[454] entsprechen (vgl. § 73 Abs. 1 Satz 1 Nr. 1a AMG).[455]

Sollte das Vorhaben des generellen Verbots des Versands mit verschreibungspflichtigen Arzneimitteln in die Tat umgesetzt werden, würde dies auch den Versand durch ausländische Apotheken erfassen.

---

446 *Deutsch/Spickhoff*, MedizinR, XXXVIII. Rn. 2021.

447 Vgl. *Kügel*, in: Kügel/Müller/Hofmann, AMG, § 73 Rn. 1.

448 EuGH, Urt. v. 11.12.2003 – C-322/01 – *Doc Morris*, Slg. 2003, I-14887, Rn. 132; *Lietz*, in: Fuhrmann/Klein/Fleischfresser, ArzneimittelR, § 21 Rn. 60.

449 Vgl. *Deutsch/Spickhoff*, MedizinR, XXXVIII. Rn. 2021; so bspw. bei fehlender Zulassung in Deutschland, vgl. EuGH, Urt. v. 11.12.2003 – C-322/01 – *Doc Morris*, Slg. 2003, I-14887, Rn. 52 ff.

450 Der Versand aus nicht EU-angehörigen Ländern bedarf gem. § 73 Abs. 1 Nr. 2 AMG einer Erlaubnis nach § 72 AMG, vgl. *Deutsch/Spickhoff*, MedizinR, XXXVIII. Rn. 2022.

451 EuGH, Urt. v. 11.12.2003 – C-322/01 – *Doc Morris*, Slg. 2003, I-14887, Rn. 103; *Deutsch/Spickhoff*, MedizinR, XXXVIII. Rn. 2003.

452 Vgl. zum Modell der „Europa-Apotheke" in Budapest, die Arzneimittel aus dem Ausland an eine kooperierende inländische Apotheke zur Abholung verschickt BGH, Urt. v. 12.1.2012 – I ZR 211/10, PharmR 2012, 395, II.1.

453 *Lietz*, in: Fuhrmann/Klein/Fleischfresser, ArzneimittelR, § 21 Rn. 62.

454 Welche Staaten dazu zählen, wird nach § 73 Abs. 1 Satz 3 AMG regelmäßig vom BMG veröffentlicht, vgl. *Wodarz*, in: Sodan, Hdb. KVR, § 27 Rn. 37.

455 Vgl. *Kügel*, in: MünchAnwHdb. MedizinR, § 14 Rn. 177.

3. Anwendung der Arzneimittelpreisbindung

Nach langem Hin und Her zu der Frage, ob der sich aus § 78 AMG i.V.m. der AMPreisV ergebene einheitliche Apothekenabgabepreis auch für Apotheken in den europäischen Mitgliedstaaten Anwendung findet und sie entsprechend bindet, entschied der EuGH am 19. Oktober 2016, dass die Arzneimittelpreisbildung für in anderen Mitgliedstaaten ansässige Apotheken gegen die Warenverkehrsfreiheit verstoße und auch nicht durch den Schutz der Gesundheit und des Lebens gerechtfertigt werden kann.[456]

Relevanz erhält die Frage neben der Möglichkeit zur Gewährung von Rabatten und Boni[457] auch im Zusammenhang damit, ob die ausländischen Apotheken weiterhin den Rabattverpflichtungen aus §§ 130 und 130a SGB V unterliegen.[458]

Das Thema war schon seit jeher sehr umstritten – angefangen mit den divergierenden Entscheidungen des BSG[459] und des BGH[460], die den BGH zu einer

---

456 EuGH, Urt. v. 19.10.2016 – C-148/15 – *Deutsche Parkinson Vereinigung*, ABl. EU 2016, Nr. C 475, 5, Rn. 27, 46.

457 Grundsätzlich wirkt sich das EuGH-Urteil zur Arzneimittelpreisbindung aufgrund der unterschiedlichen Zweckbestimmungen des Heilmittelwerbe- und Arzneimittelrecht nicht auf die Anwendbarkeit von § 7 HWG aus, LG München, Urt. v. 11.5.2017 – 17 HK O 20723/14 und 17 HK O 22516/14, nicht veröffentlicht; *Saalfrank*, jurisPR-MedizinR 6/2017 Anm. 3; Zuwendungen, die einem unzweckmäßigen Arzneimittelerwerb oder -gebrauch Vorschub leisten, bleiben daher nach wie vor auch bei grenzüberschreitenden Geschäften verboten, vgl. ausführlich zu den Auswirkungen der Rechtsprechung auf die Anwendbarkeit von § 7 HWG *Mand*, A&R 2017, 3 ff.; *Lafontaine*, jM 2017, 46, 52 f.

458 Relevant ist insofern die Einbindung in das Sachleistungssystem über den Rahmenvertrag nach § 129 Abs. 2 SGB V, der nach wie vor für die ausländischen Apotheken Geltung entfaltet, die ihm über § 2b Rahmenvertrag beigetreten sind, vgl. LSG Rheinland-Pfalz, Urt. v. 6.7.2017 – L 5 KR 105/16, juris, Rev. BSG B 3 KR 19/17 R, Rn. 30; *Wesser*, jurisPR-MedizinR 10/2016 Anm. 3; i.E. auch *Luthe*, in: Hauck/Noftz, SGB V, § 130a Rn. 15; kritisch hingegen *Lafontaine*, jM 2017, 46, 52 f., da der Rahmenvertrag faktisch eine wichtige Voraussetzung für den Zugang zu dem praktisch relevanten Marktanteil der gesetzlichen Krankenversicherung sei und somit bei dessen Ausgestaltung die unionsrechtlichen Grundfreiheiten zu beachten seien; dem zustimmend *Kozianka/Hußmann*, PharmR 2017, 10, 14; feststeht aber jedenfalls, dass eine Erstattung von Herstellerrabatten auch weiterhin nur möglich sein kann, wenn auch eine Einbindung in das Preissystem besteht, vgl. BSG, Beschl. v. 29.11.2016 – B 3 KR 21/16 B, A&R 2017, 41, II.1.a); BVerfG, Beschl. v. 24.3.2016 – 2 BvR 1546/13, juris.

459 BSG, Urt. v. 28.7.2008 – B 1 KR 4/08 R, SozR 4-2500 § 130a Nr. 3.

460 BGH, Vorlagebeschl. v. 9.9.2010 – I ZR 72/08, Az. GmS-OGB 1/10, NJW 2010, 3724.

Vorlage an den gemeinsamen Senat der obersten Gerichtshöfe des Bundes veranlassten. Der BGH hielt die Preisvorschriften der AMPreisV auch für ausländische Apotheken bindend,[461] wohingegen das BSG die Anwendbarkeit ablehnte.[462]

Der gemeinsame Senat der obersten Gerichtshöfe entschied daraufhin in seinem Beschluss vom 22. August 2012, dass die AMPreisV auch für ausländische Versandhandelsapotheken Anwendung findet und diese an den einheitlichen Apothekenabgabepreis gebunden sind.[463] Im Arzneimittelpreisrecht werde nicht danach unterschieden, ob das Arzneimittel im Rahmen des üblichen Apothekenbetriebs im Inland abgegeben werde oder ob es aus einem anderen Mitgliedstaat der EU versandt werde.[464] Ohne diese Preisbindung sei nach Ansicht des gemeinsamen Senats der Preiswettbewerb wieder eröffnet, der durch den einheitlichen Apothekenabgabepreis in § 78 Abs. 2 Satz 2 AMG gerade vermieden werden solle. Dies führe zudem zu Wettbewerbsverzerrungen, da inländische Apotheken aufgrund ihrer Preisbindung nicht auf die veränderte Marktlage durch Preissenkungen reagieren könnten.[465]

In Übereinstimmung mit dieser Entscheidung nahm der Gesetzgeber die mit Wirkung vom 26. Oktober 2012 in Kraft getretene Regelung des § 78 Abs. 1 Satz 4 AMG zur Klarstellung auf.[466] Dort ist ausdrücklich vorgesehen, dass die Arzneimittelpreisverordnung auch für Arzneimittel gilt, die gem. § 73 Abs. 1 Satz 1 Nr. 1a AMG in den Geltungsbereich des AMG verbracht werden.[467]

Der gemeinsame Senat hielt diese rechtliche Beurteilung für offensichtlich vereinbar mit dem Unionsrechts, da darin kein Verstoß gegen die Warenverkehrsfreiheit bestehe.[468] Dies wurde nun vom EuGH nach einer Vorlageentscheidung[469]

---

461 Vgl. BGH, Vorlagebeschl. v. 9.9.2010 – I ZR 72/08, Az. GmS-OGB 1/10, NJW 2010, 3724, 2.a).

462 Vgl. BSG, Urt. v. 28.7.2008 – B 1 KR 4/08 R, SozR 4-2500 § 130a Nr. 3, 4.

463 GmS-OGB, Beschl. v. 22.8.2012 – GmS-OGB 1/10, SozR 4-5570 § 78 Nr. 1, III.2.

464 GmS-OGB, Beschl. v. 22.8.2012 – GmS-OGB 1/10, SozR 4-5570 § 78 Nr. 1, III.2.a).

465 GmS-OGB, Beschl. v. 22.8.2012 – GmS-OGB 1/10, SozR 4-5570 § 78 Nr. 1, III.2.a) aa).

466 Vgl. BGH, Beschl. v. 26.2.2014 – I ZR 72/08, MMR 2014, 387, II.1.; BSG, Urt. v. 24.1.2013 – B 3 KR 11/11 R, SozR 4-2500 § 130a Nr. 8, 4.; *Kügel*, in: MünchAnwHdb. MedizinR, § 14 Rn. 224; *Wodarz*, in: Sodan, Hdb. KVR, § 27 Rn. 76.

467 Vgl. auch BGH, Urt. v. 26.2.2014 – I ZR 77/09, NJW 2014, 3243, 2.

468 GmS-OGB, Beschl. v. 22.8.2012 – GmS-OGB 1/10, SozR 4-5570 § 78 Nr. 1, III.3.b).

469 OLG Düsseldorf, Vorlagebeschl. v. 24.3.2015 – I-20 U 149/13, EuGH Az. C-148/15, PharmR 2015, 323.

des OLG Düsseldorf anders beurteilt.[470] Nach Ansicht des EuGH gelte die Arzneimittelpreisbindung für ausländische Apotheken als verbotene Maßnahme gleicher Wirkung im Sinne des Art. 34 AEUV, weil sie diese stärker belaste als die traditionellen inländischen Apotheken.[471] Darüber hinaus könne die Regelung auch nicht nach Art. 36 AEUV gerechtfertigt werden, weil sie nicht geeignet sei, die in Rede stehenden Ziele des Schutzes von Gesundheit und Leben zu gewährleisten.[472]

Damit scheint vorerst höchstrichterlich geklärt, dass der einheitliche Apothekenabgabepreis des AMG aufgrund von Unionsrechtswidrigkeit nicht für ausländische Apotheken bindend ist und § 78 Abs. 1 Satz 4 AMG damit gegen Unionsrecht verstößt,[473] was eine Reaktion des Gesetzgebers unausweichlich machen würde.[474] Der BGH entschied nach der Entscheidung des EuGH allerdings, dass nicht abschließend geklärt werden könne, ob § 78 AMG mit dem Unionsrecht vereinbar sei, und es weiterer Feststellungen bedürfe.[475] Vor dem Hintergrund der Rechtsprechung sei zwar momentan von einer Unionsrechtswidrigkeit auszugehen, es bestehe aber gem. § 273 Abs. 2 Nr. 2 ZPO die Möglichkeit eine amtliche Auskunft staatlicher Stellen, insbesondere der Bundesregierung, einzuholen, die ein erneutes Vorabentscheidungsersuchen an den EuGH nahelegen könnte.[476] Letztlich beruhe die ursprüngliche Entscheidung

---

470 EuGH, Urt. v. 19.10.2016 – C-148/15 – *Deutsche Parkinson Vereinigung*, ABl. EU 2016, Nr. C 475, 5.

471 Vgl. ausführlich EuGH, Urt. v. 19.10.2016 – C-148/15 – *Deutsche Parkinson Vereinigung*, ABl. EU 2016, Nr. C 475, 5, Rn. 24 ff.

472 Vgl. ausführlich EuGH, Urt. v. 19.10.2016 – C-148/15 – *Deutsche Parkinson Vereinigung*, ABl. EU 2016, Nr. C 475, 5, Rn. 34 ff.; kritisch *Bach*, GPR 2017, 8, 10, der zu Recht anführt, dass allein den Versicherten im Rahmen der Zuzahlung bis zu einer Höhe von zehn Euro ein Anreiz durch Preisersparnis gesetzt werden kann und hinterfragt werden muss, ob allein diese Einsparung zur Etablierung im Markt ausreichend sei.

473 Davon zumindest ausgehend die Bundesregierung in ihrer Vorbemerkung auf die Kleine Anfrage einiger Abgeordneter zum Erkenntnisstand der Begründbarkeit eines Verbots des Versands verschreibungspflichtiger Arzneimittel, BT-Drucks. 18/11318, S. 2.

474 Vgl. EuGH, Urt. v. 21.6.2007 – C-231/06 – *Jonkmann*, ABl. EU 2007, Nr. C 183, 13, wonach die Behörden verpflichtet sind, aufgrund eines auf ein Vorabentscheidungsersuchen ergangenen Urteils, aus dem sich die Unvereinbarkeit nationaler Rechtsvorschriften mit dem Unionsrecht ergibt, die allgemeinen oder besonderen Maßnahmen zu ergreifen, die geeignet sind, die Beachtung des Gemeinschaftsrechts zu sichern.

475 BGH, Urt. v. 24.11.2016 – I ZR 163/15, MDR 2017, 718.

476 A.A. i.E. *Lafontaine*, jM 2017, 46, 52.

des EuGH maßgeblich auf ungenügenden Feststellungen zur Geeignetheit der Preisbindung für eine flächendeckende und gleichmäßige Arzneimittelversorgung. Das heiße aber nicht, dass diese nicht noch nachgeholt werden könnten.

Dies könnte einer der Gründe dafür sein, dass der Gesetzgeber sich im Rahmen der jüngsten Veränderungen des Arzneimittelgesetzes durch das GKV-Arzneimittelversorgungsstärkungs-gesetz vom 4. Mai 2017 dagegen entschied, den Satz 4 aus § 78 Abs. 1 AMG wieder zu streichen.[477] Problematisch dürfte in diesem Kontext auch eine möglicherweise damit einhergehende Inländerdiskriminierung sein, die zwar unionsrechtlich nicht zu beanstanden wäre, wohl aber mit Blick auf Art. 12 GG verfassungsrechtlich kritisch zu sehen wäre.[478]

Indes hat das BMG zur Abhilfe gegen die Problematik bereits in der vergangenen Legislaturperiode einen Referentenentwurf vorgelegt, der den Versandhandel mit verschreibungspflichtigen Arzneimitteln vollständig – sprich für inländische wie ausländische Apotheken – verbietet (vgl. zu den jetzigen Regelungen C.IV.2.).[479] Ob das Gesetz tatsächlich in Kraft tritt, wird sich nun zeigen; das Vorhaben hat jedenfalls Einzug in den aktuellen Koalitionsvertrags gehalten.[480] Bereits jetzt bestehen allerdings erhebliche Zweifel an der Unionsrecht-[481] und Verfassungsmäßigkeit[482], da auch in einem allgemeinen Versandhandelsverbot ein Verstoß gegen die Warenverkehrsfreiheit liegen könnte, da

---

477 *Wesser*, jurisPR-MedizinR 7/2017 Anm. 4.

478 Vgl. *Lafontaine*, jM 2017, 46, 51; *Bach*, GPR 2017, 8, 10; gegen eine Unverhältnismäßigkeit des § 78 AMG bei alleiniger Anwendung auf inländische Apotheken OVG Nordrhein-Westfalen, Urt. v. 8.9.2017 – 13 A 2979/15, PharmR 2017, 557, B.III.1.b)(3); in der Argumentation ähnlich LSG Rheinland-Pfalz, Urt. v. 6.7.2017 – L 5 KR 105/16, juris, Rev. BSG B 3 KR 19/17 R, Rn. 31, das unter Verweis auf Art. 3 Abs. 1 GG jedenfalls für den Fall der Umsatzsteuerschuldnerschaft der Krankenkasse einen Apothekenabgabepreis ohne Umsatzsteuer annimmt, da es andernfalls eine nicht zu rechtfertigende Ungleichbehandlung zu Lasten inländischer Apotheken darstellen würde (vgl. dazu D.IV.2.b)ee)).

479 http://www.bundesgesundheitsministerium.de/fileadmin/Dateien/3_Downloads/Gesetze_und_Verord-nungen/GuV/V/Versandhandel-Verbot_RefE.pdf, zuletzt aufgerufen am 13.3.2018; zustimmend *Kozianka/Hußmann*, PharmR 2017, 10, 16.

480 Koalitionsvertrag zwischen CDU, CSU und SPD vom 7.2.2018, S. 15 Rn. 518 f., S. 17 4575 f., der die Passage enthält „Um die Apotheken vor Ort zu stärken, setzen wir uns für ein Verbot des Versandhandels mit verschreibungspflichtigen Arzneimitteln ein.", https://www.cdu.de/system/tdf/media/doku-mente/koalitionsvertrag_2018.pdf?file=1, zuletzt aufgerufen am 13.3.2018.

481 Vgl. *Lafontaine*, jM 2017, 46, 51; *Bach*, GPR 2017, 8, 10; *Koenig*, PharmR 2017, 85 ff.

482 Vgl. *Wodarz*, PharmR 2017, 131 ff.

damit ausländische Apotheken im Ergebnis vollständig vom Markt ausgeschlossen werden. Der EuGH hat zwar bereits im Jahre 2003 über das (damals noch bestehende) Versandhandelsverbot entschieden und es für verschreibungspflichtige Arzneimittel auch grundsätzlich für möglich gehalten, da diese strengere Kontrollen erfordern würden.[483] Doch ein seit 2004 bestehender Versandhandel belegt, dass den Gefahren auch ohne Versandhandelsverbot begegnet werden kann.[484]

Alternativ könnte zum Versandhandelsverbot auch die Preisbindung für Apotheken generell gelockert und der gesamte § 78 Abs. 1 AMG aufgehoben werden, um auch die inländischen Apotheken nicht dadurch zu benachteiligen, dass nur sie der Arzneimittelpreisbindung unterliegen.[485] Oder aber es erfolgt im Sinne des BGH eine wissenschaftliche Untersuchung zum Nutzen der Preisbindung für den Gesundheitsschutz, die die Notwendigkeit doch noch beweist und im Rahmen einer neuen Vorlage an den EuGH Berücksichtigung findet.[486]

4. Geschäftsmodelle in der Praxis

Die Wege, auf denen ausländische Apotheken deutsche Krankenversicherte mit Arzneimitteln versorgen, sind vielfältig. Im Rahmen des florierenden Geschäfts sind diverse Geschäftsmodelle entwickelt worden,[487] die sich zum Teil an der Vereinfachung des Arzneimittelerwerbs des Patienten orientierten, teilweise aber auch eine gezielte Umgehung des deutschen Preisrechts oder die Reduzierung der Besteuerung beabsichtigten.

a) Klassische Versandapotheke

Ähnlich wie in Deutschland gibt es auch ausländische Versandapotheken, die gesetzlich Versicherte in Deutschland beliefern. Der Versicherte bestellt mit seiner ärztlichen Verordnung das entsprechende Arzneimittel über das Internet bei einer ausländischen Apotheke und sendet sein Rezept im Original per Post

---

483 EuGH, Urt. v. 11.12.2003 – C-322/01 – *Doc Morris*, Slg. 2003, I-14887.

484 Vgl. *Bach*, GPR 2017, 8, 11.

485 Vgl. *Bach*, GPR 2017, 8, 10; zu möglichen alternativen Ausgestaltungen *Lafontaine*, jM 2017, 46, 52 ff.; kritisch mit Verweis auf die Notwendigkeit der Überarbeitung des gesamten Preis- und Erstattungssystems der gesetzlichen Krankenversicherung *Kozianka/Hußmann*, PharmR 2017, 10, 13 f., 16.

486 Vgl. *Bach*, GPR 2017, 8, 11.

487 Vgl. zu den Geschäftsmodellen ausländischer Apotheken *Pommerin/Paßgang*, UStB 2012, 204 ff.

portofrei an die Apotheke. Diese verschickt dann das Arzneimittel versandkostenfrei unmittelbar an den Versicherten nach Hause.[488]

Für diese Inanspruchnahme sind den Versicherten verschiedene Anreize gesetzt worden, bzw. werden immer noch gesetzt (abhängig von deren Rechtmäßigkeit): Dazu zählt neben dem Wegersparnis auch die Versandkostenbefreiung für die übrige Bestellung rezeptfreier – im Internet häufig günstigerer – Arzneimittel. Früher gewährten die Apotheken beispielsweise aber auch Rabatte auf die Zuzahlung als „Bonus",[489] was – zumindest bis zur Entscheidung des EuGH zur Unionsrechtswidrigkeit der Preisbindung für ausländische Apotheken – aufgrund des durch die Preisbindung anwendbaren § 7 HWG unzulässig war. Seit dem EuGH-Urteil werden solche Modelle wieder verstärkt angeboten und es ist davon auszugehen, dass solche Anreizmodelle auch wieder mehr Aufwind erhalten.[490]

b) Versand des Arzneimittels an eine Pick-Up-Stelle im Inland zur Abholung

Eine weitere abgewandelte Möglichkeit des Arzneimittelversands sieht vor, dass der Versicherte seine Bestellung und sein Rezept mittels Übergabe eines Bestellscheins an einem Ort im Inland zur Weiterleitung abgibt und die Bestellung dann von der ausländischen Apotheke verpackt und zur Abholung wieder ins Inland verschickt wird, wobei die ausländische Apotheke den Apothekenabgabepreis von der Krankenkasse erhält.[491] Als sog. Pick-Up-Stelle im Inland

---

488 Vgl. zum Sachverhalt des typischen Falls des Arzneimittelversands den zugrunde liegenden Fall in GmS-OGB, Beschl. v. 22.8.2012 – GmS-OGB 1/10, SozR 4-5570 § 78 Nr. 1, I.

489 Vgl. dazu beispielsweise der den Entscheidungen zugrunde liegende Sachverhalt BSG, Urt. v. 24.1.2013 – B 3 KR 11/11 R, BSGE 113, 24, 5.a); Urt. v. 17.12.2009 – B 3 KR 14/08 R, SozR 4-2500 § 130a Nr. 5.

490 Beispielsweise wirbt die niederländische Versandapotheke Doc Morris bereits mit einem Bonus von EUR 2,50 für jede rezeptpflichtige Medikamentenpackung pro Bestellung, vgl. https://www.docmorris.de/rezepteinloesen?navnode=redeemPrescription, zuletzt aufgerufen am 13.3.2018; ähnliche Angebote finden sich auch bei der niederländischen Europa Apotheek Venlo, die mit einer Gutschrift von bis zu EUR 30 bei Einlösung von Arzneimittelverordnungen wirbt, vgl. https://www.europa-apotheek.com/sofort-bonus.htm, zuletzt aufgerufen am 13.3.2018.

491 Vgl. zur Erläuterung dieses Modells *Pommerin/Paßgang*, UStB 2012, 204, 205.

kommen beispielsweise kooperierende Drogeriemärkte[492] oder inländische Apotheken[493] in Betracht.[494]

Rechtlich gleicht dies im Ergebnis dem Modell der klassischen Versandapotheke, da es letztlich keine Rolle spielt, ob dem Versicherten das Arzneimittel direkt nach Hause oder an eine Abholstelle zugeschickt wird.[495]

c) Versand des Arzneimittels im Auftrag des Versicherten an eine inländische Apotheke

Davon zu unterscheiden ist der Versand an eine inländische Apotheke zur Abholung, wenn der Transport durch den Logistiker im Auftrag und Namen des Versicherten erfolgt.[496] Solch eine spezielle AGB-Ausgestaltung[497] wurde als Geschäftsmodell mit dem Namen „Vorteil 24" von einer niederländischen Apotheke in Kooperation mit einer deutschen Apothekenkette betrieben,[498] und war bereits hinsichtlich seiner umsatzsteuerlichen Beurteilung Gegenstand eines BFH-Verfahrens.[499]

Bei diesem Geschäftskonzept ist entsprechend der vertraglichen Ausgestaltung die Arzneimittelversorgung als Abholung durch die Versicherten konzipiert.[500] Die AGB im Rahmen des Bestellvorgangs sehen vor, dass der Versicherte und nicht die ausländische Apotheke ein Transportunternehmen mit der Lieferung beauftragt. Der Versicherte kreuzt dafür auf dem von der Apotheke

492 Vgl. dazu BVerwG, Urt. v. 13.3.2008 – 3 C 27/07, BVerwGE 131, 1, 1.a), wonach auch der Versand an eine Pick-Up-Stelle nach § 73 Abs. 1 Satz 1 Nr. 1 AMG zulässig ist.

493 So beispielsweise das Geschäftsmodell der „Europa-Apotheke" in Budapest, vgl. zur Ausgestaltung und der Zulässigkeit (insbesondere kein Verstoß gegen das Verbringungsverbot in § 73 AMG) BVerwG, Urt. v. 26.2.2015 – 3 C 30/13, BVerwGE 151, 291, 3.; BGH, Urt. v. 12.1.2012 – I ZR 211/10, PharmR 2012, 395, II.1.

494 Diese unterschiedlichen Abholungsorte können allerdings für die Voraussetzungen der Zulässigkeit nach § 73 Abs. 1 Satz 1 AMG entscheidend sein, da im Ergebnis nur bei Abholung in der Apotheke eine entsprechende Überprüfung von Qualität und Verträglichkeit stattfinden kann.

495 Vgl. *Pommerin/Paßgang*, UStB 2012, 204, 205.

496 Vgl. *Pommerin/Paßgang*, UStB 2012, 204, 205.

497 Vgl. die Sachverhaltsdarstellung im Rahmen des Verfahrens BFH, Urt. v. 20.5.2015 – XI R 2/13, BFH/NV 2015, 1775, II.2.d)cc).

498 Vgl. zur Ausgestaltung BFH, Urt. v. 20.5.2015 – XI R 2/13, BFH/NV 2015, 1775; BGH, Urt. v. 26.2.2014 – I ZR 77/09, NJW 2014, 3243; *Heine*, KrV 2013, 51, 53 Fn. 25.

499 Vgl. BFH, Urt. v. 20.5.2015 – XI R 2/13, BFH/NV 2015, 1775.

500 Vgl. zur rechtlichen Ausgestaltung des Erfüllungsorts auch BGH, Urt. v. 26.2.2014 – I ZR 77/09, NJW 2014, 3243, 3.

vorformulierten und zur Verfügung gestellten Bestellformular an, dass der Apotheke die entsprechende Vollmacht zur Beauftragung der Beförderung erteilt wird. Auf Ort und Zeitpunkt der Abholung sowie des Auslieferungsortes hat der Versicherte keine Einflussnahme. Zivilrechtlich soll damit ein Erfüllungsort am Geschäftssitz der ausländischen Apotheke konstruiert werden.[501] Bei dem Spediteur handelt es sich derweil um ein mit der Apotheke gesellschaftsrechtlich verbundenes Unternehmen, das die Arzneimittel immer in Absprache mit der Apotheke an die jeweilige Partnerapotheke im Inland liefert.

Ziel dieses Modells war in erster Linie die Umgehung der arzneimittelrechtlichen Preisbindung (solange diese noch nicht per Gesetz auch für ausländische Apotheken anwendbar war).[502] Im Gegenzug wurde den Versicherten als Anreiz zur Wahrnehmung des Angebots Rabatte auf die Arzneimittel gewährt.[503] Des Weiteren wurde (vermutlich) auch die Verschiebung des Leistungsorts ins Ausland beabsichtigt,[504] wodurch eine Umsatzbesteuerung in Deutschland vermieden werden sollte. Wenn die entsprechende Besteuerung im Ursprungland – hier den Niederlanden – erfolgt, käme dann auch nur der niedrigere Umsatzsteuersatz zur Anwendung (siehe zur umsatzsteuerlichen Behandlung ausländischer Apotheken unter D.II.3.b) und den divergierenden Umsatzsteuersätzen unter D.V.).[505]

d) Abholung durch den Versicherten vor Ort der ausländischen Apotheke

Darüber hinaus hat der Versicherte ebenso die Möglichkeit das vom Arzt ausgestellte Rezept auch bei einer ins Sachleistungssystem eingebundenen

501 BGH, Urt. v. 26.2.2014 – I ZR 77/09, NJW 2014, 3243, 3.bb).

502 Vgl. BGH, Urt. v. 26.2.2014 – I ZR 77/09, NJW 2014, 3243, 2.bb).

503 Aufgrund des Verstoßes gegen den einheitlichen Arzneimittelpreis und das normierte Rabattverbot in § 7 HWG (siehe zur Arzneimittelpreisbindung C.II.2.a)aa)) ist dies heute nicht mehr zulässig.

504 Vgl. *Heine*, KrV 2013, 51, 53 Fn. 25; dies hat der BFH jedoch schlussendlich abgelehnt, da die Lieferung trotz der vertraglichen Ausgestaltung der Apotheke zuzurechnen sei und damit eine Anwendung von § 3c UStG ausgeschlossen sei, der den Leistungsort von Deutschland weg ins Bestimmungsland zum Lieferer verschiebe, vgl. BFH, Urt. v. 20.5.2015 – XI R 2/13, BFH/NV 2015, 1775, II.2.d)aa) (siehe zur ausführlichen umsatzsteuerrechtlichen Beurteilung unter D.II.3.b)aa)(1)).

505 Da die ausländische Apotheke allerdings gegenüber der gesetzlichen Krankenkasse den regulären Apothekenabgabepreis nach § 3 Abs. 1 AMPreisV inkl. 19 % Umsatzsteuer abrechnet, erzielt sie mithin unmittelbaren Profit in Höhe der Differenz zwischen den Steuersätzen.

ausländischen Apotheke vor Ort einzulösen und das Arzneimittel unmittelbar von ihr zu erhalten.

Über die Häufigkeit der Beanspruchung dieses Wegs der Arzneimittelversorgung liegen keine Daten vor. Es ist jedoch davon auszugehen, dass dies weitestgehend auf Fälle beschränkt ist, in denen sowohl Wohnort des Versicherten als auch Standort der Apotheke im jeweiligen Grenzgebiet liegen oder die Versicherten auf der Durchreise im Ausland ein Rezept einlösen.

D. Umsatzsteuerliche Behandlung von Arzneimittellieferungen

Der Kostenkontrolle und Finanzierung des Systems der gesetzlichen Krankenversicherung kommt erhebliche praktische Bedeutung zu. Vor diesem Hintergrund hat auch die Umsatzsteuerbelastung der gesetzlichen Krankenkassen nicht zu unterschätzende Auswirkungen. Seit die Finanzverwaltung von der Umsatzschuld der gesetzlichen Krankenkassen für innergemeinschaftliche Erwerbe aufgrund Arzneimittellieferungen ausländischer Apotheken ausging,[506] kam es zu hohen Nachforderungen auf die bereits an die Apotheken vergüteten Arzneimittellieferungen (inkl. Umsatzsteuer). Dies veranlasste wiederum die Krankenkassen zur gerichtlichen Geltendmachung ihrer „zu viel gezahlten Umsatzsteuer",[507] da die Apotheke nach ihrer Ansicht bei ihrer steuerfreien innergemeinschaftlichen Lieferung nur Nettopreise hätten verlangen dürfen (siehe dazu D.IV.2.b)). Dies alles trug insgesamt dazu bei, dass die Problematik der umsatzsteuerlichen Behandlung von Arzneimitteln in den Fokus der aktuellen Diskussion rückte.

Die Umsatzsteuer ist dem Grundsatz nach eine Verbrauchsteuer (Art. 1 Abs. 2 MwStSystRL),[508] die entgeltliche Umsätze als wirtschaftliche Verkehrsvorgänge unter Abwälzung auf den Verbraucher besteuert; Anknüpfungspunkt sind mithin die von Unternehmern erbrachten Umsätze.[509] Auch bei der

506 Vgl. BMF, Schr. v. 22.8.2012 – IV D 3 – S 7103-a/12/10001, nicht veröffentlicht.

507 Vgl. unter anderem SG Speyer, Urt. v. 21.3.2016 – S 7 KR 482/13, nrkr., juris, und die dazugehörige Entscheidung in zweiter Instanz durch das LSG Rheinland-Pfalz, Urt. v. 6.7.2017 – L 5 KR 105/16, juris, Rev. BSG B 3 KR 19/17 R.

508 EuGH, Urt. v. 7.10.2010 – C-53/09 und C-55/09 – *Loyalty Management UK und Baxi Group*, Slg. 2010, I-9187, Rn. 38; BFH, Beschl. v. 14.7.2015 – XI B 41/15, BFH/NV 2015, 1445, II.2.b)aa), der die Umsatzsteuer unionsrechtlich als Verbrauchsteuer qualifiziert, allerdings nicht i.S.d. § 169 Abs. 2 Satz 1 Nr. 1 AO; Urt. v. 12.1.2006 – V R 3/04, BStBl II 2006, 479, II.1.a); *Korn*, in: Bunjes, UStG, § 10 Rn. 1; *Kußmaul/Naumann*, StB 2015, 356, 363; *Nieskens*, in: Rau/Dürrwächter, UStG, § 1 Rn. 622; *Stadie*, UStG, Vorbem. Rn. 17; *Klenk*, in: Sölch/Ringleb, UStG, Wesen der Umsatzsteuer Rn. 9, mit dem Hinweis, dass es keine Verbrauchsteuer i.S.d. § 169 Abs. 2 Satz 1 Nr. 1 AO ist; a.A. *Robisch*, in: Bunjes, UStG, Vor § 1 Rn. 25, für den die Umsatzsteuer gesetzestechnisch eine Verkehrsteuer ist; siehe ausführlich zur Darstellung des Meinungsstands *Stadie*, in: Rau/Dürrwächter, UStG, Einf. Rn. 97 ff.;

509 Vgl. *Kußmaul/Naumann*, StB 2015, 356; *Stadie*, in: Rau/Dürrwächter, UStG, Einf. Rn. 90.

Arzneimittelversorgung der Versicherten erfolgt im Ergebnis die Abgabe von Gegenständen durch eine Apotheke gegen eine Geldzahlung des Empfängers. Im Rahmen dieser Arbeit gilt es zu untersuchen, inwiefern diese Arzneimittellieferungen als Umsätze neben dem Sozialrecht auch dem Regime der Umsatzsteuer zu unterwerfen sind. Im Vergleich zum „klassischen“ zivilrechtlichen Leistungsaustausch besteht hier die Besonderheit, dass neben den umsatzsteuerrechtlichen Vorschriften auch die sozialrechtlichen Anforderungen und gesetzlichen Gegebenheiten für Arzneimittellieferungen (siehe dazu bereits unter C.) Beachtung finden müssen, die deren Ausgestaltung maßgeblich bestimmen.[510] In der Rechtspraxis dürfen diese Regelungen mit Blick auf den verfassungsrechtlichen Gehalt des Gebots der Einheit der Rechtsordnung nicht in Widerspruch zueinander stehen (siehe dazu B.I.3.), auch wenn ihre Zielrichtungen grundsätzlich verschiedene sind. Dabei gibt es keinen Vorrang des Sozialrechts als solches; dennoch kommt ihm eine gewisse Vorherigkeit zu (siehe dazu B.II.), wonach die Regelungen des Sozialrechts bei der Anwendung des Umsatzsteuerrechts grundsätzlich zugrunde gelegt werden – aber nur soweit, wie die wirtschaftliche Realität anders zu bewerten ist (siehe B.III.2.a)).

Nachfolgend wird geprüft, wie die im SGB V verankerte Versorgung von gesetzlich Versicherten mit verschreibungspflichtigen Arzneimitteln umsatzsteuerlich zu behandeln ist. Dazu werden im Vorfeld die Grundsätze, Maßstäbe und Grundtatbestände des Umsatzsteuerregimes erläutert, an denen die der Umsatzsteuer unterliegenden Umsätze zu messen sind (D.I.). Anschließend ist zu untersuchen, inwiefern eine Arzneimittellieferung als etwaige umsatzsteuerbare und umsatzsteuerpflichtige Leistung der Umsatzsteuer unterliegt (D.II.), und wenn ja in welcher Höhe, wofür die Bemessungsgrundlage (D.IV.) und der Steuersatz (D.V.) zu bestimmen ist.

Eine thematische Eingrenzung erfolgt dabei dergestalt, dass sich die Beurteilung der umsatzsteuerlichen Behandlung auf verschreibungspflichtige Arzneimittellieferungen inländischer und ausländischer (sprich in den EU-Mitgliedstaaten ansässiger) Apotheken an Versicherte gesetzlicher Krankenkassen beschränkt. Dies begründet sich zum einen dadurch, dass das Umsatzsteuerrecht aller EU-Mitgliedstaaten einheitlich auf der MwStSystRL beruht. Der Arzneimittelwarenverkehr mit Drittländern, der sozial- wie umsatzsteuerrechtlich völlig unterschiedlich behandelt wird, bleibt insofern unberücksichtigt. Zum anderen

510 Vgl. *Pflaum*, HFR 2016, 1010, der bei der Anwendung des Umsatzsteuerrechts auf konkrete Sachverhalte von deren „Determinierung“ durch das nationale Krankenversicherungsrecht spricht.

entfalten sich die sozialrechtlichen Besonderheiten der gesetzlichen Krankenkassenversicherung nur bei verschreibungspflichtigen Arzneimitteln, da dem Versicherten nach § 31 Abs. 1 Satz 1 SGB V i.V.m. § 34 Abs. 1 Satz 1 SGB V grundsätzlich nur auf diese Arzneimittel gegenüber der gesetzlichen Krankenkasse ein Anspruch zusteht (siehe dazu bereits ausführlich unter C.III.2.b)).[511]

I. Grundprinzipien und Maßstäbe des deutschen Umsatzsteuerrechts

Mit dem Umsatzsteuergesetz vom 26. Juli 1918[512] wurde in Deutschland die Grundlage für eine Umsatzbesteuerung geschaffen.[513] Es sieht tatbestandlich vor, entgeltliche Lieferungen und Leistungen eines Unternehmers zu besteuern.[514] Ferner wird das gesamte Umsatzsteuergesetz seit 1957 durch das Unionsrecht geprägt und ist durchzogen mit unionsweit einheitlichen Grundprinzipien, die jederzeit für die Auslegung der einzelnen Vorschriften im Rahmen der umsatzsteuerlichen Beurteilung heranzuziehen sind.

Die maßgeblichen umsatzsteuerlichen Vorschriften ergeben sich in Deutschland aus dem UStG sowie aus der UStDV[515]. Zu beachten sind daneben außerdem noch die Regelungen der MwSt-VO[516], denen in Deutschland eine unmittelbare Wirkung zukommt, vgl. Art. 288 Abs. 2 AEUV.[517] Sowohl die Vorschriften des UStG als auch der MwSt-VO basieren auf der MwStSystRL und sind deshalb richtlinienkonform auszulegen. Berücksichtigung findet im Rahmen der umsatzsteuerlichen Behandlung außerdem die Rechtsprechung des EuGH, des

511 Die Ausnahmen von diesem Leistungsausschluss sind in § 34 Abs. 1 Satz 5 SGB V und den Richtlinien des Gemeinsamen Bundesausschusses im Sinne des § 92 Abs. 1 Satz 2 Nr. 6 SGB V geregelt.

512 RGBl. 1918, 779.

513 *Klenk*, in: Sölch/Ringleb, UStG, Wesen der Umsatzsteuer Rn. 1.

514 *Klenk*, in: Sölch/Ringleb, UStG, Wesen der Umsatzsteuer Rn. 1.

515 Umsatzsteuer-Durchführungsverordnung in der Fassung der Bekanntmachung vom 21.2.2005, BGBl. I 2005, 434, zuletzt geändert durch Art. 4 der Verordnung vom 12.7.2017, BGBl. I 2017, 2360.

516 Durchführungsverordnung (EU) Nr. 282/2011 des Rates zur Festlegung von Durchführungsvorschriften zur Richtlinie 2006/112/EG über das gemeinsame Mehrwertsteuersystem vom 15.3.2011, ABl. EU Nr. L 77/2011, 1, zuletzt geändert durch Art. 1 Durchführungsverordnung (EU) 1042/2013 vom 7.10.2013, ABl. EU Nr. L 284/2013, 1.

517 Vgl. *Korn*, SteuK 2011, 269; *Stadie*, in: Rau/Dürrwächter, UStG, Einf. Rn. 571; wobei die MwSt-VO im Zweifelsfall vor dem nationalen Recht vorrangig anzuwenden ist.

BFH und der Finanzgerichte sowie die Veröffentlichungen der Finanzverwaltung (insb. der UStAE[518] oder sog. BMF-Schreiben). Grundsätzlich binden die Veröffentlichungen der Finanzbehörde weder Bürger noch Gerichte,[519] sondern stellen lediglich eine Meinungsäußerung im Rahmen der umsatzsteuerrechtlichen Auslegung dar. Sie geben dennoch Aufschluss über die zu erwartende Ansicht der Finanzbehörde im Steuerfestsetzungsverfahren,[520] und müssen vor dem Hintergrund des aus Art. 3 Abs. 1 GG erwachsenen Grundsatz der Selbstbindung der Verwaltung Beachtung finden.[521]

Um eine umsatzsteuerliche Einordnung der durch das Sozialrecht geprägten Arzneimittellieferungen vornehmen zu können, ist es erforderlich, vorab die Maßstäbe zu eruieren, denen die Besteuerung eines Leistungsausaustauschs im Allgemeinen – und damit auch die Lieferungen von Arzneimitteln – zu genügen hat.

Die in Art. 1 Abs. 2 MwStSystRL unionsrechtlich verankerten Grundprinzipien des Umsatzsteuerrechts sind vielfältig. Im Folgenden werden daher überblicksartig nur die Wesenszüge und Grundprinzipien des Umsatzsteuerrechts dargestellt, denen im Rahmen dieser Arbeit immer wieder bei der Ermittlung der umsatzsteuerlichen Behandlung von Arzneimittellieferungen eine entscheidende Rolle zukommt.

1. Einfluss des Unionsrechts

Dem Unionsrecht kommt im Rahmen der Mehrwertsteuersystem-Richtlinie zwar grundsätzlich kein Geltungsvorrang zu,[522] dennoch besteht ein allgemeiner Anwendungsvorrang,[523] weshalb es unabhängig vom grenzüberschreitenden Bezug eine entscheidende Rolle spielt und auch auf die Beurteilung der umsatzsteuerlichen Behandlung nationaler Sachverhalte erhebliche Auswirkungen hat.

---

518 BMF, Verwaltungsregelung zur Anwendung des Umsatzsteuergesetzes – IV D 3-S 7015/10/10002/ 2010/0815152, BStBl I 2010, 846, die zuletzt durch das BMF-Schreiben vom 27.02.2018 – III C 3-S 7160-b/13/10001 geändert worden ist.

519 BVerfG, Beschl. v. 31.5.1988 – 1 BvR 520/83, BVerfGE 78, 214, B.I.2.b).

520 *Stadie*, in: Rau/Dürrwächter, UStG, Einf. Rn. 685 f.

521 Vgl. BFH, Urt. v. 14.11.1990 – II R 126/87, BStBl II 1991, 556, II.2.a); Urt. v. 20.3.1980 – IV R 11/76, BStBl II 1980, 455; Urt. v. 30.10.1975 – IV R 142/72, BStBl II 1976, 192, 1.

522 *Widmann*, UR 2008, 77, 80.

523 BVerfG, Beschl. v. 8.4.1987 – 2 BvR 687/85, BVerfGE 75, 223, B.3.

a) Umsetzung der Mehrwertsteuersystemrichtlinie

Zur Beseitigung der früher bestehenden Wettbewerbsverzerrungen sowohl im Inland als auch im Außenhandel wurde mit Art. 99 des EWG-Vertrages vom 25. März 1957[524] (heute Art. 113 AEUV) eine Harmonisierung der umsatzsteuerlichen Rechtsvorschriften der Mitgliedstaaten angestrebt.[525] Ziel ist insbesondere ein funktionierender Binnenmarkt[526] durch Gewährleistung von Wettbewerbsneutralität.[527]

Gem. Art. 113 AEUV besteht ein Harmonisierungsauftrag, nach dem der Rat Bestimmungen zur Harmonisierung der Rechtsvorschriften über die Umsatzsteuern zu erlassen hat, soweit diese Harmonisierung für die Errichtung und das Funktionieren des Binnenmarkts und die Vermeidung von Wettbewerbsverzerrungen notwendig ist. Auf dieser Grundlage ist am 17. Mai 1977 die 6. Richtlinie zur Harmonisierung der Umsatzsteuern[528] (heute: neugefasst durch die MwStSystRL)[529] ergangen.[530]

Richtlinien sind gem. Art. 288 Abs. 3 AEUV für jeden Mitgliedstaat der EU, an den sie gerichtet sind, verbindlich. Anders als Verordnungen entfalten Richtlinien jedoch keine unmittelbare Wirkung in den Mitgliedstaaten, sondern wirken nur dergestalt gegenüber den Mitgliedstaaten,[531] dass aus Art. 288 AEUV eine Pflicht zur Harmonisierung des nationalen Umsatzsteuerrechts mit der Richtlinie hergeleitet wird, die innerhalb einer in der Richtlinie bestimmten Frist zu erfolgen hat.[532] Eine unmittelbare Wirkung kommt der Richtlinie jedoch an den Stellen zu, an denen die Regelungen der Richtlinie für den Steuerpflichtigen günstiger sind als die des nationalen Gesetzes.[533]

---

524 BGBl. II 1957, 766.

525 *Klenk*, in: Sölch/Ringleb, UStG, Wesen der Umsatzsteuer Rn. 3, 8.

526 Ein Raum ohne Binnengrenzen.

527 Vgl. *Klenk*, in: Sölch/Ringleb, UStG, Wesen der Umsatzsteuer Rn. 7; *Stadie*, in: Rau/Dürrwächter, UStG, Einf. Rn. 551.

528 Sechste Richtlinie 77/388/EWG des Rates zur Harmonisierung der Rechtsvorschriften der Mitgliedstaaten über die Umsatzsteuern vom 17.5.1977, ABl. Nr. L 145, 1, zuletzt geändert durch Art. 411 ÄndRL 2006/112/EG vom 28.11.2006, ABl. Nr. L 347, 1.

529 Vgl. *Stadie*, in: Rau/Dürrwächter, UStG, Einf. Rn. 551.

530 Vgl. *Robisch*, in: Bunjes, UStG, Vor § 1 Rn. 4; *Weymüller*, in: Weymüller, UStG, Vor § 1 Rn. 20, 31.

531 *Weymüller*, in: Weymüller, UStG, Vor § 1 Rn. 75.

532 Vgl. *Nettesheim*, in: Grabitz/Hilf/Nettesheim, AEUV, Art. 288 Rn. 114.

533 EuGH, Urt. v. 18.1.2001 – C-150/99 – *Stockholm Lindöpark*, Slg. 2001, I-493, Rn. 31 f.; die Finanzverwaltung darf sich auf ein derartiges Umsetzungsdefizit jedoch nicht berufen, vgl. *Robisch*, in: Bunjes, UStG, Vor § 1 Rn. 9.

b) Richtlinienkonforme Auslegung

Des Weiteren entfaltete die Richtlinie durch die richtlinienkonforme Auslegung des nationalen Rechts Wirkung.[534] Das Erfordernis richtlinienkonformer Auslegung leitet sich aus der Verpflichtung der Mitgliedstaaten zur Umsetzung der MwStSystRL her.[535] Hiernach sind alle staatliche Organe (Gerichte wie Behörden) berechtigt und verpflichtet, zur Anwendung und Umsetzung des Unionsrechts beizutragen, indem die Richtlinie zur Auslegung der nationalen Regelungen herangezogen und ihr Handeln an den EU-Vorgaben ausgerichtet wird.[536]

Sollte es demnach trotz der Harmonisierungspflicht des nationalen Gesetzgebers zu Abweichungen zwischen den nationalen Vorschriften und der Richtlinie kommen, sind die Mitgliedstaaten verpflichtet, die Wertungen des Unionsrechts bei der Anwendung der Vorschriften des innerstaatlichen Rechts durch richtlinienkonforme Auslegung so weit wie möglich zu übertragen.[537] Doch auch dem sind die Grenzen der nationalen Auslegungsregeln gesetzt, wie zum Beispiel ein eindeutiger Wortlaut; darüber hinaus bleibt nur Raum für die unmittelbare Anwendung der Richtlinie.[538]

Eine bedeutende Auslegungsmaxime unionsrechtskonformer Auslegung stellt der Neutralitätsgrundsatz dar, der im unionsrechtlichen Mehrwertsteuersystem als zentraler Maßstab gilt (siehe zum unionsrechtlichen Neutralitätsgrundsatz ausführlich unter D.I.3.a)).[539]

c) Bedeutung der Rechtsprechung des EuGH

Darüber hinaus muss die Rechtsprechung des EuGH Beachtung finden. In Art. 267 Abs. 1 AEUV ist normiert, dass der EuGH unter anderem über die Gültigkeit und die Auslegung der Handlungen der Organe, Einrichtungen oder sonstigen Stellen der Union entscheidet. Sollte also in dieser Hinsicht im Rahmen eines Gerichtsverfahrens sich Rechtsfragen oder Zweifel hinsichtlich der

---

534 *Klenk*, in: Sölch/Ringleb, UStG, Wesen der Umsatzsteuer Rn. 16.

535 *Weymüller*, in: Weymüller, UStG, Vor § 1 Rn. 76.

536 Vgl. *Robisch*, in: Bunjes, UStG, Vor § 1 Rn. 10; *Widmann*, UR 2008, 77, 80.

537 EuGH, Urt. v. 9.6.2016 – C-332/14 – *Wolfgang und Dr. Wilfried Rey Grundstücksgemeinschaft GbR*, UR 2016, 545, Rn. 53; Urt. v. 27.6.2000 – C-240/98 bis C-244/98 – *Océano Grupo Editorial und Salvat Editores*, Slg. 2000, I-4941, Rn. 31.

538 Vgl. BFH, Urt. v. 8.3.2012 – V R 14/11, BStBl II 2012, 630, II.2.a); *Klenk*, in: Sölch/Ringleb, UStG, Wesen der Umsatzsteuer Rn. 21.

539 Vgl. *Englisch* in: Tipke/Lang, Steuerrecht, § 17 Rn. 24; *Kußmaul/Naumann*, StB 2015, 317, 319; *Stadie*, UStG, Vorbem. Rn. 78.

Auslegung der Richtlinie ergeben, hat jedes Gericht nach Art. 267 Abs. 2 AEUV die Möglichkeit, diese dem EuGH vorzulegen.[540] Der BFH ist als Letztinstanz bei solchen Zweifeln gem. Art. 267 Satz 3 AEUV sogar zur Vorgabe verpflichtet.[541]

Dem der Vorlagefrage nachfolgenden Urteil des EuGH kommt grundsätzlich keine unmittelbare Wirkung für das deutsche Umsatzsteuerrecht zu.[542] Dennoch bindet es entsprechend seinem Tenor neben dem vorlegenden Gericht[543] auch die Gerichte der anderen Mitgliedstaaten, die in gleicher Sache zu entscheiden haben,[544] weshalb auch Urteile zu Vorlagefragen von Gerichten anderer Mitgliedstaaten zu berücksichtigen sind.[545] Diese Bindungswirkung erstreckt sich ebenso auf die Behörden – sprich die Finanzverwaltung.[546] Für diese wird durch die Rechtsprechung des EuGH allerdings keine Pflicht begründet, bereits bestandskräftige Umsatzsteuerfestsetzungen zu ändern und der Rechtsprechung anzupassen.[547]

2. Prinzip der Allphasennettobesteuerung

In Deutschland gilt seit dem 1. Januar 1968 ein europäisches Netto-Allphasenmehrwertsteuersystem.[548] Danach werden mit dem Grundtatbestand alle Umsätze auf sämtlichen Stufen der Produktion innerhalb der Leistungskette beim leistenden Unternehmer besteuert[549] und zwar unabhängig davon, ob der Leistungsempfänger ebenfalls Unternehmer ist oder nicht.[550] Das heißt jeder steuerbare Umsatz wird auf jeder Wirtschaftsstufe besteuert.[551] Die sich auf jeder Ebene ergebende und abzuführende Umsatzsteuer bemisst sich dabei in

540 *Stadie*, in: Rau/Dürrwächter, UStG, Einf. Rn. 576.
541 *Robisch*, in: Bunjes, UStG, Vor § 1 Rn. 11.
542 *Stadie*, UStG, Vorbem. Rn. 67.
543 EuGH, Urt. v. 16.3.1978 – 135/77, Slg. 1978, 855, Rn. 4.
544 *Wohlfahrt*, in: Grabitz/Hilf/Nettesheim, AEUV, Art. 267, Rn. 102.
545 *Robisch*, in: Bunjes, UStG, Vor § 1 Rn. 11.
546 *Stadie*, UStG, Vorbem. Rn. 67; *Widmann*, UR 2008, 77, 80.
547 FM Hamburg, Vfg. v. 15.8.2005 – 51-S 7165-001/03, juris; *Klenk*, in: Sölch/Ringleb, UStG, Wesen der Umsatzsteuer Rn. 15; ggf. aber unter sehr strengen Voraussetzungen möglich, vgl. dazu EuGH, Urt. v. 13.1.2004 – C-453/00 – *Kühne & Heitz*, Slg. 2004, I-837.
548 *Weymüller*, in: Weymüller, UStG, Vor § 1 Rn. 17; *Widmann*, UR 1993, 304.
549 *Kußmaul/Naumann*, StB 2015, 317, 318.
550 BVerwG, Beschl. v. 16.11.2007 – 9 B 36/07, BFH/NV 2008, Beilage 2, 177, II.2.a)bb); *Stadie*, UStG, Vorbem. Rn. 8.
551 *Stadie*, in: Rau/Dürrwächter, UStG, Einf. Rn. 250.

der Regel nach dem Entgelt des Abnehmers abzüglich des enthaltenen Umsatzsteueranteils (vgl. § 10 Abs. 1 Satz 2 UStG). Zusammen ergibt dies dann eine Allphasen-Nettoumsatzsteuer.[552]

Sinn und Zweck des Prinzips der Allphasennettobesteuerung ist es jedoch nicht, dass die Steuerpflichtigen mit Umsatzsteuer belastet werden. Der EuGH stellte insofern klar, dass die Steuerpflichtigen, „wenn sie auf den vor dem Stadium der endgültigen Besteuerung liegenden Produktions- und Vertriebsstufen tätig sind, ungeachtet der Zahl der bewirkten Umsätze nur verpflichtet [sind], auf jeder dieser Stufen die Steuer für Rechnung der Steuerverwaltung einzuziehen und sodann an diese abzuführen."[553] Das Prinzip der Allphasennettobesteuerung dient mithin insbesondere der Sicherstellung einer frühzeitigen Einnahme des Steueraufkommens durch den Fiskus.[554] Die Steuerbelastung wird hingegen letztlich vom Endverbraucher getragen,[555] was durch einen Vorsteuerabzug für Unternehmer (§ 15 UStG) gewährleistet wird.[556]

3. Der Grundsatz steuerlicher Neutralität

Der Neutralitätsgrundsatz liegt als eines der wichtigsten Grundprinzipien[557] dem gesamten Umsatzsteuerrecht zugrunde,[558] der bereits in Art. 2 Abs. 1 und Abs. 2 der 1. EG-Richtlinie 67/227/EWG[559] Ausdruck gefunden hat.[560] Heute ist der Grundsatz der steuerlichen Neutralität – wenn auch nicht ausdrücklich in

---

552 *Kußmaul/Naumann*, StB 2015, 317, 318.

553 EuGH, Urt. v. 24.10.1996 – C-317/94 – *Elida Gibbs Ltd.*, BStBl II 2004, 324, Rn. 22.

554 *Robisch*, in: Bunjes, UStG, Vor § 1 Rn. 18.

555 EuGH, Urt. v. 24.10.1996 – C-317/94 – *Elida Gibbs Ltd.*, BStBl II 2004, 324, Rn. 19; *Robisch*, in: Bunjes, UStG, Vor § 1 Rn. 19.

556 BVerwG, Beschl. v. 16.11.2007 – 9 B 36/07, BFH/NV 2008, Beilage 2, 177, II.2.a)bb).

557 Vgl. EuGH, Urt. v. 15.11.2012 – C-174/11 – *Zimmermann*, ABl. EU 2013, Nr. C 9, 13, Rn. 33; *Englisch* in: Tipke/Lang, Steuerrecht, § 17 Rn. 24; *Lohse*, UR 2004, 582; *Prätzler*, jurisPR-SteuerR 43/2012 Anm. 5; *Sterzinger*, UR 2012, 182, 183.

558 Vgl. EuGH, Urt. v. 12.1.2006 – C-246/04 – *Turn- und Sportunion Waldburg*, Slg. 2006, I-589, Rn. 32; Urt. v. 11.9.2003 – C-155/01 – *Cookies World*, ABl. EU 2003, Nr. C 264, 8, Rn. 60; *Peltner*, in: Weymüller, UStG, § 1 Rn. 33.

559 Erste Richtlinie des Rates zur Harmonisierung der Rechtsvorschriften der Mitgliedstaaten über die Umsatzsteuer vom 11.4.1967, ABl. Nr. L 71, 1301, zuletzt geändert durch Art. 411 ÄndRL 2006/112/EG vom 28.11.2006, ABl. Nr. L 347, 1.

560 Vgl. EuGH, Urt. v. 12.1.2006 – C-246/04 – *Turn- und Sportunion Waldburg*, Slg. 2006, I-589, Rn. 32; *Lohse*, UR 2004, 582.

den nationalen und unionsrechtlichen Regelungen erwähnt – in den Begründungserwägungen der MwStSystRL verankert.[561]

Im Rahmen der Arzneimittellieferungen spielt der Neutralitätsgrundsatz aufgrund der Mehrgliedrigkeit der Lieferkette vor allem bei der Ermittlung der Bemessungsgrundlage eine entscheidende Rolle (siehe dazu beispielhaft die umsatzsteuerliche Behandlung von Herstellerrabatten unter D.IV.1.d)cc)).

a) Unionsrechtliches Neutralitätsgebot[562]

Dem Neutralitätsgrundsatz sind verschiedene Ausprägungen inhärent, durch die eine neutrale Besteuerung für Ausgangs- und Eingangsumsätze gewährleistet wird.[563] Je nach Ausgestaltung ist im Sprachgebrauch auch hin und wieder noch von Belastungs- und Wettbewerbsneutralität die Rede; der EuGH hingegen fasst dies alles nur noch unter dem Begriff des Grundsatzes der steuerlichen Neutralität zusammen.[564]

Im Zusammenhang mit Ausgangsumsätzen erfordert der Grundsatz der steuerlichen Neutralität eine allgemeine Besteuerung vergleichbarer Leistungen,[565] indem diese gleichartigen miteinander im Wettbewerb stehenden Umsätze nicht unterschiedlich behandelt werden.[566] Das bedeutet zum einen, dass gleichartige Waren innerhalb der einzelnen Länder unabhängig von der Länge des Produktions- und Vertriebsweges umsatzsteuerlich gleich belastet werden müssen.[567] So dürfen beispielsweise Waren aus dem EU-Ausland, die grenzüberschreitend bezogen werden, steuerlich nicht anders bzw. schlechter behandelt werden.[568] Zum anderen muss Neutralität hinsichtlich der Rechtsform der Steuerpflichtigen gewährleistet werden, weshalb es der Grundsatz der steuerlichen Neutralität versagt, dass Wirtschaftsteilnehmer, die gleichartige

---

561 Vgl. fünfter, siebter und 30. Erwägungsgrund der MwStSystRL.

562 Vgl. dazu grundlegend *Lohse*, UR 2004, 582 ff.

563 Vgl. EuGH, Urt. v. 15.11.2012 – C-174/11 – *Zimmermann*, ABl. EU 2013, Nr. C 9, 13, Rn. 46; *Lohse*, UR 2004, 582, 583; *Nieuwenhuis*, UR 2013, 663.

564 Vgl. *Lohse*, UR 2004, 582, 583.

565 *Nieuwenhuis*, UR 2013, 663, 667.

566 Vgl. EuGH, Urt. v. 15.11.2012 – C-174/11 – *Zimmermann*, ABl. EU 2013, Nr. C 9, 13, Rn. 48.

567 EuGH, Urt. v. 20.12.2017 – C-462/16 – *Boehringer Ingelheim Pharma*, UR 2018, 166, Rn. 33; Urt. v. 24.10.1996 – C-317/94 – *Elida Gibbs Ltd.*, BStBl II 2004, 324, Rn. 20; Urt. v. 1.4.1982 – 89/81 – *Hong-Kong Trade Development Council*, Slg. 1982, 1277, Rn. 6.

568 *Englisch* in: Tipke/Lang, Steuerrecht, § 17 Rn. 23.

Umsätze erbringen, einer unterschiedlichen Besteuerung unterliegen.[569] Besondere Relevanz erhält der Grundsatz der Neutralität insbesondere im Zusammenhang mit Umsatzsteuerbefreiungen und unterschiedlichen Steuersätzen.[570] Hinsichtlich der Besteuerung des internationalen Warenverkehrs wird die Neutralität des Wettbewerbs darüber hinaus durch die Besteuerung nach dem im Umsatzsteuerrecht vorherrschenden Bestimmungslandprinzip gewährleistet,[571] wonach eine Leistung in dem Staat mit Umsatzsteuer zu belasten ist, in den sie letztlich gelangt und nicht im Ursprungsland, aus dem es kommt.[572]

Doch nicht nur die Besteuerung von Ausgangsumsätzen, sondern auch die der Eingangsumsätze muss der Neutralität der Steuerbelastung genügen,[573] wonach Steuerpflichtige bzw. Unternehmer nicht mit Umsatzsteuer belastet sein sollen.[574] Sinn und Zweck der Umsatzsteuer ist es, nur Konsumaufwendungen mit der Steuer zu belasten, nicht aber die Umsätze, die im Rahmen eines Unternehmens ein Teil der Kosten darstellen. Die steuerliche Belastung hat demnach für alle wirtschaftlichen Tätigkeiten gleich zu erfolgen, die selbst grundsätzlich mit Umsatzsteuer belastet werden.[575] Dieses Erfordernis wird im Umsatzsteuerrecht durch den Vorsteuerabzug[576] sichergestellt.[577] Da die Umsatzsteuer aufgrund der Allphasennettobesteuerung grundsätzlich erst einmal auf allen Ebenen anfällt, kann die Belastungsneutralität nur dadurch hergestellt werden, dass dem Unternehmer diese Kosten über den Vorsteuerabzug zurückgewährt

---

569 Vgl. EuGH, Urt. v. 13.3.2014 – C-366/12 – *Klinikum Dortmund*, UR 2014, 271, Rn. 28; Urt. v. 12.1.2006 – C-246/04 – *Turn- und Sportunion Waldburg*, Slg. 2006, I-589 Rn. 32; Urt. v. 6.11.2003 – C-45/01 – *Dornier*, Slg. 2003, I-12911, Rn. 44.

570 Vgl. *Stadie*, in: Rau/Dürrwächter, UStG, Einf. Rn. 455.

571 Vgl. *Robisch*, in: Bunjes, UStG, § 6a Rn. 1; dies gilt insbesondere im innergemeinschaftlichen Handel zwischen Unternehmern; beim innergemeinschaftlichen Handel mit Endverbrauchern findet hingegen mit Ausnahme des § 3c UStG grundsätzlich das Ursprungslandprinzip Anwendung, vgl. dazu *Rondorf*, MwStR 2016, 75.

572 Vgl. *Kußmaul/Naumann*, StB 2015, 356, 363; *Peltner*, in: Weymüller, UStG, § 1a Rn. 40;

573 Vgl. *Kußmaul/Naumann*, StB 2015, 317, 319; *Lohse*, UR 2004, 582, 583.

574 Vgl. EuGH, Urt. v. 24.10.1996 – C-317/94 – *Elida Gibbs*, BStBl II 2004, 324, Rn. 22 f.

575 Vgl. EuGH, Urt. v. 15.11.2012 – C-174/11 – *Zimmermann*, ABl. EU 2013, Nr. C 9, 13, Rn. 47.

576 Vgl. zu Wirkungsweise des Vorsteuerabzugs anhand von Beispielen *Stadie*, in: Rau/Dürrwächter, UStG, Einf. Rn. 254 ff.

577 Vgl. EuGH, Urt. v. 24.10.1996 – C-317/94 – *Elida Gibbs*, BStBl II 2004, 324, Rn. 23; *Stadie*, UStG, Vorbem. Rn. 46; *Prätzler*, jurisPR-SteuerR 43/2012 Anm. 5.

werden,[578] damit am Ende nur der Verbraucher mit der Umsatzsteuer belastet ist,[579] und die Umsatzsteuer nicht zum Kostenfaktor wird.[580]

b) Grundsatz der Wettbewerbsneutralität aus Art. 3 Abs. 1 GG

In Konkurrenz zum unionsrechtlichen Neutralitätsgebot steht der nationale, verfassungsrechtliche Grundsatz der Wettbewerbsneutralität, der aus dem in Art. 3 Abs. 1 GG verankerten Gleichbehandlungsverbot erwächst,[581] die sich inhaltlich allerdings entsprechend.[582]

Relevanz erhält der nationale Grundsatz aber in Form einer verbleibenden Prüfungskompetenz des BVerfG. Dies betrifft insbesondere Fallkonstellationen, in denen dem deutschen Gesetzgeber durch das Unionsrecht ein Umsetzungsspielraum belassen wurde.[583] Andernfalls würde dem Unionsrecht ein Vorrang vor dem nationalen Verfassungsrecht zukommen.[584]

c) Grenzen des Neutralitätsgebots

Nichtsdestotrotz stellt der Grundsatz der steuerlichen Neutralität keine unumstößliche Regel dar, weshalb sich auch im Gesetz verankerte Durchbrechungen finden lassen, die sowohl der europäische als auch der nationale Gesetzgeber bewusst in Kauf genommen haben.[585]

Der Neutralitätsgrundsatz ist keine Regelung des Primärrechts, sondern als Auslegungsgrundsatz zu verstehen.[586] Das bedeutet, dass auf dessen Basis keine

---

578 Vgl. EuGH, Urt. v. 5.5.1982 – 15/81 – *Schul*, NJW 1983, 1252, Rn. 10; *Lohse*, UR 2004, 582, 583.

579 Vgl. *Widmann*, UR 1993, 304.

580 Vgl. *Stadie*, UStG, Vorbem. Rn. 46.

581 *Stadie*, UStG, Vorbem. Rn. 46, 78.

582 Vgl. *Stadie*, UStG, Vorbem. Rn. 78.

583 Vgl. zum Investitionszulagengesetz BVerfG, Beschl. v. 4.10.2011 – 1 BvL 3/08, BVerfGE 129, 186, B.I.1.b); *Nieuwenhuis*, UR 2013, 663, 664; wird hingegen Europarecht umgesetzt, das keinen Gestaltungsspielraum lässt, dient das Grundgesetz nicht als Maßstab für die innerstaatliche Vorschrift, BVerfG, Beschl. v. 13.3.2007 – 1 BvF 1/05, BVerfGE 118, 79, I.1.; darüber hinaus steht dem BVerfG noch eine *zusätzliche* Prüfungskompetenz zu, wenn der EuGH bei der Auslegung der Bestimmungen des Unionsrechts hinter dem Grundrechtsstandard der Bundesrepublik Deutschlands zurückbleibt, vgl. „Solange II“-Entscheidung des BVerfG, Beschl. v. 22.10.1986 – 2 BvR 197/83, BVerfGE 73, 339, B.II.1.f).

584 *Klenk*, in: Sölch/Ringleb, UStG, Wesen der Umsatzsteuer Rn. 13.

585 Vgl. *Looks*, in: Weymüller, UStG, § 15 Rn. 20.

586 EuGH, Urt. v. 17.3.2016 – C-40/15 – *Aspiro*, MwStR 2016, 334, Rn. 31.

Erweiterung der Richtlinie erfolgen kann, wenn solch eine Erweiterung von der Richtlinie nicht eindeutig gedeckt und vorgesehen ist, sondern der Grundsatz lediglich bei der Auslegung des gegebenen Geltungsbereiches herangezogen wird.[587] Hinsichtlich der Umsatzsteuerbefreiungstatbestände bedeutet dies zum Beispiel, dass der Grundsatz der steuerlichen Neutralität nicht den Geltungsbereich der Befreiung ohne eindeutige Bestimmung ausweiten kann, sondern er nur zu dessen Auslegung dient.[588]

Die Grenzen und Beschränkungen des Neutralitätsgrundsatzes sind individuell zu bestimmen und müssen im Rahmen der Abwägung mit anderen gesetzgeberischen Zielen und Gegebenheiten in der Beurteilung des Einzelfalls gezogen werden. Der Grundsatz steuerlicher Neutralität wird nicht schon dadurch verletzt, dass es im Einzelfall zu unterschiedlichen Beurteilungen durch Behörden oder Gerichte der Mitgliedstaaten kommt, sondern es muss sich um einen systematischen Verstoß handeln.[589]

II. Die Arzneimittellieferung als umsatzsteuerbare und umsatzsteuerpflichtige Leistung

Besteuerungsgegenstand des Umsatzsteuerrechts ist der Leistungsumsatz,[590] der in § 1 Abs. 1 UStG umschrieben wird.[591] Eine Leistung unterliegt der Umsatzbesteuerung, wenn sie umsatzsteuerbar und umsatzsteuerpflichtig ist. Für eine etwaige Umsatzsteuerschuld im Rahmen der Arzneimittelversorgung müssen daher die Arzneimittellieferungen einer Apotheke – ungeachtet, ob inländisch oder ausländisch – nach § 1 UStG umsatzsteuerbar und mangels Steuerbefreiung auch umsatzsteuerpflichtig sein.

Dafür gilt es an erster Stelle die Grundtatbestände und ihre Voraussetzungen darzustellen, die im Rahmen der Arzneimittelversorgung in Betracht kommen (D.II.1.). Im nächsten Schritt ist sodann mit Blick auf das Dreiecksverhältnis von Apotheke, Krankenkasse und Versicherten die einer Arzneimittellieferung zugrunde liegende umsatzsteuerliche Leistungsbeziehung zu bestimmen (D. II.2.), um anschließend die Arzneimittellieferung der Apotheke je nach Belegenheitsort unter die umsatzsteuerlichen Tatbestände zu subsumieren und auf

587 Vgl. EuGH, Urt. v. 19.7.2012 – C-44/11 – *Deutsche Bank*, BStBl II 2012, 945, Rn. 45.

588 EuGH, Urt. v. 13.3.2014 – C-366/12 – *Klinikum Dortmund*, UR 2014, 271, Rn. 40; Urt. v. 19.7.2012 – C-44/11 – *Deutsche Bank*, BStBl II 2012, 945, Rn. 45.

589 *Sterzinger*, UR 2012, 182, 183.

590 Vgl. *Nieskens*, in: Rau/Dürrwächter, UStG, § 1 Rn. 181.

591 *Nieskens*, in: Rau/Dürrwächter, UStG, § 1 Rn. 101.

etwaige Umsatzsteuerbefreiungen zu untersuchen (D.II.3.). Abschließend ist die Umsatzsteuerbarkeit der Arzneimittelversorgung der Krankenkasse gegenüber ihren Versicherten zu prüfen (D.II.4.).

1. Die Grundtatbestände des Umsatzsteuerrechts

Das Umsatzsteuerrecht umfasst drei Umsatzarten.[592] Zu diesen drei in § 1 Abs. 1 UStG normierten Grundtatbeständen zählen die Lieferungen und sonstigen Leistungen im Inland (§ 1 Abs. 1 Nr. 1 UStG), die Einfuhr von Gegenständen im Inland oder in den genannten österreichischen Gebieten (§ 1 Abs. 1 Nr. 4 UStG) sowie der innergemeinschaftliche Erwerb im Inland gegen Entgelt (§ 1 Abs. 1 Nr. 5 UStG).[593] Umsätze werden nur dann vom Anwendungsbereich des Umsatzsteuerrechts erfasst und sind damit steuerbar, wenn sie alle normierten Voraussetzungen des jeweiligen Tatbestands erfüllen.[594]

Neben dem inländischen Leistungsaustausch nach § 1 Abs. 1 Nr. 1 UStG erlangt mit Blick auf den grenzüberschreitenden Bezug der Arzneimittelversorgung durch ausländische Apotheken auch der innergemeinschaftliche Erwerb im Inland nach § 1 Abs. 1 Nr. 5 UStG Bedeutung. Bevor im Einzelnen die Einordnung der Arzneimittellieferungen unter diese Grundtatbestände erfolgt, werden nachfolgend überblicksartig die einzelnen Voraussetzungen abstrakt dargestellt, um herauszuarbeiten, welche Grundsatzfragen sich stellen.

a) Inländischer Leistungsaustausch nach § 1 Abs. 1 Nr. 1 UStG

Der bedeutendste Grundtatbestand des deutschen Umsatzsteuerrechts ist der Leistungsaustausch im Inland, der vom Unternehmer als Leistender ausgeführt wird, vgl. § 1 Abs. 1 Nr. 1 UStG.[595] Ergänzt wird dieser durch die Hilfsnormen §§ 2, 2a, 3 bis 3e UStG, in denen die verschiedenen Voraussetzungen des Grundtatbestands definiert und erläutert werden.[596] Die deutsche Regelung entspricht nahezu inhaltsgleich dem unionsrechtlichen Grundtatbestand Art. 2 Abs. 1 lit. a und c MwStSystRL.[597] Dort ist normiert, dass der Umsatzsteuer Lieferungen von Gegenständen unterliegen, die ein Steuerpflichtiger als solcher im Gebiet eines Mitgliedstaats gegen Entgelt tätigt.

---

592 *Peltner*, in: Weymüller, UStG, § 1 Rn. 35.

593 *Kußmaul/Naumann*, StB 2015, 356; *Peltner*, in: Weymüller, UStG, § 1 Rn. 1.

594 Vgl. *Stadie*, UStG, § 1 Rn. 2.

595 Vgl. *Robisch*, in: Bunjes, UStG, § 1 Rn. 7.

596 *Nieskens*, in: Rau/Dürrwächter, UStG, § 1 Rn. 110.

597 *Peltner*, in: Weymüller, UStG, § 1 Rn. 40.

Bei einem nach § 1 Abs. 1 Nr. 1 UStG Umsatzsteuer auslösenden Umsatz muss es sich um eine Lieferung oder sonstige Leistung handeln, die der Leistende als Unternehmer im Inland gegen Entgelt im Rahmen seines Unternehmens ausgeführt hat.[598]

aa) Lieferung oder sonstige Leistung

Der dem Leistungsaustausch zugrunde liegende Gegenstand muss in einer Lieferung oder sonstigen Leistung bestehen; Oberbegriff dessen ist die Leistung.[599]

Nach § 3 Abs. 1 UStG sind Lieferungen eines Unternehmers Leistungen, durch die er oder in seinem Auftrag ein Dritter den Abnehmer oder in dessen Auftrag einen Dritten befähigt, im eigenen Namen über einen Gegenstand zu verfügen (Verschaffung der Verfügungsmacht). Korrespondierend dazu gilt unionsrechtlich nach Art. 14 Abs. 1 MwStSystRL die „Lieferung von Gegenständen" als die Übertragung der Befähigung, wie ein Eigentümer über einen körperlichen Gegenstand zu verfügen.

Sonstige Leistungen werden nach § 3 Abs. 9 Satz 1 UStG (vgl. Art. 24 Abs. 1 MwStSystRL) negativ als Leistungen definiert, die keine Lieferungen sind. Darunter werden insbesondere Dienstleistungen, aber auch das Dulden oder Unterlassen verstanden.[600]

bb) Leistender als Unternehmer

Bei dem Leistenden muss es sich um einen Unternehmer (bzw. unionsrechtlich einen Steuerpflichtigen) handeln. Der Unternehmer gilt im Rahmen des Umsatzsteuerrechts als Steuerschuldner nach § 13a Abs. 1 Nr. 1 und 6 UStG und damit auch als Steuerpflichtiger im Sinne des § 33 AO.[601]

Nach § 2 Abs. 1 Satz 1 UStG ist Unternehmer, wer eine gewerbliche und berufliche Tätigkeit selbständig ausübt. Gewerblich oder beruflich ist gem. § 2 Abs. 1 Satz 3 UStG jede nachhaltige Tätigkeit zur Erzielung von Einnahmen, auch wenn die Absicht, Gewinne zu erzielen, fehlt oder eine Personenvereinigung nur gegenüber ihren Mitgliedern tätig wird. Die unionsrechtliche Grundlage dazu bildet Art. 9 Abs. 1 MwStSystRL, wonach jeder als „Steuerpflichtiger" gilt, der eine wirtschaftliche Tätigkeit unabhängig von ihrem Ort, Zweck und Ergebnis selbstständig ausübt.

---

598 Vgl. *Stadie*, UStG, § 1 Rn. 5.

599 Vgl. *Peltner*, in: Weymüller, UStG, § 1 Rn. 40.

600 *Martin*, in: Sölch/Ringleb, UStG, § 3 Rn. 522.

601 *Treiber*, in Sölch/Ringleb, UStG, § 2 Rn. 1.

Auch juristische Personen des öffentlichen Rechts können Unternehmer im Sinne des § 2 UStG sein (vgl. zu den ausführlichen Voraussetzungen einer Unternehmereigenschaft von juristischen Person des öffentlichen Rechts D.II.4.a) aa)).[602] Nach § 2b Abs. 1 UStG ist dies für Umsätze nach dem 31. Dezember 2016 allerdings grundsätzlich dann nicht der Fall, soweit sie Tätigkeiten ausüben, die ihnen im Rahmen der öffentlichen Gewalt obliegen und eine Behandlung als Nichtunternehmer nicht zu größeren Wettbewerbsverzerrungen führen würde.[603] Dies entspricht weitestgehend dem Wortlaut der korrespondierenden unionsrechtlichen Regelung in Art. 13 Abs. 1 und Abs. 2 MwStSystRL. Sie stellt für die Qualifizierung von Einrichtungen des öffentlichen Rechts als Steuerpflichtige darauf ab, dass sie keine Tätigkeiten ausüben oder Umsätze bewirken, die ihnen im Rahmen der öffentlichen Gewalt obliegen, und dass sie selbst wenn sie solche Umsätze bewirken, insoweit als Steuerpflichtige gelten, wie eine Behandlung als Nichtsteuerpflichtige zu größeren Wettbewerbsverzerrungen führen würde.[604]

cc) *Leistung im Inland*

Des Weiteren muss der Leistungsaustausch zwischen Leistenden und Leistungsempfänger für eine Besteuerung in Deutschland im Inland erfolgen.[605] Ob ein Leistungsaustausch im Inland erfolgt, richtet sich im Rahmen der Bestimmung des Leistungsortes für Lieferungen gem. § 3 Abs. 5a UStG vorbehaltlich der §§ 3c, 3e, 3f und 3g UStG nach § 3 Abs. 6 bis 8 UStG und für sonstigen Leistungen nach §§ 3a, 3b UStG i.V.m. §§ 2 ff. UStDV, §§ 3f und 25 Abs. 1 Satz 4 UStG.[606] Als Inland gilt gem. § 1 Abs. 2 Satz 1 UStG das Gebiet der Bundesrepublik Deutschland mit einigen dort genannten Ausnahmen.[607] Dabei ist unerheblich, ob der Unternehmer deutscher Staatsangehöriger ist, seinen Wohnsitz/Sitz im Inland hat oder dort eine Betriebsstätte unterhält.[608]

---

602 Vgl. *Stadie*, UStG, § 2 Rn. 36.

603 Für Umsätze bis zum 31.12.2016 gilt noch die Altregelung des § 2 Abs. 3 Satz 1 UStG a.F., wonach juristische Personen des öffentlichen Rechts nur im Rahmen ihrer Betriebe gewerblicher Art als Unternehmer anzusehen sind, vgl. *Ehrt*, in: Weymüller, UStG, § 2 Rn. 500; wann ein Betrieb gewerblicher Art vorliegt, richtet sich wiederum nach § 1 Abs. 1 Nr. 6, § 4 KStG, vgl. *Korn*, in: Bunjes, UStG, § 2 Rn. 198.

604 Vgl. *Stadie*, UStG, § 2 Rn. 353.

605 Vgl. *Robisch*, in: Bunjes, UStG, § 1 Rn. 145.

606 *Stadie*, UStG, § 1 Rn. 115.

607 Vgl. Abschn. 1.9 Abs. 1 Satz 1 UStAE; *Oelmaier*, in Sölch/Ringleb, UStG, § 1 Rn. 200.

608 Vgl. *Peltner*, in: Weymüller, UStG, § 1 Rn. 59.

dd) Leistung gegen Entgelt

Eine Leistung kann außerdem grundsätzlich nur dann der Umsatzsteuer unterliegen, wenn der Leistende für diese Leistung eine Gegenleistung - in der Regel in Form eines Entgelts - erhält.[609] Voraussetzung eines Leistungsaustauschs ist, dass zwischen der Leistung und der entsprechenden Gegenleistung ein unmittelbarer - nicht aber zwangsläufig auch innerer synallagmatischer - Zusammenhang besteht.[610] In der Regel ergibt sich dieser aus dem zugrunde liegenden Rechtsgeschäft des Leistenden und des Leistungsempfängers, wobei das gezahlte Entgelt als Gegenleistung gilt.[611] Nichtsdestotrotz ist die Frage, ob ein Leistungsaustausch vorliegt, letztlich nicht nach zivilrechtlichen, sondern nach umsatzsteuerlichen Maßstäben zu beurteilen.[612]

ee) Leistungen im Rahmen des Unternehmens

Ob die Leistung darüber hinaus auch im Rahmen des Unternehmens des Leistenden erbracht worden ist,[613] hängt von der wirtschaftlichen Zuordnung des Gegenstandes ab.[614] Dieser ist nach Ansicht des BFH nur dann dem Unternehmen des Leistenden zuzurechnen, wenn dieser zuvor die Verfügungsmacht über den Gegenstand erlangt hat und ihn auch eindeutig seinem Unternehmen - und nicht etwa dem privaten Bereich - zugeordnet hat.[615] Als Indiz wird in diesem Zusammenhang beispielsweise die Buchführung zum Ankaufsgeschäft herangezogen.[616]

---

609 *Robisch*, in: Bunjes, UStG, § 1 Rn. 7.

610 BFH, Urt. v. 15.4.2010 - V R 10/08, BStBl II 2010, 879, II.1.; Urt. v. 20.12.2001 - V R 81/99, BStBl II 2003, 213, II.1.; Abschn. 1.1 Abs. 1 Satz 2 UStAE; *Peltner*, in: Weymüller, UStG, § 1 Rn. 67; *Stadie*, UStG, § 1 Rn. 75.

611 Ständ. Rspr. BFH, Urt. v. 24.4.2013 - XI R 7/11, BStBl II 2013, 648, II.1., m.w.N.; diese innere Verknüpfung von Leistung und Gegenleistung wird insofern vom zugrunde liegenden Kausalzusammenhang dargestellt, *Robisch*, in: Bunjes, UStG, § 1 Rn. 15.

612 BFH, Urt. v. 16.1.2014 - V R 22/13, BFH/NV 2014, 736, II.1.b); *Peltner*, in: Weymüller, UStG, § 1 Rn. 67.

613 Unionsrechtlich wird dieses Erfordernis gem. Art. 2 Abs. 1 lit. a und c MwStSystRL durch den Ausdruck „die ein Steuerpflichtiger als solcher erbringt" normiert, vgl. *Stadie*, UStG, § 1 Rn. 95 Fn. 1.

614 BFH, Urt. v. 15.7.1993 - V R 65/89, BStBl II 1993, 810, II.3; *Robisch*, in: Bunjes, UStG, § 1 Rn. 20.

615 Vgl. BFH, Urt. v. 15.7.1993 - V R 65/89, BStBl II 1993, 810, II.3; so auch *Stadie*, UStG, § 1 Rn. 95; *Robisch*, in: Bunjes, UStG, § 1 Rn. 20.

616 *Robisch*, in: Bunjes, UStG, § 1 Rn. 20.

b) *Innergemeinschaftlicher Erwerb im Inland nach § 1 Abs. 1 Nr. 5 UStG*

Ein weiterer Umsatzsteuer auslösender Grundtatbestand ist der innergemeinschaftliche Erwerb im Inland gegen Entgelt nach § 1 Abs. 1 Nr. 5 UStG, wobei die wesentlichen Merkmale über die Hilfsnorm § 1a UStG definiert und erläutert werden.[617] Steuerschuldner ist nach § 13a Abs. 1 Nr. 2 UStG (vgl. Art. 200 MwStSystRL) nicht der Leistende, sondern der Erwerber.[618] Der innergemeinschaftliche Erwerb wird gem. § 3d Satz 1 UStG in dem Gebiet des Mitgliedstaates bewirkt, in dem sich der Gegenstand am Ende der Beförderung oder Versendung befindet. Der Besteuerung des innergemeinschaftlichen Erwerbs liegt damit das Bestimmungslandprinzip zugrunde,[619] wonach die Besteuerung in den Mitgliedstaat verlagert werden soll, in dem letztlich der Verbrauch stattfindet.[620]

Die unionsrechtliche Verankerung liegt in den Artt. 2 Abs. 1 lit. b Ziff. I, 3, 17 und 20 bis 23 MwStSystRL begründet.[621] Der Umsatzsteuer unterliegt danach der innergemeinschaftliche Erwerb von Gegenständen im Gebiet eines Mitgliedstaats gegen Entgelt durch einen Steuerpflichtigen, der als solcher handelt, oder durch eine nichtsteuerpflichtige juristische Person, wenn der Verkäufer ein Steuerpflichtiger ist, der als solcher handelt und nicht der nationalen Regelung zur Umsatzsteuerbefreiung für Kleinunternehmen unterfällt.[622] Was unter einem innergemeinschaftlichen Erwerb von Gegenständen zu verstehen ist, ist in Art. 20 Satz 1 MwStSystRL definiert.[623]

Zur Vermeidung einer Doppelbesteuerung und Gewährleistung des Bestimmungslandprinzips korrespondiert mit dem innergemeinschaftlichen Erwerb im Bestimmungsland grundsätzlich auch eine steuerfreie innergemeinschaftliche Lieferung für den Lieferer im Ursprungsland (Art. 138 MwStSystRL).[624]

---

617 Vgl. *Heuermann*, in: Sölch/Ringleb, UStG, § 1a Rn. 1; *Stadie*, in: Rau/Dürrwächter, UStG, § 1a Rn. 4.

618 *Leonard*, in: Bunjes, UStG, § 13a Rn. 6.

619 *Peltner*, in: Weymüller, UStG, § 1a Rn. 24 f.; *Robisch*, in: Bunjes, UStG, § 1a Rn. 1.

620 Vgl. ständ. Rspr. EuGH, Urt. v. 6.3.2014 – C-606/12, C-607/12 – *Dresser Rand*, ABl. EU 2014, Nr. C 129, 5, Rn. 28 m.w.N.; *Heuermann*, in: Sölch/Ringleb, UStG, § 1a Rn. 1.

621 *Heuermann*, in: Sölch/Ringleb, UStG, § 1a Rn. 1.

622 *Peltner*, in: Weymüller, UStG, § 1a Rn. 24 f.

623 Als innergemeinschaftlicher Erwerb gilt danach die Erlangung der Befähigung, wie ein Eigentümer über einen beweglichen körperlichen Gegenstand zu verfügen, der durch den Verkäufer oder durch den Erwerber oder für ihre Rechnung nach einem anderen Mitgliedstaat als dem, in dem sich der Gegenstand zum Zeitpunkt des Beginns der Versendung oder Beförderung befand, an den Erwerber versandt oder befördert wird.

624 Vgl. BFH, Urt. v. 10.11.2009 – VII R 39/08, BFH/NV 2010, 759, II.2.b); *Stadie*, in: Rau/Dürrwächter, UStG, § 1a Rn. 5; *Tehler*, in: Reiß/Kraeusel/Langer, UStG, § 1a Rn. 7;

Der Leistungsgegenstand gelangt so steuerfrei ins Inland, wo dann erst dessen Erwerb der Umsatzsteuer unterworfen wird.[625] Zu beachten ist allerdings, dass keine Konnexität dergestalt besteht, dass die Steuerfreiheit der innergemeinschaftlichen Lieferung zwingende Voraussetzung der Besteuerung eines innergemeinschaftlichen Erwerbs ist.[626]

Ein innergemeinschaftlicher, inländischer Erwerb liegt vor, wenn der Gegenstand bei einer Lieferung aus dem Gebiet eines Mitgliedstaates in das Inland gelangt, wobei die Lieferung von einem Lieferer im Rahmen seines Unternehmens gegen Entgelt an einen in § 1a Abs. 1 Nr. 2 UStG aufgeführten Erwerber erfolgen muss und der innergemeinschaftliche Erwerb nicht ausgeschlossen ist.[627]

aa) Erwerb durch Lieferung eines Gegenstands gegen Entgelt durch einen Unternehmer im Rahmen seines Unternehmens

Auch beim innergemeinschaftlichen Erwerb muss es sich bei dem Umsatz um die Lieferung eines Gegenstandes gegen Entgelt handeln. Der Begriff der Lieferung richtet sich wie bei § 1 Abs. 1 Nr. 1 UStG nach § 3 Abs. 1 UStG,[628] und auch hinsichtlich der Frage nach der Entgeltlichkeit sei auf die Ausführungen zum inländischen Leistungsaustausch verwiesen.

Darüber hinaus muss der Lieferer gem. § 1a Abs. 1 Nr. 3 UStG Unternehmer sein, der nicht aufgrund der Sonderregelung für Kleinunternehmer steuerbefreit ist,[629] und die Lieferung an den Erwerber im Rahmen seines Unternehmens ausführen.[630] Wer Unternehmer ist, bestimmt sich nach Art. 9 Abs. 1 MwStSystRL bzw. der Regelung des entsprechenden Mitgliedstaats zum

---

es ist durchaus möglich, dass die Steuerfreiheit der grenzüberschreitenden Lieferung versagt wird (insb. bei fehlenden Nachweisen) und der innergemeinschaftliche Erwerb trotzdem besteuert wird.

625 *Heuermann*, in: Sölch/Ringleb, UStG, § 1a Rn. 1.

626 Vgl. EuGH, Urt. v. 27.9.2007 – C-409/04 – *Teleos*, BStBl II 2009, 70, Rn. 71 f.; BFH, Urt. v. 21.1.2015 – XI R 5/13, BStBl II 2015, 724, II.2.b); *Tehler*, in: Reiß/Kraeusel/Langer, UStG, § 1a Rn. 7.

627 Vgl. *Heuermann*, in: Sölch/Ringleb, UStG, § 1a Rn. 5; *Tehler*, in: Reiß/Kraeusel/Langer, UStG, § 1a Rn. 2.1.

628 *Stadie*, UStG, § 1a Rn. 25; *Tehler*, in: Reiß/Kraeusel/Langer, UStG, § 1a Rn. 17.

629 Maßgeblich ist insofern die Regelung nach dem Recht des Mitgliedstaats, der für die Besteuerung des Lieferers zuständig ist; die deutsche Regelung des § 19 UStG ist indes für die Prüfung des Ausschlusses von Kleinunternehmen nicht anzuwenden, vgl. *Heuermann*, in: Sölch/Ringleb, UStG, § 1a Rn. 19.

630 *Stadie*, UStG, § 1a Rn. 30.

Unternehmerbegriff,[631] die in der Regel weitestgehend mit den Regelungen des § 2 UStG übereinstimmen.[632]

Ob die Lieferung im Rahmen des Unternehmens des Lieferers erbracht wird, lässt sich in der Praxis regelmäßig daran erkennen, dass der ausländische Lieferer seine Umsatzsteueridentifikationsnummer auf der Rechnung angibt.[633]

bb) Gelangen eines Gegenstandes bei einer Lieferung von einem Mitgliedstaat ins Inland

Eine Abgrenzung zum inländischen Leistungsaustausch nach § 1 Abs. 1 Nr. 1 UStG erfolgt dadurch, dass der Leistungsgegenstand sich zuvor nicht im Bestimmungsland befunden haben darf, sondern in einem anderen Mitgliedstaat und sodann bei einer Lieferung über die Grenze gebracht bzw. verschickt wird.[634]

Für einen innergemeinschaftlichen Erwerb muss gem. § 1a Abs. 1 Nr. 1 UStG demnach ein Gegenstand bei einer Lieferung an den Abnehmer (Erwerber) aus dem Gebiet eines Mitgliedstaates in das Gebiet eines anderen Mitgliedstaates oder aus dem übrigen Gemeinschaftsgebiet in die in § 1 Abs. 3 UStG bezeichneten Gebiete gelangen, auch wenn der Lieferer den Gegenstand in das Gemeinschaftsgebiet eingeführt hat.[635] Dafür muss der Liefergegenstand tatsächlich physisch über die Grenze gelangen.[636]

Darüber hinaus muss der Leistungsort auch im Inland liegen, denn ein innergemeinschaftlicher Erwerb unterliegt nur dann in Deutschland der Umsatzbesteuerung, wenn er auch im Inland bewirkt worden ist.[637] Die Bestimmung des Leistungsortes richtet sich nach § 3d UStG.[638] Nach § 3d Satz 1 UStG wird der innergemeinschaftliche Erwerb in dem Gebiet des Mitgliedstaats bewirkt, an dem sich der Gegenstand am Ende der Beförderung oder Versendung befindet.[639] Verwendet der Erwerber hingegen gem. § 3d Satz 2 UStG gegenüber dem Lieferer

631 Vgl. *Tehler*, in: Reiß/Kraeusel/Langer, UStG, § 1a Rn. 24.

632 Vgl. *Peltner*, in: Weymüller, UStG, § 1a Rn. 24 f.

633 Vgl. BT-Drucks. 12/2463, S. 24; *Peltner*, in: Weymüller, UStG, § 1a Rn. 57.

634 Vgl. *Stadie*, in: Rau/Dürrwächter, UStG, § 1a Rn. 74 f.

635 *Heuermann*, in: Sölch/Ringleb, UStG, § 1a Rn. 5.

636 Vgl. EuGH, Urt. v. 27.9.2007 – C-409/04 – *Teleos*, BStBl II 2009, 70, Rn. 42; *Tehler*, in: Reiß/Kraeusel/Langer, UStG, § 1a Rn. 63 f.

637 Vgl. *Oelmaier*, in: Sölch/Ringleb, UStG, § 1 Rn. 168; *Robisch*, in: Bunjes, UStG, § 1 Rn. 145.

638 *Grünwald*, in: Hartmann/Metzenmacher, UStG, § 3d Rn. 8.

639 Siehe zur Bestimmung des Leistungsorts nach § 3d UStG BFH, Urt. v. 28.9.2006 – V R 65/03, BStBl II 2007, 672, II.2.c).

eine ihm von einem anderen Mitgliedstaat erteilte Umsatzsteuer-Identifikationsnummer, gilt der Erwerb – unter den genannten Voraussetzungen – solange auch in dem Mitgliedstaat als bewirkt, in dem ihm diese Identifikationsnummer erteilt wurde.[640]

cc) Erwerber im Sinne des § 1a Abs. 1 Nr. 2 UStG

Des Weiteren muss es sich bei dem Erwerber eines innergemeinschaftlichen Erwerbs gem. § 1a Abs. 1 Nr. 2 UStG um einen Unternehmer handeln, der den Gegenstand für sein Unternehmen erwirbt, oder um eine juristische Person, die nicht Unternehmer ist oder die den Gegenstand nicht für ihr Unternehmen erwirbt.[641] Sinn und Zweck dieser Regelung ist es, natürliche Personen von der Besteuerung innergemeinschaftlicher Erwerbe auszunehmen.[642]

Zur Bestimmung der Unternehmereigenschaft ist wiederum § 2 UStG heranzuziehen.[643] Juristische Personen des privaten und öffentlichen Rechts können allerdings auch dann als Erwerber gelten, wenn sie nicht unternehmerisch tätig sind.[644] Für diese Erwerbergruppe ist allerdings die Ausschlussregelung nach § 1a Abs. 3 UStG zu beachten.[645]

Juristische Personen des öffentlichen Rechts können demnach – unabhängig von § 2b UStG[646] – der Erwerbsbesteuerung unterliegen.[647]

dd) Ausnahmen und Option zur Erwerbsbesteuerung

In § 1a Abs. 3 UStG ist des Weiteren eine Ausnahme für den innergemeinschaftlichen Erwerb im Sinne des § 1a Abs. 1 und 2 UStG normiert, nach der bei fehlender Überschreitung der sog. Erwerbsschwelle durch Schwellenerwerber ein innergemeinschaftlicher Erwerb nicht in Betracht kommt.[648] Danach ist für eine

640 Vgl. *Peltner*, in: Weymüller, UStG, § 1a Rn. 14.

641 *Robisch*, in: Bunjes, UStG, § 1a Rn. 17.

642 Ein innergemeinschaftlicher Erwerb von privaten Abnehmern oder den so genannten Schwellenerwerbern nach § 1a Abs. 3 Nr. 1 UStG unterliegt hingegen der Versandhandelsregelung nach § 3c UStG, wonach der Lieferer im Bestimmungsland die Umsatzsteuer schuldet, vgl. *Peltner*, in: Weymüller, UStG, § 1a Rn. 10, 13.

643 *Stadie*, UStG, § 1a Rn. 25.

644 *Peltner*, in: Weymüller, UStG, § 1a Rn. 52.

645 *Robisch*, in: Bunjes, UStG, § 1a Rn. 17.

646 Bzw. für Umsätze bis zum 31.12.2016 von § 2 Abs. 3 UStG a.F.

647 Vgl. *Peltner*, in: Weymüller, UStG, § 1a Rn. 53.

648 *Peltner*, in: Weymüller, UStG, § 1a Rn. 4; *Tehler*, in: Reiß/Kraeusel/Langer, UStG, § 1a Rn. 45.

bestimmte Gruppe von Erwerbern (§ 1a Abs. 3 Nr. 1 UStG) ein innergemeinschaftlicher Erwerb ausgeschlossen, wenn der Gesamtbetrag der Entgelte für Erwerbe den Betrag von EUR 12.500 im vorangegangenen Kalenderjahr nicht überstiegen hat und dieser Betrag im laufenden Kalenderjahr voraussichtlich auch nicht übersteigen wird (§ 1a Abs. 3 Nr. 2 UStG).[649] Zu dieser Gruppe von Erwerber zählen unter anderem auch juristische Personen, die nicht Unternehmer sind oder den Gegenstand nicht für ihr Unternehmen erwerben. Es wird insofern zur Versandhandelsregelung in § 3c UStG abgegrenzt, nach der der Leistungsort einer grenzüberschreitenden Lieferungen ins Bestimmungsland verlagert wird. Deren Anwendungsbereich eröffnet sich für den identischen[650] Erwerberkreis, wenn die Erwerbsschwelle nach § 1a Abs. 3 Nr. 2 UStG – spiegelbildlich zum innergemeinschaftlichen Erwerb – *nicht* überschritten wird, vgl. § 3c Abs. 2 Nr. 2 UStG.[651]

Sollte die Erwerbsschwelle nicht erreicht werden, hat der Erwerber noch gem. § 1a Abs. 4 UStG die Möglichkeit, auf die Anwendung der Erwerbsschwelle – unter Beachtung des § 1a Abs. 5 UStG – zu verzichten.[652] Dies führt dazu, dass trotz fehlender Überschreitung der Erwerbsschwelle ein innergemeinschaftlicher Erwerb vorliegt. Faktisch wird damit dem Erwerber, der eigentlich nicht der Besteuerung unterliegt, ein Recht auf Option zur Besteuerung eingeräumt.[653] Eine Option ist vor allem dann sinnvoll, wenn ein Gegenstand aus Mitgliedstaaten erworben wird, deren Umsatzbesteuerung einem höheren Steuersatz als in Deutschland unterliegt.[654]

2. Der einer Arzneimittellieferung zugrunde liegende Leistungsaustausch

Zentrales Element der zuvor dargestellten Umsatzsteuertatbestände ist der Leistungsaustausch, da das Steuerobjekt der zugrunde liegende Umsatz ist.[655] Ein Leistungsaustausch im Sinne des deutschen Umsatzsteuerrechts erfordert immer einen Leistenden und einen Leistungsempfänger.[656] So ist schon im Vorfeld für

---

649 Siehe dazu *Heuermann*, in: Sölch/Ringleb, UStG, § 1a Rn. 38 f.
650 Vgl. Abschn. 3c.1 Abs. 2 Satz 2 UStAE.
651 Vgl. *Martin*, in: Sölch/Ringleb, UStG, § 3c Rn. 9.
652 *Peltner*, in: Weymüller, UStG, § 1a Rn. 5.
653 Vgl. *Robisch*, in: Bunjes, UStG, § 1a Rn. 34.
654 *Stadie*, UStG, § 1a Rn. 47; *Tehler*, in: Reiß/Kraeusel/Langer, UStG, § 1a Rn. 54.
655 Vgl. *Englisch*, in: Tipke/Lang, Steuerrecht, § 17 Rn. 84.
656 Vgl. Abschn. 1.1 Abs. 1 Satz 1 UStAE; *Nieskens*, in: Rau/Dürrwächter, UStG, § 1 Rn. 451; *Peltner*, in: Weymüller, UStG, § 1 Rn. 50.

die grundlegende Frage, ob dieser Umsatz überhaupt eine umsatzsteuerbare Leistung im Sinne des § 3 UStG darstellt, eine Bestimmung der Leistungsbeziehung erforderlich, da die Untersuchung, ob dem Abnehmer durch den Unternehmer Verfügungsmacht verschafft wurde, inzident die Kenntnis voraussetzt, wer letztlich Abnehmer und leistender Unternehmer ist.

Die Frage nach der Bestimmung der Beteiligten des zugrunde liegenden Leistungsaustauschs bildet bei der umsatzsteuerlichen Einordnung von Arzneimittellieferungen im Rahmen des SGB V allerdings einen besonderen Problemschwerpunkt. Die Besonderheit rührt zum einen daher, dass die Leistungsbeziehung durch die sozialrechtlichen Gegebenheiten geprägt ist und zum anderen ein im Gesetz verankertes Dreiecksverhältnis zwischen Krankenkasse, Versichertem und Apotheke besteht. Dies führt zu der Grundsatzfrage, zwischen welchen beiden Parteien bei der Arzneimittelversorgung aus umsatzsteuerlicher Sicht ein Leistungsaustausch stattfindet, insbesondere wer Leistungsempfänger der Arzneimittellieferung ist. Dabei geht es insbesondere aus wirtschaftlicher Sicht – sowie vor dem Hintergrund des Neutralitätsgebots – auch darum, zu vermeiden, dass es zu einer doppelten Belastung mit Umsatzsteuer kommt, indem beispielsweise unberechtigt mit Umsatzsteuer abgerechnet wird, während die Umsatzsteuer gleichzeitig eigentlich in einem anderen Rechtsverhältnis entsteht.[657]

Die aktuellen Entwicklungen der umsatzsteuerlichen Diskussion im Rahmen der Arzneimittelversorgung machen deutlich, welche Bedeutung einer eindeutigen Leistungszurechnung beigemessen wird. Ausgelöst durch das BMF-Schreiben zur – bislang unerkannten – Umsatzsteuerschuldnerschaft der gesetzlichen Krankenkassen für innergemeinschaftliche Erwerbe aus Arzneimittellieferungen,[658] das zahlreiche Steuerbescheide und sozialgerichtliche Verfahren nach sich zog,[659] rückte auch in der Literatur die Frage den Fokus, zwischen welchen Beteiligten im Rahmen der Arzneimittelversorgung von gesetzlich Krankenversicherten im Ergebnis eine umsatzsteuerliche Leistungsbeziehung besteht und insbesondere welche Folgenprobleme sich daraus ergeben.[660] Auch die Gerichten

657 *Korn*, KÖSDI 2015, 19365, 19370; *Robisch*, in: Bunjes, UStG, § 1 Rn. 87.

658 BMF, Schr. v. 22.8.2012 – IV D 3 – S 7103-a/12/10001, nicht veröffentlicht.

659 Bspw. LSG Rheinland-Pfalz, Urt. v. 6.7.2017 – L 5 KR 105/16, juris, Rev. BSG B 3 KR 19/17 R.

660 BMF, Schr. v. 14.11.2012 – IV D 2-S 7200/08/10005, BStBl I 2012, 1170; Abschn. 10.3 Abs. 7 UStAE; OFD Karlsruhe, Vfg. v. 12.12.2013 – S 7330, juris; *Pommerin/Paßgang*, UStB 2012, 235 ff.; *Heine*, KrV 2013, 51 ff.; gegenüber der Verwaltungsauffassung kritisch *Stadie*, in: Rau/Dürrwächter, UStG, § 1a Rn. 429 Fn. 6, § 14 Rn. 326; *Winter/Kapeller*, MwStR 2013, 109 ff.

hatten in jüngster Vergangenheit eingebettet in nachfolgende umsatzsteuerlicher Fragestellungen zu Arzneimittellieferungen inländischer und ausländischer Apotheken – wie die Ermittlung der Bemessungsgrundlage – immer wieder zu der Vorfrage der umsatzsteuerlichen Leistungsbeziehung Stellung zu beziehen.[661]

Um im Rahmen dieser Arbeit beurteilen zu können, inwieweit es sich bei den Arzneimittellieferungen um umsatzsteuerbare und umsatzsteuerpflichtige[662] Leistungen handelt, muss demnach im Vorfeld eine Bestimmung der umsatzsteuerlichen Leistungsbeziehung erfolgen, indem der zugrunde liegende Umsatz einem Leistenden und einem Leistungsempfänger zugeordnet wird. Dazu erfolgt zu Beginn eine Darstellung der Grundsätze, anhand derer die Bestimmung einer umsatzsteuerlichen Leistungsbeziehung erfolgt (D.II.2.a)), um anschließend untersuchen zu können, wie sich diese auf die Arzneimittelversorgung anwenden lassen (D.II.2.b)).

a) Grundsätze zur Bestimmung umsatzsteuerlicher Leistungsbeziehungen

Um eine umsatzsteuerliche Leistungsbeziehung zu definieren, ist eine Zurechnung der Leistung zum Leistenden und Leistungsempfänger erforderlich.

Wie diese Leistungszurechnung zu erfolgen hat und insbesondere welchen Kriterien in welchem Umfang dafür Bedeutung beizumessen ist, ist im deutschen Umsatzsteuergesetz nicht geregelt.[663] Zwar existiert eine ertragssteuerliche Zurechnungsregelung nach § 39 Abs. 2 Nr. 1 Satz 2 AO, diese findet jedoch im Umsatzsteuerrecht keine unmittelbare Anwendung, da durch sie Wirtschaftsgüter zugerechnet werden, aber keine Leistungen bzw. Umsätze.[664] Auch das Unionsrecht enthält keine konkreten Vorgaben, die für die Leistungszurechnung im Wege der Auslegung Beachtung finden müssen. Der Neutralitätsgrundsatz

---

661 Vgl. zur umsatzsteuerlichen Leistungsbeziehung bei der Arzneimittelversorgung im Rahmen der gesetzlichen und privaten Krankenversicherung EuGH, Urt. v. 20.12.2017 – C-462/16 – *Boehringer Ingelheim Pharma*, UR 2018, 166; BFH, Vorlagebeschl. v. 22.6.2016 – V R 42/15, EuGH Az. C-462/16, BFH/NV 2016, 1528; Urt. v. 20.5.2015 – XI R 2/13, BFH/NV 2015, 1775; noch offen gelassen in Beschl. v. 24.2.2015 – V B 147/14, BFH/NV 2015, 208.

662 Befreiungstatbestände knüpfen nicht nur an Leistungsgegenstände, sondern auch an bestimmte Personenkreise an, vgl. *Robisch*, in: Bunjes, UStG, § 1 Rn. 87.

663 Vgl. *Nieskens*, in: Rau/Dürrwächter, UStG, § 1 Rn. 541.

664 BGH, Urt. v. 12.12.1996 – IX ZR 214/95, BGHZ 134, 212, A.II.2.b)aa); *Heidner*, UR 1995, 122, 125 f.; *Drüen*, in: Tipke/Kruse, AO, § 39 Rn. 18; *Leipold*, Personelle Zurechnung von Umsätzen, S. 91; *Schön*, Umsatzsteuerkongreß-Bericht 1991/92, 117, 132; *Wagner*, StuW 1995, 154, 155 Fn. 7.

gebietet es allerdings, dass zumindest die Bestimmung des Leistenden und des Leistungsempfänger nach den gleichen Kriterien erfolgt.[665] Die Belastungsneutralität des Leistungsempfängers muss grundsätzlich dergestalt gewährleistet werden, dass er nicht mit Umsatzsteuer aus Eingangsumsätzen belastet werden darf.[666] Bei einem Auseinanderfallen von Umsatzsteuerschuld und Vorsteuerabzugsberechtigung aufgrund unterschiedlicher Zurechnungsmaßstäbe wäre dies aber nicht mehr gegeben.

Anhand der Sonderregelungen zum Kommissionsgeschäft (vgl. Art. 14 Abs. 2 lit. c MwStSystRL[667] zur Lieferungskommission und Art. 28 MwStSystRL[668] zur Dienstleistungskommission) lässt sich partiell aus der Mehrwertsteuersystemrichtlinie und dem UStG ableiten, dass dem Auftreten im Außenverhältnis für die Bestimmung von Leistungsbeziehungen erhebliche Bedeutung zukommt.[669] Auf wessen Rechnung die Leistung erfolgt (auf eigene oder auf fremde) ist indes für die Leistungszurechnung nicht von Relevanz.[670] So ist in Art. 28 MwStSystRL eine Zurechnungsfiktion vorgesehen, wonach Steuerpflichtige, die im eigenen Namen, aber für fremde Rechnung auftreten, behandelt werden, als hätten sie die Leistung selbst erhalten oder erbracht.[671] Dem könnte man das theoretische Grundkonzept entnehmen, dass Vereinbarungen im Innenverhältnis unbeachtlich sind und das Handeln im eigenen Namen entscheidend sein soll.[672] Doch da es sich nur um fallgruppenspezifische Sonderregelungen handelt, kann den Aussagen dieser Normen lediglich Indizwirkung zukommen.

---

665 Vgl. BFH, Urt. v. 18.2.2009 – V R 82/07, BStBl II 2009, 876, II.2.a)dd); Urt. v. 18.2.2009 – V R 82/07, BStBl II 2009, 876, II.2.a)dd); ausführlich dazu *Leipold*, Personelle Zurechnung von Umsätzen, S. 83 f., 97.

666 Vgl. EuGH, Urt. v. 24.10.1996 – C-317/94 – *Elida Gibbs*, BStBl II 2004, 324, Rn. 22 f.

667 Umgesetzt in § 3 Abs. 3 UStG, der eine Lieferung zwischen Kommittenten und Kommissionär und im Rahmen dessen auch die Zurechnung dieser Leistung fingiert.

668 Umgesetzt in § 3 Abs. 11 UStG.

669 Vgl. *Nieskens*, in: Rau/Dürrwächter, UStG, § 1 Rn. 613.

670 Vgl. *Leipold*, Personelle Zurechnung von Umsätzen, S. 87 und für die deutschen Regelungen BFH, Urt. v. 18.2.2009 – V R 82/07, BStBl II 2009, 876, II.2.a)cc).

671 *Nieskens*, in: Rau/Dürrwächter, UStG, § 1 Rn. 611.

672 Zum Unionsrecht *Nieskens*, in: Rau/Dürrwächter, UStG, § 1 Rn. 613; i.E. auch *Leipold*, Personelle Zurechnung von Umsätzen, S. 87; BFH, Urt. v. 18.2.2009 – V R 82/07, BStBl II 2009, 876, II.2.a)cc); Urt. v. 30.3.2006 – V R 9/03, BStBl II 2006, 933, II.2.a); BGH, Urt. v. 12.12.1996 – IX ZR 214/95, BGHZ 134, 212, A.II.2.b)aa); zur Fiktion des § 3 Abs. 3 UStG und dessen Reichweite für die Leistungszurechnung ausführlich *Storg*, Leistender und Leistungsempfänger, S. 98 ff.

Vor diesem Hintergrund gilt es, Kriterien und Maßstäbe zu bestimmen, an denen sich die Zurechnung einer Leistung zu orientieren hat. Dabei muss insbesondere dem Aspekt der Rechtssicherheit Rechnung getragen werden, weshalb es einfacher und vor allem klar abgrenzbarer Kriterien bedarf.[673] In Betracht können dafür die dem Umsatz zugrunde liegenden (schuld-) vertraglichen Vereinbarungen, das Auftreten nach Außen sowie wirtschaftliche Gesichtspunkte kommen.

Dem Grundsatz nach sind die zivilrechtlichen Vereinbarungen maßgeblich (D.II.2.a)aa)), was jedoch durch diverse Ausnahmen und Einschränken durchbrochen wird, deren Beachtung und Reichweite im Einzelnen umstritten sind (D.II.2.a)bb)). In der Praxis erweist sich die Leistungszurechnung insbesondere bei mehreren Beteiligten in verschiedensten Fallgruppen als problematisch (D. II.2.a)dd)).

aa) Grundsatz: Maßgeblichkeit der zivilrechtlichen Vereinbarung

In Rechtsprechung,[674] Finanzverwaltung[675] und dem überwiegenden Teil der Literatur[676] gilt der Grundsatz der Maßgeblichkeit der zivilrechtlichen Vereinbarung, wonach sich die Beteiligten eines umsatzsteuerlichen Leistungsaustausches aus dem der Lieferung oder sonstigen Leistung zugrunde liegenden schuldrechtlichen Vertragsverhältnis ergeben entsprechend ihrem In-Erscheinung-Treten nach außen.[677]

Dieser Ansicht liegt der Gedanke zugrunde, dass wenn die Parteien – auch im Falle mehrerer Beteiligter – ausdrücklich regeln, welche Leistung von wem an wen erbracht wird, dies ebenso im Umsatzsteuerrecht grundsätzlich

673 Vgl. *Leipold*, Personelle Zurechnung von Umsätzen, S. 92 f. zur Bedeutung der Rechtssicherheit bei der Bestimmung der Beteiligten eines Leistungsverhältnisses.

674 Ständ. Rspr. für die Bestimmung des Leistenden und Leistungsempfängers BFH, Urt. v. 23.9.2015 – V R 4/15, BFH/NV 2016, 348, II.1.; Urt. v. 24.4.2013 – XI R 7/11, BStBl II 2013, 648, II.1.b); Urt. v. 16.5.1995 – XI R 50/93, BFH/NV 1996, 185, b); Urt. v. 1.6.1989 – V R 72/84, BStBl II 1989, 677, II.2.b); i.E. auch EuGH, Urt. v. 20.6.2013 – C-653/11 – *Paul Newey*, ABl. EU 2013, Nr. C 225, 19, Rn. 43.

675 Abschn. 6a.7 Abs. 5 Satz 1 UStAE; Abschn. 15.2b Abs. 1 Satz 1 UStAE.

676 *Robisch*, in: Bunjes, UStG, § 1 Rn. 87; *Heidner*, in: Bunjes, UStG, § 15 Rn. 34; *Oelmeier*, in: Sölch/Ringleb, UStG, § 1 Rn. 7.

677 Vgl. BFH, Urt. v. 12.8.2015 – XI R 43/13, BStBl II 2015, 919, II.1.c); Urt. v. 26.4.2012 – V R 2/11, BStBl II 2012, 634, II.4.a) für Relevanz des Auftretens nach außen bei Eheleuten; Urt. v. 1.6.1989 – V R 72/84, BStBl II 1989, 677; *Nieskens*, in: Rau/Dürrwächter, UStG, § 1 Rn. 621.

berücksichtigt werden sollte.[678] Aus diesem Grund hält auch der EuGH die vertragliche Situation im Umsatzsteuerrecht grundsätzlich für maßgebend, weil diese in der Regel die wirtschaftliche und geschäftliche Lage widerspiegle und ein gewisses Maß an Rechtssicherheit verspreche.[679] Solch klare Verhältnisse – aufgrund der von den Beteiligten selbst vertraglich festgehaltenen Vereinbarungen – sind insbesondere im Umsatzsteuerrecht für die Beteiligten unerlässlich,[680] wo die Steuer im Wege der Selbstanmeldung (§ 168 AO) erhoben wird.[681] Auch der gesetzlich vorgesehene Rechnungsverkehr macht eine zivilrechtlich basierte Leistungszurechnung erforderlich,[682] da die Ausstellung von Rechnungen im Sinne des § 14 UStG eine zivilrechtliche Nebenpflicht des Verkäufers darstellt.[683] Umsatzsteuerlich kann aber nur der Leistende die Rechnung stellen, weshalb es sich um ein und dieselbe Person handeln muss. Demnach ist auch aus umsatzsteuerlicher Sicht grundsätzlich entscheidend sein, wer zivilrechtlich als Leistender und Leistungsempfänger einer Leistung anzusehen ist.[684]

Dennoch sind für die Frage, wer umsatzsteuerlich als berechtigt und verpflichtet gilt, nicht nur die Vertragsbedingungen maßgebend,[685] sondern auch, wer als solcher für einen Dritten nach objektiven Umständen erkennbar ist.[686] Für die Leistungszurechnung ist daher entscheidend, ob der Handelnde bei Leistungsausführung im eigenen oder berechtigterweise im fremden Namen

---

678 *Robisch*, in: Bunjes, UStG, § 1 Rn. 87.

679 EuGH, Urt. v. 20.6.2013 – C-653/11– *Paul Newey*, ABl. EU 2013, Nr. C 225, 19, Rn. 43.

680 Vgl. *Pump*, StBp 1998, 169, 172; *Reiß*, StuW 1981, 81, 84.

681 *Leipold*, Personelle Zurechnung von Umsätzen, S. 33.

682 Vgl. *Heidner*, UR 1995, 122, 126; *Reiß*, StuW 1981, 81, 85; *Schön*, Umsatzsteuerkongreß-Bericht 1991/92, 117, 125; *Wagner*, StuW 1995, 154, 161; *Weiß*, UR 1985, 36; a.A. *Stadie*, UStG, § 15 Rn. 78 der zwar die Notwendigkeit eines zivilrechtlichen Leistungsempfängers im Rahmen von § 14 UStG anerkennt, aber für die Frage des Vorsteuerabzugs in § 15 UStG eine wirtschaftliche Zurechnung vertritt, da Leistungsempfänger im Sinne des § 14 und § 15 UStG nicht identisch sein müssen.

683 BGH, Urt. v. 12.12.1996 – IX ZR 214/95, BGHZ 134, 212, A.II.2.b)bb); BMF, Schr. v. 29.1.2004 – IV B 7-S 7280-19/04, BStBl I 2004, 258, Tz. 4.

684 *Peltner*, in: Weymüller, UStG, § 1 Rn. 50.

685 Vgl. für die Bestimmung des Leistungsempfängers im Rahmen des Vorsteuerabzugs BFH, Beschl. v. 22.2.2008 – XI B 189/07, BFH/NV 2008, 830.

686 *Nieskens*, in: Rau/Dürrwächter, UStG, § 1 Rn. 621 f.; i.E. auch *Oelmeier*, in: Sölch/Ringleb, UStG, § 1 Rn. 7; a.A. *Leipold*, Personelle Zurechnung von Umsätzen, S. 96 f., 239, für den das Auftreten nach außen nur ein Beweisanzeichen ist.

gegenüber dem Dritten in Erscheinung tritt.[687] Das Innenverhältnis ist indes unbeachtlich.[688]

Von der Leistungszurechnung zu unterscheiden, ist die Frage, ob eine Umsatzbesteuerung als solche zu erfolgen hat. Dafür ist lediglich das Erfüllungsgeschäft und nicht der zugrunde liegende schuldrechtliche Vertrag relevant.[689] Das Umsatzsteuerrecht knüpft an tatsächliche Leistungsvorgänge an, weshalb es auch keiner wirksamen Schuldverträge oder sonstigen Leistungspflichten bedarf, um einen Umsatzsteuertatbestand zu begründen.[690] Die dem Leistungsaustausch zugrunde liegenden Verträge erleichtern lediglich die Klärung der Tatsachenfragen über das Bestehen und den Umfang eines Umsatzes und der zugehörigen Wechselbeziehung von Leistenden und Leistungsempfänger; steuerbegründend sind sie indes nicht.[691]

(1) Leistender im Sinne des Umsatzsteuerrechts

Als Leistender kommt jede Person, jeder Personenzusammenschluss, jedes Zweckvermögen und sonstiges Wirtschaftsgebilde, das Unternehmer ist, in Betracht.[692] Begrifflich wird in der MwStSystRL vom „Steuerpflichtigen" gesprochen; das deutsche UStG verwendet hingegen „Unternehmer" oder „leistender Unternehmer" für die Funktion des Leistenden.[693] Er gilt als zentrale Figur des Umsatzsteuerrechts,[694] da er durch das Bewirken der Leistung Umsatzsteuer

687 Ständ. Rspr. für den Leistenden BFH, Urt. v. 10.9.2015 – V R 17/14, BFH/NV 2015, 80, II.2.b)aa); Urt. v. 12.5.2011 – V R 25/10, BFH/NV 1541, II.1.a); Urt. v. 7.7.2005 – V R 60/03, BFH/NV 2006, 139, II.1.b); Urt. v. 4.9.2003 – V R 9,10/02, BStBl II 2004, 627, II.2.; Urt. v. 28.2.2002 – V R 19/01, BStBl II 2003, 950, II.1. m.w.N.; Abschn. 2.1 Abs. 3 Satz 4 UStAE; für den Leistungsempfänger BFH, Urt. v. 18.2.2009 – V R 82/07, BStBl II 2009, 876, II.2.a)bb); Urt. v. 24.8.2006 – V R 16/05, BStBl II 2007, 340, II.2.b); *Oelmeier*, in: Sölch/Ringleb, UStG, § 15 Rn. 150.

688 *Leipold*, Personelle Zurechnung von Umsätzen, S. 239; *Robisch*, in: Bunjes, UStG, § 1 Rn. 88, nach dem sich die Zuordnung nach dem Außenverhältnis richte; *Schuhmann*, UVR 1998, 424, 426; *Wagner*, StuW 1995, 154, 157.

689 *Nieskens*, in: Rau/Dürrwächter, UStG, § 1 Rn. 181.

690 BFH, Urt. v. 24.2.2005 – V R 1/03, BFH/NV 2005, 1160; Urt. v. 21.1.1993 – V R 30/88, BStBl II 1993, 384; *Peltner*, in: Weymüller, UStG, § 1 Rn. 50.

691 BFH, Urt. v. 24.2.2005 – V R 1/03, BFH/NV 2005, 1160; Beschl. v. 23.6.1995 – V B 2/95, BFH/NV 1996, 85.

692 *Oelmeier*, in: Sölch/Ringleb, UStG, § 1 Rn. 4.

693 Die Begriffe sind inhaltlich dennoch weitgehend deckungsgleich, vgl. *Treiber*, in: Sölch/Ringleb, UStG, § 2 Rn. 2.

694 *Leipold*, Personelle Zurechnung von Umsätzen, S. 28.

auslöst, woran zahlreiche umsatzsteuerliche Pflichten anknüpfen,[695] die eine personelle Bestimmung des Leistenden zwingend erforderlich machen.

Entsprechend der Rechtsprechung,[696] Finanzverwaltung[697] und dem überwiegenden Teil der Literatur[698] ist nach der Maßgeblichkeit des Zivilrechts in der Regel derjenige als Leistender anzusehen, der die Lieferungen oder sonstigen Leistungen im eigenen Namen gegenüber einem anderen selbst oder durch einen Beauftragten als Schuldner der Leistung ausführt. Die Leistung ist daher letztlich dem zuzurechnen, der die Leistung gegenüber dem Leistungsempfänger im eigenen Namen oder berechtigterweise im fremden Namen erbringt.[699]

Leistender kann aber auch sein, wer vertraglich nicht zur Leistung verpflichtet ist, sie aber dennoch tatsächlich ausführt, da das Umsatzsteuerrecht im Ergebnis

---

695 So bspw. Umsatzsteuerschuldnerschaft (§ 13a Abs. 1 Nr. 1 UStG), die Abgabe von Voranmeldungs- und Umsatzsteuerjahreserklärungen (§ 18 Abs. 1 und 3 UStG, § 149 AO) sowie die Pflicht zur Rechnungsstellung (§ 14 Abs. 2 UStG), vgl. *Stadie*, UStG, § 1 Rn. 66.

696 Ständ. Rspr. BFH, Urt. v. 10.9.2015 – V R 17/14, BFH/NV 2015, 80, II.2.b)aa); Urt. v. 12.8.2015 – XI R 43/13, BStBl II 2015, 919, II.1.b); Urt. v. 12.5.2011 – V R 25/10, BFH/NV 1541, II.1.a); Urt. v. 10.11.2010 – XI R 15/09, BFH/NV 2011, 867, II.1.a); Urt. v. 12.8.2009 – XI R 48/07, BFH/NV 2010, 259, II.1.a)bb); Urt. v. 7.7.2005 – V R 60/03, BFH/NV 2006, 139, II.1.b); Urt. v. 4.9.2003 – V R 9,10/02, BStBl II 2004, 627; Urt. v. 28.2.2002 – V R 19/01, BStBl II 2003, 950; Urt. v. 28.1.1999 – V R 4/98, BStBl II 1999, 628, Rn. 16.

697 Abschn. 2.1 Abs. 3 Satz 1, 3 UStAE.

698 *Englisch* in: Tipke/Lang, Steuerrecht, § 17 Rn. 318; *Liebau*, BB 2005, 415, 417; *Heidner*, in: Bunjes, UStG, § 15 Rn. 34; *ders.*, UR 2002, 445, 447; *ders.*, UR 1995 122, 126; *Nieskens*, in: Rau/Dürrwächter, UStG, § 1 Rn. 536; *Peltner*, in: Weymüller, UStG, § 1 Rn. 50.2; *Pump*, UStB 2003, 83; *Reiß*, UR 1988, 76; *ders.*, StuW 1981, 81, 83 f.; *Schön*, Umsatzsteuerkongreß-Bericht 1991/92, 117, 123 f.; *Schuhmann*, UVR 1998, 424, 426; *Wagner*, StuW 1995, 154, 157.

699 Ständ. Rspr. BFH, Urt. v. 10.9.2015 – V R 17/14, BFH/NV 2015, 80, II.2.b)aa); Urt. v. 12.5.2011 – V R 25/10, BFH/NV 1541, II.1.a); Urt. v. 18.02.2009 – V R 82/07, BStBl II 2009, 876; Urt. v. 7.7.2005 – V R 60/03, BFH/NV 2006, 139, II.1.b); Urt. v. 4.9.2003 – V R 9,10/02, BStBl II 2004, 627, II.2.; Abschn. 2.1 Abs. 3 Satz 4 UStAE; *Englisch* in: Tipke/Lang, Steuerrecht, § 17 Rn. 119, *Heidner*, in: Bunjes, UStG, § 15 Rn. 37; *Peltner*, in: Weymüller, UStG, § 1 Rn. 50.2; *Nieskens*, in: Rau/Dürrwächter, UStG, § 1 Rn. 537; differenzierend *Leipold*, Personelle Zurechnung von Umsätzen, S. 96 f., nach dem nicht jedes Auftreten nach außen, sondern nur das gegenüber dem Leistungsempfänger ausschlaggebend ist.

tatsächliche wirtschaftliche Vorgänge besteuert und eine vertragliche Grundlage für das Auslösen von Umsatzsteuer nicht zwingend ist.[700]

(2) Leistungsempfänger im Sinne des Umsatzsteuerrechts

Auch die Rolle des Leistungsempfängers kann grundsätzlich jede Person, jeder Personenzusammenschluss, jedes Zweckvermögen und sonstiges Wirtschaftsgebilde einnehmen, selbst wenn es nicht Unternehmer ist.[701] Dies gilt insbesondere auch für juristische Personen des öffentlichen Rechts.[702] Es ist insofern unerheblich, ob die Leistung im öffentlichen Interesse erfolgt, solange ein konkret bestimmbarer[703] Leistungsempfänger einen umsatzsteuerrelevanten Vorteil aus der Leistung zieht.[704]

Der Begriff des Leistungsempfängers als solcher findet sich in der MwStSystRL allerdings nicht;[705] vielmehr wird abhängig von der Leistungsart in einer Begriffsvielfalt von „Erwerber",[706] „Empfänger der Leistung",[707] „Kunde"[708] oder „Dienstleistungsempfänger"[709] gesprochen. Im deutschen Umsatzsteuerrecht hingegen wird der Begriff des Leistungsempfängers einheitlich als Oberbegriff verwendet

---

700 BFH, Urt. v. 1.6.1989 – V R 72/84, BStBl II 1989, 677, II.2.b); *Nieskens*, in: Rau/Dürrwächter, UStG, § 1 Rn. 536.

701 *Robisch*, in: Bunjes, UStG, § 1 Rn. 8; *Oelmeier*, in: Sölch/Ringleb, UStG, § 1 Rn. 4.

702 Vgl. zur juristischen Person des öffentlichen Rechts als Leistungsempfängerin BFH, Beschl. v. 22.7.2008 – V B 34/07, BFH/NV 2008, 1895, II.3.c); *Stöcker*, in: Küffner/Stöcker/Zugmaier, UStG, § 1 Rn. 116/1.

703 BFH, Urt. v. 18.12.2008 – V R 38/06, BStBl II 2009, 749, Rn. 31; *Peltner*, in: Weymüller, UStG, § 1 Rn. 51; *Robisch*, in: Bunjes, UStG, § 1 Rn. 8.

704 Vgl. BFH, Beschl. v. 14.11.2011 – XI B 66/11, BFH/NV 2012, 460, II.1.b)aa); Beschl. v. 29.6.2007 – V B 28/06, BFH/NV 2008, 1895, II.2.; *Stöcker*, in: Küffner/Stöcker/Zugmaier, UStG, § 1 Rn. 116/1; daran fehlt es allerdings, wenn es sich um eine Leistung handelt, die lediglich im öffentlichen Interessen erfolgt, aber nicht als Vorteil konkret an einen Beteiligten zugeordnet werden kann, vgl. BFH, Urt. v. 18.12.2008 – V R 38/06, BFH/NV 2009, 1328, II.3.a)ee); einen solchen Vorteil erhält der Leistungsempfänger immer dann, wenn er im Rahmen seiner Tätigkeit als Kostenfaktor zu berücksichtigen wäre, vgl. *Peltner*, in: Weymüller, UStG, § 1 Rn. 51; Probleme ergeben sich hierbei insbesondere nur dann, wenn es sich um Vorteile handelt, die ggf. in erster Linie der Allgemeinheit zugutekommen, vgl. *Peltner*, in: Weymüller, UStG, § 1 Rn. 51.1 f.

705 Eine Ausnahme besteht in der 27. Begründungserwägung der Präambel.

706 Bspw. Artt. 9 Abs. 2, 20, 32, 72, 138, 226 Nr. 4, 5 MwStSystRL.

707 Bspw. Artt. 42 lit. a, 72, 197 Abs. 1 MwStSystRL.

708 Art. 356 MwStSystRL.

709 Bspw. Artt. 44 Unterabs. 2, 50 Unterabs. 2, 72 f., 226 Nr. 4 und 5 MwStSystRL.

für denjenigen, der die Lieferung oder die sonstige Leistung erhält (vgl. § 13b UStG).[710] Differenzierend nach der Leistungsart spricht das Gesetz sodann beim Empfänger von Lieferungen vom „Abnehmer" (vgl. bspw. § 3 Abs. 1, 5 UStG, §§ 6, 6a UStG) und bei sonstigen Leistungen vom „Erwerber" (vgl. bspw. § 3a Abs. 3 UStG).

Nach der überwiegenden Rechtsprechung,[711] Finanzverwaltung[712] und Literatur[713] ergibt sich aus der Maßgeblichkeit zivilrechtlicher Vereinbarungen, dass als Leistungsempfänger grundsätzlich zu qualifizieren ist, wer aus dem Schuldverhältnis als Auftraggeber berechtigt und verpflichtet ist und wem gegenüber abzurechnen ist. Grundsätzlich wird durch Vertrag derjenige zum Empfang und zur Zahlung der Leistung verpflichtet, der als solcher nach außen in Erscheinung tritt[714] und im eigenen Namen (selbst oder durch einen beauftragten Dritten) die Leistung empfängt.[715] Leistungsempfänger ist daher regelmäßig der Besteller oder Auftraggeber einer Leistung.[716] In wessen Rechnung die Leistung hingegen empfangen wird, ist demnach in der Regel ohne Bedeutung,[717] ebenso wie das

710 So bspw. in § 10 Abs. 1 Satz 3 UStG, § 13b Abs. 2 Satz 1 UStG und § 14 Abs. 2, 4 Nr. 1 UStG, vgl. *Nieskens*, in: Rau/Dürrwächter, UStG, § 1 Rn. 541.

711 BVerfG, Nichtannahmebeschl. v. 3.12.2012 - 1 BvR 1747/11, BFH/NV 2013, 686; BFH, Urt. v. 30.4.2014 - XI R 33/11, BFH/NV 2014, 1239, II.2.a); BFH, Urt. v. 29.1.2014 - XI R 4/12, BFH/NV 2014, 992; II.2.a); Urt. v. 28.8.2013 - XI R 4/11, BStBl II 2014, 282, II.2.a); Urt. v. 14.12.2011 - XI R 32/09, BFH/NV 2012, 1004, für den Abnehmer einer innergemeinschaftlichen Lieferung; Urt. v. 23.9.2009 - XI R 14/08, BStBl II 2010, 243, II.2.a); Urt. v. 18.2.2009 - V R 82/07, BStBl II 2009, 876, II.2.a)aa); Beschl. v. 22.2.2008 - XI B 189/07, BFH/NV 2008, 830; Urt. v. 24.8.2006 - V R 16/05, BStBl II 2007, 340, II.2.b) m.w.N.; i.E. auch EuGH, Urt. v. 3.5.2012 - C-520/10 - *Lebara*, BStBl II 2012, 755, Rn. 33; Urt. v. 8.3.1988 - 165/86 - *Intiem*, Slg. 1988, 1471, Rn. 16.

712 Abschn. 15.2b Abs. 1 Satz 1 UStAE.

713 Vgl. *Englisch* in: Tipke/Lang, Steuerrecht, § 17 Rn. 319; *Korn*, in: Bunjes, UStG, § 14 Rn. 67; *Leonard*, in: Bunjes, UStG, § 13b Rn. 21; *Leipold*, in: Sölch/Ringleb, UStG, § 14 Rn. 375; *Looks*, in: Weymüller, UStG, § 15 Rn. 39.1; *Peltner*, in: Weymüller, UStG, § 1 Rn. 51; *Pump*, StBp 2004, 40, 41; *Reiß*; StuW 1987, 122; *Stadie*, in: Rau/Dürrwächter, UStG, § 15 Rn. 330; *Wagner*, in: Sölch/Ringleb, UStG, 80. Erg.-Lfg. Juni 2017, § 14 Rn. 246; *Weiß*, UR 1985, 25, 28.

714 *Heidner*, in: Bunjes, UStG, § 15 Rn. 34.

715 Vgl. BFH, Urt. v. 18.2.2009 - V R 82/07, BStBl II 2009, 876, II.2.a)bb); Urt. v. 24.8.2006 - V R 16/05, BStBl II 2007, 340, II.2.b); *Oelmeier*, in: Sölch/Ringleb, UStG, § 15 Rn. 150.

716 Abschn. 15.2b Abs. 1 Satz 2 UStAE.

717 BFH, Urt. v. 18.2.2009 - V R 82/07, BStBl II 2009, 876, II.2.a)cc), der dies mit den gesetzlichen Regelungen zu Kommissionsgeschäften begründet, wonach Umsätze denen zugerechnet werden, die im eigenen Namen und für fremde Rechnung handeln.

Bestehen irgendwie gearteter Abhängigkeitsverhältnisse im Innenverhältnis.[718] So betont der BFH für die Bestimmung des Leistungsempfängers ausdrücklich, dass es – bis auf die nachfolgenden vereinzelten Ausnahmen – grundsätzlich unerheblich ist, wem die Leistung letztlich wirtschaftlich zuzurechnen ist, geschweige denn, wer sie bezahlt hat.[719]

Im Ergebnis ist daher grundsätzlich derjenige umsatzsteuerlicher Empfänger der Leistung, der nach außen Anspruch auf die Leistung hat.[720]

bb) Abweichungen von der zivilrechtlichen Betrachtungsweise

Zwar besteht nach der herrschenden Auffassung Einigkeit, dass die zugrunde liegenden vertraglichen Verhältnisse nach ihrem In-Erscheinung-Treten für die Leistungszurechnung als Maßstab zu berücksichtigen sind. Doch trotz dieses klaren Maßstabs ist eine eindeutige Zurechnung der Leistung nicht immer möglich,[721] oder ergebnisgerecht, weshalb auch Vertragsvereinbarungen nicht als das zwingend ausschlaggebende Kriterium gelten dürfen.[722] So muss in bestimmten Fällen auch eine Bestimmung des Leistenden und Leistungsempfängers abweichend von der zivilrechtlichen Vertragslage nach den tatsächlichen wirtschaftlichen Verhältnissen in Betracht kommen können,[723] da das Umsatzsteuerrecht letztlich tatsächliche wirtschaftliche Vorgänge besteuert.[724] Denkbare Kriterien für eine wirtschaftlich orientierte Leistungszurechnung, die zum Teil in der Literatur auch vertreten werden, könnten insbesondere sein, wem der Umsatz

---

718 *Oelmeier*, in: Sölch/Ringleb, UStG, § 15 Rn. 151.

719 BFH, Urt. v. 30.4.2014 – XI R 33/11, BFH/NV 2014, 1239, II.2.a); Urt. v. 17.2.2011 – V R 30/10, II.2.b); so auch *Oelmeier*, in: Sölch/Ringleb, UStG, § 15 Rn. 151.

720 BFH, Beschl. v. 22.2.2008 – XI B 189/07, BFH/NV 2008, 830; Urt. v. 16.5.1995 – XI R 50/93, BFH/NV 1996, 185, b); Urt. v. 1.6.1989 – V R 72/84, BStBl II 1989, 677, II.2.b); *Stöcker*, in: Küffner/Stöcker/Zugmaier, UStG, § 1 Rn. 121.

721 *Robisch*, in: Bunjes, UStG, § 1 Rn. 87.

722 Vgl. EuGH, Urt. v. 20.6.2013 – C-653/11 – *Paul Newey*, ABl. EU 2013, Nr. C 225, 19; BFH, Urt. v. 22.2.2008 – XI B 189/07, BFH/NV 2008, 830; *Peltner*, in: Weymüller, UStG, § 1 Rn. 50 f.

723 Vgl. i.E. BFH, Beschl. v. 22.2.2008 – XI B 189/07, BFH/NV 2008, 830; *Nieskens*, in: Rau/Dürrwächter, UStG, § 1 Rn. 536.

724 Vgl. EuGH, Urt. v. 20.6.2013 – C-653/11 – *Paul Newey*, ABl. EU 2013, Nr. C 225, 19, Rn. 39; Urt. v. 7.10.2010 – C-53/09, C-55/09 – *Loyalty Management UK, Baxi group*, Slg. 2010, I-9187, Rn. 39; BFH, Urt. v. 1.6.1989 – V R 72/84, BStBl II 1989, 677, II.2.b).

wirtschaftlich zuzurechnen ist,[725] wem die Leistung letztlich zugutekommt[726] oder auf wessen Rechnung sie erfolgt.[727]

Eine ausschließlich wirtschaftliche Leistungszurechnung ist abzulehnen, da dadurch nicht nur die gebotene Rechtssicherheit nicht gewährleistet werden kann,[728] sondern die verschiedenen wirtschaftlichen Ansätze auch der Systematik des deutschen Umsatzsteuerrechts widersprechen. Eine wirtschaftliche Betrachtungsweise kommt vielmehr nur in vereinzelten Fällen in Betracht.[729] Dazu zählt unstreitig, wenn von der vertraglichen Ausgestaltung bewusst abgewichen wird durch die tatsächliche Erbringung der Leistung an einen Dritten,[730]

---

725 Im Ergebnis ein Gleichlauf mit der ertragssteuerlichen Zurechnung nach § 39 Abs. 2 Nr. 1 Satz 2 AO (früher § 11 Nr. 2 StAnpG), wonach unter Berücksichtigung des Innenverhältnisses derjenige, dem das Wirtschaftsgut bei Ausführung der Leistung ertragsteuerlich zugerechnet wird, umsatzsteuerlich als Leistender anzusehen ist, so vertreten von *Rosenau*, DB 1966, Beilage 18, 1, 9; *Wachweger*, DStR 1973, 233 f.; a.A. *Heidner*, UR 1995, 122, 125 f.; Relevanz insbesondere bei Treuhandverhältnissen und der Sicherungsübereignung, vgl. dazu ausführlich *Leipold*, Personelle Zurechnung von Umsätzen, S. 41 f.

726 So wohl noch in der Vorinstanz FG Düsseldorf, in der Revision allerdings aufgehoben durch BFH, Urt. v. 20.10.1994 – V R 96/92, BFH/NV 1995, 459, II.1., wonach ein verdecktes wirtschaftliches Interesse unbeachtlich ist, außer in Ausnahmefällen bei vertragswidrigem Verhalten, wenn die tatsächliche Durchführung vom Schuldverhältnis abweicht; ablehnend auch EuGH, Urt. v. 25.2.1999 – C-349/96 – *CPP*, Slg. 1999, I-973, Rn. 21.

727 Danach ist für die Bestimmung des Leistenden für die Leistungszurechnung darauf abzustellen, wer aus wirtschaftlicher Sicht den Erfolg bzw. Misserfolg der Leistung verantwortet, vgl. *Friedl*, UR 1987, 65, 69; *Stadie*, Recht des Vorsteuerabzugs, S. 46; i.E. im Rahmen des Strohmannsgeschäftes auch FG Baden-Württemberg, Urt. v. 25.1.1991 – 9 K 122/89, EFG 1991, 765, I.2.; für die Bestimmung des Leistungsempfängers ist maßgebend, wer Kostenträger ist und die Leistung letztlich zahlt, vgl. *Horn*, UR 1991, 344, 346; *Hummel*, MwStR 2014, 556; *Korn*, KÖSDI 2015, 19365, 19371; *Lange*, UR 1999, 17, 20; *Stadie*, Recht des Vorsteuerabzugs, S. 65 ff.; *ders.*, UStG, § 15 Rn. 93; *Weiß*, UR 1985, 115.

728 Vgl. *Leipold*, Personelle Zurechnung von Umsätzen, S. 93 f. für die Bestimmung des Leistenden; *ders.*, in: Sölch/Ringleb, UStG, § 14 Rn. 381.

729 Vgl. *Looks*, in: Weymüller, UStG, § 15 Rn. 40.1.

730 Wenn von den grundsätzlich maßgebenden zivilrechtlichen Vertragsverhältnissen unter Missachtung dergestalt abgewichen wird, dass tatsächlich ein Dritter die Leistung erlangt, so soll auch der Dritte als Leistungsempfänger im Sinne des Umsatzsteuergesetzes gelten, vgl. ständ. Rspr. des BFH, Beschl. v. 22.2.2008 – XI B 189/07, BFH/NV 2008, 830; Urt. v. 24.8.2006 – V R 16/05, BStBl II 2007, 340, II.2.b); Urt. v. 1.6.1989 – V R 72/84, BStBl II 1989, 677, II.2.b); Abschn. 15.2b Abs. 1 Satz 13

und/oder das Vertragsverhältnis zu Steuerzwecken missbräuchlich gestaltet wurde.[731] Umstritten und nicht abschließend geklärt ist hingegen, inwieweit eine wirtschaftliche Betrachtungsweise darüber hinaus in Betracht kommt und wenn ja, unter welchen Kriterien.[732]

Der BFH hat eine über den Fall der Missachtung der Vertragsvereinbarungen hinausgehende Zurechnung anhand wirtschaftlicher Kriterien grundsätzlich abgelehnt.[733] Demnach soll für die Leistungszurechnung weder von Bedeutung sein, wem die Leistung tatsächlich zugutekommt,[734] noch wer die Kosten für die Leistung letztlich trägt.[735] Auch in weiten Teilen der Literatur findet diese Sichtweise schon aus Gründen der Rechtssicherheit Anklang.[736]

Relevanz erhält die Frage bei der Bestimmung vorsteuerabzugsberechtigter Leistungsempfänger vor allem im Rahmen von Dreiecksverhältnissen. Die Verfechter der Zurechnung anhand der Kostentragung für die Leistung argumentieren zum einen mit dem Wesen der Umsatzsteuer als Verbrauchssteuer. Gerade die Kostentragung verdeutliche den wirtschaftlichen Leistungsempfang und

---

UStAE; *Heidner*, in: Bunjes, UStG, § 15 Rn. 34; *Pump*, UStB 2003, 83; *Tehler*, in: Reiß/Kraeusel/Langer, UStG, § 1a Rn. 34; entscheidend ist, dass sich der Leistungserfolg vollständig bei einem Dritten verwirklicht und dieser auch die Kosten vollständig trägt, vgl. *Englisch*, UR 2014, 461, 462.

731 So sind die Vertragsbestimmungen dann nicht maßgebend, wenn sie nicht die wirtschaftliche Realität widerspiegeln, sondern eine rein künstliche Gestaltung darstellen, die allein auf Erlangen eines Steuervorteils gerichtet ist, vgl. EuGH, Urt. v. 20.6.2013 – C-653/11 – *Paul Newey*, ABl. EU 2013, Nr. C 225, 19, Rn. 52; sich anschließend *Peltner*, in: Weymüller, UStG, § 1 Rn. 50.1; *Robisch*, in: Bunjes, UStG, § 1 Rn. 7; im Einklang mit BFH, Urt. v. 29.1.2014 – XI R 4/12, BFH/NV 2014, 992.

732 Vgl. *Stadie*, UStG, § 15 Rn. 80.

733 Händ. Rspr. BFH, Urt. v. 30.4.2014 – XI R 33/11, BFH/NV 2014, 1239; Urt. v. 23.9.2009 – XI R 14/08, BStBl II 2010, 243; Urt. v. 20.10.1994 – V R 96/92, BFH/NV 1995, 459.

734 BFH, Urt. v. 23.9.2009 – XI R 14/08, BStBl II 2010, 243, II.2.a); Urt. v. 20.10.1994 – V R 96792, BFH/NV 1995, 459, II.1.

735 BFH, Urt. v. 30.4.2014 – XI R 33/11, BFH/NV 2014, 1239; Urt. v. 23.9.2009 – XI R 14/08, BStBl II 2010, 243, II.2.a); Urt. v. 22.2.2008 – XI B 189/07, BFH/NV 2008, 830; Urt. v. 29.1.1987 – V R 112/77, BFH/NV 1987, 472; dem schloss sich auch die Finanzverwaltung im Ergebnis an, vgl. Abschn. 10.2 Abs. 3 Satz 3 UStAE.

736 Vgl. *Heidner*, in: Bunjes, UStG, § 15 Rn. 34; *Nieskens*, in: Rau/Dürrwächter, UStG, § 1 Rn. 631 f.; *Oelmeier*, in: Sölch/Ringleb, UStG, § 15 Rn. 170; vgl. für die Bestimmung des Leistenden *Englisch* in: Tipke/Lang, Steuerrecht, § 17 Rn. 321; *ders.*, UR 2014, 461, 462.

damit die Leistungsfähigkeit und nicht ein zivilrechtliches Vertragsverhältnis.[737] Zum anderen verstoße eine vertraglich orientierte Leistungszurechnung in den Fällen gegen das Neutralitätsgebot, in denen Aufwendungen außerhalb des Vertragsverhältnisses im Zusammenhang mit umsatzsteuerpflichtigen Umsätzen stünden, weil dem aus den Aufwendungen mit Umsatzsteuer belasteten Dritten der entlastende Vorsteuerabzug verweigert werde.[738] Leistungsempfänger im Sinne des § 15 UStG sei nach dieser Ansicht demnach derjenige, der das Entgelt für die Leistung entrichte; unerheblich davon, ob er auch der zivilrechtliche Vertragspartner ist.[739]

Dem Unionsrecht lässt sich indes nicht entnehmen, dass eine solche wirtschaftliche Sichtweise bei der Bestimmung von umsatzsteuerlichen Leistungsbeziehungen ausgeschlossen ist.[740] So heißt es beispielsweise für den Vorsteuerabzug in Art. 168 lit. a MwStSystRL, dass die Beträge für „Dienstleistungen, die ihm [...] geliefert oder erbracht wurden oder werden“, abgezogen werden. Der Wortlaut der Richtlinie lässt also durchaus auch eine wirtschaftliche Zuordnung zu, weil die Voraussetzung einer an jemanden erbrachten oder gelieferten Leistung durchaus auch Personen miteinschließen könnte, die nicht als Vertragspartner auftreten.[741] Das halten Teile der Literatur sogar für geboten, um Verletzungen des Neutralitätsgebots zu vermeiden, da andernfalls einem (nicht vertraglich eingebundenen) Unternehmer das Recht auf Vorsteuerabzug verweigert werden würde, der aber faktisch mit Umsatzsteuer durch die Zahlung belastet ist.[742] Dafür spricht auch, dass in Art. 168 MwStSystRL ebenso ein Vorsteuerabzug für Umsatzsteuer vorgesehen ist, die geschuldet oder entrichtet wurde.[743] Denn wenn die Zurechnung zuvor immer rein zivilrechtlich erfolgen würde, dürfte ein Vorsteuerabzug auch nur erfolgen, wenn es sich dabei um die vertraglich geschuldete Umsatzsteuer handelt. Nichtsdestotrotz ist der Wortlaut der MwStSystRL auch nicht dergestalt eindeutig, dass eine wirtschaftliche Zurechnung möglich bzw. geboten ist, und bedarf der Auslegung:[744]

---

737 Vgl. *Hummel*, MwStR 2014, 556; *Stadie*, in: Rau/Dürrwächter, UStG, Einf. Rn. 158 ff.

738 *Englisch*, UR 2014, 461; *Korn*, KÖSDI 2015, 19365, 19370; *Hummel*, MwStR 2014, 556; ablehnend *Leipold*, in: Sölch/Ringleb, UStG, § 14 Rn. 381.

739 *Hummel*, MwStR 2014, 556.

740 Vgl. *Englisch*, UR 2014, 461, 468.

741 *Korn*, KÖSDI 2015, 19365, 19370; *Englisch*, UR 2014, 461, 468 f.

742 Vgl. *Korn*, KÖSDI 2015, 19365, 19370.

743 Vgl. *Englisch*, UR 2014, 461, 469.

744 Vgl. allgemein zu den Grundsätzen unionsrechtskonformer Auslegung nach Zusammenhang und Zweck der Regelungen und Vereinbarkeit mit dem Unionsrecht EuGH,

Nach der Ansicht des EuGH gilt die Berücksichtigung der wirtschaftlichen und geschäftlichen Realität als entscheidender Maßstab im Rahmen des Mehrwertsteuersystems.[745] Er führt aber ebenso aus, dass grundsätzlich die Vertragsverhältnisse diese am besten widerspiegeln und bei der Leistungszurechnung Berücksichtigung finden,[746] weshalb sich kein von den vertraglichen Verhältnissen abweichender Maßstab ableiten ließe. Nichtsdestotrotz gilt dieser Grundsatz nur unter der Prämisse, dass die vertraglichen Vereinbarungen auch tatsächlich die wirtschaftliche Realität widerspiegeln.[747] Es ist insofern Aufgabe der nationalen Gerichte, im konkreten Fall festzustellen, inwieweit die vertragliche Gestaltung mit der wirtschaftlichen Realität übereinstimmt.[748]

So entschied der EuGH im Fall *Paul Newey*[749], dass Vertragsbestimmungen dann nicht mehr der wirtschaftlichen Realität entsprechen und damit für die Leistungszurechnung unbeachtlich sind, wenn die zivilrechtlichen Vereinbarungen nur eine rein künstliche Gestaltung darstellen.[750] Die Entscheidung zielt darauf ab, Gestaltungsmissbrauch vorzubeugen. Vor diesem Hintergrund bedarf es für die Außerachtlassung der Vertragsbestimmungen einer missbräuchlichen Zielsetzung der Vertragsabweichung.[751] Wann dies der Fall ist, bestimmt sich in den nationalen Regelungen des § 42 AO.[752]

Es stellt sich die Frage, ob eine Aufweichung des Grundsatzes der zivilvertraglichen Betrachtungsweise über den Fall der missbräuchlichen Gestaltung hinaus auch in den Fällen geboten wäre,[753] in denen ein Dritter außerhalb des

---

Urt. v. 1.4.2004 – C-1/02 – *Borgmann*, Slg. 2004, I-3219, Rn. 25, 30; Urt. v. 13.12.1983 – 218/82 – *Kommission/Rat*, Slg. 1983, I-4063, Rn. 15.

745 EuGH, Urt. v. 20.6.2013 – C-653/11 – *Paul Newey*, ABl. EU 2013, Nr. C 225, 19, Rn. 42; Urt. v. 7.10.2010 – C-53/09, C-55/09 – *Loyalty Management UK, Baxi group*, Slg. 2010, I-9187, Rn. 39; Generalanwalt *Tanchev*, EuGH, Schlussanträge v. 11.07.2017 – C-462/16, Celex-Nr. 62016CC0462, Rn. 44.

746 EuGH, Urt. v. 20.6.2013 – C-653/11 – *Paul Newey*, ABl. EU 2013, Nr. C 225, 19, Rn. 43.

747 Vgl. EuGH, Urt. v. 20.6.2013 – C-653/11 – *Paul Newey*, ABl. EU 2013, Nr. C 225, 19, Rn. 44.

748 Vgl. *Oelmaier*, in: Sölch/Ringleb, UStG, § 1 Rn. 7.

749 EuGH, Urt. v. 20.6.2013 – C-653/11 – *Paul Newey*, ABl. EU 2013, Nr. C 225, 19.

750 Vgl. EuGH, Urt. v. 20.6.2013 – C-653/11 – *Paul Newey*, ABl. EU 2013, Nr. C 225, 19, Rn. 45.

751 Vgl. EuGH, Urt. v. 20.6.2013 – C-653/11 – *Paul Newey*, ABl. EU 2013, Nr. C 225, 19, Rn. 46; so auch *Robisch*, in: Bunjes, UStG, § 1 Rn. 7.

752 Vgl. BFH, Urt. v. 9.9.2015 – XI R 21/13, BFH/NV 2016, 597, II.4.b)bb).

753 Vgl. grundsätzlich ablehnend *Wäger*, UR 2014, 81, 83, nach dem der Steuerpflichtige sich auf die steuerliche Anerkennung seiner vertraglichen Vereinbarungen verlassen können müsse, wenn ein Gestaltungsmissbrauch ausscheide.

Vertragsverhältnisses letztlich die Leistung erhält und auch für sie zahlt, da auch hier die vertraglichen Vereinbarungen nicht der wirtschaftlichen Realität entsprechen.

Solch eine Zurechnung von Leistungen anhand einer wirtschaftlichen Betrachtungsweise könnte sich beispielsweise der Entscheidung des EuGH vom 6. Februar 2003 in der Sache *Auto Lease Holland*[754] entnehmen lassen.[755] Die Entscheidung befasste sich dem Grunde nach mit der Frage nach der Verschaffung der Verfügungsmacht im Sinne des § 3 Abs. 1 UStG bzw. Art. 14 Abs. 1 MwStSystRL (vgl. zu den Voraussetzungen der Verschaffung der Verfügungsmacht D.II.3.a)bb)(2)) und im Rahmen dessen auch mit der vorgelagerten bzw. inhärenten Frage der Bestimmung der Leistungsbeziehung. Der zugrunde liegende Fall betraf eine Leasinggesellschaft für Kraftfahrzeuge, die mit ihren Leasingnehmern auch eine Vereinbarung über Kraftstoffverwaltung getroffen hat. Nach dieser hatte der Leasingnehmer das Recht, im Namen und für Rechnung der Leasinggeberin Kraftstoff zu tanken. Die Bezahlung erfolgte über eine Tankkreditkarte, die auf die Leasinggeberin ausgestellt war, welche auch die Abrechnung beglich. Der Leasingnehmer zahlte dafür monatlich ein Zwölftel der voraussichtlichen Kraftstoffkosten zzgl. einer Gebühr für die Kraftstoffverwaltung. Am Ende des Jahres wurde der tatsächliche Verbrauch abgerechnet und etwaige Differenzen dem Leasingnehmer in Rechnung gestellt.

Nach den zugrunde liegenden vertraglichen Vereinbarungen handle es sich demnach um eine Dreiecksbeziehung, in der die Tankstelle an die Leasinggeberin leistet und diese wiederum an den Leasingnehmer. Der BFH hatte mit Beschluss vom 22. Februar 2001 dem EuGH die Frage vorgelegt, ob der Leasingnehmer eine Kraftstofflieferung vom Leasinggeber erhält.[756]

Der EuGH prüfte dafür zunächst, ob die Mineralölgesellschaft (sprich deren Tankstellen) vorab das Benzin an den Leasinggeber geliefert hatte oder ob sie es unmittelbar an den Leasingnehmer leistete. Er entschied, dass die „Übertragung der Befähigung, wie ein Eigentümer über den Gegenstand zu verfügen", dahin auszulegen sei, dass ein Leasinggeber keine Kraftstofflieferung an seinen Leasingnehmer dadurch erbringe, dass der Leasingnehmer bei Tankstellen aus

---

754 EuGH, Urt. v. 6.2.2003 – C-185/01 – *Auto Lease Holland*, BStBl II 2004, 573.

755 So etwa *Klenk*, HFR 2003, 897; *Winter/Kapeller*, MwStR 2013, 109, 111; a.A. *Wagner* hingegen sieht in dem Urteil keine Abweichung von der zivilrechtlichen Betrachtungsweise, sondern versteht das Urteil lediglich als Würdigung eines Vertrags über Kraftstofflieferung als Vereinbarung zu dessen Finanzierung, vgl. *Wagner*, in: Sölch/Ringleb, UStG, 80. Erg.-Lfg. Juni 2017, § 14 Rn. 246.

756 BFH, Beschl. v. 22.2.2001 – V R 26/00, BStBl II 2004, 571.

vertraglicher Sicht im Namen und für Rechnung des Leasinggebers sein Fahrzeug betanke.[757] Grundsätzlich stehe fest, dass der Leasingnehmer über den Kraftstoff verfüge, als sei er der Eigentümer, da er ihn unmittelbar von der Mineralölgesellschaft erhalte und der Leasinggeber auf Ort und Zweck der Verwendung keinen Einfluss habe.[758] Auch erwerbe der Leasingnehmer im Ergebnis nicht im Namen des Leasinggebers und für dessen Rechnung den Kraftstoff. Durch die Tankkarte übernehme der Leasinggeber vielmehr nur vordergründig die Kosten, da am Ende des Jahres der tatsächliche Verbrauch abgerechnet werde und der Leasingnehmer die vollen Kosten für seinen Kraftstoff trage.[759] Die Kraftstoffverwaltungsvereinbarung sei daher nicht als Vertrag über den Bezug von Kraftstoff zu verstehen, sondern lediglich als Vertrag zu dessen Finanzierung, wobei der Leasinggeber als Kreditgeber fungiere.[760]

Die Leistungsbeziehung besteht nach Ansicht des EuGH daher zwischen dem Leasingnehmer und der Tankstelle, da auch nur der Leasingnehmer die tatsächliche Verfügungsmacht über den Kraftstoff erhalte. Zum Teil wurde diese Auslegung nun dahingehend verstanden, dass der EuGH hinsichtlich der Frage, wem die Verfügungsmacht verschafft worden ist, eine wirtschaftliche Betrachtungsweise den zugrunde liegenden nationalen zivilrechtlichen Grundlagen vorziehen würde.[761] Entscheidende Kriterien für die Leistungszurechnung wären demnach die letztendliche Kostentragung des Leasingnehmers – was elementar der ständigen Rechtsprechung des BFH zur Unmaßgeblichkeit der tatsächlichen Kostentragung widerspreche –[762] und dass nur der Leasingnehmer über die Verwendung des Kraftstoffes entscheiden könne.[763]

---

757 EuGH, Urt. v. 6.2.2003 – C-185/01 – *Auto Lease Holland*, BStBl II 2004, 573, Rn. 37.

758 EuGH, Urt. v. 6.2.2003 – C-185/01 – *Auto Lease Holland*, BStBl II 2004, 573, Rn. 34.

759 EuGH, Urt. v. 6.2.2003 – C-185/01 – *Auto Lease Holland*, BStBl II 2004, 573, Rn. 35.

760 EuGH, Urt. v. 6.2.2003 – C-185/01 – *Auto Lease Holland*, BStBl II 2004, 573, Rn. 36.

761 Vgl. *Klenk*, HFR 2003, 897.

762 Vgl. BFH, Urt. v. 30.4.2014 – XI R 33/11, BFH/NV 2014, 1239; Urt. v. 23.9.2009 – XI R 14/08, BStBl II 2010, 243, II.2.a); Urt. v. 22.2.2008 – XI B 189/07, BFH/NV 2008, 830; Urt. v. 29.1.1987 – V R 112/77, BFH/NV 1987, 472.

763 Nichtsdestotrotz schloss sich der BFH – aufgrund der Bindung an die Rechtsprechung des EuGH nach einer Vorlage – der EuGH-Entscheidung in dem zugehörigen Schlussurteil an, wonach die Leistungsbeziehung zwischen Kraftstofflieferant und Leasingnehmer besteht, da auch nur diese die Verfügungsmacht erlangt, BFH, Urt. v. 10.4.2003 – V R 26/00, BStBl II 2004, 571; da er aber in diesem Fall bereits keinen Vertrag zwischen der Mineralölgesellschaft und dem Leasinggeber über die Lieferung von Kraftstoff angenommen hat, vgl. BFH, Urt. v. 10.4.2003 – V R 26/00, BStBl II 2004, 571, II.3, wich er genau genommen auch nicht von dem Grundsatz ab, dass die

Diese (letztlich ausgelegte) Sichtweise des EuGH ist in der Literatur vermehrt auf Kritik gestoßen.[764] Sie wird vor allem als Einzelfallentscheidung abgetan, aus der keine verallgemeinernden Schlüsse gezogen werden dürften.[765] Der EuGH verkenne die im Zivilrecht begründeten Voraussetzungen, welche im Ergebnis die Basis der Regeln des Unionsrechts bilden, und sorge damit für erhebliche Rechtsunsicherheit.[766] Anderseits findet die Rechtsprechung auch durchaus Akzeptanz; denn wenn die tatsächliche Leistungserbringung eine andere Leistungsbeziehung darstelle als die vertragliche Vereinbarung, müsse diese auch umsatzsteuerlich Vorrang haben.[767] Es wird aber ebenso darauf hingewiesen, dass es sich bei diesen Fällen um seltene Ausnahmefälle handele.[768]

Doch genau genommen weicht der EuGH mit dieser Entscheidung nicht von seiner ursprünglichen Rechtsprechung zur vertraglichen Betrachtungsweise ab.[769] Vielmehr hat er aus dem tatsächlichen Leistungsgeschehen geschlossen, dass bereits kein Vertrag über die Lieferung von Kraftstoff zwischen dem Leasinggeber und dem Leasingnehmer bestand, sondern die vertraglichen Vereinbarungen als Vertrag über die Finanzierung von Kraftstoff auszulegen sind. Konsistent zu seinem *Paul Newey*-Urteil entschied er demnach lediglich, dass die vertraglichen Bestimmungen mit dem tatsächlichen Leistungsgeschehen übereinstimmen müssen, da andernfalls eine abweichende Auslegung erfolgt. Dass dies allerdings eher der Ausnahmefall ist, bestätigt sich auch in den weiteren EuGH-Entscheidungen im Rahmen der Leistungszurechnung, die in ihrer umsatzsteuerlichen Leistungszurechnung den vertraglichen Bestimmungen entsprechen, auch wenn ein Dritter die Leistung erhält:

---

zugrunde liegenden vertraglichen Verhältnisse ausschlaggebend seien, vgl. *Klenk*, HFR 2003, 897.

764 Vgl. *Martin*, in: Sölch/Ringleb, UStG, § 3 Rn. 402 der das Urteil als „pragmatisch" bezeichnet; *Nieskens*, in: Rau/Dürrwächter, UStG, § 1 Rn. 636; *Tehler*, EuGH-URep 2004, 9, 11.

765 Vgl. *Thoma*, UStB 2005, 179, 182; so auch *Nieskens*, in: Rau/Dürrwächter, UStG, § 1 Rn. 636, der dieses Urteil als „rechtssystematisch unhaltbar" bezeichnet und eine verallgemeinernde Aussage zum Einfluss des Zivilrechts auf die Zurechnung von Leistungen sich verbiete.

766 Vgl. *Lohse*, UVR 2003, 115, 116; *Tehler*, EuGH-URep 2004, 9, 11.

767 Vgl. *Wagner*, in: Sölch/Ringleb, UStG, § 15 Rn. 147, 278; für eine über die enge Beschränkung auf Benzinlieferungsfälle von Tankstellen hinausgehende Anwendung *Lohse*, UVR 2003, 115, 116.

768 Vgl. *Wagner*, in: Sölch/Ringleb, UStG, § 15 Rn. 147, 278.

769 Vgl. *Martin*, in: Sölch/Ringleb, UStG, § 3 Rn. 402; *Wagner*, in: Sölch/Ringleb, UStG, 80. Erg.-Lfg. Juni 2017, § 14 Rn. 246.

In dem früheren EuGH-Urteil zu Benzinlieferungen in der Sache *Intiem*[770] ließ eine Unternehmerin eine von ihr vertriebene Zeitschrift durch ihre Angestellten an die Kunden liefern. Diese nutzten ihre eigenen Kraftfahrzeuge und erhielten dafür eine Fahrkostenvergütung, die aber keine Kraftstoffkosten mit abdecken sollte. Am Ende des Tages tankten die Arbeitnehmer dann an einer Tankstelle auf Kosten des Arbeitgebers. Die Benzinlieferung wurde dem Arbeitgeber vom Tankstellenbetreiber direkt in Rechnung gestellt. Hier entschied der EuGH, dass der Arbeitgeber der Leistungsempfänger des Kraftstoffes sei. Denn er habe aufgrund einer Vereinbarung die Gegenstände auf eigene Rechnung an seine Arbeitnehmer liefern lassen, die diese dann ausschließlich für geschäftliche Zwecke des Arbeitgebers gebraucht hätten. Der Arbeitnehmer habe durch sein Auftreten – ausdrücklich oder konkludent – im Namen des Arbeitgebers ein Rechtsverhältnis zwischen Arbeitgeber und Tankstelle geschlossen, was nach Ansicht des EuGH als Vertrag über die Lieferung von Kraftstoff und nicht nur dessen Finanzierung zu verstehen sei, da er auch tatsächlich die vollen Kosten übernehme.[771]

Ähnlich liegt auch die *CCP*-Entscheidung[772] des EuGH. In dem dort zugrunde liegenden Fall verschaffte ein Unternehmer (selbst kein Versicherer) seinen Kunden im eigenen Namen und für eigene Rechnung Versicherungsschutz. Um diesen Versicherten diese Leistung zu ermöglichen, war der Unternehmer selbst Nehmer einer Gruppenversicherung. Der Versicherer dieser Gruppenversicherung wiederum erbrachte dann im Schadensfall die Versicherungsleistung unmittelbar an die Versicherten des Unternehmers. Auch hier ließe sich argumentieren, dass letztlich die Versicherten die Kosten tragen und die Leistung unmittelbar erhalten, weshalb sie als Leistungsempfänger gegenüber dem Gruppenversicherer gelten. Der EuGH entschied dennoch, dass sowohl zwischen dem Unternehmer und dessen Versicherten als auch zwischen dem Unternehmer und dem Gruppenversicherer ein Leistungsaustausch besteht. Ausschlaggebend sei insofern, dass der Unternehmer den Versicherten den Versicherungsschutz im eigenen Namen und für eigene Rechnung gewährt habe; wohingegen es ohne Belang sei, dass die Versicherten die Leistung unmittelbar erhalten.[773]

Im Widerspruch dazu scheint die kürzlich ergangene Entscheidung des EuGH in der Sache *Boehringer Ingelheim Pharma*[774] zu stehen. Hintergrund dort war die

770 EuGH, Urt. v. 8.3.1988 – 165/86 – *Intiem*, Slg. 1988, 1471.
771 Vgl. *Klenk*, HFR 2003, 897; *Lohse*, UVR 2003, 115, 116.
772 EuGH, Urt. v. 25.2.1999 – C-349/96 – *CCP*, ABl. EG 1999, Nr. C 121, 3.
773 EuGH, Urt. v. 25.2.1999 – C-349/96 – *CCP*, ABl. EG 1999, Nr. C 121, 3, Rn. 21.
774 EuGH, Urt. v. 20.12.2017 – C-462/16 – *Boehringer Ingelheim Pharma*, UR 2018, 166.

Frage nach der Minderung der Bemessungsgrundlage für Arzneimittellieferungen eines pharmazeutischen Herstellers aufgrund seines an das Unternehmen der privaten Krankenversicherung gezahlten Abschlags (siehe dazu ausführlich D.IV.2.c)dd)(4)), wenn das Arzneimittel über einen Großhändler von der Apotheke an den privat Krankenversicherten geliefert wird. In diesem Kontext entschied der EuGH nun überraschend, dass nicht der Versicherte, sondern die private Krankenkasse als Endverbraucher der Arzneimittellieferung anzusehen ist (siehe zur Bestimmung der umsatzsteuerlichen Leistungsbeziehung in der privaten Krankenversicherung D.II.2.d)).[775] Aufgrund des im Rahmen der privaten Krankenversicherung vorherrschenden Kostenerstattungsprinzips (siehe dazu C.I.1.c)) liegt zwischen der Apotheke und dem Versicherten ein Kaufvertrag vor. Ausgehend von der Maßgeblichkeit vertraglicher Vereinbarungen für die Bestimmung der Leistungsbeziehung müsste daher der Versicherte Leistungsempfänger der Arzneimittellieferung der Apotheke sein.[776] Von diesem Grundsatz wich der EuGH mit dieser Entscheidung nun aber scheinbar weiter ab.[777] Eine Begründung führte er allerdings nicht an. Er verwies lediglich auf die Ausführungen des Generalanwalts *Tanchev*, der bereits zuvor in seinen Schlussanträgen annahm, dass die privaten Krankenkassen als umsatzsteuerliche Leistungsempfänger der Arzneimittellieferungen der pharmazeutischen Hersteller anzusehen sind.[778] *Tanchev* stützte seine Argumentation für die Anwendung des gemeinsamen Mehrwertsteuersystems vor dem Hintergrund der *Loyalty Management*-Entscheidung[779] des EuGH auf das grundlegende Kriterium „der Berücksichtigung der wirtschaftlichen Realität". Seiner Ansicht nach sei die Zuweisung der Rolle des Endverbrauchers an den Privatversicherten eine rechtliche Fiktion, insbesondere weil die Mehrwertsteuer, die der Versicherte an die Apotheke zahle, ihm als Teil der Erstattung wieder durch das Unternehmen der privaten Krankenversicherung zurückgezahlt werde.

---

775 EuGH, Urt. v. 20.12.2017 – C-462/16 – *Boehringer Ingelheim Pharma*, UR 2018, 166, Rn. 41.

776 So bisher BFH, Urt. v. 20.5.2015 – XI R 2/13, BFH/NV 2015, 1775, II.2.c)bb); i.E. auch Vorlagebeschl. v. 22.6.2016 – V R 42/15, EuGH Az. C-462/16, BFH/NV 2016, 1528, II.2.c).

777 *Krieg*, DStR 2018, 509, 511; vgl. *Prätzler*, jurisPR-SteuerR 20/2018, Anm. 6.

778 Generalanwalt *Tanchev*, EuGH, Schlussanträge v. 11.07.2017 – C-462/16, Celex-Nr. 62016CC0462, Rn. 44 f.

779 EuGH, Urt. v. 7.10.2010 – C-53/09 und C-55/09 – *Loyalty Management UK und Baxi Group*, Slg. 2010, I-9187.

Zumindest den Ausführungen des Generalanwalts könnte man somit entnehmen, dass vertragliche Vereinbarungen dann nicht mehr die wirtschaftliche Realität widerspiegeln, wenn ein Dritter die Kosten erstattet und dadurch letztlich mit der Umsatzsteuer belastet ist und nicht derjenige, der aufgrund Vertrags als Endverbraucher gilt. Dem liegt könnte der Gedanke zugrunde liegen, dass nach dem Prinzip der Allphasennettobesteuerung nur der Endverbraucher mit Umsatzsteuer belastet sein soll.[780] Ob dies der EuGH auch in der verallgemeinernden Absolutheit so entscheiden wollte – im Ergebnis verbunden mit erheblichen Auswirkungen weit über die Gesundheitsindustrie hinaus – oder lediglich für den Einzelfall einer Spezialmaterie, bleibt völlig offen.[781] Zwar entschied er auch in seiner *CCP*-Entscheidung[782], dass der Unternehmer, der die Versicherung vom Gruppenversicherer beziehe und die Versicherten weiterleite, der Leistungsempfänger der Leistung des Gruppenversicherers sei und seine Versicherten, die die Leistung erhielten, nur zu ihm und nicht zu dem Gruppenversicherer in einer umsatzsteuerlichen Leistungsbeziehung ständen. Im Unterschied zur privaten Krankenversicherung wurde aber dort die Leistung auch von dem Unternehmer in seinem Namen und auf seine Rechnung gewährt. Dies ist im Rahmen der privaten Krankenversicherung – anders als bei der gesetzlichen Krankenversicherung –[783] gerade nicht der Fall. Der Versicherte erwirbt das Arzneimittel im eigenen Namen und (vorerst) auf eigene Rechnung, während die spätere Kostenerstattung nicht zwingend ist. Sie erfolgt indes nur, wenn der Versicherte sie auch geltend macht. Und auch nur in diesem Fall ist die private Krankenkasse nach Ansicht des EuGH als Leistungsempfänger anzusehen,[784] was zu erheblicher Rechtsunsicherheit für die leistenden Apotheker führen wird (siehe zu den umsatzsteuerlichen Auswirkungen der Rechtsprechung des EuGH

780 EuGH, Urt. v. 24.10.1996 – C-317/94 – *Elida Gibbs Ltd.*, BStBl II 2004, 324, Rn. 19; *Robisch*, in: Bunjes, UStG, Vor § 1 Rn. 19; dass der Versicherte letztlich über seine Versicherungsbeiträge die Kosten finanziert, ist deshalb unerheblich. Zumal diese Beiträge völlig losgelöst von einer Leistungsinanspruchnahme sind und allein für die Aufrechterhaltung des Versicherungsschutzes gezahlt wird, weshalb es an dem konkreten Zusammenhang zu einer Leistung der Versicherung fehlt (vgl. dazu zur gesetzlichen Krankenversicherung D.II.2.b)dd)(2)).

781 Vgl. auch *Kombert*, MwStR 2018, 171; *Krieg*, DStR 2018, 509, 511.

782 EuGH, Urt. v. 25.2.1999 – C-349/96 – *CCP*, ABl. EG 1999, Nr. C 121, 3.

783 Der liegt das Sachleistungsprinzip nach § 2 Abs. 2 SGB V zugrunde, weshalb die Krankenkasse im eigenen Namen und auf eigene Rechnung die Arzneimittellieferung an die Versicherten erbringt (siehe dazu ausführlich D.II.2.b)dd)).

784 EuGH, Urt. v. 20.12.2017 – C-462/16 – *Boehringer Ingelheim Pharma*, UR 2018, 166, Rn. 41.

für die private Krankenversicherung D.II.2.d)). Ob im Ergebnis aus dem Urteil allgemeingültige Rückschlüsse für die Bestimmung der umsatzsteuerlichen Leistungsbeziehung gezogen werden können, scheint indes fraglich. Sie ist vielmehr als Einzelfallentscheidung zur Arzneimittelversorgung zu werten, deren Ansinnen vor allem die umsatzsteuerliche Gleichstellung von gesetzlichen und privaten Krankenkassen war.[785] Dem liegt zugrunde, dass hier ausnahmsweise die vertragliche Grundlage ausnahmsweise nicht die wirtschaftliche Realität widerspiegelt, da Hintergrund der sozialrechtlichen Regelung gerade die Gleichstellung zwischen den Versicherungssystemen war. Insoweit ist dem Urteil auch zuzustimmen, da es denn sozialrechtlichen Besonderheiten Rechnung trägt, die die wirtschaftliche Realität prägen.[786] Darüber hinaus sollte aber nicht der Rückschluss gezogen werden, dass die Kostentragung hier als maßgebendes Kriterien einer abweichenden Beurteilung heranzuziehen ist.

Im Ergebnis lässt sich daher nur feststellen, dass zwar all diese Entscheidungen zumindest deutlich machen, dass auch für den EuGH in erster Linie die vertragliche Beziehung maßgebend ist, sofern sie denn besteht. Sie zeigen aber auch die Grenzen auf, in denen vertragliche Vereinbarungen die wirtschaftliche Realität noch maßgeblich widerspiegeln und dass es insbesondere nicht ausreichen kann, dass einem anderen die Leistung zugutekommt. Letztlich ist dies immer eine Entscheidung des Einzelfalls, eine klare Systematik lässt sich indes nicht erkennen.

Mit Blick auf die Systematik des deutschen Umsatzsteuergesetzes ist die Ansicht des BFH, eine wirtschaftliche Betrachtungsweise bis auf Fälle missbräuchlicher Gestaltung abzulehnen, dennoch überzeugend. So sieht § 15 Abs. 5 Nr. 2 UStG eine Verordnungsermächtigung vor, nach der einem anderen als dem Leistungsempfänger ein Vorsteuerabzug gewährt werden kann, wenn dieser das Entgelt entrichtet hat. In den entsprechenden Verordnungsregelungen der §§ 35 ff. UStDV ist von der Möglichkeit aber kein Gebrauch gemacht worden.[787] Dies lässt den Umkehrschluss zu, dass der deutsche Gesetzgeber die Entgeltgewährung durch einen Dritten nicht ausreichen lässt, um diesen als Leistungsempfänger zu qualifizieren und ihm selbst ein Vorsteueranspruch nicht eingeräumt werden soll.[788] Bestätigt wird dies auch durch § 10 Abs. 1 Satz 3

785 So auch *Wüst*, MwStR 2018, 358, 359; a.A. wohl *Polok*, UR 2018, 147, 151.

786 Vgl. auch *Heuermann*, UR 2018, 497, 503, der dies als „sozialrechtliche Überlagerung der zivilrechtlichen Einkleidung" versteht.

787 Bis auf eine Sonderregelung für unfreie Versendungen, § 40 UStDV.

788 Vgl. auch *Englisch* in: Tipke/Lang, Steuerrecht, § 17 Rn. 320; a.A. *Stadie*, UStG, § 15 Rn. 67, der die Verordnungsermächtigung in § 15 Abs. 5 Nr. 2 UStG unerheblich hält für die Auslegung, da sich schon aus der Auslegung des § 15 Abs. 1 Satz 1 Nr. 1 UStG

UStG, wonach die Aufwendungen eines anderen als des Leistungsempfängers als Entgelt von dritter Seite in die Bemessungsgrundlage des Leistungsempfängers miteinbezogen werden. Das indiziert, dass es für die vorherige Bestimmung der Leistungsbeziehung nicht unbedingt von Bedeutung ist, dass das zugrunde liegende Geschäft auf Rechnung eines Dritten erfolgte.[789] Eine Zahlung bzw. Aufwendung ist demnach nicht ausreichend für eine Leistungszurechnung und Qualifikation als Leistungsempfänger.

cc) Zwischenergebnis

Im Ergebnis ist festzuhalten, dass dem Grundsatz nach die zivilrechtliche Vertragslage maßgeblich dafür ist, wer umsatzsteuerlich als Leistender und Leistungsempfänger anzusehen ist. Ein rein wirtschaftlicher Ansatz scheidet indes aus. In der Regel kommen diese Ansätze aber ohnehin zum gleichen Ergebnis, weil die vertraglichen Vereinbarungen meist auch der wirtschaftlichen Sachlage entsprechen. Sollte dies jedoch einmal nicht der Fall sein, ist eine Abweichung vom zivilrechtlichen Grundsatz durchaus denkbar, wenn sich aus dem tatsächlichen Leistungsbild eine andere Leistungsbeziehung ergibt. Nichtsdestotrotz handelt es sich um Ausnahmefälle, die restriktiv und von Einzelfall zu Einzelfall zu bewerten sind,[790] was schwierige Fragen aufwirft, die zum Teil noch ungeklärt sind.[791]

Es bleibt abzuwarten, ob dies nach dem EuGH-Urteil zu der Sache *Boehringer Ingelheim Pharma*[792] auch noch in Zukunft gilt oder ob dem in der Entscheidung maßgeblichen Kriterium der Kostentragung von den nationalen Gerichten über den – durchaus speziellen – Einzelfall der privaten Krankenversicherung hinaus doch noch allgemeine Bedeutung für die Grundsätze zur Bestimmung der Leistungsbeziehung zuteil wird.[793]

dd) Problemfall des Dreiecksverhältnisses

Praktische Relevanz erhält die Diskussion über die Grenzen der Leistungszurechnung anhand von zivilrechtlichen Vereinbarungen bei Dreiecksverhältnissen.

---

vor dem Hintergrund des Zwecks des Vorsteuerabzugs nichts Anderes ergeben könne, wenn ein Unternehmer mit Umsatzsteuer belastet ist.

789 BFH, Urt. v. 20.10.1994 – V R 96/92, BFH/NV 1995, 459, II.1; vgl. *Wagner*, in: Sölch/Ringleb, UStG, 80. Erg.-Lfg. Juni 2017, § 14 Rn. 251.

790 Vgl. ebenso *Wagner*, in: Sölch/Ringleb, UStG, § 15 Rn. 147, 278.

791 *Robisch*, in: Bunjes, UStG, § 1 Rn. 7.

792 EuGH, Urt. v. 20.12.2017 – C-462/16 – *Boehringer Ingelheim Pharma*, UR 2018, 166.

793 *Kombert*, MwStR 2018, 171; zweifelnd *Wüst*, MwStR 2018, 358, 359.

Die Zurechnung einer Leistung zu einem Leistenden und Leistungsempfänger führt in der Regel immer dann zu Schwierigkeiten, wenn die Erbringung der Leistung unter Beteiligung einer dritten Person erfolgt.[794] Grundsätzlich gilt auch hier, dass wenn die Parteien in diesen Fallkonstellationen eindeutig geregelt haben, wer durch den Vertrag berechtigt und verpflichtet wird, dem auch Vorrang einzuräumen ist.[795] Ob im Ergebnis die Zurechnung der Leistung zum Handelnden oder einem anderen gegenüber erfolgt, hängt – wie bereits ausgeführt – davon ab, ob der Handelnde im Außenverhältnis gegenüber Dritten im eigenen Namen oder berechtigterweise im Namen eines anderen aufgetreten ist.[796]

Wann dies konkret der Fall ist, hängt von der Beurteilung des Einzelfalls ab. Dennoch haben sich vor dem Hintergrund der vielfältigen Dreiecksverhältnisse verschiedene Fallgruppen herausgebildet, die die unterschiedlichen Aspekte bei der Leistungszurechnung im Dreipersonenverhältnis und deren Abgrenzung zueinander verdeutlichen.

Nachfolgend gilt es vor allem, die Fallgruppen darzustellen, anhand derer im weiteren Verlauf für die Leistungszurechnung im Rahmen der Arzneimittelversorgung, der auch ein Dreipersonenverhältnis zugrunde liegt, eine Einordnung und Abgrenzung erfolgt.

(1) Einkaufs- und Verkaufskommission

Ein typisches, zivilrechtlich normiertes Dreiecksverhältnis ist das Kommissionsgeschäft im Sinne des § 383 HGB. Dabei kauft oder verkauft (demnach entweder Einkaufs- oder Verkaufskommission) der Kommissionär gem. § 383 Abs. 1 HGB gewerbsmäßig, Waren oder Wertpapiere für Rechnung eines anderen (des Kommittenten) im eigenen Namen. Eine Abgrenzung zu den Vertretern, Vermittlern und Maklern erfolgt insofern anhand des Handelns im fremden oder eigenen Namen.[797]

---

794 Vgl. *Nieskens*, in: Rau/Dürrwächter, UStG, § 1 Rn. 535; *Looks*, in: Weymüller, UStG, § 15 Rn. 40.

795 *Robisch*, in: Bunjes, UStG, § 1 Rn. 87; wenn also beispielsweise Dritte als Erfüllungsgehilfen beauftragt werden und die Leistung erbringen, wird die Leistung trotzdem dem Beauftragenden zugerechnet, da er auch nach dem zugrunde liegenden Rechtsverhältnis zur Leistung verpflichtet ist und einen Anspruch auf Gegenleistung innehat, vgl. *Stadie*, UStG, § 1 Rn. 72.

796 Vgl. u.a. BFH, Urt. v. 28.1.1999 – V R 4/98, BStBl II 1999, 628, II.1.b) m.w.N.; *Nieskens*, in: Rau/Dürrwächter, UStG, § 1 Rn. 536 ff.

797 *Martin*, in: Sölch/Ringleb, UStG, § 3 Rn. 402.

Umsatzsteuerlich gilt der Kommissionär im Rahmen der Einkaufskommission als Leistungsempfänger, da er zwar für Rechnung des Kommittenten zivilrechtlich aber im eigenen Namen vom Leistenden eine Leistung einkauft.[798] So stellt es sich spiegelbildlich auch bei der Verkaufskommission dar, bei der der Kommissionär selbst Leistender ist, weil er eine Leistung im eigenen Namen erbringt; der Verkauf erfolgt lediglich auf fremde Rechnung für den Kommittenten.[799]

Die Leistungsbeziehung zwischen dem Kommissionär und dem Kommittenten wird wiederum vom Umsatzsteuergesetz in § 3 Abs. 3 UStG unmittelbar geregelt. Sie ist für die Zurechnung der dem Kommissionsgeschäft zugrunde liegenden Leistung allerdings unabhängig.[800]

(2) Abgekürzter Lieferweg – Drittaufwand – Reihengeschäft

Beim abgekürzten Lieferweg schließen zwei Personen einen Vertrag über eine Leistung ab, die aber nicht an den kostentragenden Vertragspartner, sondern direkt an den Dritten geliefert wird. Bei Zugrundelegung der zivilrechtlichen Vertragsverhältnisse gilt der zivilrechtliche Auftraggeber als Leistungsempfänger, da der Dritte aus dem schuldrechtlichen Vertragsverhältnis nicht berechtigt wird.[801] Ein Beispiel dafür ist der der *CCP*-Entscheidung des EuGH zugrunde liegende Fall, in dem der Gruppenversicherer die Versicherungsleistung unmittelbar an die Versicherten des leistenden Unternehmers erbrachte, ohne dass darin auch eine umsatzsteuerliche Leistung des Gruppenversicherer an diese lag; vielmehr erbrachte der Unternehmer die Leistung an die Versicherten.[802]

---

798 *Looks*, in: Weymüller, UStG, § 15 Rn. 41.3; vgl. *Martin*, in: Sölch/Ringleb, UStG, § 3 Rn. 403.

799 Vgl. BFH, Urt. v. 12.5.2011 – V R 25/10, BFH/NV 2011, 1541; *Peltner*, in: Weymüller, UStG, § 1 Rn. 50.3.

800 § 3 Abs. 3 Satz 1 UStG fingiert für das Kommissionsgeschäft im Sinne des § 383 HGB zwischen dem Kommittenten und dem Kommissionär eine Lieferung im umsatzsteuerlichen Sinne, vgl. BFH, Urt. v. 12.5.2011 – V R 25/10, BFH/NV 2011, 1541; *Leonard*, in: Bunjes, UStG, § 3 Rn. 171; *Stadie*, UStG, § 1 Rn. 65; die Zurechnung dieser Lieferung wiederum ist in § 3 Abs. 3 Satz 2 UStG geregelt, wonach für das Innenverhältnis zwischen Kommissionär und Kommittent bei der Verkaufskommission der Kommissionär und bei der Einkaufskommission der Kommittent als Abnehmer gilt, vgl. *Martin*, in: Sölch/Ringleb, UStG, § 3 Rn. 402.

801 *Looks*, in: Weymüller, UStG, § 15 Rn. 41.14.

802 Vgl. EuGH, Urt. v. 25.2.1999 – C-349/96 – *CCP*, ABl. EG 1999, Nr. C 121, 3, Rn. 21.

Ein Unterfall des abgekürzten Lieferwegs ist das im Umsatzsteuerrecht normierte sog. Reihengeschäft. Bei Reihengeschäften handelt es sich gem. § 3 Abs. 6 Satz 5 UStG um Umsätze, die von mehreren Unternehmern über denselben Gegenstand erbracht werden, der Gegenstand jedoch bei der Beförderung oder Versendung unmittelbar vom ersten Unternehmer an den letzten Abnehmer gelangt.[803] Auch in diesem Fall bleibt der erste Unternehmer in der Reihe der Leistungsempfänger (sowie auch die übrigen nachfolgenden Unternehmer in ihrer jeweiligen unmittelbaren Vertragsbeziehung), auch wenn er den Gegenstand letztlich nie erhält, da er schuldrechtlich als Vertragspartner gilt.[804]

Stadie vertritt hingegen die Ansicht, dass in diesen Fällen eine Leistungszurechnung anhand der wirtschaftlichen Verhältnisse gelten solle, in denen zwar der Dritte die Leistung – vertraglich – nicht in Auftrag gebe, aber als wirtschaftlicher Leistungsempfänger im Ergebnis die Gegenleistung entweder ipso iure oder im Innenverhältnis vollständig erbringe.[805] Wenn der Auftraggeber dem Dritten die Rechnung überlasse, komme nach seiner Ansicht nur der Begünstigte bzw. der Zuwendungsempfänger als Leistungsempfänger in Betracht; zumal er durch die Überlassung der Rechnung auch als mit der Umsatzsteuer belastet anzusehen sei.[806] Die Gegenauffassung sei hingegen willkürlich, da es keinen Unterschied machen dürfe, ob die Leistung selbst beauftragt wird und mit zuvor geschenktem Geld finanziert wird oder ob ein Dritter den Umsatz unmittelbar selbst herbeiführt.[807] Ausschlaggebendes Kriterium sei demnach die tatsächliche Kostentragung.[808]

Doch diese für die wirtschaftliche Betrachtungsweise beispielhafte Ansicht ist abzulehnen; wie bereits ausgeführt ist das zugrunde liegende Schuldverhältnis – bis auf wenige Ausnahmen – maßgeblich. Die Rechtssicherheit, die vertragliche Vereinbarungen als Anknüpfungspunkt gewährleisten, ist gerade beim Drittaufwand oder dem verkürzten Lieferweg für den Leistenden unerlässlich.[809] Nur so

---

803 Abschn. 3.14 Abs. 1 Satz 1 UStAE.

804 Vgl. *Birkenfeld*, in: Birkenfeld/Wäger, USt-Handbuch, § 31 Rn. 245; *Stadie*, UStG, § 15 Rn. 65.

805 *Stadie*, UStG, § 15 Rn. 93, 99, 267.

806 *Stadie*, UStG, § 15 Rn. 99, 267 *ders.*, in: Rau/Dürrwächter, UStG, § 15 Rn. 449..

807 *Stadie*, UStG, § 15 Rn. 267; *ders.*, in: Rau/Dürrwächter, UStG, § 15 Rn. 449, 1012.

808 Konsistent vertritt *Stadie* wohl auch deshalb, dass beim Reihengeschäft nicht der letzte Abnehmer, sondern der unmittelbare Vertragspartner als umsatzsteuerlicher Leistungsempfänger anzusehen sei, vgl. *Stadie*, UStG, § 15 Rn. 65, denn mit der Lieferung an den Dritten erfülle er eine eigene Verbindlichkeit aus dem separaten Vertragsverhältnis mit dem Dritten und handele insofern auch auf eigene Rechnung.

809 Vgl. i.E. im Rahmen der Frage nach der Höhe des Vorsteuerabzugs bei einer vertraglichen Personenmehrheit, bei der letztlich nur die unternehmerische Person die Kosten

hat er trotz Personenmehrheit Klarheit darüber, wem gegenüber er letztlich eine Rechnung zu erteilen hat oder ob er beispielsweise bei steuerfreien Umsätzen zur Umsatzsteuer optieren kann, da die Leistung an einen Unternehmer für dessen Unternehmen erbracht wurde.[810]

(3) Vertrag zugunsten Dritter

Schwierigkeiten bereitet die Anwendung der Leistungszurechnung anhand des zivilrechtlichen Vertragsverhältnisses hingegen beim echten Vertrag zugunsten Dritter im Sinne des § 328 BGB. Zivilrechtlich erhält der Dritte aus dem Vertrag zwischen Versprechenden und Versprechungsempfänger[811] einen eigenen Anspruch auf die Leistung gegenüber dem Leistenden,[812] die Pflicht zur Entrichtung des Entgelts trägt hingegen der „Besteller" als unmittelbarer Vertragspartner.[813]

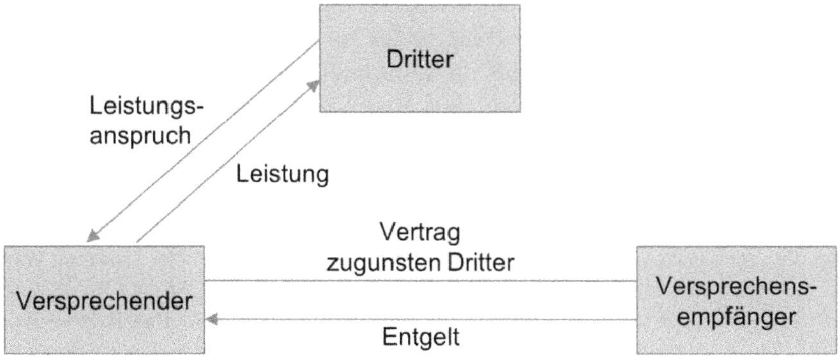

Abb. 2: Vertrag zugunsten Dritter

aus dem Vertrag trägt FG Düsseldorf, Urt. v. 13.12.2013 – 1 K 2947/11 U, rkr., EFG 2014, 510, I.1.; *Friedrich-Vache*, BB 2014, 808; kritisch *Heinrichshofen*, UStB 2014, 69, der zumindest zu Bedenken gibt, die zivilrechtliche Maßgeblichkeit einmal zu hinterfragen.

810 FG Düsseldorf, Urt. v. 13.12.2013 – 1 K 2947/11 U, rkr., EFG 2014, 510, I.1.

811 Versprechensempfänger ist der eigentliche Vertragspartner, der vom Versprechenden das Versprechen erhält, dass dieser die Leistung bei Geltendmachung an den Dritten erbringt.

812 *Gottwald*, in: MüKo/BGB, BGB, § 328 Rn. 28; *Janoschek*, in: Bamberger/Roth, BGB, § 328 Rn. 7, 16; *Stadler*, in: Jauernig, BGB, § 328 Rn. 15; wobei der Versprechensempfänger im Zweifel nach § 335 BGB einen Anspruch auf Leistung an den Dritten hat, vgl. BGH, Urt. v. 15.1.1974 – X ZR 36/71, NJW 1974, 502, III.1.; *Janoschek*, in: Bamberger/Roth, BGB, § 328 Rn. 21.

813 Vgl. *Looks*, in: Weymüller, UStG, § 15 Rn. 41.14.

Bei Zugrundelegung des zivilrechtlichen Ansatzes ergibt sich das Problem, dass die vertragliche Berechtigung und Verpflichtung auseinanderfallen und nicht wie üblich in einer Person vereint sind.[814] Nach dem überwiegender Teil der Literatur soll insofern auf die vertragliche Berechtigung zum Empfang der Leistung abgestellt werden, weshalb der aus dem Vertrag zugunsten Dritter begünstigte Dritte umsatzsteuerlich als Leistungsempfänger gelte.[815] Er sei zwar zivilrechtlich nicht der Vertragspartner, aber nur so könne eine systemwidrige[816] Kumulation der Umsatzsteuer in der Unternehmerkette vermieden werden, weil er ohne Vorsteuerabzugsmöglichkeit sonst mit der in dem Leistungsentgelt enthaltenen Umsatzsteuer belastet bliebe.[817]

Zum Teil wird aber auch vertreten, dass der Versprechensempfänger als Vertragspartner der umsatzsteuerliche Leistungsempfänger sein soll und nicht etwa der Dritte, an den die Leistung tatsächlich erbracht wird.[818] Das Entgelt und damit auch die Umsatzsteuer seien letztlich immer noch vom Versprechensempfänger zu tragen. Dies überzeugt indes vor dem Hintergrund nicht, dass eine Übernahme der Kosten für die Zurechnung einer Leistung unerheblich sein soll.[819] Die Ansicht verkennt, dass es sich gerade nicht nur um eine bloß

---

814 Vgl. *Weiß*, UR 1985, 36; *ders.*, UR 1985, 115; *Widmann*, UR 1993, 304, 305.

815 Vgl. *Birkenfeld*, in: Birkenfeld/Wäger, USt-Handbuch, § 31 Rn. 245; *Looks*, in: Weymüller, UStG, § 15 Rn. 41.14; *Meyer*, in: Offerhaus/Söhn/Lange, UStG, § 1 Rn. 65; wohl auch *Weiß*, UR 1985, 36; *Widmann*, UR 1993, 304, 305; *Stadie*, in: Rau/Dürrwächter, UStG, § 15 Rn. 447, 1011, wenn der Versprechensempfänger kein Unternehmer sei oder er an den Dritten mit der „Weitergabe“ keine steuerpflichtige Leistung erbringe, da so der Dritte dann bei Überlassung der Rechnung zum Vorsteuerabzug berechtigt sei.

816 Denn aus dem dem gesamten Mehrwertsteuersystem zugrunde liegenden Neutralitätsgrundsatz ergibt sich, dass alle Ebenen der Unternehmerkette (bis auf den Endverbraucher) belastungsneutral sind, vgl. D.I.3.a).

817 *Widmann*, UR 1993, 304, 307.

818 Vgl. *Kraeusel*, in: Reiß/Kraeusel/Langer, UStG, § 15 Rn. 246; *Leipold*, Personelle Zurechnung von Umsätzen, S. 107, nach dessen Auffassung allerdings eine separate Leistungsbeziehung zwischen Versprechendem und Drittem in Form einer unentgeltlichen Zuwendung besteht; *Schettler*, UR 1958, 161; so auch *Stadie*, in: Rau/Dürrwächter, § 15 Rn. 446, wenn der Versprechensempfänger Unternehmer sei, da er dann zugleich eine unentgeltliche Leistung an den Dritten erbringe, die diesen zum Vorsteuerabzug berechtige.

819 Vgl. BFH, Urt. v. 30.4.2014 – XI R 33/11, BFH/NV 2014, 1239; Urt. v. 29.1.1987 – V R 112/77, BFH/NV 1987, 472; *Meyer*, in: Offerhaus/Söhn/Lange, UStG, § 1 Rn. 65; *Widmann*, UR 1993, 304.

tatsächliche Leistungserbringung an einen Dritten handelt, sondern dass dieser zivilrechtlich auch einen Anspruch auf die Leistung hat. Der Vertrag zugunsten Dritter ist insofern nur das zivilrechtliche Konstrukt des wirtschaftlichen Auseinanderfallens von Leistung und Zahlung.[820] Entscheidend ist nach der zivilrechtlichen Betrachtungsweise demnach, wer zivilrechtlich auch einen Anspruch auf die Leistung hat.

Eine Entscheidung des BFH ist hierzu bislang noch nicht ergangen.[821] Er hat die Problematik in einer Entscheidung offengelassen, hielt es aber grundsätzlich für möglich, dass der Auftraggeber nicht zwangsläufig auch der Leistungsempfänger sei,[822] wenn in dem zugrunde liegenden Vertrag einem Dritten unmittelbar das Recht auf die Leistung eingeräumt werde, sofern der eigentliche Vertragspartner zahlungspflichtig bleibe.[823]

(4) Zuzahlungen Dritter

Des Weiteren ist streitig, wie Fälle zu behandeln sind, in denen das Entgelt von mehreren Beteiligten beglichen wird. Dies ist beispielsweise der Fall, wenn ein Dritter eine Zuzahlung leistet. Diese ist grundsätzlich als Entgelt von dritter Seite im Sinne des § 10 Abs. 1 Satz 3 UStG zu qualifizieren.

Aufgrund der zivilrechtlichen Vereinbarung steht zwar der Vertragspartner als Leistungsempfänger fest. Zu Zwecken des Vorsteuerabzugs wird aber zum Teil in der Literatur gefordert, dass auch der Dritte im Rahmen seiner Zuzahlung als Leistungsempfänger anzusehen ist.[824] Voraussetzung dafür sei, dass die Zahlung des Dritten „für die Leistung“ erfolge, der Leistungsempfänger also gegen den Dritten einen Anspruch auf die Zahlung habe.[825] Dem Dritten müsse dann

---

820 Umsatzsteuerlich führt dies allerdings auch zum Auseinanderfallen des Leistungsempfängers und des Rechnungsadressaten, vgl. *Oelmeier*, in: Sölch/Ringleb, UStG, § 15 Rn. 171.

821 Offen gelassen in BFH, Urt. v. 20.10.1994 – V R 96/92, BFH/NV 1995, 459.

822 So auch schon BFH, Urt. v. 3.11.1983 – V R 56/75, UR 1984, 61, 2.

823 BFH, Urt. v. 1.8.1985 – V S 2/85, BFH/NV 1986, 121.

824 *Stadie*, UStG, § 14 Rn. 43, § 15 Rn. 67; *ders.*, in: Rau/Dürrwächter, UStG, § 13b Rn. 470, § 15 Rn. 344; vgl. *Heinrichshofen*, UStB 2013, 311, 312.

825 *Stadie*, in: Rau/Dürrwächter, UStG, § 15 Rn. 344; i.E. auch *Englisch*, UR 2014, 461, 470; *ders.*, in: Tipke/Lang, Steuerrecht, § 17 Rn. 320, nach dessen Auffassung § 15 Abs. 5 Nr. 2 UStG unvereinbar mit den primärrechtskonformen Vorgaben des Art. 168 lit. a MwStSystRL im Rahmen des Vorsteuerabzugs ist.

ebenso ein Vorsteuerabzug zustehen, da auch er durch die Zahlung mit Umsatzsteuer belastet sei.[826] Wenn der Auftraggeber keine Kenntnis von der Zahlung des Dritten habe, könne er über den Vorsteuerabzug den in dieser Zahlung enthaltenen Steuerbetrag auch nicht zurückfordern und wäre mit diesem unwissentlich belastet.[827] Dieses Argument ist indes nur wenig überzeugend. Allein die Tatsache, dass der Leistungsempfänger im Rahmen seines Vorsteuerabzugs nicht den in der Zahlung des Dritten enthaltenen Steuerbetrag geltend macht, bewirkt noch keine faktische Steuerbelastung. Im Gegenteil, mit dem Steuerbetrag ist lediglich der Dritte belastet, da auch er die zugehörige Zahlung leistet.

Auch der BFH und der wohl überwiegende Teil der Literatur lehnen einen solchen Vorsteuerabzug für einen Dritten ab, da er im Rahmen seiner „Leistung von dritter Seite“ nicht auch Leistungsempfänger sein könne.[828] Dass der Dritte dadurch mit Umsatzsteuer belastet sei und aufgrund des versagten Steuerabzugs auch bleibe, sei insofern unbeachtlich. Die Parteien haben ihre jeweiligen Interessen im Rahmen ihrer Vertragsvereinbarungen zu berücksichtigen und entsprechend abzuwägen.[829] Diese Ansicht überzeugt insbesondere vor dem systematischen Hintergrund der Verordnungsermächtigungen in § 15 Abs. 5 Nr. 2 UStG[830] und § 13b Abs. 9 UStG[831], die gerade deutlich machen, dass ein anderer als der Leistungsempfänger mit Umsatzsteuer belastet sein kann und dennoch dieser Dritte in der Regel nicht Steuerschuldner und insofern

---

826 *Hummel*, MwStR 2014, 556.

827 *Stadie*, UStG, § 13b Rn. 114.

828 Vgl. BFH, Urt. v. 29.1.2014 – XI R 4/12, BFH/NV 2014, 992, II.2.a); Urt. v. 16.10.2013 – XI R 39/12, BStBl II 2014, 1024, 3.; Beschl. v. 22.2.2008 – XI B 189/07, BFH/NV 2008, 830 m.w.N.; vgl. auch zur Kostenübernahme von Dritten *Heidner*, in: Bunjes, UStG, § 15 Rn. 34; *Oelmeier*, in: Sölch/Ringleb, UStG, § 15 Rn. 170; *Wagner*, in: Sölch/Ringleb, UStG, 80. Erg.-Lfg. Juni 2017, § 14 Rn. 251.

829 *Wagner*, in: Sölch/Ringleb, UStG, 80. Erg.-Lfg. Juni 2017, § 14 Rn. 251.

830 Wonach das BMF mit Zustimmung des Bundesrates durch Rechtsverordnung nähere Bestimmungen darüber treffen kann, unter welchen Voraussetzungen, für welchen Besteuerungszeitraum und in welchem Umfang zur Vereinfachung oder zur Vermeidung von Härten in den Fällen, in denen ein anderer als der Leistungsempfänger ein Entgelt gewährt, der andere den Vorsteuerabzug in Anspruch nehmen kann.

831 Wonach das BMF mit Zustimmung des Bundesrats zur Vereinfachung des Besteuerungsverfahrens durch Rechtsverordnung bestimmen kann, unter welchen Voraussetzungen in den Fällen, in denen ein anderer als der Leistungsempfänger ein Entgelt gewährt, der andere an Stelle des Leistungsempfängers Steuerschuldner nach § 13b Abs. 5 UStG ist.

vorsteuerabzugsberechtigt ist.[832] Auch den Vorschriften zur Rechnungslegung lässt sich entnehmen, dass es unbeachtlich ist, wer das Entgelt gezahlt hat. So genügt als Rechnungsangabe nach § 14 Abs. 4 Satz 1 Nr. 7 UStG das Gesamtentgelt für den Vorsteuerabzug, ohne dabei zu differenzieren, ob darin ggf. auch Entgelt von dritter Seite enthalten ist.[833]

Das deutsche Umsatzsteuerrecht ist demnach insofern eindeutig, dass ein weiterer Leistungsempfänger und damit zum Vorsteuerabzug berechtigter Dritter für den Umsatzsteueranteil eines geleisteten Entgelts von dritter Seite im Sinne des § 10 Abs. 1 Satz 3 UStG ausgeschlossen ist.[834] Dies ist im Ergebnis eine bewusst in Kauf genommene Durchbrechung des Neutralitätsgrundsatzes. Nach einem Teil der Literatur ist die deutsche Rechtslage aus diesem Grund mit dem Unionsrecht unvereinbar.[835] Sie ziehen den Wortlaut der unionsrechtlichen Vorgaben des Vorsteuerabzugs nach Art. 168 lit. a MwStSystRL heran, wonach dem Steuerpflichtigen ein Vorsteuerabzug für Gegenstände und Dienstleistungen zusteht, die ihm geliefert bzw. erbracht worden sind. Dies ließe durchaus auch einen Dritten als Vorsteuerabzugsberechtigten zu,[836] da „ihm" eben nicht zwangsläufig nur Leistungsempfänger bedeuten muss.

An dieser Stelle muss allerdings differenziert werden, dass das Zugestehen eines Vorsteuerabzugs nicht unbedingt damit gleichzusetzen ist, dass der Dritte als (ein weiterer) Leistungsempfänger im Sinne des Umsatzsteuerrechts anzusehen ist, sondern dass ihm lediglich als Dritter vor dem Hintergrund des Neutralitätsgebots ein Vorsteuerabzug gewährt werden muss. Dies ändert aber nichts daran, dass der Dritte im Rahmen seiner Zuzahlung kein Leistungsempfänger ist.

ee) Zwischenergebnis

Die für einen Leistungsaustausch erforderlichen Leistenden und Leistungsempfänger werden grundsätzlich anhand der verwirklichten Vereinbarungen des zugrunde liegenden Schuldverhältnisses bestimmt; sprich, wer durch den

---

832 Vgl. zu § 15 Abs. 5 Nr. 2 UStG *Englisch*, UR 2014, 461, 468.

833 Vgl. *Widmann*, UR 1993, 304, 305.

834 Vgl. auch *Englisch*, UR 2014, 461, 468; *ders.*, in: Tipke/Lang, Steuerrecht, § 17 Rn. 320.

835 *Englisch*, UR 2014, 461, 470; *ders.*, in: Tipke/Lang, Steuerrecht, § 17 Rn. 320.

836 So *Englisch*, UR 2014, 461, 469 f.; vgl. auch UK Supreme Court v. 13.3.2013 – [2013] UKSC 15, abrufbar unter https://www.supremecourt.uk/cases/docs/uksc-2009-0154-judgment.pdf, zuletzt aufgerufen am 13.3.2018, wonach dem Dritten auch in einem solchen Fall ein Vorsteuerabzug zusteht, wenn er zivilrechtlich gerade nicht als Leistungsempfänger angesehen werden kann.

Vertrag zur Leistung und Entgeltzahlung berechtigt und verpflichtet wird und dementsprechend nach Außen auftritt. Dadurch wird nicht nur dem Grundsatz der Rechtssicherheit am ehesten Rechnung getragen, sondern dies spiegelt in der Regel auch die tatsächlichen und wirtschaftlichen Verhältnisse wider. Es handelt sich demnach nicht um ein starres Kriterium, weshalb sich in Einzelfällen (insbesondere bei missbräuchlicher Gestaltung) die umsatzsteuerliche Leistungsbeziehung auch anhand des tatsächlichen Leistungsgeschehens bestimmen lassen kann.

b) Bestimmung der Leistungsbeziehungen im Rahmen einer Arzneimittellieferung

Die Einordnung der Arzneimittelversorgung von Versicherten durch die Apotheken in das komplexe Gefüge der umsatzsteuerlichen Leistungszurechnung birgt viele Fragen und Schwierigkeiten, denen sich Literatur wie Rechtsprechung bislang nur rudimentär genährt haben.

Es gilt in einem ersten Schritt, die sich aus dem Sozialrecht und den zugehörigen vertraglichen Vereinbarungen ergebende Ausgangslage noch einmal zusammenzufassen, anhand derer dann entsprechend den umsatzsteuerlichen Grundsätzen der Leistungszurechnung eine Bestimmung der umsatzsteuerlichen Leistungsbeziehung zu erfolgen hat. Dies geschieht insbesondere durch Einordnung und Abgrenzung im Kontext der Fallgruppen der Dreiecksverhältnisse und unter Berücksichtigung der Rechtsprechung des EuGH zu einer abweichenden wirtschaftlichen Betrachtungsweise im Einzelfall.

aa) Zusammenfassung der sozialrechtlichen Ausgangslage

Aus den der Arzneimittellieferung zugrunde liegenden sozialrechtlichen Regelungen ergibt sich ein Dreiecks- (im Grunde genommen sogar Vierecks-)[837] Verhältnis im Zusammenhang mit der Abgabe von durch Vertragsärzte verordneten Arzneimitteln an gesetzlich Krankenversicherte.

---

837 Bei Einbeziehung des Rechenzentrums in die Abrechnung nach § 300 Abs. 2 SGB V.

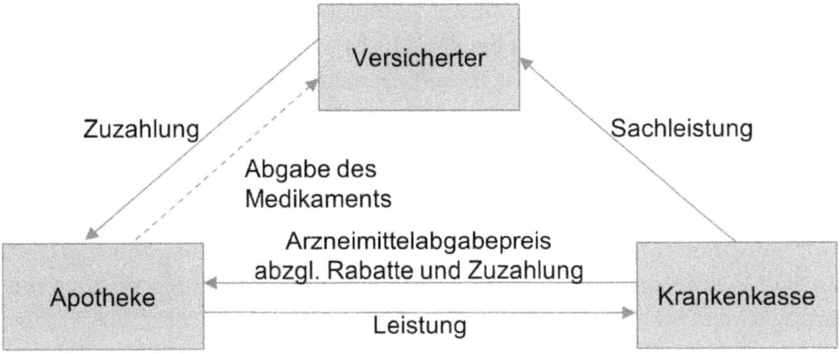

Abb. 3: Dreiecksverhältnis der Arzneimittelversorgung

Die Ausgestaltung der Arzneimittelversorgung beruht auf durch das SGB V geprägten Rechtsbeziehungen. Unterschieden werden muss insofern zwischen den Rechtsbeziehungen der Krankenkassen und ihren Versicherten[838] und denen der Apotheken und der gesetzlichen Krankenkassen[839]. Die Apotheke und die Versicherten stehen indes in keiner vertraglichen Beziehung zueinander (siehe ausführlich zu den Rechtsbeziehungen im Rahmen der Arzneimittelversorgung C.III.).

Der Versicherte erwirbt mit Erhalt der ärztlichen Verordnung aufgrund seiner Mitgliedschaft in der gesetzlichen Krankenversicherung einen Leistungsanspruch gegenüber der Krankenkasse auf Arzneimittelversorgung nach §§ 27 Abs. 1 Satz 2 Nr. 3, 31 Abs. 1 SGB V.[840] Diesem Leistungsanspruch liegt das Sachleistungsprinzip nach § 2 Abs. 2 SGB V zugrunde. Dort ist normiert, dass „die Versicherten die Leistungen als Sach- und Dienstleistungen [erhalten], soweit dieses Buch nichts Abweichendes vorsieht. […] Über die Erbringung der Sach- und Dienstleistungen schließen die Krankenkassen […] Verträge mit den Leistungserbringern." Die gesetzliche Krankenkasse ist demnach verpflichtet, ihren Versicherten die ihnen verschriebenen Arzneimittel bereitzustellen. Sie schuldet

838 Vgl. BFH, Urt. v. 20.5.2015 – XI R 2/13, BFH/NV 2015, 1775, II.2.c)cc)(2).

839 Vgl. zur vertraglichen Ausgestaltung der sozialrechtlichen Leistungsbeziehung BSG, Urt. v. 28.9.2010 – B 1 KR 3/10 R, SozR 4-2500 § 129 Nr. 6, 1.a); a.A. *Dettling*, VSSR 2006, 1, 9 ff.; *Wigge*, NZS 1999, 584, 586; *Winter/Kapeller*, MwStR 2013, 109, 110 f.; die alle ein Rechtsverhältnis zwischen dem Versicherten und dem Leistungserbringer annehmen.

840 BVerfG, Urt. v. 13.5.2005 – 2 BvF 2/03, BVerfGE 114, 196, A.III.1.a).

die Leistung selbst und nicht nur deren Kostenübernahme (siehe zu den Grundlagen des Sachleistungsprinzips bereits C.I.1.b)).

Zur Erfüllung dieses Anspruchs bedient sich die gesetzliche Krankenkasse der Apotheke als Leistungserbringer, die den Versicherten die verschriebenen Arzneimittel aushändigt.[841] Rechtsgrundlage ist insofern § 129 SGB V, ausgestaltet durch die Vereinbarungen des öffentlich-rechtlichen Rahmenvertrags zwischen dem GKV-Spitzenverband und dem Deutschen Apothekerverband e.V.[842] Ausländische Apotheken sind grundsätzlich vom Leistungserbringerrecht des SGB V ausgenommen,[843] da die Anwendung des Sachleistungsprinzips einer vertraglichen Einbindung bedarf (siehe dazu ausführlich unter C.IV.1.).[844] Ihnen wird nach § 2b Rahmenvertrag aber die Möglichkeit eröffnet, dem Rahmenvertrag beizutreten.[845] Alternativ kommt für ausländische Apotheken auch der Abschluss öffentlich-rechtlicher Einzelverträge nach § 140e SGB V in Betracht, die zwischen der ausländischen Apotheke und der gesetzlichen Krankenkasse zustande kommen.[846] Hinsichtlich der sozialrechtlichen Ausgestaltung werden inländische und ausländische Apotheken demnach gleichgestellt, weshalb auch für die Bestimmung der umsatzsteuerlichen Leistungsbeziehung keine Differenzierung erforderlich ist.

Aus dieser durch den Rahmenvertrag ausgestalteten gesetzlichen Grundlage des § 129 SGB V resultiert die Verpflichtung der Apotheke zur Abgabe der Arzneimittel an Versicherte.[847] Gleichzeit erwirbt sie unmittelbar aus § 129 SGB V i.V.m. dem ergänzenden Rahmenvertrag durch die Arzneimittelabgabe einen

---

841 Vgl. BSG, Urt. v. 28.9.2010 – B 1 KR 3/10 R, SozR 4-2500 § 129 Nr. 6, 1.a).

842 Vgl. BSG, Urt. v. 17.12.2009 – B 3 KR 13/08 R, SozR 4-2500 § 129 Nr. 5, 2.

843 Vgl. *Schneider*, in: jurisPK-SGB V, § 129 Rn. 22; *Wodarz*, in: Sodan, Hdb. KVR, § 27 Rn. 38; die Inanspruchnahme der Leistung erfolgt dem gesetzlichen Regelfall nach stattdessen im Wege der Kostenerstattung, vgl. für die Arzneimittelabgabe ausländischer Apotheken BSG, Urt. v. 24.1.2013 – B 3 KR 11/11 R, SozR 4-2500 § 130a Nr. 8, 6.; *Fuchs/Preis*, SozialversicherungsR, § 20 I. 4., S. 295.

844 Vgl. BSG, Urt. v. 28.7.2008 – B 1 KR 4-08 R, SozR 4-2500 § 130a Nr. 3, 5.a); andernfalls kommt zwischen den Parteien ein privatrechtlicher Kaufvertrag zustande, vgl. insofern BFH, Urt. v. 20.5.2015 – XI R 2/13, BFH/NV 2015, 1775, II.2.c)cc)(2), der dies in dem Fall für „möglich" hält.

845 Vgl. zum Beitritt ausländischer Apotheken zum Rahmenvertrag BFH, Urt. v. 20.5.2015 – XI R 2/13, BFH/NV 2015, 1775, II.2.c)cc)(2); BSG, Urt. v. 28.7.2008 – B 1 KR 4/08 R, SozR 4-2500 § 130a Nr. 3, 5.a).

846 BSG, Urt. v. 28.7.2008 – B 1 KR 4/08 R, SozR 4-2500 § 130a Nr. 3, 5.a).

847 BSG, Urt. v. 28.9.2010 – B 1 KR 3/10 R, SozR 4-2500 § 129 Nr. 6, 1.a).

gesetzlichen Vergütungsanspruch gegen die gesetzliche Krankenkasse.[848] Nach der früheren Rechtsprechung wurde für jede einzelne Arzneimittelabgabe zwischen der Krankenkasse und der Apotheke ein öffentlich-rechtlicher Kaufvertrag über die Lieferung des Arzneimittels geschlossen.[849] Diese Konstruktion wurde durch das Grundsatzurteil des BSG vom 17. Dezember 2009[850] aufgegeben. Der dogmatische Ansatz sei entbehrlich geworden und habe insoweit keinen Bestand mehr (vgl. dazu bereits unter C.III.3.c)aa)(1)).

Die Abrechnung der Apotheker gegenüber der Krankenkasse für das Arzneimittel erfolgt über ein Rechenzentrum. In der Regel zahlt der Versicherte darüber hinaus noch eine Zuzahlung gem. §§ 31 Abs. 3 Satz 1, 61 SGB V an die Apotheke, die zugunsten der Krankenkasse direkt mit dem Vergütungsanspruch verrechnet wird (siehe zum Vergütungsanspruch bereits unter C.III.3.c)cc)).

bb) *Maßgeblichkeit der der Arzneimittelversorgung zugrunde liegenden sozialrechtlichen Regelungen für die umsatzsteuerliche Leistungszurechnung*

Zur Bestimmung der umsatzsteuerlichen Leistungsbeziehungen sind entsprechend dem Grundsatz der Maßgeblichkeit der vertraglichen Vereinbarung die der Arzneimittelversorgung zugrunde liegenden Bestimmungen heranzuziehen.

Die den Arzneimittellieferungen zugrunde liegenden Rechte und Pflichten resultieren allerdings unmittelbar aus dem Gesetz und werden durch die Vereinbarungen des öffentlich-rechtlichen Rahmenvertrags nach § 129 Abs. 2 SGB V ausgestaltet. Dies zieht die Frage nach sich, ob auch statt zivilrechtlicher Individualvereinbarungen die sozialrechtlichen Regelungen und Vereinbarungen zur Bestimmung der umsatzsteuerlichen Leistungsbeziehungen herangezogen werden können und welche Bedeutung ihnen dadurch im Umsatzsteuerrecht zukommt.

Grundsätzlich ist anerkannt, dass die Zurechnung von Leistungen auch anhand gesetzlicher Vorschriften oder öffentlich-rechtlicher Vereinbarungen erfolgen kann.[851] Es sollte für die umsatzsteuerliche Leistungszurechnung

---

848 Vgl. BSG, Urt. v. 28.9.2010 – B 1 KR 3/10 R, SozR 4-2500 § 129 Nr. 6, 1.a); Urt. v. 17.12.2009 – B 3 KR 13/08 R, SozR 4-2500 § 109 Nr. 20, 2.b); *Knittel*, in: Krauskopf, SGB V, § 129 Rn. 4; oder aus dem Einzelvertrag nach § 140e SGB V.

849 Vgl. zum öffentlich-rechtlichen Kaufvertrag BSG, Urt. v. 3.8.2006 – B 3 KR 6/06 R, SozR 4-2500 § 129 Nr. 2, 3.c); Urt. v. 17.3.2005 – B 3 KR 2/05 R, SozR 4-5570 § 30 Nr. 1, 2; *Mand/Könen*, WRP 2006, 841, 842.

850 BSG, Urt. v. 17.12.2009 – B 3 KR 13/08 R, SozR 4-2500 § 109 Nr. 20, 2.b).

851 Vgl. *Leipold*, Personelle Zurechnung von Umsätzen, S. 108; so bspw. zur Enteignung obiter dictum BFH, Urt. v. 16.1.2003 – V R 92/01, BStBl II 2003, 732, II.2.b); i.E. auch Urt. v. 10.2.1972 – V R 119/68, BStBl II 1972, 403, 4; *Oelmaier*, in Sölch/Ringleb,

unbeachtlich sein, ob die vertraglichen Vereinbarungen zivilrechtlicher Natur sind oder auf dem öffentlichen Recht basieren. Die ausschlaggebenden Aspekte für eine Bestimmung anhand zivilrechtlicher Verträge (wie z.B. die Rechtssicherheit für die Vertragsparteien oder die Vermeidung des Auseinanderfallens von Rechnungsaussteller und Leistenden, vgl. dazu bereits D.II.2.a)aa)) kommen auch im Rahmen öffentlich-rechtlicher Vereinbarungen und Regelungen zum Tragen. Gleiches gilt auch für die maßgebenden Rechtsgrundlagen, weshalb auch diese für die umsatzsteuerliche Leistungszurechnung zu beachten sind.[852] Dies entspricht letztlich auch dem bereits ausgearbeiteten Grundsatz der Vorherigkeit des Sozialrechts (siehe dazu bereits B.II.). Auch wenn es grundsätzlich keinen Vorrang des Sozialrechts gibt, sind gerade in der Leistungszurechnung – wie im Zivilrecht – die sozialrechtlichen Regelungen der Anknüpfungspunkt für die umsatzsteuerlichen Tatbestände. Es handelt sich dabei ohnehin nur um ein maßgebliches Kriterium und nicht um eine zwingenden Maßstab für die Leistungszurechnung. Insofern besteht auch nicht die Gefahr einer Überlagerung des Umsatzsteuerrechts durch das Sozialrecht, denn auch einer vom Sozialrecht abweichenden Beurteilung würde der Vorrang eingeräumt werden, wenn die Grundsätze des Umsatzsteuerrechts dies erforderlich machen würden.

Erfolgt der Leistungsaustausch mithin nach gesetzlichen Vorschriften oder öffentlich-rechtlichen Vereinbarungen, wird im Rahmen der Bestimmung der umsatzsteuerlichen Leistungsbeziehung ebenso ermittelt, wer danach zur Leistung verpflichtet ist und damit das Entgelt samt Umsatzsteuer fordern kann und wer wiederum diese Leistung erhält und aus Vertrag verpflichtet ist, die Forderung zu begleichen.[853]

UStG, § 1 Rn. 132; vgl. zur Zwangsversteigerung BFH, Urt. v. 16.4.1997 – XI R 87/96, BStBl II 1997, 585, II.3.c); Urt. v. 19.12.1985 – V R 139/76, BStBl II 1986, 500, III.2.b); Abschn. 1.2 Abs. 2 UStAE.

852 Vgl. BFH, Urt. v. 20.10.1994 – V R 96/92, BFH/NV 1995, 459, II.1. wonach bei der Beauftragung eines Wirtschaftsprüfers für den Eigenbetrieb einer Kommune die öffentlich-rechtliche Gemeindeordnung für die Bestimmung von Auftraggeber bzw. Leistungsempfänger heranzuziehen ist; i.E. auch *Stadie*, in Rau/Dürrwächter, UStG, § 15 Rn. 335, nach dessen Auffassung für Leistungen, die auf gesetzlicher Grundlage erbracht werden, Leistungsempfänger der Schuldner der Gegenleistung ist.

853 Vgl. *Leipold*, Personelle Zurechnung von Umsätzen, S. 108; so beispielsweise bei einer Enteignung, bei der der Entschädigungsanspruch des Alteigentümers gegen den Neueigentümer ipso iure an die Stelle des Eigentums tritt, wodurch eine umsatzsteuerliche Leistungsbeziehung zwischen diesen entsteht, vgl. obiter dictum BFH, Urt. v. 16.1.2003 – V R 92/01, BStBl II 2003, 732, II.2.b); i.E. auch Urt. v. 10.2.1972 – V R 119/68, BStBl II 1972, 403, 4; *Oelmaier*, in Sölch/Ringleb, UStG, § 1 Rn. 132; auch

Die der Arzneimittelversorgung zugrunde liegenden gesetzlichen wie vertraglichen Bestimmungen sind daher dahingehend zu untersuchen, welche Rechte und Pflichten sich für wen und wem gegenüber ergeben und wie dies umsatzsteuerlich – insbesondere hinsichtlich der verschiedenen Fallkonstellationen von Dreiecksverhältnissen – einzuordnen ist.

cc) Leistender der Arzneimittellieferung

Umsatzsteuerlich ist Leistender der Arzneimittellieferung die Apotheke.[854] Sie ist gem. § 129 Abs. 1 Satz 1 SGB V nach Maßgabe der konkretisierenden Vereinbarungen des Rahmenvertrags berechtigt und verpflichtet, dem Versicherten bei Abgabe eines Rezepts das entsprechende Arzneimittel auszuhändigen. In Erfüllung dieser gesetzlichen Leistungspflicht erbringt die Apotheke im eigenen Namen eine Arzneimittellieferung, wofür ihr ein Vergütungsanspruch gegenüber der gesetzlichen Krankenlasse zusteht.[855]

dd) Zuordnung der Arzneimittellieferung zu einem Leistungsempfänger

Problematischer ist hingegen die Zurechnung der Leistung der Apotheke zu einem Leistungsempfänger. Denn der Versicherte ist derjenige, der vorab aufgrund der Einlösung des Rezepts das Arzneimittel erhält, welches ihm im Ergebnis auch gebührt. Der Krankenkasse gegenüber wird wiederum als Vertragspartnerin das Arzneimittel abgerechnet. Als umsatzsteuerlicher Leistungsempfänger kommt daher nicht nur der Versicherte, sondern auch die gesetzliche Krankenkasse in Betracht.

---

im Rahmen der Zwangsversteigerung wird unmittelbar ein Leistungsaustausch zwischen Eigentümer und Ersteher begründet, vgl. BFH, Urt. v. 16.4.1997 – XI R 87/96, BStBl II 1997, 585, II.3.c); Urt. v. 19.12.1985 – V R 139/76, BStBl II 1986, 500, III.2.b); Abschn. 1.2 Abs. 2 UStAE.

854 Vgl. BFH, Urt. v. 20.5.2015 – XI R 2/13, BFH/NV 2015, 1775, II.2.c)cc)(2), der in einem obiter dictum ausführt, dass bei Abschluss eines zwischen den Apotheken und den gesetzlichen Krankenkassen geschlossenen öffentlich-rechtlichen Vertrags nach § 129 Abs. 2 SGB V oder nach § 140e SGB V zwischen der Apotheke als leistender Unternehmer und der gesetzlichen Krankenkasse als Leistungsempfänger ein Leistungsaustausch stattfindet; in dem zugrunde liegenden Fall trat die Apotheke jedoch nie dem Rahmenvertrag bei oder schloss einen Einzelvertrag nach § 140e SGB V ab, weshalb zwischen dem Versicherten und der Apotheke ein privat-rechtlicher Kaufvertrag geschlossen wurde; siehe zur Frage der Unternehmereigenschaft der Apotheke D.II.3.a)aa).

855 BSG, Urt. v. 28.9.2010 – B 1 KR 3/10 R, BSGE 106, 303, 1.a); *Knittel*, in: Krauskopf, SGB V, § 129 Rn. 4b.

Es gilt an erster Stelle zu untersuchen, welche Leistungszurechnung zu einem der beiden Beteiligten sich – unter Berücksichtigung der Problematik des Dreiecksverhältnisses – aus dem Grundsatz der Maßgeblichkeit der vertraglichen und gesetzlichen Bestimmungen ergibt. Anschließend ist in einem zweiten Schritt zu prüfen, ob es demnach aufgrund der tatsächlichen Leistungsausführung entsprechend der EuGH-Rechtsprechung einer vom Sozialrecht abweichenden Betrachtungsweise bedarf.

(1) Leistungsempfänger anhand vertraglicher und gesetzlicher Bestimmungen

Nach Maßgabe der vertraglichen Vereinbarungen gilt derjenige als Leistungsempfänger, der nach außen aus dem Schuldverhältnis als Auftraggeber berechtigt und verpflichtet ist (siehe dazu bereits D.II.2.a)aa)(2)).[856]

Zur Zahlung des Entgelts ist unstreitig die gesetzliche Krankenkasse verpflichtet, was sich als Kehrseite aus dem Vergütungsanspruch der Apotheke nach § 129 Abs. 1 SGB V ergibt (siehe dazu bereits C.III.3.c)cc)).[857] Die Übernahme der Kosten allein ist der Auffassung des BFH folgend für die Zurechnung der Leistung aber gerade nicht ausschlaggebend.[858] Damit die gesetzliche Krankenkasse umsatzsteuerlicher Leistungsempfänger der Arzneimittellieferung der Apotheke ist, müsste sie nach außen zur Leistung berechtigt sein, indem sie einen Anspruch auf die Arzneimittellieferung gegenüber der Apotheke hat, und der Versicherte beim Leistungsbezug auch berechtigterweise in ihrem Namen auftreten.

(a) Leistungsanspruch der gesetzlichen Krankenkasse oder des Versicherten

Es gilt zu ermitteln, ob die gesetzliche Krankenkasse aufgrund des Rahmenvertrags unmittelbar einen Anspruch auf das Arzneimittel hat oder dieser doch dem Versicherten zusteht. Eine ausdrückliche und unmittelbare Berechtigung der gesetzlichen Krankenkasse gegenüber der Apotheke zum Erhalt des Arzneimittels ist in den zugrunde liegenden vertraglichen und gesetzlichen Bestimmungen

---

856 BFH, Urt. v. 30.4.2014 – XI R 33/11, BFH/NV 2014, 1239; Urt. v. 23.9.2009 – XI R 14/08, BStBl II 2010, 243 m.w.N.

857 BSG, Urt. v. 8.7.2015 – B 3 KR 17/14 R, SozR 4-2500 § 130 Nr. 3, B.1; Urt. v. 6.3.2012 – B 1 KR 14/11 R, SozR 4-2500 § 130 Nr. 2, 1.a)aa); *von Dewitz*, in: BeckOK-SozR, SGB V, § 129 Rn. 4.

858 Vgl. BFH, Urt. v. 30.4.2014 – XI R 33/11, BFH/NV 2014, 1239; Urt. v. 22.2.2008 – XI B 189/07, BFH/NV 2008, 830; Urt. v. 29.1.1987 – V R 112/77, BFH/NV 1987, 472.

des Sozialrechts zur Arzneimittelversorgung nicht vorgesehen. Feststeht insoweit nur, dass die Apotheke zur Arzneimittelabgabe verpflichtet ist (siehe dazu ausführlich C.III.3.c)bb)).[859] Dieser Arzneimittelabgabe liegt durch die Einbindung des Rahmenvertrags das sozialrechtliche Grundprinzip des Sachleistungsprinzips nach § 2 Abs. 2 SGB V zugrunde. Doch auch aus dem Wortlaut des § 2 Abs. 2 SGB V ergibt sich kein ausdrücklicher Anspruch der gesetzlichen Krankenkasse gegenüber der Apotheke. Er besagt lediglich, dass die Krankenkasse ihre Leistung unmittelbar an den Versicherten erbringt bzw. erbringen muss.

Es bedarf somit der Auslegung der sozialrechtlichen Regelungen und der darauf basierenden vertraglichen Vereinbarungen des Rahmenvertrags. Dabei ist die Frage, ob es sich bei der das Sachleistungsprinzip einbeziehenden gesetzlichen Rechtsgrundlage im Ergebnis um ein Erwerbsgeschäft zwischen Apotheke und Versicherten oder einen Vertrag zugunsten Dritter handelt, aus dem dem Versicherten ein unmittelbarer Anspruch gegen die Apotheke erwächst, oder ob der Versicherte das Arzneimittel lediglich im Rahmen eines abgekürzten Lieferwegs von der Krankenkasse erhält?

Nach der abzulehnenden Auffassung eines Teils der Literatur begründet sich aus dem Sachleistungsprinzip kein Anspruch der gesetzlichen Krankenkasse gegenüber der Apotheke auf das konkrete Arzneimittel.[860] Insbesondere *Stadie* vertritt, dass sich aus dem verankerten Sachleistungsprinzip nach § 2 Abs. 2 SGB V keine Aussage zur vereinbarten Berechtigung und Verpflichtung ziehen lasse.[861] Dort heiße es lediglich, dass die Krankenkassen für die Erbringung von Sach- und Dienstleistungen, die sie den Versicherten zur Verfügung zu stellen haben, Verträge mit den Leistungserbringern schließen können. Es werde aber gerade nicht festgeschrieben, durch welche Art Verträge sie dem nachkommen können. Daher ergebe sich aus dem Sachleistungsprinzip keine Leistungszurechnung an die Krankenkasse. Vielmehr stehe durchaus auch die Ausgestaltung als Verträge zugunsten Dritter oder als Kostenübernahmeverpflichtung zur Wahl, nach denen der Versicherte als Dritter als Leistungsempfänger anzusehen sei.

Würde man entsprechend dieser Auffassung annehmen, dass es sich bei dem einer Arzneimittellieferung zugrunde liegenden Vertrag um einen echten Vertrag

---

859 Vgl. BSG, Urt. v. 8.7.2015 – B 3 KR 17/14 R, SozR 4-2500 § 130 Nr. 3, B.1.; Urt. v. 28.9.2010 – B 1 KR 3/10 R, SozR 4-2500 § 129 Nr. 6, 1.a); *Axer*, in: Becker/Kingreen, SGB V, § 129 Rn. 11; *Luthe*, in: Hauck/Noftz, SGB V, § 129 Rn. 26; *Wodarz*, in: Sodan, Hdb. KVR, § 27 Rn. 34.

860 Vgl. *Dettling*, VSSR 2006, 1, 20 ff.; *Winter/Kapeller*, MwStR 2013, 109, 110; *Stadie*, in: Rau/Dürrwächter, UStG, § 14 Rn. 326 Fn. 3.

861 *Stadie*, in: Rau/Dürrwächter, UStG, § 14 Rn. 326.

zugunsten Dritter im Sinne des § 328 BGB handele, aus dem dem Versicherten ein direkter Anspruch gegen die Apotheke erwachse, so würde zumindest nach der überwiegenden Auffassung in der Literatur zum Vertrag zugunsten Dritter zur Bestimmung der Leistungsbeziehung beim Vertrag zugunsten Dritter der Versicherte als Leistungsempfänger gelten.[862] Denn nach dieser Ansicht ist im Falle des Vertrags zugunsten Dritter der begünstigte Dritte der umsatzsteuerliche Leistungsempfänger (vgl. zur Leistungszurechnung beim Vertrag zugunsten Dritter D.II.2.a)dd)(3)).[863] Das von der Krankenkasse an die Apotheke entrichtete Entgelt sei insofern Entgelt von dritter Seite darstellen. Dass das Sachleistungsprinzip eine solche Ausgestaltung als Vertrag zugunsten Dritter grundsätzlich zulässt, zeigt sich bereits daran, dass das BSG nach der früheren rechtsdogmatischen Einordnung des Vertrags als öffentlich-rechtlicher Kaufvertrag zwischen der Krankenkasse und der Apotheke den Versicherten als begünstigten Dritten eines Vertrags zugunsten Dritter analog § 328 BGB ansah.[864] Doch mit Änderung der Rechtsprechung[865] hat das BSG von diesem dogmatischem Ansatz Abstand genommen, da diese Konstruktion über zivilrechtliche Regelungen im Sozialrecht überflüssig sei, weil die Leistungsbeziehung und deren Ansprüche unmittelbar aus den sozialrechtlichen Regelungen des SGB V entspringe.[866] Durch solch eine Konstruktion würden die Gegebenheiten des Sozialrechts und die darauf basierenden Rechtsgrundlagen völlig außer Acht gelassen werden. Aus dem sozialversicherungsrechtlichen Leistungsrecht ergäben sich

---

862 So i.E. *Stadie*, in: Rau/Dürrwächter, UStG, § 14 Rn. 326.

863 Vgl. *Birkenfeld*, in: Birkenfeld/Wäger, USt-Handbuch, § 31 Rn. 245; *Looks*, in: Weymüller, UStG, § 15 Rn. 41.14; *Meyer*, in: Offerhaus/Söhn/Lange, UStG, § 1 Rn. 65; *Stadie*, UStG, § 15 Rn. 98, 266, bei Weitergabe der Rechnung an den Dritten, worin eine Zuwendung der Gegenleistung liege; wohl auch *Weiß*, UR 1985, 36; *Widmann*, UR 1993, 304, 305.

864 BSG, Urt. v. 3.8.2006 – B 3 KR 6/06 R, SozR 4-2500 § 129 Nr. 2, 3.c); Urt. v. 17.3.2005 – B 3 KR 2/05 R, SozR 4-5570 § 30 Nr. 1, 2.

865 Die Änderung der Rechtsprechung begründete sich in der Neufassung des § 69 SGB V durch das GKV-Gesundheitsreformgesetz 2000 zum 1.1.2000, BGBl. I 2000, 2626 wonach die Rechtsbeziehungen der Krankenkassen zu sämtlichen Leistungserbringern (Krankenhäuser, Vertragsärzte, Apotheken und allen sonstigen nichtärztlichen Leistungserbringern) ausschließlich sozialversicherungsrechtlicher Natur sind und damit dem öffentlichen Recht zugeordnet werden, vgl. BT-Drucks. 14/1245 S. 67 f.; BSG, Urt. v. 25.9.2001 – B 3 KR 3/01 R, SozR 3-2500 § 69 Nr. 1, 2.

866 BSG, Urt. v. 17.12.2009 – B 3 KR 13/08 R, SozR 4-2500 § 109 Nr. 20, 2.b), nach dessen Auffassung diese Konstruktion entbehrlich geworden ist, da ein Vergütungsanspruch bereits aus § 129 SGB V resultiert.

„ausfüllungsbedürftige Rahmenrechte“, die durch das Leistungserbringerrecht und die Richtlinien des Gemeinsamen Bundesausschusses näher konkretisiert werden.[867] Eine Begründung des Anspruchs über § 328 BGB analog widerspreche demnach § 69 SGB V, wonach die Vorschriften des BGB nur „im Übrigen“ angewandt werden dürfen.[868] Die Konstruktion der Arzneimittelversorgung über einen Vertrag zugunsten Dritter und die dementsprechende Leistungszurechnung zum Versicherten scheidet mithin aus.

Aus diesem Grund ist auch die von Teilen der Literatur vertretende Ansicht abzulehnen, dass ein Schuldbeitritt der gesetzlichen Krankenkasse in Bezug auf das Erwerbsgeschäft zwischen dem Versicherten und der Apotheke vorliege, weshalb der Versicherte und die Krankenkasse gesamtschuldnerisch haften (§§ 414, 421 ff. BGB).[869] Das Sachleistungsprinzip wirke sich dabei nur insoweit aus, dass die gesetzliche Krankenkasse von der Apotheke vorrangig in Anspruch genommen werden würde. Nach diesem Ansatz sei die gesetzliche Krankenkasse nur zur Zahlung verpflichtet, weshalb Leistungsempfänger der Arzneimittellieferung der Versicherte sei.[870] Doch genau solch einer zivilrechtlichen Konstruktion bedarf es im Rahmen der unmittelbar durch das Sozialrecht bestimmten Vertragsverhältnisse nicht, weshalb sie wie der Ansatz des Vertrags zugunsten Dritter gegen § 69 SGB V verstößt. Die Leistungszurechnung zum Versicherten als Leistungsempfänger scheidet mithin aus.

Nach der herrschenden Meinung in Rechtsprechung[871], Finanzverwaltung[872]

---

867 Vgl. BSG, Urt. v. 16.9.1997 – 1 RK 32/95, SozR 3-2500 § 92 Nr. 7, Rn. 24; *Wodarz*, in: Sodan, Hdb. KVR, § 27 Rn. 2.

868 Vgl. für die Begründung des öffentlich-rechtlichen Kaufvertrags, der im Ergebnis den Vertrag zugunsten Dritter darstellen würde BSG, Urt. v. 17.12.2009 – B 3 KR 13/08 R, SozR 4-2500 § 109 Nr. 20, 2.b).

869 Vgl. *Dettling*, VSSR 2006, 1, 20 ff.; *Winter/Kapeller*, MwStR 2013, 109, 110.

870 *Winter/Kapeller*, MwStR 2013, 109, 111.

871 Vgl. BFH, Urt. v. 20.5.2015 – XI R 2/13, BFH/NV 2015, 1775, II.2.c)cc)(2), nach dem bei Beitritt zum Rahmenvertrag nach § 129 Abs. 2 SGB V oder bei Vorliegen eines Einzelvertrags nach § 140e SGB V zwischen der Apotheke als leistender Unternehmer und der gesetzlichen Krankenkasse als Leistungsempfänger ein Leistungsaustausch besteht.

872 BMF, Schr. v. 24.7.2014 – IV D 2 – S 7200/08/1005, unveröffentlicht, S. 2; Schr. v. 14.11.2012 – IV D 2-S 7200/08/10005, BStBl I 2012, 1170, I. 2.; Schr. v. 22.8.2012 – IV D 3 – S 7103a/12/10001, unveröffentlicht; OFD Karlsruhe, Vfg. v. 15.1.2013 – S 7103a, UR 2013, 397; Thüringer LFD, Vfg. v. 28.4.2010, S 7283 A-09-A 3.12, juris; OFD Koblenz, Vfg. v. 25.2.2010 – S 7283 A-St 44 5, juris; OFD Magdeburg, Vfg. v. 15.6.2010 – S 7283-22-St 24, juris, ersatzlos aufgehoben; OFD Frankfurt a.M., Vfg.

und Literatur[873] ist hingegen die gesetzliche Krankenkasse aufgrund des in § 2 Abs. 2 SGB V verankerten Sach- und Dienstleistungsprinzips Leistungsempfänger der Arzneimittellieferungen, da die Abgabe des Arzneimittels an den Versicherten umsatzsteuerlich lediglich als abgekürzter Lieferweg zu verstehen ist.[874] Der Versicherte gelte insofern als Dritter.[875]

Diese Ansicht überzeugt, da das sozialrechtliche Sachleistungsprinzip nahelegt, dass die gesetzliche Krankenkasse gegenüber ihren Mitgliedern zur Lieferung der Arzneimittel als Sachleistung verpflichtet ist und der Versicherte demnach auch nur in seinem Verhältnis zur Krankenkasse einen unmittelbaren Anspruch auf die Arzneimittellieferung hat. Dem Versicherten steht auch insofern kein konkreter durchsetzbarer Leistungsanspruch zu, sondern nur ein „ausfüllungsbedürftiges Rahmenrecht".[876] Indem die Apotheke das Arzneimittel direkt an den Versicherten abgibt, erfüllt die gesetzliche Krankenkasse ihre Verpflichtung gegenüber dem Versicherten auf die Sachleistung,[877] was voraussetzt, dass sie zuvor aus der Vertragsbeziehung zur Apotheke selbst einen Anspruch hatte. Die Krankenkasse bedient sich zu diesem Zweck der Leistungserbringer, zu denen – ausgestaltet durch den Rahmenvertrag nach § 129 Abs. 2 SGB V – eine gesetzliche Rechtsbeziehung begründet wird. Durch diesen Rahmenvertrag und die entsprechende Leistungsverpflichtung der Apotheke bringt die gesetzliche Krankenkasse gerade zum Ausdruck, dass sie jederzeit und an jedem Ort die Arzneimittelversorgung für ihre Versicherten in Anspruch nimmt. Sie erfüllt damit durch die Apotheke ihre eigene Sachleistungspflicht.[878] Die Abgabe der Arzneimittel stellt demnach nur eine Abkürzung des Lieferweges an die

---

v. 22.1.2010 – S 7280 A-76-St 111, UR 2010, 549, aufgehoben; so auch im Rahmen der Versorgung mit Hilfsmitteln wie Hörsysteme vgl. OFD Koblenz, Vfg. v. 11.12.2008 – S 7280 A-St 44 5, juris; Thüringer LFD, Vfg. v. 14.3.2008, S 7280a A-08-A 3.12, juris.

873 *Ammann*, UR 2005, 180, 182 f.; *Gres*, MwStR 2015, 470, 471; *Heuermann*, DStR 2015, 757; *Korn*, in: Bunjes, UStG, § 17 Rn. 32; *Nieuwenhuis*, HFR 2015, 512, 513; *Pommerin/Paßgang*, UStB 2012, 235, 236; *Pfefferle/Renz*, NWB 2012, 4214, 4216; *Sterzinger*, in: Birkenfeld/Wäger, USt-Handbuch, § 37 Rn. 196; *Tehler*, in: Reiß/Kraeusel/Langer, UStG, § 1a Rn. 34; *Wäger*, BFH/PR 2015, 208, 209.

874 So auch *Pommerin/Paßgang*, UStB 2012, 235, 236, *Sterzinger*, in: Birkenfeld/Wäger, USt-Handbuch, § 37 Rn. 196; a.A. *Stadie*, in: Rau/Dürrwächter, UStG, § 14 Rn. 326, wonach der Versicherte der Leistungsempfänger sei.

875 OFD Magdeburg, Vfg. v. 15.6.2010 – S 7283-22-St 24, juris, ersatzlos aufgehoben.

876 Vgl. BSG, Urt. v. 16.9.1997 – 1 RK 28/95, SozR 3-2500 § 135 Nr. 4, Rn. 28; *Wodarz*, in: Sodan, Hdb. KVR, § 27 Rn. 2.

877 Vgl. BSG, Urt. v. 28.9.2010 – B 1 KR 3/10 R, SozR 4-2500 § 129 Nr. 6, 1.a).

878 Vgl. *Ammann*, UR 2005, 180, 182.

Versicherten dar, da die Krankenkasse die Apotheke zur Lieferung direkt an den Versicherten und nicht erst zuvor an sich verpflichtet.

Im Ergebnis steht damit unter Auslegung der sozialrechtlichen Regelungen der gesetzlichen Krankenkasse und gerade nicht dem Versicherten ein Anspruch gegen die Apotheke zu.

(b) Auftreten des Versicherten im Namen der Krankenkasse

Trotz des ihr zustehenden Leistungsanspruchs ist die gesetzliche Krankenkasse umsatzsteuerlich aber nur dann als Leistungsempfängerin anzusehen, wenn die Leistung in ihrem Namen empfangen wird. Da sie das Arzneimittel selbst nicht unmittelbar erhält, muss der Versicherte bei der Arzneimittelabgabe berechtigterweise in ihrem Namen auftreten. Durch diese Voraussetzung wird zum einen zum Kommissionsgeschäft nach § 3 Abs. 3 UStG abgrenzt, bei dem der Versicherte, der im eigenen Namen und auf fremde Rechnung der Krankenkasse handelt, als Kommissionär Empfänger der Leistung wäre.[879] Zum anderen erfolgt dadurch eine Abgrenzung zu einer selbstständigen Leistungsbeziehung des Versicherten mit der Apotheke, wenn er im eigenen Namen und auf eigene Rechnung auftritt.[880]

Es macht für das Auftreten im fremden Namen keinen Unterschied, ob der Dritte ausdrücklich oder nur konkludent im Namen eines anderen auftritt, entscheidend ist die Auslegung der Willenserklärung.[881] Der Versicherte legt in der Apotheke die ärztliche Verordnung vor. Auf diesem Rezept ist die konkrete Krankenkasse in der Spalte „Krankenkasse/Kostenträger“ angegeben.[882] Der Versicherte bringt dadurch zum Ausdruck, dass nicht er selbst die Rechte und Pflichten der zugrunde liegenden Vereinbarungen wahrnehmen will, sondern dies für die Krankenkasse tut (zu der er wiederum aufgrund des Sachleistungsprinzips selbst – zumindest sozialrechtlich – in einem Leistungsverhältnis steht, vgl. zur Umsatzsteuerbarkeit der Arzneimittellieferung der gesetzlichen Krankenkasse an ihre Versicherten D.II.4.).[883] Aus Sicht des objektiven Betrachters in

879 Vgl. zur Leistungsbestimmung im Rahmen des Kommissionsgeschäfts *Looks*, in: Weymüller, UStG, § 15 Rn. 41.3; *Martin*, in: Sölch/Ringleb, UStG, § 3 Rn. 403.

880 Vgl. i.E. BFH, Urt. v. 24.8.2006 – V R 16/05, BStBl II 2007, 340, II.2.b)bb).

881 Vgl. dazu im Rahmen der Bestimmung des Leistungsempfängers bei Warengutscheinen BFH, Urt. v. 24.8.2006 – V R 16/05, BStBl II 2007, 340, II.2.b)bb).

882 Siehe dazu beispielsweise das Muster der Kassenärztlichen Vereinigung Berlin, https://www.kzv-berlin.de/praxis/abrechnung/einzelverordnung/interaktives-rezept.html, zuletzt aufgerufen am 13.3.2018.

883 Vgl. *Kraftberger*, in: LPK-SGB V, § 31 Rn. 3.

der Lage der Apotheke tritt der Versicherte daher im Namen der Krankenkasse auf und macht deren Anspruch gegenüber der Apotheke geltend.[884]

(c) Zwischenergebnis

Bei Zugrundelegung der sozialrechtlich geprägten Rechtslage ist die Arzneimittellieferung einer Apotheke der gesetzlichen Krankenkasse als umsatzsteuerliche Leistungsempfängerin zuzurechnen.[885] Der Versicherte hingegen fungiert in dieser Leistungsbeziehung als Dritter und erhält das Arzneimittel im abgekürzten Lieferweg unmittelbar von der Apotheke.

(2) Erfordernis einer abweichenden Betrachtungsweise

In einem zweiten Schritt ist nun die Kontrollüberlegung anzustellen, ob aus umsatzsteuerlicher Sicht für die Zurechnung der sozialrechtlich geprägten Vertragslage aufgrund des tatsächlichen Leistungsgeschehens ausnahmsweise eine abweichende Betrachtungsweise geboten ist.

Die vom BFH[886] und EuGH[887] anerkannten Fallgruppen für eine von der zivilrechtlichen Betrachtungsweise abweichende Leistungszurechnung scheiden aus

884 Vgl. noch zum öffentlich-rechtlichen Kaufvertrag zwischen der Apotheke und der gesetzlichen Krankenkasse analog §§ 433 ff. BGB BSG, Urt. v. 3.8.2006 – B 3 KR 6/06 R, SozR 4-2500 § 129 Nr. 2, 3.c), das ausführt, dass „der Versicherte als Bote das in dem Kassenrezept verkörperte Vertragsangebot an den Apotheker [übermittelt], wobei er hinsichtlich der Auswahl der Apotheke gleichzeitig als Vertreter der Krankenkasse fungiert"; a.A. *Stadie*, in: Rau/Dürrwächter, UStG, § 1a Rn. 429 Fn. 6, nach dem der Versicherte im eigenen Namen handelt.

885 So u.a. auch BFH, Urt. v. 20.5.2015 – XI R 2/13, BFH/NV 2015, 1775, II.2.c)cc)(2); FG Münster, Urt. v. 13.3.2018 – 15 K 832/15 U, EFG 2018, 1063, Rev. BFH V R 34/18; BMF, Schr. v. 22.8.2012 – IV D 3 – S 7103a/12/10001, unveröffentlicht; OFD Karlsruhe, Vfg. v. 15.1.2013 – S 7103a, UR 2013, 397; *Heuermann*, DStR 2015, 757; *Korn*, in: Bunjes, UStG, § 17 Rn. 32; *Nieuwenhuis*, HFR 2015, 512, 513; *Wäger*, BFH/PR 2015, 208, 209; a.A. *Stadie*, in: Rau/Dürrwächter, UStG, § 1a Rn. 429 Fn. 6, § 14 Rn. 326.

886 Wenn von den grundsätzlich maßgebenden zivilrechtlichen Vertragsverhältnissen dergestalt abgewichen wird, dass tatsächlich ein Dritter die Leistung erlangt, so soll auch der Dritte als Leistungsempfänger im Sinne des Umsatzsteuergesetzes gelten, vgl. ständ. Rspr. BFH, Beschl. v. 22.2.2008 – XI B 189/07, BFH/NV 2008, 830; Urt. v. 24.8.2006 – V R 16/05, BStBl II 2007, 340, II.2.b); Urt. v. 1.6.1989 – V R 72/84, BStBl II 1989, 677, II.2.b).

887 Wenn die Vertragsbestimmungen nicht die wirtschaftliche Realität widerspiegeln, sondern eine rein künstliche Gestaltung darstellen, die allein auf Erlangen eines Steuervorteils gerichtet ist, EuGH, Urt. v. 20.6.2013 – C-653/11 – *Paul Newey*, ABl. EU 2013, Nr. C 225, 19, Rn. 52.

(siehe dazu ausführlich bereits D.II.2.a)bb)). Weder wird im Rahmen der Arzneimittelversorgung bewusst von der vertraglichen Ausgestaltung abgewichen noch wurde das Vertragsverhältnis zu Steuerzwecken missbräuchlich gestaltet.

Demnach kommt selbst dann, wenn man – anders als hier vertreten – die *Auto-Lease-Holland*-Rechtsprechung des EuGH überhaupt als Abweichung vom Grundsatz der Maßgeblichkeit der vertraglichen Vereinbarungen versteht, eine von den sozialrechtlichen Vertragsverhältnissen abweichende Zurechnung der Leistung nur in Betracht kommt, wenn es sich bei den Arzneimittellieferungen um einen ähnlich gelagerten Einzelfall handeln würde.[888] Mit der Folge, dass auch wenn der Versicherte im Namen und für Rechnung der gesetzlichen Krankenkasse auftritt, die Lieferung der Arzneimittel unmittelbar von der Apotheke an die Versicherten erfolgen würde. Dazu müsste die Rechtsprechung des EuGH auf die Arzneimittellieferung einer Apotheke an die gesetzliche Krankenkasse durch Abgabe an ihren Versicherten übertragbar sein.

Die Fallkonstellation ist insofern vergleichbar, dass auch im Rahmen der Arzneimittellieferungen der Versicherte mit der Einreichung des Rezepts das Arzneimittel unmittelbar erhält und völlig frei über den Zeitpunkt und Ort entscheiden kann, ohne dass die Krankenkasse zu irgendeiner Zeit Einfluss auf die Verwendung oder die Wahl der Apotheke hat. Die Entscheidung, wo er sein Rezept einlöst, liegt beim Versicherten und demnach auch, wann und gegenüber welcher Apotheke die Leistung in Anspruch genommen wird. Jedoch sollte dies nicht als marktwirtschaftlicher Entscheidungsspielraum über die Geltendmachung eines eigenen Anspruchs verstanden werden.[889] Die Freiheit der Lieferantenwahl ist vielmehr Ausdruck der Sicherstellung einer flächendeckenden Arzneimittelversorgung durch die gesetzliche Krankenkasse.[890] Sie gilt außerdem nur soweit, wie der Rahmenvertrag gegenüber der Apotheke Rechtswirkung entfaltet (vgl. § 129 Abs. 3 SGB V). Insoweit ist auch die Wahl des Versicherten auf die Reichweite der Wirkung des Rahmenvertrags beschränkt, der im Ergebnis auch für die Abgabepflicht der Apotheke und den entsprechenden Anspruch der Krankenkasse maßgeblich ist.

Ein weiterer maßgeblicher Punkt für die Betrachtungsweise des EuGH war die letztendliche Kostentragung durch den Leasingnehmer;[891] der Leasinggeber

---

888 So i.E. *Winter/Kapeller*, MwStR 2013, 109, 111, nach denen sich ihre Auffassung zur Begründung einer Leistungsbeziehung des Versicherten und der Apotheke mit der Betrachtungsweise des EuGH-Urteils im Fall *Auto Lease Holland* deckt.

889 Vgl. *Pommerin/Paßgang*, UStB 2012, 235, 236.

890 *Pommerin/Paßgang*, UStB 2012, 235, 236.

891 Vgl. i.E. auch BMF, Schr. v. 15.6.2004 – IV B 7-S 7100-125/04, BStBl I 2004, 605, wonach unter Berücksichtigung des EuGH-Urteils für eine Lieferung an den Leasinggeber

zahlte zwar erst einmal vorläufig das Benzin, am Ende des Jahres erfolgte aber eine Abrechnung des tatsächlichen Verbrauchs mit dem Leasingnehmer.[892] Nun ließe sich zwar argumentieren, dass die Krankenkasse zwar entsprechend der vertraglichen Verpflichtung das Entgelt für die Arzneimittellieferung zahlt, der Versicherte aber letztlich durch die Zuzahlung gem. § 31 Abs. 3 Satz 1 SGB V und seinen monatlichen Mitgliedsbeitrag die Kosten dieser Arzneimittellieferung übernimmt. Doch genau diese Sichtweise ist verfehlt, weshalb an dieser Stelle die Übertragbarkeit der EuGH-Rechtsprechung ausscheidet. Im Unterschied zum *Auto Lease Holland*-Fall ist trotz dieser Zahlungen eine letztendliche Kostentragung durch den Versicherten nicht gegeben. Weder die Zuzahlung noch der Mitgliedsbeitrag entsprechen den tatsächlichen Kosten einer Arzneimittellieferung. Die Zuzahlung stellt einen vom Preis des Arzneimittels unabhängigen Pauschalbetrag dar (vgl. § 61 Satz 1 SGB V), der in der Regel gerade einmal einen Bruchteil des tatsächlichen Entgelts abdeckt. Der Mitgliedsbeitrag wiederum ist eine Zahlung, die völlig losgelöst von einer Leistungsinanspruchnahme erfolgt und für die Aufrechterhaltung des Versicherungsschutzes gezahlt wird und nicht für eine konkrete Leistung innerhalb dieser Versicherung (vgl. zur Ausschluss der Entgeltqualifizierung dieser Zahlungen D.II.4.b)).[893] Es bleibt daher die Krankenkasse, die die vollen Kosten für das Arzneimittel tatsächlich und endgültig trägt, da nicht nur eine anfängliche Kostenübernahme erfolgt, sondern auch eine spätere Abrechnung mit dem Versicherten ausbleibt. In Abgrenzung zu der EuGH-Entscheidung kann deshalb auch bei der Arzneimittelversorgung nicht argumentiert werden, dass umsatzsteuerlich die Arzneimittellieferung direkt von der Apotheke an die Versicherten erbracht wird.

Der Fall der Arzneimittellieferungen im Rahmen der gesetzlichen Krankenversicherung ist indes viel eher mit der *CCP*-Entscheidung[894] des EuGH zu vergleichen (vgl. zu den allgemeinen Ausführungen zu der Entscheidung D.II.2.a) bb)). In dieser verschaffte ein Unternehmer seinen Kunden Versicherungsschutz, den er zuvor als Leistungsempfänger in einer separaten Leistungsbeziehung von einem Gruppenversicherer bezog und im Schadensfall unmittelbar von diesem Gruppenversicherer an seine Kunden erbringen ließ.[895] Für die Bestimmung der

---

unter anderem erforderlich – aber auch ausreichend – ist, dass das Entgelt auf jeder Lieferstufe zwischen den Parteien einzeln verhandelt ist und keine Vereinbarung über eine Kraftstoffverwaltung oder Kreditgewährung getroffen wird.

892 EuGH, Urt. v. 6.2.2003 – C-185/01 – *Auto Lease Holland*, BStBl II 2004, 573, Rn. 35.

893 Vgl. im Ergebnis *Pommerin/Paßgang*, UStB 2012, 235, 236.

894 EuGH, Urt. v. 25.2.1999 – C-349/96 – *CCP*, ABl. EG 1999, Nr. C 121, 3.

895 EuGH, Urt. v. 25.2.1999 – C-349/96 – *CCP*, ABl. EG 1999, Nr. C 121, 3, Rn. 21.

Leistungsbeziehung war es insofern unbeachtlich, dass die Kunden die Leistung unmittelbar von dem Gruppenversicherer erhalten haben. Auch die gesetzliche Krankenkasse bedient sich im Ergebnis der Apotheke lediglich, um den eigenen Anspruch gegenüber ihren Versicherten zu erfüllen. Ungeachtet dessen, dass der Versicherte diese Leistung dann unmittelbar vom Vertragspartner der gesetzlichen Krankenkasse erhält, werden die jeweiligen Vertragsbeziehungen unabhängig voneinander abgewickelt und müssen für die Leistungszurechnung entsprechend Beachtung finden.

An diesem Ergebnis ändert auch die kürzlich ergangene Rechtsprechung des EuGH in der Sache *Boehringer Ingelheim Pharma*[896] zu einer von den vertraglichen Vereinbarungen abweichenden umsatzsteuerlichen Leistungsbeziehung zwischen der Apotheke und den Unternehmen der privaten Krankenversicherung nichts. Vielmehr bestätigt die Entscheidung die Qualifizierung der gesetzlichen Krankenkasse als umsatzsteuerlicher Leistungsempfänger (siehe im Einzelnen zu der Entscheidung D.II.2.a)bb)). Denn selbst wenn man die vertraglichen Vereinbarungen außer Acht lässt und auf die Belastung mit der Umsatzsteuer abstellt, trägt die gesetzliche Krankenkasse auch die Kosten der Arzneimittellieferung und ist deshalb im Ergebnis mit der Umsatzsteuer belastet.[897]

ee) Umsatzsteuerliche Rolle der Rechenzentren

In den vorangestellten Überlegungen zur umsatzsteuerlichen Leistungszurechnung blieb die Rolle des Rechenzentrums unberücksichtigt, da die Zwischenschaltung eines Rechenzentrums nach § 300 Abs. 2 SGB V bei der Abrechnung der Apotheke im Rahmen der Leistungszurechnung von Arzneimittellieferungen keine umsatzsteuerlichen Folgen nach sich zieht.

Die eingelösten Arzneimittelrezepte können von den Apotheken bei einem Rechenzentrum eingereicht werden, das wiederum diese gegenüber den verschiedenen Krankenkassen monatlich abrechnet. Entweder erfolgt der Einzug der Zahlung, die sodann an die einzelnen Apotheken weitergeleitet wird, oder die Forderung der Apotheke wird an das Rechenzentrum abgetreten. Auch in diesem Fall überweist die Krankenkasse den Rechnungsbetrag auf das Konto

---

896 EuGH, Urt. v. 20.12.2017 – C-462/16 – *Boehringer Ingelheim Pharma*, UR 2018, 166, Rn. 41.

897 A.A. i.E. *Stadie*, in: Rau/Dürrwächter, UStG, § 14 Rn. 326, da der Versicherte die Leistung erhalte und auch die Gegenleistung schulde, soweit sie nicht von der Krankenkasse gezahlt werde.

des Rechenzentrums (siehe bereits ausführlich unter C.III.3.c)cc)(2)).[898] Die Rechenzentren erhalten für diese Leistung von den Krankenkassen ein separates Entgelt.

Nichtsdestotrotz führt solch eine Einbeziehung nicht dazu, dass das Rechenzentrum am umsatzsteuerlichen Leistungsaustausch der Arzneimittellieferung beteiligt ist. Grundsätzlich gilt, dass es an einem Leistungsaustausch fehlt, wenn der Empfänger einer Leistung nur als Zahlstelle fungiert und seine Aufgabe allein darin besteht, die Zahlung an den tatsächlich Berechtigten weiterzugeben.[899] Bei diesen Geldern handelt es sich nicht um Entgelt für eine Leistung, sondern um einen durchlaufenden Posten im Sinne des § 10 Abs. 1 Satz 6 UStG, den der Unternehmer im Namen und für Rechnung eines anderen vereinnahmt und verausgabt.[900] Die Mittelsperson hat in diesen Fällen selbst keinen Anspruch auf die Zahlung und ist auch dem Leistungsempfänger nicht zur Entrichtung des Entgelts verpflichtet.[901] Für eine Qualifizierung als durchlaufender Posten müssen zwischen den beiden Leistungsbeteiligten unmittelbare Rechtsbeziehungen bestehen und ein eindeutiger Nachweis vorliegen, dass die Zwischenperson nur als Vermittler auftritt.[902] Das setzt voraus, dass sowohl der Zahlungspflichtige als auch der Zahlungsempfänger voneinander Namen und Beträge kennen.[903] Bestehen solche Rechtsbeziehungen zwischen dem Leistenden und dem eigentlichen Leistungsempfänger, sind Vertragsverhältnisse zwischen der Zahlstelle und dem eigentlichen Leistenden unbeachtlich.[904] Davon unabhängig ist die Frage, ob möglicherweise ein selbständiger Leistungsaustausch vorliegt, wenn die Zahlstelle für die Dienstleistung des Zahlungstransfers ein Entgelt einbehält.[905] Auch

---

898 Vgl. zur vergleichbaren Abrechnung von Krankenhausapotheken *Porten*, KH 2015, 568, 569.

899 Vgl. *Robisch*, in: Bunjes, UStG, § 1 Rn. 54.

900 Vgl. BFH, Urt. v. 4.5.2011 – XI R 4/09, BFH/NV 2011, 1736, II.2.a); Urt. v. 1.9.2010 – V R 32/09, BStBl II 2011, 300, II.3.b)dd).

901 Abschn. 10.4 Abs. 1 Satz 2 UStAE.

902 BFH, Urt. v. 4.5.2011 – XI R 4/09, BFH/NV 2011, 1736, II.2.b); Beschl. v. 27.2.1989 – V B 75/88, BFH/NV 1989, 744, II.; Abschn. 10.4 Abs. 1 Satz 4 UStAE.

903 BFH, Urt. v. 4.5.2011 – XI R 4/09, BFH/NV 2011, 1736, II.2.b); Urt. v. 4.12.1969 – V R 104/66, BStBl II 1970, 191; Abschn. 10.4 Abs. 2 Satz 1 UStAE; *Korn*, in: Bunjes, UStG, § 10 Rn. 69.

904 BFH, Urt. v. 2.3.1967 – V 54/64, BStBl III 1967, 377; Abschn. 10.4 Abs. 1 Satz 5 UStAE; a.A. *Stadie*, UStG, § 15 Rn. 63, nach dem der mittlere Unternehmer (Zahlstelle) als Leistungsempfänger und Vorsteuerabzugsberechtigter anzusehen ist, sofern die Rechnung an ihn und nicht an den wahren Leistungsempfänger ausgestellt ist.

905 *Robisch*, in: Bunjes, UStG, § 1 Rn. 54.

eine Abtretung des Zahlungsanspruchs hat keinen Einfluss auf die zugrunde liegende Leistungsbeziehung;[906] vielmehr gilt die Zahlung des Leistungsempfängers lediglich als Entgelt an einen Dritten statt den Leistenden.[907]

Im vorliegenden Fall der Abrechnung von Arzneimittellieferungen besteht in Form des Rahmenvertrags im Sinne des § 129 Abs. 2 SGB V oder des Einzelvertrags nach § 140e SGB V gerade solche unmittelbaren Rechtsbeziehungen zwischen den Apotheken (Zahlungsverpflichteten) und den Krankenkassen (Zahlungsempfänger). Demnach sind etwaige Rechtsbeziehungen mit Rechenzentren im Rahmen der umsatzsteuerlichen Beurteilung zwischen Apotheke und Krankenkasse außer Acht zu lassen.

c) *Zwischenergebnis*

Im Ergebnis liegt in der Arzneimittellieferung einer Apotheke eine umsatzsteuerliche Leistungsbeziehung zwischen der gesetzlichen Krankenkasse des Versicherten und der Apotheke begründet.[908]

Dies resultiert aus dem im Recht der gesetzlichen Krankenversicherung verankerten Sachleistungsprinzip nach § 2 Abs. 2 SGB V, wonach der Versicherte seine Leistung unmittelbar von der Krankenkasse bezieht. Die Krankenkasse erhält die Leistung zuvor – in dem Fall das Arzneimittel – bei der Apotheke, die es nur im abgekürzten Lieferweg an den Versicherten abgibt. So ergibt es sich auch, dass der Versicherte trotz der Tatsache, dass er das Arzneimittel gegen Rezeptvorlage direkt von der Apotheke bezieht, nicht auch der umsatzsteuerliche Leistungsempfänger ist, sondern lediglich als Dritter im Rahmen der Beziehung zwischen Apotheke und Krankenkasse fungiert. Gestützt wird diese Beurteilung insbesondere auch dadurch, dass der Versicherte in keinerlei vertraglichem Verhältnis zur Apotheke steht, sondern nur in einer Rechtsbeziehung mit seiner gesetzlichen Krankenkasse.

---

906 Vgl. BFH, Urt. v. 12.2.2015 – V R 38/13, BFH/NV 2015, 877, II.1.b)bb)(2); Urt. v. 6.5.2010 – V R 15/09, BStBl II 2011, 142, II.2.b).

907 Vgl. *Treiber*, in: Sölch/Ringleb, UStG, § 10 Rn. 181.

908 Vgl. auch *Pfefferle/Renz*, NWB 2012, 4214, 4216; *Tehler*, in: Reiß/Kraeusel/Langer, UStG, § 1a Rn. 34; a.A. *Stadie*, in: Rau/Dürrwächter, UStG, § 14 Rn. 326.

d) Exkurs: Umsatzsteuerliche Leistungsbeziehung bei Arzneimittellieferung an Versicherte im Rahmen des Kostenerstattungsprinzips

Abzugrenzen von den Fällen der Lieferungen rezeptpflichtiger Arzneimittel im Rahmen des Sachleistungsprinzips sind solche nach dem Prinzip der Kostenerstattung. Im Vergleich zum Sachleistungsprinzip schuldet die Krankenkasse hier nicht die Sachleistung selbst, sondern nur die Übernahme der Kosten. Im Ergebnis erhält der Versicherte daher die Arzneimittel unmittelbar von der Apotheke gegen ein von ihm entrichtetes Entgelt und kann im Nachhinein eine Erstattung dieser Kosten von seiner Krankenkasse verlangen.

Beim Kostenerstattungsprinzip handelt sich um die Grundkonzeption im System der privaten Krankenversicherung. Anwendung findet diese Form der Leistungserbringung allerdings auch in der Arzneimittelversorgung von gesetzlich Versicherten in den Ausnahmefällen des § 13 SGB V (vgl. dazu unter C.I.1.c)) sowie bei ausländischen Apotheken ohne Beitritt zum Rahmenvertrag oder abgeschlossenen Einzelverträgen nach § 140e SGB V. In diesen Fällen wird zwischen der Apotheke und dem Versicherten im Rahmen der Arzneimittellieferung ein Kaufvertrag im Sinne des § 433 BGB geschlossen.[909]

Da sich die Bestimmung der umsatzsteuerlichen Leistungsbeziehung grundsätzlich nach dem der Leistung zugrunde liegenden Schuldverhältnis richtet, bestand bisher die einhellige Meinung, dass zwischen der Apotheke und dem Versicherten auch im Umsatzsteuerrecht eine Leistungsbeziehung besteht.[910] Im Fall der Kostenerstattung sei daher nicht die Krankenkasse, sondern der

---

909 Vgl. für Privatversicherte BFH, Urt. v. 20.5.2015 – XI R 2/13, BFH/NV 2015, 1775, II.2.c)bb); für gesetzlich Versicherte ohne Vorliegen eines Rahmen- oder Einzelvertrags BFH, Urt. v. 20.5.2015 – XI R 2/13, BFH/NV 2015, 1775, II.2.c)cc)(2); *Mand/Könen*, WRP 2006, 841, 842; für die Arzneimittellieferung im Rahmen der Kostenerstattung durch eine gesetzliche Krankenkasse i.E. *Ammann*, UR 2005, 180, 182 f.

910 Vgl. für Privatversicherte BFH, Urt. v. 20.5.2015 – XI R 2/13, BFH/NV 2015, 1775, II.2.c)bb); i.E. auch Vorlagebeschl. v. 22.6.2016 – V R 42/15, EuGH Az. C-462/16, BFH/NV 2016, 1528, II.2.c); für gesetzlich Versicherte ohne Vorliegen eines Rahmen- oder Einzelvertrags, Urt. v. 20.5.2015 – XI R 2/13, BFH/NV 2015, 1775, II.2.c)cc)(2); Lieferungen nicht rezeptpflichtiger Arzneimittel erfolgen ebenfalls im Rahmen von Kaufverträgen im Sinne der §§ 433 ff. BGB, vgl. BFH, Urt. v. 20.5.2015 – XI R 2/13, BFH/NV 2015, 1775, II.2.c)cc)(1), da diese nicht im Rahmen einer – gesetzlichen oder privaten – Krankenversicherung erfolgen würden und es sich damit um ein normales vertragliches Zweipersonenverhältnis im Kaufrecht handele.

Versicherte der Leistungsempfänger.[911] Da es an einem gesetzlich verankerten Dreiecksverhältnis fehlt, ergaben sich nach dieser Ansicht für die Fallkonstellationen des Kostenerstattungsprinzips kaum[912] umsatzsteuerliche Besonderheiten. Man ging davon aus, dass bei den inländischen Arzneimittellieferungen es sich grundsätzlich um umsatzsteuerpflichtige Leistungen gem. § 1 Abs. 1 Nr. 1 UStG handele, für die die Apotheke als Umsatzsteuerschuldner die Umsatzsteuer an das Finanzamt abführen müsse. Auch innergemeinschaftliche Arzneimittellieferungen ausländischer Apotheken seien aufgrund der Versandhandelsregelung nach § 3c UStG in Deutschland steuerbar.[913] Die Zuzahlung sei insoweit für die umsatzsteuerliche Beziehung zwischen Versicherten und Apotheke unbeachtlich, da bei der gesetzlichen Krankenversicherung in diesen Fällen die Zahlung nicht an die Apotheke erfolge, sondern eine unmittelbare Verrechnung mit der Krankenkasse im Rahmen des Prozesses zur Erstattung der Kosten stattfinde; zumal es im Rahmen der privaten Krankenversicherung das Institut der Zuzahlung überhaupt nicht gibt.

Für die private Krankenversicherung entschied der EuGH nun aber überraschend[914], dass „die Unternehmen der privaten Krankenversicherung als Endverbraucher einer Lieferung durch ein mehrwertsteuerpflichtiges pharmazeutisches Unternehmen anzusehen“ sind (vgl. dazu bereits D.II.2.a)bb)).[915] Dies gelte jedenfalls für den Fall, in dem die Versicherten Erstattung für ihre Arzneimittelkosten verlangen würden und die private Krankenkassen den Abschlag von dem pharmazeutischen Hersteller erhielten. Die Zahlungen der Versicherten seien dann Entgelte von dritter Seite im Sinne des Art. 73 MwStSystRL.

Er stellt damit im Ergebnis die private Krankenversicherung umsatzsteuerlich betrachtet mit der gesetzlichen Krankenversicherung in Gleichklang,[916] ohne das momentan absehbar ist, welche Auswirkungen das für die privaten

---

911 Vgl. für Privatversicherte BFH, Urt. v. 20.5.2015 – XI R 2/13, BFH/NV 2015, 1775, II.2.c)bb); Beschl. v. 24.2.2015 – V B 147/14, BFH/NV 2015, 768, II.3.; so auch *Pfefferle/Renz*, NWB 2012, 4214, 4216.

912 Vgl. zur umsatzsteuerlichen Behandlung des gesetzlichen Herstellerrabatts nach § 130a Abs. 1 SGB V bei privaten Krankenkassen D.IV.2.c)dd)(4).

913 Vgl. BFH, Urt. v. 20.5.2015 – XI R 2/13, BFH/NV 2015, 1775, II.2.c); *Esskandari/Bick*, UStB 2015, 341; *Gres*, MwStR 2015, 470, 471; *Heuermann*, DStR 2015, 757; *Pommerin/Paßgang*, UStB 2012, 204, 205; *Wäger*, BFH/PR 2015, 208, 209.

914 Vgl. auch *Kombert*, MwStR 2018, 171.

915 EuGH, Urt. v. 20.12.2017 – C-462/16 – *Boehringer Ingelheim Pharma*, UR 2018, 166, Rn. 41; bejahend *Heuermann*, UR 2018, 497, 503.

916 Vgl. *Polok*, UR 2018, 147, 150.

Krankenkassen haben wird. Es wäre nicht verwunderlich, wenn in der Konsequenz nun – wie auch bei den gesetzlichen Krankenkassen – durch die Finanzämter nun eine Aufforderung der Unternehmen privater Krankenversicherung zur Versteuerung der grenzüberschreitenden Lieferungen ausländischer Apotheken an ihre inländischen Krankenversicherten als innergemeinschaftliche Erwerbe (ggf. auch rückwirkend, sofern möglich) erfolgt;[917] mit erheblichen wirtschaftlichen Auswirkungen (siehe beispielsweise zu den Mehrbelastungen aufgrund der Zahlung von Arzneimittelpreisen als Bruttobetrag unter D.IV.2.b)).

Problematisch ist aber vor allem, dass der Krankenversicherer laut EuGH offensichtlich nur dann als Leistungsempfänger anzusehen ist, wenn der Versicherte die Kosten geltend macht.[918] In der Konsequenz bedeutet das, dass der Versicherte der Leistungsempfänger bleibt, wenn er sich die Kosten seiner Arzneimittel nicht erstatten lässt.[919] Gerade ausländische Apotheken wird das vor erhebliche Probleme stellen, denn je nachdem ob der Versicherte oder die private Krankenkasse der Leistungsempfänger der Arzneimittellieferungen ist, müssen grundsätzlich entweder die Apotheke (für die Lieferung an die Versicherten, vgl. § 3c UStG) oder das Unternehmen der privaten Krankenversicherung (für die Lieferung an die Krankenkasse, § 1a UStG) die Leistung versteuern.[920] Im Zeitpunkt der Abgabe in der Apotheke ist aber für diese völlig unklar, welcher der Fälle einschlägig sein wird, was verdeutlicht wie wenig praktikabel die Entscheidung des EuGH ist. Es wird nun abzuwarten sein, wie die Finanzverwaltung und die Praxis auf die EuGH-Entscheidung reagieren. Eine tiefgreifende Aufarbeitung der umsatzsteuerlichen Thematik scheint aber unausweichlich.

Darüber hinaus wird die Rechtsprechung des EuGH auf die Arzneimittellieferungen der gesetzlichen Krankenversicherung im Wege der Kostenerstattung zu übertragen sein, weshalb die gesetzliche Krankenversicherung auch in diesen

---

917 Vgl. zur gesetzlichen Krankenversicherung BMF, Schr. v. 22.8.2012 – IV D 3 – S 7103-a/12/10001, nicht veröffentlicht.

918 Vor dem Hintergrund des Systems der Beitragsrückerstattung bestehen für den Versicherten durchaus Anreize seine Kosten für Arzneimittel nicht einzureichen, wenn über das Jahr keine Leistungen zur Kostenerstattung eingereicht werden. Abhängig ist dies im Ergebnis von der Summe seiner über das Jahr in Anspruch genommenen Leistungen.

919 Solche Konstellationen sind insbesondere dann denkbar, wenn es Rückvergütungsprämien gibt, wenn der Versicherte sich in einem Jahr keine Leistung erstatten lässt.

920 Siehe zu den Voraussetzungen und Abgrenzungen der Umsatzsteuerbarkeit des Leistungsaustauschs zwischen der ausländischen Apotheke und der gesetzlichen Krankenkasse D.II.3.b).

Fällen als umsatzsteuerlicher Leistungsempfänger anzusehen ist, wenn der Versicherte sich seine Kosten erstatten lässt. Da aber selbst ausländische Apotheken in der Regel über § 2b Rahmenvertrag nach § 129 Abs. 2 SGB V oder Einzelverträge nach § 140e SGB V in das Sachleistungsprinzip eingebunden werden, stellen diese Fälle eher die Seltenheit dar.

3. Umsatzsteuerbarkeit und Umsatzsteuerpflicht des Leistungsaustauschs zwischen der Apotheke und der gesetzlichen Krankenkasse im Rahmen des Sachleistungsprinzips

Die relevante umsatzsteuerliche Leistungsbeziehung im Rahmen der Arzneimittelversorgung besteht grundsätzlich zwischen der gesetzlichen Krankenkasse und der Apotheke und begründet sich aus dem Sachleistungsprinzip nach § 2 Abs. 2 SGB V. In einem nächsten Schritt ist zu untersuchen, ob und welchen der bereits erläuterten umsatzsteuerlichen Grundtatbeständen die Leistungsbeziehung der Apotheke und der gesetzlichen Krankenkasse unterfällt und welche Umsatzsteuerschuldnerschaften aus ihr erwachsen.

Die umsatzsteuerliche Beurteilung eines Umsatzes hat immer individuell und am konkreten Einzelfall zu erfolgen. Die folgende Subsumption unter die einzelnen Umsatzsteuertatbestände erfolgt daher exemplarisch an einer Arzneimittellieferung, wie sie typischer Weise in der Praxis erfolgt.

Da die Grundtatbestände insbesondere auch an den Leistungsort anknüpfen und einen Inlandsbezug voraussetzen, muss im Folgenden unterschieden werden, ob der Arzneimittellieferung ein grenzüberschreitender Bezug zugrunde liegt oder nicht. Die Lieferung einer inländischen Apotheke an eine deutsche Krankenkasse gilt insofern als Grundfall. Separat davon ist die Konstellation der Arzneimittellieferung einer ausländischen Apotheke zu prüfen.

a) Steuerbarkeit der Lieferung einer inländischen Apotheke

Im Inlandsfall erhält der Versicherte einer deutschen gesetzlichen Krankenkasse ein rezeptpflichtiges Arzneimittel von einer in Deutschland belegenen Apotheke, welche wiederum diese Leistung gegenüber der Krankenkasse in Rechnung stellt. Dabei könnte es sich um einen steuerbaren Umsatz der Apotheke an die Krankenkasse im Sinne des § 1 Abs. 1 Nr. 1 UStG handeln.

aa) Apotheke als Unternehmer

Eine Apotheke wird in der Regel von einem Apotheker als eingetragener Kaufmann betrieben. Nach deutschem Apothekenrecht ist – im Falle mehrerer Personen – ebenso noch der Betrieb in der Rechtsform einer Gesellschaft bürgerlichen

Rechts oder einer offenen Handelsgesellschaft (vgl. § 8 Satz 1 ApoG) denkbar (vgl. dazu unter C.III.3.a)). Je nachdem kommt der Apotheker oder die Apotheke als Unternehmer nach § 2 UStG in Betracht.

Umsatzsteuerlich ist gem. § 2 Abs. 1 Satz 1 UStG derjenige Unternehmer, der eine gewerbliche oder berufliche Tätigkeit selbständig ausübt. Nach § 2 Abs. 1 Satz 2 UStG ist jede nachhaltige Tätigkeit zur Erzielung von Einnahmen gewerblich oder beruflich, auch wenn die Absicht, Gewinn zu erzielen, fehlt.

Die von der Apotheke an gesetzlich Versicherte erfolgte Arzneimittellieferung zu Lasten der Krankenkasse dient der Erzielung von Einnahmen und stellt eine nachhaltige Tätigkeit dar, weshalb die Apotheke (bzw. der Apotheker) Unternehmer im Sinne des § 2 UStG ist.[921]

bb) Leistung

Bei der Arzneimittellieferung handelt es sich des Weiteren um eine Leistung in Form einer Lieferung im Sinne des § 3 Abs. 1 UStG, wobei zur sonstigen Leistung im Sinne des § 3 Abs. 9 UStG abzugrenzen (D.II.3.a)bb)(1)) und auf die Verschaffung der Verfügungsmacht abzustellen ist (D.II.3.a)bb)(2)). Relevanz erhält die Einordnung der Leistung als Lieferung oder sonstige Leistung insbesondere im Rahmen der Bestimmung des Leistungsorts.

(1) Lieferung oder sonstige Leistung

Bei Lieferungen handelt es sich häufig um Waren-, Werks- oder Gehaltslieferungen, wohingegen sonstige Leistungen in der Regel vor allem Dienstleistungen darstellen.[922]

Bei der Abgabe von Arzneimitteln übergibt die Apotheke in der Regel das Arzneimittel als solches an den Versicherten, wobei diesem Vorgang grundsätzlich auch immer ein Beratungs- und Betreuungsverhältnis[923] inhärent ist. Selbst wenn dieser Leistungsvorgang somit sowohl ein Lieferungs- als auch ein Dienstleistungselement enthält, ist er aufgrund des umsatzsteuerrechtlichen

921 So bspw. vom BFH unbegründet festgestellt für Arzneimittellieferungen einer niederländischen Versandapotheke in Rechtsform einer Kapitalgesellschaft BFH, Urt. v. 20.5.2015 – XI R 2/13, BFH/NV 2015, 1775, II.1.

922 *Nieskens*, in: Rau/Dürrwächter, UStG, § 1 Rn. 152.

923 Apotheken sind gem. § 20 Abs. 1 Satz 1 ApoBetrO verpflichtet, die Versicherten zu informieren und zu beraten, soweit dies aus Gründen der Arzneimittelsicherheit erforderlich ist.

Grundsatzes der Einheitlichkeit der Leistung[924] als ein wirtschaftlich einheitlich zu betrachtender Umsatz anzusehen.

Entscheidend ist dafür die Gesamtbetrachtung aller Umstände aus Sicht eines Durchschnittsverbrauchers.[925] Dem Versicherten geht es in erster Linie um den Erhalt des Arzneimittels, wohingegen die Beratung durch den Apotheker nicht zwangsläufig und nur von untergeordneter Bedeutung ist. Dies gilt insbesondere bei rezeptpflichtigen Arzneimitteln, die zuvor im Rahmen einer ärztlichen Heilbehandlung vom Arzt gezielt verschrieben wurden. Da die Beratung unmittelbar an die Arzneimittelabgabe anknüpft, erfüllt sie keinen eigenen Zweck und dient nur dazu die Arzneimittellieferung unter den besten Voraussetzungen in Empfang zu nehmen.[926]

Die Lieferung des Arzneimittels stellt insofern die Hauptleistung dar, wohingegen die Beratung als unselbstständige Nebenleistung zu bewerten ist. Diese teilt grundsätzlich das Schicksal der Hauptleistung,[927] weshalb die Arzneimittelabgabe einer Apotheke eine Lieferung und keine sonstige Leistung darstellt.

(2) Verschaffung der Verfügungsmacht

Nach § 3 Abs. 1 UStG sind Lieferungen eines Unternehmers Leistungen, durch die er oder in seinem Auftrag ein Dritter den Abnehmer oder in dessen Auftrag einen Dritten befähigt, im eigenen Namen über einen Gegenstand zu verfügen (Verschaffung der Verfügungsmacht).[928] Die Begrifflichkeit

---

924 Nach diesem darf ein einheitlicher wirtschaftlicher Vorgang nicht in mehrere umsatzsteuerliche Leistungen aufgespalten werden, vgl. Abschn. 3.10 Abs. 3 Satz 1 UStAE; dies ist der Fall, wenn sie derart eng miteinander verbunden sind, dass sie objektiv wirtschaftlich eine untrennbare Leistung darstellen und ihre Eigenständigkeit verlieren, vgl. EuGH, Urt. v. 16.7.2015 – C-584/13 – *Mapfre asistencia u.a.*, ABl. EU 2015, Nr. C 311, 3; *Leonard*, in: Bunjes, UStG, § 3 Rn. 19; *Schuhmann*, in: Rau/Dürrwächter, UStG, § 10 Rn. 62.

925 EuGH, Urt. v. 21.10.2013 – C-18/12 – *Mesto Zamberk*, DStR 2013, 407, Rn. 30; BFH, Urt. v. 13.1.2011 – V R 63/09, BStBl II 2011, 461, II.1.a) m.w.N.; *Martin*, in: Sölch/Ringleb, UStG, § 3 Rn. 14.

926 Vgl. insofern zur Definition einer Nebenleistung EuGH, Urt. v. 25.2.1999 – C-349/96 – *CCP*, ABl. EG 1999, Nr. C 121, 3, Rn. 30 m.w.N.

927 Vgl. EuGH, Urt. v. 25.2.1999 – C-349/96 – *CCP*, ABl. EG 1999, Nr. C 121, 3, Rn. 30; *Leonard*, in: Bunjes, UStG, § 3 Rn. 22.

928 Durch diese Bestimmung wird die unionsrechtliche Regelung Art. 14 Abs. 1 MwStSystRL in nationales Recht umgesetzt, nach der als Lieferung von Gegenständen die Befähigung gilt, wie ein Eigentümer über einen körperlichen Gegenstand zu verfügen, vgl. BFH, Urt. v. 9.9.2015 – XI R 21/13, BFH/NV 2016, 597, II.2.

des Abnehmers ist dabei mit dem umsatzsteuerlichen Leistungsempfänger gleichzustellen.[929]

Zur Qualifizierung der Arzneimittellieferung als Leistung muss demnach der gesetzlichen Krankenkasse als Leistungsempfänger (siehe dazu bereits unter D.II.2.b)dd)) die Verfügungsmacht an dem Arzneimittel verschafft worden sein. Die Verschaffung von Verfügungsmacht stellt dabei den gezielten/gewollten Übergang des Gegenstands von dem Leistenden auf den Leistungsempfänger dar.[930] Dies ist der Fall, wenn dem Leistungsempfänger Substanz, Wert und Ertrag an dem betreffenden Gegenstand übertragen werden,[931] was wiederum von der Gesamtbetrachtung der Verhältnisse abhängig ist,[932] insbesondere der vertraglichen Vereinbarungen, den Interessen der Parteien und der tatsächlichen Durchführung.[933] Es handelt sich um einen tatsächlichen Vorgang,[934] der von der zivilrechtlichen Betrachtungsweise abzugrenzen ist.[935] Entscheidend ist somit nicht der Eigentumsübergang,[936] weshalb Verfügungsmacht auch im Rahmen eines Eigentumsvorbehalts verschafft werden kann, sofern und solange der Unternehmer als Eigentümer nicht mehr über den wirtschaftlichen Gehalt des Gegenstands verfügen kann und diesen dem Abnehmer zugewandt hat.[937]

Die Krankenkasse als umsatzsteuerlicher Leistungsempfänger bzw. Abnehmer müsste demnach von der Apotheke ermächtigt worden sein, über die Arzneimittel faktisch so zu verfügen, als wäre sie der Eigentümer. Tatsächlich wird das Arzneimittel jedoch nicht an die Krankenkasse übergeben, sondern an den Versicherten, der die vom Arzt erhaltende Arzneimittelverordnung in der Apotheke einlöst und das Arzneimittel dann entsprechend der Heilbehandlung einnimmt. Damit dient die Verwendung des Gegenstands allein ihm selbst, so wie

---

929 BFH, Urt. v. 24.8.2006 – V R 16/05, BStBl II 2007, 340; *Slapio*, in: Birkenfeld/Wäger, USt-Handbuch, § 53 Rn. 193.

930 Vgl. *Tehler*, in: Reiß/Kraeusel/Langer, UStG, § 1a Rn. 17.1.

931 Ständ. Rspr. BFH, Urt. v. 8.9.2011 – V R 43/10, BStBl II 2014, 203, II.1. m.w.N.; Urt. v. 28.1.1999 – V R 4/98, BStBl II 1999, 628, II.1.b); Abschn. 3.1 Abs. 2 Satz 1 UStAE; *Nieskens*, in: Rau/Dürrwächter, UStG, § 3 Rn. 635.

932 Vgl. *Reiß*, UR 2015, 733, 741.

933 Vgl. allgemein BFH, Urt. v. 9.9.2015 – XI R 21/13, BFH/NV 2016, 597, II.2.c); Urt. v. 9.2.2006 – V R 22/03, BStBl II 2006, 727, II.1.b)aa).

934 *Nieskens*, in: Rau/Dürrwächter, UStG, § 3 Rn. 680.

935 Abschn. 3.1 Abs. 2 Satz 1 UStAE.

936 EuGH, Urt. v. 18.7.2013 – C-78/12 – *Evita-K*, ABl. EU 2013, Nr. C 260, 11; Urt. v. 8.2.1990 – C-320/88 – *Shipping and Forwarding Enterprise Safe*, Slg. 1990, I-285; BFH, Urt. v. 16.4.2008 – XI R 56/06, BStBl II 2008, 909, II.2.a); *Stadie*, UStG, § 3 Rn. 22.

937 BFH, Urt. v. 23.10.1997 – V R 36/96, BStBl II 1998, 584, II.2.c).

ihm auch das volle Wahlrecht[938] zusteht, wann und bei welcher Apotheke er das Arzneimittel erhält. Die Krankenkasse hingegen erlangt zu keinem Zeitpunkt eine unmittelbare Zugriffsmöglichkeit auf die Ware oder ist darüber befugt, zu entscheiden, zu welcher Zeit oder zu welchem Zweck das Arzneimittel zu verwenden ist.

Es gilt daher an erster Stelle zu prüfen, ob und unter welchen Voraussetzungen die Verfügungsmacht bei Einschaltung eines Dritten dem Abnehmer verschafft werden kann. Um anschließend der Frage nachzugehen, ob und wie im konkreten Fall der Arzneimittellieferung die wirtschaftliche Substanz des Arzneimittels bei Abgabe an den Versicherten der Krankenkasse verschafft wird.

(a) Verschaffung der Verfügungsmacht bei Beteiligung Dritter am Liefervorgang

In § 3 Abs. 1 UStG heißt es ausdrücklich, dass Lieferungen Leistungen sind, durch die der Abnehmer oder in dessen Auftrag ein Dritter befähigt wird, über den Gegenstand im eigenen Namen zu verfügen. Dies bedeutet, dass dem Abnehmer auch dadurch Verfügungsmacht verschafft werden kann, dass die Ware auf seine Weisung hin an eine andere Person ausgehändigt wird, beispielsweise einem Zweiterwerber.[939]

Die Vorschrift dient insofern in erster Linie der Klarstellung, dass die umsatzsteuerrechtlichen Leistungsbeziehungen nicht dadurch beeinflusst werden, dass ein Dritter – ungeachtet auf wessen Seite – in den Liefervorgang eingeschaltet wird.[940] Denn indem der Abnehmer durch das Weisungsrecht in die Lage versetzt wird, zu entscheiden, an wen die Lieferung zu erfolgen hat, entspricht dies im Ergebnis einer Verfügung über die wirtschaftliche Substanz.[941] Deutlich wird dies insbesondere dann, wenn der Leistungsempfänger – wie im Falle der Arzneimittellieferung – durch die Weiterleitung der Ware an einen Dritten selbst eine etwaige eigene Verpflichtung aus einer separaten Leistungsbeziehung verwirklicht. Denn genau dann kommt dem Leistungsempfänger

938 Vgl. BSG, Urt. v. 25.11.2015 – B 3 KR 16/15 R, SozR 4-2500 § 129 Nr. 11, 2.a.dd); *Bischofs*, in: BeckOK-SozR, SGB V, § 31 Rn. 15.

939 BFH, Urt. v. 9.9.2015 – XI R 21/13, BFH/NV 2016, 597, II.3.a); Urt. v. 24.8.2006 – V R 16/05, BStBl II 2007, 340, II.2.b)bb); *Martin*, in: Sölch/Ringleb, UStG, § 3 Rn. 158; *Nieskens*, in: Rau/Dürrwächter, UStG, § 3 Rn. 930; vgl. zur Verschaffung der Verfügungsmacht im Rahmen des Reihengeschäfts *Stadie*, UStG, § 3 Rn. 45 ff.; *Hahn*, in: Weymüller, UStG, § 3 Rn. 395.5.

940 *Nieskens*, in: Rau/Dürrwächter, UStG, § 3 Rn. 931; *Martin*, in: Sölch/Ringleb, UStG, § 3 Rn. 156; *Lippross*, Umsatzsteuer, 2.3.5.

941 Vgl. *Stadie*, UStG, § 3 Rn. 46.

die wirtschaftliche Substanz der Leistung zugute, ohne dass er dafür körperlich über den Gegenstand verfügt hat. Die vom Wortlaut des § 3 Abs. 1 UStG ausdrücklich aufgenommene Möglichkeit der Verschaffung der Verfügungsmacht an einen beauftragten Dritten ist dementsprechend streng genommen bereits in der Übertragung der Verfügungsmacht an den Abnehmer enthalten.

Ebenso hat der BFH erst aktuell entschieden, dass eine unmittelbare Zugriffsmöglichkeit des Abnehmers keine zwingende Voraussetzung für eine Lieferung ist; vielmehr genüge es, dass tatsächlich auf den Leistungsgegenstand eingewirkt werden kann.[942] Die Verfügungsmacht an den Abnehmer geht dann in dem Zeitpunkt über, indem dem Dritten der Gegenstand übergeben wird.[943] Auch der Rechtsprechung des EuGH lässt sich entnehmen, dass die Verfügungsmacht einem Zwischenerwerber selbst dann verschafft wird, wenn der letzte Abnehmer in einer Reihe den Gegenstand unmittelbar erhält.[944] Er griff die Problematik der Verschaffung der Verfügungsmacht an einem Gegenstand unter Einschaltung eines Dritten im Kontext des Reihengeschäfts (vgl. zum Begriff des Reihengeschäfts D.II.2.a)dd)(2)) auf. Dazu führte er aus, dass zwei aufeinanderfolgende Lieferungen desselben Gegenstands zwischen Steuerpflichtigen als eine nach der anderen erfolgend anzusehen seien, auch wenn nur eine Bewegung des Gegenstands vorliege.[945] Der Zwischenerwerber könne die Verfügungsmacht selbst nur verschaffen, wenn er sie zuvor vom Erstverkäufer erhalten habe.[946] Dies macht deutlich, dass es grundsätzlich möglich ist, dass der Leistungsempfänger Verfügungsmacht erhalten kann, ohne dass er je mit dem Leistungsgegenstand in Kontakt kommt.[947]

---

942 BFH, Urt. v. 9.9.2015 – XI R 21/13, BFH/NV 2016, 597, II.3.; so auch *Nieskens*, in: Rau/Dürrwächter, UStG, § 3 Rn. 653.

943 Vgl. *Reiß*, UR 2015, 733, 742; *Stadie*, UStG, § 3 Rn. 46; *Wäger*, UR 2015, 576, 579.

944 So auch BFH, Urt. v. 9.9.2015 – XI R 21/13, BFH/NV 2016, 597, II.3.b); *Reiß*, UR 2015, 733, 742.

945 EuGH, Urt. v. 6.4.2006 – C-245/04 – *EMAG Handel Eder*, BFH-NV 2006, Beilage 3, 294, Rn. 38.

946 Vgl. EuGH, Urt. v. 6.4.2006 – C-245/04 – *EMAG Handel Eder*, BFH-NV 2006, Beilage 3, 294, Rn. 38.

947 So auch *Heuermann*, in: Sölch/Ringleb, UStG, § 3 Rn. 489e, nach dessen Auffassung eine unmittelbare physische Beziehung des Erwerbers bei der Verschaffung der Verfügungsmacht gerade nicht erforderlich ist.

Diese Aussage gilt auch unabhängig von der – in diesem Zusammenhang nur häufig verknüpften – Frage, ob ein Reihengeschäft vorliegt; sprich ob durch diese Weiterleitung der Ware an einen Dritten gleichzeitig auch der Dritte in einer zweiten separaten umsatzsteuerlichen Leistungsbeziehung die Verfügungsmacht an dem Gegenstand von dem Abnehmer der ersten Leistung als Leistender der zweiten Leistung erwirbt. Im Rahmen der Leistungsbeziehung zwischen dem ersten Unternehmer und dem Zwischenerwerber kann nicht nur die Person Dritter im Sinne des § 3 Abs. 1 UStG sein, der der Abnehmer selbst die Verfügungsmacht verschaffen will,[948] sondern auch jeder selbständige Erfüllungsgehilfe, der die Verfügungsmacht auch in Form einer nachfolgenden Lieferung nie erhalten soll.[949] Insofern ist es an dieser Stelle für die Verschaffung der Verfügungsmacht unerheblich, ob die nachfolgende Lieferung der gesetzlichen Krankenkasse an den Versicherten auch eine umsatzsteuerpflichtige Lieferung und damit ein Reihengeschäft (zwei aufeinanderfolgende umsatzsteuerpflichtige Lieferungen) darstellt oder lediglich ein abgekürzter Lieferweg vorliegt; Relevanz erhält diese Frage erst im Rahmen der Bestimmung des Leistungsortes (vgl. zur Frage der Arzneimittellieferung als Reihengeschäft D.II.3.b)aa)(2)).

Auch wenn es sich nicht um ein Reihengeschäft handelt, ist es demnach im Ergebnis grundsätzlich möglich, dass auch bei Abgabe des Gegenstandes an einen Dritten der gesetzlichen Krankenkasse die Verfügungsmacht an dem Arzneimittel verschafft wird, obwohl der Versicherte das Arzneimittel erhält und einnimmt. Voraussetzung dafür ist zum einen, dass der Versicherte Dritter im Sinne des § 3 Abs. 1 UStG ist, und er zum anderen diese Leistung auf Weisung der gesetzlichen Krankenkasse als Abnehmerin erhält.[950]

(b) Versicherter als Dritter im Sinne des § 3 Abs. 1 UStG

Dritter im Sinne des § 3 Abs. 1 UStG ist, wer die Leistung im fremden Namen und für fremde Rechnung auf Weisung des Abnehmers erhält.[951] Diese Voraussetzungen dienen der Abgrenzung zu den Fallgruppen der Einbeziehung eines Dritten, in denen entweder der Dritte letztlich selbst Abnehmer im Rahmen einer selbstständigen Leistungsbeziehung ist oder die als Kommissionsgeschäft

---

948 *Nieskens*, in: Rau/Dürrwächter, UStG, § 3 Rn. 941; *Martin*, in: Sölch/Ringleb, UStG, § 3 Rn. 158; *Stadie*, UStG, § 3 Rn. 47.

949 Vgl. *Martin*, in: Sölch/Ringleb, UStG, § 3 Rn. 157; a.A. *Stadie*, UStG, § 3 Rn. 47

950 Vgl. allgemein *Martin*, in: Sölch/Ringleb, UStG, § 3 Rn. 156.

951 Vgl. *Martin*, in: Sölch/Ringleb, UStG, § 3 Rn. 159; *Nieskens*, in: Rau/Dürrwächter, UStG, § 3 Rn. 941 f.; *Tengel*, in: Reiß/Kraeusel/Langer, UStG, § 3 Rn. 185.

nach § 3 Abs. 3 UStG beurteilt werden, bei dem der Dritte im eigenen Namen bzw. fremden Namen, aber auf jeden Fall auf eigene Rechnung auftritt.[952]

Die Abgabe des Arzneimittels an den Versicherten erfolgt im fremden Namen und auf fremde Rechnung der Krankenkasse (vgl. dazu bereits ausführlich bei der Bestimmung des Leistungsempfängers unter D.II.2.b)dd)), weshalb der Versicherte als Dritter im Sinne des § 3 Abs. 1 UStG gilt.

Diese Beurteilung ist konsistent zur Bestimmung des Leistungsempfängers,[953] da Abnehmer und Leistungsempfänger dieselbe Person sind.[954] So ist auch im Rahmen der Verschaffung der Verfügungsmacht die Rechtsprechung des EuGH-Urteils *Auto Lease Holland*[955] nicht übertragbar (siehe ausführlich dazu bereits unter D.II.2.b)dd)(2)), aus der sich eine abweichende Beurteilung der Verschaffung der Verfügungsmacht ergeben würde. Denn dort entschied der EuGH, dass der Leasingnehmer unstreitig befugt sei, „über den Kraftstoff so zu verfügen, als wäre er der Eigentümer, weil er ihn unmittelbar von den Tankstellen erhält und die Klägerin zu keiner Zeit darüber entscheiden kann, wie und wozu der Kraftstoff verwendet werden soll."[956] Diese Beurteilung der Verschaffung der Verfügungsmacht basierte vor allem darauf, dass vorgeschaltet zwischen dem Leasinggeber und dem Leasingnehmer kein Vertrag über die Lieferung von Kraftstoff geschlossen wurde.[957] In dessen Rahmen der Leasinggeber die Verfügungsmacht am Kraftstoff hätte übertragen können. Es gab insofern auch keine Anweisung der Leasinggeberin zur Abgabe des Kraftstoffs an den Leasingnehmer. Genau an dem Punkt muss auch eine Abgrenzung für die Beurteilung anknüpfen, wem die Verfügungsmacht durch die Lieferung gebührt.[958]

---

952 Vgl. *Martin*, in: Sölch/Ringleb, UStG, § 3 Rn. 159; *Nieskens*, in: Rau/Dürrwächter, UStG, § 3 Rn. 942; *Tengel*, in: Reiß/Kräuser/Langer, UStG, § 3 Rn. 185.

953 Wäre der Versicherte in diesem Zusammenhang kein Dritter im Sinne des § 3 Abs. 1 UStG, weil er im eigenen Namen auftritt, so hätten auch schon die Leistungsbeziehungen im Vorfeld anders bestimmt werden müssen.

954 BFH, Urt. v. 24.8.2006 – V R 16/05, BStBl II 2007, 340; *Slapio*, in: Birkenfeld/Wäger, USt-Handbuch, § 53 Rn. 193.

955 EuGH, Urt. v. 6.2.2003 – C-185/01 – *Auto Lease Holland*, BStBl II 2004, 573.

956 EuGH, Urt. v. 6.2.2003 – C-185/01 – *Auto Lease Holland*, BStBl II 2004, 573, Rn. 34.

957 Vgl. EuGH, Urt. v. 6.2.2003 – C-185/01 – *Auto Lease Holland*, BStBl II 2004, 573, Rn. 35.

958 Vgl. dazu auch die Abgrenzung des BFH in seiner Rechtsprechung zur Verschaffung der Verfügungsmacht bei der Abgabe eines Gutscheins an Dritte zum Warenerwerb BFH, Urt. v. 24.8.2006 – V R 16/05, BStBl II 2007, 340, II. 2. b) bb).

(c) Anweisung der Krankenkasse zur Abgabe an den Versicherten

Entsprechend dem Wortlaut des § 3 Abs. 1 UStG müsste die Krankenkasse die Abgabe an den Versicherten auch angewiesen haben („den Abnehmer oder in dessen Auftrag"), da es gerade dem Element der verschafften Verfügungsmacht inhärent ist, als Abnehmer über den Gegenstand wie ein Eigentümer verfügen zu können.

Die Apotheke handelt bei der Abgabe an den Versicherten auf Anweisung der Krankenkasse. Für die Arzneimittelabgabe eines Apothekers an einen gesetzlich Versicherten besteht ein Rahmenvertrag, durch den die Apotheke verpflichtet wird, die Arzneimittel direkt an den Versicherten (und nicht an die zahlende Krankenkasse) abzugeben. Dieser Vertrag besteht allerdings nicht zwischen der konkreten Apotheke und der konkreten Krankenkasse der jeweiligen Arzneimittellieferung, sondern zwischen dem GKV-Spitzenverband und dem Deutschen Apothekerverband. Dennoch entfaltet der Rahmenvertrag Rechtswirkung gegenüber den Krankenkassen nach § 4 SGB V,[959] und den an der Arzneimittelversorgung gesetzlich Versicherter teilnehmenden Apotheken nach § 129 Abs. 3 SGB V.[960] Durch diese Anweisung der Apotheke, das von der gesetzlichen Krankenkasse bezahlte Arzneimittel an deren Versicherten abzugeben, wird der Krankenkasse die Verfügungsmacht verschafft.

Dass der Versicherte im Ergebnis das Arzneimittel verbraucht, ist insoweit unerheblich und wäre eine gesonderte Frage, inwieweit ihm in einer etwaigen zweiten Lieferung die Verfügungsmacht verschafft werden würde (siehe zur umsatzsteuerlichen Beurteilung der Arzneimittellieferung zwischen der Krankenkasse und ihren Versicherten unter D.II.4.).[961]

(d) Zwischenergebnis

Die gesetzliche Krankenkasse erhält Verfügungsmacht im Sinne des § 3 Abs. 1 UStG, da die Abgabe des Arzneimittels an den Versicherten als Dritten in ihrem Auftrag erfolgt und ihr insoweit auch die wirtschaftliche Substanz der Leistung zukommt, da sie damit ihre eigene aus dem Sachleistungsprinzip resultierende Verpflichtung gegenüber dem Versicherten erfüllt.

---

959 Vgl. § 2 Abs. 1 Rahmenvertrag.

960 Vgl. § 2 Abs. 2 Satz 1 Rahmenvertrag, bis auf die Apotheken, die weder einem Mitgliedsverband des Deutschen Apothekerverbands noch dem Rahmenvertrag beigetreten sind, sind von der Lieferung ausgeschlossen.

961 Vgl. zur Verschaffung der Verfügungsmacht beim Reihengeschäft vom mittleren Unternehmer an den Endabnehmer *Hahn*, in: Weymüller, UStG, § 3 Rn. 395.5.

cc) Leistung im Inland

Die Arzneimittellieferung deutscher Apotheken erfolgt an deutsche gesetzliche Krankenkassen im Inland. Unter Inland ist gem. § 1 Abs. 2 Satz 1 UStG das Gebiet der Bundesrepublik Deutschland zu verstehen.[962] Dies gilt unabhängig davon, welcher Tatbestand zur Ermittlung des Leistungsorts einschlägig ist, da die Lieferung sowohl im Inland beginnt als auch endet.

dd) Leistung gegen Entgelt

Des Weiteren handelt es sich bei Arzneimittellieferungen um entgeltliche Leistungen. Nach erfolgter Aushändigung des Arzneimittels an den Versicherten rechnet die Apotheke – i.d.R. über ein Rechenzentrum – die konkrete Arzneimittellieferung gegenüber der einschlägigen Krankenkasse ab und erhält eine Vergütung in Geld. Zwischen der Abgabe des Arzneimittels und der Zahlung der gesetzlichen Krankenkasse besteht daher ein unmittelbarer Zusammenhang zwischen Leistung und deren Gegenleistung.

Wie hoch dieses Entgelt konkret ist, kann im Rahmen der Arzneimittelversorgung nicht pauschal beantwortet werden, da es eine Zusammensetzung aus dem Apothekenabgabepreis im Sinne des § 3 Abs. 1 AMPreisV und den verschiedenen im SGB V geregelten Rabatten und Zuschüssen ist (siehe zur Zusammensetzung des Apothekenabgabepreises C.II.2. und zur Ermittlung des Entgelts als Bemessungsgrundlage D.IV.).

ee) Leistung im Rahmen des Unternehmens

Die Arzneimittellieferung als Leistung erfolgt darüber hinaus auch im Rahmen des Unternehmens der Apotheke, was grundsätzlich von der wirtschaftlichen Zuordnung des Gegenstands beim Leistenden abhängt.[963]

Zentrale Aufgabe einer Apotheke besteht in der Arzneimittelversorgung der Bevölkerung durch die Abgabe von rezeptfreien und rezeptpflichtigen Arzneimitteln an Verbraucher, vgl. § 1 Abs. 1 ApoG.[964] Es entspricht daher in der Regel auch dem Unternehmenszweck einer Apotheke, wenn diese zur nachfolgenden Arzneimittelversorgung im Vorfeld Arzneimittel erwirbt und diese entsprechend verbucht.

---

962 Mit einigen dort genannten Ausnahmen, vgl. Abschn. 1.9 Abs. 1 Satz 1 UStAE; *Oelmaier*, in Sölch/Ringleb, UStG, § 1 Rn. 200.

963 BFH, Urt. v. 15.7.1993 – V R 65/89, BStBl II 1993, 810.

964 Vgl. *Frohn/Schmidt*, in: MünchAnwHdb. MedizinR, § 15 Rn. 192.

ff) Zwischenergebnis

Bei den Arzneimittellieferungen inländischer Apotheken handelt es sich um umsatzsteuerbare Leistungen im Inland gem. § 1 Abs. 1 Nr. 1 UStG.

b) Steuerbarkeit der Lieferung einer ausländischen Apotheke

Eine andere umsatzsteuerliche Beurteilung ergibt sich möglicherweise für den Erwerb der Arzneimittel einer gesetzlichen Krankenkasse von einer ausländischen Apotheke. Dafür ist grundsätzlich zu prüfen, ob es sich dabei trotz des grenzüberschreitenden Bezugs um eine in Deutschland steuerbare Leistung handelt.

In Betracht kommen insofern zwei Umsatzsteuertatbestände.[965] Es könnte sich zum einen um einen inländischen Leistungsaustausch nach § 1 Abs. 1 Nr. 1 UStG handeln, soweit der Leistungsort nach § 3c UStG im Inland liegt (D.II.3.b) aa)). Ist dies nicht der Fall,[966] könnte der Lieferung ein innergemeinschaftlicher Erwerb der gesetzlichen Krankenkasse nach § 1 Abs. 1 Nr. 5 UStG zugrunde liegen (D.II.3.b)bb)), zu dem die Apotheke korrespondierend[967] in der Regel eine steuerfreie innergemeinschaftliche Lieferung im Ausland erbringt. Ist allerdings keiner der Grundtatbestände einschlägig, liegt keine in Deutschland steuerbare

965 Auch der BFH setzt sich aktuell in einem anhängigen Verfahren mit der Frage auseinander, ob es sich bei Arzneimittellieferungen einer ausländischen Versandapotheke um Versandhandelsumsätze handelt oder die gesetzliche Krankenkasse einen innergemeinschaftlichen Erwerb zu versteuern hat (Az. V R 41/17, nachfolgend zur nicht veröffentlichten Entscheidung des FG Düsseldorf v. 17.2.2017 – 1 K 2164/14 U).

966 Die Anwendung der Versandhandelsregelung nach § 3c UStG und das Vorliegen eines innergemeinschaftlichen Erwerbs schließen sich gegenseitig aus, da sie für den identischen Erwerberkreis des § 1a Abs. 1 Nr. 2 UStG spiegelbildlich das Überschreiten (innergemeinschaftlicher Erwerb) bzw. das Unterschreiten (Versandhandelsregelung) der Erwerbsschwelle nach § 1a Abs. 2 Nr. 2 UStG voraussetzen. Nichtsdestotrotz bedingen sich die beiden Vorschriften nicht gegenseitig, da sie jeweils darüber hinaus weitere Voraussetzungen haben, deren Vorliegen über ihre Anwendbarkeit entscheidet. Es kann daher auch der Fall sein, dass keine der beiden Vorschriften einschlägig ist: In diesen Fällen erbringt der ausländische Lieferer eine steuerbare Leistung im Ausland, da der Leistungsort seiner Lieferung weder über § 3c UStG ins Bestimmungsland verlagert wurde, noch er eine steuerfreie innergemeinschaftliche Lieferung erbringt.

967 Es besteht insofern zwar keine unmittelbare Abhängigkeit, aber eine Korrespondenz vgl. BFH, Urt. v. 10.8.2016 – V R 45/15, BFH/NV 2016, 1860, II.2.a); *Heuermann*, in: Sölch/Ringleb, UStG, § 1a Rn. 4; *Stadie*, in: Rau/Dürrwächter, UStG, § 1a Rn. 5, 14 f.

Lieferung vor und die Apotheke muss die Arzneimittellieferung im Ausland der Umsatzsteuer unterwerfen.

aa) Inländischer Leistungsaustausch gem. § 1 Abs. 1 Nr. 1 UStG – Bestimmung des Leistungsortes

Für eine umsatzsteuerbare Leistung nach § 1 Abs. 1 Nr. 1 UStG müsste es sich auch bei der Arzneimittellieferung einer ausländischen Apotheke um eine Lieferung oder sonstige Leistung im Inland handeln, die die Apotheke als Unternehmer im Rahmen ihres Unternehmens gegen Entgelt im Inland erbringt. Da die Fallkonstellation mit dem Inlandsfall bis auf die Tatsache identisch ist, dass die Apotheke im Ausland ansässig ist, ist hinsichtlich der umsatzsteuerlichen Beurteilung auf die Ausführung zur Lieferung einer inländischen Apotheke zu verweisen (siehe dazu unter D.II.3.a)). Einzig abweichender und in Frage stehender Punkt ist, ob die Arzneimittellieferung im Inland erfolgt. Dies richtet sich danach, wo die Leistung erbracht wird, sprich wo der Leistungsort der Lieferung liegt.[968]

Die Bestimmung des Leistungsorts einer Lieferung richtet sich gem. § 3 Abs. 5a UStG vorbehaltlich der §§ 3c, 3e bis 3g UStG nach § 3 Abs. 6 bis 8 UStG. Nach der sich daraus ergebenden Prüfungsreihenfolge ist daher für den Ort der Lieferung an erster Stelle zu prüfen, ob eine den §§ 3c, 3e bis 3g UStG zugrunde liegende Art von Lieferung vorliegt, für die eine von den allgemeinen Bestimmungen abweichende Lieferortsregelung Anwendung findet.[969] Ist keiner dieser Sondertatbestände erfüllt, richtet sich die Bestimmung des Leistungsorts nach den Grundsätzen des § 3 Abs. 6 bis 8 UStG.[970] Der Ort der Lieferung bestimmt sich dann grundsätzlich nach § 3 Abs. 6 UStG, außer es handelt sich um eine nicht warenbewegte/ruhende Lieferung, deren Leistungsort wird nach § 3 Abs. 7 UStG bestimmt.[971]

---

968 Vgl. *Treiber*, in: Sölch/Ringleb, UStG, § 18 Rn. 186; *Kraft*, in: MünchHdb. GesR, Bd. 4, § 54 Rn. 35.

969 Vgl. *Martin*, in: Sölch/Ringleb, UStG, § 3 Rn. 447.

970 Vgl. *Hahn*, in: Weymüller, UStG, § 3 Rn. 329.

971 *Nieskens*, in: Rau/Dürrwächter, UStG, § 3 Rn. 3260; die Abgrenzung beider Regelungen erfolgt an der Voraussetzung der Beförderungs- oder Versendungslieferung, vgl. *Martin*, in: Sölch/Ringleb, UStG, § 3 Rn. 504 f.

(1) Anwendbarkeit von § 3c UStG

Von den Sondertatbeständen zur Leistungsortbestimmung kommt im Rahmen der Lieferung von Arzneimitteln nur § 3c UStG in Betracht. § 3c UStG verkörpert die sog. Versandhandelsregelung und soll den Leistungsort für Versendungs- und Beförderungslieferungen über die Grenze bestimmen, für die der Abnehmer keinen innergemeinschaftlichen Erwerb zu versteuern hat.[972] Der Regelung liegt das Bestimmungslandprinzip zugrunde,[973] weshalb bei Anwendung die Lieferungen gem. § 3c Abs. 1 UStG als dort ausgeführt gelten, wo die Beförderung oder Versendung des Gegenstands endet.[974] Die unionsrechtliche Grundlage zu § 3c UStG liegt in Art. 33 MwStSystRL für die Versandhandelsregelung und Art. 34 MwStSystRL für die zugehörige Lieferschwelle begründet.[975]

Wer Lieferer und wer Abnehmer ist, richtet sich nach den umsatzsteuerlichen Leistungsbeziehungen und insofern grundsätzlich nach den vertraglichen Vereinbarungen.[976] Auch wenn die Lieferung an einen Dritten erfolgt, ist maßgeblich, wer unmittelbarer Vertragspartner des Lieferers ist.[977] Die Einschaltung Dritter ist demnach auch für die Bestimmung des Lieferorts grundsätzlich erst einmal unbeachtlich.[978] Abnehmer im Sinne des § 3c UStG ist die gesetzliche Krankenkasse (siehe im Rahmen der Verschaffung der Verfügungsmacht auch D.II.3.a)bb)(2)).[979]

Nachfolgend ist zu prüfen, ob die Bestimmung des Leistungsorts für Arzneimittellieferungen einer ausländischen Apotheke nach § 3c UStG zu bestimmen ist, wodurch sie als inländische Leistungen gem. § 1 Abs. 1 Nr. 1 UStG der Umsatzsteuer unterliegen würden. Dies erfordert eine maßgebliche Warenbewegung durch den Lieferer oder einen von ihm beauftragten Dritten in einen

972 Abschn. 3c.1 Abs. 1 Satz 1 UStAE; *Gres*, in: Weymüller, UStG, § 3c Rn. 1.

973 Dies stellt eine Ausnahme im innergemeinschaftlichen Handel mit Endverbrauchern dar, für den grundsätzlich das Ursprungslandprinzip Anwendung findet, vgl. dazu *Rondorf*, MwStR 2016, 75.

974 Vgl. *Gres*, in: Weymüller, UStG, § 3c Rn. 8.

975 BFH, Urt. v. 20.5.2015 – XI R 2/13, BFH/NV 2015, 1775, II.2.b).

976 Vgl. *Nieskens*, in: Rau/Dürrwächter, UStG, § 3 Rn. 3371.

977 *Birkenfeld*, in: Birkenfeld/Wäger, USt-Handbuch, § 62 Rn. 866.1 f.; *Nieskens*, in: Rau/Dürrwächter, UStG, § 3 Rn. 3371.

978 Vgl. *Martin*, in: Sölch/Ringleb, UStG, § 3 Rn. 479.

979 Vgl. zur einheitlichen Verwendung und identischen Bedeutung der Begriffe Leistungsempfänger und Abnehmer im Sinne des § 3c UStG BFH, Urt. v. 20.5.2015 – XI R 2/13, BFH/NV 2015, 1775, II.2.c)cc)(1); Urt. v. 24.8.2006 – V R 16/05, BStBl II 2007, 340.

anderen Mitgliedstaat (a) an einen von § 3c Abs. 2 UStG erfassten Abnehmer (b) durch einen Lieferer, der die Lieferschwelle nach § 3c Abs. 3 UStG überschreitet oder jedenfalls nach § 3c Abs. 4 UStG auf deren Anwendung verzichtet (c).

(a) Maßgebliche Warenbewegung in einen anderen Mitgliedstaat

Die in § 3c Abs. 1 Satz 1 UStG vorgesehene Lieferung des Gegenstands von einem Mitgliedstaat in einen anderen Mitgliedstaat muss in Form einer Versendung oder Beförderung durch den Lieferer oder einen von ihm beauftragten Dritten erfolgen. Die Regelung verlangt demnach eine warenbewegte Beförderungs- oder Versendungslieferung und steht im Zusammenhang mit § 3 Abs. 6 UStG,[980] der Legaldefinitionen für das „Befördern" und „Versenden" umfasst.[981] Danach ist Befördern gem. § 3 Abs. 6 Satz 2 UStG jede Fortbewegung eines Gegenstands. Versenden liegt nach § 3 Abs. 6 Satz 3 UStG vor, wenn jemand die Beförderung durch einen selbständigen Beauftragten ausführen oder besorgen lässt.

Nach dem Wortlaut des § 3c Abs. 1 UStG ist es allerdings – im Vergleich zur Leistungsortbestimmung nach § 3 Abs. 6 Satz 1 UStG – maßgeblich, dass die Lieferung vom Lieferer oder einem von ihm beauftragten Dritten veranlasst worden ist.[982] Für die Frage, wer die Versendung oder Beförderung der Lieferung veranlasst hat, ist darauf abzustellen, wem die Lieferung unter Gesamtwürdigung der Umstände objektiv zuzurechnen ist.[983] Dazu muss im Rahmen der Arzneimittellieferung zwischen den dieser jeweils zugrunde liegenden Geschäftsmodellen (siehe zu den verschiedenen Ausgestaltungen unter C.IV.4.) differenziert werden.

(i) Lieferung einer Versandapotheke an den Versicherten direkt oder eine Pick-Up-Stelle

Der klassische Vertriebsweg der ausländischen Apotheken erfolgt als Versand von Arzneimitteln an Versicherte durch Transportunternehmer (so beispielsweise bei der niederländischen Versandapotheke Doc Morris) und unterfällt damit auch als typische Versendungslieferung den maßgeblichen Warenbewegungen des § 3c UStG. Das Arzneimittel wird vom Sitz der Apotheke in einem Mitgliedstaat in einen anderen Mitgliedstaat – nach Deutschland – an den gesetzlich Versicherten versandt, wofür in der Regel eine Spedition beauftragt wird.

---

980 Vgl. *Gres*, in: Weymüller, UStG, § 3c Rn. 13, 32.

981 *Hahn*, in: Weymüller, UStG, § 3 Rn. 331.

982 Abschn. 3c.1 Abs. 1 Satz 3 UStAE; *Gres*, in: Weymüller, UStG, § 3c Rn. 32.

983 BFH, Urt. v. 20.5.2015 – XI R 2/13, BFH/NV 2015, 1775, II.2.d)aa).

Gleiches gilt für die Lieferung der Versandapotheke an eine Pick-Up-Stelle im Inland, da es keinen Unterschied macht, ob dem Versicherten das Arzneimittel in der Apotheke, der Post oder an der Haustür ausgehändigt wird.[984] Hier erfolgt sowohl die Bestellung inklusive Abgabe des Rezepts als auch die Abholung durch den Versicherten an einem Terminal einer Apotheke oder eines Drogeriemarkts im Inland, zu der eine ausländische Versandapotheke das Arzneimittel zuvor sendet (vgl. zur Ausgestaltung C.IV.4.b)).

(ii) Abholung durch den Versicherten

Teilweise kommen die Versicherten aus Deutschland auch in die ausländische Apotheke vor Ort, um ihr Rezept einzulösen. Es erscheint allerdings fraglich, ob dieser Vertriebsweg dem Anwendungsbereich des § 3c UStG unterfällt.

Grundsätzlich findet § 3c UStG in den Fällen keine Anwendung, in denen der Abnehmer oder ein von ihm beauftragter Dritter den Gegenstand beim Lieferer abholt,[985] da der Wortlaut des § 3c UStG ausdrücklich verlangt, dass der Gegenstand vom Lieferer oder einem von ihm beauftragten Dritten befördert oder versendet wird.

Selbst wenn man erst einmal unterstellt, dass auch das Abholen des Arzneimittels durch den Versicherten vor Ort eine Versendungs- oder Beförderungslieferung darstellen könnte, so würde dieser Vertriebsweg nur dann in den Anwendungsbereich des § 3c UStG fallen, wenn diese Warenbewegung des Arzneimittels durch den Versicherten im Auftrag der Apotheke als Lieferer erfolgen würde. Diese Beurteilung richtet sich danach, wem anhand objektiver Kriterien (u.a. Initiative und Mitwirkung an der Beförderung, Höhe und Übernahme der Transportkosten, Auswahl von Zeit, Ort und Spediteur) und der Gesamtwürdigung der Umstände, der Transport zuzurechnen ist.[986]

Der Versicherte und die Apotheke stehen in keiner vertraglichen Verbindung zueinander. Vielmehr ist das Bindeglied zwischen ihnen die gesetzliche Krankenkasse, weshalb auch der „Transport" des Arzneimittels nicht der Apotheke zugerechnet werden kann. Bei objektiver Betrachtung der Umstände muss der Versicherte – wie auch im Rahmen der Verschaffung der Verfügungsmacht – als beauftragter Dritter der gesetzlichen Krankenkasse gelten (siehe bereits D.II.3.a) bb)(2)), der das Arzneimittel im Ausland bei der Apotheke direkt im Namen der gesetzlichen Krankenversicherung in Empfang nimmt. Bei einer Abholung

984 Vgl. i.E. auch *Pommerin/Paßgang*, UStB 2012, 204, 205.

985 Vgl. *Gres*, in: Weymüller, UStG, § 3c Rn. 8; *Korn*, in: Bunjes, UStG, § 3c Rn. 4; *Martin*, in: Sölch/Ringleb, UStG, § 3c Rn. 3.

986 Vgl. BFH, Urt. v. 20.5.2015 – XI R 2/13, BFH/NV 2015, 1775, II.2 d).

des Arzneimittels durch den Versicherten fehlt es deshalb an der erforderlichen Beförderungs- oder Versendungslieferung durch den Lieferer, weshalb im Ergebnis der Leistungsort in den Abholfällen nicht nach § 3c UStG bestimmt werden kann.

(iii) Lieferung an eine inländische Apotheke im Auftrag und Namen des Versicherten

Darüber hinaus stellt sich die Frage, ob abweichend von der klassischen Konstruktion der Lieferung an die Pick-Up-Stelle einer inländischen Apotheke zur Abholung eine andere umsatzsteuerliche Beurteilung zu erfolgen hat, wenn die Lieferung laut der dem Bestellschein zugrunde liegenden AGB im Auftrag und im Namen des Versicherten erfolgt (vgl. zur konkreten Ausgestaltung bereits C.IV.4.c)).

In der Lieferung des Arzneimittels zur Abholung an eine im Inland belegene Partnerapotheke liegt zwar eine Versendungslieferung von einem Mitgliedstaat in einen anderen. Streitig ist bei diesem Modell allerdings, ob die Lieferung auch – wie bei § 3c UStG erforderlich – vom Lieferer bzw. einem beauftragten Dritten ausgeführt wird oder ob sie vom Abnehmer veranlasst wurde und damit dem Abholfall gleichzusetzen ist.[987]

Diese Frage war im Rahmen der Prüfung der Anwendung des § 3c UStG Gegenstand eines BFH-Verfahrens.[988] Dieses wird insofern als Beispielsfalls möglicher vertraglicher Ausgestaltungen stellvertretend für die gesamte Fallgruppe herangezogen: Nach der der Entscheidung zugrunde liegenden Ausgestaltung der AGB beauftragte der Versicherte die Lieferung des Arzneimittels und übertrug gleichzeitig die Vollmacht für den Versand auf die Apotheke. Eine Anwendung von § 3c UStG und eine Besteuerung in Deutschland als Bestimmungsland würde demnach – wie von der Apotheke beabsichtigt – ausscheiden.[989] Dies lehnte der BFH jedoch im Rahmen einer Gesamtwürdigung aller Umstände anhand objektiver Kriterien ab.[990] § 3c UStG ist demnach – bei

---

987 Vgl. *Rondorf*, MwStR 2016, 75, 76.

988 Vgl. BFH, Urt. v. 20.5.2015 – XI R 2/13, BFH/NV 2015, 1775, zur Leistungsortbestimmung von Arzneimittellieferungen einer niederländischen Versandapotheke an privat krankenversicherte Personen und gesetzlich Krankenversicherte, ohne dass die niederländische Apotheke dem Rahmenvertrag beigetreten war (§ 129 Abs. 3 Nr. 2 SGB V) oder Einzelverträge im Sinne des § 140e SGB V geschlossen wurden (siehe zur sozialrechtlichen Einbindung ausländischer Apotheken D.IV.1.).

989 *Rondorf*, MwStR 2016, 75, 76.

990 Vgl. BFH, Urt. v. 20.5.2015 – XI R 2/13, BFH/NV 2015, 1775, II.2.d); so auch *Pommerin/Paßgang*, UStB 2012, 204, 206.

Vorliegen der übrigen Voraussetzungen – anwendbar und der Leistungsort und damit auch die Steuerbarkeit des Umsatzes liegen im Inland (siehe dazu im Ergebnis D.II.3.b)aa)(3)). Als Begründung zog der BFH die zum innergemeinschaftlichen Verbrauchssteuerrecht ergangene EuGH-Rechtsprechung heran,[991] nach der das Zivilrecht für die Frage, auf wessen Initiative die Lieferung verbrauchersteuerpflichtiger Waren erfolge, nicht notwendigerweise für die Anwendung von Steuerrecht geeignet sei.[992] Dies ist überzeugt – wie auch bei der Leistungszurechnung –[993] insbesondere dann, wenn die zivilrechtliche Ausgestaltung nicht die tatsächlichen Verhältnisse widerspiegelt.

So argumentierte der auch der BFH, dass nach der Würdigung der objektiven Umstände sei die Lieferung vielmehr der Apotheke zuzurechnen,[994] denn die Mitwirkung des Versicherten am Transport beschränke sich in erster Linie auf das Ankreuzen des Bestellscheins, wodurch der Apotheke die Vollmacht zur Lieferung übertragen werde. Auch die Auswahl des Spediteurs – im Fall der Entscheidung die 100 %ige Muttergesellschaft der Apotheke – und die Höhe der Transportkosten seien von der Apotheke schon im Vorfeld der Bestellung getroffen worden. Der Versicherte habe keine Kenntnis über den Ort und Zeitpunkt der Ablieferung gehabt und insbesondere auch keine Möglichkeit, den Auslieferungsort zu beeinflussen. Ein weiterer vom BFH in den Fokus gerückter Umstand war, dass auch die Höhe der Transportkosten von EUR 0,45 hinsichtlich der Entfernungen von 110 bis 140 km nur möglich sein könne, wenn der Spediteur von vornherein mit einer festen Anzahl von Aufträgen der Apotheke rechnen könne und gerade keine Einzelpreisbasis zugrunde lege. Dass er im Ergebnis separat und individuell mit dem Versicherten für die konkrete Arzneimittellieferung einen Transportvertrag abgeschlossen habe, scheine daher mehr als fraglich.

Die Gesamtbetrachtung all dieser Umstände verdeutlicht, dass die vertraglichen Vereinbarungen eine von der Realität abweichende Konstellation fingierten, die der Beeinflussung des umsatzsteuerlichen Leistungsorts dienten.[995]

---

991 Vgl. die detaillierte Argumentation zur Übertragbarkeit auf § 3c UStG BFH, Urt. v. 20.5.2015 – XI R 2/13, BFH/NV 2015, 1775, II.2.d)aa) und bb); so auch *Pommerin/Paßgang*, UStB 2012, 204, 206, die weniger das Zivilrecht als die tatsächlichen Umstände für die Frage der Transportverantwortung als entscheidend halten.

992 Vgl. EuGH, Urt. v. 2.4.1998 – C-296/95 – *EMU Tabac*, Slg. 1998, I-1605, Rn. 31.

993 Wenn es sich um missbräuchliche Gestaltung handelt, vgl. *Rondorf*, MwStR 2016, 75, 76.

994 BFH, Urt. v. 20.5.2015 – XI R 2/13, BFH/NV 2015, 1775, II.2.d)cc).

995 Vgl. *Rondorf*, MwStR 2016, 75, 76.

Dem BFH ist demnach zuzustimmen, dass die Lieferung der Arzneimittel in diesem Geschäftsmodell dem Lieferer und nicht dem Versicherten zuzurechnen ist. Es handelt sich deshalb um eine Versendungslieferung des Lieferers, weshalb § 3c UStG zur Anwendung kommt.[996] Die von den Parteien gewählte vertragliche Ausgestaltung, nach der der Versicherte die Versendung der Lieferung beauftragt, ist für die umsatzsteuerliche Beurteilung des Leistungsorts insoweit unbeachtlich, da es nach den objektiven Umständen der Organisation und Kostentragung nicht der tatsächlichen Durchführung entspricht.[997]

Aus diesem Beispielsfall kann für die Fälle der vertraglichen Ausgestaltung von Versendungs- und Beförderungslieferungen grundsätzlich geschlossen werden, dass die Zurechnung anhand objektiver Kriterien wie Höhe und Übernahme der Transportkosten, Auswahl von Ort, Zeitpunkt und Spediteur etc. geprüft werden muss.

(iv) Zwischenergebnis

Im Rahmen der verschiedenen Geschäftsmodelle ausländischer Apotheken der Arzneimittel gehören bis auf die unmittelbare Abholung des Versicherten vor Ort alle übrigen Arzneimittellieferungen einer ausländischen Apotheke im Regelfall zu den maßgeblichen Warenbewegungen des § 3c UStG.

(b) Abnehmerkreis im Sinne des § 3c Abs. 2 UStG

Darüber hinaus greift die Ortsbestimmung des § 3c UStG nur dann ein, wenn der Abnehmer zu dem in § 3c Abs. 2 UStG begrenzten Abnehmerkreis gehört (i) und die einschlägige Erwerbsschwelle im Sinne des § 1a Abs. 3 Nr. 2 UStG nicht überschreitet oder auf ihre Anwendung verzichtet (ii).[998] Der in § 3c Abs. 2 Nr. 2 UStG aufgeführte Personenkreis ist mit dem identisch, der nach § 1a Abs. 3 UStG von der Besteuerung des innergemeinschaftlichen Erwerbs in Deutschland ausgenommen ist.[999] Es wird insofern zum innergemeinschaftlichen Erwerb abgrenzt, der bei Vorliegen der zuvor genannten Voraussetzungen ausgeschlossen ist, da er spiegelbildlich für denselben Erwerberkreis das Überschreiten der Erwerbsschwelle voraussetzt (vgl. § 1a Abs. 3 UStG).[1000] Die Anwendbarkeit von § 3c und das Vorliegen eines innergemeinschaftlichen Erwerbs schließen sich demnach aus.

---

996 Vgl. *Rondorf*, MwStR 2016, 75, 76.

997 Vgl. *Rondorf*, MwStR 2016, 75, 76.

998 Vgl. *Gres*, in: Weymüller, UStG, § 3c Rn. 36.

999 Abschn. 3c.1 Abs. 2 Satz 2 UStAE; *Gres*, in: Weymüller, UStG, § 3c Rn. 14; *Martin*, in: Sölch/Ringleb, UStG, § 3c Rn. 9.

1000 Vgl. *Martin*, in: Sölch/Ringleb, UStG, § 3c Rn. 9.

Die gesetzliche Krankenkasse gehört regelmäßig nicht zu den in § 3c Abs. 2 UStG aufgeführten Abnehmern, weshalb eine Lieferortbestimmung nach § 3c Abs. 1 UStG ausscheidet:[1001]

(i) Von der Erwerbsbesteuerung ausgenommene Unternehmer und juristische Personen

Die gesetzliche Krankenkasse als Abnehmerin der Lieferung ist eine juristische Person des öffentlichen Rechts.[1002] Da § 3c Abs. 2 Nr. 1 UStG nur natürliche Personen umfasst, kommt vorliegend nur die zweite Gruppe des Abnehmerkreises gem. § 3c Abs. 2 Nr. 2 UStG in Betracht.[1003]

Alle von § 3c Abs. 2 Nr. 2 lit. a bis c UStG erfassten Abnehmer müssen Unternehmer ein. Darüber hinaus können nach § 3c Abs. 2 Nr. 2 lit. d UStG auch juristische Personen[1004] Abnehmer sein, die nicht Unternehmer sind oder den Gegenstand jedenfalls nicht für ihr Unternehmen erwerben. Dieser Regelung unterfallen unter anderem alle Körperschaften des öffentlichen Rechts, wie die gesetzliche Krankenkasse,[1005] die keine Unternehmer sind oder selbst wenn sie zum Teil unternehmerisch tätig sind, sie den Gegenstand gerade nicht für diesen unternehmerischen Teilbereich erworben haben.[1006] Es ist mithin an dieser Stelle irrelevant, ob die gesetzliche Krankenkasse im Rahmen der Arzneimittelversorgung unternehmerisch tätig wird (siehe zur Unternehmereigenschaft der gesetzlichen Krankenkasse aber D.IV.1.a)), da sie als juristische Person des öffentlichen

---

1001 Vgl. *Gres*, MwStR 2015, 470, 471; *Heuermann*, DStR 2015, 757.

1002 Vgl. BVerfG, Urt. v. 11.12.2008 – 1 BvR 1665/08, NVwZ-RR 2009, 361; *Baier*, in: Krauskopf, SGB IV, § 29 Rn. 4; *Heberlein*, in: Rolfs/Giesen/Kreikebohm/Udsching, SGB V, § 4 Rn. 1.

1003 Zu dem Abnehmerkreis der ersten Gruppe gehören insbesondere private Abnehmer, vgl. Abschn. 3c.1 Abs. 2 Satz 1 UStAE; juristische Personen fallen daher insgesamt aus dem ersten Anwendungsbereich von § 3c Abs. 2 Nr. 1 UStG hinaus, vgl. *Gres*, in: Weymüller, UStG, § 3c Rn. 37.

1004 Der Begriff der juristischen Person ist unionsrechtlich in Art. 20 MwStSystRL geregelt und umfasst unter anderem juristische Personen des öffentlichen Rechts, vgl. *Heuermann*, in: Sölch/Ringleb, UStG, § 1a Rn. 18.

1005 Vgl. *Baier*, in: Krauskopf, SGB IV, § 29 Rn. 4; *Heberlein*, in: Rolfs/Giesen/Kreikebohm/Udsching, SGB V, § 4 Rn. 1; *Pommerin/Paßgang*, UStB 2012, 235; im Kontext zu § 1a UStG auch *Heuermann*, in: Sölch/Ringleb, UStG, § 1a Rn. 18.

1006 *Martin*, in: Sölch/Ringleb, UStG, § 3c Rn. 13.

Rechts entweder nach § 3c Abs. 2 Nr. 2 lit. a bis c UStG oder nach § 3c Abs. 2 Nr. 2 lit. d UStG vom Erwerberkreis erfasst ist.[1007]

(ii) Keine Überschreitung oder Verzicht auf die Anwendung der maßgebenden Erwerbsschwelle

Da es sich bei der Krankenkasse um einen der in § 3c Abs. 2 Nr. 2 UStG genannten Abnehmer handelt, ist für die Anwendbarkeit von § 3c UStG gem. § 3c Abs. 2 Nr. 2 Hs. 2 UStG zusätzlich erforderlich, dass die maßgebende Erwerbsschwelle von ihr weder überschritten worden ist, noch sie auf deren Anwendung verzichtet hat. Maßgebende Erwerbsschwelle ist die des innergemeinschaftlichen Erwerbs nach § 1a Abs. 3 Nr. 2 UStG, was im systematischen Zusammenhang der Vorschriften und ihrer Wechselwirkung zueinander begründet liegt.[1008] Die Schwelle ist – basierend auf Art. 3 Abs. 2 Satz 1 lit. b MwStSystRL –[1009] von den Mitgliedstaaten festzulegen und darf EUR 10.000 nicht unterschreiten.[1010]

Welche mitgliedstaatsspezifische Erwerbsschwelle anwendbar ist, richtet sich danach, wo die Lieferung endet (vgl. § 3c Abs. 2 Satz 2 UStG).[1011] Da die Arzneimittel an die deutschen Versicherten der in Deutschland ansässigen gesetzlichen Krankenkassen versendet werden, richtet sich auch die geltende Erwerbsschwelle nach der deutschen Regelung in § 1a Abs. 3 Nr. 2 UStG und beläuft sich auf EUR 12.500.

Sie bemisst sich nach dem Gesamtbetrag der Entgelte sämtlicher innergemeinschaftlicher Erwerbe in allen Mitgliedstaaten pro Kalenderjahr.[1012] Entgelt ist dabei alles, was sich aus § 10 Abs. 1 Sätze 2 bis 6 UStG abzüglich der Umsatzsteuer ergibt.[1013] Grundsätzlich müssen juristische Personen des öffentlichen Rechts alle in ihrem Bereich vorgenommenen innergemeinschaftlichen Erwerbe zusammenfassen.[1014]

1007 Darüber hinaus scheidet mangels Unternehmereigenschaft (siehe zur detaillierten Prüfung D.II.4.a)) aber auch § 3c Abs. 2 Nr. 2 a bis c UStG aus, vgl. i.E. FG Düsseldorf, Urt. v. 23.11.2012 – 1 K 1808/09 U, nrkr. (BFH XI R 2/13), nicht veröffentlicht, II.4.a).

1008 Vgl. i.E. *Martin*, in: Sölch/Ringleb, UStG, § 3c Rn. 15.

1009 *Gres*, in: Weymüller, UStG, § 3c Rn. 38.

1010 Vgl. zu den unterschiedlichen Erwerbsschwellen der verschiedenen Mitgliedstaaten Abschn. 3c.1 Abs. 2 Satz 3 UStAE.

1011 *Martin*, in: Sölch/Ringleb, UStG, § 3c Rn. 16.

1012 *Gres*, in: Weymüller, UStG, § 3c Rn. 39.

1013 *Heuermann*, in: Sölch/Ringleb, UStG, § 1a Rn. 40.

1014 Abschn. 1a.1 Abs. 3 Satz 1 UStAE.

Vorausgesetzt, dass die gesetzliche Krankenkasse nur aus Arzneimittellieferungen innergemeinschaftliche Erwerbe erzielt, müsste sie demnach pro Kalenderjahr insgesamt innergemeinschaftliche Erwerbe in Höhe von EUR 12.500 zu versteuern haben. Für die Anwendung des § 3c UStG ist entscheidend, dass die Krankenkasse diese Erwerbsschwelle im vorherigen Kalenderjahr nicht überschritten hat und den Betrag auch im laufenden Kalenderjahr voraussichtlich nicht überschreiten wird.[1015] Maßgeblich ist für die Betrachtung demnach ein Zeitraum von zwei Jahren.[1016] Es handelt sich letztendlich um eine Prognoseentscheidung,[1017] für die die zu Beginn des Jahres vorhersehbaren Verhältnisse ausschlaggebend sind.[1018] Da eine Änderung des Verhaltens von Versicherten bzw. deren Bedarf an Arzneimitteln kaum vorherzubestimmen sind, wäre im Fall der Arzneimittelversorgung für die Prognose wohl vor allem das Vorjahr entscheidend.[1019] Sollte jedoch – entgegen der Erwartungen – die Schwelle im laufenden Kalenderjahr überschritten werden, kommt § 3c UStG trotzdem zur Anwendung und eine etwaige Erwerbsbesteuerung bleibt aus.[1020] Erst im darauffolgenden Jahr würden sich Auswirkungen für die Krankenkasse ergeben. Zu einem rückwirkenden Ausschluss der Regelung des § 3c UStG kann es gerade nicht kommen.[1021]

Es handelt sich bei dieser Voraussetzung letztlich um eine Tatsachenfrage, die von den tatsächlichen Gegebenheiten abhängt und für Arzneimittellieferungen im Allgemeinen im Rahmen dieser Arbeit nicht pauschal beantwortet werden kann. Dementsprechend kann sie von Fall zu Fall, bzw. von Krankenkasse zu Krankenkasse, unterschiedlich ausfallen. Bei großen Krankenkassen ist mit Blick auf die Anzahl der Versicherten und die Länge des Zeitraums in der Regel aber davon auszugehen, dass sie den Schwellenwert überschreiten und § 3c UStG nicht einschlägig ist.[1022]

Sollte eine Krankenkasse die Erwerbsschwelle ausnahmsweise nicht überschreiten, setzt die Anwendung von § 3c UStG überdies voraus, dass die Krankenkasse auch nicht gem. § 1a Abs. 4 Satz 1 UStG auf die Anwendung der

---

1015 Abschn. 1a.1 Abs. 2 Satz 5 UStAE.
1016 *Engelsing/Nordmann*, KrV 2013, 149.
1017 *Robisch*, in: Bunjes, UStG, § 1a Rn. 32.
1018 BFH, Urt. v. 7.3.1995 – XI R 51/94, BStBl II 1995, 562, II.2.
1019 Vgl. *Engelsing/Nordmann*, KrV 2013, 149.
1020 Abschn. 1a.1 Abs. 2 Satz 5 UStAE; *Heuermann*, in: Sölch/Ringleb, UStG, § 1a Rn. 42; *Robisch*, in: Bunjes, UStG, § 1a Rn. 32.
1021 *Engelsing/Nordmann*, KrV 2013, 149.
1022 Vgl. auch *Pommerin/Paßgang*, UStB 2012, 235, 236.

Erwerbschwelle verzichtet hat. Dies wäre gem. § 1a Abs. 4 Satz 2 UStG dann der Fall, wenn die Krankenkasse als Erwerber gegenüber dem Lieferer die ihr erteilte Umsatzsteuer-Identifikationsnummer verwendet.[1023]

(c) Überschreiten der Lieferschwelle nach § 3c Abs. 3 UStG oder Verzicht auf deren Anwendung nach § 3c Abs. 4 UStG

Der Leistungsort ist des Weiteren auch dann nicht nach § 3c Abs. 1 UStG zu bestimmen, wenn die maßgebende Lieferschwelle durch den Lieferer nicht überschritten wird.[1024] Im Fall der Arzneimittellieferung bestimmt sich die maßgebende Lieferschwelle nach der deutschen Regelung in § 3c Abs. 3 Satz 2 Nr. 2 UStG und beläuft sich auf EUR 100.000, weil die Beförderung oder Versendung der Arzneimittellieferung im Inland enden würde (siehe bereits zur maßgeblichen Erwerbsschwelle D.II.3.b)aa)(1)(c)). Sinn und Zweck dieser Lieferschwelle ist vor allem, dass für alle Lieferer mit nur gelegentlichen oder geringen grenzüberschreitenden Lieferungen der administrative Aufwand (Registrierung im Mitgliedstaat, Abgabe von Umsatzsteuervoranmeldungen und Steuererklärungen etc.) eine unzumutbare Erschwernis darstellen würde und insofern von der Ortsverlagerung ins Bestimmungsland abzusehen ist, wenn ein bestimmter Lieferumfang nicht erreicht wird.[1025]

Für diese Ausnahme von der Grundregel des § 3c Abs. 1 UStG ist gem. § 3c Abs. 3 Satz 1 UStG entscheidend, dass diese Schwelle im laufenden Kalenderjahr nicht überschritten wird und im vorangegangenen Kalenderjahr nicht überschritten wurde.[1026] Die Lieferschwelle bemisst sich gem. § 3c Abs. 3 Satz 1 UStG nach dem Gesamtbetrag der Entgelte, der auf die Lieferungen des Lieferers in jedem einzelnen Mitgliedstaat entfällt.[1027] Zu prüfen ist demnach an erster Stelle, ob bereits im vorherigen Kalenderjahr die Schwelle erreicht wurde. Ist das der Fall, so bestimmt sich der Lieferort der Leistung bereits zu Jahresbeginn nach § 3c Abs. 1 UStG.[1028] Wurde die Lieferschwelle zuvor jedoch nicht überschritten, kommt eine Verlagerung des Lieferorts nach § 3c UStG erst mit der Lieferung zum Tragen, mit der die Lieferschwelle im laufenden Kalenderjahr erreicht

---

1023 Unionsrechtlich begründet in Art. 4 MwStVO.

1024 Die Lieferschwelle des § 3c Abs. 3 UStG stellt mithin auf den Lieferer und dessen Entgelte in einem anderen Mitgliedstaat ab, wohingegen die Erwerbsschwelle in § 3c Abs. 2 Nr. 2 UStG sich auf den Erwerber und dessen innergemeinschaftlichen Erwerbe insgesamt (sprich unabhängig vom Mitgliedstaat) bezieht.

1025 *Martin*, in: Sölch/Ringleb, UStG, § 3c Rn. 19.

1026 BFH, Urt. v. 20.5.2015 – XI R 2/13, BFH/NV 2015, 1775, II.2.a).

1027 *Gres*, in: Weymüller, UStG, § 3c Rn. 52.

1028 *Martin*, in: Sölch/Ringleb, UStG, § 3c Rn. 22.

wird.[1029] Anders als bei der Erwerbsschwelle ist demnach bei der Lieferschwelle nicht die Prognose zu Jahresbeginn entscheidend, sondern deren tatsächliche Überschreitung.[1030]

Vorliegend müsste die ausländische Apotheke die Lieferschwelle überschreiten und mithin für insgesamt über EUR 100.000 Arzneimittellieferungen – oder andere umsatzsteuerpflichtige Leistungen – pro Kalenderjahr in Deutschland erbringen, um in den Anwendungsbereich des § 3c UStG zu fallen.[1031] Auch hier bemisst sich die Höhe des Entgelts nach § 10 Abs. 1 UStG abzüglich der Umsatzsteuer.[1032]

Sollte der Lieferer die Lieferschwelle nicht überschreiten, hat er immer noch die Möglichkeit, zur Ortsbestimmung nach § 3c UStG zu optieren und damit den Lieferort in das Bestimmungsland zu verlegen.[1033] Der Verzicht lässt die Steuerpflicht im Ursprungsland entfallen und führt gleichzeitig zur Steuerbarkeit der Umsätze im Bestimmungsland.[1034] In der Vergangenheit haben einige Apotheken auf die Anwendung der Lieferschwelle nach § 3c Abs. 4 UStG verzichtet und damit die Umsätze in ihrem Ursprungland als nicht steuerbar erklärt, weil so § 3c UStG zur Anwendung kommen konnte.[1035] Grundsätzlich ist der Verzicht vor allem dann sinnvoll, wenn der Steuersatz des Bestimmungslandes niedriger ist als im Ursprungsland (siehe zum Steuersatz von Arzneimittellieferungen D.V.).[1036]

1029 Abschn. 3c.1 Abs. 3 Satz 5 UStAE.

1030 Vgl. *Korn*, in: Bunjes, UStG, § 3c Rn. 6; *Nieskens*, UR 2000, 45.

1031 Vgl. *Rondorf*, MwStR 2016, 75, 76.

1032 Vgl. *Martin*, in: Sölch/Ringleb, UStG, § 3c Rn. 21.

1033 Gem. § 3c Abs. 4 UStG kann der Lieferer durch Erklärung gegenüber der zuständigen Behörde auf die Anwendung der Lieferschwelle verzichten. Nach richtlinienkonformer Auslegung der unionsrechtlichen Grundlage in Art. 34 Abs. 4 MwStSystRL würde danach eine Erklärung gegenüber der Finanzbehörde in dem Land ausreichen, in dem die Beförderung beginnt, vgl. *Martin*, in: Sölch/Ringleb, UStG, § 3c Rn. 29.

1034 Vgl. *Korn*, in: Bunjes, UStG, § 3c Rn. 11.

1035 So beispielsweise auch im zugrunde liegenden Fall von BFH, Urt. v. 20.5.2015 – XI R 2/13, BFH/NV 2015, 1775.

1036 Vgl. *Martin*, in: Sölch/Ringleb, UStG, § 3c Rn. 27; dies ist jedoch beispielsweise in den Niederlanden bei Arzneimittellieferungen nicht der Fall, da dort ein ermäßigter Steuersatz von 6 % anzuwenden ist, während Arzneimittel in Deutschland dem Regelsteuersatz von 19 % (§ 12 Abs. 1 UStG) unterliegen (siehe zu den verschiedenen Steuersätzen für Arzneimittellieferungen innerhalb der EU D.V.), vgl. zu den Umsatzsteuersätzen für Arzneimittel in den Mitgliedstaaten der EU https://ec.europa.eu/taxation_customs/sites/taxation/files/resources/documents/taxation/

Auch hinsichtlich der Lieferschwelle wird die Prüfung im Einzelfall von Apotheke zu Apotheke unterschiedlich ausfallen. Bei den großen Versandhandelsapotheken wie Doc Morris ist wohl aber davon auszugehen ist, dass sie die Lieferschwelle in der Regel überschreiten.[1037]

(d) Zwischenergebnis

Werden Arzneimittel vom Versicherten abgeholt, scheidet eine Anwendung von § 3c UStG grundsätzlich aus.[1038] Für Arzneimittellieferungen einer ausländischen Versandapotheke an die Versicherten direkt oder an inländische Pick-Up-Stellen (auch beim Modell „Vorteil 24") hingegen bestimmt sich der Leistungsort nach § 3c UStG, wenn die gesetzlichen Krankenkassen die Erwerbsschwelle nach § 1a Abs. 3 Nr. 2 UStG *nicht* überschreiten oder sie nicht auf deren Anwendung verzichten und gleichzeitig die Apotheke auch die Lieferschwelle überschreitet oder zumindest auf deren Anwendung verzichtet.

Der Leistungsort der Arzneimittellieferungen ist in diesen Fällen daher gem. § 3c Abs. 1 UStG dort, wo die Versendungs- oder Beförderungslieferung endet. Eine Beförderung oder Versendung endet an ihrem Bestimmungsort.[1039] Dessen genaue Festsetzung ist an dieser Stelle noch nicht erforderlich, da die Lieferungen an Versicherte einer deutschen gesetzlichen Krankenkasse mit deutschem Wohnsitz bzw. zur Abholung in eine deutsche Apotheke erfolgen.[1040] Das Ende der Beförderung liegt demnach in allen Fällen in Deutschland, weshalb es sich um inländische Leistungen im Sinne des § 1 Abs. 1 Nr. 1 UStG handelt, die von der ausländischen Apotheke – gleich einer inländischen Apotheke – in Deutschland zu versteuern sind.

Aufgrund der Erfahrungswerte der Praxis wird im Rahmen dieser Arbeit allerdings für die Besteuerung von Arzneimittellieferungen ausländischer Apotheken

---

vat/how_vat_works/rates/vat_rates_en.pdf, Stand: 1.1.2017, S. 4 II.3, zuletzt aufgerufen am 13.3.2018.

1037 So beispielsweise auch in dem BFH-Verfahren zu § 3c UStG BFH, Urt. v. 20.5.2015 – XI R 2/13, BFH/NV 2015, 1775, II.2.c)gg).

1038 Vgl. *Rondorf*, MwStR 2016, 75, 76.

1039 So im Rahmen von § 3d UStG zur Beförderung BFH, Urt. v. 20.12.2006 – V R 11/06, BStBl II 2007, 424, II.1.d).

1040 An dieser Stelle kann erst einmal dahingestellt bleiben, ob der Bestimmungsort einer Arzneimittellieferung beim Versicherten oder am Sitz der gesetzlichen Krankenkasse liegt, da bei Versendungen zum Versicherten ins Inland, der Bestimmungsort in beiden Fällen in Deutschland liegt. Relevanz erhält diese Frage allerdings im Rahmen des innergemeinschaftlichen Erwerbs, der grundsätzlich auch Abholfälle umfasst, siehe dazu die Ausführungen zum Bestimmungsort unter D.II.3.b)bb)(2).

im Folgenden von der Prämisse ausgegangen, dass die gesetzlichen Krankenkassen die Erwerbsschwelle von EUR 12.500 wohl grundsätzlich überschreiten werden und eine Anwendung von § 3c UStG ausgeschlossen ist.

(2) Bestimmung des Leistungsortes nach § 3 Abs. 6 Satz 1 UStG

Soweit die Anwendbarkeit der Ortsbestimmung nach § 3c UStG ausscheidet, richtet sich – mangels Einschlägigkeit anderer Sondertatbestände nach §§ 3e bis 3g UStG – die Bestimmung des Leistungsorts für warenbewegte Lieferungen wie Arzneimittellieferungen gem. § 3 Abs. 5a UStG nach § 3 Abs. 6 Satz 1 UStG. Der Ort der Lieferung gilt dann als dort ausgeführt, wo die Beförderung oder Versendung an den Abnehmer oder in dessen Auftrag an einen Dritten beginnt.[1041] Demnach würde sich der Lieferort für die Arzneimittellieferungen am Sitz der ausländischen Apotheke befinden und es läge keine inländische Leistung im Sinne des § 1 Abs. 1 Nr. 1 Satz 1 UStG in Deutschland vor.

Der Leistungsort wird nach § 3 Abs. 6 Satz 1 UStG bestimmt, wenn der Gegenstand der Lieferung durch den Lieferer, den Abnehmer oder einen vom Lieferer oder vom Abnehmer beauftragter Dritter befördert oder versendet wird. Andernfalls handelt es sich um eine nicht warenbewegte Lieferung, deren Leistungsort gem. § 3 Abs. 7 Satz 1 UStG dort liegt, wo sich der Gegenstand zur Zeit der Verschaffung der Verfügungsmacht befindet. Entscheidend ist demnach das Vorliegen einer Versendungs- oder Beförderungslieferung, wobei aber – anders als bei § 3c UStG – unbeachtlich ist, von wem die Lieferung erbracht wird.[1042] Neben dem Lieferer und einem von ihm beauftragten Dritten kann die Beförderung oder Versendung des Gegenstands daher auch von dem Abnehmer oder einem von ihm beauftragten Dritten erfolgen.

Auch hier muss für die Bestimmung des Leistungsorts von Arzneimitteln muss auch hier zwischen den verschiedenen Geschäftsmodellen der Apotheke zur Lieferung von Arzneimitteln differenziert werden. Wie bereits im Rahmen von § 3c UStG festgestellt wurde, stellen die Lieferungen von Arzneimitteln über eine Pick-Up-Stelle oder durch die klassische Versandhandelsapotheke unmittelbar zum Versicherten Versendungslieferungen dar, die vom Lieferer

1041 Unionsrechtlich beruht diese Regelung auf Art. 32 MwStSystRL, wonach, wenn der Gegenstand vom Lieferer, vom Erwerber oder von einer dritten Person versandt oder befördert wird, als Ort der Lieferung der Ort gilt, an dem sich der Gegenstand zum Zeitpunkt des Beginns der Versendung oder Beförderung an den Erwerber befindet.

1042 *Hahn*, in: Weymüller, UStG, § 3 Rn. 331 f.

durchgeführt werden. Sie werden demnach unproblematisch von § 3 Abs. 6 Satz 1 UStG erfasst.

Es stellt sich allerdings die Frage, wie die Abholung durch den Versicherten direkt in der Apotheke zu bewerten ist. Nun wird die bereits bei § 3c UStG aufgeworfene Fragestellung relevant, ob in solch einem Abholfall überhaupt eine Beförderungs- oder Versendungslieferung liegt, da dem Versicherten das Arzneimittel direkt ausgehändigt wird. Für eine Beförderung oder Versendung ist grundsätzlich entscheidend, dass der Gegenstand der Lieferung überhaupt in irgendeiner Form fortbewegt wird,[1043] da es im Grunde um eine Abgrenzung zu nicht warenbewegten/ruhenden Lieferungen (wie z.B. Grundstücksübergaben)[1044] geht. Der sog. Handkauf, bei dem Übergabe und Übereignung des Gegenstands mit Abschluss des Kaufvertrags zusammenfallen, stellt insofern eine Beförderungslieferung dar,[1045] weil der Gegenstand „über die Theke" übergeben und damit bewegt wird. Demnach unterfallen – im Gegensatz zu § 3c UStG – auch die Abholfälle von Arzneimitteln dem Regelungsbereich von § 3 Abs. 6 Satz 1 UStG und werden nicht etwa von § 3 Abs. 7 UStG erfasst.[1046]

Unabhängig von dem zugrunde liegenden Geschäftsmodell befindet sich damit der Leistungsort aller nicht von § 3c UStG erfassten Arzneimittellieferungen gem. § 3 Abs. 6 Satz 1 UStG am Sitz der Apotheke im Ausland.[1047] Aus Sicht der Apotheke stellen diese von ihr erbrachten Arzneimittellieferungen demnach keine in Deutschland steuerbare inländischen Leistungen im Sinne des § 1 Abs. 1 Nr. 1 UStG dar, sondern – abhängig von den übrigen Voraussetzungen – steuerfreie innergemeinschaftliche Lieferungen (vgl. zu den Voraussetzungen Art. 138 MwStSystRL) oder am Sitz der Apotheke im Ausland zu versteuernde Umsätze.[1048] Der Apotheke obliegt somit in diesen Fällen in Deutschland keine Besteuerungspflicht für die Lieferungen.

Etwas anderes ergibt sich auch etwa nicht durch die Regelungen in § 3 Abs. 6 Satz 5 und 6 UStG, die mittelbar die Bestimmung des Leistungsorts eines Reihengeschäfts regeln (siehe zum Begriff des Reihengeschäfts bereits unter

1043 *Hahn*, in: Weymüller, UStG, § 3 Rn. 332.

1044 Vgl. *Martin*, in: Sölch/Ringleb, UStG, § 3 Rn. 504.

1045 Vgl. Abschn. 3.12 Abs. 1 Satz 3 UStAE; *Nieskens*, in: Rau/Dürrwächter, UStG, § 3 Rn. 3351.

1046 Abschn. 3.12 Abs. 1 Satz 2 UStAE; *Hahn*, in: Weymüller, UStG, § 3 Rn. 332; *Nieskens*, in: Rau/Dürrwächter, UStG, § 3 Rn. 3351.

1047 Vgl. *Gres*, MwStR 2015, 470, 471; *Heuermann*, DStR 2015, 757.

1048 Vgl. *Gres*, MwStR 2015, 470, 471; *Heuermann*, DStR 2015, 757.

D.II.2.a)dd)(2)),[1049] da es sich bei Arzneimittellieferungen nicht um Reihengeschäfte handelt, weil es an zwei aufeinanderfolgenden Lieferungen fehlt. Insbesondere die letzte „Lieferung“ zwischen der Krankenkasse und dem Versicherten stellt keine umsatzsteuerpflichtige Leistung dar, da die Krankenkasse kein Unternehmer ist (siehe zur detaillierten umsatzsteuerlichen Prüfung der Arzneimittellieferung der Krankenkasse an den Versicherten nachfolgend unter D.II.4.).

(3) Zwischenergebnis

Eine pauschale Beurteilung, ob und in welchem Land Arzneimittellieferungen einer ausländischen Apotheke gem. § 1 Abs. 1 Nr. 1 UStG umsatzsteuerbar sind, ist nicht möglich. Diese Frage ist indes abhängig vom Leistungsort der Lieferung. Je nachdem, ob die Ortsbestimmung des § 3c UStG einschlägig ist, oder der Ort der Leistung nach § 3 Abs. 6 Satz 1 UStG bestimmt wird, liegt der Leistungsort entweder im In- oder Ausland. Diese Ortsverlagerung entscheidet letztlich darüber, ob die ausländische Apotheke Umsatzsteuer für ihre Arzneimittellieferung an die gesetzliche Krankenkasse in Deutschland abführen muss oder nicht.

Für die Bestimmung des Leistungsorts ist neben dem Vertriebsweg das Überschreiten der Lieferschwelle durch die Apotheke und der Erwerbsschwelle durch die gesetzliche Krankenkasse maßgeblich. Dies ist von Einzelfall zu Einzelfall unterschiedlich und gesondert zu beurteilen, was in der Praxis erhebliche Unsicherheiten nach sich zieht. Damit einher geht auch eine Erhöhung des Risikos einer doppelten oder unterlassenen Besteuerung aufgrund von Unklarheiten, wem – ob Lieferer oder Abnehmer – und wo – ob in Deutschland oder im Ausland – nun die Umsatzsteuerschuldnerschaft für die Arzneimittellieferungen zugeschrieben wird.

Durch die Verzichtsregelungen für die Anwendung dieser Schwellengrößen (vgl. § 1a Abs. 4 Satz 2 UStG, § 3c Abs. 4 UStG) eröffnet das Umsatzsteuerrecht allerdings die Möglichkeit, klare Verhältnisse zu schaffen. So könnten beispielsweise die Krankenkassen immer auf die Anwendung der Erwerbsschwelle nach § 1a Abs. 3 Nr. 2 UStG verzichten. Eine Bestimmung des Leistungsortes nach § 3c UStG würde dann ausscheiden und der Leistungsort läge einheitlich nach § 3 Abs. 6 Satz 1 UStG im Ausland am Sitz der Apotheke, da dort die Beförderung oder Versendung an die gesetzliche Krankenkasse beginnt. Die Apotheke müsste demnach die Arzneimittellieferungen in Deutschland einheitlich nicht der Umsatzsteuer unterwerfen.

1049 *Hahn*, in: Weymüller, UStG, § 3 Rn. 363.

Inwieweit die ausländische Apotheke dann eine Pflicht zur Besteuerung an ihrem Sitz im Ursprungsland trifft, ist eine davon unabhängige und gesondert zu prüfende Frage. Maßgeblich ist insoweit, ob es sich bei der Arzneimittellieferung aus Sicht der Apotheke um eine steuerbefreite innergemeinschaftliche Lieferung (Art. 138 MwStSystRL) handelt. Dies hängt in der Regel[1050] davon ab, ob aus Sicht der gesetzlichen Krankenkasse nach § 1 Abs. 1 Nr. 5 UStG ein innergemeinschaftlicher Erwerb vorliegt, den sie als Erwerber zu versteuern hat (vgl. § 13a Abs. 1 Nr. 2 UStG).

bb) Innergemeinschaftlicher Erwerb im Inland gem. § 1 Abs. 1 Nr. 5 UStG

Die Arzneimittellieferungen einer ausländischen Apotheke, die keine umsatzsteuerbaren inländischen Leistungen nach § 1 Abs. 1 Nr. 1 UStG darstellen, können allerdings als innergemeinschaftliche Erwerbe im Inland gegen Entgelt gem. § 1 Abs. 1 Nr. 5 UStG der Umsatzsteuer unterliegen und damit eine Umsatzsteuerpflicht der gesetzlichen Krankenkasse als Erwerberin nach § 13a Abs. 1 Nr. 2 UStG begründen. Dies hat im Ergebnis einen Wechsel der Steuerschuldnerschaft von der Apotheke hin zur gesetzlichen Krankenkasse zur Folge.

Die Voraussetzungen eines innergemeinschaftlichen Erwerbs sind in § 1a UStG geregelt (korrespondierend im Unionsrecht: Art. 20 MwStSystRL).[1051] Danach liegt ein innergemeinschaftlicher Erwerb im Inland vor, wenn ein Gegenstand bei einer Lieferung aus dem Gebiet eines Mitgliedstaats in das Inland gelangt. Diese Lieferung muss des Weiteren von einem Lieferer im Rahmen seines Unternehmens gegen Entgelt an einen in § 1a Abs. 1 Nr. 2 UStG aufgeführten Erwerber erfolgen.[1052]

(1) Erwerb durch Lieferung eines Gegenstands gegen Entgelt durch einen Unternehmer im Rahmen seines Unternehmens

Die Voraussetzungen des Erwerbs durch Lieferung eines Gegenstands gegen Entgelt durch einen Unternehmer im Rahmen seines Unternehmens sind identisch mit denen des inländischen Leistungsaustauschs. Die Beurteilung der

---

1050 Es besteht zwar eine Korrespondenz von innergemeinschaftlichem Erwerb und innergemeinschaftlicher Lieferung, BFH, Urt. v. 10.8.2016 – V R 45/15, BFH/NV 2016, 1860, II.2.a); allerdings kein Junktim derart, dass der innergemeinschaftliche Erwerb mit dem Vorliegen einer innergemeinschaftlichen Lieferung stehen und fallen würde, vgl. *Heuermann*, in: Sölch/Ringleb, UStG, § 1a Rn. 4; *Stadie*, in: Rau/Dürrwächter, UStG, § 1a Rn. 5, 14 f.

1051 *Robisch*, in: Bunjes, UStG, § 1a Rn. 1.

1052 *Heuermann*, in: Sölch/Ringleb, UStG, § 1a Rn. 5.

Voraussetzungen richtet sich auch beim innergemeinschaftlichen Erwerb nach dem innerstaatlichen - sprich deutschen - Recht.[1053]

Beispielsweise wird der Begriff der Lieferung für die Grundtatbestände identisch verwendet und richtet sich nach § 3 UStG.[1054] Die umsatzsteuerliche Beurteilung, ob es sich bei der Arzneimittellieferung der Apotheke um die Lieferung eines Gegenstandes handelt, ist insofern im Rahmen der Erwerbsbesteuerung mit der zu den inländischen steuerbaren Umsätzen nach § 1 Abs. 1 Nr. 1 UStG gleich. Dies gilt ebenfalls für die Voraussetzungen der Unternehmereigenschaft, der Entgeltlichkeit der Lieferung und dass diese im Rahmen des Unternehmens erfolgt (siehe bereits die detaillierten Ausführungen unter D.II.3.b) aa)).

Die Arzneimittellieferung einer Apotheke an die gesetzliche Krankenkasse stellt demnach auch im Rahmen der Erwerbsbesteuerung eine Lieferung im Sinne des § 3 Abs. 1 UStG dar, die von der Apotheke als Unternehmer im Rahmen ihres Unternehmens erfolgt.[1055]

(2) Warenbewegung von einem Mitgliedstaat in einen anderen Mitgliedstaat

Nach dem Wortlaut des § 1a Abs. 1 Nr. 5 UStG muss der Gegenstand bei einer Lieferung aus dem Gebiet eines Mitgliedstaats in das Gebiet eines anderen Mitgliedstaats gelangen.[1056]

Ein innergemeinschaftlicher Erwerb setzt demnach eine körperliche Warenbewegung über die Grenze voraus.[1057] Grundsätzlich unterfallen demnach alle Beförderungs- und Versendungsfälle durch den Unternehmer in einem Mitgliedstaat an einen konkreten Abnehmer in einem anderen Mitgliedstaat der Regelung.[1058] Was als Versendungs- und Beförderungslieferung zu verstehen ist,

---

1053 *Robisch*, in: Bunjes, UStG, § 1a Rn. 3; selbst wenn die Anwendung der Regelungen innerhalb der Ländergrenze zu unterschiedlichen Auffassungen gelangen, wäre die des Bestimmungslands ausschlaggebend, vgl. *Stadie*, in: Rau/Dürrwächter, UStG, § 1a Rn. 15 ff.

1054 So auch beim innergemeinschaftlichen Erwerb, vgl. *Robisch*, in: Bunjes, UStG, § 1a Rn. 3.

1055 Vgl. SG Speyer, Urt. v. 21.3.2016 – S 7 KR 482/13, juris, nrkr. (LSG Rheinland-Pfalz L 5 KR 105/16), Rn. 31, im Ergebnis bestätigt durch LSG Rheinland-Pfalz, Urt. v. 6.7.2017 – L 5 KR 105/16, juris, Rev. BSG B 3 KR 19/17 R.

1056 *Peltner*, in: Weymüller, UStG, § 1a Rn. 40.

1057 *Sterzinger*, in: Birkenfeld/Wäger, USt-Handbuch, § 37 Rn. 111.

1058 Vgl. *Stadie*, in: Rau/Dürrwächter, UStG, § 1a Rn. 85; *ders.*, UStG, § 1a Rn. 3.

richtet sich auch im innergemeinschaftlichen Erwerb – da der Begriff im gesamten Umsatzsteuerrecht einheitlich verwendet wird – nach § 3 Abs. 6 UStG.[1059] Die Arzneimittellieferungen der beiden wirtschaftlich bedeutendsten Geschäftsmodellen – dem Versand direkt an den Versicherten oder via Pick-Up-Station – unterfallen demnach den Warenbewegungen über die Grenze, da sie alle als Versendungslieferungen vom Mitgliedstaat der Apotheke zum Versicherten ins Inland über die Grenze geschickt werden.

(a) Warenbewegung über die Grenze bei Abholung durch den Versicherten?

Es stellt sich jedoch auch hier die Frage, ob auch die Abholfälle von der Erwerbsbesteuerung erfasst werden oder ob es in diesen Fällen gerade an einer Warenbewegung zwischen den Mitgliedstaaten bei einer Lieferung fehlt, weil der Versicherte das Arzneimittel – wenn überhaupt – eigenständig über die Grenze ins Inland bringt. Da grundsätzlich auch im Rahmen des innergemeinschaftlichen Erwerbs gilt, dass sog. Abholfälle Versendungs- und Beförderungslieferungen darstellen können (vgl. dazu die Ausführungen im Rahmen von § 3 Abs. 6 UStG unter D.II.3.b)aa)(2)),[1060] steht im Rahmen der geforderten Grenzüberschreitung von § 1a UStG nicht die Warenbewegung als solche in Frage, sondern ob das abgeholte Arzneimittel auch noch „bei Lieferung“, sprich im Rahmen der Warenbewegung, in einen anderen Mitgliedstaat „gelangt“.

Zweifel ergeben sich bei diesen Abholungen durch Versicherte dadurch, dass in der Regel im Zeitpunkt der Abholung die Verfügungsmacht bereits verschafft wird[1061] (so auch bei Arzneimittellieferungen, siehe D.II.3.a)bb)(2)) und die Lieferung damit beendet ist.[1062] Bei strenger Wortlautbetrachtung würde demnach die Warenbewegung nicht „bei der Lieferung“, sondern erst nach der Lieferung erfolgen.[1063] Sowohl der nationale[1064] als auch der unionsrechtliche Gesetzgeber wollten aber die Abholfälle in anderen Mitgliedstaaten vom innergemeinschaftlichen Erwerb erfasst wissen. So sieht beispielsweise die Definition

---

1059 *Heuermann*, in: Sölch/Ringleb, UStG, § 1a Rn. 11.

1060 Vgl. *Marchal*, in: Rau/Dürrwächter, UStG, § 3d Rn. 11, 15.

1061 Vgl. zum Reihengeschäft, aber insofern übertragbar BFH, Urt. v. 25.2.2015 – XI R 30/13, BFH/NV 2015, 769, II.4.b)dd); *Heuermann*, in: Sölch/Ringleb, UStG, § 3 Rn. 489d; *Heinrichshofen/Matheis*, UVR 2015, 175, 179 f.; *Maunz*, DStR 2015, 1025, 1027; *Wäger*, UR 2015, 576, 581, 584.

1062 Vgl. *Grünwald*, in: Hartmann/Metzenmacher, UStG, § 1a Rn. 61.

1063 Vgl. *Grünwald*, in: Hartmann/Metzenmacher, UStG, § 1a Rn. 39; *Stadie*, in: Rau/Dürrwächter, UStG, § 1a Rn. 87; *Tehler*, in: Reiß/Kraeusel/Langer, UStG, § 1a Rn. 61.

1064 BT-Drucks. 12/2463, S. 24.

des innergemeinschaftlichen Erwerbs in Art. 20 Abs. 1 MwStSystRL ausdrücklich auch die Beförderung und Versendung durch den Erwerber vor, wozu die Abholfälle zählen.[1065] Dies entspricht auch der Zielsetzung der Mehrwertsteuerübergangsregelung für den innergemeinschaftlichen Handel (Abschn. XVI a RL 77/388/EWG), wonach der innergemeinschaftliche Erwerb die Verlagerung der Besteuerung – und damit auch der Steuereinnahmen – in den Mitgliedstaat ermöglichen soll, wo letztlich der endgültige Verbrauch des Gegenstandes erfolgt.[1066] Auch wenn die Verschaffung der Verfügungsmacht durch die Abholung vorverlagert wird und in einem anderen Mitgliedstaat stattfindet, ändert dies nämlich nichts daran, dass der Gegenstand letztlich nach dem Grenzübergang in einem anderen Mitgliedstaat zum Einsatz kommt. Richtlinienkonform ausgelegt sind daher auch abgeholte Liefergegenstände von § 1a UStG erfasst und können grundsätzlich „bei Lieferung" in einen anderen Mitgliedstaat gelangen.[1067] Für die Entstehung der Steuerpflicht ist es somit dem Grundsatz nach unerheblich, wie und durch welche Person (Lieferer, Abnehmer, Beauftragter) der Gegenstand der Lieferung ins Inland gelangt.[1068] Demnach könnte auch der sich ggf. anschließende Grenzübergang des Versicherten samt Arzneimittels nach Deutschland von der Lieferung im Sinne des § 1a UStG erfasst sein.

Anschließend ist allerdings zu prüfen, ob der im anderen Mitgliedstaat abgeholte Gegenstand auch tatsächlich in einen anderen Mitgliedstaat „gelangt" ist. Laut dem Gesetzgeber und der Finanzverwaltung gelangt ein Gegenstand dann von einem Mitgliedstaat in einen anderen, wenn die Beförderung oder Versendung in dem einen beginnt und in dem anderen endet.[1069] Entscheidend

---

1065 So *Grünwald*, in: Hartmann/Metzenmacher, UStG, § 1a Rn. 39; *Stadie*, in: Rau/Dürrwächter, UStG, § 1a Rn. 50; *Tehler*, in: Reiß/Kraeusel/Langer, UStG, § 1a Rn. 61; gleiches gilt für die korrespondierende innergemeinschaftliche Lieferung nach § 6a UStG, die auch die Variante der Beförderung oder Versendung durch den Abnehmer vorsieht.

1066 Vgl. EuGH, Urt. v. 18.11.2010 – C-84/09 – *X*, Slg. 2010, I-11645, Rn. 22; Urt. v. 6.4.2006 – C-245/04 – *EMAG Handel Eder*, Slg. 2006, I-3227, Rn. 30 f., 39 f.; BFH, Urt. v. 28.9.2006 – V R 65/03, BStBl II 2007, 672, II.2.d).

1067 Vgl. Abschn. 1a.1 Abs. 1 Satz 3 UStAE; so auch *Robisch*, in: Bunjes, UStG, § 1a Rn. 9; *Grünwald*, in: Hartmann/Metzenmacher, UStG, § 1a Rn. 39; *Stadie*, in: Rau/Dürrwächter, UStG, § 1a Rn. 87; zum Reihengeschäft *Heuermann*, in: Sölch/Ringleb, UStG, § 3 Rn. 489e.

1068 *Schwarz*, in: Schwarz/Widmann/Radeisen, UStG, § 1a Rn. 81.

1069 BT-Drucks. 12/2463, S. 24; Abschn. 1a.1 Abs. 1 Satz 3 UStAE.

ist demnach, wann bzw. wo die Versendung oder Beförderung endet.[1070] Eine Versendung oder Beförderung gilt als beendet, wenn sie ihren Bestimmungsort erreicht.[1071] Der Bestimmungsort ist grundsätzlich der Ort, an den der Gegenstand nach Weisung des Abnehmers gebracht werden soll.[1072] Wo dies im Einzelfall ist und in welchem Mitgliedstaat folglich der endgültige Verbrauch stattfindet, muss bei objektiver Gesamtwürdigung aller tatsächlichen Umstände festgestellt werden.[1073] Zu den Umständen, die im Rahmen der Beurteilung maßgebend sein können, gehören unter anderem der zeitliche Ablauf der Warenbewegung, der Ort der gewöhnlichen Verwendung des Gegenstandes, der Wohnort des Erwerbers sowie das Vorliegen oder Fehlen von Verbindungen des Erwerbers zum Liefermitgliedstaat.[1074]

Zwar besteht die der Arzneimittellieferung zugrunde liegende Leistungsbeziehung zwischen der Apotheke und der Krankenkasse, doch ist dies bei Weiterleitung des Gegenstandes für den Bestimmungsort unerheblich, weshalb der Sitz der Krankenkasse insofern ausscheidet.[1075] Entscheidend ist vielmehr, dass die Arzneimittellieferungen auf Weisung der gesetzlichen Krankenkasse an ihre Versicherten erfolgen (vgl. dazu bereits die Ausführungen zur Verschaffung der Verfügungsmacht auf Weisung der Krankenkasse unter D.II.3.a)bb)(2)(c)) und dazu bestimmt sind, von diesen auch zu Zwecken der Heilbehandlung eingenommen zu werden. Die Lieferung erfolgt auch gerade zur Erfüllung der der Krankenkasse obliegenden Verpflichtung, wonach der Versicherte von ihr im Rahmen des Sachleistungsprinzips nach § 2 Abs. 2 SGB V unmittelbar mit Arzneimitteln versorgt wird (siehe zu dieser bereits C.III.2.). Dementsprechend orientiert sich der Bestimmungsort der Arzneimittellieferung an die Krankenkassen an deren Versicherten.[1076] Nach allgemeinen Erfahrungssätzen ist – vergleichbar zum

---

1070 Vgl. auch *Stadie*, UStG, § 1a Rn. 6; *Langer*, in: Reiß/Kraeusel/Langer, UStG, § 3d Rn. 11.

1071 BFH, Urt. v. 20.12.2006 – V R 11/06, BStBl II 2007, 424, II.1.d); vgl. *Stadie*, in: Rau/Dürrwächter, UStG, § 1a Rn. 120.

1072 Vgl. *Marchal*, in: Rau/Dürrwächter, UStG, § 3d Rn. 12.

1073 Vgl. EuGH, Urt. v. 18.11.2010 – C-84/09 – *X*, Slg. 2010, I-11645, Rn. 44; BFH, Urt. v. 20.12.2006 – V R 11/06, BStBl II 2007, 424, II.1.d).

1074 EuGH, Urt. v. 18.11.2010 – C-84/09 – *X*, Slg. 2010, I-11645, Rn. 45.

1075 Vgl. im Ergebnis auch das Beispiel, in dem kein innergemeinschaftlicher Erwerb eines inländischen Abnehmers vorliegt, wenn er einen Gegenstand beim Lieferanten in Spanien bestellt und eine direkte Auslieferung an einen spanischen Endverbraucher anweist, *Sterzinger*, in: Birkenfeld/Wäger, USt-Handbuch, § 37 Rn. 115.

1076 Vgl. *Pommerin/Paßgang*, UStB 2012, 235, 237; *Sterzinger*, in: Birkenfeld/Wäger, USt-Handbuch, § 37 Rn. 197.

Inlandsfall – davon auszugehen, dass ein Versicherter die Apotheke aufsucht, um das Arzneimittel zu erhalten und es zu seinem gewöhnlichen Aufenthaltsort zu bringen, wo er es entsprechend der ärztlichen Anweisung kontinuierlich einnimmt und aufbraucht. Ort der gewöhnlichen Verwendung eines Arzneimittels ist daher regelmäßig der Wohnsitz des Versicherten.[1077] Der Ort der Apotheke dient lediglich als Bezugsquelle, die situationsbedingt auch im Ausland liegen kann, aber ansonsten für den Versicherten keine Relevanz hat.

Nach der tatsächlichen Würdigung der Umstände wird der Bestimmungsort demnach im Ergebnis grundsätzlich am Wohnsitz des Versicherten (im Inland) liegen, weshalb auch die Beförderung oder Versendung dort endet.[1078] Eine Warenbewegung von einem Mitgliedstaat in einen anderen kann folglich grundsätzlich auch dann vorliegen, wenn der Versicherte das Arzneimittel bei der ausländischen Apotheke abholt und ins Inland bringt.

(b) Zeitlicher und sachlicher Zusammenhang zwischen Lieferung des Arzneimittels und der Warenbewegung über die Grenze

Probleme entstehen in der Praxis allerdings häufig, wenn der Versicherte mit den Arzneimitteln nicht unmittelbar nach Deutschland zurückkehrt, sondern noch im Mitgliedstaat verweilt (bspw. urlaubsbedingt) oder das Arzneimittel bereits einnimmt, da es fraglich scheint, dass auch in diesen Fällen die Arzneimittel noch „bei Lieferung über die Grenze gelangen“. Für die umsatzsteuerliche Beurteilung muss insofern zwischen diesen beiden Fallgestaltungen unterschieden werden:

Grundsätzlich gilt, dass wenn die Warenbewegung erst in dem anderen Mitgliedstaat und damit nach Grenzüberschreitung endet, es unerheblich ist, was zuvor mit dem Gegenstand geschah.[1079] So soll es bei den Abholfällen beispielsweise allgemein unschädlich sein, wenn der Gegenstand nicht unmittelbar nach Erwerb in den anderen Mitgliedstaat befördert wird[1080] oder beispielsweise vor

1077 Vgl. zum wettbewerbsrechtlich relevanten „Marktort“ bei Arzneimittellieferungen aus dem Ausland BGH, Urt. v. 26.2.2014 – I ZR 77/09, NJW 2014, 3243, 3., wonach der Ort der Abgabe im Hinblick auf den Zweck des Arzneimittel- und Apothekenrechts dort sei, wo bewusst und gewollt die Möglichkeit einer eigenen Verwendung geschaffen wird.

1078 Im Ergebnis auch *Pommerin/Paßgang*, UStB 2012, 235, 237.

1079 Damit wird auch der Tatsache Rechnung getragen, dass dem Lieferer im Falle einer Abholung die Steuerbefreiung einer innergemeinschaftlichen Lieferung zukommen soll (Art. 138 Abs. 1 MwStSystRL), er aber keine Kenntnis darüber hat, was mit dem Gegenstand geschieht, vgl. *Stadie*, in: Rau/Dürrwächter, UStG, § 1a Rn. 88.

1080 EuGH, Urt. v. 18.11.2010 – C-84/09 – *X*, Slg. 2010, I-11645, 51; BFH, Urt. v. 20.10.2016 – V R 31/15, BStBl II 2017, 1076, II.1.c)bb), für das vorübergehende

dem endgültigen Verbringen in das Bestimmungsland schon gebraucht wird.[1081] Nach Ansicht des EuGH kann das Vorliegen eines innergemeinschaftlichen Erwerbs grundsätzlich nicht von der Einhaltung einer Frist abhängig gemacht werden, da sich dies zum einen nicht aus dem Wortlaut des Art. 20 Abs. 1 MwStSystRL ergebe und zum anderen der Systematik der Mehrwertsteuersystemrichtlinie widerspreche, da es dem Erwerber die Möglichkeit eröffnen würde, die Besteuerung in dem Mitgliedstaat mit den günstigeren Voraussetzungen zu wählen.[1082] Das könne jedoch nicht grenzenlos gelten, weshalb die Einstufung als innergemeinschaftlicher Erwerb und die Bestimmung des Orts des Erwerbs erfordere, dass ein zeitlicher und sachlicher Zusammenhang zwischen der Lieferung des Gegenstandes und dessen Beförderung besteht und einem kontinuierlichen Vorgang entspricht.[1083] Sollte der Versicherte demnach noch kurzfristig im Ausland verweilen bevor er nach Deutschland zurückkehrt, scheidet eine Warenbewegung über die Grenze nicht aus, soweit der Aufenthalt noch als einheitlicher Vorgang angesehen werden kann.

Gleiches gilt für einen vorherigen ersten Gebrauch. Auch dieser ist für das Vorliegen einer Warenbewegung über die Grenze irrelevant, da es auf den Ort der endgültigen und dauerhaften Nutzung ankommt.[1084] Dies muss schon mit Blick auf die Zielsetzung zum innergemeinschaftlichen Erwerb gelten, da es

---

Verbringen in ein Auslieferungslager; Urt. v. 28.9.2006 – V R 65/03, BStBl II 2007, 672, II.2.d); *Robisch*, in: Bunjes, UStG, § 1a Rn. 9; *Stadie*, in: Rau/Dürrwächter, UStG, § 1a Rn. 88; *ders.*, UStG, § 1a Rn. 3; *Grünwald*, in: Hartmann/Metzenmacher, UStG, § 1a Rn. 41, nur unschädlich, wenn auch die erstmalige unternehmerische Nutzung erst nach der Grenzüberschreitung erfolgt, § 3d Rn. 9.

1081 EuGH, Urt. v. 18.11.2010 – C-84/09 – *X*, Slg. 2010, I-11645, Rn. 50; *Robisch*, in: Bunjes, UStG, § 1a Rn. 9; *Stadie*, in: Rau/Dürrwächter, UStG, § 1a Rn. 88; a.A. *Grünwald*, in: Hartmann/Metzenmacher, UStG, § 1a Rn. 42, da im Zeitpunkt der bestimmungsgemäßen Nutzung die Lieferung beendet sei und die Grenzüberschreitung nicht mehr „bei Lieferung“ erfolgen könne.

1082 Vgl. EuGH, Urt. v. 18.11.2010 – C-84/09 – *X*, Slg. 2010, I-11645, Rn. 29 ff.; so i.E. auch *Heuermann*, in: Sölch/Ringleb, UStG, § 1a Rn. 13; *Tehler*, in: Reiß/Kraeusel/Langer, UStG, § 1a Rn. 63.

1083 EuGH, Urt. v. 18.11.2010 – C-84/09 – *X*, Slg. 2010, I-11645, Rn. 33; vgl. auch BFH, Urt. v. 20.10.2016 – V R 31/15, BStBl II 2017, 1076, II.1.c)cc); *Heuermann*, in: Sölch/Ringleb, UStG, § 1a Rn. 13.

1084 EuGH, Urt. v. 18.11.2010 – C-84/09 – *X*, Slg. 2010, I-11645, Rn. 50; *Stadie*, in: Rau/Dürrwächter, UStG, § 1a Rn. 88, 134; a.A. *Grünwald*, in: Hartmann/Metzenmacher, UStG, § 1a Rn. 42, § 3d Rn. 9; *Sterzinger*, in: Birkenfeld/Wäger, USt-Handbuch, § 37 Rn. 116, die auf die erstmalige bestimmungsgemäße Nutzung abstellen.

um die Steuerverlagerung an den Punkt geht, an dem der Verbrauch letztlich stattfindet.[1085] Außerdem würden sich ansonsten auch hier Wahlmöglichkeiten für die Besteuerung eröffnen, indem der Ort der erstmaligen Nutzung bewusst gelegt werden würde. Es ist daher anzunehmen, dass es für das Vorliegen des innergemeinschaftlichen Erwerbs ebenso unbeachtlich ist, wenn der Versicherte – bspw. im Rahmen seiner Urlaubsreise – bereits im Ausland mit der Einnahme des Arzneimittels beginnt.

Anders ist hingegen der vollständige Verbrauch des Gegenstandes vor der Grenzüberschreitung zu bewerten, da nach Ansicht des EuGH für das Bewirken eines innergemeinschaftlichen Erwerbs zwingende Voraussetzung ist, dass der Gegenstand tatsächlich physisch über die Grenze in den anderen Mitgliedstaat verbracht wird.[1086] Findet demnach ein Grenzübergang nicht statt, weil der Gegenstand bei der Grenzüberschreitung nicht mehr existiert, scheidet ein innergemeinschaftlicher Erwerb aus.[1087] Sollte also der Versicherte das Arzneimittel noch im Ausland aufbrauchen, so kann die zuvor erfolgte Arzneimittellieferung auch nicht der Erwerbsbesteuerung unterliegen.

(c) Nachforschungspflichten der Krankenkasse im Rahmen des innergemeinschaftlichen Erwerbs

Praktische Schwierigkeiten ergeben sich in diesem Zusammenhang mit der Nachverfolgung und Beweisbarkeit der Grenzüberschreitung des Leistungsgegenstandes, da nicht der Erwerber (sprich die Krankenkasse) das Arzneimittel abholt, sondern der Versicherte. Weder die Apotheke noch die Krankenkasse haben Kenntnis darüber, was mit dem Arzneimittel konkret geschieht, nachdem es an den Versicherten ausgehändigt wurde.[1088]

Schuldner der Umsatzsteuer für den innergemeinschaftlichen Erwerb ist gem. § 13a Abs. 1 Nr. 2 UStG der Erwerber,[1089] der als solcher auch verpflichtet ist, einen bewirkten innergemeinschaftlichen Erwerb zu versteuern. Dennoch

---

1085 Vgl. EuGH, Urt. v. 18.11.2010 – C-84/09 – *X*, Slg. 2010, I-11645, Rn. 39.

1086 EuGH, Urt. v. 27.9.2007 – C-409/04 – *Teleos*, BStBl II 2009, 70, Rn. 42, im Rahmen der Auslegung der Begrifflichkeit „versandt/versendet" des Gegenstands einer innergemeinschaftlichen Lieferung; grundsätzlich zustimmend für den Verbrauch, aber ablehnend bei Untergang des Gegenstands *Stadie*, in: Rau/Dürrwächter, UStG, § 1a Rn. 131, 133.

1087 Vgl. *Grünwald*, in: Hartmann/Metzenmacher, UStG, § 1a Rn. 61; *Tehler*, in: Reiß/Kraeusel/Langer, UStG, § 1a Rn. 66 f.

1088 Zur Problematik der Unkenntnis des Lieferers allgemein *Stadie*, in: Rau/Dürrwächter, UStG, § 1a Rn. 88.

1089 *Leonard*, in: Bunjes, UStG, § 13a Rn. 6.

fehlt es im Rahmen von § 1a UStG an entsprechenden Beleg- und Buchnachweispflichten vergleichbar mit den für den Lieferer geltenden Regelungen nach §§ 17a bis 17c UStDV,[1090] diese basieren auf Art. 131 MwStSystRL und werden nachfolgend stellvertretend herangezogen, da sie sich von Mitgliedstaat zu Mitgliedstaat unterscheiden).[1091] Lediglich für die Unternehmereigenschaft des Leistenden wird in der Literatur diskutiert, ob den Abnehmer eine Nachprüfungspflicht trifft.[1092] Der Gesetzgeber zumindest scheint dies abzulehnen, indem er deutlich gemacht hat, dass sich der Erwerber bei Angabe der Umsatzsteueridentifikationsnummer des Lieferers in der Rechnung auf das Vorliegen der entsprechenden Voraussetzungen verlassen kann.[1093]

Vor diesem Hintergrund sollte den Erwerber auch keine Pflicht zum Nachweis oder zur Nachforschung treffen, dass eine Warenbewegung in den anderen Mitgliedstaat tatsächlich stattgefunden hat, da ihm dies im Falle der Einbeziehung eines (nicht weisungsgebundenen) Dritten kaum möglich und zumutbar ist; vielmehr ist insofern die Rechnungsangabe des Lieferers ausreichend.[1094] Denn dem Lieferer obliegt hinsichtlich der spiegelbildlichen innergemeinschaftlichen Lieferung die Pflicht, für die Inanspruchnahme der Steuerbefreiung nach Art. 138 MwStSystRL gem. § 6a Abs. 3 Satz 1 UStG (vgl. zum konkreten Nachweis § 17a Abs. 1 Satz 1 UStDV) nachzuweisen, dass der Gegenstand auch tatsächlich ins Inland bzw. über die Grenze gelangt ist.[1095] Den Erwerber muss er gem. Art. 226 Nr. 11 MwStSystRL (entspricht § 14 Abs. 4 Nr. 8 UStG) auch auf die in Anspruch genommene Steuerfreiheit durch eine Angabe in der Rechnung hinweisen. Daraus erhält der Erwerber die Kenntnis (bzw. sollte erhalten), dass

---

1090 Diese Regelung findet für den Lieferer Anwendung, der – umgekehrt zum vorliegenden Fall – eine steuerfreie Lieferung aus Deutschland in einen anderen Mitgliedstaat erbringt.

1091 Vgl. *Heuermann*, in: Sölch/Ringleb, UStG, § 1a Rn. 20; ausführlich zu den Beleg- und Buchnachweispflichten bei innergemeinschaftlichen Lieferungen *Sterzinger*, BC 2012, 308 ff.

1092 Vgl. dafür *Heuermann*, in: Sölch/Ringleb, UStG, § 1a Rn. 20; wohl eine allgemeine Prüfungspflicht bejahend *Sterzinger*, in: Birkenfeld/Wäger, USt-Handbuch, § 37 Rn. 204; a.A. *Tehler*, in: Reiß/Kraeusel/Langer, UStG, § 1a Rn. 26; *Peltner*, in: Weymüller, UStG, § 1a Rn. 30, nach dem den Erwerber selbst in Zweifelsfällen keine Nachforschungspflichten treffen, da dies unzumutbar ist.

1093 Vgl. BT-Drucks. 12/2463, S. 24; so auch *Peltner*, in: Weymüller, UStG, § 1a Rn. 57.

1094 So allgemein auch *Peltner*, in: Weymüller, UStG, § 1a Rn. 30; *Tehler*, in: Reiß/Kraeusel/Langer, UStG, § 1a Rn. 26.

1095 *Treiber*, in: Sölch/Ringleb, UStG, § 6a Rn. 100.

die Lieferung aus dem Ausland stammt.[1096] Auf diese Angabe soll der Erwerber vertrauen können; weitergehende Pflichten zur Überprüfung obliegen ihm nicht. So gilt beispielsweise auch im umgekehrten Fall, dass wenn sich im Rahmen einer innergemeinschaftlichen Lieferung die Angaben des Abnehmers im Ergebnis als falsch erweisen, dies gem. § 6a Abs. 4 Satz 1 UStG[1097] der Steuerbefreiung des Lieferers nicht entgegensteht.[1098]

Damit der Lieferer aber überhaupt eine solche Angabe zur Steuerbefreiung gegenüber dem Erwerber machen kann, muss er zuvor zur Geltendmachung einer innergemeinschaftlichen Lieferung die Grenzüberschreitung nachweisen (vgl. § 6a Abs. 3 Satz 1 UStG). Für diese Grenzüberschreitung gilt unter anderem die sog. Gelangensbestätigung. Dies ist als eindeutiger und nachprüfbarer Nachweis gem. § 17a Abs. 2 Nr. 2 UStDV eine Bestätigung des Abnehmers, dass der Gegenstand der Lieferung in das übrige Gemeinschaftsgebiet gelangt ist.[1099] Darüber hat jedoch im Fall der vom Versicherten abgeholten Arzneimittellieferung die gesetzliche Krankenkasse als Abnehmer keine Kenntnis. Es ist allerdings möglich, dass die Unterschrift der Gelangensbestätigung von einem vom Abnehmer zur Abnahme des Gegenstands Beauftragten erfolgt, wozu beispielsweise bei Fällen des abgekürzten Lieferwegs auch der letzten Abnehmer am Ende der Lieferkette zählt.[1100] Im Rahmen der Arzneimittellieferungen ist es deshalb der Apotheke in den Abholfällen theoretisch durchaus möglich, die Warenbewegung über die Grenze nachzuweisen, indem sie eine vom Versicherten unterzeichnete Gelangensbestätigung vorlegt, dass dieser das Arzneimittel ins Inland verbringt. Kann sie diesen Nachweis jedoch nicht führen, müsste ihr die Steuerbefreiung einer innergemeinschaftlichen Lieferung verwehrt bleiben. Sie müsste dann die Lieferung im eigenen Mitgliedstaat als Leistungsaustausch versteuern und nicht der Erwerber den innergemeinschaftlichen Erwerb in seinem Mitgliedstaat.[1101]

1096 Vgl. *Stadie*, in: Rau/Dürrwächter, UStG, § 1a Rn. 66; *ders.*, UStG, § 1a Rn. 8.

1097 Unionsrechtlich basiert diese Regelung auf der materiellen Steuerbefreiung nach Art. 138 MwStSystRL i.V.m. mit dem in Art. 267 AEUV basierenden Gutglaubensschutz, vgl. *Treiber*, in: Sölch/Ringleb, UStG, § 6a Rn. 191 f.

1098 Vgl. BFH, Urt. v. 18.7.2002 – V R 3/02, BStBl II 2003, 616, II.2.

1099 Vgl. *Treiber*, in: Sölch/Ringleb, UStG, § 6a Rn. 110.

1100 Vgl. für den Endabnehmer im Reihengeschäft Abschn. 6a.4 Abs. 2 Satz 2, 3 UStAE.

1101 Vgl. *Sterzinger*, in: Birkenfeld/Wäger, USt-Handbuch, § 37 Rn. 113.

(d) Zwischenergebnis

Im Ergebnis ist zusammenzufassen, dass alle Arzneimittellieferungen einer ausländischen Apotheke – unerheblich ob im Rahmen eines Versands oder einer Abholung – grundsätzlich eine Warenbewegung von einem Mitgliedstaat in einen anderen Mitgliedstaat im Sinne des § 1a Abs. 1 Nr. 1 UStG darstellen. Ausnahmen bestehen hingegen, wenn der Versicherte das Arzneimittel abholt und es durch unmittelbaren Verbrauch nie über die Grenze gelangt. In diesen Fällen ist ein innergemeinschaftlicher Erwerb nach §§ 1 Abs. 1 Nr. 5, 1a UStG ausgeschlossen und damit auch die korrespondierende Steuerbefreiung des Apothekers durch die innergemeinschaftliche Lieferung (Art. 138 MwStSystRL).

(3) Erwerb durch maßgebenden Erwerberkreis

Die gesetzliche Krankenkasse zählt zu den Erwerbern im Sinne des § 1a Abs. 1 Nr. 2 UStG.[1102] Dazu zählen Unternehmer, die den Gegenstand für ihr Unternehmen erwerben (lit. a) und juristische Personen, die nicht Unternehmer sind oder die den Gegenstand nicht für ihr Unternehmen erwerben (lit. b).[1103]

Der in § 1a Abs. 1 Nr. 2 lit. b UStG geregelte spezielle Erwerberkreis entspricht dem des § 3c Abs. 2 Nr. 2 lit. d UStG,[1104] weshalb die gesetzliche Krankenkasse auch im Rahmen der Erwerbsbesteuerung als juristische Person des öffentlichen Rechts zu den Erwerbern nach § 1a UStG zählt, die nicht Unternehmer ist oder den Gegenstand für ihr Unternehmen erwirbt (siehe dazu bereits im Rahmen von § 3c UStG unter D.II.3.b)aa)(1)(b)).[1105]

(4) Kein Ausschluss gem. § 1a Abs. 3 UStG durch Überschreiten der Erwerbsschwelle

Erfolgt der Erwerb an eine juristische Person, die nicht Unternehmer ist oder den Gegenstand nicht für ihr Unternehmen erwirbt, so liegt gem. § 1a Abs. 3 Nr. 1 lit. d und Nr. 2 UStG kein innergemeinschaftlicher Erwerb vor, wenn sie mit ihren Erwerben die sog. Erwerbsschwelle *nicht* überschreitet.[1106] Dies ist gem. § 1a Abs. 2 Nr. 2 UStG der Fall, wenn der Gesamtbetrag der Entgelte für

---

1102 *Gres*, MwStR 2015, 470, 471; *Sterzinger*, in: Birkenfeld/Wäger, USt-Handbuch, § 37 Rn. 197; *Wäger*, BFH/PR 2015, 208, 209.

1103 *Robisch*, in: Bunjes, UStG, § 1a Rn. 17.

1104 Vgl. *Martin*, in: Sölch/Ringleb, UStG, § 3c Rn. 9.

1105 Vgl. FG Münster, Urt. v. 13.3.2018 – 15 K 832/15 U, EFG 2018, 1063, Rev. BFH V R 34/18; i.E. auch LSG Rheinland-Pfalz, Urt. v. 6.7.2017 – L 5 KR 105/16, juris, Rev. BSG B 3 KR 19/17 R, Rn. 28.

1106 *Heuermann*, in: Sölch/Ringleb, UStG, § 1a Rn. 39.

Erwerbe den Betrag von EUR 12.500 im vorangegangenen Kalenderjahr nicht überstiegen hat und diesen im laufenden Kalenderjahr voraussichtlich auch nicht übersteigen wird.

Es handelt sich dabei um die Erwerbsschwelle, die bereits im Rahmen der Prüfung von § 3c UStG maßgebend war.[1107] Für die Erwerbsbesteuerung ist allerdings nun – spiegelbildlich zur Regelung des § 3c UStG – das Überschreiten der Erwerbsschwelle nach § 1a Abs. 3 Nr. 2 UStG Voraussetzung. Die Beurteilung hat demnach zwar nach dem gleichen Maßstab zu erfolgen (vgl. die detaillierten Ausführungen unter D.II.3.b)aa)(1)(b)); die jeweiligen auf die Erwerbsschwelle bezogenen Voraussetzungen der beiden Vorschriften schließen sich allerdings gegenseitig aus. Sind sie in § 1a UStG erfüllt, so können sie in § 3c UStG nicht vorliegen und umgekehrt.

Ein innergemeinschaftlicher Erwerb der Krankenkasse aufgrund von Arzneimittellieferungen ist demnach nur dann möglich, wenn sie mit ihren Entgelten die Erwerbsschwelle von EUR 12.500 im vorangegangenen Kalenderjahr bereits überschritten hat und demnach auch die Prognose zur Überschreitung der Schwelle für das kommende bzw. laufende Kalenderjahr bejaht werden kann,[1108] wovon in der Regel auszugehen ist.

(5) Leistungsort des innergemeinschaftlichen Erwerbs im Inland

Der vorliegende innergemeinschaftliche Erwerb der gesetzlichen Krankenkasse unterfällt allerdings nur dann in Deutschland der Umsatzsteuer, wenn er im Inland bewirkt wird, vgl. § 1 Abs. 1 Nr. 5, Abs. 2 Satz 1 UStG.[1109] Der Leistungsort eines innergemeinschaftlichen Erwerbs bestimmt sich nach § 3d Satz 1 UStG,[1110] wonach der innergemeinschaftliche Erwerb in dem Gebiet des Mitgliedstaats bewirkt wird, in dem sich der Gegenstand am Ende der Beförderung oder Versendung befindet.[1111] Maßgeblich ist dem Bestimmungslandprinzip entsprechend das tatsächliche Ende des Beförderns oder Versendens,[1112] wobei

1107 Vgl. *Gres*, in: Weymüller, UStG, § 3c Rn. 39.

1108 So auch *Engelsing/Nordmann*, KrV 2013, 149; *Sterzinger*, in: Birkenfeld/Wäger, USt-Handbuch, § 37 Rn. 197.

1109 Vgl. allgemein *Grünwald*, in: Hartmann/Metzenmacher, UStG, § 3d Rn. 8; *Marchal*, in: Rau/Dürrwächter, UStG, § 3d Rn. 2.

1110 *Grünwald*, in: Hartmann/Metzenmacher, UStG, § 3d Rn. 8; der Leistungsort der innergemeinschaftlichen Lieferung hingegen bestimmt sich nach § 3 Abs. 5a bis 8 UStG, vgl. *Treiber*, in: Sölch/Ringleb, UStG, § 6a Rn. 32.

1111 BFH, Urt. v. 28.9.2006 – V R 65/03, BStBl II 2007, 672, II.2.c).

1112 *Grünwald*, in: Hartmann/Metzenmacher, UStG, § 3d Rn. 8.

unabhängig ist, ob die Warenbewegung vom Lieferer oder Abnehmer ausgeführt wird.[1113]

Bei Versendungen der Arzneimittel an den inländischen Wohnsitz des Versicherten oder an die Pick-Up-Stelle der inländischen Apotheke enden diese in beiden Fällen in Deutschland.[1114] Auch die Abholfälle der Versicherten, die eine Warenbewegung über die Grenze darstellen,[1115] haben ihren Bestimmungsort in der Regel Deutschland am Wohnsitz des Versicherten.[1116] Demnach wird, soweit im Rahmen der Arzneimittellieferungen der ausländischen Apotheke ein innergemeinschaftlicher Erwerb vorliegt, dieser auch in Deutschland erbracht. Die gesetzliche Krankenkasse hat demnach als Erwerberin für die Arzneimittellieferungen in Deutschland die Umsatzsteuer abzuführen.[1117]

(6) Steuerschuld der Krankenkasse für den Erwerb von Arzneimittellieferung durch die Apotheke

Im Rahmen dieses innergemeinschaftlichen Erwerbs obliegt den gesetzlichen Krankenkassen als Empfänger der Leistung die Umsatzsteuerschuldnerschaft (§13a Abs. 1 Nr. 2 i.V.m. § 1 Abs. 1 Nr. 5 UStG).[1118]

Anders als bei inländischen Leistungsaustauschen ist bei innergemeinschaftlichen Erwerben im Sinne des § 1 Abs. 1 Nr. 5 UStG nicht der Unternehmer, sondern der Erwerber gem. § 13a Abs. 1 Nr. 2 UStG Steuerschuldner ist. Diese Regelung beruht auf Art. 200 MwStSystRL,[1119] und resultiert daraus, dass in diesen Fällen nicht die Lieferung des Leistenden, sondern der Erwerb des Abnehmers der Besteuerungstatbestand ist und der Erwerber somit auch derjenige, der den innergemeinschaftlichen Erwerb von Gegenständen bewirkt. Hintergrund

1113 *Korn*, in: Bunjes, UStG, § 3d Rn. 3.

1114 Vgl. auch *Pommerin/Paßgang*, UStB 2012, 235, 237.

1115 Das sind grundsätzlich alle bis auf die, bei denen ein vollständiger Verbrauch vor der Grenzüberschreitung erfolgt, siehe dazu D.II.3.b)bb)(2).

1116 *Sterzinger*, in: Birkenfeld/Wäger, USt-Handbuch, § 37 Rn. 197; a.A. wohl bei Zugrundelegung eines Leistungsortes am Ort des erstmals bestimmungsgemäßen Gebrauchs, so bspw. *Grünwald*, in: Hartmann/Metzenmacher, UStG, § 1a Rn. 42, § 3d Rn. 9, da dies überall – auch im Ausland – sein kann.

1117 Vgl. auch *Heine*, KrV 2013, 51, 54; *Pommerin/Paßgang*, UStB 2012, 235, 237.

1118 Vgl. LSG Rheinland-Pfalz, Urt. v. 6.7.2017 – L 5 KR 105/16, juris, Rev. BSG B 3 KR 19/17 R, Rn. 28; *Heine*, KrV 2013, 51, 54; *Sterzinger*, in: Birkenfeld/Wäger, USt-Handbuch, § 37 Rn. 197.

1119 *Leonard*, in: Bunjes, UStG, § 13a Rn. 6.

dessen ist, dass so letztlich die Besteuerung im Bestimmungslandprinzip konsequent umgesetzt und gesichert wird.

Grundsätzlich können Leistungsempfänger nur nach § 13b UStG und § 13a Abs. 1 Nr. 2, 3 und 4 UStG Steuerschuldner sein. Der Status als öffentlich-rechtliche Körperschaft spielt dabei keine Rolle; entscheidend ist allein die Zuordnung als Empfänger der Leistung. Das deutsche Umsatzsteuerrecht sieht insoweit keine Privilegierungen für juristische Personen des öffentlichen Rechts vor.

(7) Vereinfachungsregelung nach Abschn. 1a.2 Abs. 14 Satz 2 UStAE

Eine Vermeidung der Umsatzsteuerschuldnerschaft der gesetzlichen Krankenkassen für ihre innergemeinschaftlichen Erwerbe war allerdings bis zum 30. September 2013 noch durch Anwendung der Vereinfachungsregelung in der bis dahin geltenden Fassung des Abschn. 1a.2 Abs. 14 UStAE durch die liefernde Apotheke möglich.[1120]

Danach wurde ein fiktiver Erwerb durch den ausländischen Lieferanten fingiert,[1121] indem für seine Lieferungen unter bestimmten Voraussetzungen ein innergemeinschaftliches Verbringen angenommen werden konnte,[1122] welches gem. § 1a Abs. 2 Satz 1 UStG wiederum als innergemeinschaftlicher Erwerb galt. So konnte der Unternehmer selbst einen innergemeinschaftlichen Erwerb versteuern, um dann die Ware im Inland mit Umsatzsteuer an den eigentlichen Leistungsempfänger liefern zu können.[1123]

Im Ergebnis wird im Fall des innergemeinschaftlichen Verbringens ein weiterer (fiktiver) umsatzsteuerlicher Liefervorgang vorgeschaltet, wodurch sich der Ausgangsort der nachfolgenden – eigentlichen – Lieferung ins Inland verlagert.[1124] Gem. § 3 Abs. 6 Satz 1 UStG liegt dann der Leistungsort dieser Lieferung im Inland, weshalb es sich letztendlich um eine umsatzsteuerbare inländische Leistung nach § 1 Abs. 1 Nr. 1 UStG handelt, für die der ausländische Unternehmer in Deutschland Umsatzsteuer abführen muss. Durch die Vereinfachungsregelung wird mithin ein einheitlicher Abrechnungsprozess sichergestellt und eine Versteuerung durch den Leistungsempfänger vermieden. Dieser muss sich somit weder um eine Umsatzsteuer-Identifikationsnummer bemühen noch den

1120 Siehe auch *Sterzinger*, in: Birkenfeld/Wäger, USt-Handbuch, § 37 Rn. 197.

1121 Vgl. *Pommerin/Paßgang*, UStB 2012, 235, 237.

1122 *Heine*, KrV 2013, 51, 53.

1123 *Robisch*, in: Bunjes, UStG, § 1a Rn. 46.

1124 Dies erfolgt durch entsprechende Anwendung des § 3 Abs. 8 UStG, vgl. Überschrift zu Abschn. 1a.2 Abs. 14 UStAE.

besonderen Aufzeichnungspflichten genügen.[1125] Durch Anwendung dieser Regelung findet letztlich nur ein Wechsel der Umsatzsteuerschuldnerschaft von den Krankenkassen zu den Apotheken statt.[1126]

In der Vergangenheit haben einige – vor allem große Versand- – Apotheken von der Vereinfachungsregelung nach Abschn. 1a.2 Abs. 14 UStAE Gebrauch gemacht.[1127] Steuerlich wurden sie in Deutschland und nicht in ihrem Ursprungsland geführt,[1128] weshalb auch die auf die an die Versicherten versandten Arzneimittel anfallende Umsatzsteuer von ihnen in Deutschland abgeführt wurde. Der Vorteil lag vor allem darin, dass die umsatzsteuerliche Behandlung der einer Arzneimittellieferung durch eine inländische Apotheke entsprach und demnach von den Krankenkassen keine Differenzierung erforderte.

Mit dem Schreiben des BMF vom 21. November 2012 ist die Anwendung der Vereinfachungsregelung auf Beförderungsfälle zum 30. März 2013 beschränkt worden.[1129] Diese Übergangsregelung ist später erneut bis zum 30. September 2013 verlängert worden.[1130] Seitdem gilt die Vereinfachungsregelung in Abschn. 1a.2 Abs. 14 Satz 2 UStAE nur noch für Lieferungen, bei denen der liefernde Unternehmer den Liefergegenstand in den Bestimmungsmitgliedstaat an den Abnehmer befördert. Dazu führt das BMF aus, dass bei Einführung der Regelung im Jahre 1993 eine Erfassung von Versendungsfällen nicht angedacht gewesen sei und es schon damals nur um Beförderungs- (nicht Versendungs-) lieferungen von Großhändlern im grenznahen Raum gegangen sei.[1131]

Beförderungen und Versendungen grenzen sich darüber ab, wer die Fortbewegung des Gegenstandes ausführt. Bei selbstständigen Beauftragten, wie z.B. Spediteuren, liegt eine Versendung vor, ansonsten ist es eine Beförderung.[1132] Arzneimittellieferungen, die von den Apotheken an den Versicherten versendet werden, erfüllen danach grundsätzlich nicht mehr die Voraussetzungen der Vereinfachungsregel nach Abschn. 1a.2 Abs. 14 UStAE.[1133] Denn sowohl die Lieferung durch eine Versandapotheke an den Versicherten als auch die Lieferung

---

1125 Vgl. *Robisch*, in: Bunjes, UStG, § 1a Rn. 46.

1126 Vgl. *Engelsing/Nordmann*, KrV 2013, 149.

1127 Vgl. *Engelsing/Nordmann*, KrV 2013, 149.

1128 Vgl. *Heine*, KrV 2013, 51, 53.

1129 BMF, Schr. v. 22.11.2012 – IV D 3-S 7103-a/12/10002, BStBl I 2012, 1229; vgl. *Tehler*, in: Reiß/Kraeusel/Langer, UStG, § 1a Rn. 90.5.

1130 BMF, Schr. v. 20.3.2013 – IV D 3-S 7103-a/12/10002, BStBl I 2013, 335.

1131 BMF, Schr. v. 22.11.2012 – IV D 3-S 7103-a/12/10002, BStBl I 2012, 1229.

1132 Vgl. *Nieskens*, in: Rau/Dürrwächter, UStG, § 3 Rn. 3410.

1133 *Heine*, KrV 2013, 51, 54.

an eine Pick-Up-Stelle im Inland stellen durch die Beförderung mit Transportunternehmen Versendungslieferungen dar. Auch Abholfälle sind nicht mehr erfasst, da sie in der Regel durch den Versicherten erfolgen. Die Beförderung für die Anwendung der Vereinfachungsregelung muss aber durch den Unternehmer erfolgen.[1134] Eine Beförderungslieferung im Sinne der Vereinfachungsregelung könnte indes nur vorliegen, wenn der Apotheker in persona das Arzneimittel über die Grenze bewegt.

Selbst wenn dies noch bei einigen Arzneimittellieferungen der Fall sein mag, unterliegt die Anwendung der Vereinfachungsregel seit dem 30. September 2013 durch das BMF-Schreiben strengeren Anforderungen.[1135] Der Unternehmer muss die Anwendung bei dem für ihn zuständigen Finanzamt beantragen.[1136] Gleichzeitig müssen sich sowohl die Steuerbehörden im Ursprungs- als auch im Bestimmungsland mit der Behandlung noch vor der ersten Anwendung einverstanden erklären.[1137] Der Antrag muss demnach nun noch vor der Lieferung gestellt und genehmigt werden, andernfalls droht eine rückwirkende Abwicklung des gesamten Vorgangs.[1138]

Die umsatzsteuerliche Behandlung im Rahmen der Vereinfachungsregelung war bislang die einzige Möglichkeit, eine Umsatzsteuerpflicht der gesetzlichen Krankenkassen zu vermeiden.[1139] Seit dem 1. Oktober 2013 werden allerdings auch die von der Regelung bislang erfassten Lieferungen ausländischer Versandapotheken als innergemeinschaftliche Erwerbe der gesetzlichen Krankenkasse behandelt.

Sollte durch die Apotheken dennoch eine nicht ordnungsgemäße Anwendung der Vereinfachungsregelung erfolgen, entspricht dies einem unberechtigten Ausweis von Umsatzsteuer. Die Krankenkassen können dann zwar die zu Unrecht gezahlte Umsatzsteuer zurückverlangen, an ihrer Pflicht zur Versteuerung des innergemeinschaftlichen Erwerbs ändert sich dadurch jedoch nichts.[1140]

1134 Vgl. allgemein *Tehler*, in: Reiß/Kraeusel/Langer, UStG, § 1a Rn. 90.5.

1135 Vgl. dazu Abschn. 1a.2 Abs. 14 Satz 2 UStAE; erläuternd auch *Tehler*, in: Reiß/Kraeusel/Langer, UStG, § 1a Rn. 90.6.

1136 Vgl. Abschn. 1a.2 Abs. 14 Satz 2 Nr. 4 Satz 1 UStAE; *Heuermann*, in: Sölch/Ringleb, UStG, § 1a Rn. 28.

1137 Vgl. Abschn. 1a.2 Abs. 14 Satz 2 Nr. 4 Satz 2 UStAE.

1138 BMF, Schr. v. 22.11.2012 – IV D 3-S 7103-a/12/10002, BStBl I 2012, 1229.

1139 *Heine*, KrV 2013, 51, 53.

1140 *Helm/Haaf/Rüger/Kaub*, KrV 2013, 192.

cc) Zwischenergebnis

Zur Beurteilung der Steuerbarkeit der Lieferung ausländischer Apotheken muss zwischen den verschiedenen Vertriebsmodellen unterschieden werden:

Werden die Arzneimittel von der Apotheke nach Deutschland an den Versicherten oder eine Pick-Up-Stelle verschickt, handelt es sich in der Regel entweder um inländische umsatzsteuerbare Leistungen nach § 1 Abs. 1 Nr. 1 UStG, wenn § 3c UStG zur Anwendung kommt (vgl. dazu unter D.II.3.b)aa)(1)),[1141] oder, wenn dies nicht der Fall ist, um einen inländischen innergemeinschaftlichen Erwerb der gesetzlichen Krankenkasse gem. § 1 Abs. 1 Nr. 5 UStG.[1142] Eine Ausnahme davon besteht lediglich dann, wenn die Krankenkasse die Erwerbsschwelle nicht überschreitet – was einen innergemeinschaftlichen Erwerb ausschließt, vgl. § 1a Abs. 3 Nr. 2 UStG – und gleichzeitig die Apotheke die Lieferschwelle nach § 3c Abs. 3 UStG nicht erreicht oder auf sie verzichtet – wodurch auch § 3c UStG und damit der Leistungsort im Inland ausgeschlossen ist. Für diese Fälle liegt der Leistungsort nach § 3 Abs. 6 Satz 1 UStG im Ausland, wo die Apotheke die Umsätze zu versteuern hat. Im Regelfall stellen aber versandte Arzneimittellieferungen innergemeinschaftliche Erwerbe der gesetzlichen Krankenkasse dar, da anzunehmen ist, dass die meisten Krankenkassen die Erwerbsschwelle überschreiten.

Davon zu unterscheiden ist der Fall der Abholung des Arzneimittels durch den Versicherten am Ort der ausländischen Apotheke. Dieser stellt mangels Anwendbarkeit von § 3c UStG keinen inländischen Leistungsaustausch dar. Ob es sich hingegen um einen von der gesetzlichen Krankenkasse zu versteuernden innergemeinschaftlichen Erwerb handelt, hängt – zusätzlich zum Erreichen der Erwerbsschwelle – im Ergebnis davon ab, ob das abgeholte Arzneimittel tatsächlich über die Grenze nach Deutschland gelangt ist, weil dies zwingende Voraussetzung des innergemeinschaftlichen Erwerbs ist. Ist dies nicht der Fall, muss die Apotheke die Lieferung vor Ort im Ausland – wo nach § 3 Abs. 6 Satz 1 UStG der Leistungsort der Lieferung der Apotheke ist – mit dem dort maßgeblichen Steuersatz versteuern. Praktische Relevanz erlangen insofern die

---

1141 Dazu darf die gesetzliche Krankenkasse insbesondere die sog. Erwerbsschwelle nicht überschreiten oder auf deren Anwendung verzichten und die Apotheke muss die Lieferschwelle überschreiten.

1142 Vgl. zum Falle des Versands der Arzneimittel an eine inländische Apotheke zur Abholung oder an den Versicherten im Inland direkt, soweit die weiteren Voraussetzungen des § 1a UStG erfüllt sind, FG Münster, Urt. v. 13.3.2018 – 15 K 832/15 U, EFG 2018, 1063, Rev. BFH V R 34/18; *Tehler*, in: Reiß/Kraeusel/Langer, UStG, § 1a Rn. 34; *Sterzinger*, in: Birkenfeld/Wäger, USt-Handbuch, § 37 Rn. 197.

Nachweispflichten im Rahmen der innergemeinschaftlichen Lieferung hinsichtlich der tatsächlichen Grenzüberschreitung des Arzneimittels.

c) Steuerbefreiungen

Ein steuerbarer Umsatz wird jedoch nur der Umsatzsteuer unterworfen, wenn er auch steuerpflichtig ist, sprich kein Umsatzsteuerbefreiungstatbestand (insbesondere nach § 4 UStG) Anwendung findet.[1143] Damit die umsatzsteuerbaren Leistungen der ausländischen wie inländischen Apotheken auch umsatzsteuerpflichtig sind, dürfen diese demnach nicht steuerbefreit sein.

Mit Bezug auf das Gesundheitssystem sieht das Umsatzsteuergesetz in § 4 Nr. 14 UStG diverse Steuerbefreiungen vor.[1144] Dazu zählen insbesondere gem. § 14 Nr. 14 lit. a UStG Umsätze aus Heilbehandlungen im Bereich der Humanmedizin, die im Zuge der Ausübung der Tätigkeit als Arzt, Zahnarzt, Heilpraktiker, Physiotherapeut, Hebamme oder einer ähnlichen heilberuflichen Tätigkeit durchgeführt werden; sowie nach § 14 Nr. 14 lit. b UStG Krankenhausbehandlungen und ärztliche Heilbehandlungen und damit eng verbundene Umsätze, die von Einrichtungen des öffentlichen Rechts erbracht werden. Der Zweck dieser Steuerbefreiungen besteht vor allem darin, die Kosten für Heilbehandlungen zu senken, indem die Sozialversicherungsträger von der Umsatzsteuer entlastet werden.[1145] Die Heilbehandlungen können damit dem Einzelnen zugänglicher gemacht werden,[1146] da die Befreiung im Ergebnis den Ärzten oder Heilanstalten nicht zugutekommt, sondern den gesetzlichen Krankenkassen als Kostenträger der Leistungen für ihre Versicherten.[1147]

Unionsrechtlich beruht § 4 Nr. 14 lit. a UStG auf Art. 132 Abs. 1 lit. c MwStSystRL, wonach ebenfalls eine Befreiung für Heilbehandlungen im Bereich der Humanmedizin vorgeschrieben ist, die im Rahmen der Ausübung der von dem betreffenden Mitgliedstaat definierten ärztlichen und arztähnlichen Berufe durchgeführt werden.[1148] Die unionsrechtliche Grundlage von § 4 Nr. 14 lit. b UStG ist wiederum Art. 132 Abs. 1 lit. b MwStSystRL, der

---

1143 Vgl. *Stadie*, UStG, § 1 Rn. 3.

1144 Vgl. ausführlich zur Steuerfreiheit von Gesundheitsleistungen *Meurer*, MwStR 2013, 437 ff.

1145 Vgl. BVerfG, Beschl. v. 10.11.1999 – 2 BvR 2861/93, BStBl II 2000, 160, II.1.b); *Spilker*, in: Weymüller, UStG, § 4 Nr. 14 Rn. 7.1.

1146 EuGH, Urt. v. 13.3.2014 – C-366/12 – *Klinikum Dortmund*, UR 2014, 271. Rn. 28.

1147 Noch zur Vorgängervorschrift § 4 Nr. 16 lit. b UStG 1967 BFH, Urt. v. 1.12.1977 – V R 37/75, BStBl II 1978, 173.

1148 Vgl. *Oelmaier*, in: Sölch/Ringleb, UStG, § 4 Nr. 14 Rn. 11.

Krankenhausbehandlungen und ärztlicher Heilbehandlungen sowie damit eng verbundene Umsätze befreit, die von Einrichtungen des öffentlichen Rechts durchgeführt bzw. bewirkt werden.[1149]

Unterschieden werden diese zwei Befreiungstatbestände demnach vor allem durch den Ort ihrer Erbringung und weniger durch die Art der Leistung,[1150] da sie zwischen der Leistungserbringung einer Einrichtung (wie dem Krankenhaus) und der ambulanten Versorgung außerhalb unterscheiden.[1151] Relevanz hat dies im Rahmen eng verbundener Umsätze, da diese nur von § 4 Nr. 14 lit. b UStG erfasst werden.[1152] Entscheidend ist das in erster Linie für ärztliche Heilbehandlungen, da diese sowohl von § 4 Nr. 14 lit. a als auch von lit. b UStG erfasst werden. Damit sind eng verbundene Umsätze nur dann umsatzsteuerbefreit, wenn sie von Einrichtungen des öffentlichen Rechts erbracht werden. Eng verbundene Umsätze zu von § 4 Nr. 14 lit. a UStG erfassten Heilbehandlungen eines selbständigen Arztes scheiden mithin aus.[1153]

aa) Anwendbarkeit von Steuerbefreiungstatbeständen auf Arzneimittellieferungen

Arzneimittellieferungen regulärer Apotheken sind von den Steuerbefreiungstatbeständen des § 4 Nr. 14 UStG nicht umfasst:[1154]

§ 4 Nr. 14 lit. a UStG scheidet bereits deshalb aus, weil danach in der Abgabe eines Arzneimittels durch eine Apotheke gegen Rezept eine Heilbehandlung liegen müsste. Heilbehandlungen sind Tätigkeiten, die von Einrichtungen mit sozialer Zweckbestimmung zum Schutz der Gesundheit eines Patienten vorgenommen werden.[1155] Sowohl nach deutschem[1156] als auch europäischem Recht[1157]

1149 Vgl. *Oelmaier*, in: Sölch/Ringleb, UStG, § 4 Nr. 14 Rn. 11.

1150 BMF, Schr. v. 26.6.2009 – IV B 9-S 7170/08/10009, BStBl I 2009, 756, Tz. 3; Abschn. 4.14.1 Abs. 1 Satz 1 UStAE; *Pfefferle/Renz*, NWB 2012, 4214, 4219; *Sterzinger*, in: Birkenfeld/Wäger, USt-Handbuch, § 98 Rn. 5.

1151 *Krasney*, KrV 2015, 26.

1152 Vgl. EuGH, Urt. v. 13.3.2014 – C-366/12 – *Klinikum Dortmund*, UR 2014, 271, Rn. 32; *Pfefferle/Renz*, NWB 2012, 4214, 4216.

1153 Vgl. *Hölzer*, in: Rau/Dürrwächter, UStG, § 4 Nr. 14 Rn. 211 ff.

1154 Vgl. *Pfefferle/Renz*, NWB 2012, 4214, 4215.

1155 Abschn. 4.14.1 Abs. 3 Satz 1 UStAE; *Pfefferle/Renz*, NWB 2012, 4214, 4215.

1156 Vgl. BFH v. 26.8.2014 – XI R 19/12, BStBl II 2015, 310, II.2.b); Abschn. 4.14.1 Abs. 4 Satz 1 UStAE.

1157 Vgl. EuGH, Urt. v. 13.3.2014 – C-366/12 – *Klinikum Dortmund*, UR 2014, 271, Rn. 29; Urt. v. 21.3.2013 – C-91/12 – *PFC Clinic*, DStR 2013, 757, Rn. 25; Urt. v. 20.11.2003 – C-212/01 – *Unterpertinger*, Slg. 2003, I-13859, Rn. 39.

muss es sich um Leistungen handeln, die dem Zweck der Vorbeugung, der Diagnose, der Behandlung und – soweit möglich – der Heilung von Krankheiten dienen. Dies ist aber bei der Abgabe von Arzneimitteln nicht der Fall. Arzneimittel dienen zwar der Behandlung einer Krankheit, die zugehörige Heilbehandlung ist aber die Verschreibung und nicht der „Verkauf". Andernfalls müsste man konsequenterweise auch die pharmazeutischen Hersteller der Arzneimittel in die Befreiung miteinbeziehen. Die Abgabe von Arzneimitteln im Einzelhandel muss demnach strikt von der ärztlichen Behandlung im Vorfeld differenziert werden. So entschied auch der BFH, dass selbst in dem Fall von Umsätzen eines Arztes im Zusammenhang mit einer Hausapotheke[1158] diese nicht seiner steuerbefreiten ärztlichen Tätigkeit unterfallen, sondern berufstypisch für die Tätigkeit eines Apothekers sind.[1159] Die heilkundliche Tätigkeit im Zusammenhang mit Arzneimitteln sei im Falle eines notwendigen Einsatzes eines Arzneimittels mit der ärztlichen Verordnung abgeschlossen. Dieses Urteil verdeutlicht, dass die Ausübung des Berufs des Apothekers gerade eine ähnliche heilberufliche Tätigkeit darstellt. Dies überzeugt, da (neben einem gewissen Beratungselement, vgl. zur Abgrenzung von Lieferung und Dienstleistung D.II.3.a)bb)(1)) in erster Linie die Ausführung des ärztlichen Rezepts im Vordergrund steht, dem gerade die Komponenten der Diagnose und Behandlung nicht inhärent sind (vgl. dazu auch die Abgrenzung zur sonstigen Leistung D.II.3.a)bb)(1)); dies ist vielmehr Aufgabe des Arztes im Vorfeld.

Auch der Befreiungstatbestand des § 4 Nr. 14 lit. b UStG kommt für die Abgabe von Arzneimitteln durch eine lokale Apotheke nicht in Betracht. Es fehlt dafür nicht nur auch hier an der notwendigen Heilbehandlung, die durch eine Apotheke nicht ausgeführt wird, sondern die Regelung findet schon keine Anwendung. Es kommt zwar die Überlegung auf, dass es sich bei der Arzneimittellieferung möglicherweise um einen eng verbundenen Umsatz mit einer im Vorfeld erfolgten Heilbehandlung handelt, die von § 4 Nr. 14 lit. b UStG – anders als bei § 14 Nr. 14 lit. a UStG – grundsätzlich erfasst wird. Doch auch das scheidet jedenfalls für die Abgabe von Arzneimitteln durch eine lokale Apotheke im Einzelhandel aus. Zum einen handelt es sich bei dem das Rezept ausstellenden selbstständigen niedergelassenen Arzt nicht um die erforderliche Einrichtung des öffentlichen Rechts, die die ärztliche Heilbehandlung ausführt. Zum anderen wird die Arzneimittellieferung im Ergebnis vom Apotheker erbracht, weshalb

1158 Abgabe von Arzneimitteln eines ansässigen Arztes vor Ort in der Praxis.

1159 BFH, Urt. v. 26.5.1977 – V R 95/76, BStBl II 1977, 879; bestätigt durch BVerfG, Beschl. v. 14.6.1983 – 1 BvR 9/83, juris.

sie als Umsatz gerade nicht der ärztlichen Heilbehandlung zugerechnet werden kann. Andernfalls würde die klare Trennung zwischen den Tätigkeiten eines Apothekers und eines Arztes nach der Rechtsprechung des BFH zur Befreiung von Umsätzen im Rahmen einer Hausapotheke umgangen werden.[1160]

Dass die Abgabe von Arzneimittellieferungen gegen Rezept durch eine lokale Apotheke weder vom Anwendungsbereich des § 4 Nr. 14 lit. a UStG noch des § 4 Nr. 14 lit. b UStG umfasst ist, bestätigt sich auch mit Blick auf die historische Entwicklung des Befreiungstatbestands zur Humanmedizin. Nach früherem Recht hat bereits einmal eine gesonderte Umsatzsteuerbefreiung für Arzneimittel bestanden. So sah § 4 Nr. 11 UStG 1951 vor, dass „[…] die Umsätze von Arznei-, Heil- und Hilfsmitteln, soweit Entgelte dafür von den reichsgesetzlichen Versicherungsträger […] zu zahlen sind", von den unter § 1 UStG fallenden Umsätzen steuerfrei sind.[1161] Von diesem Befreiungstatbestand wurde mit den Regelungen des UStG 1967 Abstand genommen,[1162] da eine solche Umsatzbesteuerung mit dem europäischen Mehrwertsteuersystem unvereinbar gewesen sei.[1163] Das ist mit Blick auf die Systematik der Mehrwertsteuersystemrichtlinie auch bis heute der Fall, denn in Nummer drei des Anhang III der Mehrwertsteuersystemrichtlinie werden Arzneimittel in dem Verzeichnis der Lieferungen von Gegenständen und Dienstleistungen geführt, auf die ermäßigte Umsatzsteuersätze gem. Art. 98 MwStSystRL angewandt werden können (vgl. zu den Steuersätzen unter D.V.). Dies legt aber auch nahe, dass Arzneimittellieferungen der Umsatzbesteuerung unterliegen müssen und von der Umsatzsteuerbefreiung für Heilbehandlungen separat zu beurteilen sind, da eine Regelung von Steuersätzen sonst überflüssig wäre.[1164]

Arzneimittellieferungen stellen daher allgemein mangels einschlägiger Steuerbefreiung grundsätzlich umsatzsteuerpflichtige Leistungen dar,[1165] es sei denn sie sind als untrennbare Nebenleistung mit einer umsatzsteuerbefreiten heilberuflichen Hauptleistung einer Einrichtung des öffentlichen Rechts verbunden.

1160 BFH, Urt. v. 26.5.1977 – V R 95/76, BStBl II 1977, 879.

1161 BGBl. I 1951, 792 f.

1162 Vgl. *Sterzinger*, in: Birkenfeld/Wäger, USt-Handbuch, § 98 Rn. 22.

1163 Vgl. *Hölzer*, in: Rau/Dürrwächter, UStG, § 4 Nr. 14 Rn. 3.

1164 So auch EuGH, Urt. v. 13.3.2014 – C-366/12 – *Klinikum Dortmund*, UR 2014, 271, Rn. 39.

1165 Vgl. *Pfefferle/Renz*, NWB 2012, 4214, 4215.

bb) *Exkurs: Steuerbefreiung im Rahmen der Arzneimittelversorgung durch eine Krankenhausapotheke*

Eine typische Fallgruppe für steuerbefreite eng verbundene Nebenleistungen im Rahmen der Arzneimittelversorgung stellen vor allem Arzneimittellieferungen durch eine Krankenhausapotheke dar. Die Arzneimittellieferung einer Krankenhausapotheke unterscheidet sich somit nicht nur sozialrechtlich (siehe dazu C.III.3.d)), sondern auch umsatzsteuerrechtlich maßgeblich von der Arzneimittelabgabe einer eigenständigen Apotheke.

Grundsätzlich handelt es sich zwar auch bei Arzneimittellieferungen inländischer Krankenhausapotheken um umsatzsteuerbare Leistungen nach § 1 Abs. 1 Nr. 1 UStG. Die Frage ist jedoch, ob diese auch umsatzsteuerpflichtig sind oder in welchen Fällen der Befreiungstatbestand nach § 4 Nr. 14 lit. b Satz 1 UStG einschlägig ist.

Die Arzneimittelabgabe einer Krankenhausapotheke ist steuerbefreit, wenn es sich dabei um einen im Rahmen der Heil- bzw. Krankenhausbehandlung eng verbundenen Umsatz handelt. Als eng verbunden gelten Leistungen dann, wenn sie nach der Verkehrsauffassung für die Einrichtungen typisch und unerlässlich sind, da sie regelmäßig und allgemein Teil des laufenden Betriebs sind und mit diesem insofern unmittelbar und mittelbar zusammenhängen.[1166] Dazu muss der Umsatz zur Erreichung des mit der Heilbehandlung verfolgten therapeutischen Ziels der Heilbehandlung unerlässlich sein.[1167] Davon ist nicht auszugehen, wenn die dem Umsatz zugrunde liegende Leistung in einem separaten Bereich außerhalb der typischen (heilbehandelten) Tätigkeit des Krankenhauses ausgeübt wird.[1168] Eine Leistung kann demnach keinen mit einer Heilbehandlung eng verbundenen Umsatz darstellen, wenn die Umsätze dazu bestimmt sind, zusätzliche Einnahmen aus Tätigkeiten zu generieren, mit denen die Einrichtung zu anderen steuerpflichtigen Unternehmern – wie bspw. öffentlichen Apotheken – in Wettbewerb tritt.[1169] So ist eine Umsatzsteuerbefreiung beispielsweise auch

---

1166 Abschn. 4.14.6 Abs. 1 Satz 1 UStAE; OFD Frankfurt a.M., Vfg. v. 7.12.2017 – S 7170 A-92-St 16, juris, 1.; noch zur Vorgängervorschrift § 4 Nr. 16 lit. b UStG 1967 BFH, Urt. v. 1.12.1977 – V R 37/75, BStBl II 1978, 173.

1167 EuGH, Urt. v. 1.12.2005 – C-394/04, C-395/04 – *Ygeia*, Slg. 2005, I-10373, Rn. 25, 35.

1168 OFD Frankfurt a.M., Vfg. v. 7.12.2017 – S 7170 A-92-St 16, juris, 1.

1169 EuGH, Urt. v. 1.12.2005 – C-394/04, C-395/04 – *Ygeia*, Slg. 2005, I-10373, Rn. 35; Abschn. 4.14.6 Abs. 1 Satz 2 UStAE

ausgeschlossen, wenn Arzneimittel einer Krankenhausapotheke an Krankenhäuser anderer Träger geliefert werden.[1170]

Aufgrund der vielfältigen Fallgestaltungen in der Arzneimittelversorgung von Krankenhäusern ergeben sich im Zusammenhang mit der Frage, ob und in welchen Fällen die Umsatzsteuerbefreiung des § 4 Nr. 14 lit. b UStG anwendbar ist, erhebliche Abgrenzungsschwierigkeiten.[1171] Für die Prüfung der Anwendbarkeit einer möglichen Steuerbefreiung für die Arzneimittelversorgung durch Krankenhausapotheken ist in einem ersten Schritt grundsätzlich zwischen Arzneimittellieferungen im Rahmen einer stationären oder ambulanten Behandlung zu unterscheiden. Es besteht weitestgehend Einigkeit darüber, dass die Lieferungen der zur Behandlung erforderlichen Arzneimittel im Rahmen einer stationären oder teilstationären Aufnahme von Patienten zu den eng verbundenen Umsätzen gehören und insoweit steuerfrei sind.[1172] Inwiefern Arzneimittellieferungen einer Krankenhausapotheke an ambulant behandelte Patienten als eng verbundene Umsätze gelten, ist hingegen umstritten. Als Maßstab gilt nach Ansicht des EuGH, dass die Abgabe von Arzneimitteln, wenn sie nicht im Zeitpunkt der Heilbehandlung unbedingt notwendig sind, in tatsächlicher und wirtschaftlicher Hinsicht von der Dienstleistung trennbar und insofern auch nicht nach § 4 Abs. 14 lit. b UStG steuerbefreit sind.[1173]

Welche Schwierigkeiten sich daraus in der Praxis bei der Frage ergeben, wann eine Arzneimittellieferung im Krankenhaus in wirtschaftlicher und tatsächlicher Hinsicht von der Arzneimittellieferung trennbar ist, verdeutlicht beispielhaft das vielfach diskutierte Thema der Umsatzsteuerbefreiung von

---

1170 BFH, Urt. v. 18.10.1990 – V R 76/89, BStBl II 1991, 268; Abschn. 4.14.6 Abs. 3 Nr. 3 Satz 1 UStAE.

1171 So wird beispielsweise diskutiert, ob auch die Arzneimittellieferung einer Zentralapotheke eines Trägers an die verschiedenen Krankenhäuser oder an ein medizinisches Versorgungszentrum desselben Trägers von der Umsatzsteuerbefreiung umfasst ist, vgl. *Liedy*, ZMGR 2015, 94, 95 f.

1172 Abschn. 4.14.6 Abs. 2 Nr. 1 UStAE; *Heidner*, in: Bunjes, UStG, § 4 Nr. 14 Rn. 70; *Pfefferle/Renz*, NWB 2012, 4214, 4219; *Wagner*, in: Schwarz/Widmann/Radeisen, UStG, § 4 Nr. 14, Rn. 215; vgl. auch im Rahmen der Chemotherapie mit zytostatischen Arzneimitteln EuGH, Urt. v. 13.3.2014 – C-366/12 – *Klinikum Dortmund*, UR 2014, 271, Rn. 19.

1173 EuGH, Urt. v. 13.3.2014 – C-366/12 – *Klinikum Dortmund*, UR 2014, 271, Rn. 33 f.; Urt. v. 23.2.1988 – 353/85 – *Kommission/Vereinigtes Königreich*, Slg. 1988, 817, Rn. 33.

Zytostatikazubereitungen[1174] für ambulant behandelte Krebspatienten, welches vom BFH mit Beschluss vom 15. Mai 2012 an den EuGH vorgelegt wurde.[1175]

Der EuGH entschied daraufhin, dass die Lieferungen von Zytostatikazubereitungen als grundsätzlich nicht steuerbefreit anzusehen seien, es sei denn, die Lieferung und die zugrunde liegende Heilbehandlung sind in tatsächlicher und wirtschaftlicher Hinsicht als therapeutisches Kontinuum so untrennbar, dass dies als eng verbundener Umsatz gilt.[1176] Zu beurteilen, ob das der Fall ist, sei aber Aufgabe der nationalen Gerichte, indem das zugrunde liegende therapeutische Kontinuum eingehend zu beleuchten ist. In dem folgenden Schlussurteil führte der BFH aus, dass sämtliche Zytostatika-Lieferungen einer Krankenhausapotheke von der Steuerbefreiung nach § 4 Nr. 14 lit. b UStG erfasst seien. Auch solche im Rahmen der ambulanten Behandlung,[1177] da Lieferung und Heilbehandlung im Rahmen der ambulanten Krebsbehandlung immer in tatsächlicher und wirtschaftlicher Hinsicht untrennbar verbunden wären. Das therapeutische Kontinuum sei schon deshalb gegeben, weil bei einer Chemotherapie die individuell auf den Patienten abgestimmte medikamentöse Behandlung gerade den Hauptbestandteil darstelle, weshalb auch ohne die Arzneimittellieferung das therapeutische Kontinuum nicht erreicht werden könne.[1178] Es handele sich insofern nicht nur um ein therapeutisches Kontinuum, sondern um therapeutische Erforderlichkeit.[1179] Dadurch diene die Arzneimittellieferung unmittelbar der Heilbehandlung, weshalb es sich auch nicht um eine zusätzliche Einnahmequelle des Krankenhauses handele, die von ihrer steuerbefreiten Kerntätigkeit separat zu betrachten sei.[1180] Des Weiteren kommt es nach Ansicht des BFH bei der Beurteilung von Heilbehandlungen und deren eng verbundenen Umsätzen nicht – wie bei Haupt- und Nebenleistungen – auf die Identität des Leistenden,

1174 Arzneimittel, die im Rahmen der Chemotherapie von Krebspatienten zum Einsatz kommen.

1175 BFH, Vorlagebeschl. v. 15.5.2012 – V R 19/11, EuGH Az. C-366/12, BStBl II 2012, 803.

1176 EuGH, Urt. v. 13.3.2014 – C-366/12 – *Klinikum Dortmund*, UR 2014, 271, Rn. 41.

1177 BFH, Urt. v. 24.9.2014 – V R 19/11, BStBl II 2016, 781, II.2.c); so auch *Hölzer*, in: Rau/Dürrwächter, UStG, § 4 Nr. 14 Rn. 751; *Oelmaier*, in: Sölch/Ringleb, UStG, § 4 Nr. 14 Rn. 124.

1178 BFH, Urt. v. 24.9.2014 – V R 19/11, BStBl II 2016, 781, II.4.; so auch die Generalanwältin *Sharpston* EuGH, Schlussanträge v. 26.9.2013 – C-366/12 – *Klinikum Dortmund*, Celex-Nr. 62012CC0366, Rn. 46 f.

1179 Vgl. *Vellen*, UStB 2015, 33, 34.

1180 BFH, Urt. v. 24.9.2014 – V R 19/11, BStBl II 2016, 781, II.3.c)bb)(2).

sondern die des Leistungsempfängers an.[1181] Für die allgemeine Anwendung des Tatbestands kann daher geschlossen werden, dass es ebenso ausreicht, wenn die erforderliche Einrichtung nur den eng mit der Heilbehandlung verbundenen Umsatz erbringt.

Die Finanzverwaltung vertrat bisher hingegen die Auffassung, dass die Abgabe von Arzneimitteln durch die Krankenhausapotheke an Patienten während der ambulanten Behandlung im Krankenhaus oder einer ermächtigten Ambulanz – unter anderem auch bei Verabreichung von Zytostatika – nicht zu den eng verbunden Umsätze gehöre.[1182] Dem hat sich zum Teil auch die Literatur angeschlossen.[1183] In dem BFH-Verfahren brachte das Finanzamt vor, es sei entscheidend, ob sich der Patient das für die Behandlung benötigte Arzneimittel mit entsprechender Verordnung auch selbst in einer öffentlich zugängigen Apotheke besorgen könne,[1184] denn nur dann stehe die Lieferung auch zu ihr im Wettbewerb. Der BFH kritisierte insofern zurecht, dass damit völlig verkannt werde, dass es um die Unentbehrlichkeit des Arzneimittels für das therapeutische Ziel gehe und nicht um alternative Beschaffungsmöglichkeiten.[1185] Diese Auffassung hat die Finanzverwaltung daher mittlerweile auch aufgegeben und sich dem BFH zumindest hinsichtlich der Steuerbefreiung von Zytostatikalieferungen angeschlossen.[1186] So gelten nach Ansicht der Finanzverwaltung nun

1181 Vgl. auch *Hölzer*, in Rau/Dürrwächter, UStG, § 4 Nr. 14 Rn. 235, 740; es sei deshalb unerheblich, ob die Heilbehandlung durch das Krankenhaus oder durch gem. § 116 SGB V ermächtigte Krankenhausärzte erbracht werde, die gegenüber dem Klinikum selbstständig tätig seien, obwohl damit letztlich die Heilbehandlung und der eng verbundene Umsatz letztlich von zwei verschiedenen Unternehmern erbracht werden, vgl. BFH, Urt. v. 24.9.2014 – V R 19/11, BStBl II 2016, 781, II.3.c); so auch *Hölzer*, in: Rau/Dürrwächter, UStG, § 4 Nr. 14 Rn. 751; auch in diesen Fällen unterfällt die Leistung der Krankenhausärzte im Ergebnis nicht § 4 Nr. 14 lit. a UStG, sondern § 4 Nr. 14 lit. b UStG, wodurch auch eng verbundene Umsätze erfasst werden können, vgl. *Krasney*, KrV 2015, 26.

1182 Abschn. 4.14.6 Abs. 3 Nr. 4 UStAE; vgl. noch in der bis zum 27.9.2016 geltenden Fassung OFD Frankfurt a.M., Vfg. v. 7.1.2015 – S 7170 A-92-St 16, UR 2014, mittlerweile aber aufgehoben.

1183 *Heidner*, in: Bunjes, UStG, § 4 Nr. 14 Rn. 71; *Pfefferle/Renz*, NWB 2012, 4214, 4216; *Wagner*, in: Schwarz/Widmann/Radeisen, UStG, § 4 Nr. 14, Rn. 216.

1184 Vgl. zu den Tatbestandsausführungen BFH, Urt. v. 24.9.2014 – V R 19/11, BStBl II 2016, 781, I.

1185 BFH, Urt. v. 24.9.2014 – V R 19/11, BStBl II 2016, 781, II.2.c).

1186 Vgl. BMF, Vfg. v. 28.9.2016 – III C 3-S 7170/11/10004, BStBl I 2016, 1043; OFD Frankfurt a.M., Vfg. v. 7.12.2017 – S 7170 A-92-St 16, juris; OFD Nordrhein-Westfalen, Vfg. v. 23.11.2016 – S 0186-2014/0002-St 15, juris.

individuell für den einzelnen Patienten in einer Apotheke des Krankenhauses hergestellte Arzneimittel zu den eng verbunden Umsätzen, wenn diese im Rahmen einer ambulant in den Räumen dieses Krankenhauses durchgeführten Heilbehandlung verwendet werden.[1187] Eine über patientenindividuell hergestellte Arzneimittel hinausgehende Anwendung für die Arzneimittelversorgung bei ambulanter Behandlung ist allerdings nicht vorgesehen,[1188] womit der Streit allgemein bestehen bleiben wird. Das von der Finanzverwaltung gewählte Abgrenzungskriterium der individuellen Herstellung überzeugt indes nicht. Die Individualisierbarkeit eines Arzneimittels ist untauglich, etwas über das therapeutische Kontinuum von Arzneimittel und Heilbehandlung auszusagen.

Im Ergebnis lässt sich deshalb für Arzneimittellieferungen von Krankenhausapotheken im Rahmen einer ambulanten Heilbehandlung schlussfolgern, dass sie grundsätzlich wie alle Arzneimittel der Umsatzbesteuerung unterliegen und nur dann ausnahmsweise als eng verbundene Umsätze steuerbefreit sind, wenn sie ein therapeutisches Kontinuum wahren und für die Zielsetzung der Heilbehandlung derart zwingend erforderlich sind, dass wirtschaftlich wie tatsächlich ein untrennbarer Zusammenhang besteht.[1189] Dies sollte regelmäßig dann der Fall sein, wenn die Arzneimittellieferung nicht nur einen heilungsfördernden Nebenaspekt erzielt, sondern elementarer Bestandteil der ärztlichen Behandlung ist, die ohne Verabreichung des Arzneimittels erfolglos wäre.

cc) Zwischenergebnis

Die in § 4 Nr. 14 UStG normierten Steuerbefreiungen für das Gesundheitswesen finden im Rahmen der Arzneimittelversorgung durch öffentliche Apotheken keine Anwendung.[1190] Dies liegt zum einen daran, dass die originäre Tätigkeit eines Apothekers klar von der Heilbehandlung eines Arztes abzugrenzen ist. Zum anderen scheidet auch eine Steuerbefreiung als „eng verbundener Umsatz" aus, da § 4 Nr. 14 lit. b UStG auf Einrichtungen des öffentlichen Rechts beschränkt ist. Etwas anderes gilt hingegen bei Arzneimittellieferungen einer Krankenhausapotheke, die vom Krankenhaus als Einrichtung des öffentlichen Rechts erbracht

1187 Abschn. 4.14.6 Abs. 2 Nr. 3 Satz 1 UStAE; vgl. auch OFD Nordrhein-Westfalen, Vfg. v. 23.11.2016 – S 0186-2014/0002-St 15, juris; *Wohlfahrt*, UStB 2015, 256.

1188 Vgl. Abschn. 4.14.6 Abs. 3 Nr. 4 UStAE.

1189 Vgl. auch *Heidner*, in: Bunjes, UStG, § 4 Nr. 14 Rn. 30.

1190 So auch *Pfefferle/Renz*, NWB 2012, 4214, 4215; *Pommerin/Paßgang*, UStB 2012, 204, 205.

werden. Diese sind gem. § 4 Nr. 14 lit. b UStG steuerbefreit, soweit es sich dabei um einen mit der Heilbehandlung eng verbundenen Umsatz handelt.

d) Zwischenergebnis

Erwirbt die Krankenkasse im Rahmen des Sachleistungsprinzips Arzneimittel von inländischen und ausländischen Apotheken für ihre Versicherten, liegt darin in der Regel ein in Deutschland umsatzsteuerbarer und mangels anwendbarer Steuerbefreiung umsatzsteuerpflichtiger Vorgang.[1191]

Während die Abgabe von inländischen Apotheken immer eine umsatzsteuerpflichtige Leistung nach § 1 Abs. 1 Nr. 1 UStG darstellt, für die die Apotheke die Umsatzsteuer abführen muss, gibt es keine einheitliche Behandlung von Arzneimittellieferungen der ausländischen Apotheken. Diese sind in der Regel – insbesondere bei Überschreiten der Erwerbsschwelle – von der Krankenkasse als innergemeinschaftlicher Erwerb zu versteuern.[1192] Sollte hingegen die Erwerbsschwelle nicht überschritten werden, bleibt es aufgrund von § 3c Abs. 3 UStG bei einer Umsatzsteuerschuldnerschaft der Apotheke im Inland, die gleich einer inländischen Apotheke die Umsatzsteuer an das zuständige deutsche Finanzamt abzuführen hat.[1193]

4. Umsatzsteuerbarkeit des Leistungsaustauschs zwischen der gesetzlichen Krankenkasse und ihren Versicherten im Rahmen der Arzneimittelversorgung

Im Rahmen des sozialrechtlichen Dreiecksverhältnisses zwischen Apotheke, Krankenkasse und dem Versicherten ist des Weiteren zu untersuchen, ob aufgrund der Arzneimittellieferung auch zwischen der gesetzlichen Krankenkasse und ihren Versicherten in Form einer nachfolgenden zweiten Lieferung eine weitere umsatzsteuerbare und umsatzsteuerpflichtige Leistungsbeziehung besteht, da aus sozialrechtlicher Sicht der Versicherte nach dem Sachleistungsprinzip in § 2 Abs. 2 SGB V das Arzneimittel unmittelbar von der Krankenkasse erhält.

Diese Sachleistungen könnten im Rahmen der Arzneimittelversorgung ihrer Versicherten umsatzsteuerbare Leistungen der gesetzlichen Krankenkasse an ihre Versicherten gem. § 1 Abs. 1 Nr. 1 UStG darstellen. Mit Blick auf die Voraussetzungen des umsatzsteuerlichen Grundtatbestands des inländischen

---

1191 So auch *Pfefferle/Renz*, NWB 2012, 4214, 4215.

1192 Vgl. *Nieuwenhuis*, HFR 2015, 512, 513; *Wäger*, BFH/PR 2015, 208, 209.

1193 Vgl. *Engelsing/Nordmann*, KrV 2013, 149.

Leistungsaustauschs nach § 1 Abs. 1 Nr. 1 UStG (vgl. dazu die Ausführungen zu den Grundtatbeständen unter D.II.1.a)) sind aber vor allem zwei Punkte problematisch. So fehlt es zum einen an der Unternehmereigenschaft der gesetzlichen Krankenkasse (a) und zum anderen scheint es zweifelhaft, ob ein Entgelt für die Leistung vorliegt (b), was zwingende Voraussetzung des Umsatzsteuertatbestands ist.

Relevanz erhält diese Frage neben einer etwaigen daraus erwachsenden Steuerschuld der gesetzlichen Krankenkassen insbesondere auch im Kontext der vorgeschalteten Leistungsbeziehung zwischen der Apotheke und der Krankenkasse, da ein Reihengeschäft im Sinne des § 3 Abs. 6 Satz 5 UStG mangels anschließender umsatzsteuerpflichtiger Leistung ausgeschlossen ist, was sich insbesondere bei der Prüfung des umsatzsteuerrechtlichen Leistungsorts auswirkt. Darüber hinaus entscheidet die Umsatzsteuerbarkeit dieser Leistung über die Vorsteuerabzugsberechtigung der gesetzlichen Krankenkasse aus dem innergemeinschaftlichen Erwerb (siehe dazu auch unter D.III.)

a) Die Krankenkasse als Unternehmer im Sinne des § 2 UStG

Die Besteuerung des Umsatzsteuerrechts richtet sich an den Unternehmer im Sinne des § 2 Abs. 1 UStG bzw. im Unionsrecht an den Steuerpflichtigen im Sinne des Art. 9 Abs. 1 MwStSystRL als Leistenden.[1194]

Die Versorgung der Bevölkerung im System der deutschen Krankenversicherung als Solidargemeinschaft erfolgt grundsätzlich nicht in einem wirtschaftlichen Interesse, sondern dient dem Gemeinwohl.[1195] Die gesetzliche Krankenkasse ist als Träger der Sozialversicherung eine rechtsfähige Körperschaft des öffentlichen Rechts mit Selbstverwaltung (§ 4 Abs. 1 SGB V, vgl. § 29 SGB IV i.V.m. Art. 87 Abs. 2 GG).[1196] Das deutsche wie europäische Umsatzsteuerrecht sieht gesonderte Regelungen vor, unter denen juristische Personen des öffentlichen Rechts überhaupt als Unternehmer in Betracht kommen können (vgl. § 2b

---

1194 Vgl. *Korn*, in: Bunjes, UStG, § 2 Rn. 1, 3; *Treiber*, in: Sölch/Ringleb, UStG, § 2 Rn. 1 f.

1195 Vgl. i.E. BFH, Urt. v. 31.7.2007 – V B 44/06, BFH/NV 2007, 2365, II.1.c); EuGH, Urt. v. 16.3.2004 – C-264/01 – *AOK Bundesverband u.a.*, Slg. 2004, I-2493, Rn. 51; *Heine*, KrV 2013, 51.

1196 Vgl. BVerfG, Urt. v. 11.12.2008 – 1 BvR 1665/08, NVwZ-RR 2009, 361; *Baier*, in: Krauskopf, SGB IV, § 29 Rn. 4; *Heberlein*, in: Rolfs/Giesen/Kreikebohm/Udsching, SGB V, § 4 Rn. 1; *Sterzinger*, in: Küffner/Stöcker/Zugmaier, UStG, § 2b Rn. 81.

UStG[1197] bzw. § 2 Abs. 3 UStG a.F.[1198] und Art. 11 MwStSystRL). Es gilt daher zu prüfen, ob und in welchem Umfang die gesetzlichen Krankenkassen im Rahmen der Versorgung ihrer Versicherten mit Arzneimitteln als Unternehmer anzusehen sind.

aa) Voraussetzungen der Umsatzsteuerpflicht juristischer Personen des öffentlichen Rechts

Juristische Personen des öffentlichen Rechts werden in erster Linie hoheitlich und gerade nicht gewerblich tätig, weshalb sie auch im Rahmen des Umsatzsteuerrechts nur in eng begrenztem Umfang als Unternehmer gelten können. Es muss insofern der Grundsatz der steuerlichen Neutralität Beachtung finden,[1199] der es grundsätzlich verbietet, dass Wirtschaftsteilnehmer mit gleichen Umsätzen im Rahmen der Besteuerung unterschiedlich behandelt werden.[1200] Dieser gilt ebenso für juristische Personen des öffentlichen Rechts.

(1) Unionsrechtlicher Rahmen

Nach Art. 13 Abs. 1 Unterabs. 1 MwStSystRL gelten sonstige Einrichtungen des öffentlichen Rechts nicht als Steuerpflichtige, soweit sie Tätigkeiten ausüben oder Umsätze bewirken, die ihnen im Rahmen der öffentlichen Gewalt obliegen. Dem Grundsatz nach unterliegen sie demnach unionsrechtlich erst einmal der Umsatzsteuerpflicht, soweit sie nicht Umsätze ausüben, die der öffentlichen Gewalt obliegen.[1201]

1197 Mit Wirkung zum 1. Januar 2017 eingeführt durch Art. 12 des Steueränderungsgesetzes, BGBl. 2015, 1834, 1843; gem. § 27 Abs. 22 Satz 2 UStG allerdings frühestens anwendbar für Umsätze, die nach dem 31. Dezember 2016 ausgeführt werden.

1198 Ersetzt durch § 2b UStG, allerdings gem. § 27 Abs. 22 Satz 1 UStG in der am 31. Dezember 2016 geltenden Fassung weiterhin anzuwenden für die Umsätze, die nach dem 31. Dezember 2016 und vor dem 1. Januar 2017 ausgeführt werden; nach § 27 Abs. 22 Satz 3 UStG besteht für die juristische Person des öffentlichen Rechts jedoch die Möglichkeit der Anwendung des § 2 Abs. 3 UStG für sämtliche vor dem 1. Januar 2021 ausgeführte Leistungen gegen Abgabe einer einmaligen Erklärung gegenüber dem Finanzamt bis zum 31. Dezember 2016, vgl. dazu auch im Konkreten BMF, Schr. v. 16.12.2016 – III C 2-S 7107/16/10001, BStBl I 2016, 1451, Tz. 58 ff.

1199 Vgl. *Heidner*, UR 2016, 45.

1200 Vgl. EuGH, Urt. v. 16.9.2008 – C-288/07 – *Isle of Wight Council u.a.*, Slg. 2008, I-7203, Rn. 41 ff.

1201 *Korn*, in: Bunjes, UStG, § 2 Rn. 184.

Doch selbst wenn es sich um im Rahmen der öffentlichen Gewalt ausgeübte Tätigkeiten handelt, unterliegen juristische Personen des öffentlichen Rechts gem. Art. 13 Abs. 1 Unterabs. 2 MwStSystRL auch dann der Steuerpflicht, wenn sie für diese Umsätze Abgaben[1202] erheben und eine Behandlung als Nichtsteuerpflichtiger zu größeren Wettbewerbsverzerrungen führen würde.[1203] Nach Ansicht der Rechtsprechung ist eine Wettbewerbsverzerrung zu privaten Unternehmern dann als „größer" einzuordnen, wenn sie nicht nur unbedeutend ist.[1204] Art. 13 Abs. 1 Unterabs. 1 MwStSystRL weicht als Befreiung öffentlicher Einrichtungen vom Regelfall der Besteuerung wirtschaftlicher Tätigkeiten ab, weshalb die Einschränkung der größeren Wettbewerbsverzerrungen in Art. 13 Abs. 2 MwStSystRL wieder zur Regel zurückführt und dementsprechend nicht eng auszulegen ist.[1205] Eine engere Auslegung widerspräche überdies dem Grundsatz der Wettbewerbsneutralität, da es eine Vielzahl von privaten Unternehmern gäbe, die entgegen ihrer konkurrierenden öffentlichen Wettbewerber mit Umsatzsteuer belastet wären.[1206]

(2) Nationale Rechtslage für Umsätze nach dem 31. Dezember 2016

Zur Umsetzung der MwStSystRL wurde mit Wirkung zum 1. Januar 2017 § 2b UStG (für Umsätze nach dem 31. Dezember 2016, vgl. § 27 Abs. 22 UStG)[1207] durch das Steueränderungsgesetz 2015[1208] eingefügt.[1209] Der Wortlaut der neuen

---

1202 Dazu zählen Zölle, Gebühren, Beiträge oder sonstige Abgaben.

1203 Vgl. *Ehrt*, in: Weymüller, UStG, § 2 Rn. 521.

1204 EuGH, Urt. v. 16.9.2008 – C-288/07 – *Isle of Wight Council u.a.*, Slg. 2008, I-7203, Rn. 75f; zur unternehmerischen Tätigkeit von Landesärztekammern nach § 2 Abs. 3 UStG a.F. BFH, Urt. v. 10.2.2016 – XI R 26/13, BStBl II 2017, 857, II.3.b)cc); so auch BMF, Schr. v. 16.12.2016 – III C 2-S 7107/16/10001, BStBl I 2016, 1451, Tz. 31; *Treiber*, in: Sölch/Ringleb, UStG, § 2 Rn. 414; a.A. Generalanwalt Jacobs EuGH, Schlussanträge v. 18.11.2004 – C-378/02 – *Waterschap Zeeuws Vlaanderen*, Celex-Nr. 62002CC0378, Rn. 41, nach dessen Ansicht die Wettbewerbsverzerrungen „außergewöhnlich" sein müssen, da der zweite Unterabsatz sonst den ersten Unterabsatz völlig verdrängen würde.

1205 EuGH, Urt. v. 16.9.2008 – C-288/07 – *Isle of Wight Council u.a.*, Slg. 2008, I-7203, Rn. 60; vgl. auch *Stadie*, in: Rau/Dürrwächter, UStG, § 2 Rn. 1138, 1147.

1206 EuGH, Urt. v. 16.9.2008 – C-288/07 – *Isle of Wight Council u.a.*, Slg. 2008, I-7203, Rn. 74.

1207 Vgl. BMF, Schr. v. 16.12.2016 – III C 2-S 7107/16/10001, BStBl I 2016, 1451, Tz. 58 ff.

1208 Art. 12, BGBl. I 2015, 1834, 1843.

1209 BT-Drucks. 18/6094, S. 91; diese Reform wurde erforderlich um die Unionsrechtswidrigkeit der bisherigen Regelung abzuwenden, vgl. *Widmann*, MwStR 2015, 883, 885 f.; *Sterzinger*, UR 2015, 655 f.

Regelung entspricht im Wesentlichen Art. 13 Abs. 1 MwStSystRL.[1210] Dem Grundsatz nach sind juristische Personen des öffentlichen Rechts nun Unternehmer und scheiden ggf. nach den Regelungen des § 2b UStG von der Umsatzbesteuerung aus; dadurch wurde für die umsatzsteuerliche Behandlung der öffentlichen Hand ein Systemwechsel eingeleitet (siehe zur vorherigen Regelung D.II.4.a)aa)(3)).[1211]

Nach § 2b Abs. 1 Satz 1 UStG gelten juristische Personen des öffentlichen Rechts nicht als Unternehmer im Sinne des § 2 UStG, soweit sie Tätigkeiten im Rahmen der öffentlichen Gewalt ausüben. Dies gilt gem. § 2b Abs. 1 Satz 2 UStG jedoch nicht, sofern eine Behandlung als Nichtunternehmer zu größeren Wettbewerbsverzerrungen führen würde.

(a) Tätigkeiten im Rahmen der öffentlichen Gewalt

Die Eröffnung des Anwendungsbereichs des § 2b UStG zum Ausschluss der juristischen Person des öffentlichen Rechts als Unternehmer erfordert an erster Stelle eine Tätigkeit, die ihr im Rahmen der öffentlichen Gewalt obliegt. Welche Ausübung von Tätigkeiten dem unterfällt, wird von § 2b UStG selbst nicht geregelt und muss vor dem Hintergrund der MwStSystRL und der Rechtsprechung des EuGH ausgelegt werden.[1212] Der Gesetzgeber führt in der Gesetzesbegründung aus, dass nur solche Tätigkeiten in Betracht kommen könnten, die auf einer öffentlich-rechtlichen Sonderregelung beruhen (z.B. aufgrund eines Gesetzes durch Verwaltungsakt, auf Grundlage eines Staatsvertrages oder besonderer kirchenrechtlicher Regelungen).[1213]

Entscheidend ist demnach, dass auf hoheitliche Befugnisse zurückgegriffen wird, die privaten Wirtschaftsteilnehmern so nicht zur Verfügung stehen,[1214]

1210 *Scharpenberg*, in: Hartmann/Metzenmacher, UStG, § 2b Rn. 6; *Sterzinger*, UR 2016, 1, 4; *ders.*, SteuK 2016, 1.

1211 Dies stellt eine Umkehr des Regel-Ausnahme-Verhältnisses dar, was insbesondere für den Auslegungsspielraum von Bedeutung ist, vgl. *Müller*, in: BeckOK-UStG, § 2b Rn. 2, 105; vgl. i.E. zum Unionsrecht EuGH, Urt. v. 4.6.2009 – C-102/08 – *Salix*, Slg. 2009, I-4629, Rn. 67 f.

1212 *Müller*, in: BeckOK, UStG, § 2b Rn. 126.

1213 BT-Drucks. 18/6094, S. 91; zur unternehmerischen Tätigkeit von Landesärztekammern gem. § 2 Abs. 3 UStG a.F. BFH, Urt. v. 10.2.2016 – XI R 26/13, BStBl II 2017, 857, II.3.b)aa); BMF, Schr. v. 16.12.2016 – III C 2-S 7107/16/10001, BStBl I 2016, 1451, Tz. 6; *Heidner*, UR 2016, 45, 47; *Sterzinger*, SteuK 2016, 1; vgl. i.E. auch EuGH, Urt. v. 29.10.2015 – C-174/14 – *Saudacor*, ABl. EU 2015, Nr. C 429, 3, Rn. 70.

1214 Vgl. EuGH, Urt. v. 29.10.2015 – C-174/14 – *Saudacor*, ABl. EU 2015, Nr. C 429, 3, Rn. 70; *Heidner*, UR 2016, 45, 47; *Korn*, in: Bunjes, UStG, § 2b Rn. 26; Stadie, in: Rau/

so zum Beispiel aufgrund öffentlich-rechtlicher Verträge.[1215] Im Rahmen einer erforderlichen Abgrenzung ist deshalb darauf abzustellen, ob die Tätigkeit auf privatrechtlicher oder öffentlich-rechtlicher Grundlage erbracht worden ist.[1216] Maßgeblich ist dafür beispielsweise, ob öffentlich-rechtliche Regelungen bestehen, die zum Abschluss eines öffentlich-rechtlichen Vertrags berechtigen oder die daraus erwachsenen Leistungspflichten statuieren.[1217] Ziel und Form der Aufgabenzuweisung oder der Inhalt der Tätigkeit sind hingegen nicht von Bedeutung.[1218] Dies entspricht auch der bisherigen EuGH-Rechtsprechung zu Art. 13 Abs. 1 MwStSystRL.[1219]

Führt eine juristische Person des öffentlichen Rechts Leistungen im Rahmen der eigens für sie geltenden Regelungen aus, so handelt es sich um hoheitliche Tätigkeiten.[1220] Handelt sie hingegen auf privatrechtlicher Grundlage, ist ihre Tätigkeit nicht von § 2b UStG erfasst und wird stets der Umsatzsteuer unterworfen.[1221]

(b) Keine größeren Wettbewerbsverzerrungen

Doch selbst wenn die juristische Person des öffentlichen Rechts Tätigkeiten im Rahmen der öffentlichen Gewalt ausübt, ist sie nur dann kein Unternehmer im Sinne des § 2 UStG, wenn diese Behandlung als Nichtunternehmer nicht zu

---

Dürrwächter, UStG, § 2b Rn. 166; *Sterzinger*, in: Küffner/Stöcker/Zugmaier, UStG, § 2b Rn. 100 f.

1215 *Korn*, in: Bunjes, UStG, § 2b Rn. 26; *Scharpenberg*, in: Hartmann/Metzenmacher, UStG, § 2b Rn. 7.

1216 *Müller*, in: BeckOK, UStG, § 2b Rn. 2, 127.1; *Scharpenberg*, in: Hartmann/Metzenmacher, UStG, § 2b Rn. 8; *Sterzinger*, in: Küffner/Stöcker/Zugmaier, UStG, § 2b Rn. 40, 102; *ders.*, UR 2016, 1, 4; *ders.*, SteuK 2016, 1.

1217 *Scharpenberg*, in: Hartmann/Metzenmacher, UStG, § 2b Rn. 8; *Sterzinger*, in: Küffner/Stöcker/Zugmaier, UStG, § 2b Rn. 110.

1218 Vgl. *Heidner*, UR 2016, 45, 47; *Sterzinger*, UR 2016, 1, 4.

1219 EuGH, Urt. v. 29.10.2015 – C-174/14 – *Saudacor*, ABl. EU 2015, Nr. C 429, 3, Rn. 70; Urt. v. 14.12.2000 – C-446/98 – *Fazenda Pública*, Slg. 2000, I-11435, Rn. 19; Urt. v. 17.10.1989, C-231/87 und C-129/88 – *Comune di Carpaneto Piacentino u.a.*, Slg. 1989, 3233, Rn. 13.

1220 Vgl. auch EuGH, Urt. v. 8.6.2006 – C-430/04 – *Feuerbestattungsverein Halle*, Slg. 2006, I-4999; Rn. 24; der Generalanwalt *Szpunar* EuGH, Schlussanträge v. 8.9.2016 – C-344/15 – *National Roads Authority*, Celex-Nr. 62015CC0344, Rn. 17; *Sterzinger*, in: Küffner/Stöcker/Zugmaier, UStG, § 2b Rn. 108.

1221 BMF, Schr. v. 16.12.2016 – III C 2-S 7107/16/10001, BStBl I 2016, 1451, Tz. 6; *Scharpenberg*, in: Hartmann/Metzenmacher, UStG, § 2b Rn. 10; *Sterzinger*, in: Küffner/Stöcker/Zugmaier, UStG, § 2b Rn. 101.

größeren Wettbewerbsverzerrungen führen würde (§ 2b Abs. 1 Satz 2 UStG). Wann dies der Fall ist, ist gesetzlich nicht geregelt.[1222] In § 2b Abs. 2 und 3 UStG werden lediglich im Rahmen einer Negativabgrenzung (nicht abschließende)[1223] Fallgruppen normiert, bei deren Vorliegen größere Wettbewerbsverzerrungen per Gesetz ausgeschlossen sind.[1224] Dazu zählen eine Jahresumsatzbegrenzung (§ 2b Abs. 2 Nr. 1 UStG) und steuerfreie Umsätze (§ 2b Abs. 2 Nr. 2 UStG).[1225] Außerdem sollen auch Leistungen an andere juristische Personen des öffentlichen Rechts unter bestimmten Voraussetzungen keine Wettbewerbsverzerrungen nach sich ziehen (§ 2b Abs. 3 UStG).

Für die vorliegende Arbeit ist insbesondere die Ausnahme für steuerbefreite Umsätze gem. § 2b Abs. 2 Nr. 2 UStG von entscheidender Bedeutung. Danach scheidet eine Besteuerung der öffentlichen Hand aus, wenn eine vergleichbare, auf privatrechtlicher Grundlage erbrachte Tätigkeit infolge einer Umsatzsteuerbefreiung, für die auch keine Möglichkeit des Verzichts nach § 9 UStG besteht,[1226] ebenfalls nicht mit Umsatzsteuer belastet ist.[1227] Ein privater Marktteilnehmer

---

1222 *Scharpenberg*, in: Hartmann/Metzenmacher, UStG, § 2b Rn. 11.

1223 BT-Drucks. 18/6094, S. 91; kritisch *Stadie*, in: Rau/Dürrwächter, UStG, § 2b Rn. 223.

1224 Vgl. *Beicke/Westermann*, BB 2016, 87, 88; *Müller*, in: BeckOK, UStG, § 2b Rn. 3, 134 f.

1225 Nach § 2b Abs. 2 Nr. 1 UStG liegen keine größeren Wettbewerbsverzerrungen vor, wenn der von einer juristischen Person des öffentlichen Rechts im Kalenderjahr aus gleichartigen Tätigkeiten erzielte Umsatz voraussichtlich EUR 17.500 jeweils nicht übersteigen wird. Dies stellt im Ergebnis eine Anlehnung an die Kleinunternehmerregelung im Sinne des § 19 UStG dar, wobei dort für die Ermittlung des Umsatzes nicht auf die jeweilige Tätigkeit, sondern auf sämtlich erwirtschaftete Umsätze abgestellt wird, vgl. *Sterzinger*, SteuK 2016, 1, 2. Nach § 2b Abs. 2 Nr. 2 UStG liegen keine größeren Wettbewerbsverzerrungen vor, wenn vergleichbare, auf privatrechtlicher Grundlage erbrachte Leistungen ohne Recht auf Verzicht einer Steuerbefreiung unterliegen; vgl. zu den Fallgruppen der Negativabgrenzung *Treiber*, in: Sölch/Ringleb, UStG, § 2b Rn. 60 ff.

1226 Vgl. *Müller*, in: BeckOK, UStG, § 2b Rn. 141; diese Regelung beruht auf der noch zu § 2 Abs. 3 UStG a.F. ergangenen Rechtsprechung des BFH, Urt. v. 3.3.2011 – V R 23/10, BStBl II 2012, 74, II.2.a)bb)(3), wonach es für die Annahme eines Wettbewerbsverhältnisses unerheblich sei, ob sich die begründete Steuerpflicht des privaten Wettbewerbers erst durch Verzicht nach § 9 UStG ergebe; kritisch hinsichtlich der Regelung *Stadie*, in: Rau/Dürrwächter, UStG, § 2b Rn. 214 ff., da die in Betracht kommenden hoheitlichen Tätigkeiten ohnehin ebenso der Umsatzsteuerbefreiung unterlägen und eine Benachteiligung ausgeschlossen sei; dies gilt jedenfalls für die Leistungen der gesetzlichen Krankenkasse, siehe dazu D.II.4.c).

1227 Kritisiert wurde diese Regelung insbesondere deshalb, weil sie nach Ansicht der Literatur die in Art. 13 Abs. 2 MwStSystRL normierte Ermächtigung zur Behandlung

kann nicht im Wettbewerb durch die Nichtbesteuerung der öffentlichen Hand benachteiligt werden, wenn er selbst nicht der Umsatzsteuer unterliegt.[1228] Eine Verzerrung des Wettbewerbs ist daher im Ergebnis schon per se ausgeschlossen.[1229] Im Gegenteil: Die juristische Person des öffentlichen Rechts wäre vielmehr selbst im Nachteil, wenn sie im Vergleich zum privatrechtlichen Unternehmer besteuert werden würde.[1230]

Wettbewerbsverzerrungen können demnach insbesondere dann entstehen, wenn öffentliche und private Marktteilnehmer die gleichen Leistungen anbieten (oder anbieten könnten)[1231], diese aber unterschiedlich besteuert werden.[1232] Dass dies wiederum zum Regelfall der Besteuerung juristischer Personen des öffentlichen Rechts zurückführt, trägt der Gewährleistung des Neutralitätsgrundsatzes entsprechend Rechnung.

---

steuerfreier Tätigkeiten als Tätigkeiten der öffentlichen Gewalt insofern erweitere, dass sie auch direkt das Vorliegen größerer Wettbewerbsverzerrungen mitregelt; vgl. *Heidner*, UR 2016, 45, 49, ebenfalls kritisch *Treiber*, in: Sölch/Ringleb, UStG, § 2b Rn. 72; dies sollte jedoch von geringer praktischer Relevanz sein, da steuerfreie Tätigkeiten in der Regel per se schon nicht zu Wettbewerbsverzerrungen führen dürften, vgl. auch *Stadie*, in: Rau/Dürrwächter, UStG, § 2b Rn. 214 ff.

1228 Vgl. *Heidner*, UR 2016, 45, 48; *Treiber*, in: Sölch/Ringleb, UStG, § 2b Rn. 71; noch zu § 2 Abs. 3 UStG a.F. BFH, Urt. v. 15.4.2010 – V R 10/09, BFH/NV 2010, 1574, II.B.5.d); *Treiber*, in: Sölch/Ringleb, UStG, § 2 Rn. 417.

1229 *Belcke/Westermann*, BB 2016, 87, 88.

1230 Vgl. BT-Drucks. 18/6094, S. 91; ebenso BMF, Schr. v. 16.12.2016 – III C 2-S 7107/16/10001, BStBl I 2016, 1451, Tz. 38; *Treiber*, in: Sölch/Ringleb, UStG, § 2b Rn. 70; kritisch *Stadie*, in: Rau/Dürrwächter, UStG, § 2b Rn. 218 f., nach dessen Auffassung die Regelung leerläuft, da es sich bei den in Betracht kommenden Tätigkeiten ohnehin nicht um solche im Rahmen der öffentlichen Gewalt handele, sondern auf privatrechtlicher Grundlage, bspw. Vermietung und Verpachtung.

1231 Auch der potentielle Wettbewerb ist geschützt, weshalb auch ein verhinderter Markteintritt durch die Nichtbesteuerung von juristischen Personen öffentlichen Rechts eine Wettbewerbsverzerrung darstellt, vgl. *Sterzinger*, in: Küffner/Stöcker/Zugmaier, UStG, § 2b Rn. 127.

1232 BMF, Schr. v. 16.12.2016 – III C 2-S 7107/16/10001, BStBl I 2016, 1451, Tz. 30; *Sterzinger*, in: Küffner/Stöcker/Zugmaier, UStG, § 2b Rn. 127.

(3) Nationale Rechtslage für Umsätze bis zum 31. Dezember 2016, bzw. bis zum 31. Dezember 2020 bei Ausübung der Option nach § 27 Abs. 22 Satz 3 UStG

Nach dem § 2 Abs. 3 Satz 1 UStG a.F. unterlagen juristische Personen des öffentlichen Rechts dem Grundsatz nach nicht der Umsatzbesteuerung und kamen nur im eng begrenzten Umfang ihrer Betriebe gewerblicher Art als Unternehmer in Betracht.

(a) Handeln im Rahmen des Betriebs gewerblicher Art – Kein Hoheitsbetrieb

Das deutsche Umsatzsteuerrecht regelte in § 2 Abs. 3 Satz 1 UStG a.F., dass juristische Personen des öffentlichen Rechts nur im Rahmen ihrer Betriebe gewerblicher Art im Sinne des § 1 Abs. 1 Nr. 6 i.V.m. § 4 KStG gewerblich oder beruflich und damit als Unternehmer tätig sein konnten. Dabei stellte aus umsatzsteuerrechtlicher Sicht die Gesamtheit aller Betriebe gewerblicher Art das Unternehmen der öffentlich-rechtlichen Körperschaft dar.[1233] Nur die in diesen Betrieben ausgeführten Umsätze unterlagen auch der Umsatzsteuer.[1234]

Die Prüfung, ob ein Betrieb gewerblicher Art vorliegt, richtet sich unabhängig vom Umsatzsteuerrecht nach § 1 Abs. 1 Nr. 6, § 4 KStG.[1235] Die umsatzsteuerliche Abgrenzung des unternehmerischen vom nichtunternehmerischen Bereich erfolgte demnach allein anhand von Kriterien des Körperschaftsteuerrechts.[1236] Nach § 4 Abs. 5 Satz 1 KStG liegt – ungeachtet der Voraussetzungen des § 4 Abs. 1 KStG – auch dann kein Betrieb gewerblicher Art vor, wenn der Betrieb überwiegend der Ausübung der öffentlichen Gewalt dient (Hoheitsbetrieb). Für eine Umsatzsteuerpflicht war demnach entscheidend, dass die Tätigkeiten nicht im Rahmen eines Hoheitsbetriebs ausgeübt werden.

1233 BFH, Urt. v. 18.8.1988 – V R 194/83, BStBl II 1988, 932, II.2.; Abschn. 2.11 Abs. 2 Satz 1 UStAE.

1234 Abschn. 2.11 Abs. 2 Satz 3 UStAE.

1235 Abschn. 2.11 Abs. 2 Satz 1 UStAE.

1236 Abschn. 2.11 Abs. 4 Satz 1 UStAE; gem. § 4 Abs. 1 Satz 1 KStG sind Betriebe gewerblicher Art alle Einrichtungen, die einer nachhaltigen wirtschaftlichen Tätigkeit zur Erzielung von Einnahmen außerhalb der Land- und Forstwirtschaft dienen und die sich innerhalb der Gesamtbetätigung der juristischen Person wirtschaftlich herausheben.

(b) Abgrenzung hoheitlicher Tätigkeiten

Was unter einem Hoheitsbetrieb zu verstehen ist, ist gesetzlich nicht geregelt.[1237] § 4 Abs. 5 Satz 2 KStG bestimmt lediglich, dass Zwangs- oder Monopolrechte für die Annahme eines Hoheitsbetriebs nicht ausreichen. Nach der ständigen Rechtsprechung des BFH zum Betrieb gewerblicher Art ist die dem Hoheitsbetrieb immanente Ausübung öffentlicher Gewalt eine Tätigkeit, die der öffentlich-rechtlichen Körperschaft eigentümlich und vorbehalten ist.[1238] Kennzeichnend dafür ist die Erfüllung öffentlich-rechtlicher Aufgaben, die aus der Staatsgewalt abgeleitet sind und staatlichen Zwecken dienen.[1239] Eine Ausübung der öffentlichen Gewalt kann insbesondere anzunehmen sein, wenn es sich um Leistungen handelt, zu deren Annahme der Leistungsempfänger aufgrund gesetzlicher oder behördlicher Anordnung verpflichtet ist.[1240]

Die Anforderungen an die Abgrenzung hoheitlicher und unternehmerischen Tätigkeiten decken sich demnach mit denen der Neuregelung in § 2b UStG.

(c) Besteuerung hoheitlicher Tätigkeiten bei größeren Wettbewerbsverzerrungen?

Da nach Unionsrecht juristische Personen des öffentlichen Rechts allerdings auch dann im Rahmen einer hoheitlichen Tätigkeit als Unternehmer gelten, wenn diese zu größeren Wettbewerbsverzerrungen führen würde, wurde Art. 13 MwStSystRL durch die deutsche Regelung des § 2 Abs. 3 UStG a.F. nur unzureichend umgesetzt.[1241]

Der EuGH hatte zwar bereits schon früher entschieden, dass das Kriterium der größeren Wettbewerbsverzerrungen vom deutschen Gesetzgeber zur Richtlinienumsetzung nicht wortwörtlich übernommen werden muss.[1242]

1237 Vgl. BFH, Urt. v. 4.2.1976 – I R 200/73, BStBl II 1976, 355, 2.

1238 BFH, Urt. v. 3.2.2010 – I R 8/09, BStBl II 2010, 502, II.2.c)aa).

1239 BFH, Urt. v. 21.11.1967 – I 274/64, BStBl II 1968, 218; H 4.4 „Hoheitsbetrieb – Ausübung öffentlicher Gewalt“ KStR.

1240 R 4.4 Abs. 1 Satz 1 KStR.

1241 Vgl. *Korn*, in: Bunjes, UStG, § 2 Rn. 177, 192; dies war auch der ausschlaggebende Grund der Neuregelung § 2b UStG.

1242 Folgt im Ergebnis im Umkehrschluss aus EuGH, Urt. v. 18.12.2014 – C-131/13, C-163/13 und C-164/13 – *Italmoda*, UR 2015, 106, Rn. 52, wonach „das nationale Recht so weit wie möglich im Licht des Wortlauts und der Zielsetzung der betreffenden Richtlinie auszulegen [sei], um das mit dieser verfolgte Ziel zu erreichen, was erfordert, dass die nationalen Gerichte unter Berücksichtigung des gesamten nationalen Rechts und unter Anwendung der in diesem anerkannten Auslegungsmethoden alles tun, was in ihrer Zuständigkeit liegt.“

Nichtsdestotrotz war vor dem Hintergrund der Harmonisierung des deutschen Umsatzsteuerrechts mit der MwStSystRL eine richtlinienkonforme Auslegung des § 2 Abs. 3 UStG a.F. erforderlich.[1243] Nach dieser ist eine juristische Person des öffentlichen Rechts nicht nur dann unternehmerisch tätig, wenn sie nicht im Rahmen der eigens für sie geltenden öffentlich-rechtlichen Regelungen handelt,[1244] sondern auch nicht unternehmerische Tätigkeiten unterliegen der Besteuerung, sofern die Behandlung als Nicht-Steuerpflichtiger zur größeren Wettbewerbsverzerrungen führen würde.[1245] Dem schloss sich im Ergebnis auch die Finanzverwaltung an.[1246]

Daher gilt auch nach der alten Regelung des § 2 Abs. 3 UStG a.F. die juristische Person des öffentlichen Rechts für Tätigkeiten im Rahmen ihres Hoheitsbetriebs

---

1243 Vgl. u.a. zur unternehmerischen Tätigkeit von Landesärztekammern BFH, Urt. v. 10.2.2016 – XI R 26/13, BStBl II 2017, 857, II.3.a); Urt. v. 13.2.2014 – V R 5/13, BStBl II 2017, 846, II.1.a); Beschl. v. 9.3.2014 – XI B 126/13, juris, II.2.b)aa); a.A. *Reiß*, StuW 1994, 323, 324, nach dem aufgrund des klaren Wortlauts eine richtlinienkonforme Auslegung nicht möglich ist, weshalb die Richtlinie unmittelbar anzuwenden ist; *Stadie*, UStG, § 2 Rn. 354, 371; *ders.*, in: Rau/Dürrwächter, UStG, § 2 Rn. 1156 ff., 1268, für den der gesetzgeberische Willen in Form des Wortlauts eindeutig ist, dass sich der Begriff des Betriebs gewerblicher Art allein nach Ertragssteuerrecht richtet und es insoweit auch kein der richtlinienkonformen Auslegung zugänglicher Bestandteil des Umsatzsteuerrechts ist, allerdings ergebe sich aus dem von ihnen bevorzugten in Art. 3 Abs. 1 GG verankerten Gebot der Wettbewerbsneutralität der Besteuerung, dass es keine Wettbewerbssituation zu privaten Anbietern geben dürfe, die bei Nichtbesteuerung der öffentlichen Hand zu einer Benachteiligung des privaten Unternehmers führe; dem zustimmend *Englisch* in: Tipke/Lang, Steuerrecht, § 17 Rn. 56.

1244 Sondern auf privatrechtlicher Grundlage durch Vertrag BFH, Urt. v. 9.10.2002 – V R 64/99, BStBl II 2003, 375, II.2.c).

1245 Vgl. BFH, Urt. v. 10.2.2016 – XI R 26/13, BStBl II 2017, 857, II.3.a); Urt. v. 1.12.2011 – V R 1/11, BStBl II 2017, 834, II.1.b); Urt. v. 31.7.2007 – V B 44/06, BFH/NV 2007, 2365, II.1.b); Urt. v. 9.10.2002 – V R 64/99, BStBl II 2003, 375, II.2.c).

1246 Vgl. Abschn. 2.11 Abs. 2 Satz 4 UStAE, wonach nicht unternehmerische Tätigkeiten nur dann nicht steuerbar sind, wenn die Behandlung als nichtsteuerbar nicht zu größeren Wettbewerbsverzerrungen führt; der übrigen unionsrechtskonformen Auslegung des BFH (insbesondere im Rahmen der Vermögensverwaltung) folgte die Finanzverwaltung indes früher nicht, vgl. OFD Niedersachsen, Vfg. v. 27.7.2012 – S 7106-283-St 171, DStR 2012, 1923, mittlerweile aber aufgehoben, da die Auslegung des BFH vor dem Hintergrund der Neuregelung in § 2b UStG anerkannt wird, vgl. BMF, Schr. v. 27.7.2017 – III C 2-S 7106/0:002, BStBl I 2017, 1239.

als Unternehmer, wenn diese zu größeren Wettbewerbsverzerrungen führen würde.

bb) Unternehmereigenschaft der Krankenkasse im Rahmen ihrer Arzneimittellieferungen an ihre Versicherten

Die Arzneimittelversorgung der Versicherten einer gesetzlichen Krankenkasse ist weder als unternehmerische noch als hoheitliche Tätigkeit mit größeren Wettbewerbsverzerrungen zu beurteilen, weshalb der gesetzlichen Krankenkasse auch kein Unternehmerstatus im Sinne des § 2 UStG zuzusprechen ist. Dies gilt unabhängig vom Zeitpunkt der Erbringung der Umsätze, da sich die zugrunde liegenden Voraussetzungen nicht nur aus der Neureglung des § 2b UStG ergeben, sondern auch aufgrund der erforderlichen richtlinienkonformen Auslegung des § 2 Abs. 3 UStG a.F.[1247]

(1) Handeln im Rahmen der öffentlichen Gewalt

Die Tätigkeit einer juristischen Person des öffentlichen Rechts erfolgt dann im Rahmen der öffentlichen Gewalt, wenn sie auf einer öffentlich-rechtlichen Sonderregelung beruhen.[1248] Für die öffentlich-rechtlichen Träger der Sozialversicherung – zu denen auch die gesetzlichen Krankenkassen zählen (vgl. § 4 Abs. 1 SGB V i.V.m. § 29 SGB IV) –[1249] ist weitgehend anerkannt, dass diese grundsätzlich in Ausübung öffentlicher Gewalt tätig werden.[1250] So dürfen nach § 30 Abs. 1 SGB IV die Versicherungsträger beispielsweise auch nur Geschäfte zur Erfüllung ihrer gesetzlich vorgeschriebenen oder zugelassenen Aufgaben führen. Nach § 21 Abs. 2 SGB I sind die Orts-, Betriebs- und Innungskrankenkassen zuständig für die in § 21 Abs. 1 SGB I geregelten Leistungen der gesetzlichen Krankenversicherungen. Durch diese soll die Gesundheit der Versicherten erhalten, verbessert oder wiederhergestellt werden.[1251] Diese Aufgabe ist in § 1 SGB V verankert und

---

1247 Die Vorschriften unterscheiden sich im Prinzip nur anhand des Regel-Ausnahme-Verhältnisses, da bislang juristische Personen des öffentlichen Rechts grundsätzlich nicht steuerbar waren.

1248 BMF, Schr. v. 16.12.2016 – III C 2-S 7107/16/10001, BStBl I 2016, 1451, Tz. 6; BT-Drucks. 18/6094, S. 91.

1249 *Heidner*, in: Bunjes, UStG, § 4 Nr. 15 Rn. 2; *Sterzinger*, in: Küffner/Stöcker/Zugmaier, UStG, § 2b Rn. 81.

1250 Vgl. noch im Zusammenhang mit dem Hoheitsbetrieb BFH, Urt. v. 4.2.1976 – I R 200/73, BStBl II 1976, 355, 2.b).

1251 Dies gilt laut Gesetzgeber als Grundprinzip der gesetzlichen Krankenversicherung und bestimmt ihr Wesen maßgeblich, vgl. BT/Drucks. 11/2237, S. 157.

leitet sich damit unmittelbar aus dem Gesetz ab. Die Arzneimittelversorgung der Versicherten durch ihre Krankenkasse erfolgt aufgrund der unmittelbar in §§ 2, 31 SGB V gesetzlich verankerten Verpflichtung,[1252] auf einer für sie geltenden öffentlich-rechtlichen Sonderregelung.[1253] Bei der Lieferung von Arzneimitteln an den Versicherten im Rahmen des Sachleistungsprinzips nimmt die Krankenkasse in ihrem nicht unternehmerischen Bereich eine ihr unmittelbar durch das SGB V zugewiesene hoheitliche Aufgabe wahr und handelt damit im Rahmen der öffentlichen Gewalt.[1254]

Diese Einordnung der Tätigkeit gesetzlicher Krankenkassen wurde bereits im Rahmen der alten Rechtslage von der Literatur teilweise in Frage gestellt.[1255] Sie argumentierten, dass der aus dem in § 173 Abs. 2 SGB V normierten Wahlrecht der Versicherten (vgl. dazu C.I.2.) resultierende Wettbewerb[1256] zwischen den gesetzlichen Krankenkassen in Form von Werbemaßnahmen und des folgenden Mitgliederwechsels als Manifestation ihrer unternehmerischen Tätigkeit in einem wirtschaftlich relevanten Markt zu verstehen ist.[1257] Dem wird jedoch zu Recht entgegengehalten, dass es sich dabei zum einen lediglich um einen „Qualitätswettbewerb" innerhalb eines hoheitlichen Bereichs handelt und zum anderen auch das Vorliegen eines Wettbewerbsverhältnisses per se zumindest für die umsatzsteuerliche Einordnung als hoheitliche oder wirtschaftliche Tätigkeit gar nicht ausschlaggebend ist (anders hingegen für die Frage nach größeren Wettbewerbsverzerrungen).[1258]

1252 BVerfG, Urt. v. 13.5.2005 – 2 BvF 2/03, BVerfGE 114, 196, A.III.1.a).

1253 Vgl. umfassend zu allen Aufgaben der gesetzlichen Krankenversicherung auf Grundlage der Regelungen des SGB V *Helm/Haaf/Knoll*, KrV 2016, 16, 18.

1254 Vgl. FG Münster, Urt. v. 14.12.2004 – 15 K 5575/01 U; BMF, Schr. v. 24.7.2014 – IV D 2–S7200/08/10005, unveröffentlicht, V., S. 12; *Heine*, KrV 2013, 51; *Pommerin/Paßgang*, UStB 2012, 235, 236; *Tehler*, in: Reiß/Kraeusel/Langer, UStG, § 1a Rn. 34.

1255 *Dziadkoswki*, BB 2011, 3031, 3035, der die Auffassung, dass die Krankenkasse durch die Gewährung eines Krankenversicherungsschutzes hoheitlich tätig wird, für „nicht mehr haltbar" hält; *Reimer*, DStJG 32 (2009), 325, 348, der die Ausübung öffentlicher Gewalt durch die Krankenkassen aufgrund der Zunahme des Wettbewerbs für fragwürdig hält.

1256 Vgl. *Wenzel*, Hdb. FA MedizinR, Kap. 2 Rn. 42.

1257 *Dziadkoswki*, BB 2011, 3031, 3035.

1258 So zum Begriff des Hoheitsbetriebs im Rahmen des § 4 Abs. 5 KStG *Helm/Haaf/Knoll*, KrV 2015, 49, 50; vgl. im Zusammenhang mit den europäischen Wettbewerbsvorschriften (Artt. 81 und 82 EGV, heute Artt. 101 und 102 AEUV) EuGH, Urt. v. 16.3.2004 – C-264/01 – *AOK Bundesverband u.a.*, Slg. 2004, I-2493, Rn. 56, der dieses Wettbewerbselement im SGB V mit dem Gebot der Wirtschaftlichkeit (§ 12

Maßgeblich ist allein, dass die gesetzliche Krankenkasse im Rahmen der Arzneimittelversorgung aufgrund des eigens fürs sie geltenden Sonderrechts in Form der Regelungen des SGB V tätig wird und damit hoheitlich handelt.[1259]

(2) Keine größeren Wettbewerbsverzerrungen

Aufgrund § 2b Abs. 1 Satz 2 UStG (sowie der richtlinienkonformen Auslegung des § 2 Abs. 3 UStG a.F.) dürfte darüber hinaus die Nichtbesteuerung der juristischen Person des öffentlichen Rechts auch bei einer Tätigkeit im Rahmen der öffentlichen Gewalt wie der Arzneimittelversorgung nicht zu größeren Wettbewerbsverzerrungen führen.

Dies setzt an erster Stelle voraus, dass überhaupt ein wettbewerbsrelevanter Markt für die hoheitliche Tätigkeit besteht,[1260] da allein die bloß rein hypothetische Möglichkeit eines Wettbewerbs nicht ausreicht.[1261]

Die (Arzneimittel-)Versorgung der Bevölkerung im Rahmen einer Krankenversicherung wird sowohl von den verschiedenen gesetzlichen Krankenkassen als auch den privaten Krankenkassen angeboten, die insofern als potentielle Wettbewerber füreinander in Betracht kommen.

Für gesetzliche Krankenkassen untereinander existiert aus umsatzsteuerrechtlicher Sicht kein wettbewerbsrelevanter Markt.[1262] Diese mögen zwar grundsätzlich aufgrund des Wahlrechts der Versicherten in § 173 Abs. 2 SGB V hinsichtlich ihres Leistungsspektrums und der Beiträge miteinander konkurrieren, dennoch werden durch das Sozialrecht - insbesondere dem SGB V - für alle gesetzlichen Krankenkassen die gleichen Bedingungen geschaffen.[1263]

SGB V) erklärt, dessen Verfolgung allerdings unabhängig von der Natur der Tätigkeit einer Krankenkasse ist.

1259 Vgl. FG München, Urt. v. 25.1.2006 - 3 K 1335/02, EFG 2006, 1542, II.2.b); *Helm/Haaf/Knoll*, KrV 2016, 16, 18; *dies.*, KrV 2015, 49, 51; *Tehler*, in: Reiß/Kraeusel/Langer, UStG, § 1a Rn. 34.

1260 *Korn*, in: Bunjes, UStG, § 2b Rn. 30; i.E. auch *Sterzinger*, SteuK 2016, 1, 4 nach dessen Auffassung größere Wettbewerbsverzerrungen ausgeschlossen sind, wenn der private Unternehmer die Tätigkeit nicht anbieten darf, da dann überhaupt kein Wettbewerb entstehen könne.

1261 BFH, Urt. v. 27.2.2003 - V R 78/01, BStBl II 2004, 431, II.3.d)cc); *Treiber*, in: Sölch/Ringleb, UStG, § 2 Rn. 414.

1262 BFH, Beschl. v. 31.7.2007 - V B 44/06, BFH/NV 2007, 2365, II.1.c) in einer abgewiesenen Nichtzulassungsbeschwerde; vgl. dazu auch ausführlicher die Vorinstanz FG München, Urt. v. 25.1.2006 - 3 K 1335/02, EFG 2006, 1542, II.2.d)bb)aaa).

1263 Vgl. FG München, Urt. v. 25.1.2006 - 3 K 1335/02, EFG 2006, 1542, II.2.d)bb)aaa); FG Münster, Urt. v. 14.12.2004 - 15 K 5575/01 U, EFG 2005, 815, II.

Eine Verzerrung des Wettbewerbs würde vielmehr dann entstehen, wenn die verschiedenen gesetzlichen Krankenkassen umsatzsteuerlich unterschiedlich behandelt werden würden. Es ist demnach sogar geboten, alle entweder gleich unternehmerisch oder nicht unternehmerisch einzuordnen.[1264]

Es bleibt allerdings die Frage bestehen, ob sich gesetzliche Krankenkassen durch ihre Arzneimittelversorgung im Wettbewerb mit privaten Krankenkassen befinden. Dazu müsste den privaten Krankenkassen der Markt der Krankenversicherungsleistungen für gesetzlich Versicherte eröffnet sein.

Im System der gesetzlichen Krankenversicherung herrscht grundsätzlich eine Versicherungspflicht. In § 5 SGB V ist geregelt, welche Personen in den Anwendungsbereich der Versicherungsplicht fallen,[1265] und demnach Zwangsmitglied der gesetzlichen Krankenkasse werden.[1266] Für diesen Bereich der Zwangsversicherung per Gesetz besteht kein wettbewerbsrelevanter Markt zu privaten Krankenkassen, weil sie nicht einmal die Möglichkeit hätten, den Versicherten die Versicherungsleistung zu erbringen.

Dennoch bestehen für bestimmte Personengruppen Ausnahmen von der Versicherungspflicht. So zählen beispielsweise hauptberuflich selbständig Tätige gem. § 5 Abs. 5 SGB V nicht dazu. Ebenso ist in den §§ 6 ff. SGB V geregelt, in welchen Fallkonstellationen eine Befreiung von der Versicherungspflicht besteht.[1267] Dieser begrenzte Kreis der von der Versicherungspflicht nicht umfassten Personen hat gem. § 9 SGB V unter den dort geregelten Voraussetzungen die Möglichkeit, sich freiwillig gesetzlich zu versichern (siehe dazu C.I.2.b)).[1268]

Die neben den Versicherungspflichtigen sog. freiwillig Versicherten haben hinsichtlich der Systeme der Krankenversicherung – privat oder gesetzlich – die freie Wahl. Diesem Anteil an Versicherten kommt allerdings hinsichtlich des Kerngeschäfts der gesetzlichen Krankenkasse sowohl zahlen- als auch beitragsmäßig nur eine untergeordnete Rolle zu.[1269] Fast 90 % der Bevölkerung (72,56 Mio. Versicherte) sind gesetzlich versichert, wobei der Anteil der freiwillig

1264 Vgl. auch FG Münster, Urt. v. 14.12.2004 – 15 K 5575/01 U, EFG 2005, 815, II.

1265 *Just*, in: Becker/Kingreen, SGB V, § 5 Rn. 1.

1266 Vgl. FG Münster, Urt. v. 14.12.2004 – 15 K 5575/01 U, EFG 2005, 815, II.

1267 Dazu zählen insbesondere Angestellte ab einem bestimmten Gehaltsniveau (§ 6 Abs. 1 Nr. 1 SGB V) und Beamte (§ 6 Abs. 1 Nr. 2 SGB V) (siehe zur Versicherungspflicht und den einzelnen Anwendungsfällen ausführlich unter C.I.2.).

1268 *Baier*, in: Krauskopf, SGB V, § 9 Rn. 2; dabei spielen insbesondere das Ausscheiden aus der Versicherungspflicht und Vorversicherungszeiten eine entscheidende Rolle, vgl. *Just*, in: Becker/Kingreen, SGB V, § 9 Rn. 5.

1269 Vgl. FG München, Urt. v. 25.1.2006 – 3 K 1335/02, EFG 2006, 1542, II.2.d)bb)bbb).

Versicherten sich auf 6 Mio.[1270] beläuft; die übrigen 8,78 Mio. Menschen sind privat versichert.[1271] Demnach unterliegen 14,78 Mio. Versicherte nicht dem Versicherungszwang und haben ein Wahlrecht zwischen einer privaten oder gesetzlichen Krankenkasse. Diese Größe entspricht der Schnittmenge, um die die privaten und gesetzlichen Krankenkassen konkurrieren, wodurch ein wettbewerbsrelevanter Markt entsteht.

Für diesen Markt ist im nächsten Schritt zu prüfen, ob die Nichtbesteuerung der gesetzlichen Krankenkasse größere Wettbewerbsverzerrungen hervorrufen würde. Der BFH führte dazu aus, dass auch die Leistungen an freiwillig Versicherte Teil der öffentlich-rechtlichen Tätigkeit seien und sie gerade keine Wettbewerbsverzerrung zu anderen Versicherungen mit sich bringen würde.[1272] Zur Argumentation zog er die Rechtsprechung des EuGH im Zusammenhang mit den Wettbewerbsvorschriften des EG-Vertrages (Artt. 81 und 82 EGV, heute Artt. 101 und 102 AEUV) heran.[1273] In dieser führte der EuGH aus, dass Krankenkassen im Rahmen der Arzneimittelversorgung würden weder untereinander noch mit den privaten Krankenkassen konkurrieren.[1274] Dies ergebe sich insbesondere daraus, dass sie ihren Mitgliedern vor allem ein Spektrum aus Pflichtleistungen anbieten (müssten) und zwar unabhängig von der Beitragshöhe.[1275] Darüber hinaus seien sie durch einen Kosten- und Risikoausgleich (§§ 265 ff. SGB V) zu einer Art Solidargemeinschaft zusammengeschlossen.[1276] Die Tätigkeiten der Krankenkasse seien nicht wirtschaftlicher Natur und damit kein Unternehmen im Sinne der Artt. 81 und 82 EGV. Vor dem Hintergrund dieser Rechtsprechung sollen sich nach Ansicht des BFH auch im Rahmen des Umsatzsteuerrechts keine größeren Wettbewerbsverzerrungen ergeben.[1277] Dabei stützt sich der BFH

1270 https://www.vdek.com/presse/daten/b_versicherte.html, Stand: Juli 2017, zuletzt aufgerufen am 13.3.2018.

1271 https://www.gkv-spitzenverband.de/gkv_spitzenverband/presse/zahlen_und_grafiken/zahlen_und_grafiken.jsp, Stand: November 2017, zuletzt aufgerufen am 13.3.2018.

1272 BFH, Urt. v. 31.7.2007 – V B 44/06, BFH/NV 2007, 2365, II.1.c), II.2.; so auch *Ehrt*, in: Weymüller, UStG, § 2 Rn. 527.10.

1273 BFH, Urt. v. 31.7.2007 – V B 44/06, BFH/NV 2007, 2365, II.1.c).

1274 EuGH, Urt. v. 16.3.2004 – C-264/01 – *AOK Bundesverband u.a.*, Slg. 2004, I-2493, Rn. 54.

1275 EuGH, Urt. v. 16.3.2004 – C-264/01 – *AOK Bundesverband u.a.*, Slg. 2004, I-2493, Rn. 52.

1276 EuGH, Urt. v. 16.3.2004 – C-264/01 – *AOK Bundesverband u.a.*, Slg. 2004, I-2493, Rn. 53.

1277 BFH, Urt. v. 31.7.2007 – V B 44/06, BFH/NV 2007, 2365, II.1.c).

auf die Tatsache, dass auch bei freiwillig Versicherten kein privatrechtliches, sondern ein gesetzliches und damit öffentlich-rechtliches Versicherungsverhältnis begründet werde.[1278] Doch die Ablehnung der Unternehmereigenschaft im Rahmen der Wettbewerbsvorschriften ist auf das Umsatzsteuerrecht nicht übertragbar. Im Wettbewerbsrecht schließt sich eine unternehmerische und eine einen rein sozialen Zweck verfolgende Tätigkeit gegenseitig aus.[1279] Das Gericht verkennt damit bei seiner Argumentation, dass im Umsatzsteuerrecht aus einer hoheitlichen Tätigkeit gerade nicht auf das Fehlen von Wettbewerbsverzerrungen geschlossen werden kann. Vielmehr wird in Art. 13 Abs. 2 MwStSystRL und nun auch in § 2b Abs. 1 UStG deutlich, dass für die Besteuerung einer Körperschaft des öffentlichen Rechts als Unternehmer maßgeblich ist, ob gerade *trotz* hoheitlicher Tätigkeit der Wettbewerb im größeren Umfang durch diese verzerrt werde. Demnach kann die hoheitliche Tätigkeit als solche die Wettbewerbsverzerrungen auch nicht ausschließen.

Für die Frage nach möglichen Wettbewerbsverzerrungen im Rahmen der Krankenversicherung muss vielmehr zu Beginn geprüft werden, ob eine der zwei in § 2b Abs. 2 UStG normierten Fallgruppen einschlägig ist, bei denen größere Wettbewerbungsverzerrungen bereits ipso iure ausgeschlossen sind, bevor zu untersuchen ist, ob auch darüber hinaus keine größeren Wettbewerbsverzerrungen durch die Nichtbesteuerung eintreten.

Die Negativabgrenzung bei einer Umsatzgrenze von EUR 17.500 aus gleichartigen Tätigkeiten in einem Kalenderjahr (§ 2b Abs. 2 Nr. 1 UStG) scheidet aus, da hinsichtlich der Arzneimittelversorgung einer gesetzlichen Krankenkassen alle Arzneimittellieferungen an die Versicherten als gleichartige Tätigkeit zusammenzufassen sind und davon auszugehen ist, dass jede Krankenkasse diese Summe von EUR 17.500 im Jahr bei Weitem übersteigt. Dies gilt vor allem, wenn man bedenkt, dass alle 113[1280] gesetzlichen Krankenkassen 2016 gemeinsam an ihre Versicherten Arzneimittellieferungen in Höhe von EUR 36,27 Mrd. erbracht haben.[1281]

1278 Vgl. dazu *Baier*, in: Krauskopf, SGB V, § 9 Rn. 26; *Ulmer*, in: BeckOK, SGB V, § 9 Rn. 2; *Peters*, in: KassKomm SozR, SGB V, § 9 Rn. 10.

1279 Vgl. EuGH, Urt. v. 16.3.2004 – C-264/01 – *AOK Bundesverband u.a.*, Slg. 2004, I-2493, Rn. 47, 58.

1280 https://www.gkv-spitzenverband.de/krankenversicherung/kv_grundprinzipien/alle_gesetzlichen_kran kenkassen/alle_gesetzlichen_krankenkassen.jsp, zuletzt aufgerufen am 13.3.2018,

1281 https://gkv-spitzenverband.de/gkv_spitzenverband/presse/zahlen_und_grafiken/gkv_kennzahlen/ gkv_kennzahlen.jsp, zuletzt aufgerufen am 13.3.2018.

Für die vorliegende Arbeit kommt vor allem der zweiten Fallgruppe in § 2b Abs. 2 Nr. 2 UStG entscheidende Bedeutung zu, die größere Wettbewerbsverzerrungen ausschließt, wenn vergleichbare, auf privatrechtlicher Grundlage erbrachte Leistungen ohne Recht auf Verzicht (§ 9 UStG) einer Steuerbefreiung unterliegen. Dieser Ausschluss war auch bereits nach der alten Rechtslage durch die Rechtsprechung und die Literatur anerkannt,[1282] da in diesem Fall eine Schlechterstellung des privaten Unternehmers und damit die Schlechterstellung in einem Wettbewerbsverhältnis durch die Nichtbesteuerung der öffentlichen Hand ausgeschlossen ist.[1283]

Für eine Anwendung des § 2b Abs. 2 Satz 1 UStG müsste es sich bei den Arzneimittellieferungen privater Krankenkassen an deren Versicherte zum einen um eine der Arzneimittelversorgung der gesetzlichen Krankenkasse vergleichbare Tätigkeit handeln. Zum anderen müssten die Umsätze einer privaten Krankenkasse einer Umsatzsteuerbefreiung nach § 4 UStG unterliegen, für die nicht die Möglichkeit des Verzichts nach § 9 UStG besteht.

Was unter einer vergleichbaren Tätigkeit zu verstehen ist, regelt der Gesetzgeber nicht. Die in Rede stehende Tätigkeit einer Arzneimittellieferung durch die gesetzliche Krankenkasse ist eine Versicherungsleistung in Form einer Sachleistung an ihre Versicherten (vgl. § 2 Abs. 2 SGB V i.V.m. §§ 27 Abs. 1 Nr. 3, 31 Abs. 1 SGB V). Die medizinische Versorgung durch die Unternehmen der privaten Krankenversicherung erfolgt hingegen nach dem Prinzip der Kostenerstattung.[1284] Der Privatversicherte erwirbt das Arzneimittel im Rahmen eines privatrechtlichen Kaufvertrages von der Apotheke,[1285] und reicht sodann die Quittung bei seiner Krankenkasse ein, die ihm diese Kosten erstattet (vgl. dazu ausführlich unter C.I.1.c)). Die Leistungen der beiden Krankenkassen unterscheiden sich demnach insofern, dass die eine Leistung eine Geldleistung (private Krankenkasse) und die andere eine Sachleistung (gesetzliche Krankenkasse) darstellt. Nichtsdestotrotz sollte dies nicht die Vergleichbarkeit der Tätigkeit im Sinne des § 2b Abs. 2 Nr. 2 UStG ausschließen, da beide Leistungen Versicherungsleistungen an den Versicherten zur Arzneimittelversorgung

---

1282 Vgl. BFH, Urt. v. 15.4.2010 – V R 10/09, BFH/NV 2010, 1574, II.B.5.d); im Umkehrschluss auch aus Urt. v. 3.3.2011 – V R 23/10, BStBl II. 2012, 74, II.2.a)bb)(3); *Klenk*, in: Sölch/Ringleb, UStG, § 2 Rn. 417.

1283 Vgl. *Heidner*, UR 2016, 45, 48; *Treiber*, in: Sölch/Ringleb, UStG, § 2b Rn. 71 und § 2 Rn. 417 noch zu § 2 Abs. 3 UStG.

1284 BSG, Urt. v. 7.8.1991 – 1 RR 7/88, SozR 3-2200 § 321 Nr. 1, Rn. 20; Beschl. v. 19.3.1986 – 8 RK 58/84, juris, Rn. 18.

1285 BFH, Urt. v. 20.5.2015 – XI R 2/13, BFH/NV 2015, 1775, II.2.c)bb).

im Rahmen seiner Krankenversicherung darstellen. Aus umsatzsteuerlicher Sicht darf es keinen Unterschied machen, wie die Leistungsmodalitäten vertraglich bzw. sozialrechtlich[1286] ausgestaltet sind. Entscheidend ist, dass der im steuerlichen Neutralitätsgebot enthaltene Wettbewerbsschutz als fundamentaler Grundsatz des Umsatzsteuerrechts gewährleistet wird. Maßgeblich muss daher sein, dass die im Rahmen der gesetzlichen Krankenversicherung in Anspruch genommene Leistung auch durch die private Krankenversicherung erbracht werden kann. Dies ist hier gegeben, da in beiden Fällen der Versicherte im Vorfeld die Wahl zwischen den Versicherungen hat, die ihn beide in Form ihrer Versicherungsleistungen mit Arzneimitteln versorgen. Es ist daher festzuhalten, dass die Geldzahlungen privater Krankenkassen für erhaltene Arzneimittellieferungen an ihre Versicherten eine vergleichbare Tätigkeit auf privatrechtlicher Grundlage im Sinne des § 2b Abs. 2 Nr. 2 UStG darstellen.

Die von der privaten Krankenkasse erbrachte (umsatzsteuerbare) Versicherungsleistung – in dem Fall die Geldleistung – ist nach § 4 Nr. 10 lit. a UStG allerdings umsatzsteuerbefreit.[1287] Dem Befreiungstatbestand des § 4 Nr. 10 lit. a UStG unterfallen die Leistungen auf Grund eines Versicherungsverhältnisses im Sinne des VersStG und zwar unabhängig davon, ob sie im Ergebnis auch mit Versicherungsteuer zu besteuern sind. Ausschlaggebend ist mithin das Vorliegen eines Versicherungsverhältnisses im Sinne des § 1 Abs. 1 VersStG.[1288] Solch ein Versicherungsverhältnis stellt auch die private Krankenversicherung dar.[1289]

1286 § 2 Abs. 2 SGB V.

1287 FG Münster, Urt. v. 14.12.2004 – 15 K 5575/01 U, EFG 2005, 815, II.; a.A. *Helm/Haaf/Knoll*, KrV 2016, 16, 19, nach deren Auffassung für die privaten Krankenkassen die Befreiungsvorschrift des § 4 Nr. 15 lit. b UStG einschlägig ist; dies ist jedoch abzulehnen, da diese Vorschrift allein den Trägern der Sozialversicherung vorbehalten ist, zu denen die private Krankenkasse gerade nicht gehört.

1288 *Leipold*, in: Sölch/Ringleb, UStG, § 4 Nr. 10 Rn. 10; dies ist das Verhältnis eines einzelnen (Versicherungsnehmer) zum Versicherer und dessen Wirkungen, wobei die Wagnisübernahme gegen Entgelt durch den Versicherer das wesentliche Merkmal ist BFH, Urt. v. 8.12.2010 – II R 21/09, BStBl II 2012, 387, II.1.; Urt. v. 8.12.2010 – II R 12/08, BStBl II 2012, 383, II.1.a); Urt. v. 20.4.1977 – II R 36/76, BStBl II 1977, 688, 2.b).

1289 Dies ergibt sich im Erst-Recht-Schluss aus § 4 Nr. 5 VersStG, wonach auch unter anderem die Beitragszahlungen von Unternehmen der privaten Krankenversicherung eine versicherungssteuerfreie Leistung darstellen, vgl. *Leipold*, in: Sölch/Ringleb, UStG, § 4 Nr. 10 Rn. 16; trotzdem fallen sie unter das VersStG und bleiben damit umsatzsteuerfrei, vgl. *Leipold*, in: Sölch/Ringleb, UStG, § 4 Nr. 10 Rn. 15; diese normierte Befreiung der Beitragszahlungen indiziert, dass private

§ 4 Nr. 10 lit. a UStG umfasst dabei alle Leistungen, die der Versicherer und der Versicherungsnehmer erbringen.[1290] Demnach unterfallen die Geldzahlungen, die ein privater Krankenversicherer an seine Versicherten im Rahmen der Kostenerstattung für deren Arzneimittelversorgung zahlt, nach § 4 Nr. 10 lit. a UStG nicht der Umsatzsteuer.

Des Weiteren zählt der Befreiungstatbestand auch nicht zu denen, für die dem Steuerpflichtigen nach § 9 Abs. 1 UStG die Möglichkeit zum Verzicht eröffnet wird. Eine Benachteiligung der Unternehmen der privaten Krankenversicherung ist aufgrund der Steuerbefreiung demnach ausgeschlossen, da auch sie in der Arzneimittelversorgung ihrer Versicherten keine mit Umsatzsteuer belastete Leistung erbringen.[1291] Die Versicherungsleistungen privater Krankenkassen im Rahmen der Arzneimittelversorgung erfüllen damit die Voraussetzungen der Fallgruppe nach § 2b Abs. 2 Nr. 2 UStG, wonach die Nichtbesteuerung der gesetzlichen Krankenkasse nicht zu größeren Wettbewerbsverzerrungen führt.[1292] Dies entspricht im Ergebnis auch der Auffassung der Rechtsprechung, wenn auch unterschiedlich begründet.[1293]

(3) Zwischenergebnis

Die gesetzliche Krankenkasse erbringt mit der Arzneimittelversorgung ihrer Versicherten mithin eine ihr eigens vom Gesetz übertragene Tätigkeit im Rahmen der öffentlichen Gewalt.[1294] Durch diese entstehen auch keine größeren Wettbewerbsverzerrungen gegenüber den Unternehmen der privaten Krankenversicherung, weshalb die gesetzlichen Krankenkassen in diesem Rahmen auch

---

Krankenversicherungen vorab grundsätzlich zu den Versicherungsverhältnissen im Sinne des VersStG gehören müssen, um einzelne Leistungen von diesem auszunehmen.

1290 *Leipold*, in: Sölch/Ringleb, UStG, § 4 Nr. 10 Rn. 30.

1291 Im Ergebnis auch *Helm/Haaf/Knoll*, KrV 2016, 16, 19.

1292 So auch *Helm/Haaf/Knoll*, KrV 2016, 16, 19; zum gleichen Ergebnis kommt man auch nach der alten Rechtslage, da die Voraussetzungen nach der Rechtsprechung letztlich identisch sind.

1293 BFH, Urt. v. 31.7.2007 – V B 44/06, BFH/NV 2007, 2365, II.1.c); FG München, Urt. v. 25.1.2006 – 3 K 1335/02, EFG 2006, 1542, II.2.d)bb)bbb); so auch *Ehrt*, in: Weymüller, UStG, § 2 Rn. 527.10.

1294 Vgl. FG Düsseldorf, Urt. v. 23.11.2012 – 1 K 1808/09 U, nrkr. (BFH XI R 2/13), nicht veröffentlicht, II.2.c)bb); *Helm/Haaf/Knoll*, KrV 2016, 16, 18; *Tehler*, in: Reiß/Kraeusel/Langer, UStG, § 1a Rn. 34.

nicht als Unternehmer gem. § 2b UStG (bzw. nach § 2 Abs. 3 UStG a.F.)[1295] handeln. Vielmehr erbringen sie eine nicht unternehmerische[1296] und damit nicht steuerbare Leistung.[1297]

b) *Entgelt der Versicherten an die gesetzliche Krankenkasse für ihre Arzneimittellieferungen*

Selbst wenn man entgegen der herrschenden Meinung vertreten würde, dass die gesetzliche Krankenkasse im Rahmen ihrer Arzneimittelversorgung als Unternehmer im Sinne des § 2 UStG auftritt, so erscheint ein inländischer Leistungsaustausch nach § 1 Abs. 1 Nr. 1 UStG auch hinsichtlich der Entgeltlichkeit der Leistung fraglich.

Als Entgelt käme insofern nur entweder der Mitgliedsbeitrag, den die Versicherten monatlich an die Krankenkasse entrichten, oder die Zuzahlung nach § 31 Abs. 3 Satz 1 SGB V, die regelmäßig für rezeptpflichtige Arzneimittel zu zahlen ist, in Betracht.

Der monatliche Mitgliedsbeitrag, den jeder Versicherte für seinen Versicherungsschutz leistet,[1298] kann nicht als Entgelt für eine konkrete Arzneimittellieferung angesehen werden.[1299] Für die Zuordnung als Entgelt bedarf es eines unmittelbaren Zusammenhangs zwischen Leistung und Gegenleistung.[1300] Genau an diesem fehlt es jedoch bei einem Krankenkassenbeitrag. Mitgliedsbeiträge werden monatlich gezahlt und zwar unabhängig davon, ob oder wenn ja, in welchem Umfang Leistungen in Anspruch genommen worden sind. Er wird zur Aufrechterhaltung des Versicherungsschutzes entrichtet, um diesen bei Bedarf in Anspruch nehmen zu können.[1301] Gegen den Mitgliedsbeitrag als

---

1295 I.E. auch *Tehler*, in: Reiß/Kraeusel/Langer, UStG, § 1a Rn. 34; *Sterzinger*, in: Birkenfeld/Wäger, USt-Handbuch, § 37 Rn. 197.

1296 Noch zu § 2 Abs. 3 UStG a.F. BFH, Urt. v. 23.4.2009 – V R 5/07, BFH/NV 2009, 1723, II.3.b); *Ammann*, UR 2005, 180, 185; *Pommerin/Paßgang*, UStB 2012, 235, 236.

1297 Vgl. FG Düsseldorf, Urt. v. 23.11.2012 – 1 K 1808/09 U, nrkr. (BFH XI R 2/13), nicht veröffentlicht, II.2.c)bb).

1298 Zur Beitragsplicht im Rahmen der gesetzlichen Krankenversicherung siehe C.I.3., sowie ausführlich *Peters*, in: KassKomm SozR, SGB V, § 220 Rn. 18 ff.

1299 *Pommerin/Paßgang*, UStB 2012, 235, 236.

1300 EuGH, Urt. v. 16.12.2010 – C-270/09 – *Macdonald Resorts Ltd*, Slg. 2010, I-13179, Rn. 16; *Oelmaier*, in: Sölch/Ringleb, UStG, § 1 Rn. 36.

1301 Es muss insofern von der Frage unterschieden werden, ob es sich dabei möglicherweise um eine eigenständige umsatzsteuerbare Leistung handelt, deren Gegenleistung allgemein die Gewährung des Versicherungsschutzes ist, vgl. zu

Entgelt für Arzneimittellieferungen spricht außerdem, dass dieser gerade auch ohne Leistungsinanspruchnahme gezahlt werden muss und gerade nicht für eine konkrete Leistung erfolgt.[1302] Er scheidet daher als Entgelt aus, da er vielmehr nur für einen allgemeinen Schutz vor dem Lebensrisiko „Krankheit" erfolgt.[1303]

Auch die Zuzahlung des Versicherten vor Ort an die Apotheke nach § 31 Abs. 3 Satz 1 SGB V stellt kein Entgelt für die Arzneimittelversorgung der Versicherten dar (siehe zur Abgrenzung und umsatzsteuerlichen Einordnung der Zuzahlung unter D.IV.2.c)ee)(1)). Die Zahlung hat nur ergänzenden Charakter, was sich unter anderem in dem pauschalierten, preis- und wertunabhängigen Betrag manifestiert.

Im Ergebnis erhält die gesetzlichen Krankenkasse demnach kein Entgelt im Sinne des § 1 UStG für ihre Versicherungsleistungen von ihren Versicherten, weshalb auch aus diesem Grund ein umsatzsteuerbarer Umsatz nach § 1 Abs. 1 UStG ausscheidet.

c) *Umsatzsteuerbefreiung*

Es sei an dieser Stelle auch noch einmal darauf hingewiesen, dass selbst wenn die Arzneimittellieferung der gesetzlichen Krankenkasse als steuerbarer Umsatz nach § 1 Abs. 1 Nr. 1 UStG anzusehen sei, dieser aufgrund der Umsatzsteuerbefreiung nach § 4 Nr. 15 lit. b Satz 1 UStG auch nicht umsatzsteuerpflichtig wäre.[1304]

d) *Zwischenergebnis*

Eine Umsatzbesteuerung der gesetzlichen Krankenkasse für die Arzneimittelversorgung ihrer Versicherten scheidet an der fehlenden Unternehmereigenschaft aus. Sie erbringt vielmehr mit den Arzneimittellieferungen eine ihr durch das SGB V übertragene Tätigkeit im Rahmen der öffentlichen Gewalt, die aufgrund

---

Versicherungsprämien im Rahmen von Versicherungsverhältnissen im Sinne des Versicherungsteuergesetzes *Robisch*, Bunjes, UStG, § 1 Rn. 53.

1302 Vgl. *Pommerin/Paßgang*, UStB 2012, 235, 236.

1303 Vgl. *Pommerin/Paßgang*, UStB 2012, 235, 236.

1304 § 4 Nr. 15 UStG regelt die Umsatzsteuerbefreiung für Umsätze der gesetzlichen Träger der Sozialversicherung (zu denen auch die Krankenkassen gehören, vgl. *Heidner*, in: Bunjes, UStG, § 4 Nr. 15 Rn. 2; *Sterzinger*, in: Küffner/Stöcker/Zugmaier, UStG, § 2b Rn. 81) untereinander oder an ihre Versicherten, vgl. BFH, Urt. v. 23.4.2009 – V R 5/07, BFH/NV 2009, 1723, II.2.

der Umsatzsteuerbefreiung privater Krankenkassen auch im Wettbewerb mit diesen nicht zu größeren Wettbewerbsverzerrungen führt.

5. Ergebnis

Im Rahmen der umsatzsteuerlichen Beurteilung von Arzneimittellieferungen muss in dem sozialrechtlichen Dreiecksverhältnis Apotheke – gesetzliche Krankenkasse – Versicherter, zwischen den einzelnen Leistungsbeziehungen differenziert werden.

Leistungsempfänger der Arzneimittellieferung der Apotheke als Leistender ist aufgrund des sozialrechtlich in § 2 Abs. 2 SGB V verankerten Sachleistungsprinzips die gesetzliche Krankenkasse. Im Rahmen dieser Leistungsbeziehung gilt die Arzneimittellieferung grundsätzlich als umsatzsteuerbare Leistung. Abhängig davon, ob die Apotheke als Leistender im Inland oder im Ausland ansässig ist, handelt es sich in der Regel entweder um einen inländischen Leistungsaustausch nach § 1 Abs. 1 Nr. 1 UStG oder einen innergemeinschaftlichen Erwerb nach § 1 Abs. 1 Nr. 5 UStG, dessen Umsatzsteuerschuldner die gesetzliche Krankenkasse als Leistungsempfänger nach § 13a Abs. 1 Nr. 2 UStG ist.[1305] Diese umsatzsteuerbare Leistung im Sinne des § 1 UStG ist darüber hinaus auch umsatzsteuerpflichtig, da keine Umsatzsteuerbefreiungen nach § 4 Nr. 14 UStG in Betracht kommen.

Die (sich denklogisch anschließende) „Lieferung“ der gesetzlichen Krankenkasse an die Versicherten im Rahmen der Arzneimittelversorgung innerhalb des Sachleistungsprinzips stellt hingegen keine umsatzsteuerbare Leistung dar, da es gem. § 2b Abs. 1 UStG an der Unternehmereigenschaft der Krankenkasse und der Entgeltlichkeit der Leistung fehlt.

III. Vorsteuerabzugsberechtigung der gesetzlichen Krankenkasse

Im Rahmen der Umsatzsteuerschuldnerschaft der gesetzlichen Krankenkasse als Leistungsempfänger von umsatzsteuerpflichtigen Arzneimittellieferungen ausländischer Apotheken stellt sich die Frage, ob ihr ein Vorsteuerabzug nach § 15 UStG zusteht.

Grundsätzlich können nach § 15 Abs. 1 Nr. 3 UStG auch die Leistungsempfänger innergemeinschaftliche Erwerbe zum Vorsteuerabzug berechtigt sein.[1306]

1305 Vgl. auch LSG Rheinland-Pfalz, Urt. v. 6.7.2017 – L 5 KR 105/16, juris, Rev. BSG B 3 KR 19/17 R, Rn. 28.

1306 *Robisch*, in: Bunjes, UStG, § 1a Rn. 1.

Voraussetzung dafür ist es, dass die gesetzlich geschuldete Steuer für Lieferungen und sonstige Leistungen von einem anderen Unternehmer für das Unternehmen eines Unternehmers ausgeführt worden sind.

Es wurde jedoch bereits ausführlich dargelegt, dass die Arzneimittelversorgung ihrer Versicherten keine unternehmerische Tätigkeit der Krankenkasse darstellt (vgl. dazu unter D.II.4.a)bb)).[1307] Ein Vorsteuerabzug für die zuvor von den Apotheken erhaltenen Arzneimittellieferungen ist demnach ausgeschlossen, da die Krankenkasse diese nicht für ihr Unternehmen, sondern im Rahmen ihrer hoheitlichen Tätigkeit erworben hat.[1308]

Im Ergebnis bleiben daher die Krankenkassen mit der Umsatzsteuer aus den Arzneimittellieferungen der Apotheken belastet. Dies ist vor dem Hintergrund des Grundverständnisses des Mehrwertsteuersystems auch systemgerecht und nach dem Grundsatz der steuerlichen Neutralität geboten.[1309] Wenn die Krankenkasse die Umsatzsteuer nicht an den Versicherten weiterbelastet, gilt sie umsatzsteuerlich als Endverbraucher, der die Umsatzsteuer letztlich zu tragen hat. Würde der Krankenkasse hier ein Vorsteuerabzug gewährt, würde der Fiskus im Ergebnis mit der Rückerstattung auf die Besteuerung verzichten. Dies käme einer Steuerbefreiung gleich, die vom Gesetzgeber bewusst abgewählt worden ist (siehe dazu bereits D.II.3.c)). Als juristische Person des öffentlichen Rechts bleibt die gesetzliche Krankenkasse damit mit der Umsatzsteuer aus dem innergemeinschaftlichen Erwerb belastet.[1310]

1307 Vgl. auch BMF, Schr. v. 24.7.2014 - IV D 2 - S7200/08/10005, unveröffentlicht, V, S. 12.

1308 *Pommerin/Paßgang*, UStB 2012, 235, 237.

1309 A.A. *Looks*, in: Weymüller, UStG, § 15 Rn. 20, für den die Verweigerung des Vorsteuerabzugs für Unternehmer, die nicht auch selbst mit umsatzsteuerpflichtigen Leistungen der Umsatzsteuer unterliegen, eine Durchbrechung des Neutralitätsgrundsatzes darstellt, die allerdings vom Gesetzgeber bewusst in Kauf genommen wird.

1310 Vgl. allgemein *Robisch*, in: Bunjes, UStG, § 1a Rn. 1.

IV. Ermittlung der Bemessungsgrundlage einer Arzneimittellieferung mit und ohne grenzüberschreitenden Bezug

Soweit ein in Deutschland steuerbarer und steuerpflichtiger Umsatz entstanden ist,[1311] muss zur Ermittlung der Höhe der Umsatzsteuerschuld die in Geld bezifferte Bemessungsgrundlage der umsatzsteuerpflichtigen Umsätze ermittelt werden, auf die der jeweilige Steuersatz angewandt werden kann.[1312]

Nachfolgend wird die Bemessungsgrundlage für die in Deutschland erbrachten umsatzsteuerpflichtigen Arzneimittellieferungen ermittelt. Unabhängig davon, ob die Arzneimittellieferung von einer Apotheke im Inland oder Ausland erbracht wird, handelt es sich regelmäßig um einen in Deutschland umsatzsteuerpflichtigen Umsatz an die gesetzliche Krankenkasse (siehe D.II.3.d)). Je nachdem ob die Lieferungen einen grenzüberschreitenden Bezug aufweisen, handelt es sich dem Grundsatz nach um einen inländischen Leistungsaustausch oder einen innergemeinschaftlichen Erwerb; mit entsprechend unterschiedlichen Umsatzsteuerschuldnerschaften – einerseits der inländischen Apotheken (siehe D.II.3.a)ff)) andererseits der gesetzlichen Krankenkassen (siehe D.II.3.b) cc)).

Der Grundsatz der steuerlichen Gleichbehandlung erfordert eine Gleichbehandlung von inländischen und innergemeinschaftlichen Umsätzen,[1313] was auch die Bildung einer unionsweit einheitlichen Bemessungsgrundlage gebietet.[1314] Die Bemessungsgrundlage für die Arzneimittellieferungen ausländischer Apotheken muss demnach der für vergleichbare Inlandsumsätze entsprechen.[1315] Diesen Maßstab zugrunde gelegt ist zu untersuchen, ob und ggf. welche Folgen sich durch die abweichende Umsatzsteuerschuldnerschaft ergeben und welchen Einfluss die sozialrechtlichen Regelungen zur Preisfestsetzung auf die Ermittlung der Bemessungsgrundlage haben.

1311 Die Bemessung des Umsatzes nach § 10 UStG setzt insofern spiegelbildlich an erster Stelle auch eine steuerbare und steuerpflichtige Leistung voraus, vgl. *Hundt-Eßwein*, in: Küffner/Stöcker/Zugmaier, UStG, § 10 Rn. 10/1.

1312 Vgl. *Feil*, in: Weymüller, UStG, § 10 Rn. 1; *Kußmaul/Naumann*, StB 2015, 392, 393; *Stadie*, UStG, § 10 Rn. 1.

1313 Vgl. EuGH, Urt. v. 20.12.2017 – C-462/16 – *Boehringer Ingelheim Pharma*, UR 2018, 166, Rn. 33; vgl. zur unmittelbaren Verankerung in Art. 273 MwStSystRL.

1314 Vgl. 28. Erwägungsgrund der MwStSystRL.

1315 Vgl. *Engelsing/Nordmann*, KrV 2013, 149, 151, die sich auf ein nicht veröffentlichtes BMF-Schreiben vom 4.4.2013 berufen.

1. Grundsätze zur Bestimmung der Bemessungsgrundlage

Gem. § 10 Abs. 1 Satz 1 UStG wird die Bemessungsgrundlage von Lieferungen und sonstigen Leistungen im Sinne des § 1 Abs. 1 Nr. 1 UStG und innergemeinschaftlichen Erwerben im Sinne des § 1 Abs. 1 Nr. 5 UStG grundsätzlich nach dem Entgelt bemessen.

In § 10 Abs. 1 Satz 2 UStG wird Entgelt definiert als alles, was der Leistungsempfänger aufwendet, um die Leistung zu erhalten, abzüglich der Umsatzsteuer. Die Betrachtungsweise erfolgt insofern aus der Perspektive des Leistungsempfängers.[1316]

Der vom Leistungsempfänger aufgewandte Zahlbetrag (einschließlich der Zahlungen Dritter) ist als Bruttobetrag zu verstehen, der einen Umsatzsteueranteil enthält und für die Ermittlung der Bemessungsgrundlage außer Acht zu lassen ist (§ 10 Abs. 1 Satz 2 UStG). Das „Herausrechnen" des Umsatzsteueranteils entspricht dem Nettoprinzip des Umsatzsteuerrechts und gewährleistet die Belastungsneutralität (vgl. zur Allphasennettobesteuerung unter D.I.2.).[1317]

Der Umfang des Entgelts beschränkt sich jedoch nicht nur auf das vereinbarte Entgelt, sondern kann sich auch aus zusätzlichen Zahlungen oder Entgeltminderungen ergeben.[1318] Dies gilt gem. § 17 UStG auch dann, wenn sich das Entgelt nachträglich ändert.

a) Unionsrechtliche Grundlage

Unionsrechtlich beruht § 10 Abs. 1 UStG grundsätzlich auf Art. 73 MwStSystRL.[1319] Danach umfasst die Steuerbemessungsgrundlage alles, was den Wert der Gegenleistung bildet, die der Lieferer oder Dienstleistungserbringer für diese Umsätze vom Erwerber oder Dienstleistungsempfänger oder einem Dritten erhält oder erhalten soll, einschließlich der unmittelbar mit dem Preis dieser Umsätze zusammenhängenden Subventionen. Entscheidend ist insofern,

---

1316 BFH, Urt. v. 6.10.1988 – V R 124/83, BFH/NV 1989, 469, II.1.b); *Handzik*, in: Offerhaus/Söhn/Lange, UStG, § 10 Rn. 11, 13.

1317 Vgl. *Kußmaul/Naumann*, StB 2015, 392, 393; *Raudszus*, in: Weimann/Lang, UStG, § 10 Rn. 15 f.; *Schuhmann*, in: Rau/Dürrwächter, UStG, § 10 Rn. 20 f.

1318 Abschn. 10.1 Abs. 3, 10.3 UStAE; *Hundt-Eßwein*, in: Küffner/Stöcker/Zugmaier, UStG, § 10 Rn. 21; *Kußmaul/Naumann*, StB 2015, 392, 393.

1319 BFH, Urt. v. 25.6.2009 – V R 37/08, BStBl II 2009, 873, II.3.b)aa); *Schuhmann*, in: Rau/Dürrwächter, UStG, § 10 Rn. 14.3.

was der Steuerpflichtige tatsächlich als Gegenleistung *erhält*, und nicht was ein Leistungsempfänger im konkreten Fall zahlt.[1320]

Art. 73 MwStSystRL und § 10 UStG wählen demnach verschiedene Anknüpfungspunkte zur Entgeltbestimmung, einmal aus Sicht des Leistungsempfängers und einmal aus der Perspektive des Leistenden.[1321] Beide Regelungen sollten in der Regel jedoch zum gleichen Ergebnis führen, weil die Vorschriften letztlich nicht die Berücksichtigung entweder der Sicht des Leistenden oder des Leistungsempfängers ausschließen.[1322]

b) Aufwendungen des Leistungsempfängers

Entgelt umfasst alles, was der Leistungsempfänger tatsächlich aufgewandt hat und wird gerade nicht durch die bürgerlich-rechtlich bestimmte bzw. bestimmbare Gegenleistung beschränkt.[1323] Wenn der Leistungsempfänger also irrtümlich doppelt oder zu viel zahlt, ist trotzdem der Gesamtbetrag das Entgelt im Sinne von § 10 Abs. 1 Satz 2 UStG.[1324] Demnach können auch die Nebenkosten des Leistenden Teil des Entgelts sein, wenn er diese dem Leistenden in Rechnung stellt.[1325]

aa) Entgelt für die Leistung

Für die Charakterisierung als Entgelt sind grundsätzlich die folgenden drei Kriterien ausschlaggebend:

1320 EuGH, Urt. v. 24.10.2013 – C-440/12 – *Metropol Spielstätten*, ABl. EU 2013, Nr. C 367, 19, Rn. 38; Urt. v. 3.3.1994 – C-16/93 – *Tolsma*, ABl. EG 1994, Nr. C 103, 2, Rn. 14; vgl. auch BFH, Urt. v. 6.6.2001 – V B 158-159/00, BFH/NV 2001, 1616, II.3.b); Abschn. 10.1 Abs. 2 Satz 1 UStAE; *Treiber*, in: Sölch/Ringleb, UStG, § 10 Rn. 46.

1321 Vgl. *Korn*, in: Bunjes, UStG, § 10 Rn. 4; *Raudszus*, in: Weimann/Lang, UStG, § 10 Rn. 11; *Polok*, UR 2018, 147, 151.

1322 Vgl. BFH, Urt. v. 6.5.2010 – V R 15/09, BStBl II 2011, 142, II.2.a); Urt. v. 19.10.2001 – V R 48/00, BStBl II 2003, 210, II.3.c); *Hundt-Eßwein*, in: Küffner/Stöcker/Zugmaier, UStG, § 10 Rn. 18; *Korn*, in: Bunjes, UStG, § 10 Rn. 4.

1323 Abschn. 10.1 Abs. 3 Satz 1 UStAE; *Hundt-Eßwein*, in: Küffner/Stöcker/Zugmaier, UStG, § 10 Rn. 18.

1324 BFH, Urt. v. 19.7.2007 – V R 11/05, BStBl II 2007, 966, II.1.b); Abschn. 10.1 Abs. 3 Satz 6 UStAE; *Meyer*, in: Weymüller, UStG, § 17 Rn. 46.5.

1325 BFH, Urt. v. 16.3.2000 – V R 16/99, BStBl II 2000, 360; Abschn. 10.1 Abs. 3 Satz 2 UStAE.

- Es muss ein unmittelbarer Zusammenhang zwischen der Leistung und der erhaltenen Gegenleistung bestehen, beispielsweise aufgrund des zugrunde liegenden Rechtsverhältnisses.[1326]
- Die Gegenleistung entspricht dem subjektiven Wert, der der Leistung von den Beteiligten im konkreten Fall zugeschrieben wird, nicht einem nach objektiven Kriterien geschätzten Wert.[1327]
- Die Gegenleistung muss in Geld bezifferbar sein.[1328]

Zum Entgelt gehören damit neben der vertraglich vereinbarten Gegenleistung und jedweder freiwilligen[1329] Zahlung auch gesetzlich festgeschriebene Aufwendungen.[1330]

Kein Entgeltbestandteil ist indes gem. § 10 Abs. 1 Satz 6 UStG ein sog. durchlaufender Posten, den der Unternehmer im Namen und für Rechnung eines anderen vereinnahmt und verausgabt und er insofern auch nur eine Mittelsperson darstellt (vgl. zu den Voraussetzungen eines durchlaufenden Postens bereits im Rahmen der umsatzsteuerlichen Behandlung von Rechenzentren unter D.II.2.b)ee)).[1331] Voraussetzung dafür ist zum einen, dass eine unmittelbare Rechtsbeziehung zwischen zwei Beteiligten besteht, in die der Unternehmer nur

---

1326 EuGH, Urt. v. 19.6.2003 - C-149/01 - *First Choice Holidays*, Slg. 2003, I-6289, Rn. 30; Urt. v. 3.3.1994 - C-16/93 - *Tolsma*, ABl. EG 1994, Nr. C 103, 2, Rn. 13; ständ. Rspr. des BFH, Urt. v. 28.5.2013 - XI R 32/11, BStBl II 2014, 411, II.2.b)aa)(1) m.w.N.; eine gewisse Finalität des Handelns dergestalt, dass der leistende Unternehmer nur um der Gegenleistung willen leistet, ist indes nicht erforderlich, vgl. BFH, Urt. v. 16.1.2003 - V R 92/01, BStBl II 2003, 732, II.2.c); *Korn*, in: Bunjes, UStG, § 10 Rn. 5; *Schuhmann*, in: Rau/Dürrwächter, UStG, § 10 Rn. 59; wenn - wie bspw. beim Schadensersatz - die Zahlung unabhängig von der Leistung aufgrund Vertrags oder Gesetzes erfolgt, wird sie auch nicht zum Entgelt hinzugezogen, BFH, Urt. v. 16.1.2003 - V R 36/01, BFH/NV 2003, 667, II.2.b); Urt. v. 10.12.1998 - V R 58/97, BFH/NV 1999, 987, II.1.; *Hundt-Eßwein*, in: Küffner/Stöcker/Zugmaier, UStG, § 10 Rn. 16.

1327 Vgl. EuGH, Urt. v. 20.12.2017 - C-462/16 - *Boehringer Ingelheim Pharma*, UR 2018, 166, Rn. 27; Urt. v. 24.10.2013 - C-440/12 - *Metropol Spielstätten*, ABl. EU 2013, Nr. C 367, 19, Rn. 38; BFH, Urt. v. 11.7.2012 - XI R 11/11, BFH/NV 2013, 326, II.3.a); Abschn. 10.1 Abs. 2 Satz 1 UStAE; *Schuhmann*, in: Rau/Dürrwächter, UStG, § 10 Rn. 40; *Treiber*, in: Sölch/Ringleb, UStG, § 10 Rn. 80.

1328 BFH, Urt. v. 10.6.1999 - V R 87/98, BStBl II 1999, 580, II.1.a); *Korn*, in: Bunjes, UStG, § 10 Rn. 5.

1329 Vgl. *Raudszus*, in: Weimann/Lang, UStG, § 10 Rn. 32.

1330 Vgl. *Weymüller*, in: Birkenfeld/Wäger, USt-Handbuch, § 208 Rn. 25; *Hundt-Eßwein*, in: Küffner/Stöcker/Zugmaier, UStG, § 10 Rn. 21.

1331 Vgl. *Raudszus*, in: Weimann/Lang, UStG, § 10 Rn. 88.

wie eine Zahlstelle dazwischen geschalten ist.[1332] Das ist grundsätzlich der Fall, wenn der Unternehmer keinen eigenen Anspruch auf die Zahlung hat.[1333] Solch eine unmittelbare Rechtbeziehung ist allerdings dann ohne Bedeutung, wenn auch mit dem Unternehmer eine unmittelbare Rechtsbeziehung besteht.[1334] Zum anderen bedarf es auch eines Nachweises über die Betätigung des Unternehmers als Vermittler, durch den der Zahlungsverpflichtete und der Zahlungsempfänger sich und die Höhe des zuzahlenden Betrags kennen.[1335]

bb) Zahlungen an Dritte

Die Bemessungsgrundlage kann des Weiteren nicht nur durch Aufwendungen innerhalb der jeweiligen Leistungsbeziehung bestimmt werden. Auch Aufwendungen an Dritte können zu berücksichtigen sein.[1336] Dazu müssen die Zahlungen für Rechnung des Leistenden erfolgen und im Zusammenhang mit der ursprünglichen Leistung stehen.[1337] Dies ist nicht der Fall, wenn zwischen dem Dritten und dem Leistungsempfänger ein eigenes Vertragsverhältnis besteht, für dessen zugrunde liegende Leistungen die Aufwendungen erfolgen.[1338]

c) Entgelt von dritter Seite gem. § 10 Abs. 1 Satz 3 UStG

Neben Aufwendungen an Dritte zählt als Entgeltbestandteil nach § 10 Abs. 1 Satz 3 UStG ebenso das sog. Entgelt von dritter Seite, was ein anderer als der Leistungsempfänger (also ein Dritter) dem Unternehmer für die Leistung gewährt. Es bedarf insofern einer Abgrenzung zu Entgelten für separate Leistungen oder leistungsunabhängige Zuschüsse, die keinen Entgeltbestandteil darstellen:[1339]

1332 Ständ. Rspr. BFH, Urt. v. 4.5.2011 – XI R 4/09, BFH/NV 2011, 1736, II.2.b) m.w.N.

1333 Vgl. *Raudszus*, in: Weimann/Lang, UStG, § 10 Rn. 88.

1334 Vgl. BFH, Urt. v. 2.3.1067 – V 54/64, BStBl III 1967, 377; Abschn. 10.3 Abs. 1 Satz 5 UStAE.

1335 Vgl. *Raudszus*, in: Weimann/Lang, UStG, § 10 Rn. 88.

1336 BFH, 31.3.2006 – V B 11/04, BFH/NV 2006, 1531, II. 2.; Abschn. 10.1 Abs. 7 Satz 1 UStAE; *Probst*, in: Hartmann/Metzenmacher, UStG, § 10 Rn. 70.

1337 Vgl. BFH, Urt. v. 22.2.1968 – V 84/64, BStBl II 1968, 463; Abschn. 10.1 Abs. 7 Satz 1 UStAE; *Hundt-Eßwein*, in: Küffner/Stöcker/Zugmaier, UStG, § 10 Rn. 22; *Raudszus*, in: Weimann/Lang, UStG, § 10 Rn. 30.

1338 BFH, Urt. v. 22.2.1968 – V 84/64, BStBl II 1968, 463; Abschn. 10.1 Abs. 7 Satz 2 UStAE; *Raudszus*, in: Weimann/Lang, UStG, § 10 Rn. 30.

1339 Vgl. BFH, Urt. v. 18.7.2000 – V B 35/00, BFH/NV 2001, 71; Abschn. 10.2 Abs. 1 UStAE; *Hundt-Eßwein*, in: Küffner/Stöcker/Zugmaier, UStG, § 10 Rn. 33.

Voraussetzung für die Qualifizierung als Entgelt von dritter Seite ist, dass zwischen dem Leistenden und dem Dritten kein unmittelbarer Leistungsaustausch vorliegt, da es sich andernfalls bei der Zahlung um ein Entgelt für eine eigenständige umsatzsteuerpflichtige Leistung handelt.[1340] Dies wäre der Fall, wenn die Zahlung in einer inneren Verknüpfung zu einer konkreten Leistung steht, die der Zahlungsempfänger an den Dritten erbringen soll.[1341] Unerheblich ist es hingegen, wenn die Zahlung gleichzeitig Teil eines weiteren Geschäftsvorgangs ist, beispielsweise zwischen dem Leistungsempfänger und dem Dritten.[1342]

Darüber hinaus kann es sich bei der Zahlung eines Dritten nur dann um Entgelt von dritter Seite handeln, wenn diese auch tatsächlich für die Leistung des Unternehmers erfolgt, also in einem Zusammenhang mit der umsatzsteuerrechtlichen Leistungsbeziehung von Leistenden und Leistungsempfänger steht.[1343] Solch ein Zusammenhang liegt vor, wenn der Leistungsempfänger auf die Zahlungen einen Rechtsanspruch hat und der Dritte somit in Erfüllung seiner (bspw. auch öffentlich-) rechtlichen Verpflichtung gegenüber dem Leistungsempfänger zahlt oder zumindest in seinem Interesse handelt.[1344] Die Zahlung des Dritten an den Leistenden stellt dann im Ergebnis nur eine Abkürzung des Zahlungswegs dar,[1345] da der Dritte andernfalls an den Leistungsempfänger hätte zahlen müssen, damit dieser es dann als Entgelt an den Leistenden zahlt. Umsatzsteuerrechtlich darf ein abgekürzter Zahlungsweg nicht zu einer anderen

---

1340 BFH, Urt. v. 20.2.1992 – V R 107/87, BStBl II 1992, 705, II.3.; Abschn. 10.2 Abs. 3 Satz 2 UStAE; *Handzik*, in: Offerhaus/Söhn/Lange, UStG, § 10 Rn. 52; *Hundt-Eßwein*, in: Küffner/Stöcker/Zugmaier, UStG, § 10 Rn. 36; *Raudszus*, in: Weimann/Lang, UStG, § 10 Rn. 57; *Schuhmann*, in: Rau/Dürrwächter, UStG, § 10 Rn. 247.

1341 *Hundt-Eßwein*, in: Küffner/Stöcker/Zugmaier, UStG, § 10 Rn. 36.

1342 EuGH, Urt. v. 25.5.1993 – C-18/92 – *Bally*, Slg. 1993, I-2871, Rn. 16; BFH, Urt. v. 19.10.2001 – V R 48/00, BStBl II 2003, 210, II.3.c); *Handzik*, in: Offerhaus/Söhn/Lange, UStG, § 10 Rn. 52; *Probst*, in: Hartmann/Metzenmacher, UStG, § 10 Rn. 140.

1343 EuGH, Urt. v. 19.6.2003 – C-149/01 – *First Choice Holidays*, Slg. 2003, I-6289, Rn. 31; BFH, Urt. v. 20.2.1992 – V R 107/87, BStBl II 1992, 705; Abschn. 10.2 Abs. 3 Satz 2 UStAE; *Handzik*, in: Offerhaus/Söhn/Lange, UStG, § 10 Rn. 52; *Probst*, in: Hartmann/Metzenmacher, UStG, § 10 Rn. 139; *Treiber*, in: Sölch/Ringleb, UStG, § 10 Rn. 186.

1344 Vgl. BFH, Urt. v. 25.11.1986 – V R 109/78, BStBl II 1987, 228; Urt. v. 9.10.2003 – V R 51/02, BStBl II 2004, 322, II.2.c) für Zahlungen der öffentlichen Hand; Abschn. 10.2 Abs. 3 Satz 4 UStAE; *Hundt-Eßwein*, in: Küffner/Stöcker/Zugmaier, UStG, § 10 Rn. 37; *Raudszus*, in: Weimann/Lang, UStG, § 10 Rn. 58.

1345 Vgl. BFH, Urt. v. 20.12.2001 – V R 81/99, BStBl II 2003, 213, II.3.a); *Hundt-Eßwein*, in: Küffner/Stöcker/Zugmaier, UStG, § 10 Rn. 21.

umsatzsteuerlichen Behandlung führen, weshalb die Zahlung des Dritten in diesem Fall dem Leistungsempfänger zugerechnet wird und Entgeltbestandteil für die Leistung zwischen Leistenden und Leistungsempfänger ist.[1346] Dies ist beispielsweise der Fall, wenn die Zahlung des Dritten die Entgeltzahlung des Leistungsempfängers ergänzt und damit den Zweck der Preisauffüllung verfolgt.[1347] Maßgeblich ist insoweit, dass durch die Zahlung das Entgelt für die Leistung des Zahlungsempfängers auf die erforderliche Höhe gebracht wird, um das Zustandekommen eines Leistungsaustauschs zumindest zu erleichtern.[1348] Abgegrenzt werden so Zahlungen, bei denen es sich um einen sog. echten Zuschuss eines Dritten handelt, der lediglich der Förderung des Leistungsempfängers im allgemeinen Interesse dienen soll und gerade keinen Gegenwert für eine steuerbare Leistung des Zahlungsempfängers an den Leistenden darstellt und von dieser unabhängig ist.[1349] Wenn ein Dritter also beispielsweise mit der Zahlung die Förderung des Unternehmers bzw. Zahlungsempfängers verfolgt und gerade nicht im Interesse des Leistungsempfängers handelt, besteht darin ein echter Zuschuss, der nicht der Besteuerung unterliegt.[1350]

Für die Beurteilung der Zahlung als Entgelt von dritter Seite ist mithin letztlich entscheidend, wem die Zahlung des Dritten zugutekommen soll – dem Leistungsempfänger oder dem Leistenden – und zu welchem Zweck sie erfolgt.[1351]

d) Änderung der Bemessungsgrundlage

Das Entgelt einer Leistung kann sich überdies anfänglich (§ 10 UStG) oder nachträglich (§ 17 UStG) ändern, indem es sich durch zusätzliche Preisbestandteile

---

1346 Vgl. *Treiber*, in Sölch/Ringleb, UStG, § 10 Rn 187.

1347 Abschn. 10.2 Abs. 5 Satz 1 UStAE; *Hundt-Eßwein*, in: Küffner/Stöcker/Zugmaier, UStG, § 10 Rn. 38; *Probst*, in: Hartmann/Metzenmacher, UStG, § 10 Rn. 166.

1348 BFH, Urt. v. 24.8.1967 – V 31/64, BStBl III 1967, 717, 2.; Abschn. 10.2 Abs. 5 Satz 2 UStAE; aber auch eine Zahlung des Dritten in voller Höhe des vereinbarten Entgelts würde einer Einordnung als Entgelt von dritter Seite nicht entgegenstehen i.E. EuGH, Urt. v. 13.6.2002 – C-353/00 – *Keeping Newcastle Warm*, Slg. 2002, I-5419, Rn. 1; *Probst*, in: Hartmann/Metzenmacher, UStG, § 10 Rn. 166.

1349 Vgl. BFH; Urt. v. 20.12.2001 – V R 81/99, BStBl II 2003, 213; *Hundt-Eßwein*, in: Küffner/Stöcker/Zugmaier, UStG, § 10 Rn. 40; *Schuhmann*, in: Rau/Dürrwächter, UStG, § 10 Rn. 230.

1350 Abschn. 10.2 Abs. 4 Satz 1 UStAE.

1351 BFH, Urt. v. 26.9.2012 – V R 22/11, BFH/NV 2013, 486, II. 2.; Urt. v. 8.3.1990 – V R 67/89, BStBl II 1990, 708, II.1.; Abschn. 10.2 Abs. 4 Satz 2 UStAE.

erhöht oder vermindert.[1352] Änderungen der Bemessungsgrundlage müssen für jede Leistung gesondert festgestellt bzw. vorgenommen werden, weshalb auch nicht leistungsübergreifend saldiert werden kann.[1353]

aa) Entgeltminderungen oder -erhöhungen

Ob sich die Bemessungsgrundlage durch eine Zahlung ändert, richtet sich nach den Regelungen des § 10 UStG; § 17 UStG setzt indes die Änderung der Bemessungsgrundlage bereits voraus.[1354] Entgeltänderungen beruhen in der Regel auf vertraglichen Abreden,[1355] können sich aber ebenso aus gesetzlichen Regelungen ergeben.[1356] Entscheidend ist aber nicht nur die Vereinbarung, sondern dass die Änderung der Bemessungsgrundlage auch tatsächlich erfolgt.[1357]

Voraussetzung ist für die Änderung der Bemessungsgrundlage ist an erster Stelle ein steuerpflichtiger Umsatz.[1358] Dies ergibt sich bereits aus dem Wortlaut in § 17 Abs. 1 Satz 1 UStG „Hat sich die Bemessungsgrundlage für einen steuerpflichtigen Umsatz [...] geändert, [...]".[1359] Das Entgelt kann sich mithin bei steuerbefreiten Umsätzen wie beispielsweise innergemeinschaftlichen Lieferungen nicht mindern.[1360]

Es bedarf überdies eines unmittelbaren Zusammenhangs zwischen der Leistung und der Minderung bzw. Erhöhung des vereinbarten Entgelts,[1361]

1352 Vgl. BFH, Urt. v. 11.5.2006 – V R 33/03, BStBl II 2006, 699, II.1.; *Frotscher*, in: Weimann/Lang, UStG, § 17 Rn. 47; *Handzik*, in: Offerhaus/Söhn/Lange, UStG, § 10 Rn. 81; *Raudszus*, in: Weimann/Lang, UStG, § 10 Rn. 37 ff.

1353 Vgl. BFH, Beschl. v. 23.8.1990 – V B 22/89, BFHE 161, 256, II.1.d); *Handzik*, in: Offerhaus/Söhn/Lange, UStG, § 10 Rn. 84.

1354 Vgl. Abschn. 17.1. Abs. 1 Satz 2 UStAE; *Frotscher*, in: Weimann/Lang, UStG, § 17 Rn. 46; *Hundt-Eßwein*, in: Küffner/Stöcker/Zugmaier, UStG, § 17 Rn. 11.

1355 *Hundt-Eßwein*, in: Küffner/Stöcker/Zugmaier, UStG, § 17 Rn. 13; *Meyer*, in: Weymüller, UStG, § 17 Rn. 43; *Nieuwenhuis*, in: Offerhaus/Söhn/Lange, UStG, § 17 Rn. 17.

1356 *Meyer*, in: Weymüller, UStG, § 17 Rn. 45.

1357 *Nieuwenhuis*, in: Offerhaus/Söhn/Lange, UStG, § 17 Rn. 33.

1358 BFH, Beschl. v. 24.2.2015 – V B 147/14, BFH/NV 2015, 768, II.3.; Urt. v. 4.12.2014 – V R 6/13, BStBl II 2017, 810, II.4.; *Gres*, MwStR 2015, 470, 471; *jh*, StuB 2015, 319f; *Vellen*, UStB 2015, 114, 115.

1359 Vgl. BFH, Beschl. v. 24.2.2015 – V B 147/14, BFH/NV 2015, 768, II.3.

1360 Vgl. *Gres*, MwStR 2015, 470, 471.

1361 Vgl. dazu für den umsatzunabhängigen Solidarbeitrag der pharmazeutischen Unternehmer BFH, Urt. v. 30.1.2014 – V R 1/13, BFH/NV 2014, 911, II.2.a)aa); a.A. *Winter/Kapeller*, MwStR 2013, 109, 110, die einen unmittelbaren Zusammenhang zu den Arzneimittellieferungen auch bei einer festgelegten Einmalzahlung bejahen; vgl. für die gezahlten Aufwandsentschädigungen an Kassenpatienten als Minderung im

Unproblematisch sind aber zum Beispiel periodische umsatzabhängige Rückvergütungen, die sich auf eine Vielzahl von Umsätzen beziehen, da dann noch immer der wirtschaftliche Zusammenhang zur jeweiligen Leistung besteht.[1362]

Der Änderungsbetrag einer Änderung der Bemessungsgrundlage ergibt sich aus dem Bruttobetrag, den der Leistungsempfänger nun abweichend vom ursprünglichen Entgelt mehr oder weniger aufgewendet hat,[1363] weshalb er entsprechend in Entgelt und Umsatzsteueranteil aufzuteilen ist.[1364]

Zu den häufigsten Änderungen der Bemessungsgrundlage zählen wohl Entgeltminderungen in Form ihrer zahllosen Ausgestaltungen. Sie liegen vor, wenn der Leistungsempfänger bei der Zahlung Beträge abzieht oder bereits gezahlte Beträge zurückgewährt werden.[1365] Typische Beispiele sind Skonti bei pünktlichem Zahlungseingang,[1366] Boni bei Erreichen eines bestimmten Umsatzvolumens oder Zahlungsabzüge durch Gutscheine oder Rabatte.[1367] Es handelt sich indes nicht um Entgeltminderungen, wenn den Abzügen eigenständige oder zusätzliche Leistungen gegenüberstehen.[1368]

Entgelterhöhungen sind hingegen eher eine Seltenheit, weil es den meisten später erfolgten zusätzlichen Zahlungen am Zusammenhang zur Leistung fehlt und sie eher Schadensersatzcharakter haben (bspw. Mahngebühren oder Vertragsstrafen). Ein typischer Fall ist aber die Umbuchungsgebühr einer Fluggesellschaft.[1369]

Rahmen der Leistungsbeziehung mit den Privatpatienten BFH, Beschl. v. 24.2.2015 – V B 147/14, BFH/NV 2015, 768, II.1.; vgl. dazu auch *Gres*, MwStR 2015, 470, 471; *Nieuwenhuis*, HFR 2015, 512, 513; vgl. überdies allgemein *Hundt-Eßwein*, in: Küffner/Stöcker/Zugmaier, UStG, § 17 Rn. 11; *Nieuwenhuis*, in: Offerhaus/Söhn/Lange, UStG, § 17 Rn. 17.

1362 Vgl. BFH, Urt. v. 6.6.2002 – V R 59/00, BStBl II 2003, 214, II.2.d); *Nieuwenhuis*, in: Offerhaus/Söhn/Lange, UStG, § 17 Rn. 38.

1363 *Frotscher*, in: Weimann/Lang, UStG, § 17 Rn. 38;

1364 BFH, Urt. v. 28.5.2009 – V R 2/08, BStBl II 2009, 870; Abschn. 10.3 Abs. 1 Satz 2 UStAE; *Hundt-Eßwein*, in: Küffner/Stöcker/Zugmaier, UStG, § 17 Rn. 13; vgl. i.E. auch *Feil*, in: Weymüller, UStG, § 10 Rn. 27.13.

1365 Abschn. 10.3 Abs. 1 Satz 1 UStAE; *Frotscher*, in: Weimann/Lang, UStG, § 17 Rn. 48.

1366 Vgl. Abschn. 10.3 Abs. 1 Satz 1 UStAE; *Hundt-Eßwein*, in: Küffner/Stöcker/Zugmaier, UStG, § 10 Rn. 26; a.A. *Stadie*, in: Rau/Dürrwächter, UStG, § 17 Rn. 282 ff., nach dem ein Skonto eine steuerfreie Kreditgewährung darstelle.

1367 BFH, Urt. 28.6.1995 – XI R 66/94, BStBl II 1995, 850, II.1.; OFD Niedersachsen, Vfg. v. 24.08.2015 – S 7330-25-St 181, UR 2015, 807; *Nieuwenhuis*, in: Offerhaus/Söhn/Lange, UStG, § 17 Rn. 17; *Raudszus*, in: Weimann/Lang, UStG, § 10 Rn. 39.

1368 *Nieuwenhuis*, in: Offerhaus/Söhn/Lange, UStG, § 17 Rn. 33.

1369 Vgl. *Meyer*, in: Weymüller, UStG, § 17 Rn. 55 ff.

bb) Zeitpunkt der Änderung der Bemessungsgrundlage

Sofern einer Entgelterhöhung oder -minderung festgestellt wurde, ist der Zeitpunkt der Änderung der Bemessungsgrundlage zu ermittelt. Wenn die vereinbarte Gegenleistung und die preisändernden Bestandteile in unterschiedlichen Besteuerungszeiträumen erfolgen, ist § 17 UStG zu beachten.[1370] Relevant für den Zeitpunkt der Entgeltänderung ist der Zeitpunkt der Steuerentstehung.[1371] Unerheblich ist hingegen, ob der Grund für die Änderung bereits zuvor feststand und nur die Bedingung für die Änderung erst später eintritt, so etwa bei Skonti und Boni.[1372]

Voraussetzung für eine nachträgliche Änderung nach § 17 UStG und deren Rechtsfolgen – wie die Berichtigungspflicht der geschuldeten Steuer – ist neben dem Vorliegen einer steuerpflichtigen Leistung eines Unternehmers, dass er für diese die Steuer geschuldet hat und der Umsatz sich nachträglich änderte.[1373] Die Änderung der Bemessungsgrundlage muss demnach tatsächlich eingetreten sein.[1374] Insofern ist auch auf den Zeitpunkt der tatsächlichen Zahlung abzustellen.[1375] Änderungen vor Entstehen der Steuerschuld werden nicht von § 17 UStG erfasst. Dies ergibt sich unmittelbar aus dem Wortlaut „Hat sich die Bemessungsgrundlage […] geändert".[1376] Die Steuer entsteht grundsätzlich mit Ablauf des Voranmeldungszeitraums, in dem die Leistung erbracht wird.[1377] Entsprechende Erhöhungen oder Minderungen, die vor dem Ende des Voranmeldungszeitraums die Bemessungsgrundlage erhöhen und vermindern, lassen die Steuer nur auf Grundlage der geänderten Steuerschuld entstehen.[1378] Rabatte,

1370 Vgl. *Raudszus*, in: Weimann/Lang, UStG, § 10 Rn. 39.

1371 *Handzik*, in: Offerhaus/Söhn/Lange, UStG, § 10 Rn. 81.

1372 Vgl. BFH, Urt. v. 18.9.2008 – V R 56/06, BStBl II 2009, 250, II.3.a),b); *Frotscher*, in: Weimann/Lang, UStG, § 17 Rn. 30; *Korf*, in: Hartmann/Metzenmacher, UStG, § 17 Rn. 66.

1373 *Korf*, in: Hartmann/Metzenmacher, UStG, § 17 Rn. 13 f.; *Nieuwenhuis*, in: Offerhaus/Söhn/Lange, UStG, § 17 Rn. 3.

1374 BFH, Urt. v. 18.9.2008 – V R 56/06, BStBl II 2009, 250, II.3.c); *Hundt-Eßwein*, in: Küffner/Stöcker/Zugmaier, UStG, § 17 Rn. 11.

1375 Vgl. BFH, Urt. v. 18.9.2008 – V R 56/06, BStBl II 2009, 250, II.3.d); Abschn. 17.1 Abs. 2 Satz 1, 3 UStAE; OFD Niedersachsen, Vfg. v. 24.8.2015 – S 7330-25-St 181, UR 2015, 807; *Hundt-Eßwein*, in: Küffner/Stöcker/Zugmaier, UStG, § 17 Rn. 13.

1376 *Korf*, in: Hartmann/Metzenmacher, UStG, § 17 Rn. 32.

1377 *Korf*, in: Hartmann/Metzenmacher, UStG, § 17 Rn. 33.

1378 BFH, Urt. v. 29.1.1987 – V R 53/76, BStBl II 1987, 516, II.1.c); *Frotscher*, in: Weimann/Lang, UStG, § 17 Rn. 30; *Korf*, in: Hartmann/Metzenmacher, UStG, § 17 Rn. 33.

die direkt vom zu zahlenden Preis abgezogen werden, stellen daher in der Regel keine nachträgliche Änderung der Bemessungsgrundlage dar.[1379]

Von Bedeutung ist die Einschlägigkeit von § 17 UStG insbesondere für etwaige Berichtigungspflichten,[1380] wozu nicht nur die Berichtigung des Steuerbetrags durch den Leistenden zählt (§ 17 Abs. 1 Satz 1 UStG), sondern auch die Korrektur des Vorsteuerabzugs durch den Unternehmer, an den der Umsatz ausgeführt worden ist (§ 17 Abs. 1 Satz 2 UStG).[1381]

cc) Sonderfall des Preisnachlasses in mehrstufigen Lieferketten

Ein relevantes und viel diskutiertes Beispiel für Entgeltminderungen stellen Herstellerrabatte dar, die sich dadurch auszeichnen, dass dem Endverbraucher ein Preisnachlass gewährt wird, ohne dass zwischen ihm und dem Hersteller eine direkte Leistungsbeziehung besteht.[1382] Diese komplexe Thematik gilt es an dieser Stelle zu vertiefen, da im Rahmen der nachfolgenden Untersuchung der Auswirkungen des gesetzlichen wie vertraglichen Herstellerrabatts der pharmazeutischen Unternehmer für die Bemessungsgrundlage der Arzneimittellieferung auf diese Grundlagen zurückzugreifen ist.

Mögliche Ausgestaltungen sind insbesondere der sog. Preiserstattungsgutschein und der Preisnachlassgutschein.[1383] Bei einem Preiserstattungsgutschein kann der Verbraucher den Gutschein unmittelbar beim Hersteller einlösen und bekommt den Nominalwert des Gutscheins von diesem erstattet,[1384] wohingegen der Preisnachlassgutschein gegenüber dem Einzelhändler mit dem Kaufpreis verrechnet wird und der Nennwert des Gutscheins dann wiederum dem Einzelhändler vom Hersteller erstattet wird.[1385]

1379 *Korf*, in: Hartmann/Metzenmacher, UStG, § 17 Rn. 66.

1380 Vgl. Abschn. 10.3 Abs. 1 Satz 4 UStAE.

1381 Vgl. *Meyer*, in: Weymüller, UStG, § 17 Rn. 57.

1382 Vgl. Abschn. 10.3 Abs. 1 Satz 5 UStAE; *Raudszus*, in: Weimann/Lang, UStG, § 10 Rn. 43.

1383 Vgl. Abschn. 17.2 Abs. 4 UStAE; so auch im Fall des EuGH, Urt. v. 24.10.1996 – C-317/94 – *Elida Gibbs Ltd.*, BStBl II 2004, 324, Rn. 4.

1384 Vgl. EuGH, Urt. v. 24.10.1996 – C-317/94 – *Elida Gibbs Ltd.*, BStBl II 2004, 324, Rn. 11.

1385 Vgl. EuGH, Urt. v. 24.10.1996 – C-317/94 – *Elida Gibbs Ltd.*, BStBl II 2004, 324, Rn. 5.

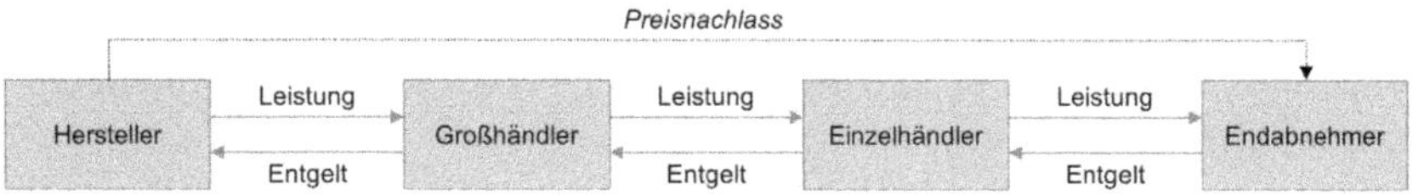

Abb. 4: Preiserstattungsgutschein

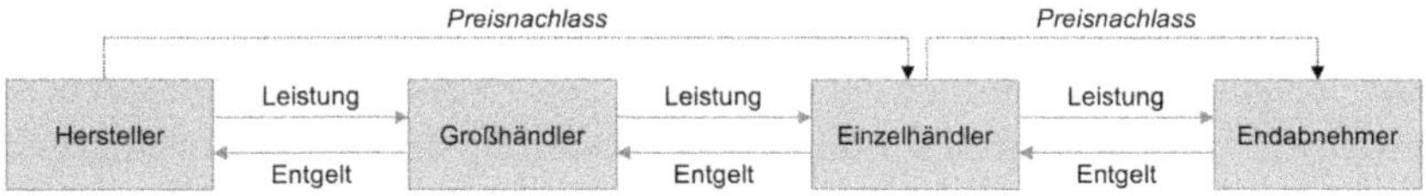

Abb. 5: Preisnachlassgutschein

(1) Umsatzsteuerliche Auswirkungen von Preisnachlass- und Preiserstattungsgutscheinen

Es stellt sich insofern die Frage, ob und auf welcher Ebene sich der Zahlungsabschlag auf die Bemessungsgrundlage auswirkt. Grundsätzlich gilt, dass auch eine Rückzahlung die Bemessungsgrundlage nur mindern kann, wenn zwischen der Zahlung und dem Umsatz ein unmittelbarer Zusammenhang besteht; wobei noch unklar ist, welche Anforderungen an diesen Zusammenhang im Einzelfall zu stellen sind. Auch aus dem UStG und der MwStSystRL ergeben sich insofern keine konkreten Anhaltspunkte.[1386]

Der EuGH entschied in seinem Grundsatzurteil *Elida Gibbs*[1387], dass auch wenn der Hersteller nicht mit dem Endverbraucher vertraglich verbunden ist, ein sowohl im Wege des Preiserstattungs- als auch Preisnachlassgutscheins gezahlter Abschlag des Herstellers dessen Bemessungsgrundlage mindert.[1388] Seine Umsatzsteuerlast reduziert sich mithin um den in dem Nachlass enthaltenen Umsatzsteueranteil.[1389] Andernfalls werde nach Ansicht des EuGH der Neutralitätsgrundsatz nicht gewahrt, weil ein höherer Steuerbetrag erhoben werden

1386 *Hübner/Krieg*, EuZW 2018, 152, 153; *Krieg*, DStR 2018, 509, 511.

1387 EuGH, Urt. v. 24.10.1996 – C-317/94 – *Elida Gibbs Ltd.*, BStBl II 2004, 324.

1388 EuGH, Urt. v. 24.10.1996 – C-317/94 – *Elida Gibbs Ltd.*, BStBl II 2004, 324, Rn. 34 f.; vgl. nachfolgend zu Preisnachlassgutscheinen auch Urt. v. 15.10.2002 – C-427/98 – *Kommission/Deutschland*, BStBl II 2004, 328, Rn. 79; kritisch *Tehler*, UVR 2003, 33, 35 f., der in der Rechtsprechung ein „Steuersparprogramm" des EuGH sieht.

1389 Vgl. i.E. *Korn*, in: Bunjes, UStG, § 17 Rn. 42.

würde als derjenige, den der Endverbraucher letztlich gezahlt hat.[1390] Dies ist heute auch weitgehend in Rechtsprechung[1391], Verwaltung[1392] und Literatur[1393] anerkannt.

Voraussetzung für die Minderung der Bemessungsgrundlage auf Ebene des Herstellers ist dabei nach Ansicht des EuGH, dass der finanzielle Aufwand auch einem nachfolgenden Umsatz in der Kette zugeordnet werden könne und er mit seinem eigenen Umsatz Teil der Fördermaßnahme sei.[1394] Dies ist nicht der Fall, wenn der finanzielle Aufwand nur aus allgemeinem Werbeinteresse erfolgt,[1395] oder lediglich ein Vermittler außerhalb der Leistungskette den Preisnachlass gewährt.[1396] Unerheblich ist für die Entgeltminderung des Herstellers hingegen, ob dessen Lieferung unmittelbar an den Einzelhändler erfolgt oder weitere Groß- oder Zwischenhändler in der Lieferkette dazwischen geschalten sind.[1397]

1390 EuGH, Urt. v. 24.10.1996 – C-317/94 – *Elida Gibbs Ltd.*, BStBl II 2004, 324, Rn. 31; Urt. v. 20.12.2017 – C-462/16 – *Boehringer Ingelheim Pharma*, UR 2018, 166, Rn. 19.

1391 Vgl. BFH, Urt. v. 4.12.2014 – V R 6/13, BStBl II 2017, 810, II.4.b)aa); Urt. v. 15.2.2012 – XI R 24/09 BStBl II 2013, 712, II.1.b); Urt. v. 12.1.2006 – V R 3/04, BStBl II 2006, 479, II.1.b).

1392 Abschn. 10.3 Abs. 1 Satz 6 UStAE; Abschn. 17 Abs. 1 Satz 1 und 2 UStAE.

1393 *Handzik*, in: Offerhaus/Söhn/Lange, UStG, § 10 Rn. 42e; *Korn*, in: Bunjes, UStG, § 17 Rn. 42; *Meyer*, in: Weymüller, UStG, § 17 Rn. 51; *Stadie*, in: Rau/Dürrwächter, UStG, § 17 Rn. 211; *kritisch* Weiß, UR 1997, 269.

1394 EuGH, Urt. v. 24.10.1996 – C-317/94 – *Elida Gibbs Ltd.*, BStBl II 2004, 324, Rn. 31 „[der Steuerpflichtige, der] das erste Glied einer zu diesem führenden Kette von Umsätzen bildet"; vgl. auch *Korn*, in: Bunjes, UStG, § 17 Rn. 40; *Wäger*, in: Sölch/Ringleb, UStG, § 17 Rn. 93; kritisch *Krieg*, DStR 2018, 509, 511, der das Kriterium der Umsatzkette über einen identischen Leistungsgegenstand vor dem Hintergrund der Bei- und Verarbeitung von gelieferten Sachen für „beliebig und praxisfern" hält.

1395 Abschn. 17.2 Abs. 8 UStAE; *Handzik*, in: Offerhaus/Söhn/Lange, UStG, § 10 Rn. 42e; *Korn*, in: Bunjes, UStG, § 17 Rn. 41; *Wäger*, in: Sölch/Ringleb, UStG, § 17 Rn. 93; vgl. für die Ausgabe von Werbechips, mit denen das Recht erworben wird, Leistungen Dritter verbilligt zu erhalten BFH, Urt. v. 11.5.2006 – V R 33/03, BStBl II 2006, 699, II.3.

1396 EuGH, Urt. v. 16.1.2014 – C-300/12 – *Ibero Tours*, BStBl II 2015, 317, Rn. 33; vgl. das nachfolgende Schlussurteil BFH, Urt. v. 27.2.2014 – V R 18/11, BStBl II 2015, 306, II.3.; Abschn. 17.2 Abs. 7 Satz 1 UStAE; *Korn*, in: Bunjes, UStG, § 17 Rn. 44; das Gleiche gilt für Preisnachlässe eines Zentralregulierers an seine Anschlusskunden BFH, Urt. v. 3.7.2014 – V R 3/12, BFH/NV 2014, 1701, II.2.c).

1397 Vgl. Abschn. 17.2 Abs. 1 Satz 1 bis 3 UStAE; *Raudszus*, in: Weimann/Lang, UStG, § 10 Rn. 45; im Ergebnis auch EuGH, Urt. v. 24.10.1996 – C-317/94 – *Elida Gibbs Ltd.*, BStBl II 2004, 324, Rn. 34.

Die Minderung der Bemessungsgrundlage des Herstellers zieht auch für die übrigen Beteiligten der Lieferkette umsatzsteuerlichen Auswirkungen nach sich. Es ist insofern zwischen den einzelnen Leistungsbeziehungen innerhalb der Kette zu differenzieren. Maßgeblich ist, dass aus allen Umsatzgeschäften innerhalb der Leistungskette nur die Umsatzsteuerbeträge erhoben werden, mit denen der Endverbraucher letztlich auch belastet ist.[1398] Die Besteuerung der übrigen Unternehmer der Kette ist hingegen neutral.[1399]

Sowohl beim Preisnachlass- als auch beim Preiserstattungsgutschein mindert sich nur die Bemessungsgrundlage des Herstellers, da niemand sonst aus der Lieferkette wirtschaftlich belastet ist (vgl. § 17 Abs. 1 Satz 3 UStG).[1400] Es entstünde ein Steuerausfall, wenn noch weitere Minderungen vorgenommen werden würden.[1401] Konkret bedeutet das, dass sich in der Leistungsbeziehung zwischen Hersteller und Einzelhändler trotz Minderung der Bemessungsgrundlage des Herstellers der Eingangsumsatz des Einzelhändlers (in Form einer Verringerung seines Vorsteuerabzugs) nicht ändert.[1402] Auch auf der Ebene zwischen Einzelhändler und Endverbraucher ändert sich an der zu erhebenden Umsatzsteuerlast grundsätzlich nichts. Handelt es sich bei dem Endabnehmer allerdings um einen vorsteuerabzugsberechtigten Unternehmer, mindert sich sein Vorsteuerabzug für die erhaltene Leistung um den in dem Gutschein enthaltenen Umsatzsteueranteil, weil er durch den Gutschein wirtschaftlich begünstigt ist (vgl. § 17 Abs. 1 Satz 4 UStG).[1403]

Innerhalb der Leistungsbeziehung von Einzelhändler und Endverbraucher kommt auch der einzige Unterschied zwischen den verschiedenen

---

1398 EuGH, Urt. v. 24.10.1996 – C-317/94 – *Elida Gibbs Ltd.*, BStBl II 2004, 324, Rn. 19; BFH, Urt. v. 12.1.2006 – V R 3/04, BStBl II 2006, 479, II.1.a).

1399 BFH, Urt. v. 12.1.2006 – V R 3/04, BStBl II 2006, 479, II.1.; Abschn. 17.2 Abs. 1 Satz 4 UStAE; *Korn*, in: Bunjes, UStG, § 17 Rn. 39.

1400 Vgl. EuGH, Urt. v. 24.10.1996 – C-317/94 – *Elida Gibbs Ltd.*, BStBl II 2004, 324, Rn. 33.

1401 Vgl. *Raudszus*, in: Weimann/Lang, UStG, § 10 Rn. 46.

1402 Vgl. EuGH, Urt. v. 15.10.2002 – C-427/98 – *Kommission/Deutschland*, BStBl II 2004, 328, Rn. 41; BFH, Urt. v. 12.1.2006 – V R 3/04, BStBl II 2006, 479, II.1.; Abschn. 17.2 Abs. 1 Satz 3 UStAE; *Korn*, in: Bunjes, UStG, § 17 Rn. 42; *Raudszus*, in: Weimann/Lang, UStG, § 10 Rn. 45; *Meyer*, in: Weymüller, UStG, § 17 Rn. 58; *Stadie*, in: Rau/Dürrwächter, UStG, § 17 Rn. 212.

1403 BFH, Urt. v. 13.3.2008 – V R 70/06, BStBl II 2008, 997, II.1.b)aa); Abschn. 17.2 Abs. 3 Satz 1 UStAE; *Korn*, in: Bunjes, UStG, § 17 Rn. 42; *Meyer*, in: Weymüller, UStG, § 17 Rn. 59; *Stadie*, in: Rau/Dürrwächter, UStG, § 17 Rn. 234; *Wäger*, in: Sölch/Ringleb, UStG, § 17 Rn. 98.

Gutscheinausgestaltungen – mithin ob der Einzelhändler am Prozedere des Gutscheins beteiligt ist (Preisnachlassgutschein) oder nicht (Preiserstattungsgutschein) – zum Tragen. Dieser besteht in der Zusammensetzung der Bemessungsgrundlage. Beim Preiserstattungsgutschein stellt die Bemessungsgrundlage der vom Endverbraucher voll entrichtete Kaufpreis dar, der an ihn direkt vom Hersteller erstattete Betrag ist indes unerheblich. Das Entgelt beim Preisnachlassgutschein setzt sich wiederum aus dem gezahlten Barbetrag des Verbrauchers und dem Erstattungsbeitrag des Herstellers zusammen.[1404] Der an den Einzelhändler vom Hersteller erstattete Rabatt stellt insofern ein Entgelt von dritter Seite nach § 10 Abs. 1 Satz 3 UStG dar;[1405] da die Bemessungsgrundlage für die Leistung des Einzelhändlers an den Endverbraucher nicht niedriger sein darf, als wenn der vom Endabnehmer gezahlte Betrag an den Einzelhändler von vornherein durch den Rabatt geringer gewesen wäre.[1406]

Diese umsatzsteuerliche Behandlung innerhalb der Leistungskette soll nachfolgend an einem Zahlenbeispiel eines Preisnachlassgutscheins verdeutlicht werden:[1407]

Hersteller A verkauft an Zwischenhändler B einen Gegenstand für EUR 1000 zzgl. EUR 190 Umsatzsteuer; B wiederum an den Einzelhändler C für EUR 1500 zzgl. EUR 285 Umsatzsteuer und C anschließend an den nicht vorsteuerabzugsberechtigten Endverbraucher D für EUR 2000 zzgl. EUR 380 Umsatzsteuer. C erhält von D aufgrund eines Preisnachlassgutscheins mit einem Nominalwert von EUR 119 nur einen Barbetrag von EUR 2261, die ausstehenden EUR 119 werden ihm von A durch Vorlage des Gutscheins erstattet.

1404 EuGH, Urt. v. 16.1.2003 – C-398/99 – *Yorkshire Co-Operatives Ltd.*, BStBl II 2004, 335, Rn. 21.

1405 Vgl. *Raudszus*, in: Weimann/Lang, UStG, § 10 Rn. 46; a.A. *Stadie*, in: Rau/Dürrwächter, UStG, § 17 Rn. 235, nach dem die Zahlung des Herstellers nicht „für die Leistung“ erfolgt, sondern lediglich eine Belohnung des Endabnehmers für den Kauf darstellt und das ungeachtet dessen, ob die Vergütung an ihn direkt oder einen Zwischenhändler bezahlt wird.

1406 Vgl. EuGH, Urt. v. 16.1.2003 – C-398/99 – *Yorkshire Co-Operatives Ltd.*, BStBl II 2004, 335, Rn. 17, 19, wonach der Hersteller für den Umsatz zwischen Einzelhändler und Endabnehmer Dritter sein kann.

1407 Dem Beispiel 1 in Abschn. 17.2 Abs. 4 UStAE nachempfunden; siehe zum Preiserstattungsgutschein Beispiel 2.

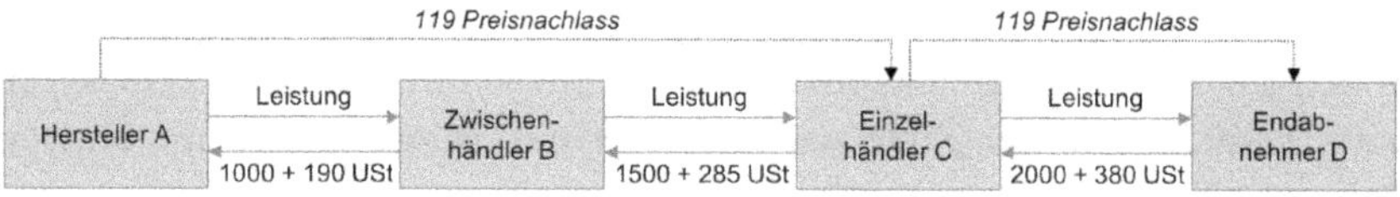

Abb. 6: Beispiel Preisnachlassgutschein

Die Bemessungsgrundlage für die Lieferung von C an D setzt sich zusammen aus dem Barbetrag des D in Höhe von EUR 2261 und dem Erstattungsbetrag des A in Höhe von EUR 119 als Entgelt von dritter Seite im Sinne des § 10 Abs. 1 Satz 3 UStG, insgesamt EUR 2380. Die von C an das Finanzamt abzuführende Umsatzsteuer beläuft sich damit auf EUR 380 ($^{19}/_{119}$ von EUR 2380). Überdies mindert die Erstattung des Preisnachlassgutscheins die Bemessungsgrundlage des A um EUR 119, weshalb sich seine Umsatzsteuerschuld um den darin enthaltenen Umsatzsteueranteil von EUR 19 reduziert. Die übrigen Steuerbelastungen und Vorsteuerabzüge aller anderen Beteiligten der Leistungskette bleiben unberührt. Dem Fiskus fließt damit im Ergebnis ein Betrag von EUR 361 zu (EUR 380 der Umsatzsteuerlast des C abzüglich der reduzierten Umsatzsteuerschuld des A um EUR 19). Dies entspricht auch dem Umsatzsteueranteil, mit dem der Endverbraucher letztlich wirtschaftlich belastet ist ($^{19}/_{119}$ von EUR 2261).

(2) Umsatzsteuerliche Behandlung von Herstellergutscheinen bei grenzüberschreitenden Lieferketten

Probleme ergeben sich im Rahmen der Herstellergutscheine allerdings bei den Fällen grenzüberschreitender Lieferketten.[1408] Nach Ansicht der Finanzverwaltung setzt die Minderung der Bemessungsgrundlage zwar steuerpflichtige Umsätze voraus.[1409] Der EuGH machte allerdings deutlich, dass der Hersteller grundsätzlich „bei gewöhnlichen innergemeinschaftlichen Geschäftsvorgängen zur nachträglichen Verminderung der Besteuerungsgrundlage" berechtigt sei.[1410] Dazu muss danach unterschieden werden, an welcher Stelle innerhalb der Leistungskette die innergemeinschaftliche Lieferung erfolgt.

1408 Vgl. ausführlich die Darstellung des Meinungsstands zu den verschiedenen Fallkonstellationen in *Wüst*, MwStR 2015, 157 ff.

1409 Vgl. Abschn. 17.2 Abs. 1 Satz 4 Nr. 1 und 2 UStAE, wonach Voraussetzung für die Minderung der Bemessungsgrundlage des Herstellers ist, dass sowohl die von ihm erbrachte Leistung als auch die Leistung an den begünstigten Abnehmer im Inland umsatzsteuerpflichtig ist; a.A. *Stadie*, in: Rau/Dürrwächter, UStG, § 17 Rn. 213.

1410 Vgl. EuGH, Urt. v. 15.10.2002 – C-427/98 – *Kommission/Deutschland*, BStBl II 2004, 328, Rn. 64.

(a) Fall der grenzüberschreitenden Lieferung am Beginn der Lieferkette

In Betracht kommt unter anderem die Fallkonstellation, dass der Hersteller als erster Leistender in der Kette aus einem anderen Mitgliedstaat eine umsatzsteuerfreie innergemeinschaftliche Lieferung erbringt.

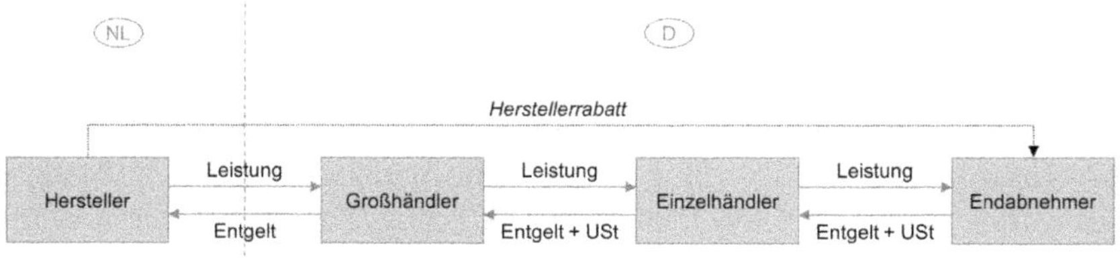

Abb. 7: Herstellerrabatt mit grenzüberschreitender Lieferung am Anfang der Lieferkette

Nach der herrschenden Meinung scheidet eine Minderung der Bemessungsgrundlage des Herstellers in diesen Fällen aus, weil er zuvor keinen umsatzsteuerpflichtigen Umsatz erbringt, dessen Umsatzsteueranteil gemindert werde könnte.[1411] Dies verstößt auch nicht gegen den Neutralitätsgrundsatz,[1412] weil der Hersteller nicht mit Umsatzsteuer belastet ist. Auch die Bemessungsgrundlage des Großhändlers für den von diesem in der Regel zu versteuernden innergemeinschaftlichen Erwerb aus der Lieferung des Herstellers ändert sich durch den Gutschein nicht, weil der Großhändler durch diesen Gutschein wirtschaftlich nicht belastet ist; sprich sich sein Aufwand für den innergemeinschaftlichen Erwerb nicht ändert.[1413] Dementsprechend muss auch ein vorsteuerabzugsberechtigter Endabnehmer seinen Vorsteuerabzug aufgrund des erhaltenen Gutscheins nicht berichtigen.[1414]

1411 BFH, Urt. v. 4.12.2014 – V R 6/13, BStBl II 2017, 810, II.4.b)aa); Abschn. 17.2 Abs. 1 Satz 4 Nr. 1 UStAE; *Heinrichshofen*, UStB 2015, 67, 68; *Heuermann*, StBp 2015, 149, 151; *Korn*, in: Bunjes, UStG, § 17 Rn. 42; *Marchal*, MwStR 2015, 183, 184; *Wäger*, BFH/PR 2015, 132, 133; *ders.*, in: Sölch/Ringleb, UStG, § 17 Rn. 99; a.A. *Beiser*, UVR 2003, 160, 161 f., da auf die tatsächliche Steuerbelastung des Endverbrauchers durch den Letztverbraucherpreis abzustellen sei; *Stadie*, in: Rau/Dürrwächter, UStG, § 17 Rn. 214 f.; dem früher noch zustimmend *Heinrichshofen*, UStB 2013, 191, 192.

1412 BFH, Urt. v. 4.12.2014 – V R 6/13, BStBl II 2017, 810, II.4.b)aa); *Heuermann*, StBp 2015, 149, 151.

1413 Vgl. BFH, Urt. v. 4.12.2014 – V R 6/13, BStBl II 2017, 810, II.4.b)bb); Abschn. 17.2 Abs. 3 Satz 4 UStAE; *Stadie*, in: Rau/Dürrwächter, UStG, § 17 Rn. 214; *Wäger*, in: Sölch/Ringleb, UStG, § 17 Rn. 99; *Wüst*, MwStR 2015, 157, 160.

1414 Vgl. BFH, Urt. v. 4.12.2014 – V R 6/13, BStBl II 2017, 810, II.3.,4.; Urt. v. 5.6.2014 – XI R 25/12, BStBl II 2017, 806, II.2.; Abschn. 17.2 Abs. 3 Satz 4 UStAE; *Wäger*, BFH/

(b) Fall der grenzüberschreitenden Lieferung am Ende der Lieferkette

Bislang noch nicht höchstrichterlich entschieden ist die Fallkonstellation einer innergemeinschaftlichen Lieferung am Ende der Leistungskette an den Endabnehmer. Das bedeutet, dass der Hersteller am Beginn der Lieferkette eine umsatzsteuerpflichtige Leistung ausführt, die Lieferung des Zwischenhändlers an den Endabnehmer, der letztlich den Rabatt erhält, jedoch steuerfrei ist.

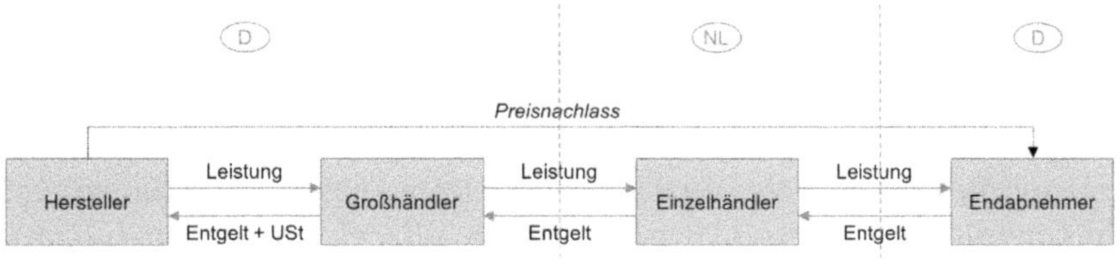

Abb. 8: Herstellerrabatt mit grenzüberschreitender Lieferung am Ende der Lieferkette

Auch hier stellt sich die Frage, ob sich die Bemessungsgrundlage des Herstellers aufgrund des Rabatts mindert und welche Folgen daran geknüpft sind. Die Fallkonstellation fand bereits im Rahmen des EuGH-Verfahrens *Kommission/Deutschland*[1415] Erwähnung. Die deutsche und britische Regierung sprachen sich gegen eine Minderung der Bemessungsgrundlage des Herstellers aus, weil sie einen Vorsteuerüberhang in Höhe des Umsatzsteueranteils der Preiserstattung zulasten des Fiskus fürchteten.[1416] Der EuGH wiederum führte obiter dictum zu dieser Fallkonstellation aus, dass in den Fällen, „in denen der auf dem Preisnachlassgutschein angegebene Wert aufgrund einer Steuerbefreiung in dem Mitgliedstaat, aus dem die Ware versandt wird, nicht steuerbar ist, […] in keinem der auf dieser oder einer folgenden Stufe der Absatzkette berechneten Preis Mehrwertsteuer enthalten [sei], so dass auch ein Preisnachlass oder eine teilweise Preiserstattung keinen Mehrwertsteueranteil umfassen kann, der eine Verminderung der vom Hersteller entrichteten Steuer veranlassen könnte."[1417]

PR 2015, 132, 133, da es zuvor an der Änderung der Bemessungsgrundlage eines steuerpflichtigen Umsatzes fehlt.

1415 EuGH, Urt. v. 15.10.2002 – C-427/98 – *Kommission/Deutschland*, BStBl II 2004, 328.

1416 Vgl. EuGH, Urt. v. 15.10.2002 – C-427/98 – *Kommission/Deutschland*, BStBl II 2004, 328, Rn. 62; i.E. ebenso *Lippross*, UR 2006, 142, 145.

1417 Vgl. EuGH, Urt. v. 15.10.2002 – C-427/98 – *Kommission/Deutschland*, BStBl II 2004, 328, Rn. 64.

Wie diese Aussage des EuGH hinsichtlich der umsatzsteuerlichen Behandlung letztlich zu verstehen ist, ist unklar.[1418] Zwar ließe sich argumentieren, dass nach Ansicht des EuGH in der Konstellation der innergemeinschaftlichen Lieferung an den vom Preisnachlass begünstigten Endabnehmer eine Minderung der Bemessungsgrundlage beim Hersteller wohl ausscheiden müsste,[1419] weil es sich bei einer innergemeinschaftlichen Lieferung an den Endabnehmer um eine steuerfreie Lieferung in dem Mitgliedstaat handelt, aus dem die Ware versendet wurde.[1420]

Dies kann aber jedenfalls dann nicht gelten, wenn der Endabnehmer einen innergemeinschaftlichen Erwerb im Inland zu versteuern hat, da dabei somit völlig unberücksichtigt gelassen werden würde, dass der Abnehmer in der Regel grundsätzlich (seine Vorsteuerabzugsberechtigung außer Acht gelassen) mit Umsatzsteuer belastet ist und damit sowohl die Ware als auch der Preisnachlass Umsatzsteuer enthält.[1421] Gem. § 17 Abs. 1 Satz 5 UStG gelten in den Fällen des innergemeinschaftlichen Erwerbs die § 17 Abs. 1 Satz 1 bis 4 UStG sinngemäß.

Das bedeutet, dass sich auch in Fällen der innergemeinschaftlichen Lieferung am Ende der Leistungskette die Bemessungsgrundlage des Herstellers aufgrund des Preisnachlasses mindert.[1422] Ungeachtet der steuerfreien Lieferung ist der Hersteller im Rahmen seiner umsatzsteuerpflichtigen Leistung durch den Preisnachlass wirtschaftlich belastet. Es gebietet daher vor dem Hintergrund der Grundsätze der *Elida Gibbs*-Entscheidung schon das Neutralitätsgebot eine Minderung der Bemessungsgrundlage. Es darf insofern keine Ungleichbehandlung des Herstellers daraus folgen, dass in der folgenden Lieferkette eine Lieferung grenzüberschreitend erfolgt. Andernfalls würde der gleiche Sachverhalt ungleich besteuert werden.[1423] Gleichzeitig muss die Minderung der Bemessungsgrundlage beim Hersteller in sinngemäßer Anwendung des § 17 Abs. 1 Satz 4 UStG auch dazu führen, dass sich bei vorsteuerabzugsberechtigten Endabnehmern der Vorsteuerabzug aus seinem versteuerten innergemeinschaftlichen Erwerb ohne

---

1418 Vgl. auch *Stadie*, in: Rau/Dürrwächter, UStG, § 17 Rn. 213 Fn. 6; *Wüst*, MwStR 2015, 157, 160.

1419 So auch *Nieskens*, UR 2005, 57, 69; *Probst*, in: Hartmann/Metzenmacher, UStG, § 10 Rn. 111; a.A. *Stadie*, in: Rau/Dürrwächter, UStG, § 17 Rn. 213, der die Minderung der Bemessungsgrundlage zulässt.

1420 Vgl. auch *Lohse*, BB 2003, 294, 295.

1421 Ebenso *Wüst*, MwStR 2015, 157, 163; *Prätzler*, MwStR 2017, 355.

1422 I.E. auch *Marchal*, UR 2015, 243, 244; *Nieskens*, UR 2005, 57, 69 f.; a.A. *Probst*, in: Hartmann/Metzenmacher, UStG, § 10 Rn. 111.

1423 I.E. auch *Prätzler*, MwStR 2017, 355, 361.

Anpassung der ursprünglichen Steuerschuld entsprechend reduziert.[1424] Damit wird dem Neutralitätsgebot insofern Rechnung getragen, dass der Vorsteuerabzug innerhalb der Kette nicht die vereinnahmte Steuer übersteigen darf.

Diese umsatzsteuerliche Behandlung entspricht in der Gesamtbetrachtung hinsichtlich der steuerlichen Auswirkungen im Ergebnis auch der Rechtsprechung der *Elida-Gibbs*-Entscheidung; mit dem Unterschied, dass neben der steuerfreien, innergemeinschaftlichen Lieferung der in der Regel korrespondierende innergemeinschaftliche Erwerb Berücksichtigung gefunden hat, was nach § 17 Abs. 1 Satz 5 UStG der sinngemäßen Anwendung des § 17 Abs. 1 Satz 1 bis 4 UStG entspricht.[1425]

Auswirkungen hat diese Behandlung aufgrund der Grenzüberschreitung allerdings beim Steueraufkommen der beteiligten Mitgliedstaaten.[1426] Denn auch wenn die Minderung der Bemessungsgrundlage beim vorsteuerabzugsberechtigten Endabnehmer zur Reduzierung seines Vorsteuerabzugs führt, betrifft dies Steuersubstrate zweier unterschiedlicher Mitgliedstaaten, weshalb im Mitgliedstaat des Herstellers immer ein Vorsteuerüberhang entsteht.[1427] Auch diesbezüglich gebietet das Neutralitätsgebot, dass der Vorsteuerabzug der Kette die vereinnahmte Steuer nicht übersteigen darf,[1428] weshalb Teile des Schrifttums letztlich eine Minderung der Bemessungsgrundlage des Herstellers ablehnen.[1429] Gleichzeitig erhält aber auch der Mitgliedstaat des Endabnehmers für einen Umsatz Umsatzsteuer, die nicht der steuerlichen Belastung des Endabnehmers entspricht, da dieser aufgrund des Preisnachlasses niedriger belastet ist. Grenzüberschreitend betrachtet gleicht sich demnach die Besteuerung fiskalisch wieder aus.

Im Ergebnis kommt es deshalb zu einer Kollision der verschiedenen Ebenen steuerlicher Neutralität, wodurch auch die systematischen Schwierigkeiten dieser Fallgruppe deutlich werden.[1430] Solch eine Kollision sollte aber nicht zulasten der Steuerpflichtigen aufgelöst werden.[1431]

1424 Ebenso *Wüst*, MwStR 2015, 157, 163.

1425 Vgl. *Heuermann*, StBp 2015, 149, 151, der die Anwendung der *Elida-Gibbs*-Rechtsprechung grundsätzlich für möglich hält.

1426 So auch *Prätzler*, MwStR 2017, 355, 361.

1427 Vgl. *Wüst*, MwStR 2015, 157, 164.

1428 Vgl. *Nieskens*, UR 2005, 57, 69.

1429 Vgl. *Marchal*, UR 2015, 243, 244; *Wüst*, MwStR 2015, 157, 164.

1430 Vgl. *Nieskens*, UR 2005, 57, 69 f., der zwischen der Ebene der Neutralität auf fiskalischer Seite und der für die an dem Leistungsaustausch Beteiligten unterscheidet.

1431 Vgl. i.E. *Hörtnagl-Seidner*, UVR 2015, 280, 282, nach deren Auffassung der EuGH den Neutralitätsgrundsatz vor allem als Wettbewerbsneutralität zwischen zwei Unternehmen zu verstehen ist und weniger als Steueraufkommensneutralität.

Darüber hinaus besteht kein sachlicher Grund für eine unterschiedliche Behandlung zum Fall eines Rabattes an den Empfänger einer umsatzsteuerpflichtigen Leistung, da die Steuerbefreiung einer innergemeinschaftlichen Lieferung systematisch letztlich durch den in der Regel korrespondierenden (steuerpflichtigen) innergemeinschaftlichen Erwerb keine „echte" Steuerbefreiung dergestalt ist, dass der Empfänger der Leistung nicht mit Umsatzsteuer belastet wird.[1432] Zumal die gesetzliche Grundlage in § 17 Abs. 1 Satz 5 UStG ausdrücklich vorsieht, dass auch im Rahmen des innergemeinschaftlichen Erwerbs die Regelungen zu Lieferketten übergreifenden Rabatten Anwendung finden und die Minderung der Bemessungsgrundlage mit ihren Folgen nicht ausgeschlossen sein soll.[1433]

2. Entgelt einer Arzneimittellieferung

Zur Ermittlung der Bemessungsgrundlage einer Arzneimittellieferung muss zum einen bestimmt werden, was die Krankenkasse als Leistungsempfänger aufwendet, und zum anderen ob auch Aufwendungen von dritter Seite erfolgen. Im Rahmen der Arzneimittelversorgung besteht insoweit die Besonderheit, dass der Preis von Arzneimitteln gesetzlich festgeschrieben ist (b)).

Darüber hinaus regelt das SGB V, welche Rabatte oder Zuzahlungen von den verschiedenen Beteiligten der Arzneimittelversorgung gewährt werden müssen (vgl. zum Arzneimittelpreisrecht ausführlich unter C.II.2.). Umsatzsteuerlich müssen all diese Rabatten und Zuzahlungen hinsichtlich ihrer Auswirkungen auf die Bemessungsgrundlage qualifiziert werden.

a) Gezahltes Entgelt: „Netto"-Apothekenabgabepreis

Nach § 10 Abs. 1 Satz 2 UStG ist Entgelt alles, was der Leistungsempfänger aufwendet, um die Leistung zu erhalten, jedoch abzüglich der Umsatzsteuer. Die Aufwendungen, die die Krankenkasse für die Arzneimittellieferung erbringt, entsprechen dem sog. „Netto"[1434]-Apothekenabgabepreis. Dies ist der Zahlbetrag,

1432 *Prätzler*, MwStR 2017, 355, 360 f.

1433 Vgl. *Heuermann*, StBp 2015, 149, 151; vgl. zur Entgeltminderung aufgrund des Preisnachlasses in einer mehrstufigen Lieferkette beim Reverse-Charge-Verfahren *Prätzler/Stuber*, MwStR 2016, 286 ff.

1434 „Netto" und „Brutto" hat in diesem Zusammenhang keine umsatzsteuerliche Bedeutung, sondern nimmt Bezug darauf, ob alle etwaigen Rabatte und Zuzahlungen, die gegenüber der Apotheke abgezogen werden, in diesem Betrag bereits berücksichtigt sind oder nicht.

den die Krankenkasse über das Rechenzentrum an den leistenden Apotheker erbringt. Er ermittelt sich aus dem sog. „Brutto"-Apothekenabgabepreis im Sinne des § 3 AMPreisV abzüglich der gesetzlich und vertraglich festgeschriebenen Rabatte und Zuzahlungen Dritter.[1435]

b) *Ausgangsgröße: „Brutto"-Apothekenabgabepreis*

Der in der AMPreisV gesetzlich geregelte, zulasten der Krankenkassen abrechenbare Apothekenabgabepreis dient in einem ersten Schritt als Ausgangsganggröße für die Ermittlung der Bemessungsgrundlage. Er setzt sich aus dem „Festzuschlag von 3 Prozent [auf den nach § 3 Abs. 2 AMPreisV ermittelten Betrag][1436] zuzüglich EUR 8,35 zuzüglich EUR 0,16 zur Förderung der Sicherstellung des Notdienstes sowie [der] Umsatzsteuer" zusammen, vgl. § 3 Abs. 1 Satz 1, Abs. 2 AMPreisV.[1437]

Für die Ermittlung der Bemessungsgrundlage stellt sich sodann die Frage, wie der Verweis in § 3 Abs. 1 Satz 1 AMPreisV „sowie die Umsatzsteuer" zu verstehen ist. Einerseits könnte es sich bei dem Apothekenabgabepreis entsprechend der Mehrheit in der Literatur um einen Bruttopreis handeln, der stets einen Umsatzsteueranteil innehat.[1438] Andererseits könnte der Verweis auch dynamisch gemeint sein und dass Umsatzsteuer nur hinzuzurechnen ist, soweit diese auch anfällt.[1439]

1435 Vgl. SG Speyer, Urt. v. 21.3.2016 – S 7 KR 482/13, juris, nrkr. (LSG Rheinland-Pfalz L 5 KR 105/16), Rn. 32, i.E. bestätigt durch LSG Rheinland-Pfalz, Urt. v. 6.7.2017 – L 5 KR 105/16, juris, Rev. BSG B 3 KR 19/17 R.

1436 Gem. § 3 Abs. 2 Nr. 1 AMPreisV ist der Festzuschlag auf den Betrag zu erheben, der sich aus der Zusammenrechnung des bei Belieferung des Großhandels geltenden Abgabepreises des pharmazeutischen Unternehmers ohne die Umsatzsteuer und des darauf entfallenden Großhandelshöchstzuschlags nach § 2 AMPreisV ergibt.

1437 Vgl. GmS-OGB, Beschl. v. 22.8.2012 – GmS-OGB 1/10, SozR 4-5570 § 78 Nr. 1, III.2.a)aa)(1); *Kloesel/Cryan*, in: Kloesel/Cryan, AMG, § 78 A 1.0 Rn. 17.

1438 So *Heine*, KrV 2013, 51, 53; *Pommerin/Paßgang*, UStB 2012, 235, 236; wohl auch *Frohn/Schmidt*, in: MünchAnwHdb. MedizinR, § 15 Rn. 286; unklar hingegen LSG Rheinland-Pfalz, Urt. v. 6.7.2017 – L 5 KR 105/16, juris, Rev. BSG B 3 KR 19/17 R, Rn. 31, das auf die grundsätzlich gegebene Bruttopreisabrede abstellt, aber unter Verweis auf Art. 3 Abs. 1 GG einen Apothekenabgabepreis ohne Umsatzsteuer annimmt.

1439 Unklar *Engelsing/Nordmann*, KrV 2013, 149, 152, nach deren Auffassung zum einheitlichen Apothekenabgabepreis noch Umsatzsteuer hinzukommen, was auch so verstanden werden könnte, dass die Umsatzsteuer kein fester Posten ist, sondern die Erhebung vom Umsatzsteuerrecht abhängig ist.

Relevanz erhält diese Problematik insbesondere für den Auslandsfall. Im Inlandsfall wäre aufgrund der steuerpflichtigen Leistung der Apotheke auch bei einem dynamischen Verweis der Apothekenabgabepreis immer einen Umsatzsteueranteil enthalten, da sie umsatzsteuerpflichtige Leistungen im Sinne des § 1 Abs. 1 Nr. 1 UStG darstellen. Im Auslandsfall hingegen ist in der Regel die Krankenkasse aufgrund des innergemeinschaftlichen Erwerbs Umsatzsteuerschuldner und würde der Apotheke für deren umsatzsteuerfreie Lieferung nur einen Nettobetrag ohne Umsatzsteuer zahlen. Würde es sich dann um einen festen Bruttopreis handeln, erhielte die ausländische Apotheke einen Bruttobetrag, obwohl sie nur eine steuerfreie Lieferung erbringt und die inländische Krankenkasse müsste zusätzlich auf diesen Bruttopreis in Deutschland Umsatzsteuer abführen.

Grundsätzlich ist diese Frage danach, ob die Parteien eine Gegenleistung mit oder ohne Umsatzsteueranteil vereinbart haben, nicht umsatzsteuerlicher, sondern zivilrechtlicher Natur.[1440] Danach gilt für die Auslegung von Preisvereinbarungen, dass der Kaufpreis auch die Umsatzsteuer umfasst, sofern nichts anderes vereinbart ist.[1441]

Dieser Grundsatz findet jedoch im Rahmen der Arzneimittelversorgung keine Anwendung, da es sich schon nicht um eine Brutto- oder Nettopreis*vereinbarung* handeln kann.[1442] Der Vergütungsanspruch des Apothekers stellt einen gesetzlichen Anspruch dar, der lediglich durch den Rahmenvertrag näher ausgestaltet wird (siehe dazu bereits C.III.3.c)). Dementsprechend kann schon keine vertragliche Vereinbarung darüber getroffen worden sein, ob es sich um einen Brutto- oder Nettopreis handelt, vielmehr kommen die gesetzlichen Preisvorschriften zur Anwendung.[1443]

1440 Vgl. *Probst*, in: Hartmann/Metzenmacher, UStG, § 10 Rn. 125.

1441 Ständ. höchstrichterliche Rspr. EuGH, Urt. v. 7.11.2013 – C-249/12, C-250/12 – *Tulică und Plavoşin*, ABl. EU 2014, Nr. C 9, 10, Rn. 43; BGH, Urt. v. 26.6.1991 – VIII ZR 198/90, BGHZ 115, 47, II.2.b)aa); Urt. v. 15.2.1973 – VII ZR 212/71, BGHZ 60, 199, II.3.b); BFH, Urt. v. 17.1.1989 – VIII R 370/83, BStBl II 1989, 563, 3.b)bb); vgl. auch *Handzik*, in: Offerhaus/Söhn/Lange, UStG, § 10 Rn. 62.

1442 Anders hingegen für das Verhältnis zwischen Krankenhäusern und Krankenkassen, wo separate öffentlich-rechtliche Verträge geschlossen werden und kein einheitlicher Apothekenabgabepreis zugrunde gelegt wird, vgl. AG Gummersbach, Urt. v. 7.11.2017 – 15 C 96/17, juris; AG Gießen, Urt. v. 10.4.2017 – 41 C 509/16, juris; *Liedy*, ZMGR 2015, 94, 96 f.; *Linke*, KH 2015, 58, 60.

1443 So noch ausdrücklich SG Speyer, Urt. v. 21.3.2016 – S 7 KR 482/13, nrkr. (LSG Rheinland-Pfalz L 5 KR 105/16), juris, Rn. 31; anders zum Beispiel bei dem vertraglichen Vergütungsanspruch für Sondennahrung, weil keine gesetzlichen bzw. untergesetzlichen Regelungen bestehen BSG, Urt. v. 17.7.2008 – B 3 KR 16/07 R, SozR 4-2500 § 69 Nr. 5, 3., 5.c).

Hinsichtlich der Preisbildung knüpft das Recht der gesetzlichen Krankenversicherung an das AMG an, wo in § 78 AMG i.V.m. AMPreisV die Festsetzung von Arzneimittelpreisen geregelt ist.[1444]

Problematisch ist, dass im Rahmen der arzneimittel- und sozialrechtlichen Vorschriften häufig keine klare Trennung von Netto- und Bruttopreisen erfolgt.[1445] Nichtsdestotrotz spricht die Auslegung der Arzneimittelpreisverordnung hinsichtlich ihres in § 3 Abs. 1 Satz 1 AMPreisV geregelten Apothekenabgabepreises nach Wortlaut, Entstehungsgeschichte, Systematik und Telos im Ergebnis gegen die Qualifizierung als Bruttopreis. Der Verweis in § 3 Abs. 1 Satz 1 AMPreisV ist demnach so zu verstehen, dass Umsatzsteuer nur dann und insoweit Teil des Apothekenabgabepreises ist, als sie nach dem Umsatzsteuergesetz auch tatsächlich anfällt.

aa) Auslegung nach dem Wortlaut der Arzneimittelpreisverordnung

Die Berechnung des Apothekenabgabepreises erfolgt nach § 3 Abs. 1 Satz 1 AMPreisV durch die Erhebung von vier Komponenten – eines Festzuschlages von 3 % auf den sich aus § 3 Abs. 2 AMPreisV ermittelten Betrags zuzüglich EUR 8,35 zuzüglich EUR 0,16 zur Förderung der Sicherstellung des Notdienstes „sowie die Umsatzsteuer“. Die Umsatzsteuer ist dem Wortlaut nach mithin ein separater Bestandteil des Apothekenabgabepreises. Es wird jedoch nicht näher definiert, was unter der Umsatzsteuer zu verstehen ist, insbesondere wann und in welcher Höhe sie anfällt. Würde man die Ansicht vertreten, dass es sich um einen Bruttopreis mit einem festen Umsatzsteueranteil in Form eines starren Sonderzuschlags handelt, so ließe die Vorschrift offen, in welcher Höher dieser besteht oder wie er zu berechnen ist. Insbesondere der Umsatzsteuersatz ist eine sich verändernde Größe und § 3 AMPreisV lässt nicht erkennen, welcher Steuersatz fest anzuwenden ist.

Dies spricht dafür, dass es sich nur um einen dynamischen Verweis handeln kann, der neben dem sich wandelnden anwendbaren Umsatzsteuersatz auch davon abhängig ist, ob Umsatzsteuer anfällt. Letzteres kann jedoch mangels Gesetzgebungsbefugnis nicht durch arzneimittelrechtliche Vorschriften

1444 *Wodarz*, in: Sodan, Hdb. KVR, § 27 Rn. 25; eine Ausnahme besteht in der Sonderregelung des § 129 Abs. 5a SGB V, die für nichtverschreibungspflichtige Arzneimittel gilt, die ausnahmsweise zu Lasten der Krankenkasse abgegeben worden sind, da für diese die AMPreisV keine Anwendung findet, *Wodarz*, in: Sodan, Hdb. KVR, § 27 Rn. 25 Fn. 106.

1445 *Engelsing/Nordmann*, KrV 2013, 149, 152.

festgelegt werden,[1446] sondern richtet sich allein nach dem Umsatzsteuergesetz. Der Zusatz „sowie die Umsatzsteuer“ muss daher erst durch die Vorschriften des jeweils geltenden Umsatzsteuerrechts mit Inhalt dergestalt gefüllt und ermittelt werden, ob der dem Apothekenabgabepreis zugrunde liegende Umsatz umsatzsteuerbar und umsatzsteuerpflichtig ist und wenn ja, welchem anwendbaren Steuersatz dieser unterworfen wird.

bb) Auslegung anhand der Entstehungsgeschichte

Bereits § 3 der Vorgängerverordnung der Arzneimittelpreisverordnung[1447] sah für die Berechnung des Apothekenabgabepreises vor, dass „Festzuschläge [...] und die Umsatzsteuer zu erheben“ sind, was gegen die Annahme eines festen Einheitspreises spricht.

Im Gleichklang führte später der Verordnungsgeber in seiner Begründung zu § 3 Abs. 1 Satz 1 AMPreisV neben der Festlegung des Festzuschlags für die Berechnung des Apothekenabgabepreises aus: „Zusätzlich zum Festzuschlag ist die Umsatzsteuer zu erheben.“[1448] Auch diese Aussage macht unmissverständlich klar, dass kein Festpreis mit konstantem Umsatzsteueranteil festgesetzt werden soll, sondern die Umsatzsteuer nach dem Willen des Verordnungsgebers als zusätzlicher, separater Bestandteil des Apothekenpreises geschuldet wird (und das nur, sofern sie überhaupt anfällt).

cc) Systematische Auslegung der Arzneimittelpreisverordnung

Systematisch wird die Annahme eines dynamischen Verweises noch durch den Vergleich mit § 6 AMPreisV unterstrichen. Dieser setzt eine Gebühr für die Inanspruchnahme des Notdienstes einer Apotheke fest (sog. noctu-Gebühr).[1449] Sie berechnet sich aus einem „zusätzlichen Betrag von EUR 2,50 einschließlich Umsatzsteuer“. Bei diesem Zuschlag handelt es sich um einen Bruttopreis in Form eines vom Umsatzsteuerrecht unabhängigen Festpreises von EUR 2,50. Bei der noctu-Gebühr stellt die Umsatzsteuer mithin keinen gesonderten Bestandteil dar.

1446 Dies ist vergleichbar damit, dass Vertragsparteien auch nicht die Dispositionsbefugnis besitzen, über die Umsatzsteuerpflichtigkeit eines Umsatzes zu entscheiden, vgl. BGH, Urt. v. 28.7.2004 – XII ZR 293/02, NJW-RR 2004, 1452, 1453.

1447 Verordnung über Preisspannen von Fertigarzneimitteln, BGBl. I 1977, 789.

1448 Vgl. BT-Drucks. 15/1525, S. 166.

1449 *Kutlu*, in: Spickhoff, AMPreisV, § 6 Rn. 1.

Es ist anzunehmen, dass solch eine Differenzierung des Verordnungsgebers hinsichtlich des Wortlauts der Vorschriften nicht willkürlich erfolgt. In der Einführung des § 6 AMPreisV stellte er vielmehr ausdrücklich klar, „daß die in diesen Vorschriften festgelegten Entgelte die Umsatzsteuer einschließen."[1450] Das lässt darauf schlussfolgern, dass der Verordnungsgeber in der Systematik der Arzneimittelpreisverordnung durchaus zwischen Bruttopreisen („einschließlich Umsatzsteuer") und Nettopreisen mit dynamischen Umsatzsteuerverweisen („sowie Umsatzsteuer") unterschieden hat. Dies würde untergraben werden, nähme man an, dass auch § 3 Abs. 1 AMPreisV einen Umsatzsteuer inkludierten Festpreis darstellt.

dd) Teleologische Auslegung der Arzneimittelpreisverordnung

Größte Gewichtung kommt in der Argumentation jedoch dem Telos zu. Die Arzneimittelpreisverordnung ist auf der Ermächtigungsgrundlage des § 78 Abs. 1 AMG erlassen worden und setzt die Preisspannen für apothekenpflichtige Fertigarzneimittel fest (siehe ausführlich zur arzneimittelrechtlichen Preisbildung unter C.II.2.a)aa)). Hintergrund dessen ist die Umsetzung der Arzneimittelpreisbindung, wonach gem. § 78 Abs. 2 Satz 1 AMG ein einheitlicher Apothekenabgabepreis für Arzneimittel, die vom Verkehr außerhalb der Apotheken ausgeschlossen sind, zu gewährleisten ist.[1451]

Das Ziel eines einheitlichen Apothekenabgabepreises mutet auf den ersten Blick an, dass nur ein fester Bruttopreis solch einen einheitlichen Preis gewährleisten könnte.[1452] Bei Auslegung des § 3 Abs. 1 Satz 1 AMPreisV als dynamischen Verweis könnten – abhängig vom Umsatzsteuerrecht – zwei Preise in unterschiedlicher Höhe entstehen – ein Nettopreis bei umsatzsteuerfreien Lieferungen und ein Bruttopreis bei umsatzsteuerpflichtigen Lieferungen. Dabei wird aber verkannt, dass dadurch letztlich der dem einheitlichen Abgabepreis zugrunde liegende Zweck verfehlt werden würde. Das Telos eines einheitlichen Apothekenabgabepreises und damit der Arzneimittelpreisverordnung liegt

---

1450 Vgl. BR-Drucks. 265/80, S. 17; die vorher geltende Vorschrift zur noctu-Gebühr in § 4 der Preisspannenverordnung enthielt hingegen keine Aussage zur Umsatzsteuer, vgl. BGBl. I 1977, 790.

1451 Vgl. BT-Drucks. 7/4557, S. 5; BGH, Urt. v. 12.10.1989 – I ZR 228/87, NJW-RR 1990, 360, 361, II.3.

1452 So etwa *Heine*, KrV 2013, 51, 53 f.

darin, einen Preiswettbewerb zwischen den Apotheken auszuschließen,[1453] da nur so eine ortsnahe und hinreichende Arzneimittelversorgung sichergestellt werden kann.[1454]

Doch genau solch ein ruinöser Preiswettbewerb wäre die Folge, wollte man den Apothekenabgabepreis nach § 3 Abs. 1 Satz 1 AMPreisV als festen Bruttopreis verstehen. Dies würde den ausländischen Apotheken, die steuerfreie Lieferungen an die gesetzlichen Krankenkassen erbringen (siehe dazu D.II.3.b) aa)(3)), einen Wettbewerbsvorteil verschaffen, indem sie einen Apothekenpreis mit Umsatzsteueranteil erhalten, obwohl sie keine Umsatzsteuer abführen müssen.

Wirtschaftlich getragen wird dieser monetäre Vorteil der ausländischen Apotheken von den gesetzlichen Krankenkassen. Diese zahlen nicht nur den gleichen Festpreis wie an inländische Apotheken, sondern müssen darüber hinaus als Umsatzsteuerschuldner auch noch den innergemeinschaftlichen Erwerb für die zugrunde liegende Arzneimittellieferung versteuern (siehe D.II.3.b)cc)). Bemessungsgrundlage dieses Umsatzes ist nach § 10 Abs. 1 UStG der gezahlte Preis einschließlich fiktiven Umsatzsteueranteils,[1455] weil dies auch den tatsächlichen Aufwendungen der Krankenkasse entspricht und mangels tatsächlich enthaltener Umsatzsteuer nach § 10 Abs. 1 Satz 2 UStG auch keine Umsatzsteuer aus dem Zahlbetrag außer Acht gelassen wird.[1456] Dies bedeutet, dass die Krankenkasse im Vergleich zum Inlandsfall wirtschaftlich betrachtet im Ergebnis zweimal Umsatzsteuer zahlen müsste, einmal den fiktiven Anteil im Apothekenabgabepreis und ein zweites Mal die tatsächliche Umsatzsteuer im Rahmen ihres

---

1453 BVerfG, Beschl. v. 19.9.2002 – 1 BvR 1385/01, NJW 2002, 3693, 3694 f., II.2.b); GmS-OGB, Beschl. v. 22.8.2012 – GmS-OGB 1/10, SozR 4-5570 § 78 Nr. 1, III.2.a) aa); *Kutlu*, in: Spickhoff, AMPreisV, § 1 Rn. 2.

1454 Vgl. BT-Drucks. 11/5373, S. 27; GmS-OGB, Beschl. v. 22.8.2012 – GmS-OGB 1/10, SozR 4-5570 § 78 Nr. 1, III.2.a)aa); *Kloesel/Cryan*, in: Kloesel/Cryan, AMG, § 78 A 1.0. Rn. 1.; Zweifel an dieser Argumentation erhob jüngst der EuGH, als er die Preisbindung für ausländische Apotheken aufhob und insoweit meinte, dass – die vorgelegten Nachweise zugrunde gelegt – ein einheitlicher Apothekenabgabepreis nicht geeignet zu sein scheint, eine flächendeckende Versorgung zu gewährleisten, vgl. EuGH, Urt. v. 19.10.2016 – C-148/15 – *Deutsche Parkinson Vereinigung*, ABl. EU 2016, Nr. C 475, 5, Rn. 34 ff.; das ändert jedoch nichts daran, dass dies die der Arzneimittelpreisversorgung zugrunde liegende Zwecksetzung ist, die für die Auslegung heranzuziehen ist.

1455 Rabatte und Zuzahlungen außer Acht gelassen.

1456 Vgl. *Heine*, KrV 2013, 51, 53.

innergemeinschaftlichen Erwerbs, was einer effektiven Umsatzsteuerbelastung von 41,61 % gleichkäme.[1457]

Überdies wird durch diese Mehrkostenbelastung der Krankenkassen auch die zweite Zielsetzung der Arzneimittelpreisverordnung – die Senkung der Arzneimittelpreise und Absicherung des finanziellen Gleichgewichts der gesetzlichen Krankenversicherung –[1458] untergraben. Zum einen sind die Arzneimittelpreise durch die Zusatzbelastung für die gesetzliche Krankenkasse – und über die Beiträge auch für deren Versicherte – deutlich teurer im Vergleich zum Inlandsbezug und zum anderen ist die Steigerung der Kosten völlig unberechenbar. Denn ob der Versicherte seine Arzneimittel im Ausland und damit für die Krankenkasse um ein Vielfaches teurer bezieht, entzieht sich aufgrund des freien Wahlrechts[1459] des Versicherten deren Einflussnahme.

Allein ein an das Umsatzsteuerrecht angelehnter dynamischer Verweis kann eine einheitliche Kostenbelastung der Krankenkasse sichern, da nur die Berechnung von Nettopreisen bei innergemeinschaftlichen Lieferungen ausländischer Apotheken im Endergebnis die gleiche Umsatzsteuer- und damit Kostenbelastung der Krankenkassen im Vergleich zum Inlandsfall nach sich zieht.[1460] Die Auslegung des Apothekenabgabepreises dahingehend, dass dieser nur dann und insoweit Umsatzsteuer enthält, wie sie auch entsprechend dem Umsatzsteuerrecht erhoben wird, führt daher trotz etwaigen Unterschieds in der tatsächlichen Zahlungshöhe nicht zu einer Verhinderung des Telos der Vorschrift.[1461] Im Gegenteil kann nur diese Auslegung letztlich sicherstellen, dass ein

---

1457 Nimmt man beispielsweise an, die ausländische Apotheke berechnet einen Bruttopreis in Höhe von EUR 119, worin ein bereits fiktiver Umsatzsteueranteil von 19 % enthalten ist, muss die gesetzliche Krankenkasse sodann noch zusätzlich im Rahmen des innergemeinschaftlichen Erwerbs EUR 22,61 Umsatzsteuer abführen ($^{19}/_{100}$ von 119), was bei einem tatsächlichen Nettopreis von EUR 100 einem effektiven Umsatzsteuersatz von 22,61 % entspricht – zusammengerechnet EUR 41,61 Umsatzsteuer; vgl. dazu auch *Heine*, KrV 2013, 51, 53 Fn. 27, der allerdings den fiktiven Umsatzsteueranteil aus dem Brutto-Apothekenabgabepreis nicht miteinbezieht (vermutlich da dies technisch gesehen keine Umsatzsteuer im eigentlichen Sinne ist, da es sich letztlich um einen Nettopreis handelt).

1458 GmS-OGB, Beschl. v. 22.8.2012 – GmS-OGB 1/10, SozR 4-5570 § 78 Nr. 1, III.2.a) aa).

1459 Vgl. BSG, Urt. v. 25.11.2015 – B 3 KR 16/15 R, SozR 4-2500 § 129 Nr. 11, 2.a.dd); *Bischofs*, in: BeckOK-SozR, SGB V, § 31 Rn. 15.

1460 Vgl. *Heine*, KrV 2013, 51, 53 f.

1461 A.A. *Heine*, KrV 2013, 51, 54.

Preiswettbewerb zwischen den Apotheken und ein finanzielles Ungleichgewicht der gesetzlichen Krankenversicherung verhindert werden.

ee) Ergebnis

All dies in Betracht gezogen sollte der § 3 Abs. 1 Satz 1 AMPreisV entgegen der Meinung in der Literatur[1462] hinsichtlich Wortlaut, Entstehungsgeschichte, Systematik und Zweck nur so verstanden werden, dass für die Berechnung des Apothekenabgabepreises neben dem Festzuschlag Umsatzsteuer nur dann und insoweit Bestandteil ist, wie sie auch tatsächlich anfällt. Ein Bruttofestpreis kommt als Ausgangsgröße für die Ermittlung der Bemessungsgrundlage indes nicht in Betracht.

Dem stimmt im Ergebnis auch das LSG Rheinland-Pfalz – jedenfalls bei der Umsatzsteuerschuldnerschaft der Krankenkasse – zu, obwohl es die Regelung eigentlich als Bruttopreis anzusehen scheint.[1463] Es begründet seine Auffassung aber damit, dass eine andere Auslegung gegen Art. 3 Abs. 1 GG aufgrund einer sachlich nicht zu rechtfertigenden Ungleichbehandlung zu Lasten inländischer Apotheken führe, weil andernfalls die ausländischen Apotheken im Vergleich zu ihnen einen um den Betrag der Umsatzsteuer erhöhten Gewinn erwirtschaften könnten. Dies macht deutlich, dass selbst wenn man entgegen der hier vertretenen Auffassung § 3 AMPreisV als Bruttopreis versteht, eine verfassungskonforme Auslegung als Nettopreis zumindest im Fall der Umsatzsteuerschuld der Krankenkasse unerlässlich ist.

ff) Festbetragspreise

Die gleiche Problematik ergibt sich auch bei der Abgabe von Arzneimitteln, für die nach § 35 SGB V ein Festbetrag festgesetzt ist (vgl. dazu ausführlich C.II.2.b) aa)). Durch diesen Festbetrag wird gem. § 31 Abs. 2 Satz 1 SGB V bestimmt, bis zu welcher Höhe die Krankenkasse die Kosten der Versorgung mit solchen Arzneimitteln übernimmt. Der Vergütungsanspruch der gesetzlichen Krankenkasse entsteht also nur in Höhe des Festbetrages und bestimmt sich nicht durch die AMPreisV.

Nichtsdestotrotz liegt diesen Arzneimitteln ein „normaler" Apothekenabgabepreis zugrunde, bis zu dessen Höhe die Versicherten die Differenz zum

---

1462 *Heine*, KrV 2013, 51, 53; *Pommerin/Paßgang*, UStB 2012, 235, 236; wohl auch *Frohn/Schmidt*, in: MünchAnwHdb. MedizinR, § 15 Rn. 286.

1463 I.E. LSG Rheinland-Pfalz, Urt. v. 6.7.2017 – L 5 KR 105/16, juris, Rev. BSG B 3 KR 19/17 R, Rn. 31.

Festbetrag zahlen müssen (§ 31 Abs. 2 Satz 1 SGB V). Auch dieser muss konsistent einen Nettopreis mit dynamischem Umsatzsteuerausweis darstellen.

Da die Festbeträge allerdings durch den GKV-Spitzenverband nur betragsmäßig festgesetzt werden, enthalten sie keine Aussage dazu, ob und inwieweit der Betrag als Entgeltbestandteil die Umsatzsteuer beinhaltet. In diesen Fällen ist daher davon auszugehen, dass es bei grenzüberschreitenden Lieferungen zu den bereits oben beschriebenen wirtschaftlichen Verzerrungen kommt (vgl. auch zur umsatzsteuerlichen Behandlung der Eigenbeteiligung der Versicherten bei Festbetragsarzneimitteln D.IV.2.c)ee)(2)). Diese können nur vermieden werden, wenn auch bei den Festbeträgen ausdrücklich zwischen Netto- und Bruttopreisen unterschieden wird.

c) Umsatzsteuerliche Behandlung der einzelnen Rabatte und Zuzahlungen

Der „Brutto"-Apothekenabgabepreis im Sinne des § 3 AMPreisV dient jedoch nur als Ausgangsgröße für die Ermittlung der Bemessungsgrundlage. Er wird letztlich aber nicht von den gesetzlichen Krankenkassen an die Apotheken gezahlt. Das SGB V sieht vielmehr verschiedenste Regelungen vor, die die unterschiedlichen Beteiligten im Rahmen der Arzneimittelversorgung zu einer Gewährung von Rabatten oder zusätzlicher Zahlungen verpflichten. Diese Rabatte und Zuzahlungen erfolgen bis auf die Eigenbeteiligung alle zugunsten der gesetzlichen Krankenkassen und werden (zum Teil) von dem „Brutto"-Apothekenabgabepreises des § 3 AMPreisV abgezogen bzw. verrechnet.

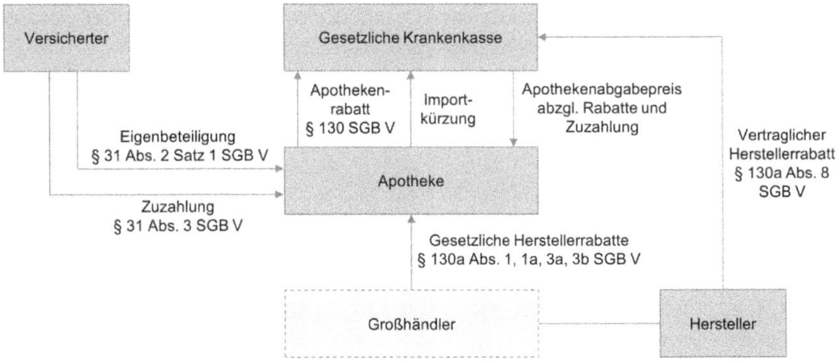

Abb. 9: Das Arzneimittelvergütungssystem nach dem SGB V

Für die Ermittlung der Bemessungsgrundlage der Arzneimittellieferung an die gesetzliche Krankenkasse müssen all diese Rabatte und Zahlungen umsatzsteuerlich danach qualifiziert werden, ob und inwieweit sie sich mindernd oder erhöhend auf diese auswirken.

Im Rahmen solch einer Einordnung sind als relevante Maßstäbe dieser umsatzsteuerlichen Beurteilung insbesondere die Grundprinzipien des Umsatzsteuersystems und deren Funktionsweise (siehe dazu im Einzelnen unter D.I.) zu berücksichtigen, die an dieser Stelle noch einmal vorab kurz zu vergegenwärtigen sind: Es gilt das Neutralitätsgebot zu beachten, nach dem nur der Endverbraucher (hier die Krankenkasse) wirtschaftlich mit Umsatzsteuer belastet werden darf; die Besteuerung der übrigen Unternehmer der Leistungskette ist hingegen neutral.[1464] Sichergestellt wird dies durch den Mechanismus des Vorsteuerabzugs, wonach die Umsatzsteuer nur abzüglich des Umsatzsteueranteils erhoben werden darf, der zuvor die Kostenelemente des Gegenstands unmittelbar belastet hat.[1465] Die Bemessungsgrundlage, die letztlich der Finanzbehörde zur Ermittlung der Steuerlast dient, darf demnach nicht den Betrag übersteigen, den die Krankenkasse für die Gegenleistung aufgewandt hat.[1466] Dafür muss unabhängig von der Länge der Produktions- und Vertriebskette gewährleistet werden, dass gleichartige Waren steuerlich auch gleich belastet werden.[1467] So dürfen beispielsweise auch Waren aus dem EU-Ausland, die grenzüberschreitend bezogen werden, steuerlich nicht anders bzw. schlechter behandelt werden.[1468] Daraus ergibt sich, dass zur Wahrung des Neutralitäts- und Allphasennettoprinzips für die Ermittlung der Bemessungsgrundlage der Arzneimittellieferung der Apotheke auch die vorherigen Zwischenstufen der Lieferkette ab dem Hersteller berücksichtigt werden müssen. Es dürfen sich keine Unterschiede dadurch ergeben, dass eine Lieferung mit grenzüberschreitendem Bezug erfolgt oder etwaige Zwischenhändler in die Vertriebskette integriert sind.

1464 Vgl. *Meyer*, in: Weymüller, UStG, § 17 Rn. 52.

1465 Vgl. EuGH, Urt. v. 24.10.1996 – C-317/94 – *Elida Gibbs Ltd.*, BStBl II 2004, 324, Rn. 23; Urt. v. 5.5.1982 – 15/81 – *Schul Douane Expediteur*, Slg. 1982, 1409, Rn. 10.

1466 Vgl. allgemein EuGH, Urt. v. 24.10.1996 – C-317/94 – *Elida Gibbs Ltd.*, BStBl II 2004, 324, Rn. 19; BFH, Urt. v. 12.1.2006 – V R 3/04, BStBl II 2006, 479, II.1.a).

1467 EuGH, Urt. v. 20.12.2017 – C-462/16 – *Boehringer Ingelheim Pharma*, UR 2018, 166, Rn. 33; Urt. v. 24.10.1996 – C-317/94 – *Elida Gibbs Ltd.*, BStBl II 2004, 324, Rn. 20; Urt. v. 1.4.1982 – 89/81 – *Hong-Kong Trade Development Council*, Slg. 1982, 1277, Rn. 6.

1468 *Englisch* in: Tipke/Lang, Steuerrecht, § 17 Rn. 23.

Gleichzeitig ist es im Anschluss an die Untersuchung der umsatzsteuerlichen Behandlung notwendig, auch deren wirtschaftliche Konsequenzen zu beleuchten, da eine ungleiche wirtschaftliche Belastung möglicherweise gegen Unionsrecht verstößt. In Betracht kommt zum einen ein Verstoß gegen die Warenverkehrsfreiheit nach Art. 34 AEUV. Das in Art. 34 AEUV aufgestellte Verbot von mengenmäßigen Einfuhrbeschränkungen sowie allen Maßnahmen gleicher Wirkung erfasst nach der sog. *Dassonville*-Formel jede Maßnahme der Mitgliedstaaten, die geeignet ist, die Einfuhren zwischen Mitgliedstaaten unmittelbar oder mittelbar, tatsächlich oder potentiell zu behindern.[1469] Dies gilt gem. Art. 36 AEUV allerdings nicht, wenn die verbotene Maßnahme beispielsweise zum Schutze der Gesundheit gerechtfertigt ist. Zum anderen ist auch die Unvereinbarkeit einer Regelung mit dem allgemeinen Gleichbehandlungsgrundsatz des Unionsrechts nach Art. 20 EUGrdRCh in Betracht zu ziehen.[1470] Danach sind alle Personen vor dem Gesetz gleich weshalb vergleichbare Sachverhalte nicht unterschiedlich und unterschiedliche Sachverhalte nicht gleich behandelt werden dürfen, es sei denn, dass eine solche Behandlung objektiv gerechtfertigt ist.[1471] Er verlangt, dass vergleichbare Sachverhalte nicht unterschiedlich und unterschiedliche Sachverhalte nicht gleich behandelt werden, es sei denn, dass eine solche Behandlung objektiv gerechtfertigt ist.[1472] Dieser Maßstab gilt gem. Art. 51 Abs. 1 EUGrdCh allerdings nur „bei der Durchführung des Rechts der Union", was im Rahmen der Ermittlung der Bemessungsgrundlage insbesondere die Regelungen der MwStSystRL betrifft.[1473] Soweit es nicht um die Anwendung autonomen Unionsrechts geht, können auch national-verfassungsrechtliche Maßstäbe herangezogen werden. So könnte mit Blick auf die Verfassungsmäßigkeit einer sozialrechtlichen Regelung

---

1469 Vgl. EuGH, Urt. v. 19.10.2016 – C-148/15 – *Deutsche Parkinson Vereinigung*, ABl. EU 2016, Nr. C 475, 5, Rn. 22; Urt. v. 11.09.2008 – C-141/07 – *Kommission/Deutschland*, Slg. 2008, I-6935, Rn. 28; Urt. v. 11.07.1974 – 8/74 – *Dassonville Scotch Whisky*, NJW 1975, 515, Rn. 5.

1470 So beispielsweise vom BFH angenommen, wenn pharmazeutischen Herstellern die Minderung der Bemessungsgrundlage versagt wird, wenn sie an private Krankenversicherte leisten, wohingegen sich bei einer Leistung an gesetzlich Krankenversicherte ihre Bemessungsgrundlage mindert BFH, Vorlagebeschl. v. 22.6.2016 – V R 42/15, EuGH Az. C-462/16, BFH/NV 2016, 1528, II.2.d); siehe dazu D.IV.2.c)dd)(4).

1471 Vgl. EuGH, Urt. v. 11.2.2015 – C-340/13 – *bpost*, ABl. EU 2015, Nr. C 118, 4, Rn. 27; Urt. v. 13.3.2014 – C-599/12 – *Jetair und BTWE Travel4you*, UR 2014, 443, Rn. 53 m.w.N.

1472 EuGH, Urt. v. 11.2.2015 – C-340/13 – *bpost*, GRUR Int 2015, 356, Rn. 27; Urt. v. 13.3.2014 – C-599/12 – *Jetair und BTWE Travel4you*, UR 2014, 443, Rn. 53.

1473 Vgl. *Heuermann*, DStR 2016, 1922.

auch die Benachteiligung von Beteiligten einen Verstoß gegen Art. 3 Abs. 1 GG darstellen, beispielsweise bei Benachteiligung inländischer Apotheken gegenüber ausländischen Apotheken aufgrund der Inländerdiskriminierung.[1474]

Zur Untersuchung der umsatzsteuerlichen Auswirkungen der verschiedenen Rabattausgestaltung ist einen Beispielsfall mit 4 Fallkonstellationen zu bilden, der sowohl den Inlandsfall als auch den grenzüberschreitenden Fall abbildet und jeweils vergleicht, wie sich die Einschaltung eines Großhändlers auswirkt. Der Beispielsfall soll der Veranschaulichung einer typischen Fallkonstellation und den damit verbundenen Problemen dienen, woran aber kein Anspruch auf Vollständigkeit erhoben werden darf, da die Anzahl möglicher Fallszenarien vielfältig ist.

Für die Konstellation der Lieferung einer ausländischen Apotheke wird der Fall zugrunde gelegt, dass sowohl der Hersteller als auch bei dessen Zwischenschaltung der Großhändler seinen Sitz im Inland haben und lediglich die Apotheke außerhalb Deutschlands sitzt. Dafür wird aufgrund der Praxisnähe angenommen, dass es sich um eine Apotheke aus den Niederlanden handelt und der dort geltende ermäßigte Steuersatz für Arzneimittel von 6 %[1475] anzuwenden ist. In allen Fallkonstellationen wird als fiktives Entgelt vom Hersteller an den Großhändler EUR 100 netto, vom Großhändler an die Apotheke EUR 150 netto, bzw. vom Hersteller an die Apotheke direkt EUR 150 netto[1476] und abschließend von der Apotheke an die Krankenkasse EUR 200 netto[1477] berechnet.[1478]

1474 So beispielsweise im Rahmen der Auslegung des Apothekenabgabepreises im Sinne des § 3 AMPreisV, vgl. LSG Rheinland-Pfalz, Urt. v. 6.7.2017 – L 5 KR 105/16, juris, Rev. BSG B 3 KR 19/17 R, Rn. 31.

1475 http://www.belastingdienst.nl/wps/wcm/connect/bldcontenten/belastingdienst/business/vat/vat_in_the_ netherlands/calculating_vat/vat_tariffs, zuletzt aufgerufen am 13.3.2018.

1476 Dies resultiert aus § 78 Abs. 1 Satz 3 AMG, wonach die Großhandelszuschläge auf den ApU auch zu erheben sind, wenn der Hersteller Arzneimittel ausnahmsweise direkt an die Apotheke abgibt, vgl. BT-Drucks. 17/8005, S. 135; *Kloesel/Cryan*, in: Kloesel/Cryan, AMG, § 78 A 1.0. Rn. 18; *Hofmann*, in: Kugel/Müller/Hofmann, AMG, § 78 Rn. 79, (siehe ausführlich dazu unter C.II.2.a)bb)(1)).

1477 An dieser Stelle wirkt sich die zuvor erfolgte Einordnung des Apothekenabgabepreises als Nettoverkaufspreis mit dynamischem Umsatzsteuerverweis aus. Hätte man zuvor einen Bruttoverkaufspreis angenommen, so würde in allen Fällen – egal ob steuerpflichtige oder steuerfreie Lieferung – der Krankenkasse EUR 238 berechnet werden.

1478 Grundsätzlich sieht die AMPreisV feste Preisspannen vor, die auf den einheitlichen ApU aufgeschlagen werden (siehe zur Zusammensetzung des Arzneimittelpreises

Nachfolgend wird aufgrund der Komplexität erst der Grundfall einer Arzneimittellieferung als Ausgangssituation unter Außerachtlassung etwaiger Abzüge betrachtet. Davon ausgehend werden anschließend zur Überschaubarkeit alle Rabatte und Zuzahlungen hinsichtlich ihrer Auswirkungen separat untersucht, auch wenn dies in der Praxis einen wirtschaftlichen Vorgang bildet.

aa) Der Grundfall

In der Ausgangsituation ohne Berücksichtigung etwaiger Rabatte erfolgt die Besteuerung aller Beteiligten der Lieferkette belastungsneutral.

Im Inlandsfall erbringen sowohl Hersteller und Großhändler als auch die Apotheke umsatzsteuerbare, umsatzsteuerpflichtige Lieferungen, wofür sie als Umsatzsteuerschuldner die Umsatzsteuer an das Finanzamt abführen. Gleichzeitig machen der Großhändler und die Apotheke ihren Vorsteuerabzug geltend, was der Krankenkasse als Nichtunternehmerin jedoch verwehrt ist (siehe dazu unter D.III.). Die Krankenkasse bleibt damit in Höhe von EUR 38 mit Umsatzsteuer als Endabnehmerin belastet. Dies entspricht auch der in Summe an das Finanzamt abgeführten Zahllast.

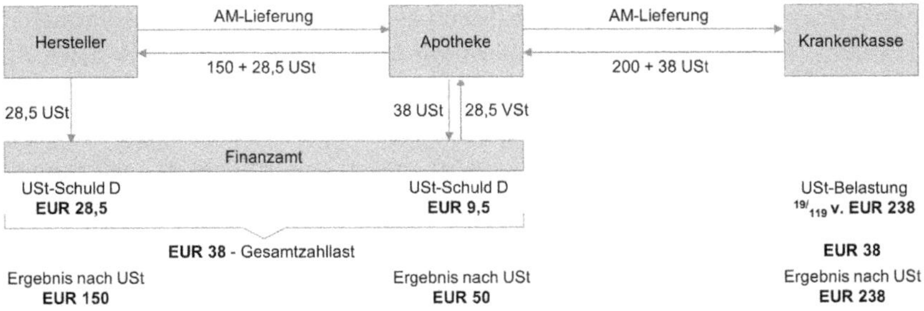

Abb. 10: Grundfall – Inlandsfall ohne Großhändler

bereits unter C.II.2.a)bb)). Davon wird jedoch zur Vereinfachung des Rechenbeispiels vorliegend abgewichen.

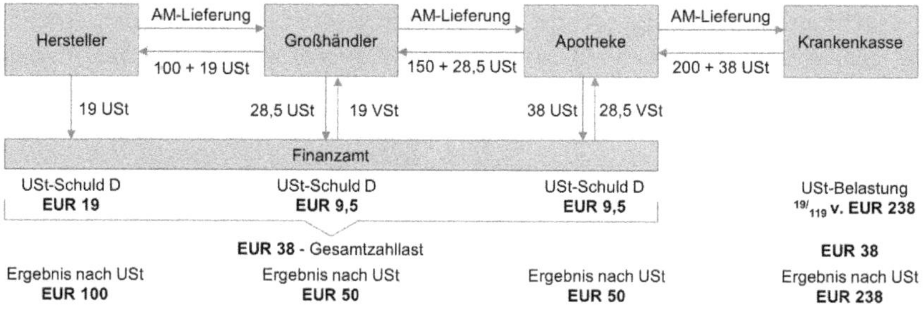

Abb. 11: Grundfall – Inlandsfall mit Großhändler

Im grenzüberschreitenden Fall ohne Zwischenschaltung eines Großhändlers erbringt der in Deutschland ansässige Hersteller eine steuerfreie innergemeinschaftliche Lieferung an die niederländische Apotheke. Diese versteuert diesen Umsatz wiederum als innergemeinschaftlichen Erwerb in den Niederlanden mit einem Umsatzsteuersatz von 6 % und kann gleichzeitig dafür den Vorsteuerabzug geltend machen. Sodann erfolgt eine steuerfreie innergemeinschaftliche Lieferung der niederländischen Apotheke an die Krankenkasse. Die gesetzliche Krankenkasse wiederum versteuert diese Leistung als innergemeinschaftlichen Erwerb in Deutschland und ist insofern mit EUR 38 Umsatzsteuer belastet. Bei Einbeziehung eines deutschen Großhändlers erbringt erst dieser eine innergemeinschaftliche Lieferung an die Apotheke. Der Hersteller hingegen erbringt in diesem Fall wie auch im Inlandsfall eine umsatzsteuerpflichtige Lieferung an den deutschen Großhändler und führt entsprechend die Umsatzsteuer ab, wofür wiederum dem Großhändler ein Vorsteuerabzug zusteht.

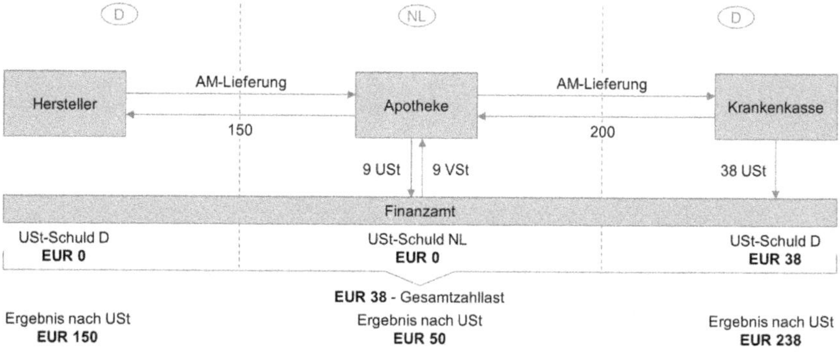

Abb. 12: Grundfall – Grenzüberschreitender Fall ohne Großhändler

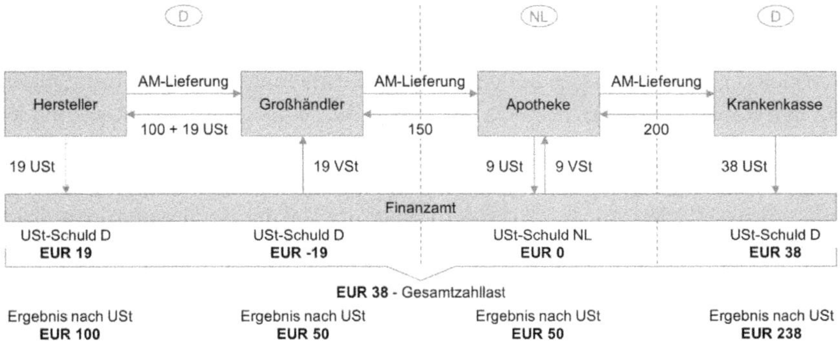

Abb. 13: Grundfall – Grenzüberschreitender Fall mit Großhändler

Die aus der umsatzsteuerlichen Behandlung resultierende wirtschaftliche Belastung ist in allen vier Fallkonstellationen gleich. Verglichen wird sie anhand des wirtschaftlichen Ergebnisses nach Steuern, das durch das Zusammenrechnen aller erfolgten Ausgaben und Einnahmen aus allen Lieferbeziehungen ermittelt wird.

bb) Apothekenrabatt nach § 130 Abs. 1 SGB V

Ausgehend von diesem Grundfall ist die Frage nach der umsatzsteuerlichen Einordnung des Apothekenrabatts nach § 130 SGB V und deren Auswirkungen zu untersuchen

Die Apotheken sind gem. § 130 Abs. 1, 3 SGB V verpflichtet, den Krankenkassen einen Abschlag von EUR 1,77 je Arzneimittel auf den Arzneimittelabgabepreis[1479] zu gewähren, sofern die Rechnung durch die Krankenkasse innerhalb von 10 Tagen beglichen wird (vgl. zu den Voraussetzungen des Apothekenrabatts unter C.II.2.b)cc)(1)). Der Rabatt stellt damit als rückwirkende Verkürzung des Zahlungsanspruchs bei Bedingungseintritt der rechtzeitigen Zahlung eine Art Skonto dar.[1480]

1479 Dies ist der Preis entsprechend der AMPreisV (siehe dazu C.II.2.a)) vor Abzug der Zuzahlung des Versicherten, vgl. *Jäkel*, PharmR 2003, 352, 353; *Wodarz*, in: Sodan, Hdb. KVR, § 27 Rn. 70.

1480 Vgl. BSG, Urt. v. 8.7.2015 – B 3 KR 17/14 R, SozR 4-2500 § 130 Nr. 3, B.3.a); Urt. v. 6.3.2012 – B 1 KR 14/11 R, SozR 4-2500 § 130 Nr. 2, 2.a); *Knittel*, in: Krauskopf, SGB V, § 129 Rn. 5a; *Zuck*, in: Quaas/Zuck, MedizinR, § 38 Rn. 31.

Umsatzsteuerlich mindert der Apothekenrabatt – gleich dem klassischen Skonto –[1481] die Bemessungsgrundlage der Arzneimittellieferung der Apotheke, weil sich die Aufwendungen der gesetzlichen Krankenkasse für das Arzneimittel um den Rabatt vermindern.[1482] Da der Rabatt durch die gesetzliche Regelung im Voraus schon feststeht und der Vergütungsanspruch der gesetzlichen Krankenkasse bereits unter der auflösenden Bedingung entsteht, handelt es sich um eine anfängliche Minderung, durch die der Rabatt nie Teil der Bemessungsgrundlage nach § 10 Abs. 1 UStG wird.[1483] Erfolgt die Zahlung der Krankenkasse hingegen nicht fristgerecht, sprich: tritt die auflösende Bedingung nicht ein, geht der Vergütungsanspruch nicht rückwirkend in Höhe des Rabatts unter und entsteht in seinem ursprünglichen Umfang (vgl. § 158 Abs. 2 BGB).[1484] Eine Minderung der Bemessungsgrundlage scheidet in diesen Fällen aus.

Für den Beispielsfall bedeutet das in der Inlandskonstellation, dass sich bei rechtzeitiger Zahlung die Bemessungsgrundlage für die umsatzsteuerpflichtige Arzneimittellieferung an die gesetzliche Krankenkasse um den Apothekenrabatt mindert. Dies führt dazu, dass sich auch die Umsatzsteuerschuld der Apotheke entsprechend um den im Apothekenrabatt enthaltenen Umsatzsteueranteil mindert.

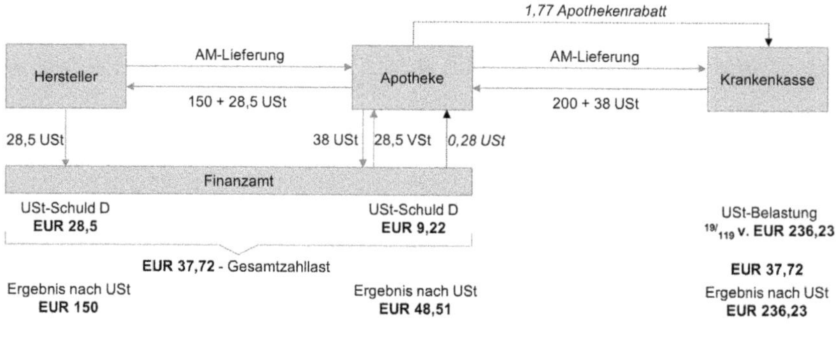

Abb. 14: Apothekenrabatt – Inlandsfall ohne Großhändler

1481 Vgl. Abschn. 10.3 Abs. 1 Satz 1 UStAE; *Hundt-Eßwein*, in: Küffner/Stöcker/Zugmaier, UStG, § 10 Rn. 26.

1482 SG Speyer, Urt. v. 21.3.2016 – S 7 KR 482/13, juris, nrkr. (LSG Rheinland-Pfalz L 5 KR 105/16), Rn. 40, i.E. bestätigt durch LSG Rheinland-Pfalz, Urt. v. 6.7.2017 – L 5 KR 105/16, juris, Rev. BSG B 3 KR 19/17 R.

1483 Vgl. FG Düsseldorf, Urt. v. 23.11.2012 – 1 K 1808/09 U, nrkr. (BFH XI R 2/13), nicht veröffentlicht, II.4.b).

1484 Vgl. BSG, Urt. v. 8.7.2015 – B 3 KR 17/14 R, SozR 4-2500 § 130 Nr. 3; *Luthe*, in: Hauck/Noftz, SGB V, § 130 Rn. 11.

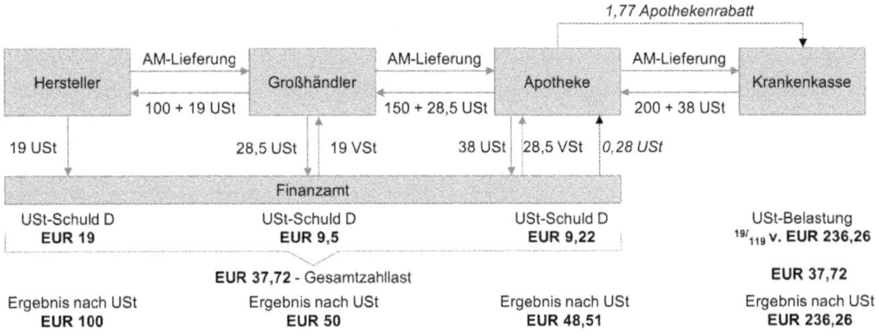

Abb. 15: Apothekenrabatt – Inlandsfall mit Großhändler

In dem grenzüberschreitenden Fall hingegen erbringt die ausländische Apotheke eine umsatzsteuerfreie innergemeinschaftliche Lieferung. Auch hier wird der Rabatt gewährt, da in § 130 SGB V (wie in allen übrigen Abschlagsnormen) nicht danach unterschieden wird, ob die Lieferung aus dem Inland oder Ausland erfolgt; entscheidend ist nur die Einbindung ins Sachleistungssystem. Eine Minderung der Bemessungsgrundlage dieser Lieferung durch den Rabatt ist jedoch ausgeschlossen, da es an einem umsatzsteuerpflichtigen Umsatz fehlt, dessen Umsatzsteueranteil gemindert werden kann.[1485] Allerdings mindert sich die Bemessungsgrundlage der Krankenkasse für ihren innergemeinschaftlichen Erwerb, da sich ihre Aufwendungen reduziert haben.[1486] Gem. § 17 Abs. 1 Satz 5 UStG finden die Vorschriften zur Minderung der Bemessungsgrundlage von steuerpflichtigen Umsätzen im Sinne des § 1 Abs. 1 Nr. 1 UStG auch für den Umsatzsteuertatbestand des innergemeinschaftlichen Erwerbs entsprechend Anwendung. Dies führt zur Reduzierung der Umsatzsteuerschuld der gesetzlichen Krankenkasse. Da der Rabatt jedoch im Rahmen der

1485 Vgl. dazu den Fall der Zahlung einer Aufwandsentschädigung der ausländischen Apotheken an die Versicherten BFH, Beschl. v. 24.2.2015 – V B 147/14, BFH/NV 2015, 768, II.3.; vgl. ebenso den Fall des Herstellerrabatts außerhalb der Lieferkette, wenn der Hersteller am Beginn der Lieferkette eine umsatzsteuerfreie Lieferung erbringt BFH, Urt. v. 4.12.2014 – V R 6/13, BStBl II 2017, 810, II.4.b)aa); Abschn. 17.2 Abs. 1 Satz 4 Nr. 1 UStAE; *Heinrichshofen*, UStB 2015, 67, 68; *Heuermann*, StBp 2015, 149, 151; *Korn*, in: Bunjes, UStG, § 17 Rn. 42; *Marchal*, MwStR 2015, 183, 184; *Wäger*, BFH/PR 2015, 132, 133; *ders.*, in: Sölch/Ringleb, UStG, § 17 Rn. 99.

1486 Vgl. FG Düsseldorf, Urt. v. 23.11.2012 – 1 K 1808/09 U, nrkr. (BFH XI R 2/13), nicht veröffentlicht, II.2.c)bb).

innergemeinschaftlichen Lieferung erbracht wurde, stellt er einen Nettobetrag dar, der keinen Umsatzsteueranteil enthält.[1487] Die Umsatzsteuerschuld reduziert sich demnach um den Umsatzsteuerbetrag, der auf diesen Netto-Rabatt entfallen würde. Diese umsatzsteuerliche Einordnung gilt unabhängig von der Zwischenschaltung eines Großhändlers, da sich der Apothekenrabatt umsatzsteuerlich wie wirtschaftlich nur im Rahmen der Leistungsbeziehung zwischen Apotheke und Krankenkasse auswirkt.

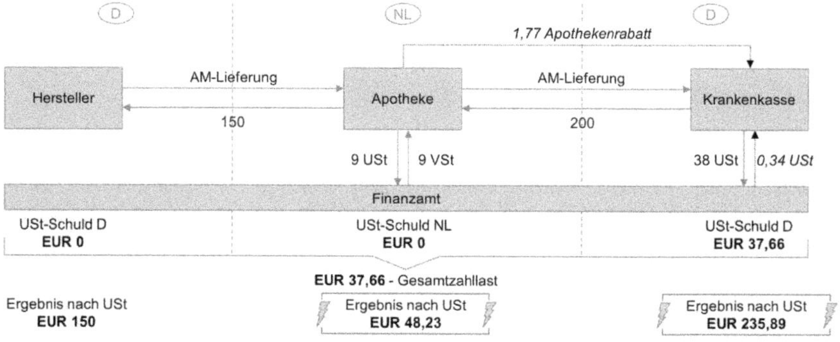

Abb. 16: Apothekenrabatt – Grenzüberschreitender Fall ohne Großhändler

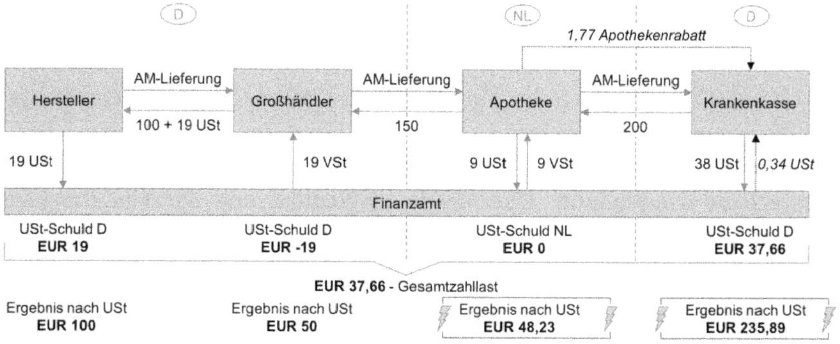

Abb. 17: Apothekenrabatt – Grenzüberschreitender Fall mit Großhändler

---

1487 Vgl. i.E. EuGH, Urt. v. 15.10.2002 – C-427/98 – *Kommission/Deutschland*, BStBl II 2004, 328, Rn. 62; dies ergibt sich im Umkehrschluss auch aus BFH, Urt. v. 28.5.2009 – V R 2/08, BStBl II 2009, 870, wonach steuerrechtliche Regelungen darüber entscheiden, wann ein Rabatt einen Umsatzsteueranteil enthält, nur dass in diesem Fall aufgrund des zugrunde liegenden umsatzsteuerpflichtigen Umsatzes auch der Rabatt einen Bruttobetrag darstellt, der einen Umsatzsteueranteil enthält.

Diese umsatzsteuerliche Behandlung wirkt sich allerdings insofern problematisch aus, als dass sie zu wirtschaftlichen Verzerrungen führt, die die Apotheke im grenzüberschreitenden Fall benachteiligen. Der Rabatt in § 130 SGB V ist unabhängig von dessen umsatzsteuerlichen Behandlung auf den Festbetrag von EUR 1,77 festgesetzt. Während die inländische Apotheke im Ergebnis nur durch den um den Umsatzsteueranteil reduzierten Rabatt belastet ist, weil sich ihre Umsatzsteuerschuld aufgrund der Minderung der Bemessungsgrundlage um EUR 0,28 mindert, trägt die ausländische Apotheke die volle Rabatthöhe, weil sich ihre Bemessungsgrundlage durch die Steuerfreiheit ihrer Lieferung nicht mindert. Gleichzeitig erhält die Krankenkasse in gleicher Höhe der Benachteiligung einen Vorteil, weil sich zusätzlich zum vollen Apothekenrabatt ihre Umsatzsteuerschuld mindert.

Die Benachteiligung ist letztlich auf die Grenzüberschreitung zurückzuführen und könnte insofern unter unionsrechtlichen Gesichtspunkten vor dem Hintergrund der Warenverkehrsfreiheit problematisch sein. Umsatzsteuerlich ist die Behandlung mit Blick auf den Neutralitätsgrundsatz nicht zu beanstanden und aufgrund der Harmonisierung des Umsatzsteuergesetzes mit der Mehrwertsteuersystemrichtlinie unabdingbar. Anknüpfungspunkt der wirtschaftlichen Benachteiligung stellt vielmehr das Sozialrecht dar, da dieses die Rabatthöhe regelt. Die ausländische Apotheke wird im Vergleich zu ihren inländischen Wettbewerben schlechtergestellt, weil die ausländische Apotheke ungeachtet ihrer steuerlichen Behandlung denselben Rabatt zahlen muss. Bei § 130 Abs. 1 SGB V könnte es sich deshalb um eine Maßnahme gleicher Wirkung im Sinne des Art. 34 AEUV handeln. Nach der Rechtsprechung des EuGH ist dies der Fall, wenn die Regelung geeignet ist, die Einfuhr in einen anderen Mitgliedstaat unmittelbar oder mittelbar, tatsächlich oder potenziell zu beschränken.[1488] Zu solch einer Behinderung des Marktzugangs für ausländische Apotheken führt im Ergebnis § 130 Abs. 1 SGB V, weil die ausländische Apotheke, die grenzüberschreitend steuerfrei an gesetzliche Krankenkassen liefert, im Vergleich zur inländischen Apotheke stärker belastet wird, wenn auch sie einen Bruttobetrag zahlen muss,[1489] worunter ihre Wettbewerbsfähigkeit und damit auch ihr

---

1488 Vgl. EuGH, Urt. v. 19.10.2016 – C-148/15 – *Deutsche Parkinson Vereinigung*, ABl. EU 2016, Nr. C 475, 5, Rn. 22; Urt. v. 11.9.2008 – C-141/07 – *Kommission/Deutschland*, Slg. 2008, I-6935, Rn. 28 m.w.N.

1489 Vgl. die Rechtsprechung des EuGH zum Versandhandelsverbot und der Arzneimittelpreisbindung für ausländische Apotheken EuGH, Urt. v. 19.10.2016 – C-148/15 – *Deutsche Parkinson Vereinigung*, ABl. EU 2016, Nr. C 475, 5, Rn. 26 f.; Urt. v. 11.12.2003 – C-322/01 – *Doc Morris*, Slg. 2003, I-14887, Rn. 74 ff.

Bestand am Markt leidet. Es ist überdies auch kein Grund ersichtlich, der diese Benachteiligung im Sinne des Art. 36 AEUV rechtfertigt.

Die wirtschaftliche Ungleichbehandlung könnte dadurch behoben werden, dass der Rabatt nach § 130 SGB V um den enthaltenen Umsatzsteueranteil gekürzt werden würde. Die wirtschaftliche Belastung der ausländischen Apotheke würde dann dem Inlandsfall entsprechen. Die Kürzung würde darüber hinaus nichts an der umsatzsteuerlichen Behandlung ändern, da sich durch den gewährten Rabatt auch hier die Bemessungsgrundlage der gesetzlichen Krankenkasse mindern würde.

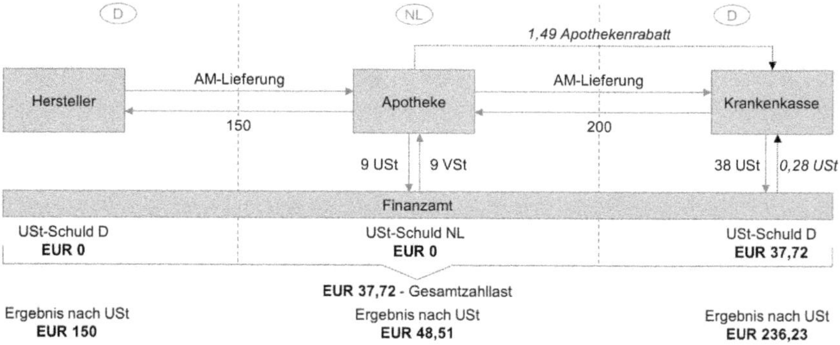

Abb. 18: Apothekenrabatt – Grenzüberschreitender Fall ohne Großhändler (reduziert)

Solch einer Auslegung ist § 130 SGB V momentan jedoch nicht zugänglich, da der Wortlaut hinsichtlich der Rabatthöhe eindeutig ist und betragsmäßig EUR 1,77 vorsieht. Es wäre deshalb Aufgabe des Gesetzgebers die Vorschrift entsprechend zu ändern, um deren Unionsrechtswidrigkeit durch Beseitigung der Ungleichbehandlung zu beheben. Ein Lösungsvorschlag könnte beispielsweise die Ausgestaltung des Abschlags als Nettorabatt i.H.v. EUR 1,49 mit dynamischen Umsatzsteuerverweis sein.

cc) Gutschriften und Kürzungen im Rahmen der Importquote

Des Weiteren sind die ebenfalls von der Apotheke gewährten Gutschriften und Kürzungen zugunsten der Krankenkasse im Rahmen der in § 5 Abs. 3 Rahmenvertrag nach § 129 Abs. 2 SGB V geregelten Importquote (siehe dazu ausführlich C.II.2.b)cc)(2)) nach ihren umsatzsteuerlichen Auswirkungen auf die Bemessungsgrundlage zu beurteilen.

Die Apotheke wird durch den Rahmenvertrag verpflichtet, mit den abgegebenen importierten Arzneimitteln eine sog. Importquote zu erzielen. Wird diese Quote von den Apotheken im Quartal nicht erreicht, mindert sich die Rechnungsforderung für den letzten Abrechnungsmonat des Quartals gegenüber der Krankenkasse um die entsprechende Differenz. Sollte hingegen die vereinbarte Wirtschaftlichkeitsreserve übertroffen werden, erfolgt zugunsten der Apotheke eine Gutschrift, die verrechnet wird, sobald in den folgenden Abrechnungsmonaten ein Kürzungsbetrag anfällt. Eine Auszahlung in Form eines zusätzlichen Rechnungspostens zuzüglich zum Entgelt für die Arzneimittellieferungen findet allerdings nicht statt.

(1) Importkürzungen

Für die Rechnungskürzungen der Apotheke im Rahmen ihrer Quotenuntererfüllung gelten die Ausführungen zum Apothekenrabatt entsprechend. Die Importkürzung führt zu einer Minderung der Bemessungsgrundlage der steuerpflichtigen Lieferung der Apotheke im Inlandsfall,[1490] bzw. des innergemeinschaftlichen Erwerbs der Krankenkasse im Auslandsfall.[1491]

Die Besonderheit dieser Rechnungskürzung besteht nur darin, dass sich die Kürzungen nicht auf eine einzelne Lieferung beziehen, sondern an die Summe von Umsätzen eines Quartals anknüpfen. Die Rückzahlung erfolgt daher nicht für einen einzelnen Umsatz. Zwar erfordert jede Änderung der Bemessungsgrundlage einen wirtschaftlichen Zusammenhang zwischen Rückvergütung und Leistung, dieser besteht jedoch auch bei periodischen umsatzabhängigen Rückzahlungen, die sich auf eine Vielzahl von Umsätzen beziehen.[1492] Entscheidend ist insofern nur, dass die Zahlung „für die Leistung" bzw. „für diese Umsätze" gewährt wird.[1493] Dies ist bei Importkürzungen der Fall, da sie für die zuvor geleisteten Arzneimittellieferungen geleistet werden, die nicht ausreichend aus importierten Arzneimitteln bestanden.[1494]

1490 OFD Niedersachsen, Vfg. v. 16.1.2003 – S 7330-26-StO 351, DStR 2003, 739; *Frotscher*, in: Weimann/Lang, UStG, § 17 Rn. 48; *Tehler*, in: Reiß/Kraeusel/Langer, UStG, § 10 Rn. 158 „Apotheker"; *Weymüller*, in: Birkenfeld/Wäger, USt-Handbuch, § 208 Rn 141.

1491 BMF, Schr. v. 24.7.2014 – IV D 2 – S7200/08/10005, unveröffentlicht, S. 6.

1492 Vgl. BFH, Urt. v. 6.6.2002 – V R 59/00, BStBl II 2003, 214, II.2.d); *Nieuwenhuis*, in: Offerhaus/Söhn/Lange, UStG, § 17 Rn. 38.

1493 BFH, Urt. v. 6.6.2002 – V R 59/00, BStBl II 2003, 214, II.2.a).

1494 Keine Änderung der Bemessungsgrundlage stellt indes der Solidarbeitrag dar, den der pharmazeutische Unternehmer den Krankenkassen gewähren muss, weil es an

Für den Zeitpunkt der Änderung der Bemessungsgrundlage ist auf die tatsächliche Zahlung abzustellen.[1495] Zwar ist die Grundlage der Importkürzung von Beginn an im Rahmenvertrag vereinbart, die Reduzierung des von der Krankenkasse zu zahlenden Betrags erfolgt aber erst in der Abrechnung am Ende des Quartals bei der Gesamtbetrachtung der importierten Arzneimittel. Erst durch diese Zahlungskürzung wird die Bemessungsgrundlage gem. § 17 Abs. 1 Satz 1 UStG nachträglich gemindert und verringert die geschuldete Umsatzsteuer entsprechend.[1496]

Wie auch beim Apothekenrabatt ergeben sich im Rahmen der Importkürzungen wirtschaftliche Verzerrungen im Fall der Grenzüberschreitung. Es ist insoweit auch hier eine entsprechende Anpassung des Rahmenvertrags durch die Vertragsparteien dahingehend geboten, dass nach Netto- und Bruttobeträgen abhängig vom Umsatzsteuerrecht unterschieden wird.

(2) Importgutschriften

Fraglich ist hingegen, ob die Importgutschriften die umsatzsteuerliche Bemessungsgrundlage auch entsprechend erhöhen. Voraussetzung dafür ist, dass die Gutschrift auch tatsächlich eintritt.[1497] Diese wäre der Fall, wenn die Krankenkasse durch die Gutschrift zu irgendeinem Zeitpunkt auch tatsächlich höhere Aufwendungen für ihre Arzneimittellieferungen hätte. Da es (selbst bei dauerhafter Übererfüllung) aber nie zur Auszahlung kommt, fehlt es mangels monetärer Aufwendung der Krankenkasse auch an einer Erhöhung der

---

dem erforderlichen Zusammenhang zwischen Zahlung und einer konkreten Leistung fehlt, vgl. BFH, Urt. v. 30.1.2014 – V R 1/13, BFH/NV 2014, 911; *Frotscher*, in: Weimann/Lang, UStG, § 17 Rn. 48; *Hundt-Eßwein*, in: Küffner/Stöcker/Zugmaier, UStG, § 10 Rn. 29 „Apotheke"; *Nitschke*, UStB 2014, 112, 114; a.A. *Weymüller*, in: Birkenfeld/Wäger, USt-Handbuch, § 208 Rn. 213, nach dessen Auffassung sich der Solidarbeitrag auch ohne Zusammenhang zu einer Lieferung die Bemessungsgrundlage mindert; *Winter/Kapeller*, MwStR 2013, 109, 110, die einen unmittelbaren Zusammenhang zu den Arzneimittellieferungen auch bei einer festgelegten Einmalzahlung bejahen.

1495 Vgl. BFH, Urt. v. 18.9.2008 – V R 56/06, BStBl II 2009, 250, II.3.d); Abschn. 17.1 Abs. 2 Satz 1, 3 UStAE; OFD Niedersachsen, Vfg. v. 24.8.2015 – S 7330-25-St 181, UR 2015, 807; *Hundt-Eßwein*, in: Küffner/Stöcker/Zugmaier, UStG, § 17 Rn. 13.

1496 OFD Niedersachsen, Vfg. v. 16.1.2003 – S 7330-26-StO 351, DStR 2003, 739.

1497 Vgl. allgemein BFH, Urt. v. 18.9.2008 – V R 56/06, BStBl II 2009, 250, II.3.c); *Hundt-Eßwein*, in: Küffner/Stöcker/Zugmaier, UStG, § 17 Rn. 11.

Bemessungsgrundlage.[1498] Die Gutschrift der Übererfüllungen führt vielmehr später nur zu einer geringer ausfallenden Minderung der Bemessungsgrundlage, wenn es zu Importkürzungen kommt.[1499]

dd) *Gesetzliche und vertragliche Preisabschläge der pharmazeutischen Hersteller*

Die Herstellerrabatte nach den §§ 130a f. SGB V werden je nach gesetzlicher bzw. vertraglicher Ausgestaltung vom pharmazeutischen Hersteller entweder an die Apotheke oder die gesetzliche Krankenkasse direkt gewährt, kommen jedoch im Ergebnis der gesetzlichen Krankenkasse zugute.

Auf diese vom pharmazeutischen Hersteller an die Krankenkasse als Endabnehmer gewährten Rabatte sind die Grundsätze zur umsatzsteuerlichen Behandlung von Preisnachlass- und Preiserstattungsgutscheinen (siehe dazu unter D.IV.1.d)cc)) entsprechend anzuwenden.[1500] Dass dabei im Ergebnis keine Gutscheine verwendet werden, sondern es sich um Rabatte handelt, ist unbeachtlich.[1501] Maßgeblich ist hingegen, dass der Hersteller dem letzten Abnehmer in der Leistungskette eine direkte Vergütung für eine konkrete Lieferung gewährt, an der er selbst zuvor mit einem Umsatz beteiligt war.[1502] Dieses Erfordernis der Leistungskette ist auch beim Herstellerrabatt der pharmazeutischen Unternehmer der Fall, weil der Rabatt auf eine Leistung gewährt wird, die der Hersteller zuvor selbst an einen Großhändler oder die Apotheke erbracht hat.[1503]

Für die umsatzsteuerliche Behandlung ist nachfolgend zwischen den verschiedenen Rabatten und deren Ausgestaltungen zu unterscheiden.

1498 OFD Niedersachsen, Vfg. v. 16.1.2003 – S 7330-26-StO 351, DStR 2003, 739; BMF, Schr. v. 24.7.2014 – IV D 2 – S7200/08/10005, unveröffentlicht, S. 6, wo allerdings von einer (nicht möglichen) Erhöhung der Vergütung ausgegangen wird.

1499 OFD Niedersachsen, Vfg. v. 16.1.2003 – S 7330-26-StO 351, DStR 2003, 739.

1500 Vgl. BFH, Vorlagebeschl. v. 22.6.2016 – V R 42/15, EuGH Az. C-462/16, BFH/NV 2016, 1528; *Probst*, in: Hartmann/Metzenmacher, UStG, § 10 Rn. 113; *Scharfenberg/Marbes*, BB 2005, 361, 362 f.; *Stadie*, in: Rau/Dürrwächter, UStG, § 17 Rn. 217; i.E. auch OFD Karlsruhe, Vfg. v. 12.12.2013 – S 7330, juris; OFD Nordrhein-Westfalen, Kurzinfo USt v. 15.3.2005 – Nr. 6/2005, DB 2005, 642, wonach das BMF-Schreiben zur Umsetzung der *Elida Gibbs*-Rechtsprechung entsprechend anzuwenden ist; a.A. *Ammann*, UR 2005, 180, 182.

1501 Vgl. BFH, Urt. v. 12.1.2006 – V R 3/04, BStBl II 2006, 479, II.1.; *Stadie*, in: Rau/Dürrwächter, UStG, § 17 Rn. 217; *Wüst*, MwStR 2015, 157; *Lippross*, UR 2006, 142, 145.

1502 Vgl. *Stadie*, in: Rau/Dürrwächter, UStG, § 17 Rn. 217; *Wäger*, in: Sölch/Ringleb, UStG, § 17 Rn. 93.

1503 Vgl. *Wäger*, in: Sölch/Ringleb, UStG, § 17 Rn. 94.

(1) Gesetzliche Herstellerrabatte nach § 130a Abs. 1, Abs. 3a, Abs. 3b SGB V

In § 130a SGB V sind verschiedene gesetzliche (Zwangs-)Rabatte vorgesehen, die der gesetzlichen Krankenkasse vom pharmazeutischen Unternehmer auf dessen Abgabepreis (siehe zum ApU unter C.II.2.a)bb)(1)) zu gewähren sind. Dazu zählen neben dem originären Herstellerrabatt nach § 130a Abs. 1 SGB V auch der Abschlag im Rahmen des Preismoratoriums gem. § 130a Abs. 3a SGB V sowie der Herstellerrabatt für Generika nach § 130a Abs. 3b SGB V. Die Rabatte ähneln sich in der Ausgestaltung und Abwicklung (siehe dazu im Einzelnen C.II.2.b)cc)(3)) und werden für die Qualifizierung im Rahmen der Bemessungsgrundlage zusammengefasst.

Der gesetzliche Herstellerrabatt nach § 130a Abs. 1 SGB V wird der Krankenkasse von der Apotheke als Abzug vom Apothekenabgabepreis des zu ihren Lasten abgegebenen Arzneimittels gewährt.[1504] Die Höhe des Herstellerrabatts errechnet sich aus dem Nettoverkaufspreis („vom Abgabepreis [...] ohne Mehrwertsteuer").[1505] Der pharmazeutische Hersteller wiederum ist verpflichtet, den Apotheken diesen Abschlag innerhalb von zehn Tagen zu erstatten.[1506] Aufgrund der Ausgestaltung entspricht der gesetzliche Herstellerrabatt des pharmazeutischen Unternehmers für die umsatzsteuerliche Betrachtung einer Form des Preisnachlassgutscheins,[1507] der gegenüber dem Einzelhändler (hier die Apotheke) eingelöst und mit dem Kaufpreis verrechnet wird und anschließend der Einzelhändler sich den Verrechnungsbetrag vom Hersteller erstatten lässt.

Dass es sich dabei um einen durch Gesetz festgelegten Zwangsrabatt handelt, steht einer Entgeltänderung nicht entgegen.[1508] Der EuGH zog für den gesetzlichen Rabatt des pharmazeutischen Herstellers im Rahmen der Auslegung des Art. 90 MwStSystRL die Parallele zu seiner Rechtsprechung zur Bestimmung der Bemessungsgrundlage von Glücksspielumsätzen, da auch der pharmazeutische Hersteller aufgrund der gesetzlichen Verpflichtung zum Abschlag nicht über den eingenommenen Gesamtpreis frei verfügen könne.[1509] In seiner Glücksspiel-Rechtsprechung entschied er, dass der Teil des Verkaufspreises, der als Gewinn

---

1504 Vgl. *Luthe*, in: Hauck/Noftz, SGB V, § 130a Rn. 4, 16.

1505 Vgl. BFH, Urt. v. 28.5.2009 – V R 2/08, BStBl II 2009, 870, II.4.a); *Luthe*, in: Hauck/Noftz, SGB V, § 130a Rn. 9.

1506 Vgl. *Murawski*, in: LPK-SGB V, § 130a Rn. 3.

1507 So auch *Scharfenberg/Marbes*, BB 2005, 361, 363.

1508 Vgl. i.E. *Meyer*, in: Weymüller, UStG, § 17 Rn. 45.

1509 Vgl. EuGH, Urt. v. 20.12.2017 – C-462/16 – *Boehringer Ingelheim Pharma*, UR 2018, 166, Rn. 43 f.

an die Spieler ausgeschüttet werde und aufgrund gesetzlicher Verpflichtung von vornherein zwingend feststehe, nicht als Bestandteil der Gegenleistung angesehen werden könne.[1510] Zwar ging es dort um die Auslegung des Begriffs der „Gegenleistung" im Sinne der Art. 73 MwStSystRL, da es aber auch bei Art. 90 MwStSystRL um die Bestimmung der Steuerbemessungsgrundlage gehe, könne die Wertung des Urteils auch für die Auslegung der gebrauchten Wendung „im Falle … des Preisnachlasses" des Art. 90 MwStSystRL übertragen werden.[1511] Demnach steht der gesetzlich festgelegte Abschlag wohl nicht nur einer Entgeltänderung nicht entgegen, sondern ist sogar zwingend.

Für die umsatzsteuerliche Beurteilung muss zwischen den verschiedenen Leistungsbeziehungen innerhalb der Lieferkette unterschieden werden: Im Inlandsfall der Fallkonstellation mit einem Großhändler führt die Gewährung des Herstellerrabatts an die Apotheke in der Leistungsbeziehung zwischen Hersteller und Großhändler zur Minderung der Bemessungsgrundlage nach § 17 Abs. 1 Satz 1 UStG.[1512] Der Änderungsbetrag in Form des tatsächlich gezahlten Rabatts stellt einen Bruttobetrag dar, der einen Umsatzsteueranteil enthält.[1513] Dies gilt auch ungeachtet dessen, dass der Rabatt nach § 130a SGB V auf den

---

1510 EuGH, Urt. v. 19.7.2012 – C-377/11 – *International Bingo Technology*, UR 2012, 803, Rn. 28.

1511 EuGH, Urt. v. 20.12.2017 – C-462/16 – *Boehringer Ingelheim Pharma*, UR 2018, 166, Rn. 45.

1512 BFH, Vorlagebeschl. v. 22.6.2016 – V R 42/15, EuGH Az. C-462/16, BFH/NV 2016, 1528, II.2.b); BMF, Schr. v. 14.11.2012 – IV D 2-S 7200/08/10005, BStBl I 2012, 1170, I.1; Abschn. 10.3 Abs. 7 Satz 1 UStAE; OFD Frankfurt a.M., Vfg. v. 24.11.2008 – S 7200 A-195-St 111, juris, aufgehoben, 1.; OFD Nordrhein-Westfalen, Kurzinfo USt v. 15.3.2005 – Nr. 6/2005, DB 2005, 642; *Engelsing/Nordmann*, KrV 2013, 149, 152; *Frotscher*, in: Weimann/Lang, UStG, § 17 Rn. 48; *Handzik*, in: Offerhaus/Söhn/Lange, UStG, § 10 Rn. 85 „Apotheken", 88 „Pharmazeutische Unternehmer"; *Hundt-Eßwein*, in: Küffner/Stöcker/Zugmaier, UStG, § 10 Rn. 29 „Apotheke"; *Müller*, MwStR 2018, 342, 344; *Nieuwenhuis*, in: Offerhaus/Söhn/Lange, UStG, § 17 Rn. 44a; *Probst*, in: Hartmann/Metzenmacher, UStG, § 10 Rn. 113 „Apotheken", 141 „Zwangsrabatt bei Arzneimitteln"; *Raudszus*, in: Weimann/Lang, UStG, § 10 Rn. 51; *Tehler*, in: Reiß/Kraeusel/Langer, UStG, § 17 Rn. 98 „Arzneimittelabschlag an Krankenkassen"; *Weymüller*, in: Birkenfeld/Wäger, USt-Handbuch, § 208 Rn. 212; umstritten ist dies hingegen bei den Rabatten der Pharmaunternehmen an private Krankenkassen nach § 1 AMRabG (siehe dazu ausführlich unter D.IV.2.c)dd)(4)).

1513 Vgl. BFH, Urt. v. 28.5.2009 – V R 2/08, BStBl II 2009, 870, II.4.a); OFD Karlsruhe, Vfg. v. 12.12.2013 – S 7330, juris; *Axer*, JbSozR 31 (2010), 583, 597; *Nieuwenhuis*, in: Offerhaus/Söhn/Lange, UStG, § 17 Rn. 44a; *Probst*, in: Hartmann/Metzenmacher, UStG, § 10 Rn. 113 „Apotheken".

Nettowert des Abgabepreises des pharmazeutischen Unternehmers gewährt wird, weil insofern nur die Regelungen des Umsatzsteuerrechts entscheidend sind und nicht die Rechtsgrundlage des Rabatts.[1514] Der Eingangsumsatz des Leistungsempfängers (hier des Großhändlers) ändert sich entsprechend der Rechtsprechung des EuGH zu Preisnachlassgutscheinen allerdings nicht, weshalb sein Vorsteuerabzug unverändert bleibt.[1515]

Im Rahmen der Leistungsbeziehung zwischen der Apotheke und der Krankenkasse wiederum stellt die Erstattung des Abschlags durch den pharmazeutischen Unternehmer ein Entgelt von dritter Seite dar, das die Bemessungsgrundlage entsprechend erhöht.[1516] Es bedarf insofern einer Abgrenzung zum durchlaufenden Posten, der gem. § 10 Abs. 1 Satz 6 UStG nicht zum Entgelt gehört.[1517] Zwar fungiert die Apotheke im Ergebnis als Zahlstelle. Voraussetzung für einen durchlaufenden Posten wäre aber, dass sie keinen eigenen Anspruch auf die Zahlung hat.[1518] Dies ist vorliegend aber gerade der Fall (vgl. § 130a Abs. 1 Satz 3 SGB V). Die Bemessungsgrundlage der Arzneimittellieferung der Apotheke setzt sich daher aus dem Entgelt von dritter Seite seitens des Herstellers und der um den Rabatt reduzierten Zahlung der Krankenkasse zusammen.

Der grenzüberschreitende Fall stellt einen Anwendungsfall der noch nicht höchstrichterlich entschiedenen Fallkonstellation eines Herstellerpreisnachlasses bei grenzüberschreitenden Lieferungen am Ende der Lieferkette dar (siehe dazu unter D.IV.1.d)cc)(2)(b)). Nach Ansicht der Finanzverwaltung zur Behandlung von Herstellergutscheinen scheide eine Minderung der Bemessungsgrundlage

---

1514 BFH, Urt. v. 28.5.2009 – V R 2/08, BStBl II 2009, 870; *Frotscher*, in: Weimann/Lang, UStG, § 17 Rn. 48.

1515 Vgl. EuGH, Urt. v. 15.10.2002 – C-427/98 – *Kommission/Deutschland*, BStBl II 2004, 328, Rn. 41; *Stadie*, in: Rau/Dürrwächter, UStG, § 17 Rn. 217.

1516 Vgl. Abschn. 10.3 Abs. 7 Satz 3 UStAE; OFD Karlsruhe, Vfg. v. 12.12.2013 – S 7330, juris; OFD Frankfurt a.M., Vfg. v. 24.11.2008 – S 7200 A-195-St 111, juris, 1.; OFD Nordrhein-Westfalen, Kurzinfo USt v. 15.3.2005 – Nr. 6/2005, DB 2005, 642; *Handzik*, in: Offerhaus/Söhn/Lange, UStG, § 10 Rn. 85 Apotheken"; *Probst*, in: Hartmann/Metzenmacher, UStG, § 10 Rn. 113 „Apotheken", 141 „Zwangsrabatt bei Arzneimitteln"; *Raudszus*, in: Weimann/Lang, UStG, § 10 Rn. 51; *Tehler*, in: Reiß/Kraeusel/Langer, UStG, § 10 Rn. 158 „Apotheker"; a.A. *Ammann*, UR 2005, 180, 185 nach dessen Ansicht der Herstellerrabatt die Bemessungsgrundlage für die Leistung an die gesetzliche Krankenkasse mindert; *Stadie*, in: Rau/Dürrwächter, UStG, § 17 Rn. 293, weil der Herstellerrabatt ähnlich einem durchlaufenden Posten kraft Gesetzes nur weiterzuleiten sei.

1517 *Ammann*, UR 2005, 180, 185.; a.A. *Stadie*, in: Rau/Dürrwächter, UStG, § 17 Rn. 293.

1518 Vgl. *Raudszus*, in: Weimann/Lang, UStG, § 10 Rn. 88.

des Herstellers aus, da Voraussetzung dafür unter anderem sei, dass die Leistung an den Abnehmer, der den Gutschein einlöse, im Inland umsatzsteuerpflichtig sei.[1519] Die Apotheke erbringt allerdings eine steuerfreie innergemeinschaftliche Lieferung. Doch wie bereits zuvor vertreten muss der Herstellerrabatt auch in diesem Fall bei ihm zu einer Minderung der Bemessungsgrundlage führen. Nur so kann das Neutralitätsgebot gewahrt werden, weil andernfalls der Hersteller zugunsten des Fiskus mit Umsatzsteuer belastet bliebe. Gestützt wird diese Argumentation letztlich auch durch die jüngste Rechtsprechung des EuGH, wonach die Minderung der Bemessungsgrundlage für den pharmazeutischen Hersteller sich bereits daraus ergibt, dass er aufgrund der gesetzlichen Pflicht zum Abschlag über sein Entgelt nicht frei verfügen könne und deshalb der Rabatt auch nicht Teil der Bemessungsgrundlage bleiben könne.[1520] Umsatzsteuerlich muss der Fall demnach gleich dem Inlandsfall behandelt werden, mit dem Unterschied, dass der Herstellerrabatt hier als Entgelt von dritter Seite in die Bemessungsgrundlage des innergemeinschaftlichen Erwerbs der Krankenkasse einfließt statt in die der steuerpflichtigen Lieferung der inländischen Apotheke.[1521] Diese Betrachtungsweise führt weder umsatzsteuerlich[1522] noch wirtschaftlich zu Verzerrungen.

1519 Vgl. Abschn. 17.2 Abs. 1 Satz 4 Nr. 2 UStAE.

1520 Vgl. im Zusammenhang mit der umsatzsteuerlichen Behandlung der Gewährung des gesetzlichen Herstellerrabatts an private Krankenkassen EuGH, Urt. v. 20.12.2017 – C-462/16 – *Boehringer Ingelheim Pharma*, UR 2018, 166, Rn. 43 ff.

1521 So auch zur Einordnung des Herstellerrabatts als Entgelt von dritter Seite LSG Rheinland-Pfalz, Urt. v. 6.7.2017 – L 5 KR 105/16, juris, Rev. BSG B 3 KR 19/17 R, Rn. 33; i.E. auch FG Düsseldorf, Urt. v. 23.11.2012 – 1 K 1808/09 U, nrkr. (BFH XI R 2/13), nicht veröffentlicht, II.2.c)bb); a.A. FG Münster, Urt. v. 13.3.2018 – 15 K 832/15 U, EFG 2018, 1063, da dem Herstellerrabatt durch seinen Zweck der Kostenentlastung nur eine sozialrechtliche Funktion zukomme, aus der keine umsatzsteuerrechtliche Wirkung abgeleitet werden könne.

1522 Vgl. dazu auch OFD Karlsruhe, Vfg. v. 12.12.2013 – S 7330, juris, wonach veranschaulicht an einem Rechenbeispiel die Umsatzsteuerzahllast der Lieferkette mit der Umsatzsteuerbelastung der Krankenkasse übereinstimmt.

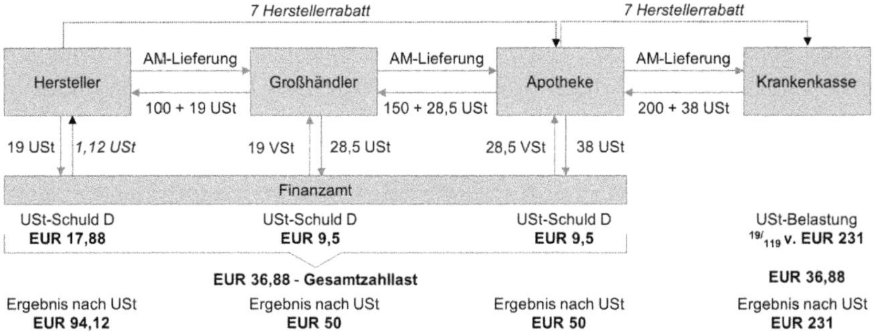

Abb. 19: Gesetzlicher Herstellerrabatt – Inlandsfall mit Großhändler

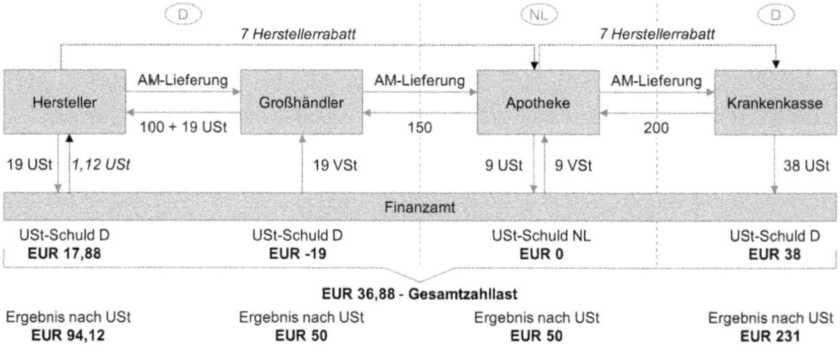

Abb. 20: Gesetzlicher Herstellerrabatt – Grenzüberschreitender Fall mit Großhändler

Auch in der Fallkonstellation ohne Einschaltung eines Großhändlers führt der Herstellerrabatt im Inlandsfall in der Leistungsbeziehung zwischen Hersteller und Apotheke zur Minderung der Bemessungsgrundlage.[1523] Nach Ansicht des EuGH zu den Grundsätzen der umsatzsteuerlichen Behandlung von Herstellerrabatten in mehrstufigen Lieferketten ist es unbeachtlich, ob ein Großhändler dazwischen geschalten wurde oder nicht.[1524] Uneinigkeit besteht jedoch darin,

1523 Vgl. Abschn. 10.3 Abs. 7 Satz 1 UStAE; *Probst*, in: Hartmann/Metzenmacher, UStG, § 10 Rn. 113 „Apotheken", 141 „Zwangsrabatt bei Arzneimitteln"; *Raudszus*, in: Weimann/Lang, UStG, § 10 Rn. 51; *Tehler*, in: Reiß/Kraeusel/Langer, UStG, § 10 Rn. 158 „Apotheker", § 17 Rn. 98 „Arzneimittelabschlag an Krankenkassen".

1524 EuGH, Urt. v. 24.10.1996 – C-317/94 – *Elida Gibbs Ltd.*, BStBl II 2004, 324, Rn. 34.

welche weiteren umsatzsteuerlichen Konsequenzen das nach sich ziehen soll. Da der Hersteller und die Apotheke nun in einer unmittelbaren Leistungsbeziehung stehen, soll der Fall nach Ansicht der Finanzverwaltung so behandelt werden, als würde der Rabatt durch die Kette durchgereicht werden.[1525] Dies hätte zur Folge, dass die Minderung der Bemessungsgrundlage beim Hersteller – anders als in den Gutscheinfällen des EuGH – auch den Eingangsumsatz des Apothekers ändert und sich sein Vorsteuerabzug entsprechend verringert. In der Leistungsbeziehung zwischen der Apotheke und der Krankenkasse wiederum stelle die Zahlung nach der Auffassung der Finanzverwaltung dann kein Entgelt von dritter Seite mehr dar, sondern eine Minderung der Bemessungsgrundlage.[1526] Diese Ansicht widerspricht jedoch der Rechtsprechung des EuGH,[1527] denn auch in dem zugrunde liegenden Fall der Rechtssache *Yorkshire Co-Operatives Ltd.*, in dem der Hersteller ohne Einschaltung eines Großhändlers an den Einzelhändler lieferte, soll sich die Bemessungsgrundlage für die Lieferung des Einzelhändlers nach Ansicht des EuGH aus dem vom Endverbraucher gezahlten Betrag und der Zahlung des Herstellers zusammensetzen.[1528] Die etwaige Einschaltung eines Großhändlers ist auch an dieser Stelle für die Qualifizierung als Entgelt von dritter Seite unerheblich.[1529] Selbst wenn der Hersteller mit dem Einzelhändler in einer Leistungsbeziehung steht, ist er für den Umsatz des Einzelhändlers an den Endverbraucher als „Dritter“ anzusehen.[1530]

Der korrespondierende Auslandsfall zur Direktlieferung an die Apotheke stellt im Ergebnis wiederum den Anwendungsfall des Herstellerrabatts bei grenzüberschreitenden Lieferungen am Beginn der Leistungskette dar (siehe dazu D.IV.1.d) cc)(2)(a)). In diesen Fällen führt der Herstellerrabatt nicht zur Minderung der Bemessungsgrundlage seiner Lieferung, weil die zuvor erbrachte umsatzsteuerfreie innergemeinschaftliche Lieferung schon keinen Umsatzsteueranteil

---

1525 Vgl. OFD Karlsruhe, Vfg. v. 12.12.2013 – S 7330, juris; OFD Frankfurt a.M., Vfg. v. 24.11.2008 – S 7200 A-195-St 111, juris, aufgehoben, 3.; OFD Nordrhein-Westfalen, Kurzinfo USt v. 15.3.2005 – Nr. 6/2005, DB 2005, 642.

1526 So auch i.E. *Meyer*, in: Weymüller, UStG, § 17 Rn. 46.7.

1527 Ablehnend i.E. auch Müller für den vergleichbaren Fall der privaten Krankenversicherung *Müller*, MwStR 2018, 342, 346.

1528 EuGH, Urt. v. 16.1.2003 – C-398/99 – *Yorkshire Co-Operatives Ltd.*, BStBl II 2004, 335, Rn. 21 f.

1529 Vgl. *Handzik*, in: Offerhaus/Söhn/Lange, UStG, § 10 Rn. 85 „Apotheken“.

1530 Vgl. EuGH, Urt. v. 16.1.2003 – C-398/99 – *Yorkshire Co-Operatives Ltd.*, BStBl II 2004, 335, Rn. 18, 21.

enthält, der gemindert werden könnte.[1531] Der Rabatt wirkt sich auch auf den innergemeinschaftlichen Erwerb der Apotheke aus der Lieferung des Herstellers nicht mindernd aus, weshalb sich die Umsatzsteuerschuld der Apotheke auch nicht entsprechend reduziert. Dafür fehlt es an der erforderlichen Minderung des Werts der Aufwendungen für die Lieferung des Herstellers, da der Apotheke der Rabatt letztlich nicht zugutekommt, sondern unmittelbar weitergegeben wird. Selbst wenn man eine Änderung der Bemessungsgrundlage des innergemeinschaftlichen Erwerbs annehmen würde, würde sich diese aber im Ergebnis ohnehin nicht auswirken, weil korrespondierend auch der Vorsteuerabzug für den innergemeinschaftlichen Erwerb nach § 15 Abs. 1 Nr. 3 UStG entsprechend zu korrigieren wäre.[1532] Die Bemessungsgrundlage für den innergemeinschaftlichen Erwerb der Krankenkasse für die Lieferung der Apotheke setzt sich wiederum zusammen aus dem um den Rabatt reduzierten Zahlbetrag und dem Rabatt des Herstellers an die Apotheke als Entgelt von dritter Seite.[1533] Dieser wird auch in voller Höhe angesetzt, da der Rabatt aufgrund der steuerfreien Lieferung des Herstellers keinen Umsatzsteueranteil enthält, der außer Acht zu lassen wäre. Umsatzsteuerlich führt dies allerdings zu einer höheren steuerlichen Gesamtzahllast, die sich wirtschaftlich zu Lasten des Herstellers auswirkt.

1531 Vgl. dazu den Fall der Zahlung einer Aufwandsentschädigung der ausländischen Apotheken an die Versicherten BFH, Beschl. v. 24.2.2015 – V B 147/14, BFH/NV 2015, 768, II.3.; i.E. auch Urt. v. 4.12.2014 – V R 6/13, BStBl II 2017, 810, II.4.b)aa); i.E. Abschn. 17.2 Abs. 1 Satz 4 Nr. 1 UStAE; *Korn*, in: Bunjes, UStG, § 17 Rn. 42.

1532 Vgl. BFH, Urt. v. 4.12.2014 – V R 6/13, BStBl II 2017, 810, II.4.b)bb), der die in dem Verfahren vertretene Auffassung des Finanzamts, dass die Änderung der Bemessungsgrundlage des innergemeinschaftlichen Erwerbs des Großhändlers ohne Einfluss auf dessen Vorsteuerabzug ist, mit dem Wortlaut des § 15 Abs. 1 Nr. 3 UStG für nicht vereinbar hält.

1533 So wohl auch FG Düsseldorf, Urt. v. 23.11.2012 – 1 K 1808/09 U, nrkr. (BFH XI R 2/13), nicht veröffentlicht, II.2.c)bb), das nicht danach differenziert, ob es ein Direktgeschäft ist oder noch ein Großhändler eingeschalten wurde.

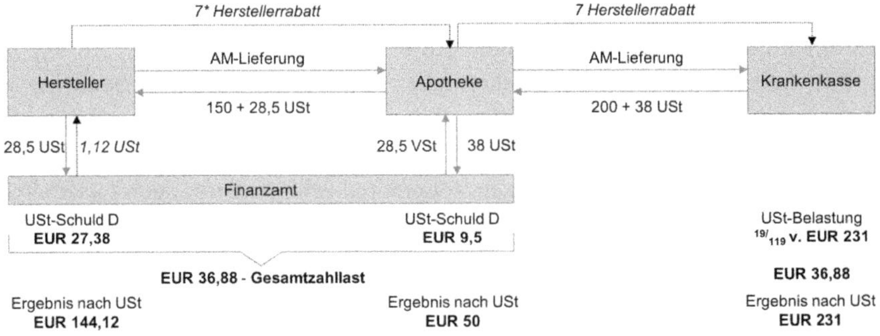

Abb. 21: Gesetzlicher Herstellerrabatt – Inlandsfall ohne Großhändler

* Auch in diesem Fall beträgt der Herstellerrabatt EUR 7, da der Abgabepreis des pharmazeutischen Herstellers, auf dessen Basis sich der Herstellerrabatt berechnet, nach wie vor EUR 100 beträgt; das Entgelt von EUR 150 ergibt sich indes aus der zusätzlichen Erhebung des Großhandelszuschlags (vgl. § 78 Abs. 1 Satz 3 AMG)

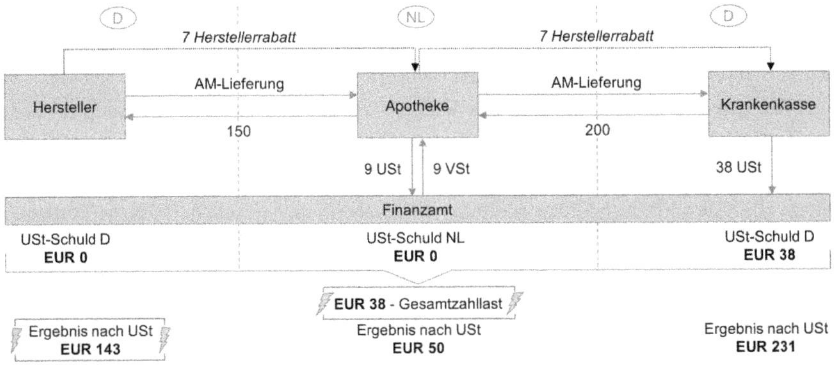

Abb. 22: Gesetzlicher Herstellerrabatt – Grenzüberschreitender Fall ohne Großhändler

Die Schlechterstellung des Herstellers rührt allerdings nicht aus der umsatzsteuerlichen Behandlung des Rabatts. Die Versagung der Minderung der Umsatzsteuerschuld wahrt vielmehr den Grundsatz der Neutralität, da ein Unternehmer, der eine steuerfreie Leistung erbringt, auch nicht durch einen Umsatzsteueranteil eines von ihm gewährten Rabatts belastet sein kann. Der Ursprung der wirtschaftlichen Abweichungen liegt vielmehr in der Berechnungsgrundlage des § 130a Abs. 1 SGB V begründet, die in der Rabatthöhe nicht danach unterscheidet, ob es sich bei dem zu zahlenden Herstellerrabatt um einen Brutto- oder Nettobetrag handelt.

Zur Beseitigung dieser wirtschaftlichen Ungleichbehandlung bedürfte es einer Anpassung des Sozialrechts. Der Rabatt müsste als Nettobetrag mit dynamischem Umsatzsteuersteuerverweis ausgestaltet werden.[1534] So würde er nur dann und insoweit um einen Umsatzsteueranteil erhöht, wenn auch tatsächlich Umsatzsteuer anfällt. Erbringt also der Hersteller eine steuerfreie innergemeinschaftliche Lieferung, würde es sich auch beim Herstellerrabatt nur um einen reduzierten Nettobetrag ohne Umsatzsteuer handeln,[1535] der den Hersteller wirtschaftlich im gleichen Umfang belasten würde, als erbringe er eine steuerpflichtige Lieferung im Inland. Diese Anpassung ist verfassungsrechtlich auch geboten, da § 130a Abs. 1 SGB V in seiner aktuellen Fassung gegen Art. 3 Abs. 1 GG verstößt,[1536] wonach alle Personen vor dem Gesetz gleich sind. Hieraus folgt das Verbot, dass wesentlich Gleiches nicht ungleich behandelt werden darf, sofern die Differenzierung nicht durch Sachgründe gerechtfertigt ist, die dem Ziel und dem Ausmaß der Ungleichbehandlung angemessen sind.[1537] Es handelt sich schon aufgrund der (unionsrechtlich zwingenden) unterschiedlichen steuerlichen Behandlung um unterschiedliche Sachverhalte, wenn ein pharmazeutischer Unternehmer grenzüberschreitend liefert oder nicht. Die gesetzliche Verpflichtung zur Gewährung des Rabatts behandelt aber beide Sachverhalte durch die Festsetzung einer Einheitsgröße gleich, ohne dass dies objektiv gerechtfertigt ist. Insbesondere der Zweck der Regelung zur Senkung der Kosten wird durch die Gleichbehandlung nicht berührt, denn die gesetzliche Krankenkasse erhält wirtschaftlich betrachtet auch bei einem Nettobetrag letztlich die gleiche Rabattsumme, weil sich ihre Umsatzsteuerschuld entsprechend reduziert.

1534 I.E. auch *Engelsing/Nordmann*, KrV 2013, 149, 152.

1535 Vgl. *Engelsing/Nordmann*, KrV 2013, 149, 152.

1536 Da die Ungleichbehandlung letztlich aus dem Zusammenwirken von Unionsrecht und nationalem Recht erfolgt, ist auch ein Verstoß gegen Art. 20 EUGrdRCh denkbar, nachdem ungleiche Sachverhalte nicht gleich behandelt werden dürfen; allerdings wird bei der Zugrundelegung von § 130a SGB V im Rahmen der Anwendung des Unionsrecht technisch gesehen kein Unionsrecht durchgeführt.

1537 Ständ. Rspr. BVerfG, Beschl. v. 7.3.2017 – 1 BvR 1314/12, NVwZ 2017, 1111, II.1.c) aa).

Eine verfassungsgemäße Auslegung des § 130 Abs. 1 SGB V als reduzierter Nettopreis mit dynamischem Umsatzsteuerverweis ist indes nicht möglich. Der Rabatt berechnet sich immer prozentual aus dem Nettoverkaufspreis des pharmazeutischen Herstellers und enthält keine Variable, weshalb eine anderweitige Auslegung über die Grenzen des Wortlauts hinaus ginge. Er stellt mithin einen Festbetrag dar, der abhängig von den Regelungen des Umsatzsteuerrechts einen Umsatzsteueranteil enthalten kann oder nicht.[1538]

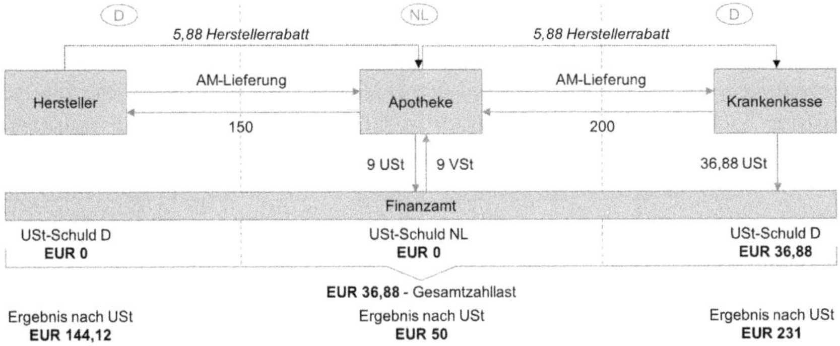

Abb. 23: Gesetzlicher Herstellerrabatt – Grenzüberschreitender Fall ohne Großhändler (reduziert)

(2) Vertraglicher Herstellerrabatt nach § 130a Abs. 8 SGB V

Des Weiteren ist in § 130a Abs. 8 SGB V die Möglichkeit vorgesehen, dass die pharmazeutischen Hersteller mit den Krankenkassen vertraglich weitere bzw. alternative Rabattzahlungen vereinbaren. Die Besonderheit besteht hier allerdings darin, dass der Rabatt direkt vom Hersteller an die Krankenkasse gewährt wird und eine Einbeziehung der Apotheke ausbleibt (vgl. ausführlich zur Ausgestaltung des individualvertraglichen Rabatts unter C.II.2.b)cc)(3)(d)). Er entspricht damit einer Form des Preiserstattungsgutscheins.

Hinsichtlich der Leistungsbeziehung zwischen Hersteller und Großhändler bzw. Apotheke wird der Rabatt umsatzsteuerlich im Inlandsfall genauso behandelt wie der gesetzliche Herstellerrabatt, da es für die Minderung der

1538 I.E. BFH, Urt. v. 28.5.2009 – V R 2/08, BStBl II 2009, 870.

Bemessungsgrundlage des Herstellers nicht darauf ankommt, ob der Preisnachlass an den Endabnehmer direkt oder den Einzelhändler gewährt wird.[1539] Änderungen ergeben sich hingegen im Rahmen der Arzneimittellieferung der Apotheke an die Krankenkasse, da die Apotheke die Zahlung nicht erhält. Es handelt sich an dieser Stelle um einen der Fälle, an dem die abweichenden Wortlaute von § 10 Abs. 1 Satz 2 UStG und Art. 73 MwStSystRL in Bezug auf die Perspektive des Leistenden und des Leistungsempfängers zu unterschiedlichen Ergebnissen führen würden (vgl. D.IV.1.a)). Würde man ausschließlich auf die Aufwendungen des Leistungsempfängers abstellen, würde der vertragliche Herstellerrabatt an dieser Stelle zur Minderung der Bemessungsgrundlage der Lieferung der Apotheke führen, weil der Krankenkasse durch den Rabatt Aufwendungen erspart bleiben, obwohl der Leistende die Zahlung für die Gegenleistung nicht erhalten hat. In unionsrechtskonformer Auslegung muss die Zahlung des Herstellers im Rahmen der Ermittlung der Bemessungsgrundlage der Apotheke daher unberücksichtigt bleiben.[1540] Im Inlandsfall stellt die Zahlung daher weder ein Entgelt von dritter Seite dar, noch mindert der Rabatt die Bemessungsgrundlage.

Ausschlaggebend für die Bemessungsgrundlage der Apotheke ist demnach an dieser Stelle nur der von der Krankenkasse an die Apotheke gezahlte unreduzierte Apothekenabgabepreis zzgl. Umsatzsteuer. Die tatsächliche wirtschaftliche Belastung der Krankenkasse mit Umsatzsteuer ist allerdings durch den Umsatzsteueranteil des Rabatts gemindert. Die Minderung der Bemessungsgrundlage beim Hersteller senkt wiederum die steuerliche Gesamtzahllast, die dadurch dann – entsprechend dem Neutralitätsgebot – der effektiven Umsatzsteuerbelastung des Endverbrauchers entspricht.

1539 Vgl. dazu die Rechtsprechung des EuGH, der hinsichtlich der Minderung der Bemessungsgrundlage durch den Herstellerrabatt nicht zwischen Preisnachlass- und Preiserstattungsgutscheinen unterscheidet, EuGH, Urt. v. 24.10.1996 – C-317/94 – *Elida Gibbs Ltd.*, BStBl II 2004, 324, Rn. 34 f.

1540 Vgl. zum Fall der privaten Krankenversicherung *Polok*, UR 2018, 147, 151.

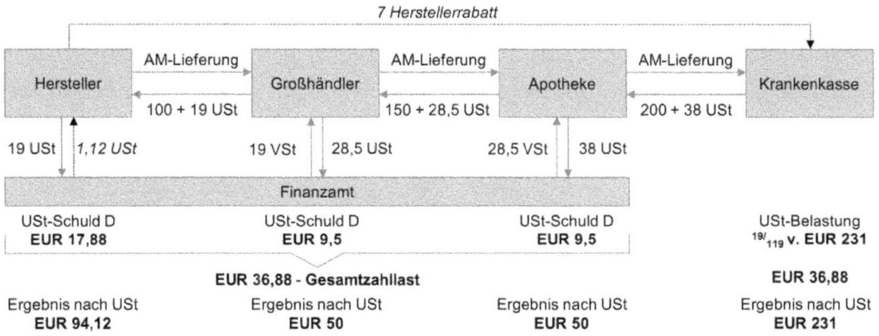

Abb. 24: Vertraglicher Herstellerrabatt – Inlandsfall mit Großhändler

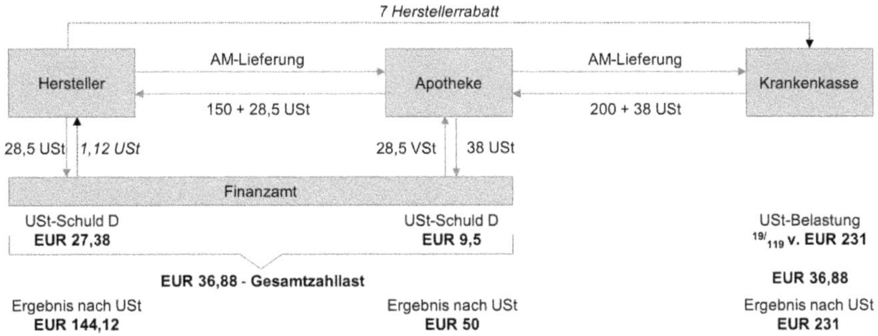

Abb. 25: Vertraglicher Herstellerrabatt – Inlandsfall ohne Großhändler

Kongruent zur umsatzsteuerlichen Behandlung des gesetzlichen Herstellerrabatts führt die Zahlung eines vertraglichen Rabatts auch im grenzüberschreitenden Fall der Arzneimittellieferung bei Einschaltung des Großhändlers zur Minderung der Bemessungsgrundlage des Herstellers. Auch hier ist der Hersteller im Rahmen seiner umsatzsteuerpflichtigen Leistung durch den Rabatt belastet und die Wahrung des Neutralitätsgebots gebietet eine entsprechende Reduzierung der Umsatzsteuerlast. Auf die Bemessungsgrundlage des innergemeinschaftlichen Erwerbs hat die Zahlung hingegen keine Auswirkungen, da auch insofern wieder die Perspektive der Apotheke als Lieferer entscheidend ist, die durch den Rabatt nicht berührt wird. Die Bemessungsgrundlage ihres Erwerbs bestimmt sich daher allein aus der Zahlung des unreduzierten Apothekenabgabepreises an die Apotheke. Dies gilt auch im Fall der Direktlieferung des Herstellers an die Apotheke. Der Unterschied bei dieser Fallkonstellation besteht allerdings darin, dass eine Minderung der Bemessungsgrundlage für den Hersteller durch den Rabatt ausscheidet, weil er keine umsatzsteuerpflichtige Leistung erbringt, deren Steuerlast gesenkt werden könnte. Dies führt wie beim gesetzlichen Herstellerrabatt zugunsten des Fiskus zu einer wirtschaftlichen Benachteiligung des Herstellers, wenn er ungeachtet der umsatzsteuerlichen Behandlung den Rabatt in selber Höhe zahlen muss.

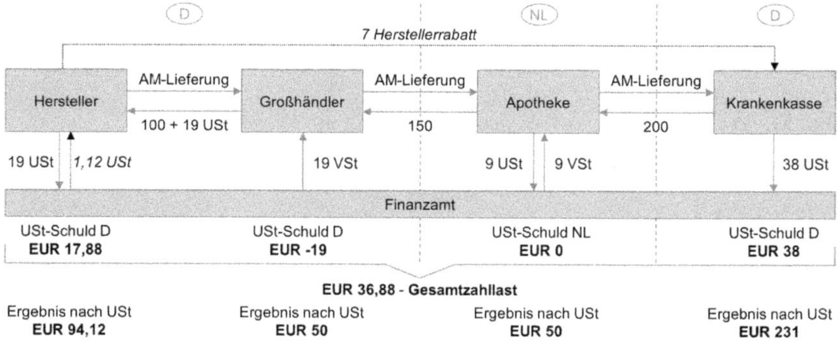

Abb. 26: Vertraglicher Herstellerrabatt – Grenzüberschreitender Fall mit Großhändler

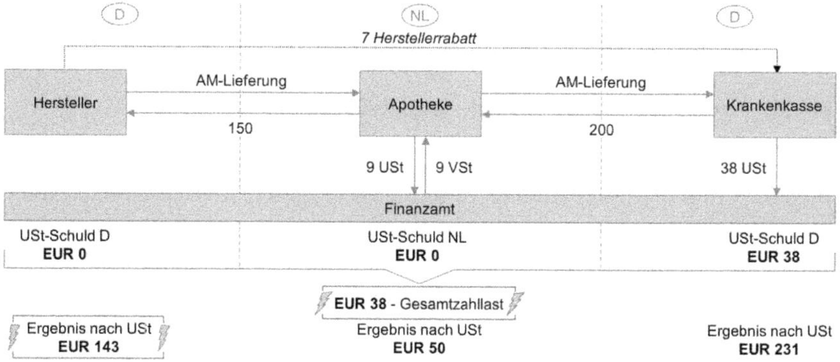

Abb. 27: Vertraglicher Herstellerrabatt – Grenzüberschreitender Fall ohne Großhändler

Demzufolge bedürfte es auch beim vertraglichen Herstellerrabatt einer entsprechenden Anpassung, um die wirtschaftlichen Verzerrungen zu vermeiden. Der Unterschied zum gesetzlichen Herstellerrabatt besteht allerdings darin, dass die Bedingungen nicht gesetzlich festgeschrieben sind, sondern zur Disposition der

Krankenkassen und der Verbände der pharmazeutischen Hersteller als Vertragsparteien stehen. Es kommt insofern auch keine Unionsrechtswidrigkeit einer gesetzlichen Regelung in Betracht, die eine Anpassung erforderlich machen würde. Es steht den Parteien frei, eine Umstellung auf Nettobeträge mit dynamischem Umsatzsteuerverweis zu vereinbaren. Letztlich ist dies Verhandlungssache, aber da die Änderung die gesetzliche Krankenkasse nicht schlechter stellen würde, sollte dies in der Praxis auch unproblematisch umsetzbar sein.

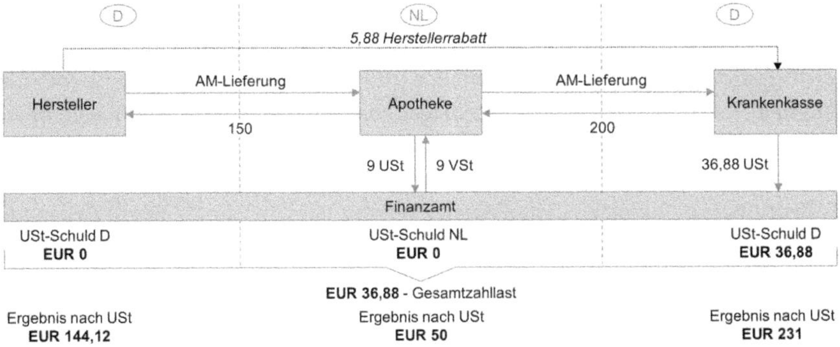

Abb. 28: Vertraglicher Herstellerrabatt – Grenzüberschreitender Fall ohne Großhändler (reduziert)

(3) Erstattungsbetrag nach § 130b SGB V

Für Arzneimittel mit neuen Wirkstoffen, die keiner Festbetragsgruppe zugeordnet sind, werden gem. § 130b SGB V sog. Erstattungsbeträge festgesetzt (siehe dazu C.II.2.b)bb)). Früher[1541] waren diese als Rabatte ausgestaltet, die von Stufe zu Stufe innerhalb der Lieferkette bis hin zur Krankenkasse gewährt wurden.[1542] Umsatzsteuerlich führte das auf allen Ebenen zur Minderung der Bemessungsgrundlage der ursprünglichen Lieferung nach § 17 Abs. 1 UStG und

1541 Bis zum Inkrafttreten des 14. SGB V-ÄndG (BGBl. 2014, 261) seit dem 1. April 2014 lautete der Wortlaut: „Der pharmazeutische Unternehmer gewährt den Rabatt […]. Der Großhandel gewährt den Rabatt […]. Die Apotheken gewähren den Krankenkassen den Rabatt.“

1542 Vgl. *Barth*, in: Spickhoff, MedizinR, § 130b Rn. 7; *Engelsing/Nordmann*, KrV 2013, 149, 151.

der entsprechenden Korrektur des Eingangsumsatzes des Leistungsempfängers durch Reduzierung des Vorsteuerabzugs.[1543]

Aufgrund einer Gesetzesänderung wird der Erstattungsbetrag mittlerweile jedoch nicht mehr als Rabatt verstanden, sondern stellt von Beginn an den eigentlichen Abgabepreis des Herstellers für das entsprechende Arzneimittel dar. Bei diesem Betrag handelt es sich dann um einen einheitlichen Listenpreis im Sinne des § 78 Abs. 3 AMG,[1544] der anstelle des ApU als Ausgangsgrundlage für die Berechnung der Preise anhand der Preisspannen der weiteren Handelsstufen gilt. Aus umsatzsteuerlicher Sicht hat der Erstattungsbetrag damit heute keine Auswirkungen auf die Bemessungsgrundlage der Arzneimittellieferung. In der Leistungsbeziehung zwischen Hersteller und Großhändler bzw. Apotheke fällt lediglich das vereinbarte Entgelt niedriger aus. An dieser Stelle ergibt sich allerdings wie bei Arzneimitteln mit Festbeträgen (siehe dazu D.IV.2.b)ff)) das Problem, dass dieser Betrag aufgrund seiner betragsmäßigen Festsetzung vielfach als Bruttobetrag inklusive Umsatzsteuer verstanden wird, unabhängig davon, ob Umsatzsteuer auch tatsächlich anfällt. Die sich daraus resultierenden wirtschaftlichen Verzerrungen können allerdings durch eine Umstellung auf Nettopreise mit dynamischem Umsatzsteuerverweis vermieden werden.

(4) Exkurs: Gesetzliche Herstellerrabatte nach § 130a SGB V im Rahmen der Arzneimittelversorgung Privatversicherter

Im Rahmen der privaten Krankenversicherung ist äußert umstritten wie die gesetzlichen Herstellerrabatte des § 130a Abs. 1 SGB V im Rahmen der privaten Krankenversicherung umsatzsteuerlich zu behandeln sind. Auch die am 20. Dezember 2017 ergangene Entscheidung des EuGH[1545] zu dieser Frage wirft mehr Fragen auf, als dass sie sie beantwortet hat.[1546]

Gem. § 1 Abs. 1 Satz 1 AMRabG sind die pharmazeutischen Unternehmer verpflichtet, auch privaten Krankenkassen Rabatte entsprechend § 130a Abs. 1, 1a, 2, 3, 3a, 3b SGB V zu gewähren. Nun stellt sich die Frage, ob der pharmazeutische Hersteller – wie bei Zahlungen an gesetzliche Krankenkassen – seine Bemessungsgrundlage um den Rabatt mindern kann. Für die Rabatte an die privaten Krankenkassen ergibt sich allerdings aus umsatzsteuerlicher Sicht das

---

1543 Vgl. Abschn. 10.3 Abs. 7 Satz 2 UStAE; OFD Karlsruhe, Vfg. v. 12.12.2013 – S 7330, juris; OFD Frankfurt a.M., Vfg. v. 24.11.2008 – S 7200 A-195-St 111, juris, 2.; OFD Nordrhein-Westfalen, Kurzinfo USt v. 15.3.2005 – Nr. 6/2005, DB 2005, 642.

1544 *Luthe*, in: Hauck/Noftz, SGB V, § 130b Rn. 45.

1545 EuGH, Urt. v. 20.12.2017 – C-462/16 – *Boehringer Ingelheim Pharma*, UR 2018, 166.

1546 Vgl. etwa *Kombert*, MwStR 2018, 171 ff.

Problem, dass im Rahmen der privaten Krankenversicherung der Versicherte und nicht die Krankenkasse Vertragspartner der Apotheke und galt insoweit bislang nach einhelliger Meinung als umsatzsteuerlicher Leistungsempfänger (siehe dazu unter D.II.2.d)).[1547] Der Hersteller und die private Krankenkasse stehen demnach weder in einer unmittelbaren noch einer mittelbaren Leistungsbeziehung zueinander,[1548] weshalb davon ausgegangen wurde, dass der Rabatt außerhalb der umsatzsteuerlichen Lieferkette gewährt wird.[1549]

In diesem Zusammenhang ergeben sich letztendlich zwei Problemkreise. An erster Stelle stellt sich die Frage, ob der pharmazeutische Hersteller – wie im Fall einer Lieferung an eine gesetzliche Krankenkasse – eine Minderung der Bemessungsgrundlage geltend machen kann. Sofern man die Auffassung vertritt, dass diese Entgeltminderung nach den umsatzsteuerlichen Grundsätzen eigentlich zu versagen ist, ist dann zu prüfen, ob dies nicht eine Ungleichbehandlung des pharmazeutischen Herstellers im Sinne des Art. 20 EUGrdRCh darstellt, die ihn ausnahmsweise zur Minderung seiner Bemessungsgrundlage berechtigt.

Das FG Rheinland-Pfalz vertritt unter Zustimmung eines Teils des Schrifttums die Auffassung, dass der pharmazeutische Hersteller unter Berücksichtigung der Rechtsprechung des EuGH seine Bemessungsgrundlage aufgrund der an den privaten Krankenversicherer geleisteten Rabatt mindern kann.[1550] Seiner Ansicht nach sei es für die Minderung der Bemessungsgrundlage des Herstellers unerheblich, dass der Rabatt an einen Dritten außerhalb der Leistungskette gezahlt wurde, da die Rabatte des Herstellers in einem unmittelbaren Zusammenhang mit den Arzneimittellieferungen stünden.[1551] Dieser Zusammenhang begründe sich bereits dadurch, dass der Rabatt nur gezahlt wird, wenn das

---

1547 BFH, Urt. v. 20.5.2015 – XI R 2/13, BFH/NV 2015, 1775, II.2.c)bb); Beschl. v. 24.2.2015 – V B 147/14, BFH/NV 2015, 768, II.3.

1548 *Müller*, MwStR 2018, 342, 345; *Hofmann/Huschens*, NWB 2017, 863, 868.

1549 Siehe *Müller*, MwStR 2018, 342, 345; a.A. Generalanwalt *Tanchev*, EuGH, Schlussanträge v. 11.07.2017 – C-462/16, Celex-Nr. 62016CC0462, Rn. 44 f., der das Unternehmen der privaten Krankenkasse entgegen der ganz herrschenden Meinung (siehe dazu D.II.2.d)) als Endverbraucher, sprich: umsatzsteuerlichen Leistungsempfänger, der Arzneimittellieferung des pharmazeutischen Unternehmers ansieht.

1550 FG Rheinland-Pfalz, Urt. v. 24.9.2015 – 6 K 1251/14, EFG 2015, 2242, nrkr. (BFH V R 42/15); so auch *Prätzler*, jurisPR/SteuerR 6/2016, Anm. 6; *Probst*, in: Hartmann/Metzenmacher, UStG, § 10 Rn. 113 „Apotheken", weil bei wirtschaftlicher Betrachtung die private Krankenkasse das Entgelt zahle; *Wüst*, MwStR 2016, 84 f.

1551 FG Rheinland-Pfalz, Urt. v. 24.9.2015 – 6 K 1251/14, EFG 2015, 2242, nrkr. (BFH V R 42/15), IV.2.

Arzneimittel an den Versicherten abgegeben wird und dieser seine Rechnung bei seiner Krankenkasse zur Erstattung einreicht. Der Abschlag wird mithin durch den Versicherten ausgelöst und ist auch einem konkreten Umsatz zuordenbar.[1552]

Dieser Ansicht widersprach der BFH in dem sich anschließenden Revisionsverfahren,[1553] und schloss sich damit dem FG Berlin-Brandenburg,[1554] der Finanzverwaltung[1555] und dem überwiegenden Teil der Literatur[1556] an. Bei Rabatten, die ein Hersteller an einen Dritten gewähre, mit dem er vertraglich nicht verbunden sei, komme nur eine Minderung seiner Bemessungsgrundlage nur in Betracht, wenn dieser Dritte Teil der Leistungskette sei (siehe dazu unter D.IV.1.d)cc)).[1557] Darin liege grundsätzlich auch kein Verstoß gegen das Neutralitätsgebot, solange die erhobene Steuer nicht höher als die Belastung des Endverbrauchers sei. Da der Versicherte als Endverbraucher den Rabatt nicht erhalte, sei auch seine Belastung nicht niedriger.

Nach Ansicht des BFH sei bei den gesetzlichen Herstellerrabatten dann allerdings problematisch, dass diese Verweigerung der Minderung der Bemessungsgrundlage im Ergebnis zu einer Ungleichbehandlung führe, die aufgrund

---

1552 *Wüst*, MwStR 2016, 84, 85.

1553 BFH, Vorlagebeschl. v. 22.6.2016 – V R 42/15, EuGH Az. C-462/16, BFH/NV 2016, 1528, II.2.c).

1554 Vgl. FG Berlin-Brandenburg, Urt. v. 13.5.2015 – 7 K 7323/13, EFG 2015, 1484, Rev. BFH XI R 14/15, II.1.c), das anhängige Revisionsverfahren beim BFH ruhte bis zur Entscheidung des EuGH (Az. C-462/16) und wurde nun wegen Erledigung der Hauptsache mit Beschl. v. 13.11.2018 eingestellt.

1555 BMF, Schr. v. 14.11.2012 – IV D 2-S 7200/08/10005, BStBl I 2012, 1170, I.2.; Abschn. 10.3 Abs. 7 Satz 7 UStAE; OFD Karlsruhe, Vfg. v. 12.12.2013 – S 7330, juris.

1556 *Grantz*, StBW 2013, 13, 14; *Handzik*, in: Offerhaus/Söhn/Lange, UStG, § 10 Rn. 88 „Pharmazeutische Unternehmer"; *Heuermann*, DStR 2016, 1919, 1922; *Hofmann/Huschens*, NWB 2017, 863, 868; *Hundt-Eßwein*, in: Küffner/Stöcker/Zugmaier, UStG, § 10 Rn. 29 „Apotheke"; *Raudszus*, in: Weimann/Lang, UStG, § 10 Rn. 51; *Tehler*, UVR 2016, 94, 96; *ders.*, in: Reiß/Kraeusel/Langer, UStG, § 17 Rn. 98 „Arzneimittelabschlag an Krankenkassen"; *Vellen*, UStB 2016, 261, 262; *Wäger*, in: Sölch/Ringleb, UStG, § 17 Rn. 95; *ders.*, BFH/PR 2016, 347, 348; a.A. *Stadie*, in: Rau/Dürrwächter, UStG, § 17 Rn. 293.1; *Winter/Kapeller*, MwStR 2013, 109, 111 f., nach deren Ansicht der Herstellerrabatt im abgekürzten Zahlungsweg an die private Krankenkasse gezahlt wird, die diese aber lediglich als zusätzliches Entgelt für ihre Versicherten vereinnahmt, weshalb der Herstellerrabatt im Ergebnis doch an den Endabnehmer der Lieferkette erfolgt und die Bemessungsgrundlage entsprechend mindert.

1557 Vgl. für außenstehende Vermittler EuGH, Urt. v. 16.1.2014 – C-300/12 – *Ibero Tours*, BStBl II 2015, 317, Rn. 33; für Preisnachlässe eines Zentralregulierers an seine Anschlusskunden BFH, Urt. v. 3.7.2014 – V R 3/12, BFH/NV 2014, 1701, II.2.c).

unterschiedlicher Leistungsempfänger bei einem vergleichbaren Sachverhalt entstehe, da der Hersteller durch beide Abschläge gleich belastet sei.[1558] Eine objektive Rechtfertigung dieser Ungleichbehandlung sei darüber hinaus nicht erkennbar, weshalb diese umsatzsteuerliche Behandlung unvereinbar mit dem allgemeinen Gleichbehandlungsgrundsatz des Unionsrechts nach Art. 20 EUGrdRCh sei (vgl. bereits zum Umfang des unionsrechtlichen Gleichbehandlungsgrundsatzes beim gesetzlichen Herstellerrabatt D.IV.2.c)dd)(1)). Der Unterschied resultiere vielmehr nur aus der technischen Ausgestaltung der Abschläge und lasse sich auf die unterschiedlichen Krankenversicherungssysteme zurückführen.[1559] Vor dem Hintergrund der Rechtsprechung des EuGH zu rechtsformabhängigen Ungleichbehandlungen soll auch diese Unterscheidung nicht zu einer ungleichen umsatzsteuerlichen Behandlung führen.[1560] Der BFH legte deshalb dem EuGH die Frage vor, ob pharmazeutische Unternehmer unter Berücksichtigung des Gleichbehandlungsgrundsatzes die Bemessungsgrundlage mindern dürfen, wenn sie den privaten Krankenkassen einen Abschlag zahlen, die selbst nicht das Arzneimittel von der Apotheke erhalten, sondern den Versicherten nur die Kosten erstatten.[1561] Dieser Vorlagebeschluss ziele im Ergebnis aber auf eine Einzelfallentscheidung ab,[1562] die nur aufgrund der Ungleichbehandlung zwischen gesetzlichen und privaten Krankenkassen eine Minderung

---

1558 Vgl. BFH, Vorlagebeschl. v. 22.6.2016 – V R 42/15, EuGH Az. C-462/16, BFH/NV 2016, 1528, II.2.d); vgl. zum Problemaufriss der Ungleichbehandlung aufgrund unterschiedlicher umsatzsteuerlicher Leistungsempfänger bei privaten und gesetzlichen Krankenkassen auch *Gres*, MwStR 2015, 470, 471; *Heuermann*, DStR 2015, 757; zur Minderung der Bemessungsgrundlage in der Leistungsbeziehung zwischen Apotheke und Krankenkasse durch Aufwandsentschädigungen an gesetzlich Versicherte *Vellen*, UStB 2015, 114, 116; *Wiesener*, GesR 2015, 404; eine ähnliche Problematik eröffnet sich auch im Rahmen der Rabattgewährung an den Versicherten durch die Apotheke (siehe dazu unter D.IV.2.c)ff)(2)), vgl. BFH, Beschl. v. 24.2.2015 – V B 147/14, BFH/NV 2015, 768, II.3., wonach die Minderung der Bemessungsgrundlage durch Aufwandsentschädigungen an gesetzlich Versicherte anders als bei Privatversicherten nicht möglich ist.

1559 BFH, Vorlagebeschl. v. 22.6.2016 – V R 42/15, EuGH Az. C-462/16, BFH/NV 2016, 1528, II.2.d)cc)(1).

1560 BFH, Vorlagebeschl. v. 22.6.2016 – V R 42/15, EuGH Az. C-462/16, BFH/NV 2016, 1528, II.2.d)cc)(2); i.E. auch *Probst*, in: Hartmann/Metzenmacher, UStG, § 10 Rn. 113 „Apotheken".

1561 Vgl. BFH, Vorlagebeschl. v. 22.6.2016 – V R 42/15, EuGH Az. C-462/16, BFH/NV 2016, 1528.

1562 *Wüst*, MwStR 2016, 804.

der Bemessungsgrundlage zulässt und damit lediglich eine Ausnahme von der Voraussetzung der Rabattgewährung innerhalb der Leistungskette wäre.[1563]

Der BFH irrt allerdings bereits in der vorgelagerten Frage, dass der gesetzliche Herstellerrabatt an private Krankenversicherungen nicht bereits aufgrund der Grundsätze der EuGH-Rechtsprechung zu Herstellergutscheinen zu einer Minderung der Bemessungsgrundlage beim Hersteller führt, weil dies nur bei Rabatten innerhalb der Lieferkette möglich sei.[1564]

Das Grundsatzurteil *Elida Gibbs*[1565] selbst enthält keine Aussagen darüber, wie im Falle einer Rabattgewährung an Dritte zu verfahren ist.[1566] Relevant wurde diese Thematik erstmals in der *Ibero Tours*-Rechtsprechung[1567], unter deren Inbezugnahme der BFH nun auch die Minderung der Bemessungsgrundlage in seinem Vorlagebeschluss ablehnte. Aus dieser ergibt sich aber letztlich das Erfordernis des Rabatts innerhalb der Leistungskette überhaupt nicht.[1568] In dem Fall vermittelte das Reisebüro Ibero Tours Endverbrauchern komplett konzipierte Reiseleistungen eines Reiseunternehmens, für die es wiederum von diesen eine Provision der Reiseunternehmen für die Vermittlungsleistung erhielt. Als Anreiz gewährte es den Kunden einen Nachlass, wenn sie bei ihm die Reise buchen. Dieser Nachlass wurde letztlich aus der Provision finanziert, weshalb Ibero Tours eine Minderung der Bemessungsgrundlage der Vermittlungsleistung an das Reiseunternehmen begehrte. Dies wurde vom EuGH jedoch zu Recht mit der Begründung abgelehnt, dass sich der Nachlass weder auf den Preis für die Vermittlungsleistung auswirkt, sondern von Ibero Tours aus eigenem Antrieb und auf eigene Kosten gewährt worden sei.[1569] Es fehlte mithin an der inneren Verknüpfung zwischen dem Nachlass an die Endkunden und der an den Reiseveranstalter erbrachten Vermittlungsleistung.[1570] Insbesondere stand der Nachlass – bspw. prozentual – auch nicht im Verhältnis zu dem Vermittlungsverhältnis.[1571]

1563 *Von Streit/Streit*, UStB 2017, 174, 176.

1564 Vgl. auch *Wüst*, MwStR 2016, 84, 85; a.A. *Heuermann*, DStR 2016, 1919, 1922.

1565 EuGH, Urt. v. 24.10.1996 – C-317/94 – *Elida Gibbs Ltd.*, BStBl II 2004, 324.

1566 Generalanwalt *Tanchev*, EuGH, Schlussanträge v. 11.07.2017 – C-462/16, Celex-Nr. 62016CC0462, Rn. 34; a.A. *Heuermann*, UR 2016, 905, 911.

1567 EuGH, Urt. v. 16.1.2014 – C-300/12 – *Ibero Tours*, BStBl II 2015, 317.

1568 FG Rheinland-Pfalz, Urt. v. 24.9.2015 – 6 K 1251/14, EFG 2015, 2242, nrkr. (BFH V R 42/15), IV.3.

1569 EuGH, Urt. v. 16.1.2014 – C-300/12 – *Ibero Tours*, BStBl II 2015, 317, Rn. 27, 33,

1570 *Von Streit/Streit*, UStB 2017, 174, 180.

1571 *Von Streit/Streit*, UStB 2017, 174, 180, Fn. 79.

Darüber hinaus ist aber nicht geklärt, welche Anforderungen an den unmittelbaren Zusammenhang zu stellen sind.[1572]

Von dieser Rechtsprechung ist der vorliegende Fall der Rabattgewährung an private Krankenversicherer jedoch abzugrenzen.[1573] Der Rabatt des pharmazeutischen Unternehmers ist mit der konkreten Arzneimittellieferung an den Versicherten unmittelbar verknüpft,[1574] da er auch nur fällig wird, wenn der Versicherte die Kosten zum Zwecke der Erstattung bei seiner Krankenkasse einreicht. Es geht insofern nicht um die Setzung einer Anreizstruktur oder eine Werbemaßnahme, sondern um eine wirtschaftliche Beteiligung an den konkreten Kosten der Arzneimittelversorgung, die sich prozentual am Herstellerpreis orientiert. Vielmehr wird der private Krankenversicherer – wie das FG Rheinland-Pfalz bereits richtig ausführte – aufgrund der Inanspruchnahme durch den Versicherten „faktisch an die Stelle des Leistungsempfängers" gesetzt.[1575] Der Versicherte bekommt seine Kosten für die Arzneimittellieferung in der Regel in voller Höhe von seiner privaten Krankenversicherung erstattet und ist somit nicht mit Umsatzsteuer belastet; anders als der Versicherer, der wirtschaftlich letztlich die Kosten samt Umsatzsteueranteil trägt. Daher würde eine Minderung der Bemessungsgrundlage auch nicht gegen den Neutralitätsgrundsatz verstoßen, sondern ihn vielmehr im Gegenteil gewährleisten,[1576] weil in Summe

---

1572 Nach *Krieg* soll der erforderliche Zusammenhang zwischen Umsatz und Zahlung durch das Kriterium der Kausalität definiert werden. Voraussetzung einer Minderung der Bemessungsgrundlage sei danach, dass zum einen der Umsatz kausal für die Zahlung sei, also eine notwendige Bedingung der Zahlung darstelle, und zum anderen, dass der Zahlung kein anderer Umsatz des Zahlungsempfängers zugrunde liegt, vgl. DStR 2018, 509, 511; *Stadie* vertritt, dass eine (Rück-)Zahlung an Dritte die Bemessungsgrundlage ändert, wenn sie letztlich aus wirtschaftlicher Sicht eine Rückzahlung an den Leistungsempfänger darstellt, in: Rau/Dürrwächter, UStG, § 17 Rn. 209; a.A. FG Rheinland-Pfalz, Urt. v. 24.9.2015 – 6 K 1251/14, EFG 2015, 2242, nrkr. (BFH V R 42/15), IV.2.

1573 Vgl. Generalanwalt *Tanchev*, EuGH, Schlussanträge v. 11.07.2017 – C-462/16, Celex-Nr. 62016CC0462, Rn. 35 ff.; *Prätzler*, jurisPR/SteuerR 6/2016, Anm. 6; *Müller*, MwStR 2018, 342, 346 f.; *von Streit/Streit*, UStB 2017, 174, 180.

1574 Insoweit abzugrenzen von dem einmaligen Solidarbeitrag, den pharmazeutische Hersteller an die Krankenkassen zahlen mussten, bei dem gerade kein Zusammenhang zwischen der Zahlung und einer konkreten Leistung bestand, vgl. BFH, Urt. v. 30.1.2014 – V R 1/13, BFH/NV 2014, 911.

1575 FG Rheinland-Pfalz, Urt. v. 24.9.2015 – 6 K 1251/14, EFG 2015, 2242, nrkr. (BFH V R 42/15), IV.3.

1576 *Prätzler*, jurisPR/SteuerR 6/2016, Anm. 6.

nur die Umsatzsteuer erhoben werden soll, mit der der Endverbraucher auch belastet ist. Der pharmazeutische Hersteller bliebe ohne Minderung seiner Bemessungsgrundlage aber mit dem Umsatzsteueranteil des gewährten Rabatts belastet, obwohl sich seine Gegenleistung mindert.[1577] Der private Krankenversicherer hingegen ist nur um den Abgabepreis abzüglich des Rabatts belastet, den er seinem Versicherer erstatten muss, der selbst wiederum überhaupt nicht mehr wirtschaftlich belastet ist.[1578]

Soweit die Gegenseite mit dem Wortlaut von Art. 79 MwStSystRL argumentiert, wonach Rabatte in die Steuerbemessungsgrundlage (nur) nicht mit einzubeziehen seien, „die dem Erwerber oder Dienstleistungsempfänger eingeräumt werden", weshalb Rabatte an Dritte mithin unberücksichtigt blieben, kann dem ebenso Art. 90 MwStSystRL entgegengehalten werden.[1579] Der wiederum sieht für die Minderung der Bemessungsgrundlage bei Preisnachlässen nach Bewirken des Umsatzes keine Einschränkung dergestalt vor, das dies nicht auch bei Rabatten an Dritte gelte. Der Unterschied der beiden Regelungen besteht allerdings letztlich nur im Zeitpunkt der Änderung der Bemessungsgrundlage, der auch die Differenzierung im Wortlaut erklärt.[1580] Art. 79 MwStSystRL gilt für Preisnachlässe, die der Erwerber „zu dem Zeitpunkt erhält, zu dem der Umsatz bewirkt wird" (vgl. § 10 UStG), wohingegen Art. 90 MwStSystRL auf Preisnachlässe „nach Bewirkung des Umsatzes" anwendbar ist (vgl. § 17 UStG). *Wüst* schlussfolgert insofern überzeugend, dass sich der scheinbare Ausschluss von Rabatten an Dritte durch den Wortlaut des Art. 79 MwStSystRL, eher damit erklären lasse, dass eine unmittelbar zum Leistungszeitpunkt erfolgte Reduzierung des Entgelts mangels Möglichkeit zur Rückzahlung eines Entgelts nicht unter Beteiligung Dritter erfolgen könne.[1581] Verdeutlicht wird dies auch nochmal mit Blick auf Art. 73 MwStSystRL.[1582] Danach wird als Bemessungsgrundlage alles umfasst, was der Lieferer von einem Dritten erhält, weshalb die Bemessungsgrundlage sich im Umkehrschluss auch bei Zahlungen an Dritte mindern können sollte.[1583]

1577 *Von Streit/Streit*, UStB 2017, 174, 180.

1578 FG Rheinland-Pfalz, Urt. v. 24.9.2015 – 6 K 1251/14, EFG 2015, 2242, nrkr. (BFH V R 42/15), IV.4.

1579 FG Rheinland-Pfalz, Urt. v. 24.9.2015 – 6 K 1251/14, EFG 2015, 2242, nrkr. (BFH V R 42/15), IV.2.

1580 *Wüst*, MwStR 2016, 84, 85.

1581 *Wüst*, MwStR 2016, 84, 85.

1582 *Prätzler*, jurisPR/SteuerR 6/2016, Anm. 6.

1583 FG Rheinland-Pfalz, Urt. v. 24.9.2015 – 6 K 1251/14, EFG 2015, 2242, nrkr. (BFH V R 42/15), IV.2.; *von Streit/Streit*, UStB 2017, 174, 180 f.; *Wüst*, MwStR 2016, 84, 85.

In der Gesamtbetrachtung der Argumentation spricht daher aus umsatzsteuerlicher Sicht viel dafür, dass der pharmazeutische Hersteller aufgrund seiner gesetzlichen Pflicht zur Rabattgewährung an private Krankenversicherer für an deren Versicherte erfolgte Arzneimittellieferungen seine Bemessungsgrundlage mindern können muss und dies auch mit der Rechtsprechung des EuGH vereinbar ist.

Soweit man allerdings entgegen der hier vertretenen Auffassung die *Ibero Tours*-Entscheidung genau anders versteht und eine Minderung der Bemessungsgrundlage umsatzsteuerlich ausschließt, wäre dem BFH wohl zumindest darin zuzustimmen, dass es sich dabei um vergleichbare Sachverhalte handelt, da die Regelungen dem gleichen Ziel – Beteiligung an den Kosten der Arzneimittelversorgung – dienen.[1584] Dies verdeutlicht sich vor allem durch die Begründung des Gesetzgebers,[1585] wonach mit der Regelung in § 1 AMRabG die Kostenentlastung der Unternehmen der privaten Krankenversicherung erreicht werden soll, da es „sachlich nicht gerechtfertigt [sei], für den Gesundheitsschutz außerhalb der gesetzlichen Krankenversicherung abweichende Abschläge vorzusehen".[1586] Die Unterscheidung ergibt letztlich allein aus der technischen Ausgestaltung der beiden Abschläge in unterschiedlichen Versicherungssystemen.[1587]

Der EuGH entschied nun, dass sich die Bemessungsgrundlage des pharmazeutischen Herstellers aufgrund des an das Unternehmen der privaten Krankenversicherung gewährten Herstellerrabatts mindert.[1588] Allerdings mit der Begründung, dass seiner Ansicht nach das private Versicherungsunternehmen der Steuerpflichtige sei und damit am Ende der Leistungskette stehe (siehe dazu D.II.d)).[1589] Die erhoffte[1590] Auslegung bzw. Erweiterung seiner Grundsätze zur

---

1584 So auch *Heuermann*, DStR 2016, 1919, 1922; *ders.*, UR 2016, 905, 911; *Wäger*, BFH/PR 2016, 347, 348; zweifelnd hingegen *Wüst*, MwStR 2016, 804, da die Leistung unabhängig vom Versicherungssystem immer an den Versicherten geliefert werde, weshalb in deren Person keine Ungleichbehandlung liegen könne.

1585 *Heuermann*, StBp 2016, 343, 344.

1586 BT-Drucks. 17/3698, S. 60 f.

1587 BFH, Vorlagebeschl. v. 22.6.2016 – V R 42/15, EuGH Az. C-462/16, BFH/NV 2016, 1528, II.2.d)cc)(1); *Wäger*, BFH/PR 2016, 347, 348.

1588 EuGH, Urt. v. 20.12.2017 – C-462/16 – *Boehringer Ingelheim Pharma*, UR 2018, 166, Rn. 45; so im Anschluss auch BFH, Urt. v. 8.2.2018 – V R 42/15, BFH/NV 2018, 587, 2.

1589 EuGH, Urt. v. 20.12.2017 – C-462/16 – *Boehringer Ingelheim Pharma*, UR 2018, 166, Rn. 41; so bereits Generalanwalt *Tanchev*, EuGH, Schlussanträge v. 11.07.2017 – C-462/16, Celex-Nr. 62016CC0462, Rn. 44 f.

1590 Vgl. *Pflaum*, HFR 2016, 1010; *Heuermann*, UR 2016, 905, 911; *Tehler*, UVR 2016, 94, 96; *Wüst*, MwStR 2016, 804.

Minderung der Bemessungsgrundlage bei Herstellerrabatten an Dritte blieb damit aus und die Diskussion um die Frage, wie der unmittelbare Zusammenhang zwischen Leistung und Preisnachlass an Dritte für die Minderung der Bemessungsgrundlage ausgestaltet sein muss, ist nicht beendet. Er führte zwar aus, dass allein die Tatsache, dass nicht die private Krankenkasse, sondern der Versicherte letzten Endes das Arzneimittel erhalte, nicht ausreiche, um den unmittelbaren Zusammenhang zwischen der getätigten Lieferung und der empfangenen Gegenleistung zu beseitigen.[1591] Diese Argumentation ist allerdings darauf zurückzuführen, dass das Unternehmen der privaten Krankenversicherung seiner Ansicht nach auch als umsatzsteuerlicher Leistungsempfänger anzusehen sei und insofern aufgrund seiner Stellung als Teil der Leistungskette – wie schon immer anerkannt – auch der unmittelbare Zusammenhang bestehe.[1592] Die Frage nach dem unmittelbaren Zusammenhang bei Preisnachlasses außerhalb der Lieferkette ist indes nach wie vor nicht beantwortet.[1593] Dem Urteil ist im Ergebnis zuzustimmen,[1594] doch sprechen die Argumente, mit denen der EuGH die Leistungsbeziehung zum Unternehmen der privaten Krankenversicherung begründet, letztlich vor allem „nur" dafür, dass zwischen dem Herstellerrabatt und der Arzneimittellieferung ein unmittelbarer Zusammenhang besteht.[1595] Auch der BFH schloss sich der Entscheidung des EuGH im Ergebnis an, dass der Herstellerrabatt zur Minderung der Bemessungsgrundlage des pharmazeutischen Herstellers führt, ohne aber insoweit auf die Begründung dieses Ergebnisses einzugehen.[1596]

Letztendlich lässt sich noch einmal abschließend zusammenfassen, dass auch diese Problematik im Ergebnis auf die mangelnde Abstimmung zwischen den sozialrechtlichen Regelungen im Gesundheitswesens und dem Umsatzsteuerrecht durch den Gesetzgeber zurückzuführen ist. Würden im Rahmen der Gesetzgebung sozialrechtlicher Regelungen umsatzsteuerliche Überlegungen mit einfließen, könnten solche Konflikte vermieden werden.[1597]

1591 EuGH, Urt. v. 20.12.2017 – C-462/16 – *Boehringer Ingelheim Pharma*, UR 2018, 166, Rn. 40.

1592 So auch *Hübner/Krieg*, EuZW 2018, 152, 153 f.; *Huschens*, DStRK 2018, 76.

1593 *Kombert*, MwStR 2018, 171.

1594 So auch *Müller*, MwStR 2018, 342, 348.

1595 Vgl. *Polok*, UR 2018, 147, 150.

1596 BFH, Urt. v. 8.2.2018 – V R 42/15, BFH/NV 2018, 587, 2.

1597 *Tehler*, UVR 2016, 94, 96.

ee) Zahlungen des Versicherten

Das Sozialrecht sieht außerdem vor, dass auch der Versicherte für ein gesteigertes Kostenbewusstsein monetär an der Arzneimittelversorgung beteiligt wird.[1598]

(1) Zuzahlung nach § 31 Abs. 3 SGB V

Durch § 31 Abs. 3 Satz 1 SGB V werden Versicherte verpflichtet, für ein zu Lasten der gesetzlichen Krankenkasse verordnetes Arzneimittel eine Zuzahlung in Höhe von 10 % des Abgabepreises, mindestens jedoch EUR 5,00 und höchstens EUR 10,00 (vgl. § 61 Satz 1 SGB V), zu leisten (siehe zur Ausgestaltung ausführlich C.II.2.b)cc)(4)). Eingezogen wird die Zuzahlung gem. § 43c Abs. 1 Satz 1 SGB V von der Apotheke, die den Betrag mit ihrem Vergütungsanspruch gegenüber der Krankenkasse verrechnet.[1599] Inhaberin des Anspruchs auf die Zuzahlung ist die Krankenkasse,[1600] während den Apotheken lediglich Mitwirkungspflichten zur Durchsetzung des Anspruchs obliegen.[1601] Aus diesem Grund hat bei Nichtzahlung des Versicherten nach § 43c Abs. 1 Satz 2 SGB V auch die Krankenkasse die Zuzahlung einzuziehen und das Inkassorisiko verbleibt bei ihr.[1602]

Umsatzsteuerlich soll die vom Versicherten entrichtete Zuzahlung für den Erhalt eines Arzneimittels nach der Ansicht von Rechtsprechung,[1603]

1598 *Wagner*, in: Krauskopf, SGB V, § 31 Rn. 29.

1599 Vgl. BSG, Urt. v. 3.8.2006 – B 3 KR 6/06, SozR 4-2500 § 129 Nr. 2, 5.; *Sichert*, in: Becker/Kingreen, SGB V, § 43c Rn. 5, 7; *Wodarz*, in: Sodan, Hdb. KVR, § 27 Rn. 31.

1600 *Flint*, in: Hauck/Noftz, SGB V, § 31 Rn. 125; anders hingegen beim Anspruch auf Zuzahlung für Hilfsmittel, deren Inhaber der Hilfsmittellieferant bzw. Verkäufer ist, da sich der Vergütungsanspruch des Leistungserbringers gem. § 33 Abs. 8 Satz 2 SGB V automatisch um die Zuzahlung verringert, vgl. BGH, Urt. v. 1.12.2016 – I ZR 143/15, MDR 2017, 592.

1601 BSG, Urt. v. 3.8.2006 – B 3 KR 6/06, SozR 4-2500 § 129 Nr. 2, 5); *Nolte*, in: KassKomm SozR, SGB V, § 31 Rn. 59 f.; *Sichert*, in: Becker/Kingreen, SGB V, § 43c Rn. 5 f.; *Wagner*, in: Krauskopf, SGB V, § 31 Rn. 34.

1602 Vgl. *Joussen*, in: Knickrehm/Kreikebohm/Waltermann, SGB V, § 43c Rn. 2.

1603 Für den grenzüberschreitenden Fall FG Düsseldorf, Urt. v. 23.11.2012 – 1 K 1808/09 U, nrkr. (BFH XI R 2/13), nicht veröffentlicht, II.2.c)bb).

Verwaltung[1604] und Literatur[1605] Entgelt von dritter Seite (§ 10 Abs. 1 Satz 3 UStG) darstellen. Um diesen Betrag erhöhe sich demnach die Bemessungsgrundlage der einzelnen umsatzsteuerpflichtigen Arzneimittellieferung.

Die Zuzahlung ist auch nicht als durchlaufender Posten gem. § 10 Abs. 1 Satz 6 UStG zu qualifizieren. Man könnte zwar überlegen, die Zuzahlung der unmittelbaren Rechtsbeziehung zwischen der Krankenkasse und ihren Versicherten zuzuordnen, in deren Namen und Rechnung die Apotheke die Zuzahlung lediglich als Mittelsperson vereinnahmt. Denn die Apotheke hat weder gegen den Versicherten einen Anspruch auf die Zahlung, noch könnte die Krankenkasse die Zahlung von der Apotheke einfordern, wenn der Versicherte die Leistung nicht erbringt,[1606] was andernfalls einen durchlaufenden Posten ausschließen würde.[1607] Die Apotheke nimmt damit vor allem die Rolle einer Einziehungsstelle ein.[1608] Auch liegt zwischen dem Apotheker als Unternehmer und den Versicherten keine unmittelbare Rechtsbeziehung vor, durch die die Rechtbeziehung zwischen dem Zahlungsempfänger und der Person, die an den Unternehmer leistet, unbeachtlich wird.[1609] Nichtsdestotrotz ist die Zuzahlung als Entgelt von dritter Seite zu qualifizieren und zählt zu den Entgeltbestandteilen der Arzneimittellieferung. Maßgebend ist insofern, dass die Zahlung in einem unmittelbaren Zusammenhang zu der Leistung des Apothekers an die Krankenkasse steht, da ein Zuzahlung nur erfolgt, wenn die Apotheke auch das Arzneimittel (letztlich abgekürzt) an den Versicherten abgibt. Dies ist auch der Fall, wenn wie vorliegend nur der Leistungsempfänger auf die Zahlung einen Anspruch hat.[1610]

1604 Abschn. 10.2 Abs. 5 Satz 3 UStAE; BMF, Schr. v. 24.7.2014 – IV D 2 – S7200/08/10005, unveröffentlicht, S. 5; OFD Karlsruhe, Vfg. v. 15.1.2013 – S 7103a, UR 2013, 397, 398; Thüringer LFD, 28.4.2010 – S 7283 A-09-A 3.12, juris; OFD Frankfurt a.M., Vfg. v. 22.1.2010 – S 7280 A-76-St 111, UR 2010, 549, aufgehoben; zur Zuzahlung für Lieferungen von Augenoptikern oder Orthopädie-Technikern OFD Frankfurt a.M., Vfg. v. 7.7.2008 – S 7280 A-70-St 111, UVR 2009, 199; von Hörgeräteakustiker OFD Frankfurt a.M., Vfg. v. 30.1.2008 – S 7280 A-70-St 111, juris.

1605 *Korn*, in: Bunjes, UStG, § 14 Rn. 90; *Probst*, in: Hartmann/Metzenmacher, UStG, § 10 Rn. 141 „Zuzahlung zu Medikamenten"; *Schuhmann*, in: Rau/Dürrwächter, UStG, § 10 Rn. 242; *Tehler*, in: Reiß/Kraeusel/Langer, UStG, § 10 Rn. 158 „Apotheker"; a.A. *Stadie*, in: Rau/Dürrwächter, UStG, § 14 Rn. 326.

1606 BSG, Urt. v. 3.8.2006 – B 3 KR 6/06, SozR 4-2500 § 129 Nr. 2, 5).

1607 Vgl. BFH, Urt. v. 2.3.1067 – V 54/64, BStBl III 1967, 377; *Raudszus*, in: Weimann/Lang, UStG, § 10 Rn. 88.

1608 BSG, Urt. v. 3.8.2006 – B 3 KR 6/06, SozR 4-2500 § 129 Nr. 2, 5).

1609 Vgl. Abschn. 10.4 Abs. 1 Satz 5 UStAE.

1610 Vgl. Abschn. 10.3 Abs. 3 Satz 4 UStAE.

Für die Ermittlung der Bemessungsgrundlage wird die Zuzahlung deshalb zu dem „Netto"-Apothekenabgabepreis als Entgeltzahlung der Krankenkasse hinzugerechnet. Es ergeben sich insoweit weder umsatzsteuerlich noch wirtschaftlich Verzerrungen durch Zwischenschaltung eines Großhändlers oder die Grenzüberschreitung der Lieferung, weil die Zuzahlung durch den Versicherten außerhalb der Lieferkette und nicht wie in den übrigen Fällen von deren Beteiligten erfolgt.

(2) Eigenbeteiligung der Versicherten in Höhe der Differenz zwischen Festbetrag und tatsächlichem Verkaufspreis §§ 31 Abs. 2 Satz 1, 13 Abs. 2 Satz 2 SGB V

Darüber hinaus stellt sich die Frage, wie die Eigenbeteiligung der Versicherten für Arzneimittel mit Festbetragsfestsetzung zu beurteilen ist (siehe zur Ausgestaltung ausführlich C.III.2.c)bb)). Die Krankenkasse ist in diesen Fällen gem. § 31 Abs. 2 Satz 1 SGB V nur verpflichtet, die Kosten – sprich den Preis – für das Arzneimittel bis zur Höhe des Festbetrags zu tragen. Die Differenz zwischen dem Festbetrag und dem Apothekenabgabepreis hat hingegen der Versicherte zu übernehmen und entsprechend an die Apotheke zu entrichten.[1611]

Versteht man die Eigenbeteiligung des Versicherten genau wie alle anderen Rabatte und Zuzahlungen als Teil des Preissystems einer Arzneimittellieferung, so kommt die Qualifizierung der Eigenbeteiligung als Entgelt von dritter Seite nach § 10 Abs. 1 Satz 3 UStG in Betracht.

Dazu darf allerdings zwischen dem Leistenden und dem Dritten kein unmittelbarer Leistungsaustausch vorliegen, da es sich andernfalls bei der Zahlung um ein Entgelt für eine eigenständige umsatzsteuerpflichtige Leistung handeln würde.[1612] Dies scheint vorliegend mit Blick auf die Ausgestaltung der Eigenbeteiligung nach § 31 Abs. 2 Satz 1 SGB V fraglich und wirft eingebettet in die Entgeltqualifizierung der Eigenbeteiligung die Grundsatzfrage hinsichtlich der Bestimmung der Leistungsbeziehungen bei Lieferungen von Festbetragsarzneimitteln noch einmal auf.

Der Bestimmung der gesetzlichen Krankenkasse als umsatzsteuerliche Leistungsempfängerin einer Arzneimittellieferung liegt die Anknüpfung an das

---

1611 BT-Drucks. 11/3480, S. 24; *Flint*, in: Hauck/Noftz, SGB V, § 31 Rn. 94.

1612 BFH, Urt. v. 20.2.1992 – V R 107/87, BStBl II 1992, 705, II.3.; Abschn. 10.2 Abs. 3 Satz 2 UStAE; *Handzik*, in: Offerhaus/Söhn/Lange, UStG, § 10 Rn. 52; *Hundt-Eßwein*, in: Küffner/Stöcker/Zugmaier, UStG, § 10 Rn. 36; *Raudszus*, in: Weimann/Lang, UStG, § 10 Rn. 57; *Schuhmann*, in: Rau/Dürrwächter, UStG, § 10 Rn. 247.

Sachleistungsprinzip nach § 2 Abs. 2 SGB V zugrunde (siehe dazu D.II.2.b)dd)). Wenn nun dieser Sachleistungsanspruch monetär der Höhe nach begrenzt wird, könnte man darin eine Durchbrechung bzw. Beschränkung des Sachleistungsprinzips sehen,[1613] was auch Einfluss auf die Zuordnung der Leistung haben könnte.

Noch zur alten Rechtsprechung der Arzneimittellieferung auf Basis eines öffentlich-rechtlichen Kaufvertrags ließ das BSG offen, ob der Versicherter bei Zahlung des Mehrbetrags zwischen vereinbartem Festbetrag (§ 35 SGB V) und dem Apothekenabgabepreis nach § 31 Abs. 2 SGB V möglicherweise selbst Vertragspartner wird und nicht nur begünstigter Dritter eines Kaufvertrags zwischen Apotheke und Krankenkasse.[1614]

Auch nach der Abkehr der Rechtsprechung von der Annahme eines öffentlich-rechtlichen Kaufvertrags vertritt das Thüringer LSG für die ähnlich ausgestaltete Eigenbeteiligung bei Arzneimitteln zur künstlichen Befruchtungen nach § 27a SGB V gestützt auf das Urteil des BSG zu Festbetragsarzneimitteln, dass der Apotheker und der Versicherte über die Sachleistung hinaus die Zahlung des Eigenanteils privatrechtlich vereinbaren.[1615] Dem Apotheker stehe ein privatrechtlicher Vergütungsanspruch direkt gegen den Versicherten zu, dessen Durchsetzung ihm auch obliege, da die Regelung zum Einzug von Zuzahlungen nach § 43c SGB V nicht greife. Rechtsgrundlage dieses zivilrechtlichen Vergütungsanspruchs sei § 433 BGB, weil der Versicherte und die Apotheke bezüglich des Eigenanteils einen Kaufvertrag geschlossen habe, nach dem die Apotheke zur Verschaffung des Eigentums an der Sache und deren Übergabe verpflichtet sei.[1616]

Dies hieße aber im Ergebnis, dass es sich um einen Kaufvertrag über das Festbetragsarzneimittel handeln würde, da dem Eigenanteil keine separate Leistung gegenübersteht und die Apotheke nur das Eigentum an dem Arzneimittel verschaffen kann, nicht aber an der Aufwertung gegenüber einem Arzneimittel unterhalb des Festbetrags. Doch damit würde verkannt werden, dass der Anspruch des Versicherten im Rahmen der Rechtsbeziehung zwischen der Krankenkasse und ihrem Versicherten seiner sozialrechtlichen Natur nach ein

1613 So etwa *Axer*, in: Becker/Kingreen, SGB V, § 31 Rn. 36; *Kraftberger*, in: LPK-SGB V, § 31 Rn. 78.

1614 BSG, Urt. v. 3.8.2006 – B 3 KR 6/06 R, SozR 4-2500 § 129 Nr. 2, 3.c).

1615 Thüringer LSG, Urt. v. 25.8.2015 – L 6 KR 375/12, juris, Rn. 21.

1616 Vgl. Thüringer LSG, Urt. v. 25.8.2015 – L 6 KR 375/12, juris, Rn. 22.

Sachleistungsanspruch bleibt.[1617] Trotz der Entgeltbeteiligung hat der Versicherte gegenüber der Krankenkasse noch immer einen Anspruch auf das Festbetragsarzneimittel als solches. Der Gesetzgeber hat in diesen Fallkonstellationen gerade kein Kostenerstattungsprinzip gewählt, bei dem der Versicherte sich nur einen Betrag der Krankenkasse hätte erstatten lassen können. Doch genau solch einer bewussten gesetzgeberischen Entscheidung würde eine Abkehr von dem das Sozialversicherungsrecht prägenden Sachleistungsprinzip in diesen Fällen bedürfen (siehe dazu ausführlich C.III.2.c)bb)).[1618] Die Begründung einer Leistungsbeziehung zwischen Versichertem und Apotheke für die Lieferung von Festbetragsarzneimitteln, die eine abweichende Zuordnung des Versicherten als umsatzsteuerlicher Leistungsempfänger nach sich ziehen würde, ist daher abzulehnen.

Daran ändert auch die Annahme nichts, dass angelehnt an die Entscheidung des Thüringer LSG der Apotheke gegenüber dem Versicherten ein privatrechtlicher Anspruch auf die Zahlung des Eigenanteils zusteht, der völlig unabhängig von der gesetzlichen Krankenkasse ist. Dies ist entsprechend der Entscheidung des BGH beispielsweise auch bei der Zuzahlung zu Hilfsmitteln der Fall. Auch dort steht dem Leistungserbringer – anders als bei der Zuzahlung zu Arzneimitteln – ein eigener (privatrechtlicher) Anspruch gegenüber dem Versicherten zu, der Teil der Gesamtvergütung ist, aber nicht unmittelbar verrechnet wird.[1619] Vielmehr reduziert sich dort der Vergütungsanspruch gegenüber der Krankenkasse unabhängig von der Geltendmachung der Zuzahlung gem. § 33 Abs. 8 Satz 2 SGB V um diesen Betrag. Ein aus solch einem Anspruch erwachsene privatrechtliche Beziehung zwischen dem Versicherten und dem Leistungserbringer ist demnach durchaus üblich und ändert nichts an der durch das Sachleistungsprinzip geprägten Leistungsbeziehung zwischen der Apotheke und der Krankenkasse, die den Versicherten als Vertragspartner der Arzneimittellieferung ausschließt.

Bei der Eigenbeteiligung handelt es sich demnach nicht um eine Zahlung für eine Leistung des Apothekers an den Versicherten. Der Versicherte erhält im Rahmen seines Sachleistungsanspruchs ein Arzneimittel von der Apotheke, für

---

1617 BVerfG, Urt. v. 17.12.2002 – 1 BvL 28/95, BVerfGE 106, 275, II.2.; *Flint*, in: Hauck/Noftz, SGB V, § 31 Rn. 91, § 35 Rn. 33; *Wagner*, in: Krauskopf, SGB V, § 31 Rn. 25; *Wodarz*, in: Sodan, Hdb. KVR, § 27 Rn. 24; so i.E. auch Thüringer LSG, Urt. v. 25.8.2015 – L 6 KR 375/12, juris, Rn. 20 f., womit es letztlich der eigenen Auffassung zur Schließung eines Kaufvertrags widerspricht.

1618 Vgl. dazu auch BVerfG, Urt. v. 17.12.2002 – 1 BvL 28/95, BVerfGE 106, 275, II.2.

1619 BGH, Urt. v. 1.12.2016 – I ZR 143/15, MDR 2017, 592, II.6.b)bb)(2).

das er aber aufgrund der Festbetragsfestsetzung (neben der Zuzahlung) einen Teil des Entgelts erbringen muss. Diese Zahlung steht demnach in einem unmittelbaren Zusammenhang zur Leistung der Apotheke an die gesetzliche Krankenkasse, da auch nur an diese eine umsatzsteuerliche Leistung im Sinne des § 1 UStG durch die Apotheke erbracht wird. Und auch wenn die Zahlung im Ergebnis der gesetzlichen Krankenkasse nicht zugutekommt, ist sie aufgrund ihres preisauffüllenden Charakters als Entgelt von dritter Seite zu qualifizieren.[1620] Dies entspricht auch dem unionsrechtlichen Entgeltbegriff, wonach auf den Leistenden abzustellen ist und nicht auf die Aufwendungen des Leistungsempfängers. Sinn und Zweck der Eigenbeteiligung besteht darin, dass zusätzlich zum Festbetrag der gesetzlichen Krankenkassen das Entgelt auf die Höhe des Apothekenabgabepreises gebracht wird. Es ist auch nicht unbedingt Voraussetzung von § 10 Abs. 1 Satz 3 UStG, dass der Dritte eine Zahlungsschuld des Zahlungsempfängers übernimmt.[1621] Entscheidend ist allein, dass die Zahlung des Dritten für die Leistung des Unternehmers an den Leistungsempfänger erfolgt,[1622] das ist vorliegend der Fall. Deshalb spielt es für die Qualifizierung als Entgelt von dritter Seite auch keine Rolle, ob die Zahlung des Dritten zugleich Teil eines anderen Geschäftsvorganges ist,[1623] weshalb auch der privatrechtliche Anspruch der Apotheke insoweit unerheblich ist.

Die Zahlung des Versicherten erhöht demnach – unabhängig von der Einschaltung eines Großhändlers – entsprechend die Bemessungsgrundlage der umsatzsteuerpflichtigen Arzneimittellieferung des Apothekers im Inlandsfall oder des innergemeinschaftlichen Erwerbs der Krankenkasse im grenzüberschreitenden Fall. Im grenzüberschreitenden Fall führt die Zahlung jedoch zu wirtschaftlichen Verzerrungen, da im Unterschied zur Zuzahlung zwischen der Apotheke und der Krankenkasse keine Verrechnung stattfindet. Denn im Inlandsfall führt die Apotheke den Umsatzsteueranteil, der in der Eigenbeteiligung enthalten ist,

---

1620 Vgl. zur Annahme eines zusätzlichen Entgelts, wenn die Zahlung der Preisauffüllung dient Abschn. 10.2 Abs. 5 Satz 1 UStAE; *Hundt-Eßwein*, in: Küffner/Stöcker/Zugmaier, UStG, § 10 Rn. 37 f.

1621 BFH, Urt. v. 22.2.2017 – XI R 17/15, BStBl II 2017, 812, 3.d).

1622 Ständ. Rspr. BFH, Urt. v. 28.8.2013 – XI R 4/11, BStBl II 2014, 282, II.4.b)bb) m.w.N.

1623 BFH, Urt. v. 22.2.2017 – XI R 17/15, BStBl II 2017, 812, 3.d); Urt. v. 22.7.2010 – V R 14/09, BStBl II 2012, 428, II.2.b)bb)(1); BFH, Urt. v. 19.10.2001 – V R 48/00, BStBl II 2003, 210, II.3.c); EuGH, Urt. v. 25.5.1993 – C-18/92 – *Bailey*, Slg 1993, I-2871, Rn. 16 ff.

als Steuerpflichtige ab. Selbst wenn man jetzt – entgegen der aktuellen Gesetzeslage – davon ausgeht (siehe dazu D.IV.2.b)ff)), dass sowohl der Eigenanteil des Versicherten als auch der Festbetrag der Krankenkasse ein reduzierter Nettopreis sind,[1624] muss die Krankenkasse auch auf dieses Entgelt von dritter Seite Umsatzsteuer zahlen, ohne von diesem Betrag begünstigt worden zu sein. Der Versicherte erspart sich hingegen diesen Betrag.

Diese Mehrbelastung der Krankenkasse könnte nur behoben werden, wenn sich die Krankenkasse die Umsatzsteuer auf die Eigenbeteiligung von den Versicherten erstatten lässt. Dies könnte entweder auf direktem Weg erfolgen oder aber über einen Einzug der Apotheke. In diesem Fall dürfte dann auch der Betrag als Umsatzsteuerbetrag kein zusätzlicher Entgeltbetrag sein, da er nicht für die Leistung der Apotheke als solche gezahlt wird.

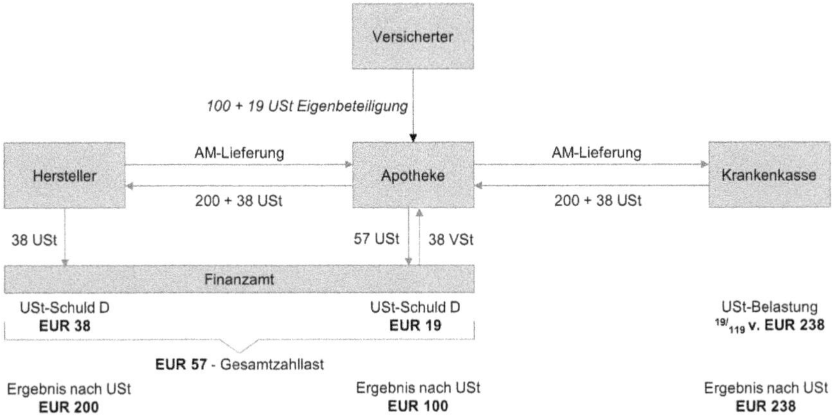

Abb. 29: Eigenbeteiligung – Inlandsfall

1624 Geht man jeweils von Bruttopreisen aus, die der Versicherte und die Krankenkasse an die ausländische Apotheke zahlen, bliebe die Apotheke durch den enthaltenen Umsatzsteueranteil begünstigt.

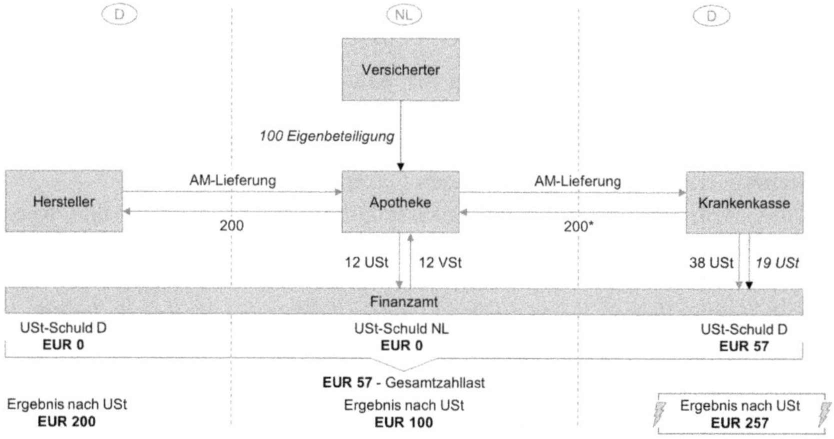

Abb. 30: Eigenbeteiligung – Grenzüberschreitender Fall

* Es wird entgegen der bestehenden Gesetzeslage (vgl. D.IV.2.b)ff)) von einem Nettopreis ausgegangen, um nur die wirtschaftlichen Auswirkungen der Eigenbeteiligung des Versicherten darzustellen.

ff) Prämien, Rabatte und Zuzahlungsverzicht der Apotheke an den Versicherten

Von zukünftiger Relevanz wird insbesondere die Frage nach der umsatzsteuerlichen Behandlung von Rückzahlungen oder Rabattgewährungen an den Versicherten sein.[1625] Da der EuGH die Preisbindung für ausländische Apotheken aufgehoben hat (vgl. dazu unter C.IV.3.),[1626] ist von einer Steigerung einschlägiger Werbemaßnahmen in den verschiedensten Ausführungen auszugehen; auch wenn noch unklar ist, in welchem Umfang das Verbot der Vorteilsgewährung

1625 Vgl. i.E. *Wiesener*, GesR 2015, 404; beispielsweise wirbt die niederländische Versandapotheke Doc Morris bereits mit einem Bonus von EUR 2,50 für jede rezeptpflichtige Medikamentenpackung pro Bestellung, vgl. https://www.docmorris.de/rezepteinloesen?navnode=redeemPrescription, zuletzt aufgerufen am 10.3.2018; ähnliche Angebote finden sich auch bei der niederländischen Europa Apotheek Venlo, die mit einer Gutschrift von bis zu EUR 30 bei Einlösung von Arzneimittelverordnungen wirbt, vgl. https://www.europa-apotheek.com/sofort-bonus.htm, zuletzt aufgerufen am 10.3.2018.

1626 EuGH, Urt. v. 19.10.2016 – C-148/15 – *Deutsche Parkinson Vereinigung*, ABl. EU 2016, Nr. C 475, 5, Rn. 27, 46.

nach § 7 HWG (siehe dazu unter C.II.2.a)aa)) für ausländische Apotheken weiter anwendbar ist.[1627]

Nachfolgend ist zu untersuchen, wie solche möglichen Prämien und Zahlungen der Apotheken an die Versicherten zu qualifizieren sind und ob sich dadurch die Bemessungsgrundlage ändert. Auch wenn (Rück-)Zahlungen des Leistenden nicht der Leistungsempfänger, sondern ein Dritter erhält, können diese grundsätzlich zur Minderung der Bemessungsgrundlage für die Leistung an den Leistungsempfänger führen.[1628] Davon abzugrenzen sind insbesondere die Fälle, in denen Zugaben im allgemeinen Werbeinteresse erfolgen und gerade keinen Einfluss auf den Kaufpreis haben sollen.[1629]

Für eine Entgeltminderung ist danach maßgeblich, dass zwischen der Zahlung an den Dritten und der Leistung des Zahlenden ein unmittelbarer Zusammenhang besteht. Die Problematik ist insofern vergleichbar mit der bisherigen Diskussion um die Rabattzahlungen eines pharmazeutischen Herstellers an die Unternehmen der privaten Krankenversicherung, die – gleich dem Versicherten in der gesetzlichen Krankenversicherung – bislang als Dritte außerhalb der Leistungskette qualifiziert worden sind.

Der BFH ließ die Problematik in einer Entscheidung zur Minderung der Bemessungsgrundlage einer ausländischen Apotheke durch Aufwandsentschädigungen an gesetzlich Versicherte für die Teilnahme an einer Telefonberatung offen, da sich in diesem Fall die Bemessungsgrundlage der Apotheke für ihre Lieferung an die gesetzliche Krankenkasse schon deshalb nicht mindern könne, weil aufgrund der Steuerbefreiung ihrer innergemeinschaftlichen Lieferung kein

1627 Grundsätzlich ist aufgrund der unterschiedlichen Zweckbestimmung von Heilmittelwerbe- und Arzneimittelrecht davon auszugehen, dass trotz des EuGH-Urteils Zuwendungen, die einem unzweckmäßigen Arzneimittelerwerb oder -gebrauch Vorschub leisten, nach wie vor auch bei grenzüberschreitenden Geschäften verboten bleiben, vgl. LG München, Urt. v. 11.5.2017 – 17 HK O 20723/14 und 17 HK O 22516/14, nicht veröffentlicht; *Saalfrank*, jurisPR-MedizinR 6/2017 Anm. 3; vgl. ausführlich zu den Auswirkungen der Rechtsprechung auf die Anwendbarkeit von § 7 HWG *Mand*, A&R 2017, 3 ff.; Barrabatte scheinen danach zwar möglich, der Verzicht auf Zuzahlungen scheidet aber grundsätzlich aus, da die Apotheke durch den Rahmenvertrag zum Einzug verpflichtet ist, vgl. *Lafontaine*, jM 2017, 46, 52 f.

1628 I.E. auch FG Rheinland-Pfalz, Urt. v. 24.9.2015 – 6 K 1251/14, EFG 2015, 2242, nrkr. (BFH V R 42/15), IV.2.

1629 Vgl. zu Gutscheinen und Werbegeschenken EuGH, Urt. v. 27.04.1999 – C-48/97 – *Kuwait Petroleum*, Slg. 1999, I-2323; BFH, Urt. v. 11.5.2006 – V R 33/03, BStBl II 2006, 699.

umsatzsteuerpflichtiger Umsatz vorliege, der gemindert werden könnte.[1630] Davon unabhängig ist aber die Frage, ob sich durch die Zahlung der Apotheken nicht die Bemessungsgrundlage der gesetzlichen Krankenkasse für ihren innergemeinschaftlichen Erwerb mindert,[1631] bzw. wie dieser Fall im Inlandsfall zu bewerten ist.

Im Rahmen der Arzneimittelabgabe ist es denkbar, dass die Apotheke dem Versicherten verschiedene Vorteile, Preisnachlassgutscheine oder Prämienzahlungen einräumt.[1632] Im Spezielleren ist auch eine Erstattung der Zuzahlung nach § 31 Abs. 3 SGB V denkbar.[1633]

(1) Prämien und Rabatte für Versicherte

Eine Minderung der Bemessungsgrundlage scheidet in den Fällen der Abgabe von Prämiengeschenken oder der Gewährung von Vorteilen an die Versicherten, wie einer versandkostenfreien Lieferung, aus. Dies gilt auch unabhängig davon, dass es sich bei dem Versicherten um einen Dritten handelt, da Werbegeschenke oder sonstige Gegenstände von geringem Wert, die der Unternehmer der verkauften Ware beilegt, den vereinbarten Kaufpreis regelmäßig nicht berühren und als solche auch nicht die Bemessungsgrundlage mindern.[1634] Demnach sind auch Prämien an Versicherte dem Grundsatz nach umsatzsteuerlich unbeachtlich und stellen im Ergebnis reine Werbemaßnahmen dar.

Problematisch ist allerdings die umsatzsteuerliche Beurteilung der Zahlung von Rabatten an die Versicherten. Bei Doc Morris zum Beispiel wird pro Rezept mit verschreibungspflichtigen Arzneimitteln ein Bonus gutgeschrieben, der unmittelbar mit dem Rechnungsbetrag (der in der Regel auch die Zuzahlung beinhaltet) verrechnet wird.[1635] Ausgehend von der Rechtsprechung zu den Herstellerrabatten müsste nach Ansicht des BFH eine Minderung der Bemessungsgrundlage in diesen Fällen ausscheiden, da dies voraussetze, dass ein in der Leistungskette beteiligter Unternehmer einen Preisnachlass direkt gegenüber dem Endverbraucher gewähre.[1636] Endabnehmer in der Lieferkette ist vorliegend

1630 BFH, Beschl. v. 24.2.2015 – V B 147/14, BFH/NV 2015, 768, II.3.; so auch *Gres*, MwStR 2015, 470, 471.

1631 *Nieuwenhuis*, HFR 2015, 512, 513.

1632 Dies ist allerdings aktuell zur Gewährleistung eines einheitlichen Apothekenabgabepreises gem. § 7 HWG grundsätzlich verboten.

1633 Vgl. *Lafontaine*, jM 2017, 46, 52 f.

1634 Vgl. allgemein BFH, Urt. v. 11.5.2006 – V R 33/03, BStBl II 2006, 699, II.2.

1635 https://www.docmorris.de/rezepteinloesen?navnode=redeemPrescription, zuletzt aufgerufen am 10.3.2018.

1636 BFH, Urt. v. 12.1.2006 – V R 3/04, BStBl II 2006, 479; Abschn. 10.3 Abs. 1 Satz 4 UStAE.

die Krankenkasse, die – anders als bei den Herstellergutscheinen – die Rabattzahlung allerdings nicht erhält. Die gesetzliche Krankenkasse erbringt auch in der Arzneimittelversorgung ihrer Versicherten keine umsatzsteuerbare Leistung im Anschluss (vgl. dazu D.II.4.). Der Versicherte ist demnach ein Dritter außerhalb der Lieferkette, zu dem die Apotheke weder mittelbar noch unmittelbar in einer Leistungsbeziehung steht, weshalb sich nach Ansicht des BFH auch die Bemessungsgrundlage ihrer Leistung wohl nicht mindern dürfte.[1637]

Geht man jedoch davon aus, dass ein unmittelbarer Zusammenhang nicht nur bei Zahlungen innerhalb der Leistungskette bestehen kann, setzt die Minderung der Bemessungsgrundlage zumindest eine anderweitig geartete innere Verknüpfung voraus.

Insoweit könnte man einerseits zwar argumentieren, dass solche Zahlungen wirtschaftlich keine Zahlungen an die Krankenkasse darstellen, da sie dieser auch nicht in irgendeiner Form zugutekommen. Die Entgeltzahlung der Krankenkasse wird durch die Zahlung an den Versicherten – unmittelbar wie mittelbar – nicht berührt und mindert dementsprechend auch ihre Aufwendungen nicht, vielmehr ist der Versicherte selbst der wirtschaftlich Begünstigte. Bei Zugrundelegung des Entgeltbegriffs des § 10 Abs. 1 Satz 2 UStG müsste eine Minderung der Bemessungsgrundlage mithin ausscheiden. Andererseits bedarf dies der unionsrechtskonformen Auslegung, da nach Art. 73 MwStSystRL entscheidend ist, was der Steuerpflichtige tatsächlich als Gegenleistung *erhält*.[1638]

Ein unmittelbarer Zusammenhang wird vorliegend indes dadurch begründet, dass die Rabattzahlung an den Versicherten unmittelbar von der Arzneimittellieferung an die gesetzliche Krankenkasse abhängt, denn nur wenn der Versicherte sein Rezept bei der Apotheke einreicht und das Arzneimittel erhält,

1637 Vgl. dazu den Fall des Herstellerrabattes an private Krankenkassen (D.IV.2.c)dd)(4)), wo umgekehrt der Versicherte der Leistungsempfänger ist und die Krankenkasse als Dritter die Zahlung erhält, dies aber auch in diesen Fällen eine Minderung der Bemessungsgrundlage ausschließt, da keine unmittelbare/mittelbare Leistungsbeziehung zwischen den Parteien besteht FG Berlin-Brandenburg, Urt. v. 13.5.2015 – 7 K 7323/13, EFG 2015, 1484, Rev. BFH XI R 14/15, II.1.c); BMF, Schr. v. 14.11.2012 – IV D 2-S 7200/08/10005, BStBl I 2012, 1170, I.2.; Abschn. 10.3 Abs. 7 Satz 7 UStAE; OFD Karlsruhe, Vfg. v. 12.12.2013 – S 7330, juris; *Handzik*, in: Offerhaus/Söhn/Lange, UStG, § 10 Rn. 85; *Hundt-Eßwein*, in: Küffner/Stöcker/Zugmaier, UStG, § 10 Rn. 29 „Apotheke"; *Raudszus*, in: Weimann/Lang, UStG, § 10 Rn. 51.

1638 EuGH, Urt. v. 24.10.2013 – C-440/12 – *Metropol Spielstätten*, ABl. EU 2013, Nr. C 367, 19, Rn. 38; Urt. v. 3.3.1994 – C-16/93 – *Tolsma*, ABl. EG 1994, Nr. C 103, 2, Rn. 14.

wird automatisch eine Gutschrift mit seinen Rechnungsposten verrechnet.[1639] Der Apotheke erhält demnach eine geringere Gegenleistung für die Lieferung. Etwas anderes ergibt sich auch nicht aus der *Ibero Tours*-Rechtsprechung des EuGH, da dort der Nachlass an den Endkunden auf eine vermittelte Leistung gewährt wurde, die der Unternehmer selbst nicht erbracht hat, und nicht auf die von dem Unternehmer erbrachte Vermittlungsleistung an den Reiseveranstalter.[1640] Die Gutschrift der Apotheke erfolgt zwar auch aus eigenem Antrieb, dies ändert jedoch nichts daran, dass sie im Ergebnis einen Nachlass auf die von ihr erbrachte Arzneimittellieferung darstellt. Dies gilt insbesondere auch vor dem Hintergrund, dass der Versicherte in Form der Zuzahlung selbst ein Entgelt von dritter Seite erbringt. Die Zahlung könnte demnach auch durchaus als eine Art Rückzahlung des Entgelts von dritter Seite verstanden werden, die auch die Belastung des Versicherten mit der in diesem Entgeltanteil enthaltenen Umsatzsteuer entsprechend reduziert.[1641]

(2) Verzicht auf die Zuzahlung

Das gleiche muss im Falle eines Verzichts der Apotheke auf die Zuzahlung nach § 31 Abs. 3 SGB V gelten.

Wirtschaftlich betrachtet zahlt die gesetzliche Krankenkasse in diesen Fällen das gleiche Entgelt wie beim regulären Einzug der Zuzahlung vom Versicherten (siehe dazu unter D.IV.2.c)ee)(1)); mit dem Unterschied, dass nun die Reduzierung des Vergütungsanspruchs durch die Verrechnung der Zuzahlung nach § 43c Abs. 1 Satz 1 SGB V nicht vom Versicherten, sondern von der Apotheke getragen wird.[1642]

Auch nach Ansicht der Finanzverwaltung soll der Verzicht einer Apotheke, „die nicht nach § 43b SGB V [seit 23. Juli 2015 § 43c SGB V] zum Einzug der Zuzahlung nach § 31 Abs. 3 SGB V verpflichtet ist", gegenüber den Versicherten zu einer Minderung der Bemessungsgrundlage führen.[1643] Dennoch sind diese

---

1639 Dies genügt im Ergebnis aus den Anforderungen *Kriegs* an den unmittelbaren Zusammenhang, DStR 2018, 509, 511.

1640 EuGH, Urt. v. 16.1.2014 – C-300/12 – *Ibero Tours*, BStBl II 2015, 317, Rn. 27, 33.

1641 Abschn. 10.3 Abs. 7 Satz 5 UStAE; so auch *Probst*, in: Hartmann/Metzenmacher, UStG, § 10 Rn. 113 „Apotheken", 141 „Zuzahlung zu Arzneimitteln", nach dem die Höhe des Entgelts von dritter Seite durch die Zuzahlung sich entsprechend um den gewährten Bonus mindere; *Raudszus*, in: Weimann/Lang, UStG, § 10 Rn. 51.

1642 Vgl. OVG Lüneburg, Urt. v. 22.3.2011 – 13 LA 157/09, PharmR 2011, 173.

1643 Abschn. 10.3 Abs. 7 Satz 4 UStAE; so auch; *Probst*, in: Hartmann/Metzenmacher, UStG, § 10 Rn. 113 „Apotheken"; *Raudszus*, in: Weimann/Lang, UStG, § 10 Rn. 51.

Ausführungen etwas irreführend. Die Zuzahlung an Apotheken gehört grundsätzlich zu den Zahlungen im Sinne des § 43c Abs. 1 Satz 1 SGB V, auf deren Einzug die Apotheke gerade nicht verzichten kann, da Inhaber des Anspruchs auf Zuzahlung die gesetzliche Krankenkasse ist (siehe zur Ausgestaltung ausführlich C.II.2.b)cc)(4)). Es steht daher der Apotheke die Dispositionsbefugnis überhaupt nicht zu, auf den Anspruch auf Zuzahlung zu verzichten.[1644] Würde die Apotheke den Einzug der Zuzahlung unterlassen, dürfte die Krankenkasse zwar diese Zuzahlungsleistung gem. § 43c Abs. 1 Satz 1 SGB V nicht mehr mit dem Zahlungsanspruch der Apotheke verrechnen; gleichzeitig würde aber auch der Anspruch der Krankenkasse gegenüber dem Versicherten weiterbestehen und nun von ihr selbst geltend gemacht werden.

Anders ist dies hingegen beispielsweise bei Zuzahlungen zu Hilfsmitteln[1645] nach § 33 Abs. 8 Satz 1 SGB V. Diese gehören zu den Zuzahlungen, zu deren Einzug der Leistungserbringer nach § 43c SGB V nicht verpflichtet ist.[1646] Inhaber eines (privatrechtlichen) Anspruchs auf Zahlung der Zuzahlung ist in diesen Fällen vielmehr der Leistungserbringer selbst, der volle Dispositionsbefugnis über den Anspruch hat.[1647] Die Verrechnung mit dem Vergütungsanspruch der Krankenkasse findet gem. § 33 Abs. 8 Satz 2 SGB V unmittelbar mit dem Betrag statt, der mithin bei Verzicht gegenüber den Versicherten vom Leistungsbringer getragen wird. Umsatzsteuerlich bedeutet dies ebenso, dass es entweder im Rahmen der Zuzahlung zu Hilfsmitteln bei der Zahlung des Versicherten ein Entgelt von dritter Seite vorliegt oder bei Verzicht des Leistungserbringers sich die Bemessungsgrundlage vergleichbar mit dem Apothekenrabatt mindert.

Auch wenn es sich daher mangels Möglichkeit einer Entbindung von der Zuzahlungspflicht im Rahmen der Arzneimittelversorgung nicht um einen „echten" Verzicht handelt, sondern der Versicherte die Zuzahlung und damit ein Entgelt von dritter Seite offiziell immer entrichtet, mindert sich aber die Bemessungsgrundlage der Leistung der Apotheke durch die Übernahme der Zahlung entsprechend, da der Erlass der Zahlung wirtschaftlich einer Rabattgewährung an den Versicherten gleichkommt.

1644 Vielmehr steht es gem. § 62 Abs. 1 und 3 SGB V der gesetzlichen Krankenkasse zu, über eine Befreiung des Versicherten von der Zuzahlungspflicht zu entscheiden, vgl. *Flint*, in: Hauck/Noftz, SGB V, § 31 Rn. 125.

1645 Zu den Hilfsmitteln zählen u.a. Seh- und Hörhilfen, vgl. zum Begriff des Hilfsmittels *Butzer*, in: Becker/Kingreen, SGB V, § 33 Rn. 4 ff.

1646 BGH, Urt. v. 1.12.2016 – I ZR 143/15, MDR 2017, 592, II.6.c).

1647 BGH, Urt. v. 1.12.2016 – I ZR 143/15, MDR 2017, 592, II.6.b)bb)(2).

3. Ergebnis

Die Gegenleistung für die von der Apotheke erbrachte Arzneimittellieferung setzt sich somit zusammen aus dem von der gesetzlichen Krankenkasse geleisteten Erstattungsbetrag (entspricht dem „Netto"-Apothekenabgabepreis unter Berücksichtigung aller Rabatte) zuzüglich des gesetzlichen und/oder vertraglichen Herstellerrabatts als Entgelt von dritter Seite sowie der vom Versicherten erbrachten Zuzahlung.[1648] Die Importkürzungen und der Apothekenrabatt sind hingegen kein Entgeltbestandteil,[1649] sie haben vielmehr zuvor das vereinbarte Entgelt in Form des „Brutto"-Apothekenabgabepreises entsprechend gemindert

V. Anzuwendender Steuersatz auf Arzneimittellieferungen

Durch den anzuwendenden Steuersatz multipliziert mit der Bemessungsgrundlage des steuerpflichtigen Umsatzes wird die Höhe der Steuerbelastung ermittelt.[1650] Der Steuersatz beträgt gem. § 12 Abs. 1 UStG 19 % der Bemessungsgrundlage jedes steuerpflichtigen Umsatzes und kommt zur Anwendung, wenn kein Ausnahmefall wie beispielsweise durch Anwendbarkeit des ermäßigten Steuersatzes nach § 12 Abs. 2 UStG vorliegt.[1651]

Dem nationalen Gesetzgeber ist hinsichtlich der Festsetzung von Steuersätzen für die verschiedenen Leistungsgegenstände durch die MwStSystRL ein klarer Rahmen vorgegeben, innerhalb dessen er agieren kann.[1652] So ist in Art. 96 MwStSystRL die grundsätzliche Anwendung eines Mehrwertsteuer-Normalsatzes vorgeschrieben, der gem. Art. 97 MwStSystRL mindestens 15 % betragen muss. Art. 98 Abs. 1 und 2 MwStSystRL sieht allerdings die Möglichkeit vor, dass die Mitgliedstaaten einen oder zwei ermäßigte Steuersätze auf Lieferungen von Gegenständen und Dienstleistungen der in Anhang III genannten Kategorien anwenden. Nach Nummer drei des Anhang III der MwStSystRL zählen dazu insbesondere auch Arzneimittel, die üblicherweise für die Gesundheitsvorsorge, die Verhütung von Krankheiten und für ärztliche und tierärztliche

1648 Vgl. auch FG Düsseldorf, Urt. v. 23.11.2012 – 1 K 1808/09 U, nrkr. (BFH XI R 2/13), nicht veröffentlicht, II.4.b), allerdings ohne Berücksichtigung des Herstellerrabatts, was daran liegt, dass in dem zugrunde liegenden Fall der Versicherte der Leistungsempfänger ist.

1649 Vgl. für den Apothekenrabatt FG Düsseldorf, Urt. v. 23.11.2012 – 1 K 1808/09 U, nrkr. (BFH XI R 2/13), nicht veröffentlicht, II.4.b).

1650 *Kußmaul/Naumann*, StB 2015, 392, 393.

1651 Vgl. *Heidner*, in: Bunjes, UStG, § 12 Rn. 6; *Kußmaul/Naumann*, StB 2015, 392, 393.

1652 Vgl. *Kußmaul/Naumann*, StB 2015, 392, 393.

Behandlungen verwendet werden. Gem. Art. 99 Abs. 1 MwStSystRL muss der ermäßigte Umsatzsteuersatz mindestens 5 % betragen. Jedoch handelt es sich dabei um eine Kann-Vorschrift, deren Umsetzung für die Mitgliedstaaten nicht zwingend ist.[1653]

Deutschland hat hinsichtlich der Arzneimittellieferungen von dieser Möglichkeit eines ermäßigten Steuersatzes keinen Gebrauch gemacht, da dies wohl zu erheblichen Steuerausfällen geführt hätte.[1654] Demnach sind Arzneimittel nicht in § 12 Abs. 2 UStG oder in Anlage 2 zu § 12 Abs. 2 Nr. 1 und 2 UStG aufgeführt,[1655] weshalb sie in Deutschland dem Regelsteuersatz unterliegen.

Die Unterschiede zu anderen Mitgliedstaaten sind dabei zum Teil eklatant[1656] und verdeutlichen, welche wirtschaftliche Relevanz der Leistungsort und damit das Land der Besteuerung haben kann. Die Steuersätze für Arzneimittel reichen von 0 bis 27 %.[1657] Solche stark ermäßigten oder zum Teil zum Nullsatz bestehenden Umsatzsteuersätze sind gem. Art. 110 MwStSystRL trotz des in Art. 99 MwStSystRL festgesetzten Mindestsatzes von 5 % in den Mitgliedstaaten möglich, die am 1. Januar 1991 die Steuerbefreiungen mit Recht auf Vorsteuerabzug oder ermäßigte Steuersätze angewandt haben, wenn diese mit dem Gemeinschaftsrecht vereinbar sind und nur aus genau definierten Gründen zugunsten des Endverbrauchers erlassen werden. So erheben beispielsweise das Vereinigte Königreich, Schweden und Malta aufgrund bestehender Steuerbefreiungen keine Umsatzsteuer auf verschreibungspflichtige Arzneimittel.[1658]

1653 Vgl. *Klenk*, in: Sölch/Ringleb, UStG, § 12 Rn. 3 f.

1654 Vgl. *Nieskens*, in: Rau/Dürrwächter, UStG, § 12 Allg. Rn. 98.

1655 Vgl. zum Steuersatz von Sondennahrung BFH, Urt. v. 24.9.2014 - VII R 54/11, BStBl II 2015, 169, II.4.

1656 Vgl. https://ec.europa.eu/taxation_customs/sites/taxation/files/resources/documents/taxation/vat/how_ vat_works/rates/vat_rates_en.pdf, Stand: 1.1.2017, S. 4 II.3, zuletzt aufgerufen am 13.3.2018.

1657 Der Umsatz wird dennoch als „besteuert" behandelt und berechtigt insofern auch zum Vorsteuerabzug; vgl. *Stadie*, in: Rau/Dürrwächter, UStG, Einf. Rn. 286.

1658 Vgl. die Auflistung der anwendbaren Nullsätze in den verschiedenen EU-Staaten https://ec.europa.eu/taxation_customs/sites/taxation/files/resources/documents/taxation/vat/how_vat_works/rates/vat_rates_en.pdf, Stand: 1.1.2017, S. 9 ff. V., zuletzt aufgerufen am 13.3.2018.

E. Zusammenfassung der Ergebnisse und entsprechende Lösungsansätze

I. Umsatzsteuerliche Behandlung von Arzneimittellieferungen

Die umsatzsteuerliche Leistungsbeziehung im Rahmen der Abgabe rezeptpflichtiger Arzneimittel an Versicherte zu Lasten der gesetzlichen Krankenkasse besteht aufgrund des sozialrechtlichen Sachleistungsprinzips in § 2 Abs. 2 SGB V zwischen der Apotheke und der gesetzlichen Krankenkasse (siehe D.II.2.).

Der Arzneimittelabgabe durch inländische Apotheken liegt insoweit ein inländischer steuerbarer Leistungsaustausch nach § 1 Abs. 1 Nr. 1 UStG zugrunde, mit dem die Apotheke der Umsatzsteuerpflicht unterliegt (siehe D.II.3.a)). Beim grenzüberschreitenden Fall einer Arzneimittellieferung erbringt die ausländische Apotheke im Regelfall eine steuerfreie innergemeinschaftliche Lieferung, da der Leistungsort ihrer Lieferung gem. § 3 Abs. 6 Satz 1 UStG im Ausland am Beginn der Lieferung liegt (siehe D.II.3.b)aa)).[1659] Korrespondierend dazu versteuert die gesetzliche Krankenkasse als Leistungsempfängerin einen innergemeinschaftlichen Erwerb nach § 1 Abs. 1 Nr. 5 UStG, deren Leistungsort nach § 3d Satz 1 UStG am Ende der Lieferung in Deutschland bestimmt wird (siehe D.II.3.b)bb)). Mangels einschlägiger Umsatzsteuerbefreiungstatbestände handelt es sich bei Arzneimittellieferungen auch um umsatzsteuerpflichtige Umsätze (siehe D.II.3.c)).

Die sich denklogisch anschließende Arzneimittelversorgung des Versicherten durch die gesetzliche Krankenkasse in Form der Sachleistung stellt wiederum keine steuerbare Leistung im Sinne des § 1 Abs. 1 UStG dar, da es den gesetzlichen Krankenkassen insoweit an der Unternehmereigenschaft nach § 2 UStG fehlt (siehe D.II.4.). Aus diesem Grund scheidet auch ein Vorsteuerabzug der gesetzlichen Krankenkasse für ihre innergemeinschaftlichen Erwerbe aus (siehe D.III.).

Die Bemessungsgrundlage von Arzneimittellieferungen einer Apotheke, die für inländische wie grenzüberschreitende Lieferungen identisch ist, bestimmt sich gem. § 10 Abs. 1 UStG nach dem Entgelt, das die gesetzliche Krankenkasse

---

1659 Unterstellt, dass die übrigen Voraussetzungen vorliegen. In Ausnahmefällen kommt bei Einschlägigkeit der Leistungsortbestimmung nach § 3c UStG auch eine steuerbare inländische Lieferung der ausländischen Apotheke in Deutschland (siehe dazu D.II.3.b)aa)(1)) bzw., wenn auch der Grundtatbestand des innergemeinschaftlichen Erwerbs ausscheidet, eine steuerbare Leistung im Ausland in Betracht.

und Dritte für die Leistung aufwenden. Sie ermittelt sich aus dem „Netto“-Apothekenabgabepreis im Sinne des § 3 Abs. 1 AMPreisV als Aufwendung der gesetzlichen Krankenkasse sowie den Rabatten des Herstellers und der Zuzahlung des Versicherten (siehe D.IV.).

In Deutschland unterliegen die Arzneimittellieferungen dem Regelsteuersatz in Höhe von 19 %. Die Spannweite der Steuersätze für Arzneimittel in den übrigen EU-Mitgliedstaaten reicht indes von 0 bis 27 % (siehe D.V.).

II. Divergenz von Steuer- und Sozialrecht und dessen praktische Folgen

Die unterschiedliche umsatzsteuerliche Behandlung des Regelfalls von Arzneimittellieferungen inländischer und ausländischer Apotheken durch die Einordnung als inländische Leistung oder innergemeinschaftlicher Erwerb würde sich im normalen Warenverkehr wirtschaftlich nicht auswirken, da die Vertragsparteien dies in ihren Regelungen entsprechend berücksichtigen können. Doch die konkreten Sachverhalte der Arzneimittelversorgung, auf die das Umsatzsteuerrecht angewandt werden soll, sind durch das nationale Krankenversicherungsrecht „determiniert“[1660]. Denn die Arzneimittellieferungen im Rahmen der gesetzlichen Krankenversicherung werden – bis auf den konkretisierenden Rahmenvertrag nach § 129 Abs. 2 SGB V – nicht etwa durch die Parteien vertraglich ausgestaltet, sondern bestimmen sich durch die sozialrechtlichen Vorschriften der AMPreisV und des SGB V. Problematisch ist insofern, dass es insbesondere bei der Preisbildung und der Rabattgewährung an einer Abstimmung auf das Umsatzsteuerrecht fehlt und innerhalb dieser Vorschriften keine klare Trennung zwischen Brutto- und Nettobeträgen stattfindet.[1661] Vielmehr handelt es sich um rein sozialrechtliche Vorschriften, die keine steuerrechtlichen Regelungen enthalten.[1662] Dieses unabgestimmte Nebeneinander der Teilrechtsordnungen führt dazu, dass die verschiedenen Beteiligten bei grenzüberschreitenden Arzneimittellieferungen im Vergleich zum Inlandsfall wirtschaftlich unterschiedlich belastet werden (siehe dazu die verschiedenen Aspekte im Rahmen der Ermittlung der Bemessungsgrundlage unter D.IV.), was bereits mit Blick auf die Warenverkehrsfreiheit und den Gleichheitsgrundsatz bedenklich ist, aber jedenfalls kaum der Intention des Gesetzgebers entsprechen kann. Letztlich

---

1660 Vgl. *Pflaum*, HFR 2016, 1010.

1661 *Engelsing/Nordmann*, KrV 2013, 149, 152.

1662 Vgl. *Pommerin/Paßgang*, UStB 2012, 235, 236.

beruhen die Ungleichbehandlungen auf dem Zusammenwirken von Unions- und Sozialrecht,[1663] weshalb gerade bei der Anwendung des Umsatzsteuerrechts keine Abstimmung aufgrund einer pauschalen Vorherigkeit des Sozialrechts vor dem Hintergrund der Einheit der Rechtsordnung wie im Verhältnis zum Einkommensteuerrecht erfolgen kann (siehe dazu B.III.2.). Es bedarf indes einer individuellen, sorgfältigen Anpassung im Einzelfall insoweit, dass zumindest den Anforderungen des Unions- und Verfassungsrecht genüge getan wird. Eine darüber hinaus gehende Vereinheitlichung ist weder möglich noch vom Grundsatz der Einheit der Rechts gefordert.

III. Lösungsansätze zur Auflösung dieser Konflikte

Aufgabe dieser Arbeit war es unter anderem Lösungsansätze zu entwickeln, die diese Divergenzen des (Umsatz)Steuer- und Sozialrechts beheben können.

Grundsätzlich gilt insofern, dass die wirtschaftlichen Differenzen im Rahmen der Ermittlung der Bemessungsgrundlage aufgrund der unterschiedlich anzuwendenden Grundtatbestände mit unterschiedlichen Umsatzsteuerschuldnerschaften schon von Grund auf nicht entstehen würden, wenn die Arzneimittellieferungen ausländischer Apotheken gleich denen von inländischen Apotheken besteuert werden würden. Unabhängig von der Umsetzbarkeit solch einer Gleichstellung bedarf es aber in jedem Fall einer weitestgehend einheitlichen Ausgangsbasis, die möglichst viele Fälle der Arzneimittellieferungen ausländischer Apotheken unter sich vereint, um Rechtssicherheit hinsichtlich der umsatzsteuerlichen Behandlung zu schaffen.

Sofern es jedoch bei unterschiedlichen Umsatzsteuerschuldnerschaften bleibt, gilt es zumindest zur Abstimmung der divergierenden Rechtsgebiete eine Auslegung oder Änderung der Regelungen umzusetzen.

1. Einheitliche Ausgangsbasis

Unter welchen umsatzsteuerlichen Grundtatbestand (inländischer Leistungsaustausch oder innergemeinschaftlicher Erwerb) die Arzneimittellieferungen ausländischer Apotheke fallen, kann nicht pauschal entschieden werden und hängt von verschiedenen Umständen des Einzelfalls ab; beispielsweise davon, ob die maßgebenden Erwerbs- (§ 1a Abs. 3 Nr. 2 UStG) und Lieferschwellen (§ 3c Abs. 3 UStG) erreicht werden.

1663 *Pflaum*, HFR 2016, 1010.

Grundsätzlich wäre für die Praxis darauf abzuzielen, dass alle Lieferungen ausländischer Apotheken als inländischer Leistungsaustausch nach § 1 Abs. 1 Nr. 1 UStG zu qualifizieren sind, da sie dann wie die Umsätze inländischer Apotheken behandelt werden würden, wodurch mit einer einheitlichen Abrechnungspraxis ein Maß an Konformität und Rechtssicherheit gewährleistet werden könnte.

Bis zum 31. September 2013 war dies – außer für Abholungsfälle – durch Anwendung der Vereinfachungsregel nach Abschn. 1a.2 Abs. 14 Satz 2 UStAE grundsätzlich möglich (siehe dazu D.II.3.b)bb)(7)). Dies galt allerdings nur, wenn die Apotheke auf Antrag zu diesem Verfahren optierte. Durch das Schreiben des BMF vom 21. November 2012 fallen Arzneimittellieferungen nun größtenteils aus dem Anwendungsbereich.[1664] Doch selbst bei Wiedereinführung eines entsprechend weiten Anwendungsbereichs der Regel oder der gesonderten Einbeziehung von Arzneimittellieferungen, würde es sich immer noch nur um eine Handlungsmöglichkeit der ausländischen Apotheken handeln, zu der diese nicht gezwungen werden können. Darüber hinaus käme zur Gleichstellung der umsatzsteuerlichen Behandlung eine Verlagerung des Leistungsortes ins Inland nur über die Anwendung des § 3c UStG in Betracht, für den aber keine Optionsmöglichkeit besteht. Eine einheitliche steuerliche Einordnung der grenzüberschreitenden Arzneimittellieferungen als inländische Leistungen kann mithin nicht erreicht werden.

Es gilt insofern, zumindest die Ausgangsbasis der umsatzsteuerlichen Behandlung weitestgehend zu vereinheitlichen. Dafür müssen an erster Stelle erst einmal möglichst viele verschiedene Sachverhalte dem Grundsatz nach komprimiert den gleichen Regelungsregimen unterwerfen werden, bevor in einem zweiten Schritt die einzelnen Regelungen angepasst werden. Als Anknüpfungspunkt kommen insofern nur die Voraussetzungen des innergemeinschaftlichen Erwerbs in Betracht, da diese Optionsmöglichkeiten enthalten. Um möglichst viele Fälle dem Regelfall einer steuerfreien innergemeinschaftlichen Lieferung zu unterwerfen, für die die gesetzliche Krankenkasse den korrespondierenden innergemeinschaftlichen Erwerb zu versteuern hat, sollten alle gesetzlichen

1664 Nach *Engelsing/Nordmann* begründet dieses Schreiben einen öffentlich-rechtlichen Folgenbeseitigungsanspruch der Krankenkasse, weil es einen hoheitlichen Eingriff in das subjektive Recht der gesetzlichen Krankenkassen auf Festlegung eines einheitlichen Apothekenabgabepreis (sowohl Brutto wie Netto) darstellt; sie seien viel mehr dadurch kaum in der Lage die Bemessungsgrundlage zur Berechnung der abzuführenden Umsatzsteuer rechtssicher zu ermitteln, vgl. *Engelsing/Nordmann*, KrV 2013, 149, 152.

Krankenkassen grundsätzlich gem. § 1a Abs. 4 Satz 1 UStG auf die Anwendung der Erwerbsschwelle verzichten. Dadurch würde zumindest eine Anwendung von § 3c UStG ausgeschlossen sein (vgl. grundsätzlich § 3c Abs. 2 Nr. 2 UStG), weshalb die Arzneimittellieferungen ausländischer Apotheken als innergemeinschaftliche Erwerbe in Deutschland der Umsatzsteuer unterfallen und von den Krankenkassen versteuert werden würde.[1665]

2. Keine Änderung des Umsatzsteuerrechts

Eine Änderung des Umsatzsteuerrechts ist aufgrund der Harmonisierung der nationalen Regelungen mit der MwStSystRL ausgeschlossen und darüber hinaus auch nicht geboten, da die Ungleichbehandlung nicht aus der Anwendung des Mehrwertsteuerrechts resultierten, sondern durch die Ausgestaltung der zu besteuernden Sachverhalte durch das Recht der sozialen Krankenversicherung.

3. Auslegung oder Änderung des Sozialrechts

Zur Vermeidung der wirtschaftlichen Divergenzen im Inlands- und Auslandsfall und einer etwaigen Unionsrechts- bzw. Verfassungswidrigkeit der einzelnen Vorschriften, bedarf es hingegen der Änderung der relevanten sozialrechtlichen Regelungen, soweit eine Auslegung aufgrund des eindeutigen Wortlauts nicht möglich ist. Die umsatzsteuerliche Behandlung selbst kann insofern zwar nicht geregelt werden, da diese sich allein nach dem Umsatzsteuerrecht richtet, aber die Abstimmung der sozialrechtlichen Vorschriften auf das Umsatzsteuerrecht ist möglich.

a) Änderung der Arzneimittelpreisordnung

Je nachdem, welcher Meinung zur Auslegung der Arzneimittelpreisverordnung man sich anschließt, bedarf die Regelung des § 3 Abs. 1 AMPreisV einer Änderung[1666] oder zumindest einer Klarstellung dergestalt, dass es sich dabei um eine Nettopreisregelung mit dynamischem Umsatzsteuerverweis handelt.[1667]

1665 Dies setzt voraus, dass auch alle übrigen Voraussetzungen des innergemeinschaftlichen Erwerbs erfüllt werden. Problematisch ist dies allerdings nur bei den Abholfällen durch Versicherte, die ohnehin eher den Ausnahmefall darstellen (vgl. dazu ausführlich unter D.II.3.b)bb)(2)).

1666 Eine Änderung der AMPreisV kann durch das BMWi im Einvernehmen mit dem BMG als Verordnungsgeber nach § 78 Abs. 1 AMG mit Zustimmung des Bundesrates erfolgen.

1667 So auch *Heine*, KrV 2013, 51, 54.

Andernfalls werden die ausländischen Apotheken zu Lasten der gesetzlichen Krankenkassen wirtschaftlich begünstigt, weil sie einen Apothekenabgabepreis mit Umsatzsteuer erhalten, ohne diese abführen zu müssen, während die gesetzlichen Krankenkassen den Betrag beim innergemeinschaftlichen Erwerb in voller Höhe versteuern müssen (siehe D.IV.2.b)).

b) Änderung des SGB V

Des Weiteren bedürfte es mit Blick auf das SGB V an erster Stelle – vergleichbar mit den Überlegungen zum Apothekenabgabepreis – für die Fälle von Lieferungen mit Festbetragsarzneimitteln oder solchen mit neuem Wirkstoff bei der Festsetzung von Festbeträgen (§ 35 SGB V) und Erstattungsbeträgen (§ 130b SGB V) durch den Gemeinsamen Bundesausschuss einer Umstellung auf Nettopreise zzgl. Umsatzsteuer.

Auch die Vorschriften zu den gesetzlichen Herstellerrabatten und dem Apothekenrabatt müssten in der Höhe dergestalt geändert werden,[1668] dass sie Nettobeträge mit einem dynamischen Umsatzsteuerverweis darstellen, deren Höhe abhängig von der Steuerpflichtigkeit der zugrunde liegenden Lieferung ist. Eine Auslegung der Regel ist indes nicht möglich. Der Apothekenrabatt ist als Festbetrag auf EUR 1,77 festgesetzt und lässt keinen Raum für eine Reduzierung um den Umsatzsteueranteil. Dies gilt ebenso für den gesetzlichen Herstellerrabatt, der zwar vom Gesetzgeber nicht bereits konkret beziffert ist. Er berechnet sich aber immer aus dem Nettoverkaufspreis des pharmazeutischen Herstellers, weshalb er dennoch aufgrund dieser Ausgestaltung einen Festbetrag darstellt, der abhängig von den Regelungen des Umsatzsteuerrechts einen Umsatzsteueranteil enthalten kann oder nicht.

1668 Vgl. zur Gesetzgebungskompetenz im Sozialversicherungsrecht, insbesondere zum Herstellerrabatt BVerfG, Urt. v. 13.5.2005 – 2 BvF 2/03, BVerfGE 114, 196, A.III.1.a).

Literaturverzeichnis

Ammann, Gunter: Zum Einfluss von Rechtsprechung und Gesetzgebung auf die Umsatzsteuer des „Zwangsrabattes“ bei Pharmaherstellern und Apotheken, UR 2005, 180–186.

Axer, Georg: Das Sozialrecht in der Rechtsprechung des Bundesfinanzhofs, JbSozR 31 (2010), 583–598.

Axer, Peter: Die Familie zwischen Privatrecht, Sozialrecht und Steuerrecht, DStJG 29 (2006), 175–201.

Bach, Ivo: Zu Risiken und Nebenwirkungen … – Der EuGH kippt die Arzneimittelpreisbindung, GPR 2017, 8–13.

Bach, Peter/ Moser, Hans (Begr.): Private Krankenversicherung, Kommentar, hrsg. v. Wilmes, Jan, 5. Aufl., München 2015.

Baldus, Manfred: Die Einheit der Rechtsordnung, Berlin 1995 (zit.: *Baldus*, Einheit der Rechtsordnung).

Bamberger, Heinz Georg/ Roth, Herbert (Hrsg.): Kommentar zum Bürgerlichen Gesetzbuch, Band 1: §§ 1 – 610 CISG, 3. Aufl., München 2012.

Barkow von Creytz, Dunja: Anmerkung zu LSG Rheinland-Pfalz, Urt. v. 6.7.2017 – L 5 KR 105/16, NZS 2017, 955.

Beck'scher Online-Kommentar Gewerberecht: Pielow, Johann-Christian (Hrsg.), Beck'scher Online-Kommentar Gewerberecht, 40. Edition, München 2017 (zit.: *Bearbeiter*, in: BeckOK-GewR).

Beck'scher Online-Kommentar Sozialrecht: Rolfs, Christian u.a. (Hrsg.), Beck'scher Online-Kommentar Sozialrecht, 47. Edition, München 2017 (zit.: *Bearbeiter*, in: BeckOK-SozR).

Beck'scher Online-Kommentar Umsatzsteuergesetz: Weymüller, Rainer (Hrsg.), Beck'scher Online-Kommentar Umsatzsteuergesetz, 15. Edition, München 2017 (zit.: *Bearbeiter*, in: BeckOK-UStG).

Becker, Ulrich/ Kingreen, Thorsten (Hrsg.): SGB V Gesetzliche Krankenversicherung, Kommentar, 5. Aufl., München 2017.

Beicke, Erik/ Westermann, Eike Christian: Die Besteuerung öffentlicher Unternehmen – Die Umsatzsteuerreform und weitere aktuelle Praxishinweise zum Jahresbeginn 2016, BB 2016, 87–93.

Beiser, Reinhold, „Elida Gibbs“ – Das Verbrauchsteuerprinzip der Rechtsprechung des EuGH erleichtert Reduktion der Endverbraucherpreise, UVR 2003, 160–162.

Belcke, Ulf Erik/ Westermann, Eike Christian: Die Besteuerung öffentlicher Unternehmen – Die Umsatzsteuerreform und weitere aktuelle Praxishinweise zum Jahresbeginn 2016, BB 2016, 87–93.

Bergmann, Karl Otto/ Pauge, Burkhard/ Steinmeyer, Heinz-Dietrich (Hrsg.): Gesamtes Medizinrecht, Kommentar, 2. Aufl., Baden-Baden 2014.

Bergmann, Reinhard: Können Geldbußen gegen juristische Personen und Personenvereinigungen Betriebsausgaben sein?, DB 1981, 2572–2574.

Birkenfeld, Wolfram/ Wäger, Christoph: Das große Umsatzsteuer-Handbuch, Band 1: Einführung, Steuergegenstand und Geltungsbereich (§§ 1 – 3g UStG), Band 2: Steuerbefreiungen und -vergütungen, Bemessungsgrundlagen, Steuer und Vorsteuer (§§ 4 – 15a UStG), Band 3: Besteuerung, Sonderregelungen, Durchführung und Schlussvorschriften, Stichwortverzeichnis (§§ 16 – 29 UStG), Losebl. (Stand: 77. Erg.-Lfg. Dezember 2017), Köln (zit.: *Bearbeiter*, in: Birkenfeld/Wäger, USt-Handbuch).

Brandis, Peter: Bemessungsgrundlagen im Steuerrecht und im Sozialrecht – Aus der Sicht des Steuerrechts, DStJG 29 (2006), 93–133.

Breuer, Rüdiger: Konflikte zwischen Verwaltung und Strafverfolgung, DÖV 1987, 169–183.

Büchter-Hole, Claudia: Anmerkung zu FG Düsseldorf, Urt. v. 13.12.2013 – 1 K 2947/11 U, EFG 2015, 510–512.

Bunjes, Johann (Begr.): Umsatzsteuergesetz, Kommentar, 16. Aufl., München 2017.

Canaris, Claus-Wilhelm: Systemdenken und Systembegriff in der Jurisprudenz, 2. Aufl., Berlin 1983.

Crezelius, Georg: Steuerrechtliche Rechtsanwendung und allgemeine Rechtsordnung, Herne 1983 (zit.: *Crezelius*, Steuerrechtliche Rechtsanwendung).

Dettling, Heinz-Uwe: Grundstrukturen des Rechtsverhältnisses zwischen Leistungserbringern und gesetzlich Versicherten, VSSR 2006, 1–23.

Deutsch, Erwin/ Spickhoff, Andreas (Hrsg.): Medizinrecht, 7. Aufl., Berlin 2014 (zit.: *Deutsch/Spickhoff*, MedizinR).

Dieners, Peter/ Reese, Ulrich (Hrsg.): Handbuch des Pharmarechts, München 2010 (zit.: *Bearbeiter*, in: Dieners/Reese, Hdb. PharmaR).

Dziadkoswki, Dieter: Zur umsatzsteuerlichen Behandlung der öffentlichen Hand, BB 2011, 3031–3036.

Ebsen, Ingwer: Die zentralen Reformelemente des Arzneimittelmarktneuordnungsgesetzes, GuP 2011, 41–47.

Engelmann, Klaus: (Ver-)Kauf von Forderungen (Factoring) aus medizinischen Behandlungen, insbesondere in der gesetzlichen Krankenversicherung, GesR 2009, 449–459.

Engelsing, Lutz/ Nordmann, Silvia: Gesetzliche Krankenkassen: Ausländische Versandapotheken und Erwerbsbesteuerung ab 1.10.2013, KrV 2013, 149–153.

Engisch, Karl: Einführung in das juristische Denken, 11. Aufl. 2010, Stuttgart (zit.: *Engisch*, Juristisches Denken).

Engisch, Karl: Die Einheit der Rechtsordnung, Heidelberg 1935 (zit.: *Engisch*, Einheit der Rechtsordnung).

Englisch, Joachim: Ermäßigte Steuersätze zwecks Verschonung des existenziellen Bedarfs, UR 2010, 400–413.

Englisch, Joachim: Vorsteuerabzug für Leistungen von Spielervermittlern, UR 2014, 461–471.

Esskandari, Manzur/ Bick, Daniela: Zur Anwendung der sog. Versandhandelsregelung auf Arzneimittellieferungen, UStB 2015, 341–342.

Felix, Dagmar: Einheit der Rechtsordnung, Habil., Tübingen 1988.

Flume, Werner: Steuerwesen und Rechtsordnung, in: FS Smend, hrsg. v. der Rechts- und Staatswissenschaftlichen Fakultät der Universität Göttingen, 59–101.

Franz, Christoph: Einkommensbegriffe im Steuer- und Sozialrecht, StuW 1988, 17–35.

Friedl, Helmut: Der Leistungsaustausch für fremde Rechnung im System der Mehrwertsteuer, UR 1987, 65–69.

Friedrich, Wolf-Henrik: Generischer Status, PharmR 2010, 329–337.

Friedrich-Vache, Heike: Einschränkung des Vorsteuerabzugs bei mehreren, aber teilweise nichtunternehmerischen Leistungsempfängern, BB 2014, 808.

Fuchs, Maximilian/ Preis, Ulrich: Sozialversicherungsrecht, 2. Aufl., Köln 2009 (zit.: *Fuchs/Preis*, SozialversicherungsR)

Fuhrmann, Stefan/ Klein, Bodo/ Fleischfresser, Andreas (Hrsg.): Arzneimittelrecht, 2. Aufl., Baden-Baden 2014 (zit.: *Fuhrmann/Klein/Fleischfresser*, ArzneimittelR).

Gaßner, Maximilian/ Strömer, Jens: Rabattierung nach Indikation? – Zur nach Anwendungsgebieten differenzierten Preisgestaltung bei Arzneimitteln in Rabattverträgen und Verträgen zur integrierten Versorgung, PharmR 2014, 330–342.

Grabitz, Eberhard (Begr.)/ *Hilf, Meinhard*/ *Nettesheim, Martin* (Hrsg.): Das Recht der Europäischen Union, Kommentar, Losebl. (Stand: 62. Erg.-Lfg. Juli 2017), München.

Grantz, Jürgen: Umsatzsteuerliche Behandlung der Gewährung von Arzneimittel-Rabatten, StBW 2013, 13–14.

Gres, Rainer: Anmerkung zu BFH, Beschl. v. 24.2.2015 – V B 147/14, MwStR 2015, 470–471.

Hänlein, Andreas/ *Schuler, Rolf* (Hrsg.): Sozialgesetzbuch V Gesetzliche Krankenversicherung, Kommentar, 5. Aufl., Baden-Baden 2016 (zit.: *Bearbeiter*, in: LPK-SGB V).

Hansmann, Klaus: Verwaltungshandeln und Strafverfolgung – konkurrierende Instrumente des Umweltrechts?, NVwZ 1989, 913–918.

Hartmann, Alfred (Begr.)/ *Metzenmacher, Wilhelm*: Umsatzsteuergesetz, Kommentar, hrsg. v. Birkenfeld, Wolfram, Band 2: B 410 – E § 3 Abs. 9a, Band 3: E § 3 Abs. 10 – E § 7, Band 4: E § 8 – E § 15 Abs. 2 und 3, Band 5: E § 15 Abs. 4 – E § 29, Losebl. (Stand: Erg.-Lfg. 9/17 Dezember 2017), Berlin.

Hauck, Karl/ *Noftz, Wolfgang* (Hrsg.): Band 5: SGB V, Gesetzliche Krankenversicherung, Kommentar, Losebl. (Stand: Erg.-Lfg. Januar 2018), Berlin.

Heidelberger Kommentar Arztrecht Krankenhausrecht Medizinrecht: Rieger, Hans-Jürgen u.a. (Hrsg.), Heidelberger Kommentar Arztrecht Krankenhausrecht Medizinrecht, Losebl. (Stand: 71. Erg.-Lfg. Dezember 2017), Heidelberg (zit.: *Bearbeiter*, in: HK-AKM).

Heidner, Hans-Hermann: Umsatzsteuerliche Behandlung der rechtsgeschäftlichen Verwaltungstreuhand, UR 1995, 122–128.

Heidner, Hans-Hermann: Strohmanngeschäfte und Gutglaubensschutz im Umsatzsteuerrecht, UR 2002, 445.

Heidner, Hans-Hermann: Umsatzbesteuerung der öffentlichen Hand – Auswirkungen der Rechtsprechung auf die Neuregelung § 2b UStG, UR 2016, 45–49.

Heine, Kai-Alexander: Umsatzbesteuerung in der gesetzlichen Krankenversicherung am Beispiel aktueller Problemfälle, KrV 2013, 51.

Heinrichshofen, Stefan: Anmerkung zu FG Sachsen, Urt. v. 18.12.2012 – 3 K 590/10, UStB 2013, 191–192.

Heinrichshofen, Stefan: Drittaufwand im Umsatzsteuerrecht: Höhe des Vorsteuerabzugs, UStB 2014, 69.

Heinrichshofen, Stefan: Anmerkung zu BFH, Urt. v. 4.12.2014 – V R 6/13, UStB 2015, 67–68.

Heinrichshofen, Stefan/ *Matheis, Philipp*: Das umsatzsteuerliche Reihengeschäft nach den Urteilen des XI. Senats, UVR 2015, 175–182.

Heintzen, Markus/ Musil, Andreas: Steuerrecht des Gesundheitswesens, 2. Aufl., Berlin 2012 (zit.: *Heintzen/Musil*, Steuerrecht des Gesundheitswesens).

Helm, Thorsten/ Haaf, Philipp/ Knoll, Sascha: Steuern der Gesetzlichen Krankenversicherung – Grundlagen, Compliance und Gestaltungsschwerpunkte, KrV 2015, 49–53.

Helm, Thorsten/ Haaf, Philipp/ Knoll, Sascha: Steuern der Gesetzlichen Krankenversicherung, KrV 2016, 16–20.

Herrmann, Carl/ Heuer, Gerhard/ Raupach, Arndt (Hrsg.): Einkommensteuer- und Körperschaftsteuergesetz, Kommentar, Losebl. (Stand: 282. Erg.-Lfg. Dezember 2017), Köln.

Heuermann, Bernd: Kindergeld und Einkommensteuer oder: Wie vertragen sich materielles Sozialrecht und Steuerrecht?, FR 2000, 248–253.

Heuermann, Bernd: Anmerkung zu BFH, Beschl. v. 24.2.2015 – V B 147/14, DStR 2015, 757.

Heuermann, Bernd: Anmerkung zu BFH, Urt. v. 4.12.2014 – V R 6/13, StBp 2015, 149–151.

Heuermann, Bernd: Anmerkung zu BFH, Beschl. v. 22.6.2016 – V R 42/15, DStR 2016, 1922.

Heuermann, Bernd: Abschläge eines pharmazeutischen Unternehmers gemäß § 1 AMRabG als Minderung der Bemessungsgrundlage?, StBp 2016, 343–344.

Heuermann, Bernd: Das Umsatzsteuerrecht, das Unionsrecht und die Vorherigkeit nationalen öffentlichen Rechts – Zugleich: Erste Versuche einer Gleichheitsprüfung nach Art. 20 GrCh, UR 2016, 905–911.

Heuermann, Bernd: Wirtschaftliche Realität vs. Vorherigkeit: Gegensatz oder Ausprägung des nämlichen Prinzips?, UR 2018, 497–504.

Hofmann, Thomas/ Huschens, Ferdinand: Anhängige EuGH-Verfahren im Bereich der Mehrwertsteuer, NWB 2017, 863–873.

Horn, Wilhelm: Gesellschaftsgründung und Vorsteuerabzug, UR 1991, 344–346.

Hörtnagel-Seidner: Elida-Gibbs-Grundsätze nur auf ausschließlich inländische Lieferketten anwendbar?, UVR 2015, 280–283.

Hummel, David: Anmerkung zu BFH, EuGH-Vorlagebeschl. v. 5.6.2014 – XI R 31/09, MwStR 2014, 556.

Huschens, Ferdinand: Minderung der Bemessungsgrundlage beim Arzneimittelrabatt zugunsten privater Krankenversicherungen nach § 1 AMRabG, DStRK 2018, 76.

Jachmann, Monika: Die Korrespondenz von Sozialrecht und Einkommensteuerrecht, NZS 2003, 281–288.

Jäkel, Christian: Auswirkungen des Beitragssatzsicherungsgesetzes auf Apotheken, Großhändler und Pharmaunternehmen, PharmR 2003, 352–356.

Jauernig, Othmar: Bürgerliches Gesetzbuch, Kommentar, hrsg. v. Stürner, Rolf, 16. Aufl., München 2015.

Jh: Umsätze einer Internet-Apotheke, StuB 2015, 319–320.

Juris Praxiskommentar SGB V: Engelmann, Klaus/ Schlegel, Rainer (Hrsg.), Juris Praxiskommentar SGB V, 3. Aufl., Saarbrücken 2016 (zit.: *Bearbeiter*, in: jurisPK-SGB V).

Kasseler Kommentar Sozialversicherungsrecht: Körner, Anne/ Leitherer, Stephan/ Mutschler, Bernd (Hrsg.), Kasseler Kommentar Sozialversicherungsrecht, Losebl. (Stand: 96. Erg.-Lfg. September 2017), München (zit.: *Bearbeiter*, in: KassKomm SozR).

Kieser, Timo: Boni und Zugaben im Rx-Bereich – eine Zwischenbilanz, A&R 2012, 105–112.

Kirchhof, Paul: Steuerumgehung und Auslegungsmethoden, StuW 1983, 173–183.

Kirchhof, Paul: Die Kunst der Steuergesetzgebung, NJW 1987, 3217–3226.

Kirchhof, Paul: Die Widerspruchsfreiheit im Steuerrecht als Verfassungspflicht, StuW 2000, 316–327.

Kirchhof, Paul/ Söhn, Hartmut/ Mellinghoff, Rudolf: Einkommensteuergesetz, Kommentar, Band 2: §§ 1a, 2, 2a, 2b, Losebl. (Stand: 284. Erg.-Lfg. Dezember 2017), Heidelberg.

Klenk, Friedrich: Anmerkung zu BFH, Urt. v. 10.4.2003 – V R 26/00, HFR 2003, 897.

Kloepfer, Michael: Umweltschutz als Aufgabe des Zivilrechts – aus öffentlich-rechtlicher Sicht, NuR 1990, 337–349.

Kloesel, Arno/ Cryan, Walter (Begr.): Arzneimittelrecht Kommentar, hrsg. v. Feiden, Karl/ Pabel, Hermann Josef, Losebl. (Stand: 133. Erg.-Lfg. Februar 2017), Stuttgart.

Knickrehm, Sabine/ Kreikebohm, Ralf/ Waltermann, Raimund (Hrsg.): Kommentar zum Sozialrecht, 5. Aufl., Köln 2017 (zit.: *Bearbeiter*, in: Knickrehm/Kreikebohm/Walter-mann, SGB V).

Koenig, Christoph: Versandhandelsverbot für verschreibungspflichtige Arzneimittel? Ein Frontalzusammenstoß mit der Rechtsprechung des EuGH!, PharmR 2017, 85–92.

Kombert, Souina: Anmerkung zu EuGH, Urt. v. 20.12.2017 – C-462/16 – *Boehringer Ingelheim Pharma*, MwStR 2018, 171–172.

Korn, Christian: Durchführungsverordnung zur Mehrwertsteuer – Ein Überblick, SteuK 2011, 269–273.

Korn, Klaus: Sicherstellung und Optimierung des Vorsteuerabzugs, KÖSDI 2015, 19365–19379.

Kozianka, Wolfgang/ Hußmann, Nils: Das EuGH-Urteil zu DocMorris' Rx-Boni – Bricht eine Säule oder doch nur ein Pyrrhussieg für DocMorris & Co.?, PharmR 2017, 10–16.

Krasney, Martin: Anmerkung zu BFH, Urt. v. 24.9.2014 – V R 19/11, KrV 2015, 26.

Krauskopf, Dieter: Soziale Krankenversicherung, Pflegeversicherung, Kommentar, hrsg. v. Knittel, Stefan/ Wagner, Regine, Band 1: SGB I, SGB IV, SGB V §§ 1 – 68, Band 2: SGB V Vor § 69 – § 283, Losebl. (Stand: 96. Erg.-Lfg. August 2017), München (zit.: *Bearbeiter*, in: Krauskopf, Gesetz).

Krieg, Sebastian: Minderung der umsatzsteuerlichen Bemessungsgrundlage durch Rabattzahlungen im System der privaten Krankenversicherung, DStR 2018, 509–512.

Krieg, Sebastian/ Hübner, Alexander: Rabattzahlungen im System der privaten Krankenversicherung reduzieren die von Pharmaherstellern abzuführende Umsatzsteuer, EuZW 2018, 152–154.

Krieger, Wilfried/ Penner, Andreas: Das Zytostatikaurteil des Bundesfinanzhofs – Krankenhäuser zwischen den Mühlen der Gerichte, der Krankenkassen und der Finanzverwaltung, SGb 2015, 607–615.

Küffner, Thomas/ Stöcker, Ernst/ Zugmaier, Oliver (Hrsg.): Umsatzsteuer Kommentar, Losebl. (Stand: 133. Erg.-Lfg. Dezember 2017), Herne.

Kügel, Wilfried/ Müller, Rolf-Georg/ Hofmann, Hans-Peter (Hrsg.): Arzneimittelgesetz, Kommentar, 2. Aufl., München 2016.

Kunkel, Peter-Christian: Das Asylbewerberleistungsgesetz in Konkurrenz mit Sozialleistungsgesetzen, NVwZ 1994, 352–355.

Kußmaul, Heinz/ Naumann, Chantal: Überblick über die nationale Umsatzsteuer-Systematik – Teil I: Einordnung in das nationale und internationale Steuersystem, StB 2015, 317–321.

Kußmaul, Heinz/ Naumann, Chantal: Überblick über die nationale Umsatzsteuer-Systematik – Teil II: Steuersubjekt, Steuerobjekt und Steuerschuldner der Umsatzsteuer sowie territoriale Begrifflichkeiten, StB 2015, 356–364.

Kußmaul, Heinz/ Naumann, Chantal: Überblick über die nationale Umsatzsteuer-Systematik – Teil III: Funktionsweise der Umsatzsteuer, StB 2015, 392–396.

Lafontaine, Christoph: „DocMorris III“ – Die Europarechtswidrigkeit einheitlicher Apothekenabgabepreise für verschreibungspflichtige Arzneimittel, jM 2017, 46–53.

Lange, Hans-Friedrich: Vorsteuerabzug von Gemeinschaftern und Gesellschaftern, UR 1999, 17–20.

Lappe, Thomas: Zur ökologischen Instrumentalisierbarkeit des Wettbewerbsrechts, WRP 1995, 170–180.

Larenz, Karl: Methodenlehre der Rechtswissenschaft, 6. Aufl., Berlin.

Leibohm, Thomas: Bedarfsorientierung als Prinzip des öffentlichen Finanzrechts, Diss., Baden-Baden 2011 (zit.: *Leibohm*, Bedarfsorientierung im Finanzrecht).

Leipold, Carsten: Personelle Zurechnung von Umsätzen und Vorsteuerabzug, Diss., Köln 2008 (zit.: *Leipold*, Personelle Zurechnung von Umsätzen).

Leipold, Carsten: Ermäßigter Steuersatz für Nahrungsmittel zum Schutz des Existenzminimums durch die Umsatzsteuer?, UR 2009, 584–593.

Liebau, Tobias: Die Versagung des Vorsteuerabzugs im „Umsatzsteuerkarussel“, BB 2005, 415–420.

Liedy, Benjamin: BFH zur Umsatzsteuerbefreiung von Zytostatikazubereitungen für den ambulanten Bereich – Rückforderungswelle von Krankenkassen, ZGMR 2015, 94–99.

Linke, Ramona: Umsatzsteuerbefreiung der Lieferung von Zytostatika durch Krankenhausapotheken, KH 2015, 58–60.

Lippross, Otto-Gerd: Umsatzsteuerliche Behandlung von Rückvergütungen im Rahmen von Verkaufsförderungssystemen, UR 2006, 142–151.

Lippross, Otto-Gerd: Umsatzsteuer, 24. Aufl., Achim 2017 (zit.: *Lippross*, Umsatzsteuer).

Lohse, Christian: Anmerkung zu EuGH, Urt. v. 15.10.2002 – C-427/98 – Kommission/Deutschland, BB 2003, 294–296.

Lohse, Christian: Neue Fragen durch das Auto Lease Holland-Urteil des EuGH, UVR 2003, 115–116.

Lohse, Christian: Neutralitätsgrundsatz im Umsatz / Mehrwertsteuerrecht, UR 2004, 582–590.

Luthe, Ernst-Wilhelm: Der Pharmarabatt nach § 130a SGB V (Teil 1), SGb 2011, 316–321.

Luthe, Ernst-Wilhelm: Der Pharmarabatt nach § 130a SGB V (Teil 2), SGb 2011, 372–376.

Mand, Elmar: Das Rabattverbot gemäß § 7 Abs. 1 Heilmittelwerbegesetz (HWG), A&R 2006, 54–59.

Mand, Elmar: Heilmittelwerberechtliche Grenzen für die Wertreklame ausländischer Versandapotheken, A&R 2017, 3–10.

Mand, Elmar/ Könen, Annika: Verbraucherschutz und Versandhandel mit Arzneimitteln, WRP 2006, 841–847.

Manthey, Christina: Der Vertragsarzt als „Schlüsselfigur" der Arzneimittelversorgung, GesR 2010, 601–604.

Marchal, Hendrik: Anmerkung zu BFH, Urt. v. 4.12.2014 - V R 6/13, MwStR 2015, 183–184.

Marchal, Hendrik: Anmerkung zu BFH, Urt. v. 4.12.2014 - V R 6/13, UR 2015, 243–244.

Martens, Joachim: Sozialrechtsnormen im Steuerrecht, StVj 1989, 199–216.

Maunz, Stefan: Kreative Zerstörung - Neuordnung von Reihengeschäften, DStR 2015, 1025–1028.

Maunz, Theodor/ Dürig, Günter (Begr.): Grundgesetz, Kommentar, Losebl. (Stand: 81. Erg.-Lfg. September 2017), München (zit.: *Bearbeiter*, in: Maunz/ Dürig).

Meyer, Hilko: Die Auswirkungen des GKV-WSG auf die Gewährung von Barrabatten, A&R 2007, 151–162.

Morgenthaler, Gerd: Das Sozialrecht in der Rechtsprechung des Bundesfinanzhofs und in der steuerrechtlichen Literatur, JbSozR 22 (2000), 449–477.

Müller, Markus: EuGH Boehringer Ingelheim Pharma - Eine Einordnung, offene Fragen und mögliche Folgen, MwStR 2018, 342–349.

Müller-Franken, Sebastian: Das Verbot des Abzugs der „Zuwendung von Vorteilen" nach dem Jahressteuergesetz 1996, StuW 1997, 3–23.

Münchener Anwaltshandbuch Medizinrecht: Terbille, Michael/ Clausen. Tilman/ Schroeder-Printzen, Jörn (Hrsg.), Münchener Anwaltshandbuch Medizinrecht, 2. Aufl., München 2013 (zit.: *Bearbeiter*, in: MünchAnwHdb. MedizinR).

Münchener Handbuch des Gesellschaftsrechts: Hoffmann-Becking, Michael (Hrsg.), Münchener Handbuch des Gesellschaftsrechts, Band 4: Aktiengesellschaft, 4. Aufl., München 2015 (zit.: *Bearbeiter*, in: MünchHdb. GesR, Bd. 4).

Münchener Kommentar zum Bürgerlichen Gesetzbuch: Säcker, Franz Jürgen (u.a.) (Hrsg.), Münchener Kommentar zum Bürgerlichen Gesetzbuch, Band 2: §§ 241 - 432 BGB, Schuldrecht - Allgemeiner Teil, 7. Aufl., München 2016 (zit.: *Bearbeiter*, in: MüKo/BGB).

Musil, Andreas: Steuerliche Fragen der Gesundheitsreform: Teil I Strukturreformen im Krankenhausbereich, Tübingen 2011 (zit.: *Musil*, Steuerliche Fragen Gesundheitsreformen Teil I).

Musil, Andreas: Steuerliche Fragen der Gesundheitsreform: Teil II Neue Versorgungsformen, Tübingen 2011 (zit.: *Musil*, Steuerliche Fragen Gesundheitsreformen Teil II).

Nieskens, Hans: Änderungen des Umsatzsteuergesetzes durch das Richtlinien-Umsetzungsgesetz, UR 2005, 57–83.

Nieuwenhuis, Helmut: Grundsatz der Neutralität der Umsatzsteuer in der Rechtsprechung des EuGH, UR 2013, 663–672.

Nieuwenhuis, Helmut: Anmerkung zu BFH, Beschl. v. 24.2.2015 – V B 47/14, HFR 2015, 512–513.

Nitschke, Andreas: Keine Minderung der BMG für Umsätze eines pharmazeutischen Unternehmers durch Zuwendung des sog. Solidarbeitrags an eine gesetzliche Krankenversicherung, UStB 2014, 112–115.

Offerhaus, Klaus/ Söhn, Hartmut/ Lange, Hans-Friedrich (Hrsg.): Umsatzsteuer, Kommentar, Band 1: §§ 1 – 4 Nr. 12, Band 2: § 4 Nr. 3 – § 12, Band 3: §§ 13 – 23a, Losebl. (Stand: 301. Erg.-Lfg. November 2017), Heidelberg.

Ossenbühl, Fritz/ Huschens, Michael: Umweltstrafrecht – Strukturen und Reform, UPR 1991, 161–169.

Palm, Ulrich: Das Sozialrecht in der Rechtsprechung des Bundesfinanzhofs und in der steuerrechtlichen Literatur, JbSozR 26 (2004), 541–561.

Palm, Ulrich: Das Sozialrecht in der Rechtsprechung des Bundesfinanzhofs, JbSozR 29 (2008), 493–509.

Palm, Ulrich: Das Sozialrecht in der Rechtsprechung des Bundesfinanzhofs, JbSozR 30 (2009), 545–555.

Pfefferle, Jörg/ Renz, Matthias: Umsatzsteuerfreie Medikamentenabgabe durch einen Arzt oder eine Krankenhausambulanz, NWB 2012, 4214–4222.

Pflaum, Ulrich: Anmerkung zu BFH, Beschl. v. 22.6.2016 – V R 42/15, HFR 2016, 1010.

Polok, Vivien: Die umsatzsteuerrechtliche Behandlung der Gewährung eines Herstellerrabatts durch pharmazeutische Unternehmen, UR 2018, 147–151.

Pommerin, Sabine/ Paßgang, Andreas: Ort der Lieferung im umsatzsteuerlichen Sinne bei Versandapotheken und privaten Endabnehmern, UStB 2012, 204–206.

Pommerin, Sabine/ Paßgang, Andreas: Umsatzsteuerliche Verpflichtungen der gesetzlichen Krankenversicherung unter Berücksichtigung des § 1a UStG, UStB 2012, 235–237.

Porten, Stephan: Haben die Krankenkassen die falschen verklagt?, KH 2015, 568–573.

Prätzler, Robert: Vorsteuerabzug des gutgläubigen Erwerbers in einer Lieferkette ("Mahageben und David"), jurisPR-SteuerR 43/2012 Anm. 5.

Prätzler, Robert: Umsatzsteuerminderung für Rabatte zugunsten der Privaten Krankenversicherung, jurisPR-SteuerR 6/2016, Anm. 6.

Prätzler, Robert: Rabatte in mehrstufigen grenzüberschreitenden Lieferketten bzw. Lieferketten mit (teilweiser) Steuerschuldnerschaft des Leistungsempfängers – ein Diskussionsbeitrag, MwStR 2017, 355–362.

Prätzler, Robert: Umsatzsteuerminderung auch für Abschläge an Private Krankenversicherung nach § 1 AMRabG, jurisPR-SteuerR 20/2018, Anm. 6.

Prätzler, Robert/ Stuber, Jürgen: Entgeltminderung bei Preisnachlass in mehrstufiger Lieferkette und Reverse Charge – ein Diskussionsbeitrag, MwStR 2016, 286–290.

Pump, Hermann: Strohmann und Hintermann im Umsatzsteuerrecht Teil I, StBp 1998, 169–174.

Pump, Hermann: Die Offenkundigkeit als Grundprinzip für die Zurechnung von Umsätzen, UStB 2003, 83–86.

Pump, Hermann: Die Bestimmung des Leistungsempfängers bei der Vorsteuer, StBp 2004, 40–45.

Quaas, Michael/ Zuck, Rüdiger (Hrsg.): Medizinrecht, 3. Aufl., München 2014 (zit.: *Bearbeiter*, in: Quaas/Zuck, MedizinR).

Rau, Günter/ Dürrwächter, Erich: Kommentar zum Umsatzsteuergesetz, Band 1: Texte/Einführung, §§ 1 – 2b, Band 2: §§ 3 – 4 Nr. 8, Band 3: §§ 4 Nr. 9 – 6; Band 4: §§ 6a – 13, Band 5: §§ 13a – 17, Losebl. (Stand: 174. Erg.-Lfg. Dezember 2017), Köln.

Raupach, Arndt: Steuern im Sozialstaat, DStJG 29 (2006), 1–9.

Rehmann, Wolfgang: Arzneimittelgesetz (AMG), Kommentar, 4. Aufl., München 2014.

Reimer, Ekkehart: Die öffentliche Hand als Steuerpflichtiger, DStJG 32 (2009), 325–366.

Reiß, Wolfram: Leistender und Leistungsempfänger im Umsatzsteuerrecht, StuW 1981, 81–88.

Reiß, Wolfram: Gebäude auf fremdem Grund und Boden, StuW 1987, 122–126.

Reiß, Wolfram: Anmerkung zu BFH, Urt. v. 24.9.1987 – V R 152/78, UR 1988, 76–78.

Reiß, Wolfram: Die nicht ordnungsgemäße Umsetzung von EG-Steuerrichtlinien und ihre Folgen, StuW 1994, 323–330.

Reiß, Wolfram: Innergemeinschaftliches Reihengeschäft, UR 2015 733–757.

Reiß, Wolfram/ Kraeusel, Jörg/ Langer, Michael: Umsatzsteuergesetz, Kommentar, Losebl. (Stand: 141. Erg.-Lfg. Januar 2018), Bonn.

Rondorf, Hans-Dieter: Anmerkung zu BFH, Urt. v. 20.5.2015 – XI R 2/13, MwStR 2016, 75–76.

Rosenau, Heinz: Die rechtsgeschäftliche Treuhand in rechtlicher und steuerrechtlicher Sicht, DB 1966, Beilage Nr. 18, 1–10.

Saalfrank, Valentin: Zuzahlungsverzicht bei Hilfsmitteln, jurisPR-MedizinR 6/2017 Anm. 3.

Sachs, Michael (Hrsg.): Grundgesetz, Kommentar, 8. Aufl., München 2018.

Salzberger, Wolfgang/ Theisen, Manuel R.: Jahressteuergesetz 1996: Steuerliche Beschränkung der Abzugsfähigkeit von Schmiergeldzahlungen – Ein Windei, DB 1996, 396–399.

Schall, Hero: Umweltschutz durch Strafrecht: Anspruch und Wirklichkeit, NJW 1990, 1263–1273.

Scharfenberg, Jens/ Marbes, Frank: Umsatzsteuerprobleme des Herstellerzwangsrabatts der Pharmaindustrie, BB 2005, 361–364.

Schettler, Herwig: Leistungen an Dritte und durch Dritte, UR 1958, 161–162.

Schewe, Dieter: Sozialrecht und Steuerrecht – ihre Dimensionen und Berührungspunkte, in: Sozialrecht und Steuerrecht – Verhandlungen des Deutschen Sozialrechtsverbands Band 32, Wiesbaden 1989 (zit.: *Schewe*, SDSRV 32 (1989)).

Schmidt, Karsten (Hrsg.): Vielfalt des Rechts – Einheit der Rechtsordnung, Berlin 1994 (zit.: *Bearbeiter*, in: Schmidt, Vielfalt des Rechts).

Schmidt, Walter: Der Ermessensrahmen bei der Versagung einer straßenrechtlichen Sondernutzungserlaubnis, NVwZ 1985, 167–170.

Schön, Wolfgang: Treuhandverhältnisse im Umsatzsteuerrecht, Umsatzsteuerkongreß-Bericht 1991/92, 117–159.

Schuhmann, Helmut: Der „Strohmann" und die Umsatzsteuer, UVR 1998, 424–427.

Schwarz, Bernhard/ Widmann, Werner/ Radeisen, Rolf-Rüdiger: Kommentar zum Umsatzsteuergesetz, Band 1: §§ 1 bis 4 Nr. 6, Band 2: §§ 4 Nr. 7 bis 9, Losebl. (Stand: 197. Erg.-Lfg. Januar 2018), Freiburg i. Br.

Seel, Barbara (Hrsg.): Ehegattensplitting und Familienpolitik, Wiesbaden 2007 (zit.: *Bearbeiter*, in: Seel, Ehegattensplitting).

Sodan, Helge (Hrsg.): Handbuch des Krankenversicherungsrechts, 3. Aufl., Köln 2018 (zit.: *Bearbeiter*, in: Sodan, Hdb. KVR).

Sölch, Otto/ Ringleb, Karl: Umsatzsteuergesetz, Kommentar, hrsg. v. Wagner, Wilfried, Losebl. (Stand: 81. Erg.-Lfg. Oktober 2017), München.

Spickhoff, Andreas (Hrsg.): Medizinrecht, Kommentar, 2. Aufl., München 2014 (zit.: *Bearbeiter*, in: Spickhoff, MedizinR).

Stadie, Holger: Das Recht des Vorsteuerabzugs, Köln 1989 (zit.: *Stadie*, Recht des Vorsteuerabzugs).

Stadie, Holger: Umsatzsteuergesetz, Kommentar, 3. Aufl., Köln 2015.

Stellpflug, Martin/ Hildebrandt, Ronny/ Middendorf, Max (Hrsg.): Gesundheitsrecht, Losebl. (Stand: 42. Erg.-Lfg. November 2017), Heidelberg (zit.: *Bearbeiter*, in: Stellpflug/Hildebrandt/Middendorf, GesundheitsR).

Sterzinger, Christian: Neue Beleg- und Buchnachweispflichten bei innergemeinschaftlichen Lieferungen, Teil 1: Gelangensbestätigung als Nachweis – erforderliche Angaben, BC 2012, 308–312.

Sterzinger, Christian: Wahrung des Neutralitätsgrundsatzes, UR 2012, 182–184.

Sterzinger, Christian: Neuregelung der Umsatzbesteuerung der öffentlichen Hand, UR 2015, 655–671.

Sterzinger, Christian: Neuregelung der Umsatzbesteuerung der öffentlichen Hand, SteuK 2016, 1–4.

Sterzinger, Christian: Änderungen des Umsatzsteuergesetzes durch das Steueränderungsgesetz 2015, UR 2016, 1–12.

Storg, Peter: Leistender und Leistungsempfänger im Umsatzsteuerrecht, Diss., Erlangen 2004 (zit.: *Storg*, Leistender und Leistungsempfänger).

Tehler, Hermann-Josef: Das Steuersparprogramm des EuGH – zum Urteil des EuGH gegen die Bundesrepublik Deutschland vom 15.10.2002 – Rs. C-427/98, UVR 2003, 33–37.

Tehler, Hermann-Josef: Keine Kraftstofflieferung des Leasinggebers an den Leasingnehmer bei Kraftstoffverwaltung durch den Leasinggeber, EuGH-URep 2004, 9–11.

Tehler, Hermann-Josef: Mindern Zwangsrabatte der pharmazeutischen Unternehmen zugunsten der Unternehmen der privaten Krankenversicherung nach § 1 AMRabG die Steuerbemessungsgrundlage?, UVR 2016, 94–96.

Thoma, Alexander: Full-Service Leasing: Gestaltungsüberlegungen aus umsatzsteuerlicher Sicht, UStB 2005, 179–182.

Tipke, Klaus: Die Steuerrechtsordnung, Band 1, 2. Aufl., Köln 2010 (zit.: *Tipke*, Steuerrechtsordnung).

Tipke, Klaus: Über die Einheit der Rechtsordnung, in: FS Friauf, hrsg. v. Wendt/ Höfling/Karpen/Oldiges, 741–757.

Tipke, Klaus/ Kruse, Heinrich Wilhelm: Abgabenordnung, Finanzgerichtsordnung, Kommentar, Losebl. (Stand: 150. Erg.-Lfg. November 2017), Köln.

Tipke, Klaus (Begr.)/ *Lang, Joachim*: Steuerrecht, 22. Aufl., Köln 2015 (zit.: *Bearbeiter*, in: Tipke/Lang, Steuerrecht).

Vellen, Michael: Steuerbefreiung für die Lieferung von Zytostatika, UStB 2015, 33–35.

Vellen, Michael: Umsatzbesteuerung einer Internet-Apotheke, UStB 2015, 114–116.

Vellen, Michael: Änderung der Bemessungsgrundlage, UStB 2016, 261–263.

Vogel, Horst: Wertungsdivergenzen zwischen Steuerrecht, Zivilrecht und Strafrecht, NJW 1985, 2986–2991.

von Streit, Georg/ *Streit, Thomas*: Wirkungen der europäischen Grundrechte im deutschen Umsatzsteuerrecht, UStB 2017, 174–182.

Wachweger, Dieter: Rechnungserteilung und Vorsteuerabzug bei Treuhänderschaft, DStR 1973, 233–234.

Wäger, Christoph: Rechtsprechungsauslese 2013, UR 2014, 81–120.

Wäger, Christoph: Vorsteuerkorrektur bei Rabattgewährungen innerhalb einer in einem anderen Mitgliedstaat beginnenden Lieferkette, BFH/PR 2015, 132–133.

Wäger, Christoph: Umsätze einer Internet-Apotheke, BFH/PR 2015, 208–209.

Wäger, Christoph: Diskussionsfall innergemeinschaftliches Reihengeschäft, UR 2015, 576–580.

Wäger, Christoph: EuGH-Vorlage zu den umsatzsteuerlichen Auswirkungen von Abschlägen, die ein pharmazeutischer Unternehmer gemäß § 1 AMRabG gewährt, BFH/PR 2016, 347–348.

Wagner, Wilfried: Der „weisungsabhängige Strohmann“ – ein mißratenes Kriterium der Rechtsprechung zur Zurechnung von Umsätzen, StuW 1995, 154–161.

Wank, Rolf: Die juristische Begriffsbildung, München 1985 (zit.: *Wank*, Juristische Begriffsbildung).

Weimann, Rüdiger/ *Lang, Fritz* (Hrsg.): Umsatzsteuer – national und international, Kommentar, 4. Aufl., Stuttgart 2015.

Weiß, Eberhard: Geltendmachung, Darlegung und Nachweis von Vorsteuerabzugsbeträgen, UR 1985, 25–29.

Weiß, Eberhard: Anmerkung zu BFH, Beschl. v. 13.9.1984 – V B 10/84, UR 1985, 36.

Weiß, Eberhard: Anmerkung zu BFH, Beschl. v. 13.9.1984 – V B 10/84, UR 1985, 115–116.

Weiß, Eberhard: Bemessungsgrundlage von Hersteller-Lieferungen an Zwischenhändler bei gleichzeitiger Ausgabe von durch den Endverbraucher einlösbaren Warengutscheinen, UR 1997, 269–271.

Wenzel, Frank (Hrsg.): Handbuch des Fachanwalts Medizinrecht, 3. Aufl., Köln 2013 (zit.: *Wenzel*, Hdb. FA MedizinR).

Wesser, Sabine: Berechnung des Apothekenabgabepreises von Arzneimitteln mit neuen Wirkstoffen, A&R 2013, 107–112.

Wesser, Sabine: Arzneimittelpreisbindung für Versandapotheken aus der EU, jurisPR-MedizinR 10/2016 Anm. 3.

Wesser, Sabine: Arzneimittelpreisbindung für ausländische Versandapotheken ("Freunde werben Freunde"), jurisPR-MedizinR 7/2017 Anm. 4.

Weymüller, Rainer: Umsatzsteuergesetz, Kommentar, 2015, München.

Widmann, Werner: Die Einbeziehung Dritter in den Leitungsaustausch, UR 1993, 304–307.

Widmann, Werner: Über den Umgang der Verwaltung mit der Rechtsprechung des EuGH zur Mehrwertsteuer, UR 2008, 77–86.

Widmann, Werner: Die durch das Steueränderungsgesetz 2015 angeordneten umsatzsteuerlichen Änderungen, MwStR 2015, 883–889.

Wiebe, Wolfgang: Die Harmonisierung von Sozialrecht und Steuerrecht als rechtspolitische Aufgabe, ZRP 1981, 25–30.

Wiesener, Jan: Umsätze einer Internet-Apotheke, GesR 2015, 404.

Wigge, Peter: Arzneimittelversorgung durch niedergelassene Apotheker in der gesetzlichen Krankenversicherung, NZS 1999, 584–589.

Winter, Matthias/ Kapeller, Nicole: Umsatzsteuerliche Behandlung der sog. Zwangsrabatte an die Krankenkassen, MwStR 2013, 109–114.

Wodarz, Katharina: Wiedereinführung des Rx-Versandhandelsverbotes – verfassungsrechtlich zulässig?, PharmR 2017, 131–135.

Wohlfahrt, Michaela: Abgabe von Zytostatika durch eine Krankenhausapotheke, UStB 2015, 256.

Wüst, Christian: Preisnachlässe bei grenzüberschreitenden Lieferketten – Zugleich Anmerkung zu den BFH-Urteilen vom 5.6.2014 – XI R 25/12 und vom 4.12.2014 – V R 6/13, MwStR 2015, 157–165.

Wüst, Christian: Anmerkung zu FG Rheinland-Pfalz, Urt. v. 24.9.2015 – 6 K 1251/14, MwStR 2016, 84–85.

Wüst, Christian: Anmerkung zu BFH, EuGH-Vorl. v. 22.6.2016 – V R 42/15, MwStR 2016, 804.

Wüst, Christian: Anmerkung zu EuGH, Urt. v. 20.12.2017 – C-462/16 – *Boehringer Ingelheim Pharma*, MwStR 2018, 358–359.

www.ingramcontent.com/pod-product-compliance
Ingram Content Group UK Ltd.
Pitfield, Milton Keynes, MK11 3LW, UK
UKHW021926290926
8980IPUK00016B/1485